工程管理专业硕士学位（MEM）研究生系列教材

工程管理概论

GONGCHENG GUANLI GAILUN

主　编　汪应洛

副主编　苏　秦　　王能民

西安交通大学出版社
XI'AN JIAOTONG UNIVERSITY PRESS

国家一级出版社
全国百佳图书出版单位

内容简介

本书从工程管理相关基础知识入手,重点介绍工程管理相关的理论、知识与方法。第1章到第3章主要讲述工程与工程管理所涉及的基础理论与方法;第4章到第8章主要围绕工程和工程管理战略与决策的内容;第9章到第19章主要涉及工程具体实施与管理方法。

本书可作为高等学校工程管理专业硕士研究生(MEM)教学用书,也可供相关学科本科生、研究生教学等选择使用,并可作为各级各类工程管理人员、专业技术人员的学习参考资料。

图书在版编目(CIP)数据

工程管理概论/汪应洛主编. —西安:西安交通大学出版社,2013.10(2022.11重印)
ISBN 978 - 7 - 5605 - 5701 - 4

Ⅰ.①工… Ⅱ.①汪… Ⅲ.①工程管理-研究生-教材 Ⅳ.①F40

中国版本图书馆 CIP 数据核字(2013)第 208903 号

书 名	工程管理概论
主 编	汪应洛
责任编辑	李逢国

出版发行	西安交通大学出版社
	(西安市兴庆南路1号 邮政编码 710048)
网 址	http://www.xjtupress.com
电 话	(029)82668357 82667874(市场营销中心)
	(029)82668315(总编办)
传 真	(029)82668280
印 刷	西安五星印刷有限公司

开 本	787mm×1092mm 1/16 印张 29.25 字数 658千字
版次印次	2013年10月第1版 2022年11月第5次印刷
书 号	ISBN 978 - 7 - 5605 - 5701 - 4
定 价	98.80元

如发现印装质量问题,请与本社市场营销中心联系。
订购热线:(029)82665248 (029)82667874
投稿热线:(029)82668133
读者信箱:xj_rwjg@126.com

工程管理专业硕士学位(MEM)研究生系列教材

编写委员会

总 序

工程与工程管理对我国而言,具有十分重要的战略意义。工程投资在我国经济活动中占有十分重要的战略地位,为我国国民经济的发展提供了重要的驱动力,提升了我国整体国际竞争力,也产生了很多标志性的、具有世界影响的工程,如神舟系列的航天工程、三峡水利工程等。在取得标志性工程成果的同时,我国在工程管理领域里也取得了巨大的成绩:钱学森同志率先将系统工程思想与航天工程实践结合,是典型的工程管理成果;与此同时,我国每年以万亿计的工程投资需要大量的工程管理人才,而我国目前还缺乏系统培养工程管理专业人才的体系。基于这一现实,中国工程院工程管理学部组织专家讨论并向国务院学位办建议设立工程管理专业硕士学位(MEM),这一建议被学位办所采纳,在全国范围70余所高校开展了MEM专业教育与人才培养工作。

我们看到,自设立MEM专业学位以来,我国高等院校中的工程管理专业硕士学位研究生教育迈上了一个新台阶。在培养主体上,由原来的商学院/管理学院或者土木工程学院等单独培养工程管理专业的学生,逐渐转变为由商学院/管理学院和工学院联合为主体来培养工程管理专业的学生。上述学生培养主体的变化对工程管理教育的影响,表现为在工程管理专业的课程体系中融入了相当数量的工程方面的内容。

实际上,不论是工程管理实践还是工程管理理论,均强调工程管理与工程相符合,强调其管理的行为必须与一定的工程、工程环境、工程技术与方法相融合,强调在工程多目标的实现过程中各种资源的系统化运用,等等。显然,工程管理的要求与变化对工程管理教育提出了新的要求:必须将管理教育的视野放开,站在工程与管理集成的角度来考虑管理的问题。

为了适应我国工程管理所面临的新形势与新发展,满足我国工程管理人才培养的需要,西安交通大学管理学院组织一批专家并征得西安交通大学出版社的同意,决定推出工程管理专业硕士学位(MEM)研究生系列教材。该系列教材包括:工程管理概论、工程管理方法论、工程决策与分析、工程经济学、工程项目管理、工程质量管理、工程成本管理、工程进度管理、工程环境管理、工程风险管理、工程管理案例集等。

本系列教材的主要特点有：

第一，作者阵容强大，教学经验丰富。本套系列教材的主编及参编人员大多来自西安交通大学管理学院，他们长期从事本专业的教学工作。本套系列教材是这些教师长期积累的教学和科研成果的总结。

第二，内容视野开阔，符合培养目标。每位作者都努力站在工程与管理集成的角度来考虑和阐述问题，以期达到满足工程管理专业硕士研究生培养的需要、扩大学生视野的目的。

第三，体例统一规范，教材实用性强。为便于使用，每章均安排了案例，有利于学生将理论知识与管理实践相结合。同时，每章的最后还配有思考题，以便学生明确各章的学习重点并对学习内容产生兴趣。

我相信，本套系列教材的出版，一定会对我国的工程管理专业硕士研究生培养与教育产生积极的推动作用。当然，限于作者水平，本套系列教材的缺点和不足在所难免，恳请广大读者批评指正。

西安交通大学管理学院　汪应洛

2013 年 9 月

前言

工程与工程管理对我国而言,具有十分重要的战略意义。工程投资在我国经济活动中占有十分重要的战略地位,也为我国国民经济的发展提供了重要的驱动力,提升了我国整体国际竞争力,也产生了很多标志性的、具有世界影响的工程,如神舟系列的航天工程、三峡水利工程等。在取得标志性工程成果的同时,我国在工程管理领域里也取得了巨大的成绩:钱学森同志率先将系统工程思想与航天工程实践结合,是典型的工程管理成果;与此同时,我国每年万亿计的工程投资需要大量的工程管理人才,而我国还缺乏系统培养工程管理专业人才的体系。基于这一现实,中国工程院工程管理学部组织专家讨论并向国务院学位办建议设立工程管理专业硕士学位(MEM),这一建议被学位办所采纳,在全国范围70多所高校开展了MEM专业教育与人才培养工作。2012年中国工程院工程管理学部组织专家讨论并开展工程管理理论体系建设工作,西安交通大学管理学院参加这一项工作,并以此为契机,组织相关学科的专家编写了工程管理专业硕士学位研究生系列教材。

《工程管理概论》这一教材主要围绕工程管理的知识体系来组织编写,主要从三个层次来组织相关的内容,第1章到第3章主要讲工程与工程管理所涉及的基础理论与方法;第4章到第8章主要围绕工程与工程管理战略与决策的内容;第9章到第19章主要涉及工程具体实施与管理方法。

参加本书编写的有:西安交通大学管理学院汪应洛院士(主编)、苏秦教授(第8章、第12章)、郭菊娥教授(第15章)、冯耕中教授(第14章)、刘树林教授(第5章)、谢海燕教授(第19章)、孙卫教授(第6章、第7章)、田高良教授(第18章)、谢恩教授(第4章)、何正文副教授(第10章、第11章)、王能民副教授(第1章、第3章、第13章)、李刚副教授、吕绚丽博士(第2章、第9章)、尚玉钒副教授(第16章、第17章),西安交通大学管理学院部分教授和博士生参加了教材的编写讨论工作。

本书主要作为高等学校工程管理专业硕士研究生(MEM)教学用书,也可供相关学科本科生、研究生教学等选择使用,并可作为各级各类工程管理人员、专业技术人员的学习参考资料。

限于编者的水平,加之参编人员较多,又力图在本书中探索形成工程管理较为完整的内容结构，因此不妥、欠成熟和错漏之处在所难免，有需要修正和完善的地方。恳请相关专家及广大读者批评指正，并积极提出建设性的意见，共同推进工程管理的教育和人才培养工作。

汪应洛

2013 年 9 月于西安交通大学

目录

第1章
工程与工程管理

1.1 工程概述

1.1.1 工程的含义

1. 工程的定义

什么是"工程(engineering)",人们从不同的角度对它有不同解释。工程的定义有许多,比较典型的有:

(1)《朗文当代高级英语辞典》定义工程为:一项重要且精心设计的工作,其目的是为了建造或制造一些新的事物,或解决某个问题(An important and carefully planned piece of work that is intended to build or produce something new, or to deal with a problem)。

(2)《牛津高级英语辞典(第六版)》定义工程为:一项有计划的工作,其目的是为了寻找一些事物的信息,生产一些新的东西,或改善一些事物(A planned piece of work that is designed to find information about something, to produce something new, or to improve something)。

(3)《新牛津英语辞典》定义工程为:一项精心计划和设计以实现一个特定目标的单独进行或联合实施的工作(An individual or collaborative enterprise that is carefully planned and designed to achieve a particular aim)。

(4)《剑桥国际英语辞典》定义工程为:一项有计划的,要通过一段时间完成,并且要实现一个特定的目标的工作或者活动(A piece of planned work or activity which is completed over a period of time and intended to achieve a particular aim)。

(5)《不列颠百科全书(Encyclopedia Britannica)》对工程的解释为:应用科学原理使自然资源最佳地转化为结构、机械、产品、系统和过程以造福人类的专门技术。

(6)《新华汉语词典》解释工程为:土木建筑或其他生产、制造部门用比较大而复杂的设备来进行的工作。

(7)《中国百科大辞典》对工程的定义为:将自然科学原理应用到工农业生产部门中而形成的各学科的总称。

(8)《现代汉语大词典》解释工程为:

①工程指土木建筑及生产、制造部门用比较大而复杂的设备来进行的工作。

②工程泛指某项需要投入巨大人力、物力的工作。

(9)《辞海》解释工程为:

①工程是指将自然科学的原理应用到工农业生产部门中去而形成的各学科的总称。这些学科是应用数学、物理学、化学、生物学等基础科学的原理,结合在科学实验与生产实践中所积累的经验而发展起来的。

②工程指具体的基本建设项目。

(10)中国工程院咨询课题——《我国工程管理科学发展现状研究——工程管理科学专业领域范畴界定及工程管理案例》研究报告中的有关工程界定为:工程是人类为了特定的目的,依据自然规律,有组织地改造客观世界的活动。一般来说,工程具有产业依附性、技术集合性、经济社会的可取性和组织协调性。

(11)美国工程院(MAE)认为:工程的定义有很多种,可以被视为科学应用,也可以被视为在有限条件下的设计。

2. 广义的工程

在现代社会,符合上述"工程"定义的事物是十分普遍的。"工程"是一个十分广泛的概念,只要是人们为了某种目的,进行设计和计划,解决某些问题,改进某些事物等,都是"工程"。所以人类社会到处都有"工程"。

(1)传统意义上工程的概念包括建造房屋、大坝、铁路、桥梁,制造设备、船舶,开发新的武器,进行技术革新等。

在我国古代三千年前就有"百工",它包括各种物品的制造。

(2)由于人们生活和探索领域的扩展,不断有新的科学技术和知识被发现和应用,开辟了许多新的工程领域,如近代出现的航天工程、空间探索工程、基因(如生物克隆)工程、食品工程、微电子工程、软件工程等。

(3)在社会领域,人们也经常用"工程"一词描述一些事务和事物,这在报纸、讲话、电视里经常出现,例如"扶贫工程"、"985工程"、"211工程"、"阳光工程"。

在许多场合,领导人在提到某些社会问题时常常说,这个问题的解决是一个复杂的"系统工程"。

3. 狭义的工程

工程的定义虽然非常广泛,但工程管理专业所研究的对象还是比较传统的"工程"的范围。工程管理的理论和方法应用最成熟的是土木建筑工程、水利工程和军事工程领域。工程管理专业所指的"工程",主要是针对土木建筑工程与水利工程,是狭义的工程的概念。

➤ 1.1.2 工程的内涵

工程的内涵常常与特定产品、特定的制造(工艺)流程、特定的企业、特定的设施系统或特定产业相联系,工程活动与产业活动具有不可分割的内在联系,所以,必须把工程概念与特定产业甚至和经济、环境、人文等因素联系起来加以认识,如图1-1所示。

工程的实质内涵之一就是某种形式的科学应用(即对基础科学、技术科学的应用);但从另一方面看,由于工程是特定形式的基本要素集合、技术集成过程和技术集成体,在这种集合、集成的过程中,本身也蕴含着科学问题——工程科学。因此,工程不应简单地表述为"对科学的应用",也不是相关技术的简单堆砌、拼凑,工程在其对技术集成的过程中存在着更大时空尺度上的工程科学性质的学问。

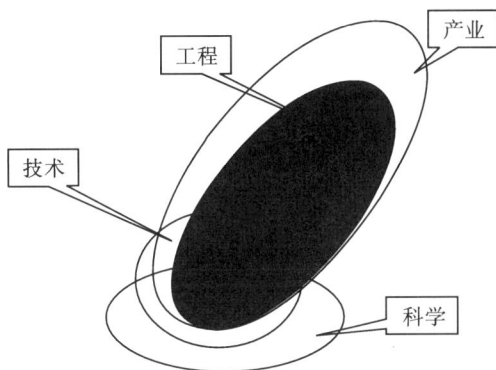

图 1-1　工程与科学、技术产业之间的关系

归纳上面的各种定义，从工程技术和工程管理专业的角度来说，"工程"一词主要有如下三方面的意义：

(1)工程是人类为了实现认识自然、改造自然、利用自然的目的，应用科学技术创造的，具有一定使用功能或实现价值要求的技术系统。工程的产品或带来的成果都必须有使用(功能)价值或经济价值，如一幢建筑物、一条公路、一个工厂；但有一些工程的产品具有很大的文化价值，如埃及的金字塔、天安门广场的人民英雄纪念碑。工程技术系统通常可以用一定的功能(如产品的产量或服务能力)要求、实物工程量、质量、技术标准等指标表达。例如：

一定生产能力(产量)的某种产品的生产流水线；

一定生产能力的车间或工厂；

一定长度和等级的公路；

一定发电量的火力发电站或核电站；

具有某种功能的新产品；

某种新型号的武器系统；

一定规模的医院；

一定规模学生容量的大学校区；

一定规模的住宅小区；

解决某个问题的技术创新、技术改造方案或系统等。

在这个意义上，工程是一个人造的技术系统，是解决问题、实现目标的依托。工程的技术系统是工程最核心的内容。一般人们所用的"工程"一词，主要指这个技术系统。

(2)工程又是人们为了达到一定的目的，应用相关科学技术和知识，利用自然资源最佳地获得(如制造)上述技术系统的活动(或过程)。这些活动通常包括：工程的论证与决策、规划、勘察与设计、施工、运行和维护。还可能包括新型产品与装备的开发、制造和生产过程，以及技术创新、技术革新、更新改造、产品或产业转型过程等。在这个意义上，"工程"又包括"工程项目"的概念。

(3)工程科学。工程科学是人们为了解决生产和社会中出现的问题，将科学知识、技术或经验用以设计产品，建造各种工程设施、生产机器或材料的科学技术。

工程科学包括相关工程所应用的材料、设备和所进行的勘察设计、施工、制造、维修和相应的管理等技术，按照工程的类别和相关的知识体系分为许多工程学科(专业)。

所以"工程"包括了"工程技术系统"、"工程的建造过程(即工程项目)"和"工程科学"三个方面的含义。在实际生活中,"工程"一词在不同的地方使用,会有不同的意义。

例如,人们到一个建成的工厂,说"这个工程运行得很好"或"这个工程设计标准很高",则主要指这个工程的技术系统(设施)状态。

如果到一个施工工地,说"这个工程中断了",则主要指工程的建设过程,即工程项目。

而到一所高等院校,说"这个高校的土木工程、机械工程、电子工程是一流的",则就是指相关的工程学科(专业)。

▶ 1.1.3 工程的目的与使命

1. 工程的目的

工程起源于一个具体的目的,科学、健康而理性的目的是一个成功工程良好的出发点,对工程的各方面都会产生影响。

工程的建设出自于人类社会的经济、文化、科学和生活需求。工程的根本目的是为了认识自然、改造自然、利用自然,满足人们的物质和文化生活的需要,实现社会的可持续发展。

对于具体的工程,其目的是通过建成后的工程运行,为社会提供符合要求的产品或服务,以解决人类社会经济和文化生活的问题,满足或实现人们的某种需要,可能是战略的、社会发展的、企业经营的、科研的、军事的要求,如:

改善人们的住房、交通、能源应用以及其他物质条件,提高物质生活水平;

丰富人们的社会文化生活,特别是精神生活的需要;

进行科学研究,探索外层宇宙空间,探索未知世界;

科学技术的进步和人类文明传承;

促进社会的和谐和进步。

这些目的都是通过工程运行所提供的功能实现的。

工程不应该是为了单纯地拉动经济,或为城市或地区的形象,或为某部门或人员的政绩而建设的。

2. 工程的使命

使命的本义是指重大的责任,工程的使命是由工程的目的引导出的。由于现代工程投资大,消耗的社会资源和自然资源多,对社会的影响大,工程建成后的运行期长,所以工程承担很大的社会责任和历史责任。所有的工程参加者,不管是投资者,还是业主、承包商、不同专业的设计和施工人员、制造商等,都应该有一种使命感。工程的使命主要体现在:

(1)满足社会或工程的上层系统(如国家、地区、城市、企业)的要求。工程最根本的目的是通过建成后的工程运行为社会、为它的上层系统提供符合要求的产品或服务,以解决上层系统问题,或为了满足上层系统的需要,或为实现上层系统的战略目标和计划。如果工程建成后没有使用功能,就不能达到这个要求,则失去了它最基本的价值。

如建设一个住宅小区,但却不能居住,则它没有完成它的使命;建一条高速公路,但却经常损坏,人们不能正常使用,或没有达到预定的通行量和通行速度,则也没有完成它的使命。

(2)承担社会责任。现代工程投资大、消耗的社会资源和自然资源多,对环境影响大,对周边居民和组织的影响大。所以它担负很大的社会责任,必须为社会做出贡献,不造成社会负担,降低社会成本。工程必须不污染自然环境,不破坏社会环境,必须考虑社会各方面的利益,赢得各方面的支持和信任。

(3)承担历史责任。一个工程的整个建设和运行(使用)过程有几十年,甚至几百年。所以,它不仅要满足当代人的需求,而且要能够持续地符合将来人们对工程的需求,承担历史责任,有它的历史价值。因此应该保证工程能够达到它的设计寿命,最后"寿终正寝"。一个成功的工程必须经得住历史的推敲,显示出它的历史价值。

工程使命为工程参加者的沟通提供了基础。共同的工程使命感能使工程参加者对工程总目标达成共识,并且在行动上主动协调,减少组织之间的矛盾和争执。

1.2 工程管理概述

➢ 1.2.1 工程管理的定义

在车水马龙的十字路口,如果没有严格的交通法规,没有完善的指示标志,没有交警的管理和疏通,必然导致秩序的混乱,无法实现道路的畅通及车辆和行人的安全。工程管理行业担负着与交通控制系统相似的角色,工程管理者为实现工程预期目标,将管理的方法和手段适当、有效地运用于各类工程技术活动中,对工程项目进行决策、计划、组织、指挥、协调与控制,促进工程建设的顺利推进。工程管理(engineering management)指通过决策、计划、组织、指挥、协调和控制以实现工程预期目标的过程。显然,"工程"和"管理"构成了工程管理的核心。尽管工程管理最早起源于土木工程领域,然而,经过若干时代的演变,工程管理的内涵和范畴已显著扩大,逐渐渗透到国防、航空、交通、石油化工、采矿冶金、信息等各行各业。如今,工程管理领域既包括工程建设实施中的管理,如规划、论证、勘察、设计、施工、运行等管理;也包括重要和复杂的新型产品的开发管理、制造管理和生产管理;还包括技术创新、技术改造的管理,以及企业转型发展的管理,产业、工程和科技的重大布局和战略发展的研究与管理等。基于此,有人提出了"泛工程管理"的概念,凡是与技术管理有关的领域都是工程管理工作的基本范畴。

从"明物理,知事理"的古代智者,到现在各门自然学科、社会学科的建立,再到当代知识大爆炸,各种交叉学科和边缘学科大量涌现,学科发展遵循着"从模糊到精细再到融合"的客观规律。当今世界,科学前沿的重大突破,重大原创性科研成果的产生,大多是多学科交叉融合的结果。近百年获得诺贝尔自然科学奖的 334 项成果中,近 50% 的项目是多学科交叉融合取得的。学科交叉融合也是当今世界一流大学的共识和特征。麻省理工学院的跨学科研究中心和实验室已超过 64 个,斯坦福大学实施了"交叉学科"研究计划,哈佛大学、密歇根大学等设立了"交叉学科"研究基金,建立了学科交叉专家委员会等机构。

工程管理作为适应社会发展所需,由多学科知识交叉融合而成的行业和学科,具有强劲的发展态势和广阔的发展空间。工程管理是当代社会技术与管理协同发展、有机结合的产物,体现了学科融合的时代特征。技术、经济、管理、法律四者在工程管理内部的交叉组合,可以产生新的交叉学科和专业。技术本身就是一个庞大的泛学科群,包含土木工程、航天工程、生物工程等 32 个一级学科,即使不考虑技术学科内部的组合,泛技术、经济、管理、法律在工程管理内部也可能产生数十个新的学科和研究方向。

目前,国内外对工程管理有多种不同的解释和界定,主要有:

(1)"engineering management"。这是一种广义的工程管理,是面向不特定行业的工程管理,其管理对象是广义的"工程"。美国工程管理学会(ASEM)对它的解释为:工程管理是对具有技术成分的活动进行计划、组织、资源分配以及指导和控制的科学和艺术。

美国电气电子工程师协会(IEEE)工程管理学会对工程管理的解释为:工程管理是关于各种技术及其相互关系的战略和战术决策的制定及实施的学科。

中国工程院咨询项目《我国工程管理科学发展现状研究》报告中对工程管理也作了界定:工程管理是指为了实现预期目的,有效地利用资源,对工程所进行的决策、计划、组织、指挥、协调与控制。

广义的工程管理既包括对重大建设工程实施(包括工程规划与论证、决策、工程勘察与设计、工程施工与运行)的管理,也包括对重要复杂的新产品、设备、装备在开发、制造、生产过程中的管理,还包括技术创新、技术改造、转型、转轨的管理,产业、工程和科技的发展布局与战略的研究与管理等。

(2)"construction management"。这就是我们常说的建筑工程管理,直接面向建筑行业,涉及建筑业管理与技术方面的研究与实践,包括建筑科学、建设管理、施工技术与工艺管理,也涉及建筑工程项目的运作模式,建筑工程相关各方的管理。

(3)"project management",即项目管理。项目管理具有十分广泛的意义,它是指通过使用现代管理技术指导和协调项目全过程的人力资源和材料资源,以实现项目范围、成本、时间、质量和各方满意等方面的预期目标。它与工程管理有一个交集——工程项目管理。

工程项目管理是工程管理的一个主要的组成部分。它采用项目管理方法对工程的建设过程进行管理,通过计划和控制保证工程项目目标的实现。工程管理不仅包括工程项目管理,还包括工程的决策、工程估价、工程合同、工程经济分析、工程技术管理、工程质量管理、工程的投融资、工程资产管理(物业管理)等。

➢ 1.2.2 工程管理的内涵

工程管理可以从许多角度进行描述,主要有以下几方面:

(1)工程管理的目标是取得工程的成功,使工程达到在成本、技术、质量、功能等方面的各项要求。对一个具体的工程,这些要求就转化为工程目标。所以工程管理是多目标的管理。

(2)工程管理是对工程全寿命期的管理,包括对工程的前期决策的管理、设计和计划的管理、施工的管理、运行维护管理等。

(3)工程管理是涉及工程各方面的管理工作,包括技术、质量、安全和环境、造价(费用、成本、投资)、进度、资源和采购、现场、组织、法律和合同、信息等,这些构成工程管理的主要内容。

(4)将管理学中对"管理"的定义进行拓展,则"工程管理"就是以工程为对象的管理,即通过计划、组织、人事、领导和控制等职能,设计和保持一种良好的环境,使工程参加者在工程组织中高效率地完成既定的工程任务。

（5）按照一般管理工作的过程，工程管理可分为在工程中的预测、决策、计划、控制、反馈等工作。

（6）工程管理就是以工程为对象的系统管理方法，通过一个临时性的、专门的柔性组织，对工程建设和运行过程进行高效率的计划、组织、指导和控制，以对工程进行全过程的动态管理，实现工程的目标。

（7）按照系统工程方法，工程管理可分为确定工程目标、制定工程方案、实施工程方案、跟踪检查等工作。

1.2.3　工程管理的广义性

在现代社会，工程管理具有十分广泛的应用范围，具体体现在：

（1）现代工程中工程管理的专业化。在工程学科体系中，工程管理已成为一个独立的专业，工程管理已经高度社会化和专业化。在建设工程领域，有职业化的建造师、监理工程师、造价工程师、咨询工程师，以及物业管理公司。我国现在专职的工程管理队伍庞大，人员众多，他们为工程的建设和运行提供专职的管理服务，在我国的经济发展和社会建设中发挥了重大作用。

（2）各个层次管理人员（如投资者、政府官员、企业家、企业的职能管理人员、业主）都会不同程度地参与工程决策、建设和运行过程，都需要工程管理知识和能力。

如投资者在确定投资目标和计划时必须考虑工程的可行性，必须考虑时间、市场、资源和环境的限制，对工程的实施方案必须有相应的总体安排，否则投资目标和计划就会不切实际，变成纸上谈兵。同时在工程的整个实施过程中，必须从战略的角度对工程进行宏观控制。投资者对工程和工程管理的理解和介入能够减少决策失误，减少非程序和不科学的干预。

（3）各专业工程师也需要工程管理知识和能力。参与工程的专业工程技术人员也必然有着相应的工程管理工作。现代工程中纯技术性工作应经没有了，任何工程技术人员承担工程的一部分（工程专业子系统）任务或工作，必须要管理自己所负责的工作，领导自己的助手或工程小组；在设计技术方案、采取技术措施时要科学地评价技术方案的可行性、经济性以及寻找更为经济的方案，必须考虑时间问题和费用问题；必须进行相应的质量管理，协调与其他专业人员或专业小组的关系，向上级提交各种工作报告，处理信息等。这些都是工程管理工作，都需要各专业工程师具备工程管理的相关知识和能力。

1.2.4　工程管理相关主体及其任务

在工程过程中有如下两种性质的工作：

（1）为完成工程所需的专业性工作任务。它包括工程设计、建筑施工、安装、设备和材料的供应、技术咨询（鉴定、检测）等工作。这些工作常常由工程的专业系统和工程的过程决定。这些工作一般由设计人员、专业施工人员、供应商、技术咨询和服务人员等承担，他们构成工程的实施层。

（2）工程管理工作。在现代工程中，投资者委托业主负责工程的建设管理；而业主委托项目管理（或监理）公司具体管理工程建设，工程的实施单位（设计单位、工程承包单位、供应单位)在不同的阶段承担不同的任务。他们都有自己工程管理的工作任务和职责,也都有自己相应的工程管理组织。所以在同一个工程中投资者、业主、项目管理公司(监理公司)、承包商、设计单位、供应商,甚至分包商都有工程项目经理部。

由于工程的相关关系人各自在工程中的角色不同,其相对应的"工程管理"的内容、范围和侧重点有一定的区别,所以在一个工程中,"工程管理"是多角度和多层次的。进行工程管理的主要相关主体由图1-2所示。

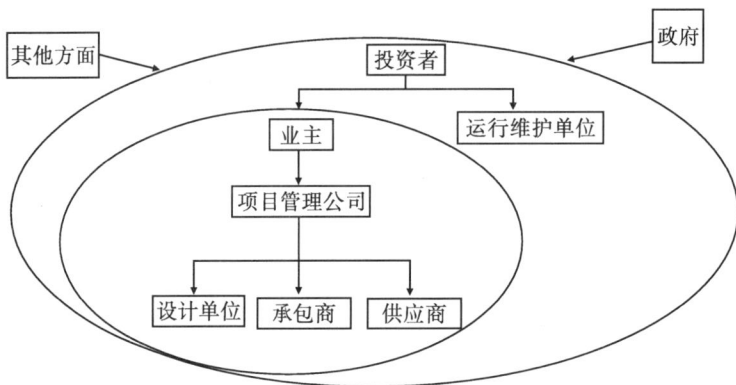

图1-2 工程管理的相关主体

1. 投资者的工程管理

投资者为工程筹措并提供资金,为了实现投资目的,要对投资方向、投资的分配、融资方案、投资计划、工程的规模、产品定位等重大的和宏观的问题进行决策。投资者的目的不仅是完成工程的建设,交付运行,更重要的是通过运营收回投资和获得预期的投资回报。他更注重工程的最终产品的市场前景,并从工程的运营中获得收益,以提高投资效益。

投资者的管理工作主要是在工程前期策划阶段进行工程的投资决策,在工程建设过程中进行投资控制,在运营工程中进行宏观的经营管理。在工程立项后,投资者通常不具体管理工程,而委托业主或项目管理公司(或代建单位)进行工程管理工作。

2. 业主的工程管理

工程立项后,投资者通常委托一个工程主持或工程建设的负责单位作为工程的业主承担工程建设过程总体的管理工作,保证工程建设目标的实现。

业主对工程管理的深度和范围主要是由工程的承发包方式和挂历模式决定的。在现代工程中,业主通常不承担具体的工程管理任务,不直接管理设计单位、承包商、供应商,而主要承担工程的宏观管理以及与工程有关的外部事务,如:

(1)工程重大的技术和实施方案的选择和批准,如确定生产规模,选择作业方案;

(2)制订总体实施计划,确定工程组织战略,选择工程管理模式和工程承包方式;

(3)选择工程的设计单位、承包商、工程管理单位、供应单位、负责工程招标,并以工程所有者的身份与他们签订合同;

(4)批准工程设计和计划文件,批准承包商的实施方案,以及批准对设计和计划的重大修改;

　　(5)审定和选择工程所用材料、设备和作业流程等,提供工程实施的物质条件,负责与环境的协调和必要的官方批准;

　　(6)各个子项目实施次序的决定;

　　(7)对工程实施进行宏观控制,对工程实施中出现的重大问题进行决策;

　　(8)按照合同规定对工程实施支付工程款,组织工程竣工验收,接收已完工程等。

3. 项目管理公司的工程管理

　　项目管理公司包括监理公司、造价咨询公司、招标代理公司、代建公司等,他们受业主委托,提供工程管理服务,完成包括招标、合同、投资(造价)、质量、安全、环境、进度、信息等方面的管理工作,协调与业主签订合同的各个设计单位、承包商、供应商的关系,并为业主承担工程中的事务性管理工作和决策咨询工作等。它们的主要责任是保护业主利益,保证工程整体目标的实现。

4. 承包商的工程管理

　　这里的承包商是广义的,包括设计单位、工程承包商、材料和设备的供应商。虽然他们的工程管理会有较大不同,但他们都在同一个组织层次上进行工程管理。

　　他们的主要任务是在相应的工程合同范围内,完成规定的设计、施工、供应、竣工和保险任务,并为这些工作提供设备、劳务、管理人员,使他们所承担的工作(或工程)在规定的工期和成本范围内完成,满足合同所规定的功能和质量要求。

　　他们有自己的工程管理活动,有责任对相关的工程实施活动进行计划、组织、协调和控制。他们的工程管理是从参加相应工程的投标开始指导合同所确定的工程范围完成,竣工交付,工程通过合同所规定的保修期为止。

　　在工程实施者中,施工承包商承担的任务是工程实施过程的主导活动。他的工作和工程质量、进度和价格对工程的目标影响最大。因此他的工程管理是最具体、最细致同时又是最复杂的。

5. 运行维护单位的工程管理

　　运行维护单位对工程的运行,或产品生产和服务承担责任,其工作内容包括对工程运行的计划、组织、实施、控制等,以保证工程设备或设施安全、健康、稳定、高效率地运行。

　　它的工程管理从竣工交付开始,直至工程寿命周期结束为止,占工程全寿命期的大部分时间。有些工程,运行维护单位会提前介入,在竣工前就和承包商交接,有时还会包括工程的试运行。

6. 政府的工程管理

　　政府的工程管理是指政府的有关部门履行社会管理的职能,依据法律和法规对工程进行行政管理,提供服务和做监督工作。由于工程的影响大,涉及面广,政府必须从行政和法律的角度进行监督,维护社会公共利益,使工程的建设符合法律的要求,符合城市规划的要求,符合国家对工程建设的宏观调控要求。

　　政府的工程管理工作包括:①对工程立项的审查和审批;②对工程建设过程中涉及建设用地许可;③对规划方案、建筑许可的审查和批准;④对工程设计环境保护方面的审查和批准;⑤对工程涉及公共安全、消防、健康方面的审查和批准;⑥从社会的角度对工程的质量进行监督和检查；⑦对工程过程中涉及的市场行为（如招标投标）进行监督；⑧对在建设过程中违反法律和法规的行为进行处理等。

7. 其他方面的工程管理

其他方面的工程管理，例如保险机构的工程管理、行业协会的工程管理等。

1.3 工程管理发展趋势

➤ 1.3.1 工程管理的发展阶段

在漫长的人类文明和社会发展过程中，伴随着大量工程的建筑实践，逐步积累、提炼并不断充实完善了工程管理的理论基础和技术方法。从工程管理行业发展看，大致可以分为三个主要阶段。

1. 人类工程实践催生工程管理萌芽

人类最初的工程以土木工程为主，主要包括房屋（如皇宫、庙宇、住宅等）、水利和交通设施（如运河、沟渠、道路、桥梁等）、军事设施（如城墙、兵站等）以及陵墓工程的建设。在这些工程的建造过程中，古人因地制宜，就地取材，针对规模浩大的劳动组织和纷繁复杂的施工安排采取积极有效的对策和措施，充分体现了古人朴素的工程管理思想。

长城是人类文明史上最伟大的工程之一，它始建于 2000 多年前的春秋战国时期，秦始皇统一中国之后将断断续续的各段长城连接为一体，绵延万里，横亘千年，堪称世界奇迹。在完成万里长城这一伟大工程时，工程设计和施工组织者发挥了很强的创造力，显示了高度的聪明才智。

在工程选址方面，据成书于公元前 93 年的我国第一部纪传体通史——《史记》记载，"筑长城，因地形，用制险塞"，即长城大多都是沿山脊而筑，充分利用山体河流作为防御屏障，这不仅是古代军事战略需要，而且在总体上可以最大限度地节省人力和材料，充分体现出古代人在建设方案选址时因地制宜的思想。

在施工组织方面，秦始皇时期修筑长城征用全国男劳力 50 万人，加上其他杂役共 300万人，占当时全国男劳力的一半以上。组织如此大量的劳动力进行施工，必然有一套严密甚至残酷的组织措施作为保证。据文献和长城碑文记载，当时修筑长城是由各军事辖区的首长（往往是皇帝直接派出的军事官员）向朝廷上书，阐明当时当地防卫的具体情况，提出修筑长城的申请，经朝廷同意后再组织施工。施工任务下达后，由中央政权从全国各地征调军队和募集民夫到重点地区去修筑。而在具体修筑时，是按军队编制组织进行的。如今，在石筑城墙残基上，有的地段发现明显的接痕墙缝，证明当时修筑长城是采用分区、分片、分段包干的办法，先将某一段修建任务分配给成军某营、某卫所，再下分到各段、各防守据点的各个成卒。施工时分有督理人员和具体施工管理人员。督理人员一般属职位较高的巡抚、巡按、总督、经略、总兵官等，而施工人员以千总为组织者，千总之下又设有把总分理。正是这样一条脉络清晰的直线式组织线路，才有可能保证施工期间管理严密、分工细致、责任明确。

在材料采集供应方面，长城横亘万里，地域范围很广，而且各段修筑的时间先后不一，建造工期往往又很紧迫，在这种情况下就地取材就显得格外重要。近年在蓟镇长城沿线发现的大量为建造长城提供原材料的砖窑、灰窑、采石场遗址和记载材料供应情况的石刻碑文，表明古代建造者在长城的建造过程中已经懂得"就地取材、因地制宜"的道理，显示了古代建造者在采集、运输和供给保障方面的智慧。

在质量控制方面，作为古代"国家级"防御工程，长城修筑的质量必然是当时统治者最为关注的焦点。为确保长城修建工程的质量，明代在隆庆以后大兴"物勒工名"（即在长城墙体及其构件上标注建造责任人的姓名），以此形式对整个工程实行责任制管理。考古工作者和长城专家在长城上发现和收集了一批石刻碑文，这些碑文除了明确记录每次修筑的小段长城的位置、长度、高度、底顶宽度外，还刻上了督理官员的官衔、姓名、军队番号、施工组织者及石匠、泥瓦匠、木匠、铁匠、窑匠等的名字。如果城墙倒塌、破损，就按记载来追查责任。正是因为实行了严格的责任制，万里长城才能在经历了千百年的风雨后依然"塞垣坚筑势隆崇"。

在投资控制方面，尽管历代君王为抵抗外敌入侵在人力、物力、财力投入方面十分慷慨，但据《春秋》记载，建造长城所作的计划也十分周到细致。不仅准确计算了城墙的土石方量和所需各类材料的用量，连所需的人力以及从不同地区征集劳力、往返的路程、所需口粮都一一予以明确细致的安排，力求保障有力、供应有序。

在进度控制方面，由于当时生产条件所限，长城的建造难度很大，工程进度较为缓慢。然而，在每次修筑时，统治者要求的工期往往又非常紧迫，建造者必须采用各种办法以求加快进度。例如在难以行走的地方人们排成长队，用传递的办法把修筑材料传递到施工场地；冬天人们则在地上泼水，利用结冰后摩擦力减小的原理推拉巨大的石料；在深谷中人们用"飞筐走索"的办法，把建材装在筐里从两侧拉紧固牢的绳索上滑溜或牵引过去。这些办法在节省劳动力的同时，也大大节省了时间，加快了施工进度。

除了万里长城之外，我国古代的工程建造者在下列工程实践中，也显著地创造和丰富了工程管理的思想方法和技术手段。

始建于公元前256年的四川都江堰水利工程是世界上最长的无坝引水工程。它巧妙地将"鱼嘴"分水工程、"飞沙堰"分洪排沙工程、"宝瓶口"引水工程结合起来，充分利用自然条件和地理环境对洪水进行疏导，达到以灌溉为主，兼有防洪、水运、供水等功效的目的。其规模之大，规划之缜密，技术之合理，均前所未有，并一直沿用至今。都江堰水利工程不仅强调了各功能区域结构布局的协调，同时制定了一系列协调措施对分洪、排沙、引水进行管理，突出了整个系统的协调配合。

位于陕西省西安市以东35公里的临潼境内的秦始皇陵，是世界上最大的地下皇陵，能与之媲美的仅有古埃及金字塔这座世界上最大的地上王陵。秦始皇陵从公元前246年秦始皇即位便动工修建，前后历时39年之久，比著名的埃及胡夫金字塔的修造时间还要长8年。动用修陵人数最多时近80万，几乎相当于修建古埃及胡夫金字塔人数的8倍。

位于四川省乐山市的乐山大佛开凿于唐玄宗开元初年（公元713年），佛像高71米，素有"佛是一座山，山是一尊佛"之称，是世界最高的大佛，建造耗时90余年。大佛头长14.7米，头宽10米，肩宽24米；耳长7米，耳内可并立二人；脚背宽8.5米，可坐百余人。大佛内部包含着一套设计巧妙、隐而不见的排水系统，对保护大佛起着重要作用。虽经千年风霜，乐山大佛至今仍安坐于滔滔岷江之畔。

据《梦溪笔谈》记载,公元1008—1016年,北宋大臣丁渭在修复皇宫工程中通过"挖沟取土、以沟运料、废料填沟"这一高明的施工方案,收到了"一举而三役济,计省费以亿万"的最佳效果,可谓是古代工程管理中因地制宜、优化施工方案而提高工作效率、降低工程成本的典范。

公元1100年,我国著名的古代土木建筑家李诫编修了《营造法式》,汇集了北宋以前各个朝代建筑管理技术的精华。书中"料理"和"功限",就相当于我们现在所说的"材料消耗定额"和"劳动消耗定额"。《营造法式》是人类最早采用定额进行工程造价管理的明确规定和文字记录之一,遥遥领先于英国19世纪才出现的工料测量师(quantity surveyor)。

英法战争(公元1337—1453年)后,英国政府决定在短期内建立大量的军营。为满足建造速度快、成本低的要求,军营建造首次采用了每个工程由一个承包商负责,该承包商负责统筹工程中各个工种的工作,并通过报价来选择承包商的方式。工程竞价承包有效控制了政府支出,开创了将竞价方式运用到工程成本控制上的先例。

美国管理学家弗雷德里克·泰勒通过定量实验创造出定额管理、工具标准化和操作规范化的理论和方法,使设备制造管理过程的典型经验提升为具有普遍意义的技术方法。法国古典管理理论学家法约尔从管理过程中抽象出管理的计划、组织、指挥、协调、控制职能和管理的一般原则,对管理学的发展和管理学理论在工程管理中的应用产生了深远的影响。

岁月沧桑,星移斗转。众多历史悠久、规模宏大、设计精巧、功能完备和工艺精湛的伟大工程,经历了漫长岁月的种种磨砺,仍然与现代文明极为和谐地辉映着。在当时的生产条件下,建造这些伟大工程是十分困难的。在这些工程的建设过程中必然有严密的甚至是残酷的军事化组织管理,必然有进度、人员的安排与控制,必然有费用的计划和核算,必然有明确的质量要求和检测。因此,每项工程的实施必然伴随着工程管理的实践。前人用其智慧和汗水在创造中收获着,他们在工程建造过程中所萌发的管理理念和技术方法,催生了现代工程管理基础理论和技术方法的萌芽。

2. 社会生产力发展促进工程管理成长

20世纪20年代以来,随着社会生产力的发展和科学技术的不断进步,各个行业的生产方式发生着日新月异的转变。从单枪匹马的"工匠式"作业,到"作坊式"和"小型工厂式"的有组织生产,再到越来越多的跨区域、跨国度的大型企业的出现,生产专业化和综合程度越来越高,工程项目也日趋大型化和复杂化。在这样的背景下,数量众多、规模巨大的工程建设亟需称职的管理者的出现。生产力的发展和生产方式的转变促使工程与管理实现了最自然的、最有效的结合,工程实践在推动人类社会进步的同时促进了工程管理行业的快速成长。

20世纪初期,美国著名机械工程师和管理学家亨利·甘特总结制造设施生产的经验,首次使用条形图(又称甘特图、横道图)来形象、直观地表达纷繁复杂的生产过程。随后,甘特图广泛应用于土木工程领域(如图1-3所示),在一定程度上标志着工程管理开始告别人们简单、自发的经验积累,向着一门具备完善理论基础的专业学科转变。

20世纪20年代起,美国在当时"科学管理"与经济学领域研究成就的基础上开始探索项目的科学管理。1936年,美国在洪水控制工程中提出至今沿用的"效益与费用比"基本准则,即通过评价各种工程项目所产生的社会效益和消耗的社会成本,包括环境方面的效益和

序号	施工过程	施工进度（周） 1-25
1	支模板	①(2) ②(5) ③(8) ④(11)
2	绑钢筋	①(5) ②(8) ③(11) ④(15)
3	浇混凝土	①(13) ②(15) ③(17) ④(18)
4	拆模	①(18) ②(20) ③(23) ④(23)
5	回填土	①(18) ③(22) ④(25)

图1-3 某基础工程施工横道图示例

成本,权衡利弊,指导决策,确定方案。被誉为"管理理论之母"的福莱特在多年的社区管理实践活动中,积累了众多对于项目运作(如职业指导中心的建立和运作)和企业管理的经验,明确提出了管理的整体性思想。此后,系统分析方法在工程项目的规划和决策中得到了广泛应用,大大推动了系统理论的发展。

第二次世界大战后,许多国家面临工期紧迫、材料短缺和资金不足的问题,促使业主们更加注重对工程工期、造价和质量的控制,推动了工程管理新的管理手段和方法不断涌现。同时,伴随现代科学技术的进步,产生了系统论、信息论、控制论、计算机技术、运筹学、预测技术和决策技术等理论学说和技术方法并日臻完善,为工程管理基础理论和技术方法的发展提供了动力和支撑。

1947年,美国工程师麦尔斯在军事工程和军需物品采购的实践中不断探索,逐渐总结出一套解决采购问题的行之有效的方法,并把这种思想和方法应用推广到其他领域,形成了早期的价值工程。而后,价值工程(value engineering)在工程建设、生产发展与组织管理等方面得到了广泛应用。

20世纪50年代初,美国数学家贝尔曼首先提出动态规划的概念。所谓动态规划,简单地说,就是将问题实例归纳为更小的、相似的子问题,并通过求解子问题产生一个全局最优解。1957年贝尔曼发表《动态规划》一书。美国"北极星潜艇计划"开始利用计算机进行管理,开发了安排工程进度的"计划评审技术"(program evaluation and review technique,PERT)方法,用于难于控制、缺乏经验、不确定性因素多而复杂的项目中。该技术的出现被认为是现代项目管理的起点,成为工程管理最重要的技术和方法之一。1957年,美国杜邦公司在其化学工业建厂计划中,创造了"关键线路法"(critical path method,CPM)。1958年,美国在北极星导弹研制工程管理中,首次采用了计划评审技术并获得了显著成功,进而加快了整个系统的研制进度。

20世纪60年代,美国由42万人参加,耗资400亿美元的"阿波罗载人登月计划"取得巨大成功,同时开发了著名的"矩阵管理技术"。工程管理人员还将风险管理运用于项目管理中,采用失效模式和关键项目列表等方法对阿波罗飞船进行风险管理。

受社会经济发展相对滞后的影响,这一阶段我国工程管理的发展虽滞后于经济发达国家,但在一些方面也取得了进展和成绩。1954年,被誉为我国"导弹之父"的钱学森院士在主持导弹、火箭和卫星的研制工作与管理实践中,把工程实践中经常运用的设计原则和管理方法加以整理和总结,取其共性,提升为科学理论,出版了《工程控制论》专著。

20 世纪 60 年代初,著名科学家华罗庚和钱学森分别倡导统筹法和系统工程,并将其推广到修铁路、架桥梁、挖隧道等工程实践中,取得了巨大的经济效益。在这一期间开出了数以百计的工程作业流程,为提高工程管理技术水平和促进工程管理技术方法的规范化、标准化奠定了基础。

20 世纪 70 年代,我国在重大建设项目工程管理实践中引入了全寿命管理概念,并派生出全寿命费用管理、一体化后勤管理、决策点控制等方法,在上海宝钢工程、秦山核电站等大型工程项目中相继运用了系统的工程管理方法,保证了工程项目建设目标的顺利实现。

1984 年,利用世界银行贷款的项目——鲁布革水电站——在国内首先采用国际招标,并通过合理的项目管理缩短了工期,降低了造价,取得了明显的经济效益,成为了我国项目管理在建设工程方面应用的范例。此后,我国的许多大中型工程相继实行项目管理体制,逐步实施了项目资本金制、法人负责制、合同承包制、建设监理制等。至此,工程管理在我国越来越多的工程领域中得到运用,为我国工程建设的蓬勃发展发挥了积极作用。

随着系统工程、运筹学、价值工程、网络技术等科技发展以及超大型建设工程和高科技产品开发等工程管理实践的大规模开展,这一阶段的工程管理在理论和技术方法方面奠定了良好的基础,初步构建起以技术、管理、法律、经济为支撑平台的理论体系。与此同时,在工程管理实践中创造和丰富了管理学理论与方法,工程管理实践成为现代管理学众多理论及方法产生的摇篮和发展的引擎。

3. 新型工业化进程加速工程管理发展

进入 20 世纪 90 年代以来,伴随着新兴工业化的进程,工程管理在社会经济发展中地位和作用的大幅提升,工程管理得到了全社会的高度重视,取得了长足发展。现代工程管理吸收与融合了系统论、信息论、控制论、行为科学等现代管理理论,其基础理论体系逐步健全和完善;预测技术、决策技术、数学分析方法、数理统计方法、模糊数学、线性规划、网络技术、图论、排队论等现代管理方法不断进步和有效应用,为解决工程管理各种复杂问题提供了更为有效的手段和工具,使工程管理的技术方法日益科学化和现代化。计算机的广泛应用和现代图文处理技术、多媒体和互联网的使用,显著提高了工程管理工作的质量和效率。

近年来,我国在三峡工程、青藏铁路、国家游泳中心等重大工程项目实践中努力创新工程管理的技术手段和方法,拓展了工程管理的应用空间,提升了工程管理在重大工程项目建设中的作用和效果。

举世无双的三峡水利枢纽工程建设期长达 17 年。从 1993 年动工至今,相继攻克了 175m 直立高边坡开挖的边坡稳定、大坝高强度混凝土浇筑、截流和深水围堰施工等各类技术难题;另一方面,三峡工程的兴建,导致 13 个城市、县城全部或部分淹没,动态移民量 100 万人以上。如此大规模的搬迁与重建,必须解决大量的工程技术、环境生态、文物保护和社会经济问题。三峡水利枢纽工程的建设全过程必然是工程管理全方位、高强度的应用过程。我国工程管理专家通过十多年的努力,在引进西方发达国家先进管理理念、方法、模型的基础上,结合三峡工程建设的实际情况,开发出了在国际工程项目管理领域处于领先水平、具有自主知识产权的"三峡工程管理信息系统(TGPMS)"和"电厂运行管理信息系统(ePMS)"。TGPMS 系统投入使用,实现了跨部门、跨地域、全方位的规范化管理,对工程建设的进度、质量、安全和总投资控制等,发挥了重要作用。

青藏铁路是全世界海拔最高的铁路,工程建设面临着穿越世界上最复杂的冻土区等大量的技术难题,开创了世界上在高原极不稳定冻土区的高含冰量地质条件下"以桥代路"修筑路基的先例,确保了工程质量和进度。此外,青藏铁路修建过程中高度重视生态环境和野生动物的保护,为野生动物设计了专门的迁徙路线,最大限度地降低了工程建设对生态环境的破坏。青藏铁路的顺利通车和所取得的良好社会效果,标志着我国在复杂地理地形条件下,工程建设和工程管理工作达到了相当高的水平。

为迎接 2008 年北京奥运会而兴建的国家游泳中心"水立方"采用了独特的钢结构技术。钢结构重约 7000 吨,节点 10000 余个,杆件数量 20000 余根,结构和构建具有很强的多样性,对构件制作和结构测量、安装的精确性有极高的要求,工程的施工组织具有很高的难度。同时,"水立方"首先采用了 ETFE 膜结构技术,整体工程具有材料轻、阻燃性好和外表美观、透光性好等良好效果。

20 世纪末以来,计算机技术的发展和普及,以及工程管理软件的开发和应用,成为推动工程管理专业发展的又一强大动力。信息处理变得更加迅速、及时和准确,管理人员能够把资金、时间、设备、材料及人工等多方面的因素综合在一起,通过计算机完成计划、预测、报表等功能,使得把现代化管理方法和技术手段运用于大型复杂工程项目管理的设想变成了现实。

随着工程建设规模的迅速扩大和建造难度的不断增加,工程管理行业所面临的形势和实践过程中亟待解决的实际问题推动了工程管理的学术研究不断深入。国内部分科研机构及大学相继建立了以工程管理为主要研究内容的科研院所。科研机构围绕工程管理的基础理论、技术方法的应用和工程管理专业的人才培养、资格认证展开了广泛的研究和探索。

我国最具权威的科研机构——中国工程院于——2000 年成立工程管理学部。这是国内学术界对工程管理学科地位认同的重要体现,对于冲破社会工程管理及其工作价值的狭隘认识,承认工程管理理论研究者的创新价值,认同工程管理实务工作者的学术地位具有举足轻重的作用。

中国工程院与国家自然科学基金委员会于 2003 年联合发起、创办了中国"工程前沿"学术研讨会,首届研讨会主题为"未来的制造科学与技术"。中国"工程前沿"研讨会以工程前沿与学术研讨为宗旨,每年春、秋在北京召开两次,会议的主题包括国家重大工程技术领域的关键问题及重要工程研究的前沿问题。"工程前沿"研讨会作为我国在促进工程的跨学科研究的重大举措受到各方关注。

2007 年 4 月,中国工程院和广州市政府联合主办了中国工程院首届工程管理论坛。论坛以我国工程管理发展现状及关键问题为主题,交流了工程管理的先进理念与成功经验,探讨了工程管理行业未来发展趋势。论坛的成功举办有力地推动了工程管理行业和学科的发展。

近年来,我国在工程管理重大课题研究方面不断取得进展。1993 年,中国国家自然科学基金委员会设立课题开展"重大科技工程管理理论与方法研究"。这是我国当年两个重点管理学科研究课题之一,是国内首次设立课题研究工程管理领域。1996 年 12 月课题组完成了多达 100 多万字的研究报告,对工程与工程管理基本概念、工程管理领域的一般规律、国内外工程风险管理理论与实践、高技术工程管理的概念和工程综合管理技术与应用等方面展开了深入研究,并对工程管理在交通工程、军用飞机研制工程、民用核电站建设工程、战略导弹研制工程等行业中的应用进行了重点分析,对促进我国重大科技项目的工程管理提出了意见和建议。

2004年,在北京召开的工程科技论坛上,中国工程院工程管理学部确定就"工程与工程哲学"开展咨询研究。该项目于2005年启动,2006年结题,由殷瑞钰院士担任项目负责人。开展此项研究工作主要是基于现代社会工程数量急剧增加、规模不断扩大、结构日趋复杂、难度显著提高,不同工程之间,工程与自然、工程与经济社会之间以及工程自身内部都有许多极其复杂的关系,需要进行跨学科、多学科的研究,特别需要从宏观层面、以哲学思维把握工程活动的本质和规律,从而为项目决策和工程建设提供科学的世界观、方法论,以提高工程建设的综合效益。

伴随着国家社会经济的持续发展,特别是新型工业化进程的加速推进,工程管理在基础理论和技术方法上都得到了全面的发展。一方面,系统工程、科学管理、运筹学、价值工程、网络技术、关键路线法等一系列理论与方法均诞生或者应用于工程实践,并逐步发展成为管理学的核心理论与方法。另一方面,现代科学技术的飞速发展和社会、经济各个领域对工程管理行业的巨大需求,为工程管理的进一步完善和发展提供了广阔的空间,注入了新的活力,促进工程管理理论和技术体系的不断健全和完善,推动工程管理逐步成为社会经济发展中具有重要地位和作用的行业。

➤ 1.3.2 工程管理的发展趋势

1. 工程管理理论、方法和手段的科学化

现代工程管理的发展历史正是现代管理理论、方法、手段和高科技在工程管理中研究和应用的历史。现代工程管理吸收并应用了现代科学技术的最新成果,具体表现在:

(1)现代管理理论的应用。现代工程管理是在现代管理理论,特别是在系统论、控制论、信息论、组织行为科学等的基础上产生而后发展起来的,并在现代工程的实践中取得了惊人的成果。它们奠定了现代工程管理理论体系的基石,推动了工程管理科学的发展。现代工程管理实质上就是这些理论在工程实施过程和管理过程中的综合运用。

(2)现代管理方法的应用,如预测技术、决策技术、数学分析方法、数理统计方法、模糊数学、线性规划、网络技术、图论、排队论等,它们可以用于解决各种复杂的工程管理问题。

(3)现代管理手段的应用,最显著的是计算机和现代信息技术,以及现代图文处理技术、精密仪器、数据采集技术、测量定位技术、多媒体技术和互联网等的使用。这大大提高了工程管理的效率。

(4)近十几年来,管理领域和制造业中许多新的方法和理论,如创新管理、为人为本、物流管理、学习型组织、变革管理、危机管理、集成化管理、知识管理、虚拟组织、并行工程等在工程管理中的应用,大大促进了现代工程管理理论和方法的发展,开辟了工程管理一些新的研究和应用领域,丰富了管理学的内涵。

工程管理作为管理科学与工程的一个分支,如何应用管理学和其他学科中出现的新的理论、方法和高科技,一直是工程管理领域研究和开发的热点。

2. 工程管理的社会化和专业化

在现代社会中,由于工程的数量越来越多,规模大、技术新颖、参与单位多,社会对工程的要求越来越高,使得工程管理越来越复杂。

按社会分工的要求,现代社会需要专业化的工程管理人员和企业,专门承接工程管理业务,为业主和投资者提供全程的专业化咨询和管理服务。这样才能有高水平的工程管理。工程管理发展到现在已不仅仅是一个专业,而且形成许多职业。在我国建设工程领域工程管理有许多职业资格,如建造师、造价工程师、监理工程师等。专业化的工程管理(包括造价咨询、招标代理、工程监理、项目管理等)公司已成为一个新兴产业。这是世界性的潮流。国内外已探索出许多比较成熟的工程管理模式。这样能极大地提高工程的整体效率,达到投资省、进度快、质量好的目标。

随着工程管理专业化和社会化的发展,近十几年来,工程管理的教育业越来越引起人们的重视。在许多工科型高校,甚至一些综合型、财经类高校中,都设有工程管理本科专业,并有工程管理领域的工学硕士、管理学硕士、专业硕士和工程硕士,以及博士教育。

3. 工程管理的标准化和规范化

工程管理是一项技术性非常强的十分复杂的管理工作,要符合社会化大生产的需要,工程管理必须标准化、规范化。这样才能逐渐摆脱经验型的管理状况,才能专业化、社会化,才能提高管理水平和经济效益。

工程管理的标准化和规范化体现在许多方面,如:①规范化的定义和名词解释;②规范化的工程管理工作流程;③统一的工程费用(成本)划分方法;④统一的工程计量方法和结算方法;⑤信息系统的标准化,如统一的建设工程项目信息的编码体系,以及信息流程、数据格式、文档系统、信息的表达形式;⑥工程网络表达形式的标准化,如我国《工程网络计划技术规程》(JGJ/T 121—99);⑦标准的合同文件、标准的招投标文件,如我国的《建设工程施工合同(示范文本)》等;⑧2006 年我国颁布的国家标准《建设工程项目管理规范》(GB/T 50326—2006)。

4. 工程管理的国际化

在当今整个世界,国际合作工程越来越多,例如国际工程承包、国际咨询和管理业务、国际投资、国际采购等。另外在工程管理领域的国际交流也越来越多。

工程国际化带来工程管理的困难,这主要体现在不同文化和经济制度背景下的人,由于风俗习惯、法律背景、组织行为和工程管理模式等的差异,加剧了工程组织的复杂性和协调的困难程度。这就要求工程管理国际化,也即按国际惯例进行管理,要有一套国际通用的管理模式、程序、准则和方法,这样就使得工程中的协调有一个统一的基础。目前通常用的工程管理国际惯例和知识体系包括:世界银行推行的工业项目可行性研究指南;世界银行的采购条件;国际咨询工程师联合会颁发的 FIDIC 合同条件;国际上通用的项目管理知识体系(PMBOK);国际标准化组织(ISO)颁布的质量管理标准(ISO 9000);国际标准化组织(ISO)颁布的项目管理质量标准(ISO 10006);国际标准化组织(ISO)颁布的环境管理标准(ISO 14000)等。

思考题

1. 什么是工程,工程的特点与内涵是什么?

2. 什么是工程管理,工程管理所涉及的行为主体包括哪些,各自承担的主要责任是什么?

3. 工程与工程管理的发展趋势是什么?

第2章
工程管理的系统观

2.1 工程管理系统概述

▶ 2.1.1 工程管理系统的定义

1. 工程与系统

工程管理的内涵是在工程活动的主要活动过程中所产生的,是开展和完成一系列特定的管理活动的集合。从工程管理所涉及的知识来看,工程管理具有很强的技术专业性,更有很强的社会性,是多学科的交叉;从工程管理的时间范围来看,工程管理活动贯穿于工程可行性研究、工程设计、工程施工、工程运营等工程的全生命周期过程;从工程管理的作用来看,工程管理好坏不仅会影响工程的进度、效率,还会影响到工程对社会、环境的不同作用。因此,在工程管理活动中,应该采用系统工程的思想来指导工程管理的全部活动。

在历史上,许多工程的建设中都或多或少地蕴含有系统管理的思想,如公元前3世纪中叶,我国战国时期的秦国蜀郡太守李冰及其子在四川主持修建了都江堰,解决了围堰、防洪、灌溉以及水陆交通问题,直到如今都江堰依然发挥着重要的作用,该工程是系统思想运用的典型工程。此外,还有万里长城的修建、宋真宗年间的皇宫修复工程等,都是运用系统思想的成功实践。

2. 工程管理系统

系统是由两个以上有机联系、相互作用的要素所组成,具有特定功能、结构和环境的整体。工程与系统两个概念之间具有深刻的联系,研究它们之间的联系对于认识工程、做好工程管理具有重要意义。

首先,任何一个工程都是一个系统。工程首先是以各种必要的硬资源为要素组成的系统,工程的硬资源就是工程在系统意义下的要素。从物理上讲,在自然规律与技术原理支配下,工程硬资源之间的关联就形成了工程的硬结构。工程硬资源在系统意义下要素之间的关联、工程分(子)系统之间的关联组成了工程硬结构,工程硬结构对于工程功能具有重要影响,它直接关系到工程质量、工程寿命和工程综合效益。

其次,工程系统包括硬系统和软系统。工程活动实际上是一个系统综合过程,即工程资源的整合过程,从物理载体看,工程作为一个实体系统,是由土地、设备、资金、材料等经过技术、信息、管理、人员组织而成,这可称为工程硬系统,它是工程的物质基础,是工程物理性的体现。同时在整合要素资源的过程中,必须要有一个有序整合工程硬资源的工程组织与管理系统,它们是构建工程实现其基本功能的支撑与保证,这就是工程软系统,工程软系统保证了工程硬系统的规定性,即规定了工程实体系统的结构与功能的实现。工程建设过程中,可视为工程主体依据工程规划与工程设计,将工程从初始状态向既定的工程目标推进的动态演变活动,而工程软系统则支撑和保证了这一演变的方向和轨迹。

最后,工程系统对于环境是开放的。工程建设中与环境之间产生复杂、多元和动态的关联,因此需要考虑工程与环境之间的和谐与协调。正因为工程与系统建立了如此紧密的联系,所以,工程也称为工程系统,并因此运用系统方法论对工程进行认识和分析,从而更全面、更深层次地挖掘工程的内涵与本质。

2.1.2 工程管理系统的特性

工程管理系统是由工程建设管理涉及的各种专业知识组成,为了满足工程建设目标的系统。工程管理系统包含以下四个要点。

(1)系统及其要素。系统是由两个以上要素组成的整体,构成这个整体的各个要素可以是单个事物(元素),也可以是一群事物组成的分系统、子系统等。系统与其构成要素是一组相对的概念,取决于所研究的具体对象及其范围。

(2)系统和环境。任一系统又是它从属的一个更大系统(环境或超系统)的组成部分,并与其相互作用,保持较为密切的输入输出关系。系统连同其环境超系统一起形成系统总体。系统与环境也是两个相对的概念。

(3)系统的结构。在构成系统的诸要素之间存在着一定的有机联系,这样在系统的内部形成一定的结构和秩序。结构即组成系统的诸要素之间相互关联的方式。

(4)系统的功能。任何系统都应有其存在的作用与价值,有其运作的具体目的,也即都有其特定的功能。系统功能的实现受到其环境和结构的影响。

工程管理系统的一般特性有以下八方面。

1. 整体性

整体性是系统的核心特性。工程系统一般具有相对明确的结构、功能以及相对明晰的边界。具有相对独立功能的系统要素以及要素间的相互关联,能量转换,空间与时间优化,是根据系统功能依存性、逻辑统一性和技术规范性的要求,协调存在于系统整体之中。在一个系统整体中,即使并不是每个要素都很优越,但它们也可以通过特定的集成方式使之协调、综合成为具有良好功能的系统;反之,即使每个要素都是良好的,但作为整体由于集成协调不当却不具备某种良好的功能,这也不能称之为完善的系统。工程系统的整体性强调基于系统的综合集成创新。

2. 动态性

社会的变革与发展,内外环境的变化,以及工程系统自身运行的动态特性使得工程系统的动态性和不确定性日益突出;工程系统的有效寿命周期相对缩短,管理的难度加大,与时俱进和全面创新的要求提高。市场、技术、组织等动态因素变化加快、多重转轨(计划经济→市场经济,国内市场→国际市场,粗放经营→集约经营等)时期的动态社会环境等均是现代工程系统动态性的重要来源和具体体现。

3. 复杂性

现代工程系统除了属性与功能多样、系统与环境的关系紧密等特性之外,还存在着其内部结构与运行行为复杂的特性。主要表现为：众多要素具有多功能、多"层次"的结构，各组成部分(功能要素)之间有广泛而密切的联系，并常常不同质，但通过不同方式的耦合，形成多重互动网络结构；要素种类繁多，知识表达不同，模型各具特色；一般以人—机系统的形式存在，而人及其组织或群体也表现出固有的复杂性。另外，现代工程系统具有学习与自适应等复杂系统的特征明显。

4. 普遍性

随着科技、经济、社会的发展及人们认知能力、改造客观世界能力的提高，许多现实问题系统化、工程化和工程系统化等趋势日益明显，工程理念及系统思想逐渐普及，系统方法论及工程方法大有用武之地。但也要防止现实生活中各类复杂问题的泛工程化。

5. 目的性及多目标性

工程系统为人造系统，一般具有明确的目的和功能，力求实现系统的创新与发展。但现代工程系统一般面临复杂的环境影响及互动要求，如技术的、经济的、环境的、社会的等影响和要求，因而权衡优化正是现代工程系统管理的难点之一。

6. 开放性

工程系统是高度开放的系统，工程系统存在着与外部环境的物质、能量、信息的频繁交流。在工程系统开发、运行、革新的过程中，会受到来自内、外部及技术、经济、社会、管理等多领域、多方面环境因素的复杂影响，其中经济、社会及人的因素和管理因素的影响越来越明显、广泛和深刻。现代工程系统必须重视环境依赖性，注重保护生态环境。

7. 人本性

在工程系统中，知识产品及智力资源日益占据主导地位。工程活动中人的因素突显，人—机—环境关系是最基本的关系。这中间要考虑决策者、资源提供者、建设者、运营者、各种利益相关者等多重主体，相关利益和行为主体的态度及人与人的协作状态越来越重要。工程系统中人的要素、管理要素、信息要素等日益重要，系统"软化"趋势较为明显。工程系统应为人类的长远利益和大局利益服务，应该以人为本。

8. 战略性

现代大规模复杂的工程系统往往意义重大，对一个组织的发展，对区域社会、经济、科技、环境，甚至对国家战略，都会产生全局、稳定、持续、深层次影响。许多重大工程系统问题已从微观层次上升到了宏观层次，从战术问题上升到了战略问题。工程理念和价值观正在发生变化，工程观及发展战略对工程科学、工程技术和工程管理具有支配作用。现代工程师也应具有战略眼光，其中的领军人物必须具有战略家的知识和素质。

2.2　工程哲学与工程伦理

➤ 2.2.1　工程哲学与工程管理

1. 工程哲学

工程哲学是研究人的改变物质世界的活动的哲学，它是研究关于人的造物和用物、生产和生活的哲学问题的哲学分支,它所研究和考察的对象是整个工程领域,它是关于整个工程领域的哲学理论,是关于重大工程问题和工程共同规律或一般规律的哲学思考。

工程哲学所要研究的是整个工程领域的共同规律或一般规律,而不是某一具体工程的特殊过程或个别现象,也不是某一具体工程学科的特殊规律。工程哲学所关注的是工程领域包括工程合理性在内的最普遍的问题,而非具体工程的单一性问题,是对最普遍性问题的不断追问。而且,工程哲学是在工程本体论、认识论和价值论的高度上,从整体上把握工程活动及过程的一般规律和作用机制,为工程领域提供工程观和工程方法论指导。

工程哲学的主要内容包括工程本体论、工程认识论、工程方法论的研究,工程系统观、工程社会观、工程生态观的研究,工程理念和工程价值的冲突与协调、工程的设计和建造中的哲学问题,以及工程哲学与工程历史、工程社会学、工程管理学等学科关系的研究等等。基于科学发展观与构建和谐社会的需要,从工程哲学的角度,应当主要关注以下问题。

(1)工程发展观。随着工业经济的出现,经济发展与工程建设愈发密切相关。以往片面地以经济利益为导向的工程观引发了许多问题,因此需要树立科学的工程发展观,注重人与自然关系的协调,强调工程各种功能间的协调,以及工程与社会的协调,即在工程活动中体现可持续发展观的大协调观。

(2)工程辩证观。由于工程活动是人造物的活动,因此,工程辩证法的特点是以人的活动的辩证法为主导,探讨人的活动与自然界的辩证法、科学技术辩证法、社会辩证法之间辩证关系的辩证法。

(3)工程系统观。任何工程都是由多种工程要素组成的复杂系统。研究工程活动中的系统集成规律,探索工程系统的集成方法论,形成科学的工程系统观,对于指导工程研究和创新具有重要的思想价值。

(4)工程生态观。工程是人类改变自然,使自然服务于人类目的的产物。工程的创新与建设,必须顺应和服从生态循环规律,把工程理解为生态循环系统之中的生态社会现象,这也是在工程建设领域中落实可持续发展观的重要方面。

(5)工程价值观。工程价值观就是研究工程的功能属性对于人类的意义,应用什么标准评价和怎样评价等问题。工程价值观既要研究关于工程的一般的价值理论,也要研究在具体工程中,各种不同的价值准则的协调问题。

2. 工程管理

工程管理是以工程为对象,通过一个有时限的柔性组织,对工程进行高效率的决策、计划、组织、指挥、协调与控制活动,以实现工程的整体目标。工程管理蕴含着深刻的哲学内涵,并在实质上指导和影响着工程的实践和发展。因此,需要对工程管理进行哲学思考,上升到哲学的高度,从中提炼出一些规律性的东西。

(1)工程管理的活动:实践—认识—再实践的过程。工程管理的对象是工程或被当做工程来处理的任务或作业,这里体现了物质是第一性的,以及矛盾的普遍性、特殊性和矛盾的转化等基本哲学原理。

工程管理活动体现了认识的辩证过程:实践—认识—再实践—再认识,将工程管理实践上升为理论并指导工程管理实践,工程管理的主体是决策者、管理者,或者其群体,客体是组织机构和各类资源。主体和客体相互依存,相互作用,相互影响,相互协调,体现了主客体的辩证统一。

(2)工程管理的思想:整体宇宙观。工程管理具有系统特性:整体性、层次性、开放性、综合最优,因此需要树立系统工程的思想。

注重系统管理这一特点,是哲学上的整体宇宙观、归纳和演绎、分析与综合的科学思维方法的具体应用,是把工程看作是一个动态开放的、互相联系的整体的哲学思想的具体体现。

(3)工程管理的组织:体现人的主观能动性。工程管理是通过一个有时限性的柔性组织来实施完成的,反映了人的主观能动性、共性与个性的关系、主要矛盾的主要方面决定事物的本质和发展等基本规律。

工程应注重组织和运行中的人文因素,贯彻"以人为本",提升人的价值,充分发挥人的主观能动性,有效地进行组织整合和机制设计。

(4)工程管理的方式:多目标管理。目标管理本身和自我控制充满了哲学思辨。它把客观的需要转化成为个人目标,从而保证能取得成就。考虑到工程管理目标设定要考虑到工程的利益相关者,这其中还有整体、综合的哲学内涵。工程管理中强调对目标范围的界定,蕴涵着质、量、度及质量互变规律等深刻的哲理。

(5)工程管理的价值观:辩证统一——— 和谐管理。和谐本身就是强调事物的辩证统一,是工程管理的一个重要内涵。工程管理的要求和特点,鲜明地体现和遵循着"和谐管理"与"管理要和谐"的理念。自觉地有意识地认识与贯彻和谐管理的思想,对工程管理的顺利进行、成功达到工程的预定目标十分重要。

(6)工程管理的灵魂:认识的飞跃——创新。创新是人类认识世界、改造世界的主要思维和实践活动,是新世纪哲学的重要内容。

从哲学的观点来说,工程的本质是变化,是辩证法,是体现人类智慧成果的世界变化的典型代表。工程创新是质的飞跃,工程管理创新是认识的飞跃。

奥地利经济学家熊彼特认为:用于管理上的"创新",是进行生产因素和生产条件的"新组合"。工程管理就是创新管理,使得工程创新活动更加和谐、有序、高效。工程管理创新包括工程管理的理念、组织、制度、技术、方法等诸多方面的创新。

哲学是世界观,是其他科学的主导原则和方法论,哲学的原理在工程管理中的体现、统领、指导与应用,构成了工程管理的哲学内涵。哲学是工程管理的精神和导向,工程管理是哲学的实践和体现。

2.2.2 工程伦理与工程管理

工程伦理学的出发点就是探讨工程技术人员在职业活动中,对雇主、对公众、对环境、对社会、对未来所负有的责任,其核心的课题便是当利益与责任、局部利益与全局利益、经济效益与环境效益、现实需要与长远的价值目标发生冲突时如何作出正确的判断和抉择。

现代工程的非技术方面的内容包括:协调工作、人与技术的集成、人机协调、企业与客户的良好关系和培养具有协调性、创造性的企业文化。尤其是涉及各类设计人员、制造人员、原系统开发及维护人员、各级管理者和高级决策层等综合因素。人在现代工程中发挥着十分重要的作用。因此,树立正确的科学精神和工程伦理观,将会对发挥人的积极作用产生良好的影响。工程技术人员在工程中要遵守的基本原则有以下三方面。

(1)人道主义原则。人类社会生活丰富多彩,人们结成的社会关系也纷繁多样,而人道主义原则是人处理各种伦理关系最基本的伦理原则。社会主义人道主义就是社会主义社会一种对待人的伦理原则,是处理人与人之间新型关系的道德规范。它体现的是广大科技工作者和工程技术人员对民族整体利益的关心,对绝大多数社会成员的关爱和尊重之心。

(2)尊重生命的价值原则。从哲学的角度讲,价值是物质或精神的客体的某种属性与人类需要发生联系而产生的概念。尊重生命价值意味着始终将保护人的生命摆在一切价值的首位,意味着不支持以毁灭生命为目标的项目的研制开发,不以非人道的手段对待每一个人,不从事可能破坏人的生存环境和健康的工程,并且在工程设计和实施中以对待生命高度负责的态度充分考虑产品的安全性能和劳动保护措施。

(3)人人平等原则。人人平等在现实生活中的理解有两个不同的含义:一是指每个人拥有的社会财富以及其他利益大体一致,即财富均等、结果平等;另一个是指每个社会成员都有平等的现实利益和取得财富的机会,即权利和机会的平等。

人人平等在工程活动中体现,意味着尊重并保障每个个体合法的生存权、发展权、财产权、隐私权等个人权益,工程师在其职务活动中应该时时刻刻建立维护公众权利的意识,不任意损害个人利益,对不能避免的利益损害给予合理的补偿。

一般工程伦理是指工程技术活动中人际道德研究,包括以下三方面:

(1)工程技术人员之间、工程技术人员与工人之间的道德原则和规范,如平等公正、相互信任、互相尊重、以诚相待、团结友爱。实施这些道德规范,可提高工程技术队伍的生产力。

(2)在工程技术的研究和实践中,追求真理,勇于探索,敢于攻坚,不畏艰险,尊重事实,坚持真理,修正错误,以保证工程设计和建设的质量。

(3)工程技术人员在处理与企业和社会之间的关系时,既要忠诚于雇主,努力工作,对企业负责;又要忠诚于人民和社会,不能以损害他人和社会利益的形式追求企业的利益;当两者的利益发生矛盾时,以人民和社会的利益为重等等。

2.3　工程管理系统的复杂性

在一般系统中,如果系统的组成要素之间的关联比较复杂,系统结构形成了不同的层次,或由于其他种种原因对这类系统一般不能仅仅通过“分解再叠加”的还原论来认识,我们常称这样的系统为复杂系统。一般来说,复杂系统具有以下特点:

(1)系统是开放的。系统与环境之间存在多种形式的物质、能量与信息的交换,而且环境的不确定性、动态性等对系统具有重要影响,系统与环境的交互是紧密的。

(2)系统的一种或多种(整体)行为、性质和特征不能由系统的部分行为、性质和特征来决定和认识,也不能由其部分行为、性质和特征简单叠加来决定和认识,这一现象常称为系统的“涌现”。

(3)系统一般由多个具有自学习、自适应功能的自主主体参与或组成,自主主体在某种意义上是“活”的,因此它们能够组织和自组织形成系统的结构与功能。这样,系统也就成为

"活"的、具有进化现象的系统。

　　(4)由于系统各部分之间高度集成,使得各部分相互之间的作用"半径"不再是小范围,而往往具有某种全局性。系统中某一个部分的哪怕是很弱小和微小变化都有可能被逐步放大而造成对系统宏观行为的全局影响,而且这些影响一般难以认识和预测。这种状况在直观上让人感到系统中一些事件的原因与结果之间并不是那么直接和显然,这就使得一些事情即使在系统设计之初尽量考虑周到,也常常是"防不胜防"。

　　工程管理项目是一个庞大、复杂的社会经济技术系统。工程管理的系统复杂性不仅在于其工程规模、工程环境、施工难度、工程技术等一般工程复杂性,而且还体现在由其自身特点所引发的相比工程物理层面更深刻的系统层面上的复杂性。工程管理项目建设与管理本质上是一个多维度、多层次、多界面、多子系统的开放复杂巨系统。总体而言,工程管理项目的系统复杂性特征主要体现在以下几个方面。

　　1. 工程管理项目的整体性

　　工程管理项目是由多个相互制约和相互影响的子系统有机结合而形成的具有明确目标的整体系统。工程管理项目的整体行为并非简单地与子系统的行为相联系,不能简单地采用还原论方法;而必须从整体上去把握系统的发展趋势和特点,亦不能简单地从局部个别行为细节去判断,系统整体行为绝不是所有局部行为的简单相加。因为工程管理项目中子系统行为之间也充满着竞争,它们的行为往往是共同竞争或合作的结果,或是协同效应,或是优胜劣败,其竞争结果取决于诸多因素。因此,在进行工程管理项目决策时,需要以整体工程观指导工程管理项目活动。

　　2. 工程管理项目的开放性

　　工程管理项目的演化不仅为其自身的矛盾运动所推动,亦受到外界因素强有力的影响,从而呈现出丰富多彩的发展行为。同时,工程管理项目在各种周围因素的影响下,系统本身及其子系统与周围环境不断进行物质交换、能量交换和信息交换。工程管理项目的开放性主要表现在:一是每一个工程管理项目都与其他系统交换物质、能量和信息,且项目的存在依赖于与外界物质和能量的交换;二是每一个参与大型工程建设的主体也是开放的,需要依靠其他参与方的协调配合来完善自身的决策机制,进而确保各参与主体视角下的工程项目目标的协同实现。

　　3. 工程管理项目的动态性

　　工程项目随时间演进呈现出波动的特征,工程管理项目中的系统波动特征在于项目决策、项目管理与项目控制能力的波动和变化。工程管理项目的动态性主要体现在:一是基于工程管理项目的复杂、渐变,项目各参与主体通过信息技术组建具有强大竞争力的动态战略联盟,共同形成一个目标趋同的利益整体;二是项目不同实施阶段的工程管理项目组织架构呈现出多变、各异的特性;三是项目管理者必须及时对项目的动态实时变化做出响应,并根据具体情况采取动态的项目管理调控措施。

　　4. 工程管理项目的层次性

　　一是从工程管理项目的全寿命周期来看,工程管理项目在时间维度上的各个时段(决策阶段、开发阶段、实施阶段和运营阶段)存在许多表面上连续但实质上离散的层次界面;

二是工程建设的质量、安全、成本、进度、范围等工程建设目标本质上构成若干个独立而又相互联系的管理层次目标网络系统，并构成多层次多功能的要素体系；三是工程建设需要消耗各种资源，包括人力资源、建筑材料、机械设备、动力能源、建设资金等资源子系统，而这些资源子系统存在层次关联性和系统协调性。

5. 工程管理项目的自组织性

工程管理项目存在众多不同、分散的子系统，这些子系统在许多方面不断进行相互作用，且相互作用使得工程管理项目整体产生了自发性的自我组织。在这种自我调整中，它们不像通常认为的那样仅仅只是被动地对所发生的事件作出反应，而是积极地试图将所发生的一切都转化为对自己有利的因素，如对外部环境、技术变化、工程变更、价差调整等一些变化不断积极地做出反应。每一个这样自我组织、自我调整的系统都具有某种动力，正是这种动力使得工程项目更具自发性、更无秩序、更活跃。

2.4 工程管理的发展观

工程项目本身是一个系统，需要以系统方法来管理其实施，这已经是理论与实践的共识，而科学发展观对工程项目管理的系统性要求是将项目作为社会大系统的一个子系统来对待，要考虑其实施对社会系统的影响。建设项目本身是其所置身的大系统的一个子系统，随着科学发展观、可持续发展理论的建立，建设项目越来越考虑与周围环境的协调、对可持续发展的影响，对建设项目的绿色、环保、节能的要求日益提高，这种要求必须在建设工程管理的全过程中体现出来。

按照科学发展观的要求，工程系统等任何系统的发展都必须考虑到经济社会的持续发展、协调发展和以人为本的发展，并为构建和谐社会作出贡献。工程与自然等环境的和谐友好直接关系到可持续发展，工程与社会的和谐直接关系到全体公民的福祉，工程系统与自然系统、社会系统的协调是现代工程系统化发展的必然要求，也是构建和谐社会的重要基石。为此，需要把传统的工程观转变为全新的工程系统观。

长期以来，工程常常被视为人类征服自然、改造自然的活动，对工程活动可能产生的长期的、潜在的、多方面的生态效应和各种风险估计不足，工程活动对社会结构、社会生活、社会文化等方面的影响及其反作用也考虑不够，因而不能全面把握工程系统与自然系统、社会系统的互动关系。这种传统的工程观已经对工程实践、经济发展及社会生活产生了严重的负面影响，甚至影响了社会的安定与和谐。

工程管理的发展观要求工程活动应建立在符合客观规律（包括自然规律和社会规律）的基础上，遵循资源节约、环境友好及社会和谐的要求与准则，保持人与自然、社会协调发展，节约资源能源，保护生态环境，促进社会进步，提高综合效能。

工程决策者和实践者应增强社会责任感和树立工程发展观，树立一切工程活动都应促进人与自然、社会和谐的理念，杜绝各类形象工程、政绩工程，乃至"豆腐渣"工程、扰民工程。工程战略、规划和决策要实现系统化、民主化、科学化；工程设计和实施要体现人性化、生态化；工程评价要符合经济效益、社会效益、环境效益和生态效益的系统准则。在工程管理过程中，认真对待和妥善解决工程活动中存在着的多元价值观和复杂利益关系，实现工程系统的全局、集成优化。

为适应工程系统与自然系统、社会系统协调发展的新要求,当前应系统研究、大力倡导、积极推进、有效实施循环经济、清洁生产、绿色制造、绿色物流与绿色供应链等新的模式及方法,并将其运用到现代工程系统的开发、运行、革新及管理中去,为建设资源节约、环境友好型社会与和谐社会做出贡献。

2.5　案例:都江堰的系统化管理

都江堰位于四川省成都市都江堰市灌口镇,是中国建设于古代并使用至今的大型水利工程,被誉为"世界水利文化的鼻祖",也是中国古人以天、地、人、和为核心理念的工程管理系统的杰出典范。都江堰水利工程是由秦国蜀郡太守李冰及其子率众于公元前 256 年左右修建的,是全世界迄今为止,年代最久、唯一留存、以无坝引水为特征的宏大水利工程。

➤ 2.5.1　修建背景

号称"天府之国"的成都平原,在古代是一个水旱灾害十分严重的地方。这种状况是由岷江和成都平原"恶劣"的自然条件造成的。岷江出岷山山脉,从成都平原西侧向南流去,对整个成都平原是地道的地上悬江,而且悬得十分厉害。成都平原的整个地势从岷江出山口玉垒山,向东南倾斜,坡度很大,都江堰距成都 50 公里,而落差竟达 273 米。在古代每当岷江洪水泛滥,成都平原就是一片汪洋;一遇旱灾,又是赤地千里,颗粒无收。岷江水患长期祸及西川,鲸吞良田,侵扰民生,成为古蜀国生存发展的一大障碍。

都江堰位于岷江由山谷河道进入冲积平原的地方,它灌溉着灌县以东成都平原上的万顷农田。原来岷江上游流经地势陡峻的万山丛中,一到成都平原,水速突然减慢,因而夹带的大量泥沙和岩石随即沉积下来,淤塞了河道。每年雨季到来时,岷江和其他支流水势骤涨,往往泛滥成灾;雨水不足时,又会造成干旱。

秦昭襄王五十一年(公元前 256 年),李冰为蜀郡守。李冰在前人治水的基础上,依靠当地人民群众,在岷江出山流入平原的灌县,建成了都江堰。

李冰采用中流作堰的方法,在岷江峡内用石块砌成石埝,叫都江鱼嘴,也叫分水鱼嘴。鱼嘴是一个分水的建筑工程,把岷江水流一分为二。东边的叫内江,供灌溉渠用水;西边的叫外江,是岷江的正流。又在灌县城附近的岷江南岸筑了离碓(同堆),离碓就是开凿岩石后被隔开的石堆,夹在内外江之间。离碓的东侧是内江的水口,称宝瓶口,具有节制水流的功用。夏季岷江水涨,都江鱼嘴淹没了,离碓就成为第二道分水处。内江自宝瓶口以下进入密布于川西平原之上的灌溉系统,"旱则引水浸润,雨则杜塞水门"(《华阳国志·蜀志》),保证了大约 300 万亩良田的灌溉,使成都平原成为旱涝保收的天府之国。都江堰的规划、设计和施工都具有比较好的科学性和创造性。工程规划相当完善,分水鱼嘴和宝瓶口联合运用,能按照灌溉、防洪的需要,分配洪、枯水流量。

为了控制水流量,在进水口做三石人,立三水中,使"水竭不至足,盛不没肩"(《华阳国志·蜀志》)。这些石人显然起着水尺作用,这是原始的水尺。从石人足和肩两个高度的确定,可见当时不仅有长期的水位观察,并且已经掌握岷江洪、枯水位变化幅度的一般规律。

通过内江进水口水位观察,掌握进水流量,再用鱼嘴、宝瓶口的分水工程来调节水位,这样就能控制渠道进水流量。这说明早在 2300 年前,我国劳动人民在管理灌溉工程中,已经掌握并且利用了在一定水位下通过一定流量的堰流原理。

在都江堰,李冰又做石犀五枚,"二在渊中"(《华阳国志·蜀志》),二在渊中是指留在内江中。石犀和石人的作用不同,它埋的深度是作为都江堰岁修深淘滩的控制高程。通过深淘滩,使河床保持一定的深度,有一定大小的过水断面,这样就可以保证河床安全地通过比较大的洪水量。可见当时人们对流量和过水断面的关系已经有了一定的认识和应用。这种数量关系,正是现代流量公式的一个重要方面。

2.5.2 修建过程

秦昭襄王五十一年(公元前 256 年),秦国蜀郡太守李冰和他的儿子,吸取前人的治水经验,率领当地人民,主持修建了著名的都江堰水利工程。都江堰的整体规划是将岷江水流分成两条,其中一条水流引入成都平原,这样既可以分洪减灾,又可以引水灌田、变害为利。主体工程包括鱼嘴分水堤、飞沙堰溢洪道和宝瓶口进水口。

1. 宝瓶口的修建过程

首先,李冰父子邀集了许多有治水经验的农民,对地形和水情作了实地勘察,决心凿穿玉垒山引水,在玉垒山凿出了一个宽 20 公尺,高 40 公尺,长 80 公尺的山口。因其形状酷似瓶口,故取名"宝瓶口",把开凿玉垒山分离的石堆叫"离堆"。

都江堰宝瓶口:之所以要修宝瓶口,是因为只有打通玉垒山,使岷江水能够畅通流向东边,才可以减少西边的江水的流量,使西边的江水不再泛滥,同时也能解除东边地区的干旱,使滔滔江水流入旱区,灌溉那里的良田。这是治水患的关键环节,也是都江堰工程的第一步。

2. 分水鱼嘴的修建过程

宝瓶口引水工程完成后,虽然起到了分流和灌溉的作用,但因江东地势较高,江水难以流入宝瓶口,为了使岷江水能够顺利东流且保持一定的流量,并充分发挥宝瓶口的分洪和灌溉作用,修建者李冰在开凿完宝瓶口以后,又决定在岷江中修筑分水堰,将江水分为两支:一支顺江而下,另一支被迫流入宝瓶口。由于分水堰前端的形状好像一条鱼的头部,所以被称为"鱼嘴"。

鱼嘴的建成将上游奔流的江水一分为二:西边称为外江,它沿岷江河道顺流而下;东边称为内江,它流入宝瓶口。由于内江窄而深,外江宽而浅,这样枯水季节水位较低,则 60% 的江水流入河床低的内江,保证了成都平原的生产生活用水;而当洪水来临,由于水位较高,于是大部分江水从江面较宽的外江排走,这种自动分配内外江水量的设计就是所谓的"四六分水"。

3. 飞沙堰的修建过程

为了进一步控制流入宝瓶口的水量,起到分洪和减灾的作用,防止灌溉区的水量忽大忽小、不能保持稳定的情况,李冰又在鱼嘴分水堤的尾部,靠着宝瓶口的地方,修建了分洪用的平水槽和"飞沙堰"溢洪道,以保证内江无灾害,溢洪道前修有弯道,江水形成环流,江水超过堰顶时洪水中夹带的泥石便流入到外江,这样便不会淤塞内江和宝瓶口水道,故取名"飞沙堰"。

飞沙堰采用竹笼装卵石的办法堆筑,堰顶做到比较合适的高度,起一种调节水量的作用。当内江水位过高的时候,洪水就经由平水槽漫过飞沙堰流入外江,使得进入宝瓶口的水量不致太大,保障内江灌溉区免遭水灾;同时,漫过飞沙堰流入外江的水流产生了漩涡,由于离心作用,泥沙甚至是巨石都会被抛过飞沙堰,因此还可以有效地减少泥沙在宝瓶口周围的沉积。

为了观测和控制内江水量,李冰又雕刻了三个石桩人像,放于水中,以"枯水不淹足,洪水不过肩"来确定水位。还凿制石马置于江心,以此作为每年最小水量时淘滩的标准。

在李冰的组织带领下,人们克服重重困难,经过八年的努力,终于建成了这一历史工程——都江堰。

➤ 2.5.3　都江堰的水利工程体系

都江堰水利工程充分利用当地西北高、东南低的地理条件,根据江河出山口处特殊的地形、水脉、水势,乘势利导,无坝引水,自流灌溉,使堤防、分水、泄洪、排沙、控流相互依存,共为体系,保证了防洪、灌溉、水运和社会用水综合效益的充分发挥。它最伟大之处是建堰2250多年来经久不衰,而且发挥着愈来愈大的效益。都江堰建成后,成都平原沃野千里,"水旱从人,不知饥馑,时无荒年,谓之天府"。

都江堰渠首枢纽主要由鱼嘴、飞沙堰、宝瓶口三大主体工程构成。三者有机配合,相互制约,协调运行,引水灌田,分洪减灾,具有"分四六,平潦旱"的功效。

1. 岷江鱼嘴分水工程

鱼嘴分水堤又称"鱼嘴",是都江堰的分水工程,因其形如鱼嘴而得名,它昂头于岷江江心,包括百丈堤、杩槎、金刚堤等一整套相互配合的设施。其主要作用是把汹涌的岷江分成内外二江,西边叫外江,俗称"金马河",是岷江正流,主要用于排洪;东边沿山脚的叫内江,是人工引水渠道,主要用于灌溉。

在古代,鱼嘴是以竹笼装卵石垒砌。由于它建筑在岷江冲出山口呈弯道环流的江心,冬春季江水较枯,水流经鱼嘴上面的弯道绕行,主流直冲内江,内江进水量约 6 成,外江进水量约 4 成;夏秋季水位升高,水势不再受弯道制约,主流直冲外江,内、外江江水的比例自动颠倒:内江进水量约 4 成,外江进水量约 6 成。这就利用地形,完美地解决了内江灌区冬春季枯水期农田用水以及人民生活用水的需要和夏秋季洪水期的防涝问题。

2. 飞沙堰溢洪排沙工程

飞沙堰溢洪道又称"泄洪道",具有泻洪、排沙和调节水量的显著功能,故又叫它"飞沙堰"。飞沙堰是都江堰三大件之一,看上去十分平凡,其实它的功用非常之大,可以说是确保成都平原不受水灾的关键要害。飞沙堰的作用主要是当内江的水量超过宝瓶口流量上限时,多余的水便从飞沙堰自行溢出;如遇特大洪水的非常情况,它还会自行溃堤,让大量江水回归岷江正流。飞沙堰的另一作用是"飞沙",岷江从万山丛中急驰而来,挟着大量泥沙、石块,如果让它们顺内江而下,就会淤塞宝瓶口和灌区。古时飞沙堰,是用竹笼卵石堆砌的临时工程;如今已改用混凝土浇铸,以保一劳永逸的功效。

3. 宝瓶口引水工程

宝瓶口起"节制闸"作用,能自动控制内江进水量,是湔山(今名灌口山、玉垒山)伸向岷江的长脊上凿开的一个口子,它是人工凿成控制内江进水的咽喉,因它形似瓶口而功能奇持,故名宝瓶口。留在宝瓶口右边的山丘,因与其山体相离,故名离堆。离堆在开凿宝瓶口以前,是湔山虎头岩的一部分。由于宝瓶口自然景观瑰丽,有"离堆锁峡"之称,属历史上著名的"灌阳十景"之一。

➤ 2.5.4 都江堰工程的管理——岁修制度

1. 系统性规划与设计

李冰主持创建的都江堰,正确处理鱼嘴分水堤、飞沙堰泄洪道、宝瓶口引水口等主体工程的关系,使其相互依赖,功能互补,巧妙配合,浑然一体,形成布局合理的系统工程,联合发挥分流分沙、泄洪排沙、引水疏沙的重要作用,使其枯水不缺,洪水不淹。都江堰的三大部分,科学地解决了江水自动分流、自动排沙、控制进水流量等问题,消除了水患。

李冰所创建的都江堰是一个科学、完整、极富发展潜力的庞大的水利工程体系,是巧夺天工、造福当代、惠泽未来的水利工程,是区域水系网络化的典范。都江堰水利工程的科学奥妙之处,集中反映在以上三大工程组成了一个完整的大系统,形成无坝限量引水并且在岷江不同水量情况下的分洪除沙、引水灌溉的能力,使成都平原"水旱从人、不知饥馑",适应了当时社会经济发展的需要。新中国成立后,又增加了蓄水、暗渠供水功能,使都江堰工程的科技经济内涵得到了充分的拓展,适应了现代经济发展的需要。

2. 科学管理制度的建立

都江堰有效的管理保证了整个工程历经两千多年依然能够发挥重要作用。汉灵帝时设置"都水椽"和"都水长"负责维护堰首工程;蜀汉时,诸葛亮设堰官,并"征丁千二百人主护"(《水经注·江水》)。此后各朝,以堰首所在地的县令为主管。到宋朝时,制定了施行至今的岁修制度。

古代竹笼结构的堰体在岷江急流冲击之下并不稳固,而且内江河道尽管有排沙机制但仍不能避免淤积。因此需要定期对都江堰进行整修,以使其有效运作。宋朝时,订立了在每年冬春枯水、农闲时断流岁修的制度,称为"穿淘"。岁修时修整堰体,深淘河道。淘滩深度以挖到埋设在滩底的石马为准,堰体高度以与对岸岩壁上的水则相齐为准。明代以来使用卧铁代替石马作为淘滩深度的标志,现存三根一丈长的卧铁,位于宝瓶口的左岸边,分别铸造于明万历年间、清同治年间和 1927 年。

3. 工程建设与运营尊重与适应自然规律,实现工程与自然的和谐发展

都江堰水利工程针对岷江与成都平原的悬江特点与矛盾,充分发挥水体自调、避高就下、弯道环流特性,"乘势利导、因时制宜",正确处理悬江岷江与成都平原的矛盾,使其统一在一大工程体系中,变水害为水利。

人们在长期实践中创造了都江堰水文化,其内涵深刻,是都江堰工程长盛不衰的重要因素。"乘势利导、因时制宜"的原则,是治理都江堰工程的准则,人们称之为"八字格言"。都江堰的《治水三字经》,更是人们治理都江堰工程的经验总结和行为准则。"深淘滩,低作

堰,六字旨,千秋鉴,挖河沙,堆堤岸,砌鱼嘴,安羊圈,立湃阙,凿漏罐,笼编密,石装健,分四六,平潦旱,水画符,铁椿见,岁勤修,预防患,遵旧制,勿擅变"。《治水三字经》就是千百年来治理都江堰工程的经验总结。"勿擅变"不是不变,而是要遵循客观规律办事。实践证明《治水三字经》文化内涵,是人们长期实践的结果。随着人们继续实践,《治水三字经》的意义将与时俱进,长期指导着都江堰工程的保护与发展。

都江堰工程按水势和地形特征,以杩槎截流导流、卵石护岸、竹笼盛石筑堤、卧铁展示淘滩标准,以及"遇弯截角,逢正抽心"和"深淘滩,低作堰"等遗迹构成一道道独特的风景线,工艺精湛,造型优美,功能显著,显示出都江堰水文化特征,具有深远的历史和现实意义。宝瓶口的水尺和古水则,更显示出劳动人民的智慧,指导着灌区人民正确运用都江堰水资源,使灌区工农业生产能够乘势利导,趋利避害。

案例讨论

1. 都江堰工程如何体现工程管理的系统性?

2. 都江堰工程合理利用自然条件实现水利工程的目的对现代工程有何启示?

3. 请搜集三门峡水利工程的相关资料,并将都江堰工程的水利治理思想和三门峡水利工程治理的思想作比较。

思考题

1. 如何理解工程管理的系统性和复杂性?

2. 如何理解工程要实现人、自然和社会的和谐发展?

3. 请以具体的例子说明工程管理的动态性。

4. 如何理解工程管理的发展观?请列举案例予以说明。

第3章
工程管理方法论

3.1 工程管理方法论概述

方法论是哲学的三大问题之一。西方古代哲学家笛卡尔在 1637 年的《方法论》著作中提出方法论的四个重要命题。①怀疑论:对于复杂的事物不能轻易地下结论,不要接受自己没有体验过的真理,要勇于和善于怀疑权威的所谓真理;②分解论:要善于将复杂问题简单化,将复杂的问题分解为多个简单的小问题,再各个击破;③简化论:对于难于解决的问题可以按照由简到繁的排列然后从容易的简单的开始逐渐解决;④检验论:对于问题的结论要充分检验,再综合起来检验,看是否完全,是否将问题彻底解决了。

西方科学研究的方法,从机械到人体解剖的研究,基本是按照笛卡儿的方法论进行的,对西方近代科学的飞速发展,起了相当大的促进作用。但也有其一定的缺陷,如人体功能,只是各部位机械的综合,而对其相互之间的作用则研究不透。在 20 世纪 60 年代,航天航空技术等复杂问题的出现使人们意识到,当复杂问题无法分解的时候,必须用复杂的方法来对待;通过系统工程方法的引入,科学家们获得了阿波罗号登月工程的成功。系统工程的出现使得方法论的方法被综合性的方法所取代。系统工程促进了现代西方科学在诸如环境科学,生物工程学,气象科学和计算机科学等学科的大规模发展。

如果把哲学的世界观作为科学研究中的定性过程,认识论作为定性研究之后的实践与再定性的过程,那么方法论就可以看做是连接这两个哲学命题的从定性到定量的过程。工程管理方法论也是一个从定性到定量的哲学过程。

随着业界与学界对工程技术的日益重视,工程专业的许多毕业生往往只经过短期的工程实践就补充到了管理者的岗位。毋庸置疑,他们通常具有卓越的技术能力,但是伴随着岗位层次的提升和职业内容的改变,很多人则对管理知识有了更加迫切的需求。在现实情况下,由于缺乏相关理论著述和案例借鉴,他们往往只能在实践中摸索,通过反复尝试和经验积累来达到工程管理技能的提升。工程管理的内容涵盖了运用管理知识进行合理的筹划组织、通过系统分析确定并执行解决方案、使用工程技术手段严谨科学地解决实际问题这几个环节。工程管理需要从全局视角出发,完成对复杂业务的规划,同时实现对企业的全面督导。

工程管理方法论是把量的方法如系统工程的运筹学和数学分析方法,结合众多的社会和自然科学分析方法如经济学、管理学、法律学、环境学和社会学等交叉学科,同时遵从工程辩证哲学思想在工程流程、技术和管理等多维操作层面实现有效的控制和管理。

3.2　工程管理的基础理论

3.2.1　系统工程

1. "系统"的定义

系统一词在古希腊就已使用。它来自拉丁语 syatema,由词头"共同"和词尾"位于"结合而成,表示共同组成的群或是集合的概念。它是工程界应用最广的基本概念。许多专家学者企图用最简单的语言对它下定义。

《一般系统论》的创始人贝塔朗菲认为:"系统可以定义为相互关联的元素的集合。"

钱学森等学者对系统的定义是:"系统是由相互作用和相互依赖的若干组成部分结合而成的、具有特定功能的有机整体。"

对于这些定义,尽管表述不同,但是都指出了系统的三个基本特征:①系统是由元素所组成的;②元素间相互影响、相互作用、相互依赖;③由元素及元素间关系构成的整体具有特定的功能。

系统是要素的组合,但这种组合不是简单叠加和堆积,而是按照一定的方式或规则进行的,其目的是更大程度地提高整体功能,适应环境的要求,以更加有效地实现系统的总目标。

依据上述定义可以看出,系统是一个涉及面广、内涵丰富的概念,它几乎无所不在。我们就处在由各种系统所构成的客观世界,如国民经济系统、城市系统、环境系统、企业系统、教育系统等。

任何工程都是一个系统,它又是由各种子系统(系统)构成的。实质上前面我们已经在许多地方用过"系统"一词。工程可以从许多角度进行系统描述,例如:

从技术的角度,整个工程、工程的某个功能面、工程的每个专业要素都是系统。对工程技术系统而言,一个工程有主体结构系统、给水系统、强电系统、通信系统、景观系统、智能化系统等。

从参加者的角度,有投资者、业主、工程管理公司、承包商、设计单位、供应单位等组成的工程组织系统。

从工程的全寿命角度,包括前期策划、设计和计划、施工、运行等工程的过程系统。

从工程管理的角度,包括各个职能子系统,如计划管理子系统、合同管理子系统、质量管理子系统、成本管理子系统、进度管理子系统、资源管理子系统等。

工程的各个系统要素紧密配合、互相联系、互相影响,共同构成一个工程系统整体。

2. 系统工程方法概述

系统工程是以有人参与的复杂大系统为研究对象,按照一定的目的对系统进行分析与管理,以期达到总体效果最优的理论与方法。

20 世纪 40 年代前后,贝塔朗菲提出了"一般系统论",其内容包括了强调以精确的数学来描述系统的数学系统论,涉及控制论和运筹学等的系统技术理论,和以价值论、认识论和本体论为主体的系统哲学三部分。系统论的引入开创了工程科学在组织和管理系统方面的复杂性研究的哲学思维,并为工程管理方法论的提出和应用提供了良好的基础科学理论依据。系统论与在此基础上发展而来的控制论和信息论一起构成了工程管理系统的理论架构。普里高利的从量变到质变的、从无序到有序的时空转变系统耗散结构的概念解释了一些离散的非平衡复杂系统问题。

20世纪70年代,哈肯的"协同学理论"对复杂系统和非线性动力学在社会和自然科学层面进行了深层研究,进而发现了它们所描述的复杂系统元素的相互作用之间自组织行为的特征。协同学理论为工程管理方法论的组织结构的研究提供了理论的支持,证明在复杂的工程学问题中,通过系统内或外部元素的相互作用或某些控制参量的改变,会使得混乱的系统达到新的平衡,而且系统的变化可通过相似系统的模拟实现。

SFI(SANTA FE)的霍兰(J. Holland)教授提出的"复杂适应系统(CAS)"理论从微观和宏观两个方面针对人们从认识、理解到控制和管理复杂系统这一过程提出了主体与环境的反应模型,提出社会和工程等复杂性系统中的进化适应理论。在微观方面,主体在与环境的交互作用中遵循一般的刺激—反应模型,所谓适应能力表现在它能够根据行为的效果形成反馈,进而修改自己的行为规则,以便更好地在客观环境中生存。在宏观方面,由这样的主体组成的系统,将在主体之间以及主体与环境的相互作用中发展,表现出宏观系统中的分化、涌现等种种复杂的演化过程。

1975年美国科学技术辞典对系统工程解释为,"系统工程是研究复杂系统设计的科学,该系统由许多密切联系的元素所组成。设计该复杂系统时,应有明确的预定功能及目标,并协调各元素之间及元素和总体之间的有机联系,以使系统能从总体上达到最优目标。在设计系统时,要同时考虑到参与系统活动的人的因素及其作用"。

1978年钱学森对系统工程的定义是,"系统工程是组织管理系统的规划、研究、设计、制造、试验和使用的科学方法,是一种对所有系统都具有普遍意义的方法"。钱学森综合运筹学、控制论和信息论等管理学理论和系统理论,以及现代复杂系统科学的研究成果创造性地提出了"系统学"的学科理论。通过把信息技术运用到系统工程实践中,提出智能型、交互式和集成化的决策支持系统,并命名为从定性到定量的综合集成法。他的理论结合培养组织管理人才的建议为管理科学与工程的发展指明了方向,同时也印证了工程管理的学科必要性和其方法论体系。

3. 系统工程方法在工程管理中的应用

系统工程方法是处理工程问题的最有效方法。它贯穿于工程相关的各专业的理论和方法中。

(1)任何工程的参加者,包括工程管理者和工程技术人员首先必须确立基本的系统工程观念。在解决各种工程问题时,人们都采用系统工程方法,从"总体"上去考察、分析与研究问题,解决问题,作全面的整体的计划和安排,减少系统失误。在采取措施,作出决策和计划并付诸实施时都要考虑各方面的联系和影响。

例如在工程中要修改某一部分建筑方案,必须考虑该方案的修改对相邻部分建筑和整个建筑方案的影响,还要考虑对工程结构方案的影响,考虑对其他工程专业(如对给排水管道、装饰工程、综合布线等)的影响;考虑对工程价格的影响,对工程实施计划的修改(如采购计划)等等。

(2)追求工程的整体最优化,强调系统目标的一致性,强调工程的总目标和总效果,而不是局部优化。这个整体常常不仅指整个工程建设过程,而且指整个工程的全生命期,甚至还包括对工程的整个上层系统(如企业、地区、国家)的影响。

(3)在工程管理活动中都体现了系统工程方法的应用。例如工程项目结构分解方法(WBS)、工程界面管理方法、工程成本(费用)结构分解(CBS)、工程合同结构体系(CBS)、工程计划系统、工程管理信息系统、工程实施控制系统等。

(4)工程管理的集成化。现代工程规模大、范围广、投资大;有新知识、新工艺的要求,技术复杂、新颖;由成百上千个单位共同协作;由许多功能面和工程专业要素构成;由成千上万个在时间和空间上相互影响、相互制约的活动构成;受多目标限制,如资金限制、时间限制、资源限制、环境限制等,是复杂的大系统。只有通过集成化的管理方法才能取得成功。

工程集成化管理是将工程全寿命期、全部管理职能、所有专业工程子系统和功能区(单体建筑)纳入一个统一的管理系统中,以保证管理的连续性和一致性。它的关键问题是工程全寿命期的目标系统设计、统一的责任体系,保持组织责任的连续性和一致性。在工程管理中,我们可以在以下方面进行集成化管理。

①将工程的整个寿命期,从工程构思到工程拆除的各个阶段综合起来,形成工程全寿命期一体化的管理过程。

②把工程的目标、子系统、资源、信息、活动及组织整合起来,使之形成一个协调运行的综合体。

③将工程管理的各个职能,如成本管理、进度管理、质量管理、合同管理、信息管理、资源管理、组织管理等综合起来,形成一个有机的工程管理系统。

④业主、承包商、设计单位、工程管理公司、供应商和运行维护单位等各方面管理系统的集成化和一体化。

集成化的工程管理要求进行工程全寿命期的目标管理,综合的计划,综合的控制,良好的界面管理,良好的组织协调和信息沟通渠道。

工程管理集成化也使工程管理所涉及的各学科之间互相渗透,其界限在逐渐淡化。

工程管理的集成化是目前工程管理领域研究和应用的热点之一。

3.2.2　控制理论和方法

"控制"一词,英文为 control,本意为掌舵手,后转化用于管理系统,管理人,管理国家等的艺术。控制理论和方法在许多学科领域,特别在工程技术和工程管理领域中得到了广泛的应用,发挥了重要作用。

直观地说,所谓控制是指施控主体(如工程管理者)对受控客体(即被控对象,如工程、工程组织和工程实施过程)的一种能动作用,这种作用能够使受控客体根据预定目标运动,并最终达到这一目标。控制的目的就是保证预定目标的实现。

工程中的控制是综合性控制过程,具体表现为以下几方面:

1. 多目标控制

工程中的控制范围非常广泛,对工程成功的各个要素都必须进行控制,如工程范围控制、质量控制、时间控制、成本(投资)控制、合同控制、风险控制、环境控制、安全控制等。

2. 综合采用事前控制、事中控制和事后控制方法

(1)事前控制就是在工程活动之前采取控制措施,如详细调查并分析研究外部环境条件,以确定影响目标实现和计划实施的各种有利和不利因素,并将这些因素考虑到计划和各个管理职能之中。当根据已掌握的可靠信息预测出工程实施将要偏离预定的目标时,就采取纠正措施,以便使工程的建设和运行不发生偏离。

事前控制也叫前馈控制。在工程中编制切实可行的计划,对参加者进行资格预审,签订有利、公平和完备的合同,建立完备的工程管理程序等都是前馈控制。

(2)事中控制是指在工程实施过程中确保工程依照既定方案(或计划)进行。它通过对工程的具体实施活动的跟踪,防止问题的出现。

如在工程施工过程中进行旁站监理,现场检查,防止偷工减料,就是事中控制。

(3)事后控制是指根据当期工程实施结果与预定目标(或计划)的分析比较,提出控制措施,在下一轮生产活动中进行控制的方式。它是利用实际实施状况的信息反馈对工程过程进行控制,控制的重点是今后的生产活动。其控制思想是总结过去的经验与教训,把今后的事情做得更好。

它是一种反馈控制,在工程中有着广泛的应用,例如对现场已完成工程进行检查,对现场混凝土的试块进行检验以判定工程施工质量;在月底对工程的成本报表进行分析等。

3. 采用主动控制和被动控制相结合的方法

(1)主动控制。

①主动控制就是预先分析目标偏离的可能性,并拟定和采取各项预防性措施,以保证计划目标得以实现。主动控制是对未来的控制,它可以尽可能地改变偏差成为事实的被动局面,从而减少损失,使控制更有效。

②从组织的角度上,要求工作完成人发挥自己的主观能动性、自律,自己做好工作,自我控制。例如在工程施工质量管理中,首先要求施工人员自我控制,质量自检。

(2)被动控制。

①它是从工程活动的完成情况分析中发现偏差,对偏差采取措施及时纠正的控制方式。其过程包括:

对计划的实施进行跟踪,收集实施情况的信息;

对工程信息进行加工、整理,再传递给控制部门;

控制部门从中发现问题,找出偏差,寻求并确定解决问题和纠正偏差的方案;

实施这些纠偏方案,使得工程实施一旦出现偏离目标的情况就能得到纠正。

②通过工程参加者之间的制衡,通过他人的监督检查,进行控制。

(3)主动控制和被动控制的关系。对工程管理人员而言,主动控制与被动控制都是实现工程目标所必须采用的控制方式。有效的控制系统是将主动控制与被动控制紧密地结合起来,尽可能加大主动控制过程,同时进行定期、连续的被动控制。只有这样,才能取得工程的成功。

4. 采用循环过程的闭合回路控制方法——PDCA 循环法

工程控制是一个循环往复、持续改进的过程。美国管理专家戴明首先提出来的 PDCA

循环管理法,就是体现这种管理理念。

PDCA 是英文 plan(计划)、do(执行)、check(检查)、action(总结处理)四个词的第一个字母的缩写。它的基本原理就是做任何一项工作,或者任何一个管理过程,一般都要经历四个阶段(如图 3-1 所示):一是有个设想,根据设想提出一个计划;二是按照计划规定去执行;三是在执行中以及执行后要检查执行情况和结果;四是总结经验和教训,寻找工作过程中的缺陷,并提出改进措施,最后通过新的工作循环,一步一步地提高水平,把工作越做越好。这是做好一切工作的一般规律。

图 3-1 PDCA 循环的四个阶段

PDCA 循环法有以下几方面特点:

(1)每一个循环系统过程包括"计划—执行—检查—处理"四个阶段,它靠工程管理组织系统推动,周而复始地运动,中途不得中断。一次循环解决不了的问题,必须转入下一轮循环解决。这样才能保证工程管理工作的系统性、全面性和完整性。

(2)一个工程本身是一个 PDCA 大循环系统;内部的各阶段,或组织的各部门,甚至某一个职能管理工作都可以看作一个中循环系统;基层小组,或个人,或一项工程活动都可以看作一个小循环系统。这样,大循环套中循环,中循环套小循环,环环扣紧;小循环保中循环进而保大循环,推动大循环。把整个工程管理工作有机地联系起来,相互紧密配合,协调地共同发展(如图 3-2 所示)。

(3)PDCA 循环是螺旋式上升和发展的。每循环一次,都要有所前进和有所提高,不能停留在原有水平上。通过每一次总结,都要巩固成绩,克服缺点;通过每一次循环,都要有所创新,从而保证工程管理持续改进,管理水平不断地得到提高(如图 3-3 所示)。

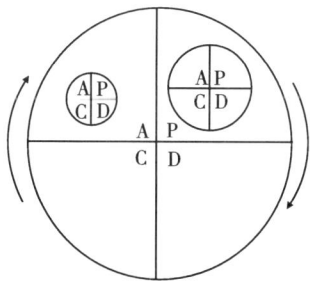

图 3-2 PDCA 循环过程嵌套

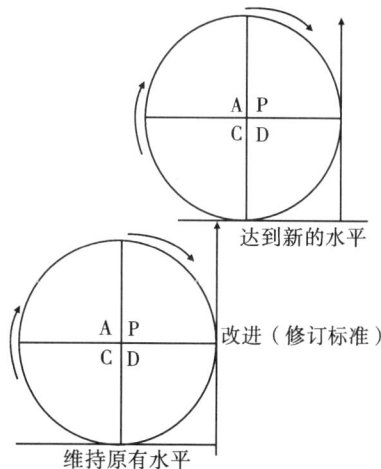

图 3-3 DPCA 循环过程的持续改进

3.2.3 信息管理

1. 信息管理概述

工程的信息化水平的高低是衡量工程相关产业现代化程度的标志。工程的决策、设计和计划、施工及运行管理方式随着信息技术的发展而发生了重大的变化,很多传统的方式已被信息技术所代替。通过信息管理可以有效地整合信息资源,充分利用现代信息技术,促进信息的共享和有效的沟通,从而实现优化资源配置、提高工程管理效率、规避工程风险,保证工程的成功。具体地说,通过信息管理可以:

使上层决策者能及时准确地获得决策所需的信息,能够有效、快速地决策;

实现工程组织成员之间信息资源的共享,消除信息孤岛现象,防止信息的堵塞,达到高度协调一致;

有效地控制和指挥工程的实施;

让外界和上层组织了解工程实施状况,更有效地获得各方面对工程实施的支持。

2. 工程信息管理的任务

工程信息管理就是对工程的信息进行收集、整理、储存、传递与应用的总称。工程管理者承担着工程信息管理的任务,具体包括如下主要内容:

(1) 按照工程实施过程、工程组织、工程管理工作过程建立工程管理信息系统,在工程实施中保证这个系统正常运行,并保证信息的传递和流通渠道的畅通。

(2) 组织工程基本情况的信息,并系统化,对各种工程报告及各种资料作出规定,例如报告和各种资料的格式、内容、数据结构要求。

(3) 通过各种信息渠道收集信息,如现场记录、调查询问、观察、试验等。并作各种信息处理工作。

高科技为现代工程的信息收集提供了许多新的方法和手段,如现场录像、互联网系统、各种专业性的数据采集系统技术、全球定位系统(GPS)和地理信息系统(GIS)等。

(4) 文档管理工作。通过文档系统,有条理地储存和提供信息。

3. 信息管理的职能

信息管理作为工程管理的一项职能,通常在工程组织中要设置信息管理人员。现在在一些大型工程和企业中都设有信息中心。但信息管理又是一项十分普遍的、基本的工程管理工作,是每一个参与工程的组织单位或人员的一项基本工作责任,即他们都要担负收集、处理提供和传递信息的任务。

3.2.4 组织理论

"组织"一词,其含义比较宽泛,人们通常所用的"组织"一词一般有两个意义:

(1)"组织工作",表示对一个过程的组织,对行为的策划、安排、协调、控制和检查,如组织一次会议,组织一次活动,对一个工程施工过程的组织;

(2)结构性组织,是人们(单位、部门)为某种目的,按照某些规则形成的职务结构或职位结构,如工程项目组织、企业组织等。

在此基础上,组织理论出现了两个相互联系的研究方面:

(1)组织结构。组织结构侧重于组织的静态研究,以建立精干、合理、高效的组织结构为目的。

(2)组织行为。组织行为侧重于组织的动态研究,以建立良好的人际关系,保证组织有效的沟通和高效运行为目的。

工程组织理论是将现代组织理论与工程的特殊性相结合而产生的工程管理理论,是工程管理最富特色的地方。

1. 工程组织结构设计

为了实现工程目标,使人们在工程中高效率地工作,必须设计工程组织结构,并对工程组织的运作进行有效的管理。

(1)工程组织结构是指工程组织内部分工协作的基本形式或框架。它反映了:

①工程各参加者(单位、个人和部门等)的一系列的正式的任务安排,即工程实施和管理工作在各个部门与组织成员之间的分配。

②工程中正式的指令和报告关系,即谁向谁负责,权力的分配、决策责任、权力分层的数量(管理层次)以及管理人员的控制范围(管理幅度)等。

③工程组织的内部协调机制。工程组织为了保证跨部门合作,设计一套有效解决信息传输和组织协调的体系。

(2)工程组织形式通常有独立的工程项目组织、职能型组织、矩阵型组织等。在现代高科技工程中还有网络式组织和虚拟组织等形式。

工程组织形式的选择与工程的资本结构、工程承发包方式、工程管理模式、工程的规模、复杂程度、同时管理工程的数量、工程目标的重要性等因素有关。

(3)工程组织结构由管理层次、管理跨度、管理部门和管理职责四个因素组成。这些因素相互联系、相互制约。在进行工程组织结构设计时,应考虑这些因素之间的平衡与衔接。

①管理层次。管理层次是指从组织的最高管理者到最底层操作者的等级层次的数量。合理的层次结构是形成合理的权力结构的基础,也是合理分工的重要方面。

管理层次多,信息传递就慢,而且会失真,决策效率也很低。同时所需要的管理人员和设施数量就越多,协调的难度就越大,管理费用越高。

通常工程越大,工程参加单位越多,工程分包越细,工程组织的层次就越多。

②管理跨度。管理跨度是指一个上级管理者直接管理下属的数量。跨度大,管理人员的接触关系增多,处理人与人之间关系的数量随之增大,他所承担的工作量也增多。

对一个具体的工程,管理跨度与管理层次相互联系、相互制约,二者成反比例关系,即管理跨度越大,则管理层次越少;反之,管理跨度越小,则管理层次越多。

工程组织管理跨度与管理者所处的层次、被管理者素质、工作性质、管理者的意识、组织群体的凝聚力、工程的信息化程度等因素相关。

在现代大型工程以及大的工程企业中,由于同时管理的工程范围很大或数量很多,所以大多数采用少层次,大跨度的组织形式。

③管理部门。管理部门是指组织中主管人员为完成规定的任务有权管辖的一个特定的领域,在工程建设阶段主要指项目经理部。划分管理部门一方面是工程管理专业化要求,另

一方面是为了确定组织中各项任务的分配与责任的归属,以求分工合理、职责分明,从而有效地达到组织的目标。通常在一个工程项目经理部组织中要设立计划、财务、技术、材料、机械设备、合同、质量、安全、综合事务等管理部门。

④管理职责。职责是指某项职位应该完成的任务及其责任。职责的确定应目标明确,有利于提高效率,而且应便于考核。同时应授予与职责相应的权力和利益,以保证和激励管理部门完成其职责。

工程组织中通常采用责任矩阵,工作说明表等分配管理职责。

(4)工程组织结构设计的原则。

①目的性原则。虽然工程是分阶段实施的,工程组织成员隶属于不同的单位(企业),具有不同的利益,因此会有不同的目标,但他们都应遵循"一切为了确保工程的成功"这一根本目的。

②责权利平衡的原则。在工程组织设置和运行过程中,例如在确定工程投资者、业主、工程管理公司、承包商,以及其他相关者之间关系,在确定工程项目经理部部门之间关系,确定项目经理部与企业关系,以及在起草合同、制订计划、制订组织规则时,都应符合责权利平衡的原则。

③适用性和灵活性原则。工程组织结构是灵活的、多样的,没有普遍适用的工程组织形式,应按照工程规模、范围、工程组织的大小、环境条件及工程的实施战略选择。即使一个企业内部,不同的工程有不同的组织形式;甚至一个工程在不同阶段都可以采用不同的组织形式,有不同的授权。

④组织制衡原则。由于工程和工程组织的特殊性,要求在组织设置和运作中必须有严密的制衡措施,它包括:任何权力须有相应的责任和制约;设置责任制衡和工作过程制衡体系;加强过程的监督;保持组织界面的清晰等。

⑤合理授权和分权的原则。工程组织设置必须形成合理的组织职权结构和职权关系。

A. 在工程组织中,投资者对业主,业主对项目管理公司,承包企业对施工项目经理部是授权管理。授权过程应包括确定预期的成果、委派任务,授予实现这些任务所需的职权,使下属有足够的权力完成这些任务。

B. 企业内部与工程项目经理部之间是分权管理。合理的分权既可以保证指挥的统一,又可以保证各方面有相应的权力来完成自己的职责,能发挥各方面的主动性和创造性。

2. 工程组织行为

由于工程的特殊性,使得人们在工程组织中的行为是很特殊的:

(1)由于工程是一次性的、常新的,在工程组织中特别容易产生短期行为,工程的组织摩擦大,人们的归属感和组织安全感不强,组织凝聚力较弱,组织成员之间沟通存在障碍。

(2)工程任务是由许多企业共同承担的,业主、承包商、供应商、项目管理公司都属于不同的企业,他们在工程组织中承担不同的角色,有不同的目标、组织文化,由此导致不同的组织行为。

(3)工程的组织形式影响组织行为。人们在独立式组织中的行为与在矩阵式组织中的行为是不同的。

(4)由于工程必须得到高层的支持,工程上层组织的组织模式、管理机制、上层领导者的管理风格等,会影响工程的组织行为。

(5)合同形式影响工程的组织行为。特别对于承包商,他对工程控制的积极性受他与业主签订的合同形式的影响。

3. 工程组织协调

协调就是联结、联合及调和所有的活动和力量。协调的目的是要处理好工程内外的大量复杂关系,调动协作各方的积极性,使之协同一致、齐心协力,从而提高工程组织的运作效率,保证工程目标的实现。

工程组织协调是实现工程目标必不可少的方法和手段。在工程的实施过程中,组织协调的主要内容有:

(1)工程组织与外部环境协调。其包括以下方面:

①与政府管理部门的协调,如与规划、城建、市政、消防、人防、环保、城管等部门的协调;

②与资源供应部门方面的协调,如与供水、供电、供热、电信、通信、运输和排水等方面的协调;

③与工程生产要素(如土地、材料、设备、劳动力和资金等)供应各单位的协调;

④与工程社区环境方面的协调等。

(2)工程参与单位之间的协调:主要有业主、监理单位、设计单位、施工单位、供货单位等之间的协调。

(3)工程项目经理部内部的协调:指一个工程项目经理部内部各部门、各层次之间及个人之间的协调。

▶ 3.2.5 最优化理论

1. 最优化理论的概念

最优化理论及运筹学,广泛应用于工业、农业、交通运输、商业、国防、建筑、通信、政府机关等各个部门、各个领域。它主要解决最优生产计划、最优分配、最佳设计、最优决策、最佳管理等最优化问题。掌握优化思想和方法并善于对遇到的问题进行优化处理,是工程管理专业必须具备的基本素质。

"运筹"在中文意义上即运算筹划、以策略取胜的意思。运筹学是在第二次世界大战中,盟军科学家研究如何有效地使防空作战系统运行,合理配置雷达站,使整个空军作战系统协调配合来有效地防御德军飞机入侵中发展起来的。二战以后,运筹学在社会经济领域迅速发展,在工程应用中也取得了许多成果。

运筹学是用数学方法研究经济、社会和国防等部门,以及工程在内外环境的约束条件下合理调配人力、物力、财力等资源,使系统有效运行的科学技术。它可以用来预测系统发展趋势、制订行动规划或优选可行方案。

2. 最优化理论的主要内容

最优化理论研究的内容十分广泛,主要分支有:线性规划、非线性规划、整数规划、几何规划、大型规划、动态规划、图论、网络理论、博弈论、决策论、排队论、存储论、搜索论等。

3. 运筹学在工程管理中的应用

运筹学在工程管理中的应用主要体现在以下几方面:

（1）施工计划：如施工作业的计划、日程表的编排、合理下料、配料问题、物料管理等。

（2）库存管理：包括多种物资库存量的管理，库存方式、库存量优化等。

（3）运输问题：如确定最小成本的运输线路、物资的调拨、运输工具的调度及建厂地址的选择等。

（4）人事管理：如对人员的需求和使用的预测，确定人员编制、人员合理分配，建立人才评价体系等。

（5）财务和会计：如应用于经济预测、贷款和成本分析、定价、现金管理等方面。

（6）其他：如设备维修、更新改造、项目选择、评价，工程优化设计与管理等。

3.3　工程管理主要方法

➢ 3.3.1 工程项目管理

项目管理是工程管理理论和方法体系的核心内容。它是针对工程建设过程的管理，主要工作可以分为许多管理职能。项目管理的应用从 20 世纪 80 年代仅限于建筑、国防、航天等行业迅速发展到今天的计算机、电子通讯、金融业甚至政府机关等众多领域。人们通常认为，项目管理是第二次世界大战的产物（如：曼哈顿计划）。在 1950 年至 1980 年期间，应用项目管理的主要是国防建设部门和建筑公司。传统的观点认为，项目管理者的工作就是单纯地完成既定的任务。从 20 世纪 80 年代开始，项目管理的应用扩展到其他工业领域（行业），如制药行业、电信部门、软件开发业等。项目管理者也不再被认为仅仅是项目的执行者，而是要求他们能胜任其他各个领域的更为广泛的工作，同时还要具有一定的经营技巧。美国项目管理学会（PMI）已提出了关于一个有效的专业项目管理者必须具备的几个方面的基本能力：项目范围管理，项目时间管理，项目费用管理，项目质量管理，项目人力资源管理，项目沟通管理，项目风险管理，项目采购管理，项目综合管理。

在工程项目经理部中一般都是按照管理职能落实部门责任。通常工程项目管理职能有：

1. 工程的范围管理

工程的范围管理包括按照目标对工程范围的策划、计划和控制。

2. 综合管理

综合管理包括综合的计划、控制和工程变更管理等。

3. 成本（投资）管理

这方面包括如下具体的管理活动：

（1）成本（投资）的预测和计划，包括工程投资的估算、概算和预算；

（2）工程估价，对工程编制标底和报价，以及在工程施工中对工程变更进行估价；

（3）工程项目的支付计划、收款计划、资金计划和融资计划；

（4）成本（投资）控制，包括对已完工程进行量方，指令各种形式的工程变更，处理费用索赔，审查、批准进度付款，审查监督成本支出，作成本跟踪和诊断；

（5）工程款结算和审核，准备竣工结算以及最终结算，提出结算报告。

4. 工期管理

这方面工作是在工程量计算、实施方案选择、施工准备等工作基础上进行的，包括如下具体的管理活动：

（1）工期计划，包括确定工程活动的持续时间、安排活动之间的逻辑关系；按照总工期目标安排各工程活动的工期。

（2）资源供应计划，按照工期计划编制资源供应进度计划。

（3）进度控制，包括审核承包商的实施方案和进度计划；监督项目参加者各方按计划开始和完成工作；要求承包商修改进度计划，指令暂停工程，或指令加速；处理工期索赔要求。

5. 质量、安全、环境和健康等的管理

质量、安全、环境和健康等的管理包括如下具体的管理活动：

（1）审核承包商的质量保证体系和安全保证体系；

（2）对材料采购、实施方案、设备进行事前认定和进场检查、验收；

（3）现场管理、安全管理和环境管理等；

（4）技术管理；

（5）对工程施工过程进行质量监督、中间检查，对已完工程进行验收；

（6）对不符合要求的工程、材料、工艺的处置；

（7）组织整个工程竣工验收，安装调试和移交；

（8）为工程运行作各种准备，如使用手册、维修手册、人员培训、运行物质准备等；

6. 组织和信息管理

这方面包括如下具体管理活动：

（1）建立工程组织机构和安排人事，选择项目管理班子，培训项目管理职能人员，促进团队精神建设；

（2）制定项目管理工作流程，落实各方面责权利关系，制定项目管理工作规则；

（3）领导项目经理部工作，积极解决出现的各种问题和争执；处理内部与外部关系，沟通、协调项目参加者各方；

（4）信息管理，包括：建立管理信息系统，确定组织成员（部门）之间信息的形式、信息流；收集工程过程中的各种信息，并予以保存；起草各种文件，向承包商发布图纸、指令；向业主、企业和其他相关各方提交各种报告。

（5）组织协调，包括：协调各参加者的利益和责任，调解争执；向企业领导和企业职能部门经理汇报项目状况；举行协调会议等。

7. 采购和合同管理

这方面有如下具体管理活动：

（1）采购计划制定和采购工作的安排；

（2）招标投标管理，包括合同策划、招标准备工作、起草招标文件、作合同审查；

（3）合同实施控制，包括解释合同，确保项目人员了解合同，遵守合同；监督合同实施；对来往信件进行合同审查；审查承包商的分包合同，批准分包单位等；

(4)合同变更管理；

(5)索赔管理，解决合同争执等。

8. 风险管理

风险管理包括风险识别、风险分析、风险应对计划和控制等。

9. 其他

其他工程项目管理职能还包括如工程过程中的各种事务性管理工作等。

3.3.2　工程估价

1. 工程估价的作用

工程估价的作用是确定工程建设所需要的费用(投资、成本)，为工程的经济评价、决策、目标设定、计划和招标(签订合同)、投资控制、工程结算、决算等工作服务。

2. 工程估价的基础

工程估价是在如下条件的基础上对工程费用的估计：

(1)工程的目标，包括工程的规模、功能目标、工期目标、环境目标等；

(2)工程设计图纸、工程技术标准和质量要求；

(3)工程环境因素，特别是市场物价、劳动力价格、工程地质条件等；

(4)工程的进度、技术和设备方案、采购方案的安排；

(5)对工程实施活动的分析和安排，劳动力消耗、设备消耗、材料消耗和其他费用消耗的确定。

3. 工程不同阶段的估价

在工程建设的各阶段，需要分别合理确定工程的投资估算、设计概算、施工图预算、承包合同价、结算价、竣工结算(如图 3-4 所示)。

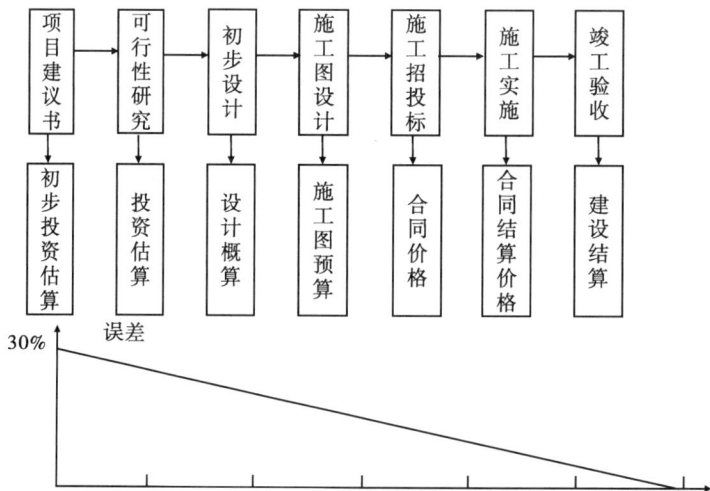

图 3-4　工程不同阶段的估价及其精度

(1)在项目建议书阶段，要编制初步投资估算，作为投资机会筛选的依据；

（2）在可行性研究阶段，要对工程的总投资作出估算，作为项目决策的依据；

（3）在初步设计阶段，要编制工程设计概算，作为控制拟建工程造价的最高限额；

（4）在施工图设计阶段，要编制施工图预算，作为确定承包商的依据；

（5）在工程施工阶段，要按照双方签订的合同，合理确定结算价；

（6）在竣工验收阶段，要全面汇集建设过程中实际花费的全部费用，编制竣工决算反映建设工程的实际造价。

在工程的不同阶段，估计出工程建设所需要的费用数额有不同的精度。工程建设总成本在这个过程中不断发展和具体化，经历了不断修正的过程。但是，不管事先人们的设计和计划做得多么的详细，想要一开始就拿出精度为 100% 的工程估价是不可能的。因为所有的计划都是基于假设制定的，在未来的时间里随时都可能发生变化。

由于对信息的掌握程度不同，各阶段投资估算的精度也不同。如可行性研究阶段，其精度误差可能是 ±20%，初步设计阶段是 ±15%，施工图设计阶段是 ±5%～10%。只有在工程竣工后，经过竣工结算后，才能够得到准确的工程全部建造费用。

4. 工程估价方法

（1）在工程的不同阶段，工程估价采用不同的方法。在投资决策阶段主要采用类比法（生产能力指数法、比例估算法）；在初步设计阶段，主要采用概算指标法或概算定额法编制设计概算；在施工图预算阶段，主要参照造价主管部门颁布的预算定额编制施工图预算。

（2）国家规定，工程预算造价由直接费、间接费、利润和税金组成。如表 3-1 所示。

表 3-1　工程造价组成

造价构成费用名称		造价构成费用内涵
直接费	直接工程费	指施工过程中耗费的构成工程实体的各项费用，包括人工费、材料费、施工机械使用费
	措施费	指为完成工程项目施工，发生于该工程施工前和施工过程中非工程实体项目的费用
间接费	管理费	指建筑安装企业组织施工生产和经营管理所需费用
	规　费	指政府和有关权力部门规定必须缴纳的费用
利　润		指施工企业完成所承包工程获得的盈利
税　金		指国家税法规定的应计入建筑安装工程造价内的营业税、城市维护建设税及教育费附加等

（3）我国工程估价具有组合性计价的特点，主要采用单价法，即计算构成完整工程的各专业工程的造价，然后求和计算整个工程的造价。

工程量是工程估价中一个重要的计价要素。我国建筑工程工程量通常是将工程按工艺特点、工作内容、工程所处位置细分成分部分项工程，作为工程计价对象。这在招标文件的工程量清单目录中列出，承包商按此报价，并作为业主和承包商之间实际工程价款结算的对象。

如我国建设工程工程量清单计价规范《中华人民共和国国家标准》（GB 50500—2003）附录中列出了各专业工程的清单项目。

（4）工程估价的基本计价方法可以从不同的角度予以描述。

①工料单价法和综合单价法。

A. 采用工料单价法计价。工料单价由两部分组成:其一,完成单位分部分项工程的人工消耗量、材料消耗量和施工机械台班数量;其二,与它们相对应的人工工资单价、材料预算价格和机械台班预算价格。

构成工程造价的其他费用按照有关规定另行计算。

B. 采用综合单价法计价,其分部分项工程单价为除规费、税金以外的全费用单价,包括人工费、材料费、机械使用费、管理费和利润,并考虑风险因素。

②定额计价法和工程量清单计价法。

A. 定额计价法适用于工程建设各环节对工程进行估价,是以工程图纸为依据,根据政府建设主管部门颁布的预算定额、有关计价规则及现行人工、材料、机械台班的预算价格进行造价计算。

在计算出每一分项工程的直接工程费后,再综合形成整个工程的价格。定额计价法一般使用工料单价法。定额计价法的实质,是国家通过颁布统一的估算指标、概算指标,以及概算、预算和其他有关定额,对建筑产品价格进行有计划的管理。

B. 工程量清单计价法,主要适用于施工承发包阶段对工程进行估价,是指在统一的工程量清单项目设置及工程量计算规则的基础上,根据具体工程的施工图纸计算出各个清单项目的工程量,再根据有关定额(政府发布的消耗量定额或企业定额)以及各种渠道所获得的工程造价信息和经验数据计算得到各工程量清单费用,最后计算规费和税金形成工程造价。

工程量清单计价法一般使用综合单价法。工程量清单为工程承发包双方提供了一个平等的平台,把定价自主权交给市场参与方。这一计价方法的本质是市场定价,是由建设产品的买方和卖方在建设市场上根据供求状况、信息状况进行自由竞价,从而最终签订工程合同价格。

5. 工程估价与其他方面的关系

工程估价与工程项目管理、工程技术经济、工程合同管理、施工技术、工程结构等学科有密切联系。而且工程估价必须熟悉国家颁发的有关现行法令、规定、标准、制度,以及各种定额手册。

➤ 3.3.3　工程建设法律法规

工程建设者必须熟悉适用于工程的法律法规。工程法律法规数量之大是其他领域所不可比拟的。工程管理者要了解与工程建设与运营相关的最主要的法律法规,例如,合同法、建筑法、环境保护法、城市规划法、税法、招标投标法、保险法、文物保护法等法律及其他法规。

➤ 3.3.4　工程合同管理理论和方法

工程合同管理已经成为现代工程管理中难度最大和综合性最强的管理职能。它是工程管理最富特色的地方。

合同管理是法律和工程的结合,要求合同管理人员既要精通工程合同,了解相关法律知识,同时也要掌握工程技术、工程经济和管理理论和方法。

（1）合同管理是为工程总目标和企业总目标服务的,保证工程总目标和企业总目标的实现。

（2）工程合同管理是对工程中相关合同的策划、签订、履行、变更、索赔和争议解决的管理,包括如下工作（如图 3-5 所示）：

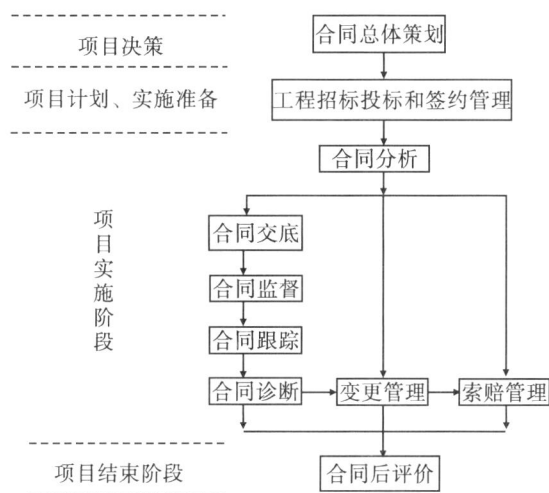

图 3-5　工程合同管理过程

①工程合同总体策划,构建工程的合同体系,选择合同类型,起草合同,合同风险的分配,各个合同之间的协调等。

②在工程招标投标和签约中的管理。通过工程招标投标签订一个合理、公平、完备的合同。合同双方在互相了解,并对合同有一致解释的基础上签订合同。

③合同实施控制。它包括合同分析、合同交底、合同监督、合同跟踪、合同诊断、合同变更管理和索赔管理等工作。每个合同都有一个独立的实施过程。工程建设过程就是由许多合同的实施过程构成的。

④合同后评价工作。它们构成工程项目的合同管理子系统。

（3）现代工程需要专业化的合同管理。现在许多工程承包企业都设有合同部（有些名称不同,如法务合同部）,大型工程项目部中都设有合同管理部。专业化的合同管理部门和人员对工程合同精通,容易积累比较丰富的合同管理经验,会大大提高工程合同管理水平和工程经济效益。

（4）其他职能管理人员也要精通合同,将职能管理与合同很好地结合起来。

3.4　计算机技术和现代信息技术在工程管理中的应用

计算机和现代信息技术的广泛应用是工程管理现代化的主要标志之一。在国内外的许多承包企业、工程管理和咨询公司,计算机和互联网已广泛应用于工程实施和管理的各个阶段(如可行性研究、计划阶段和实施控制阶段)和各个方面(如成本管理、进度控制、质量控制、合同管理、风险管理、信息管理等),并发挥出了重要的作用,它们已经成为日常工程管理工作和辅助决策不可或缺的工具。信息技术已深入建筑业生产过程的各个环节,成为建筑业发展的突破口,使建筑业作为传统的技术含量低的行业形象正在逐步改变。

所以计算机和信息化的应用能力已经是工程管理人员最基本的工作能力。工程管理的各种专业工作都有计算机问题,都有信息化问题。

1. 计算机和现代信息技术在工程管理中的作用

(1)可以大量地储存信息,大量地、快速地处理和传输信息,使工程管理信息系统能够高速地有效地运行。

(2)能够进行复杂的计算工作,例如网络分析、资源和成本的优化、线性规划等。

(3)能使一些现代化的管理手段和方法在工程中卓有成效地使用,如系统控制方法,预测决策方法,模拟技术等。

(4)使工程管理高效率、高精确度、低费用,减少管理人员数目,使管理人员有更多的时间从事更有价值、更重要的、计算机不能取代的工作。

(5)计算机和互联网技术的应用,实现了工程参加者,工程与社会各方面、工程的各个单位之间大范围的信息共享和各方面的协同工作。

现代计算机技术、信息技术和互联网技术的应用给工程管理带来了革命性的变化,它不仅为工程管理的现代化提供了一个得力的工具和手段,而且带来了现代工程管理方法、理念的变化:

①计算机和现代信息技术实现了工程信息的实时采集和快速传输;

②能够实现工程实施的远程控制;

③使信息能够网状流通;

④促成工程信息系统的集成化;

⑤为工程管理系统集成提供了强大的技术平台;

⑥能够进行多项目和大型项目的计划、优化、控制和综合管理;

⑦使在工程项目管理中虚拟组织的形成和运作,以及供应链的应用成为可能;

⑧实现信息的共享,使建设工程信息社会化,甚至在整个国际范围内的信息一体化等。

计算机在工程管理中的应用是工程管理研究、开发和应用永恒的主体之一。

2. 工程管理中计算机应用软件的主要功能

(1)工程项目管理软件包。它主要包括工期、资源、成本方面的综合计划和控制功能。例如 Project2010 等。

(2)工程估价软件。它包括工程预算、成本控制、工程价款结算软件等。

(3)合同管理软件。它包括合同文件管理,核算管理,变更管理,文件管理,索赔管理。

(4)项目评估软件。如工程项目财务评价软件,工程实施状况评价软件,项目后评估软件。

(5)风险分析软件。例如蒙特卡洛模拟分析,决策树的绘制、分析和计算,风险状况图的绘制。

(6)工程后勤管理、库存管理、现场管理、质量管理等方面的软件。

(7)专业工程应用软件。如专业工程的设计和绘图软件。在国际工程中,设计比较粗,许多施工详图必须由承包商设计,则必须用这方面的专用软件,如各种专业用 CAD 软件。

(8)工作岗位软件。它包括文本处理软件、表处理软件、制图软件、数据库软件。现在已形成一个功能十分完备的集成化的办公自动化系统(OA),为办公提供十分强大的功能,主要针对通常工程管理所需要的事务管理、人员管理、物资管理、文件管理的功能。

(9)计算机辅助工程管理教学软件。这主要用于对新的工程管理者进行培训,作模拟教学。各种工程管理应用软件都有相应的教学软件,以对购买者进行教学培训。

(10)互联网。互联网的应用不仅能达到信息的远距离传输,加强远程控制,增加信息的流通和系统的反馈速度,加强工程信息的共享程度和工程实施状况的透明度,而且能通过互联网进行多项目和项目群管理。

计算机网络系统能够使大型工程项目、企业的各个职能管理部门、企业所管理的所有工程形成一个有机的管理系统,提供一个集成化信息共享和协同工作平台。

3. 工程管理信息系统

管理信息系统(MIS)是工程组织的"神经系统"。通过这个"神经系统"工程组织可以迅速收集信息,对工程问题作出反应,作出决策,进行有效控制。它是在工程管理组织、工程实施流程和工程管理工作流程基础上设计,并全面反映工程实施中的信息流。工程管理信息系统的有效运行需要信息的标准化、工作程序化、管理规范化。

按照管理职能划分,可以建立各个工程管理信息子系统,如成本管理信息系统、合同管理信息系统、质量管理信息系统、材料管理信息系统等。它是为专门的职能工作服务的,用来解决专门信息的流通问题。它们共同构成工程管理信息系统。

例如我国三峡建设工程开发的管理信息系统由编码子系统、合同管理子系统、物资管理子系统、财会管理子系统、成本管理子系统、工程设计管理子系统、质量管理子系统、组织管理子系统、计划管理子系统、文档管理子系统等构成(如图 3-6 所示)。

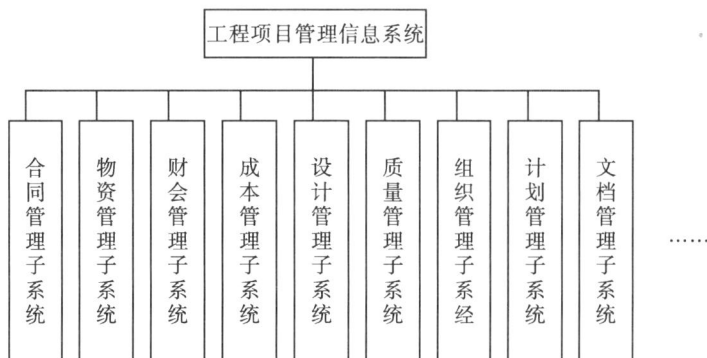

图3-6 三峡工程项目管理信息系统结构

信息系统在大型工程项目建设管理中的应用越来越普遍。世界上一些发达国家已经成功地建立了大量工程管理信息系统。

4. 集成化工程管理系统软件

现在工程管理系统的集成化是计算机应用研究和开发的重点之一。它不仅是前述各种功能的集合,而且形成一个由计算机进行信息处理,能够提供全面的工程管理功能的有机整体。

(1)面向一个企业的工程管理系统软件。如房地产公司、设计单位、施工企业的工程管理系统软件。它实质上属于企业管理系统软件。

(2)面向专门工程项目开发的工程管理系统软件。如上述的三峡工程项目管理系统(TGPMS)就是一个大型的工程管理系统软件。

(3)通用的集成化的工程全寿命期管理系统软件。将建筑工程的技术设计(设计CAD)、概预算、网络计划、资源计划、成本计划、会计核算、现场管理、采购管理、施工管理、运行管理软件等综合起来,提供完备的工程全寿命期信息处理和储存功能。

基于计算机技术和现代信息技术的工程全寿命期集成化管理具有非常广泛的意义,能够发挥工程管理的系统效率,大大提高工程管理的水平。

3.5 案例:中国铁建麦加项目

2010年11月13日,沙特阿拉伯王国麦加萨法至穆戈达莎轻轨(下称"麦加轻轨"),将按计划开通运营。总承包方中国铁建(601186.SH,1186.HK)总裁赵广发曾在公司内部表示,承建这一项目,政治责任高于一切,只能成功不能失败。现在来看,中国铁建成功兑现承诺,但却付出了巨亏的代价。沙特麦加这条全长18.06公里的轻轨,将中国工程承包业龙头央企——中国铁建——拖入巨亏41.53亿元人民币的境地。麦加轻轨是一项重要而又特殊的工程,由于涉及外交、宗教等因素,这一施工条件异常困难却与合同条款和报价不相匹配的商业项目,被铁道兵出身的中国铁建视为"不讲条件、不讲价钱"的政治工程,其亏损的结局似乎早已注定。不过,此时的中国铁建已经是一家两地上市的公众企业,这意味着这家公司在履行政治使命的同时,也需要兼顾自身的商业利益。二者时有矛盾,但并不意味着一定顾此失彼,关键在于企业如何利用商业规则进行取舍平衡。中国铁建在麦加轻轨项目上的角色冲突,是大型央企走出国门时共同面临的考题。

2009年2月,在原中国国家主席胡锦涛和沙特国王阿卜杜拉的见证下,中国铁建与沙特城乡事务部签署了麦加轻轨项目合同。该项目是2008年6月中沙两国政府签署《关于加强基础设施建设领域合作协定》之后的首个政府间合作项目,主要用于缓解每年数百万穆斯林朝觐者在麦加朝觐期间的交通压力。中国铁建一位人士表示,麦加轻轨项目系商务部推荐中国铁建操作,采用了议标而非招标的方式,公司当时进行评估时,认为该项目本身能够盈利。议标是一种谈判性采购,是采购人和被采购人之间通过一对一谈判而最终达到采购目的的采购方式,不具有公开性和竞争性。其优点是省时省力,较为灵活,但不足之处是容易滋生幕后交易。麦加轻轨项目被称为世界轨道交通建设史上同类项目施工难度最大、建设工期最短、客运能力最大的地铁工程。中国铁建议标后给出的报价,被认为是同类工程中价格最低的。中国铁建总裁赵广发称,国内同等规模的轻轨项目,从设计到运营需要三年时间,但麦加轻轨项目的实际工期仅为16个月,历史上绝无仅有。

即便如此,中国铁建拿下这一项目也并非一帆风顺。2010年1月,沙特国王阿卜杜拉对中国商务部长陈德铭表示,当初在选择承包商时,沙特国内意见不一,国王最终决定将项目交由中国公司承建,是对中国企业的高度信任。

　　根据中国铁建发布的公告,麦加轻轨正线全长 18.06 公里,施工工期约 22 个月,合同总金额为 66.50 亿沙特里亚尔,按 2010 年 9 月 30 日汇率折算,合同预计总收入 120.70 亿元。不过截至 9 月 30 日,该项目预计总成本达到 160.69 亿元,合同损失为 39.99 亿元。加上财务费用 1.54 亿元,总亏损额预计为 41.53 亿元。这是中国建筑企业有史以来在海外项目上的最大亏损。此次亏损将把中国铁建的业绩拖入 2008 年上市以来的最低谷。该公司 2010 年上半年的净利润为 33.78 亿元,但受麦加轻轨项目影响,三季度亏损 13.6 亿元,同比骤降 193.52%。中国铁建称,2010 年下半年,工程进入大规模施工阶段,实际工程数量比签约时预计数量大幅增加,同时业主对该项目的 2010 年运能需求较合同规定大幅提升、业主负责的地下管网和征地拆迁严重滞后、业主为增加新的功能大量指令性变更使部分已完工工程重新调整等因素,导致项目工作量和成本投入大幅增加。按照行规,如果遇到上述情况,承建方在没有拿到新增的工程进度款或变更索赔没有获得业主确认时,通常有权要求停工,复工时还有权要求业主赔偿停工期间的损失。中国铁建在麦加轻轨项目上,没有要求停工。在变更索赔未获落实的情况下,从全系统 15 家单位调集人员驰援现场进行"不讲条件、不讲价钱、不讲客观"的会战,以确保按时保质完工。中国铁建一位人士称,公司之所以打破行业惯例,主要是考虑到麦加轻轨是穆斯林朝觐的专业铁路项目,在穆斯林世界里举足轻重,朝觐者涉及数十个国家十几亿穆斯林人民,影响力比较大。穆斯林朝觐麦加克尔白,是每一位有条件的成年穆斯林都负有的宗教义务。每年伊斯兰教历第 12 个月,数以百万计的穆斯林都会聚集在麦加,参加一年一度的朝觐,此时,交通是最大的问题之一。

　　在麦加轻轨项目上,中国铁建扮演了总承包商的角色,但实际操作中,其角色与公司公告和外界的理解并不一致。中国铁建在 10 月 25 日发布的公告中称,2009 年 2 月与沙特城乡事务部签约时,约定采用 EPC+O&M 总承包模式(即设计、采购、施工加运营、维护总承包模式),由中国铁建负责设计、采购、施工、系统(包括车辆)安装调试以及从 2010 年 11 月 13 日起的三年运营和维护。据一位熟悉国际工程业务的人士介绍,EPC 合同的最大特点就是"以固定的合同价格,在规定的工期内完成固定范围的工程"。在 EPC 模式下,承包商应当根据"业主要求",进行设计、采购和施工。有经验的承包商对于此类工程一般只能报价高而不会低。对于有些不可预见的风险,可以采取保险、打入风险费解决。承包商承接 EPC 项目,主要就是因为除土建施工以外,还掌握项目的设计和设备采购,从而可以利用设计优势和优化设计、设备采购赚取更高的利润。

　　但中国铁建在麦加轻轨项目上不仅没有把握到主动权,反而很多职责被分解,受制于人。2010 年 7 月 22 日,中国铁建总裁赵广发在麦加轻轨铁路项目的调度例会上坦陈,公司未掌握设计主动权。该项目土建采用美国标准,系统采用欧洲标准,设计分包商均是由业主指定的西方公司和当地公司,直接听令于业主。中国铁建虽是总承包商,但没有掌握设计主动权,给土建和系统工程施工造成极大的被动局面。由于苛刻的合同条款,业主对建设标准和建设要求变更频繁,对设备和材料审批滞后,并指定了设计、系统和土建等关键环节的分包商(业主要求 500 万里亚尔、约合 900 万元人民币以上的合同分包商需其批准),导致中国铁建没有掌握项目控制的主动权,却要承担总包商的终极责任,责权严重不对等。麦加轻轨开工后,沙特业主就土建桥梁跨越道路形式、结构形式、车站面积、设备参数、功能需求等提出众多变更要求。其中仅土石方开挖就由原来的 200 万方变更为 520 多万方,增加了 320 多万方。项目实施中,连房间墙壁的颜色等都需要业主代表(城乡事务部副部长)亲自选择才能决定,导致大量本应通过正常流程决定的事情,需要经过若干次反复才能最后批复,审批进展滞后。业内人士分析,这些情况反映出中国铁建作为项目的 EPC 总包商,对于当地政府的办事程序、当地项目的运作模式和分包管理等方面,既不熟悉,也没有经验。

事实上,中国铁建在 2009 年底就已经意识到,麦加轻轨项目工期紧迫前所未有,经济风险没有见底。不过该公司当时并未对外公告这一项目的进展情况和可能存在的亏损风险。中国铁建自己也承认,公司对该项目实施的困难和诸多问题估计不足、考虑不周,管理上过分依靠分包商,疏于对施工现场的管控,未形成对工程安全、质量、工期和成本的总控机制。目前,中国铁建已根据合同向业主递交了变更及索赔资料,业主承诺在项目结束后将成立专门委员会,商谈相关索赔和补偿问题。中国铁建一位人士表示,中国政府会支持公司的索赔,但索赔和补偿的结果具有很大的不确定性。

中国铁建称,麦加轻轨项目是一个商业项目,公司不会不顾股东利益。不过,麦加轻轨项目得到了中沙两国元首和政府的高度关注,中国原铁道部、商务部和国务院国资委给予了大力支持。中国铁建高层曾多次在公司内部表示,这一项目是政治工程。优质、高效地建设麦加轻轨,已经超出了企业间的商务行为,上升到了国家层面,具有重大的政治意义。2010 年 4 月,中国铁建总裁赵广发曾在麦加工地现场表示,中国铁建承建此项目,政治责任高于一切,只能成功不能失败。公司员工要发扬连续作战的优良作风,加强力量,全力以赴,有条件要上,没有条件创造条件也要上,在保证安全、质量的前提下,按期开通。这样的精神是中国很多大型国企的传统优势,但在传统的国有企业通过股份制改革建立起现代企业制度、通过上市成为公众公司后,如何按照商业规则实施项目并规避风险,是一个重要课题。承接一些具有政治色彩的工程可能会牺牲一定的经济利益,但政治工程并不意味着一定要做赔本生意,反而可能因为依托政府,更有盈利保障。在企业经济利益和政治使命之间,表面来看存在着一定冲突,但选择权掌握在企业手中。如果处理得当,二者应能得到兼顾。

曾协助国务院国资委制定《中央企业全面风险管理指引》的第一会达风险管理科技公司董事长吕多加称,据目前所知,可承接麦加轻轨项目的中国公司很多,不一定非得是中铁建做。最终确定由中铁建承建,可能和企业当时提出比较优惠的条件有关。"你觉得亏可以不做,不能说是中国和沙特政府之间的政治项目(就一定亏损),更多的责任还是在公司本身。"吕多加说。

业内人士分析,中国铁建在麦加轻轨项目上的亏损,与业主的多变和拖延有关,但更根本的原因在于中国铁建自身在前期对项目风险的评估不够充足,在实施中按照欧美标准建设海外工程的经验不够丰富,在发现问题时通过合同维护利益、减少风险的意识也不够充分。更深层次上,这与中国铁建长期承接国内铁路工程形成的行政思维和相对粗放的管理有关。走出国门之后,面对复杂的国际环境,依靠惯性思维和国内的传统做法不仅难以维护自身利益,反而可能招致损失,带来更多麻烦。

案例讨论

中铁麦加轻轨铁路项目管理所涉及的核心问题可以利用工程管理所涉及的方法从哪些

方面去优化与解决？

思考题

1. 工程管理包括哪些主要的理论基础？这些理论是如何推动工程管理的发展的？

2. 工程管理的主要方法包括哪些？具体包括哪些内容？

第4章
工程战略管理

4.1 工程战略管理概述

1. 工程战略与工程战略管理的一般概念

(1)工程战略的含义。"战略"一词原为军事用语,英文"战略"一词出自古希腊语"strategos",意为"将军",后来演变为军事术语,指军事将领指挥作战所采用的谋略。在我国,"战略"一词的应用也有悠久的历史,春秋时期孙武的《孙子兵法》被认为是中国最早对战略进行全局筹划的著作。

随着社会的发展,20世纪60年代,战略一词开始被广泛应用于商业管理领域。然而,作为管理科学最基本的概念之一,战略迄今为止并没有一个公认的定义。1998年加拿大学者明兹伯格等人提出了关于战略的5P模型,是关于企业战略定义的一种比较全面的看法,即企业战略可以由计划(plan)、计策(ploy)、模式(pattern)、定位(position)和观念(perspective)五种规范的定义阐述,人们在生产经营活动中可以根据不同的场合以不同的方式赋予企业战略不同的内涵,即人们可以根据需要接受多样化的战略定义。

工程管理作为管理科学的分支,战略一词同样被广泛使用。工程这一名词已经存在很久,工程科学的出现也已有百年的历史。近几十年来,我国大力发展各类工程建设,诸如国家的国防工程、水电工程和企业的产品开发和技术改造工程积累了丰富的工程实践管理经验和理论科研成果。就工程的一般特点而言,可以将工程定义为:以促进人类发展为目的的有组织地改造世界的活动。

结合对战略的理解,广义的工程战略可以定义为,为了实现工程目标,有效利用资源,根据工程外部环境和内部能力,对工程发展目标、达到目标的途径和手段的总体策划。狭义的工程战略是指发生在企业内部,对重大建设工程实施,新产品、设备开发或制造,技术创新和改造等工程的达成目标、实施方案等的总体规划。

(2)工程战略管理的含义。任何工程计划都来自于工程上层管理者的战略研究和计划。工程上层管理者从战略的高度研究工程中宏观的全局性问题,以确定工程的发展方向、目标、总体计划等。因此工程战略管理可以被定义为,工程上层管理者根据工程外部环境和内部条件设定工程的战略目标,为保证目标的正确落实科学制定计划进度,并依靠工程实施方的内部能力将这种谋划和决策付诸实施,以及在实施过程中进行控制的一个动态管理过程。

工程战略管理可以从两个方面理解:一方面指工程的战略性管理,运用战略对整个工程进行管理,管理的客体是工程,即如何保证工程建设的顺利运作,满足利益相关者的各种需求,完成工程目标;另一方面是指对工程的战略的管理,管理的客体是战略,是对工程战略制定、实施、控制和修正而进行的管理,是对战略本身的管理。在工程实践中,这两方面是融为一体,不可分割的。

2. 工程战略管理的特征

工程战略管理既体现了战略管理的一般特征,又因为其目标和过程的特殊性,有其自身的特点。总体而言,工程战略管理具备以下的特征。

(1)总体系统性。工程战略管理是以工程的总体发展和完成为目标进行的,它指导工程实施的总体行动,追求工程的总体效果。在对工程外部环境和内在实力系统分析的基础上,制定工程战略,在协调工程各种局部活动中实施战略管理,其管理过程主要包括战略制定、战略实施和战略反馈控制三大阶段。

战略制定是指根据工程外部环境的机会和威胁,确定内部的优势和劣势,提出工程的主体任务和目标,形成可供选择的几种战略,并选择可操作的战略方针。战略设计问题包括决定工程实现的目标,如何有效地利用内外部资源等。

战略实施通常也被称为行动阶段。战略实施要求工程实施方根据战略设计的目标和行动方案,制定相应的政策,激励建设人员和有效调配资源,以保证建立的战略能够实施。

战略反馈控制是战略管理的最后阶段。反馈控制通过评估战略规划,目的是根据不断变化的内外部环境和工程建设情况,不断修正工程目标以及战略方案。评估工作包括判断外部和内部因素,评估工程建设的绩效,调整目标和行动方案,解决实施过程中出现的未曾预料的各种问题。

战略管理的三个阶段相辅相成,不可分割。战略制定是战略有效实施的前提,战略实施为战略反馈控制提供了依据,而战略反馈控制又为战略制定和实施提供了相应的经验。三个阶段是否能够系统、有效地设计和衔接,关系着工程的整体效益。

(2)科学性。战略管理的科学性要求在工程的战略制定阶段,比较各战略备选设计方案,从科学准确的角度提出工程的建设目标和实施方案。经验表明,较高的决策成功率建立在科学的基础上,成功或失败的决策关系到一个工程的最终成败。

从战略反馈控制阶段来看,如何科学、客观地判断战略实施过程中的成绩以及暴露的问题和不足,对一个工程未来的建设成果意义重大。如果设计的目标没有遵循科学、客观的基础原则,那么工程的目标将很难实现。

(3)灵活应变性。战略管理的内容不是一成不变的,战略管理也不可能一劳永逸。战略管理是一个不断进行的应变过程。经济形势在变,环境在变,内部资源也在变。因此战略管理必须随时研究变化了的情况,对以往的战略设计作必要的修正,或制定新的战略,以确保企业既定目标的实现。而在战略实施的过程中,成功的战略实施与工程管理者调动人员积极性的能力密切相关,人际关系协调的灵活应变使战略管理的实施不仅是一种科学,也是一种艺术。

(4)相对稳定性。战略其本身的含义是超前的目标设定,因此战略在时间上有一定的超前性,在目标上有一定的前瞻性。实际的工程管理中,战略需要一定的稳定性,不能频繁更改,否则会引起工程建设人员对于工程目标认识的模糊,同时造成人际关系的不稳定,不利于工程的顺利建设。但是客观上这种稳定性是相对的,因为战略管理过程是建立在工程上层管理者能够连续监控外部和内部动态变化的基础上,工程方必须有能力快速地确定并适应各方面的变化。

3. 工程战略管理的阶段与程序

总体上讲,工程战略管理可以分为战略制定、战略实施和战略的反馈控制三个阶段。其中,战略制定体现了管理的计划职能,战略实施体现了管理的组织、领导和人事职能,战略的反馈控制体现了管理的控制职能。战略管理的三个阶段是循环反复、不断完善的动态过程。

(1)工程战略的制定。工程战略的制定包括战略分析与战略选择两个方面。

①战略分析。战略分析包括基本任务陈述、外部环境分析和内部环境分析。

基本任务陈述是工程战略管理的首要步骤。工程上层管理者在确定工程战略之前,首先要明确工程的任务、目标和最终追求。

外部环境分析包括分析存在于工程外部的各种变量,它们表现为机会和威胁,这些变量短期内不会受工程内部管理系统的控制。这些外部变量有些是一般性因素或趋势,如经济、社会、法律等宏观环境因素;还有一些是特殊因素,它们形成了工程特定的任务环境,例如工程所在地的自然、人文环境。通过外部环境分析,可以帮助工程管理系统认清环境的变化以及这种变化如何影响工程目标和任务的实现。尽管外部环境中的变量很多,对工程的影响较为复杂,而且其中的很多因素工程管理系统无法掌控,但是通过外部环境分析,可以帮助工程管理人员发现某些机会(或威胁)。

内部环境分析也可称为内部资源与能力分析,具体指分析存在于工程组织内部的变量,它们最终表现为优势和劣势,这些变量短期内一般可以由工程内部管理系统所控制,构成了工程项目开展的基础。内部环境包括组织结构、组织文化、资源和能力,特别是核心能力的拥有。同外部环境分析相比,对内部环境分析的过程更有利于促进工程内部组织之间的沟通和了解。

②战略选择。战略选择是指在战略分析成果的基础上,即在已建立和发现的特定约束条件下,制定和选择有效地利用环境机会和应对环境威胁的战略实施方案。战略选择包括制订备选方案、评估备选方案和选择方案三个阶段。

制订备选方案是指在战略分析的基础上,工程上层管理者拟订多种备选方案。备选方案的制订一定要充分考虑企业内、外部情况,在讨论和拟订方案的过程中,要充分发挥参与制定人员的积极性和创造性。

评估备选方案是指基于工程资源的有限性,工程战略的制定者比较各备选方案的优劣势,并最终对各备选方案进行排序。在这一过程中,评估备选方案需要遵循以下的原则:一是选择的战略是否能使工程的目标和任务顺利完成;二是选择的战略是否能够"扬长避短,趋利避害"。

在充分考虑各备选方案的收益和风险后,战略制定者可以从备选方案中选择最优的方案作为工程战略的实施方案。同时,战略制定者需要考虑如果发生意外,对战略实施方案的影响有多大,需要作出哪些调整或更换什么样的备选方案。

(2)工程战略的实施。战略实施是指将战略方案转化为实际行动并取得成果的过程。这一过程可能涉及整个工程的组织结构、文化、管理系统的改变、人员的调整和资源的配置问题。战略实施是正式的组织行为,这一阶段需要完成以下两方面工作:一是说明实施方法,预测结果,制定战略实施的步骤与时间表;二是提出具体的阶段目标和经营政策。

一般认为,除非这种彻底的改变是必不可少的,战略实施一般由中层和低层管理者来领导和实施,高层管理者主要负责战略决策并对战略执行情况进行检查。

由于战略实施的主体是人,因此在工程战略实施的过程中需要上层战略管理者具备良好的激励和领导才能以协调不同部门和人员的活动。因此,工程的管理者除了在物质方面激励员工,还需要建立一种与战略相匹配的组织文化,在工程组织内部形成一种良好的工作氛围。

(3)工程战略的反馈控制。

①工程战略反馈控制的内容。工程战略的反馈控制是指在工程战略实施的过程中,检查工程为达到目标所进行的各项活动的进展情况,评价实施工程战略后的工程绩效,并将绩效结果和既定的战略目标与绩效标准相比较,发现差距,分析产生偏差的原因,纠正偏差,使工程战略的实施更好地与内、外部环境和工程目标协调一致,取得更好的效果。

工程战略的反馈控制的主要内容包括设定绩效目标、绩效监控与偏差评估、设计并采取纠正偏差的措施。在战略反馈控制的过程中,战略管理者必须时刻监控外部环境的关键因素,因为外部环境的关键因素是企业赖以存在的基础,这些外部环境的关键因素的变化意味着战略前提条件的变动,必须给予充分的注意。

②工程战略反馈控制的方式。工程战略的反馈控制按照不同的标准可以分为不同的类型。从反馈控制的时间来看,可以分为事前反馈控制、事后反馈控制和过程控制三种类型。

事前反馈控制是指在战略尚未实施之前,通过预测发现战略行动的结果可能会偏离既定的标准。因此,在工程战略实施之前,需要预先设计好正确有效的行动计划,经过工程上层管理者批准后执行,所批准的内容往往成为工程绩效考核的控制标准,这种控制多用于重大问题的控制,如任命重要人员、签订重大合同、购置重大设备等。

事后反馈控制是在实施工程战略后,比较战略活动的结果与控制标准,即在战略计划部分实施之后,将实施结果与原计划标准相比较,并向工程上层管理者报告,由上层管理者决定是否有必要采取纠正措施。

过程控制是指工程上层管理者要控制工程战略实施中的关键性过程或全过程,随时采取控制措施,纠正实施中产生的偏差,引导工程建设沿着战略方向进行,这种控制方式主要是对关键性的战略措施要进行随时控制。

从控制的切入点划分,可以分为财务控制、生产控制、质量控制、成本控制等。

财务控制是指对工程的资金投入及收益过程和结果进行衡量与校正,目的是确保工程目标以及为达到此目标所制订的财务计划的实现。财务控制方式覆盖面广,是用途极广的非常重要的控制方式,包括预算控制和比率控制。

生产控制是指监督、制约和调整系统各环节的活动,使生产系统按计划运行,并能不断适应环境的变化,从而达到系统预定的目标。对工程产品数量、质量、成本、进度等方面的控制,可以分为产前控制、过程控制及产后控制。

质量控制是指为了达到质量要求,获取经济效益,而采用的各种质量作业技术和活动。质量控制通过监视质量形成的过程,消除质量环上所有阶段引起不合格或不满意效果的因素。工程质量控制包括对工程工作质量和工程产品质量的控制。工作质量不仅包括生产工作的质量,还包括管理工作、信息工作等非生产工作的质量。因此,质量控制的范围包括生产和非生产过程,质量控制是动态的,着眼于眼前和未来的质量控制,其难点在于全员质量意识的形成。

成本控制是运用系统工程的原理,对工程在建设过程中发生的各种耗费进行计算、调节和监督的过程,同时也是一个发现薄弱环节,挖掘内部潜力,寻找一切可能降低成本途径的过程。成本控制的对象是成本发生的过程,包括生产、设计、仓储等时间和费用的控制。成本控制的结果应能使被控制的成本达到规定的要求。成本控制应是全面控制的概念,包括全员参与和全过程控制。

4.2 工程战略的影响因素

工程战略的制定和选择会对工程的未来建设和完成情况产生极为重大的影响,因而战略的制定和选择必须遵循科学、客观、谨慎的原则。在实际工程项目中,一方面工程上层管理者制定工程战略时,会有一些因素影响战略方案的具体内容和方向导向;另一方面,工程上层管理者在评估选择阶段,经过对各项可能的战略备选方案进行全面评估以后,面对若干个可行的备选方案时,会有一些因素对最后的决策产生影响。这些影响因素在不同的工程和不同的环境中起到的影响作用是不同的,但了解这些因素对工程管理者制订和选择合适的战略方案来说是非常必要的。总的来说,工程战略的影响因素可以分为外部条件因素和内部条件因素两大方面。

1. 外部环境因素

在高度开放的社会系统里,环境对工程具有重大的影响作用,任何工程都不能独立于社会和市场环境之外而存在。外部环境是工程管理者无法改变的,因此只能努力适应环境的变化而生存。基于上述原因,外部环境分析在工程战略制定和选择的过程中具有极为重要的角色作用。

外部环境因素的影响可以分为机会和威胁,工程管理者需要在可以预见的未来的一段时期内,或者工程的战略规划期内,对可能出现的机遇和风险进行分析。对于工程而言,外部环境因素主要是宏观环境因素。

宏观环境因素是指给工程带来机会或者造成威胁的主要社会力量,其中主要包括经济因素、社会因素、技术因素、政治与法律因素和环境因素等。

(1)经济因素。经济因素是外部环境中最为基础、也是最重要的因素,一般包括 GDP(国内生产总值)及经济周期分析、货币政策分析、财政政策分析、国际汇率分析和国民收入(财富)分配分析。前四者属于宏观总量分析,最后一类属于微观结构分析。

GDP 是一个以地理范围为统计标准的经济总量,指的是在一年内在某地理范围内所生产的最终产品的市场价值总和。GDP 反映了一个经济体的经济活跃程度,也是反映市场需求的重要指标。对于一国一般商品而言,GDP 上升意味着需求量的提高,GDP 下滑意味着需求的减少。在许多行业,GDP 的增长都是最为重要的外部因素。

一个完整的经济周期会经历繁荣、萧条、衰退和复苏四个阶段。这种循环的发展是一个复杂的过程,不仅每个周期的长短没有固定的时间,而且每个周期又由很多小周期组成,构成了复杂的经济周期系统。与经济周期相伴随的经济变量还有通货膨胀和失业等,这三者构成了宏观经济系统的三个重要的结构参数。

货币政策是政府调控经济的重要手段,包括货币投放量、利率、准备金率等金融手段。对工程的战略管理而言,国家的货币政策存在两个方面的战略含义。一是国家的货币政策对社会消费需求和投资需求会产生较大的影响。货币供应紧缺时,会影响消费者的支付和投资的举债问题,而利率则会提高消费和投资的成本,从而抑制消费和投资。二是国家货币政策的变化会影响工程战略扩张的风险。在一个紧缩的货币政策环境里,不仅战略扩张的成本提高,其资金链断裂的风险也大大增加。这种情况发生时,工程将会蒙受巨大的损失。

财政政策指政府变动税收和支出以便影响总需求进而影响就业和国民收入的政策。变动税收是指改变税率和税率结构。变动政府支出指改变政府对商品与劳务的购买支出以及转移支付。财政政策对经济的影响首先是拉动需求。从财政政策的历史来看,财政政策更多的是在基础设施方面的投入。另外,由于财政政策通常在经济不景气的环境下采用,受政策拉动的需求会集中在生产资料、中低端生活资料等方面。财政政策的影响可以通过产业链的传递,进一步影响各个不同的行业。由于产业间的相互依赖度不尽相同,不同的产业所受的政策影响也不会相同。

汇率变动对于一些产业工程的影响是非常重要的。汇率变动意味着商品在国际市场上价格的变动,将会影响工程产品的需求和供给。汇率变动实质上反映了贸易双方供求关系的变化,这种变化同国内经济周期性变动一样,也会呈现出一定的周期性规律。与封闭市场的收入分配波动相似,汇率的波动反映了财富在不同国家间分配的变化,这是国际经济系统的一种自我调节机制。

收入分配结构是从微观的角度考虑消费个体的收入水平对于消费者行为的影响。它对工程战略制定和选择的作用一方面体现在对社会消费总量的判断,根据凯恩斯经济学边际消费倾向递减的核心理论,社会收入分配差距越大,社会的消费总量越低,而社会收入分配越平均,消费量越大。基尼系数是量度一个地区收入分配悬殊程度的一个最常用的指标,基尼系数为 0 表示收入是绝对平均分配的,1 表示所有收入都归一人所有。联合国有关组织规定:基尼系数低于 0.2 表示收入绝对平均;0.2～0.3 表示比较平均;0.3～0.4 表示相对合理;0.4～0.5 表示收入差距较大;0.6 以上表示收入差距悬殊。但研究表明,基尼系数的合理取值范围还与该地区的产业结构相关。收入分配结构另一方面的作用在于了解消费分层的情况。传统的需求分析是在人均 GDP 的基础上进行的,但由于收入分配结构的不同,其市场的消费能力也会呈现出巨大的差异。

(2)社会因素。社会因素也称之为社会文化环境,是指一个国家和地区的社会结构、人口分布、文化传统、生活方式、风俗习惯、教育水平、民族特征、宗教信仰、价值观等因素的形成与变动,这些因素和一个社会的态度和价值有关。它们通常是其他外部环境变化的发展动力。

社会因素通常要考虑社会人口因素、受教育水平、生活观念、风俗习惯、文化传统等因素的变化对于工程的影响。近几十年来新的社会变化或倾向主要体现在以下方面。

①健康意识的觉醒成为主要的社会倾向。它的影响使得最早认识到的公司或工程获得了丰厚的回报。当今社会大型工程的实施,不仅要考虑工程方本身的利益,还要从社会角度考虑工程对大众的影响,因此,绿色性、环保性的工程越来越被倡导,从而获得社会的支持,

而工程实施过程中为了生态环保采用的新技术和新方法,对新的产业或生活方式也有着积极的影响作用。

②消费者和雇员越来越追求高质量的生活。这种变化可以从各国的劳动合同法中观察到,雇员除了要求增加工资外,还要求享有传统节日假期、带薪假期、弹性工作时间以及教育培训等待遇。

③社会人口因素的变化,尤其是人口年龄分布的变化。不断变化的价值观和生育控制方法的广泛应用预计将使整个世界的人口年龄结构发生重大变化。在许多国家,由于不同种族的生育价值观念的不同,这些国家的人口种族构成发生了根本的变化。这直接影响到这些国家的政治经济结构、消费需求偏好以及就业去向。中国是世界上的人口大国,这些人口因素为工程的发展提供了机会,同时也隐藏着威胁,是每个工程上层管理者必须要考虑的问题。同时中国的计划生育造就了中国特有的人口统计特征,例如,人口的老龄化问题。因此,把握人口因素的变化是工程战略分析的关键。

(3)技术因素。技术的变化是宏观环境的第三种因素。工程管理者为了避免技术过时和促进创新,必须时刻关注可能会对其所在产业产生影响的技术的发展。创造性的技术突破可能会对工程环境产生巨大的影响,它可能创造一个新的复杂市场或产品,导致现有产品被淘汰,从而影响工程的目标或任务,被应用于工程建设中,从而提高工程的生产力。因此技术变革既是创造性的也是破环性的,既是机会也是威胁。技术因素的分析可以基于以下几个方面的战略考虑。

①确定工程研发、战略性技术储备的方向。在工程的战略制定中,技术分析要解决未来技术发展的方向性问题,即未来行业的关键技术是什么,研发方向如果与未来的主流技术标准相吻合,工程投资方就可以获得巨额的回报;但是如果研发方向选择失误,工程投资方将受到致命的打击。

②判断技术进步的进程。技术发展的大趋势是工程战略制定的重要考虑,但工程的技术研发和应用既不能落后,也不能过于超前。因此还必须考虑技术发展的具体进程。

③判断相关技术变化的影响及其趋势。技术分析的第三个使命是研究相关技术变化对某一产业的影响,例如改变进入产业的壁垒的高度、重塑产业结构等方面。

(4)政治与法律因素。政府是各种经济政策、市场法规的制定者,政治、政府及法律因素会对工程的建设环境产生巨大的影响,这种影响有时甚至是决定性的。政治、政府及法律因素反映的是市场运作的游戏规则问题。

政治环境涉及社会经济的稳定性,这对一国或一个地区的经济发展是一个非常重要的因素。同时,一个稳定的政治局面,往往伴有一系列健康的宏观政策的出台,会给工程的发展提供一个良好的外部环境。

法律环境是政治环境的具体化、有形化,以法律的形式来约束社会行为,使政治因素的影响更具确定性和可预测性。规范的法律环境对于行业中规范运作的工程项目有利,而一些经营管理不善的工程项目在这种环境中将失去生存的机会与空间。

除法律法规体系的状况外,社会法律基础是一国市场的法律环境的另一个重要的指标。法律的制度是一个方面,更重要的是法律的执行与遵守。

总之,宏观环境包括大量潜在的机会和威胁,而工程战略管理的一个很重要的部分就是对宏观环境进行识别,进而相应地制定和调整战略。但是,全面的环境分析不能仅仅局限于宏观环境的考虑,还应对工程所面临的产业环境进行分析。

2. 内部条件因素

工程战略的内部条件影响因素分析是为了辨识工程战略形成过程中应予建立的优势和应予克服的劣势,从而获得竞争优势,即为了提高工程战略决策的可靠性。内部影响因素的分析主要包括工程资源环境分析、工程核心能力分析和工程价值链分析。

(1)工程资源环境分析。

①工程资源分析的含义。工程资源分析是工程为找出具有未来竞争优势的资源,对所拥有的资源进行识别和评价的过程。这一过程包括确定工程所拥有的资源,然后应用资源价值原理确定哪些资源真正具有价值。

工程资源分析基于对工程有形资产、无形资产和组织能力的分析。有形资产是工程的物资和资金,包括生产设备、原材料、财务资源、不动产和计算机系统等。无形资产通常包括品牌、商誉、组织文化、技术、专利、商标以及累积的组织经验,它们是无形的,但是对企业建立竞争优势有着举足轻重的作用。组织能力是将资产、人力以及生产整合在一起的能力,它们更像是一种技巧,公司用其实现投入与产出之间的转化。以上资源的价值体现在它们的稀缺性、不可模仿性、持久性、不可替代性和优越性方面。

②工程资源分析的内容。工程资源分析侧重于工程内部。通过分析工程资源,确定工程的优势和劣势,综合评估工程的战略能力。工程资源分析包括以下三个方面。

A. 工程资源的单项分析。资源的单项分析可分为实物资源、人力资源、财务资源、无形资产等分析。这些资源的辨识、确认对于战略能力分析至关重要,尤其是需要注意不要忽略无形资产的评估。

B. 工程资源的均衡分析。根据协同理论,资源的合理配置可提供战略能力。可以从产品组合、能力与个人特性、资源柔性等方面分析资源配置的合理性。

C. 工程资源的区域分析。工程资源不仅限于工程合法拥有的资源,工程往往对外部资源有很强的控制,这些控制的资源可以作为工程能力的基石。如果工程的价值活动深深植根于当地文化中,则工程控制的区域资源往往形成其资源优势,甚至是不可模仿的核心竞争力。

③工程资源分析的实施。工程资源分析是从全局把握工程资源在量、质的结构、分配和组合方面的情况。工程资源的现状和变化趋势是制定总体战略和进行战略选择的最根本的制约条件。因为工程能投入到建设中的资源是有限的,所以一方面要对工程现有资源的状况和变化趋势进行分析,另一方面要对战略期中应增加的资源进行预测。

表 4 - 1 提供了一种工程资源动态分析的框架和思路。

(2)工程核心能力分析。

①工程核心能力的含义和特征。工程核心能力指在使用资源、形成技能的过程中,通过不断的学习积累工程特有的知识,当这些知识被有效整合后,所形成的能令工程产生竞争优势并获得可持续发展的能力。工程核心能力具备以下四方面的特征。

表 4-1　工程资源分析图

	数量		质量		配置		说明
财力资源							
物力资源							
技术资源							
市场资源							
环境资源							

A. 差异性。核心能力令工程产生长期的竞争优势进而实现可持续发展,这就与那些没有竞争优势、无法可持续发展的工程存在着明显差异,进而折射出拥有核心能力的工程的独特品质。

B. 价值性。核心能力产生可持续竞争优势的直接原因是其能使工程更多更好地满足用户的需求,给消费者带来满意甚至额外的消费者剩余。

C. 不可模仿性。核心能力的主要构件是通过不断学习积累的特有知识,特有知识保证了核心能力不易被竞争对手所模仿。

D. 可加性。核心能力是不同层次构件的有机整合,任何技能、知识,都有可能成为核心能力的新的组成部分。

②工程核心能力的构建。核心能力建设是一个漫长的过程,尽管有时其形成是工程建设运作过程的自发性结果,但绝大部分时候,核心能力培养与发展是工程决策层根据内外环境的变化、发展趋势,决定自己未来主要的发展方向并有意识地向所需要的核心能力进行相对快速的集聚、积累。构建与提升核心能力的具体实施路径主要包括内外环境扫描、优化资源、改进技能、重整能力四个方面。

A. 外部和内部环境扫描。对外部环境的扫描是为了明确企业需要什么样的核心能力。对内部环境进行扫描是为了确定企业是否具有需要的核心能力。如果有,应主要把精力放在继续保持上;如果没有,则应弄清工程目前的状态究竟是没有核心能力、正在建立核心能力,还是已显露出核心能力的雏形,前两种状态面临的是构建问题,后一种状态面临的是提升问题。工程应该对目前状态进行详细的描述,找出所存在的差距并尽可能予以书面化。

B. 优化资源。无论是核心能力的构建还是提升,必须从其逻辑基础展开工作。工程建设企业应准确地把握资源的发展脉搏,强化对资源的认识,合理组合并利用孕育中的资源、发展中的资源、成熟的资源、过时的资源这一资源流,为工作目标配备最有开发潜力和价值的资源。由于资源在进入工程之前大都是无差异的,工程建设企业必须根据具体的工作业务优化其配置和使用,做到"物尽其用、人尽其才"。应该指出,作为知识的载体的人力资源,是所有资源中最为关键和重要的,是进而形成核心能力的最重要的资源。只有做好了人力资源的优化工作,才有可能深入发掘资源的利用效率和效果。

C. 改进技能。技能是在配置和使用资源的过程中形成的,是构成能力的基础,也是能够进行横向标杆比较的最小元素。工程在能力上的薄弱,要么是技能存在问题,要么是整合存在问题,而改进技能则是解决前一个问题的有效方法。改进技能一般而言存在三个途径。一是内部进化。采用"学中干、干中学"的方式,从大量的重复中逐步改变对资源的使用方式,缓慢地提升技能。二是外部学习。在与外部标杆企业的比较中,寻求到尽可能先进的技能,采用"模仿—创造性模仿—二次创新"的顺序逐步实现技能的改进。三是直接购买。对于某些关键技能,如果采用前两种提升方式在时间和经济上都不划算,则可以考虑采用直接购买的方式加以引进。

D. 重整能力。能力是由技能的有机整合而成的特有知识。能力若无法带来持续竞争优势,在技能提升的基础上,应该通过改变整合的方式与方法来寻求改进。重整能力的通常做法是调整组织结构、进行流程再造和开展业务重组。在这一过程中,应关注与外部环境的动态匹配问题,引入市场压力来打破内部阻力。另外,工程建设企业应该进行持续的创造型学习。重整能力是一项长期、反复的任务,其阶段性的逻辑终点处在具备竞争优势和可持续发展的良性状态,因为只有此时,工程构建与提升核心能力的工作才能见到成效。

(3)工程价值链分析。

①价值链的含义和组成。工程价值链是一系列由各种纽带联结起来的相互依存的创造工程价值的活动集合,工程价值链不是独立活动的汇集,而是相互依存的工程活动过程的一个系统。每一项活动都包括直接创造价值的活动、间接创造价值的活动、质量保证活动等。工程某一个活动是否创造价值,看它是否为其后续活动提供了需要、是否降低了后续活动的成本、是否改善了后续活动的质量。工程项目的价值链管理就是对工程项目中各项战略活动本身及其之间物流和信息流等进行的计划、协调和控制,以使其为后续活动提供需要,降低后续活动的成本和改善后续活动的质量。

图4-1是一个典型的价值链框架,同样适用于工程价值链的管理。由图4-1可以看出价值活动由基本活动和辅助活动两部分构成。基本活动包括内部后勤、生产经营、外部后勤、市场营销、服务。辅助活动包括采购、技术开发、人力资源管理、企业基础管理等。

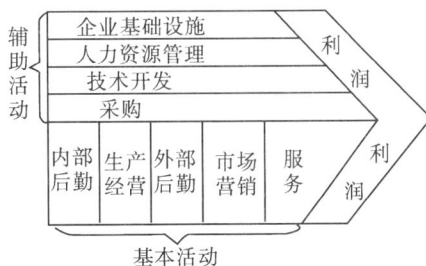

图4-1　典型的价值链框架

②价值链的确定。确定工程价值链一般可以按以下步骤进行:

第一步:确定工程每一价值链的范围。单一产品的工程,主要从生产流程和相关的辅助活动来确定其价值链的范围。而多产品的工程,除了确定每一生产领域的价值链范围外,还应找出每一价值链中各种价值活动的协同关系。

第二步:对工程竞争活动进行分解和归类。价值链中的各类生产活动都可以再分解为相互独立的种种活动。在价值活动细分中,其分解层次是否适当取决于活动的经济性和分析价值链的目的,而对其把握的一般基本原则是:其一,具有不同的经济性;其二,对差异化能产生很大的潜在影响;其三,在成本中占有相当的比例和该比例在不断上升。

第三步:明确价值活动的内、外联系。竞争战略一方面来源于价值活动本身,另一方面来源于价值活动的相互联系,即来源于这些联系的优化和协调。价值活动的联系可分为前后(专业化)的联系和平行(多角化)的联系。工程内部价值活动的联系可以从物质流、资金流、工艺流和信息流中来确定,工程与产业价值链的联系的关键是着眼于谋求在与外部联系中产生的竞争战略。

第四步:确定每一项活动的价值和方式。从用户角度确定价值链每一项活动的价值是形成成本优势的基本方法,即按照用户对工程产品价值的重要程度的理解,将价值链的总价值分配到每项价值活动中。确定每一项价值活动的方式,有针对性地调整自身的价值活动,有利于形成差异化的竞争优势。

4.3 工程战略管理的方法与工具

1. 外部环境分析方法和工具

(1)PEST 分析法。该分析法主要应用于宏观环境的分析。不同工程根据自身特点和建设需要,对宏现环境的分析会有差异,但一般都应对政治(political)、经济(economic)、技术(technological)和社会(social)这四大类影响工程的主要外部环境因素进行分析。简单而言,称之为 PEST 分析法。PEST 分析法四个方面的详细内容在工程宏观环境影响因素一节有详细的论述,图 4 - 2 是 PEST 分析法的主要模型框架。

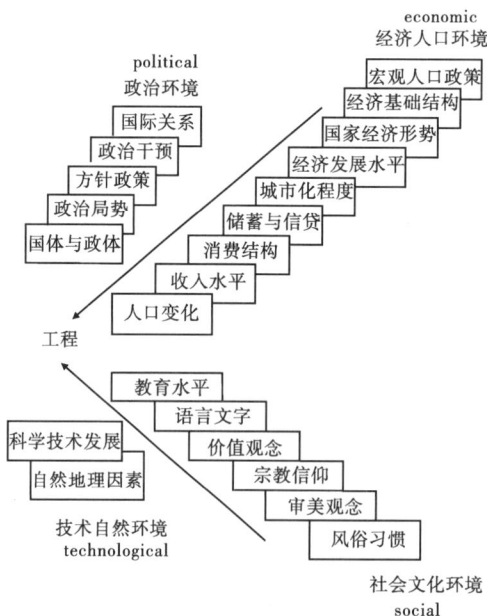

图 4 - 2 PEST 分析法模型框架

(2)外部因素评价矩阵(external factor evaluation matrix,EFE 矩阵)。该评价矩阵是

一种对外部环境进行分析的工具。应用于工程管理,其做法是从机会和威胁两个方面找出影响工程未来发展的关键因素,根据各个因素影响程度的大小确定权数,再按工程对各关键因素的有效反应程度对各关键因素进行评分,最后算出工程的总加权分数。通过 EFE,工程就可以把自己所面临的机会与威胁汇总,来刻画出工程的全部吸引力。

外部因素评价矩阵可以按照以下五个步骤进行。

第一步:列出在外部分析过程中确认的关键因素。因素总数在 10～20 个之间,包括影响工程和所在产业的各种机会与威胁,首先列举机会,然后列举威胁。列举时尽量具体,可能时采用百分比、比率和对比数字。

第二步:赋予每个因素以权重。权重数值由 0.0(不重要)到 1.0(非常重要),权重反映该因素对于工程取得成功的影响的相对大小性,机会往往比威胁得到更高的权重,但当威胁因素特别严重时也可得到高权重。可以通过对成功的和不成功的竞争者进行比较,以及通过集体讨论而达成共识来确定权重。所有因素的权重总和必须等于1。

第三步:按照工程现行战略对关键因素的有效反应程度为各关键因素进行评分。分值范围1～4(4 代表反应很好;3 代表反应超过平均水平;2 代表反应为平均水平;1 代表反应很差)。评分反映了工程现行战略的有效性,因此它是以工程为基准的,而步骤②的权重是以产业为基准的。

第四步:用每个因素的权重乘以它的评分,即得到每个因素的加权分数。

第五步:将所有因素的加权分数相加,以得到工程的总加权分数。

无论 EFE 矩阵包含多少因素,总加权分数的范围都是从最低的 1.0 到最高的 4.0,平均分为 2.5。高于 2.5 则说明工程对外部影响因素能作出反应。EFE 矩阵应包含 10～20 个关键因素,因素数不影响总加权分数的范围,因为权重总和永远等于 1。表 4-2 是××地产的外部因素评价矩阵举例。

表 4-2　××地产外部因素评价矩阵

关键外部因素	权重	评分	加权分数
机会			
1. 中国城市人口大量增加,城市扩张迅速	0.2	4	0.8
2. 国内经济发展良好,改善住房需求增加	0.15	4	0.6
3. 中国中西部大开发,具有较大商业机会	0.05	3	0.15
4. 大量 80 后、90 后人口进入婚育高峰,推动住房需求	0.1	4	0.4
5. 旅游、养老等新兴地产项目发展迅速	0.05	3	0.15
威胁			
1. 国家房地产限购政策影响销售	0.1	2	0.2
2. 房价过高,居民消费能力不足	0.15	1	0.15
3. 原材料和人力资源成本上涨	0.1	2	0.2
4. 全国经济增速放缓和国家调控造成房价下跌预期,观望气氛浓厚	0.1	2	0.2
总计	1		2.85

2. 内部条件分析方法和工具

(1)SWOT 分析法。该分析方法应用于工程管理,是根据工程自身的既定内在条件进行分析,找出工程的优势、劣势及核心竞争力之所在。其中,S 代表 strength(优势),W 代表 weakness(弱势),O 代表 opportunity(机会),T 代表 threat(威胁),其中,S、W 是内部因素,O、T 是外部因素。按照竞争战略的完整概念,战略应是一个工程"能够做的"(即组织的强项和弱项)和"可能做的"(即环境的机会和威胁)之间的有机组合。

SWOT 分析有四种不同类型的组合:优势—机会(SO)组合、弱点—机会(WO)组合、优势—威胁(ST)组合和弱点—威胁(WT)组合。

优势—机会(SO)战略是一种发展工程内部优势与利用外部机会的战略,是一种理想的战略模式。弱点—机会(WO)战略是利用外部机会来弥补内部弱点,使工程改劣势而获取优势的战略。优势—威胁(ST)战略是指工程利用自身优势,回避或减轻外部威胁所造成的影响。弱点—威胁(WT)战略是一种旨在减少内部弱点,回避外部环境威胁的防御性技术。

工程 SWOT 分析遵循以下的步骤:①罗列企业的优势和劣势,可能的机会与威胁;②优势、劣势与机会、威胁相组合,形成 SO、ST、WO、WT 策略;③对 SO、ST、WO、WT 策略进行甄别和选择,确定工程目前应该采取的具体战略与策略。表 4-3 是××地产房产项目的 SWOT 模型。

表 4-3 ××地产房产项目 SWOT 模型

内部环境分析 (S、W) 外部环境分析 (O、T)	优势(S) 环境优美,交通便捷 周围配套设施相对完善 知名建设、施工、物业单位,更有保障	劣势(W) 价格偏高 绿化率相对偏低 电梯房居多,超出居民接受能力 楼盘相对隐蔽,不显眼
机会(O)	发挥优势,抢占机会	利用机会,克服劣势
房地产市场需求量大 地块剧减,项目具升值潜力 开发商口碑好,项目关注度高	突出项目产品和自身特点 知名企业合作,靠树立更高一级形象	把握商机,快速抢占市场空白 投入广告,宣传项目特色 加强展示,提升项目知名度
威胁(T)	发挥优势,转化威胁	减少劣势,避免威胁
房价涨而市民收入未提高 国家政策发布,影响价格策略 周边楼盘竞争激烈	集中强势推广,树立差异化形象 提供完善服务,让客户真实体验	因地制宜,充分利用有限地块资源 提前蓄客,传递信息,解决客户资源问题

(2)内部因素评价矩阵(internal factor evaluation matrix,IFE 矩阵)。该评价矩阵应用于工程,是一种对内部因素进行分析的工具,其做法是从优势和劣势两个方面找出影响工程未来发展的关键因素,根据各个因素影响程度的大小确定权数,再按工程对各关键因素的有

效反应程度对各关键因素进行评分,最后算出工程的总加权分数。通过 IFE,工程就可以把自己所面临的优势与劣势汇总,来刻画出工程的全部吸引力。

IFE 矩阵可以按如下五个步骤来建立。

第一步:列出在内部分析过程中确定的关键因素。采用 10～20 个内部因素,包括优势和弱点两方面的。首先列出优势,然后列出弱点。要尽可能具体,要采用百分比、比率和比较数字。

第二步:给每个因素以权重,其数值范围由 0.0(不重要)到 1.0(非常重要)。权重标志着各因素对于工程在产业中成败的影响的相对大小。无论关键因素是内部优势还是弱点,对工程绩效有较大影响的因素就应当得到较高的权重。所有权重之和等于 1.0。

第三步:为各因素进行评分。1 分代表重要弱点;2 分代表次要弱点;3 分代表次要优势;4 分代表重要优势。值得注意的是,优势的评分必须为 4 或 3,弱点的评分必须为 1 或 2。评分以工程为基准,而权重则以产业为基准。

第四步:用每个因素的权重乘以它的评分,即得到每个因素的加权分数。

第五步:将所有因素的加权分数相加,得到工程的总加权分数。

无论 IFE 矩阵包含多少因素,总加权分数的范围都是从最低的 1.0 到最高的 4.0,平均分为 2.5。总加权分数大大低于 2.5 的工程的内部状况处于弱势,而分数大大高于 2.5 的工程的内部状况则处于强势。IFE 矩阵应包含 10～20 个关键因素,因素数不影响总加权分数的范围,因为权重总和永远等于 1。

表 4-4 是××地产内部因素评价距离。

表 4-4 ××地产内部因素评价矩阵

关键内部因素	权重	评分	加权分数
内部优势			
1. 公司有央企背景,信誉良好,资金较充裕	0.2	4	0.8
2. 优秀的技术团队和管理队伍、员工素质高	0.1	3	0.3
3. 在一、二线大城市有充足土地储备	0.05	3	0.15
4. 有先进的 ERP 企业管理软件,工作效率高	0.1	3	0.3
5. 集团集中采购物资,可降低成本	0.1	4	0.4
内部劣势			
1. 销售团队的能力不强	0.2	1	0.2
2. 中、高端住宅产品的设计和建设经验较弱	0.1	2	0.2
3. 在三、四线城市项目储备不足	0.05	2	0.1
4. 商业地产开发经验少,竞争力弱	0.1	1	0.1
总计	1		2.55

3. 工程绩效评价方法和工具

（1）财务比率分析。财务比率分析应用于企业，是按照资产负债表、损益表和市场估价来确定企业的绩效如何。财务比率分析同样可以应用于评估工程绩效，分析一项工程的财务状况可以计算和分析它的偿债能力、营运能力、盈利能力、现金流量和发展能力。表4-5是财务比率分析公式的总结。需要说明的是，有用的比率分析必须超越财务比率的计算和解释，它必须包括分析这些比率在长时间内的变化以及相互之间的关系。此外，在进行财务比率分析时，必须从历史的角度（不仅仅是一个时间上的点）以及与行业标准和主要竞争者比较的角度考虑问题。

表4-5　财务比率分析总结

偿债能力分析	
流动比率	流动资产÷流动负债
速动比率	（流动资产－存货）÷流动负债
资产负债率	（负债总额÷资产总额）×100%
利息保障倍数	（税后利润＋所得税＋利息费用）÷利息费用
盈利能力分析	
销售利润率	（主营业务收入－主营业务成本）÷主营业务收入×100%
营业利润率	（营业利润÷主营业务收入）×100%
销售净利率	（净利润÷销售收入）×100%
成本费用利润率	利润总额/（主营业务成本＋期间费用）
总资产收益率	（税后利润＋利息＋所得税）÷平均资产总额
净资产收益率	净利润÷净资产
现金流量分析	
经营现金与流动负债比	经营活动现金净流量/流动负债
债务保障率	经营活动现金净流量/（流动负债＋长期负债）
每元销售现金净收入	经营活动现金净流量/主营业务收入
现金再投资比率	（经营活动现金净流量－支付股利、利息现金）/（固定资产原值＋长期投资合计＋无形资产及其他资产＋流动资产－流动负债）
经营收益营运指数	1－（投资收益＋处置长期资产收益＋固定资产报废损失＋财务费用）/（净利润＋少数股东损益）
营运能力分析	
存货周转率（次/年）	主营业务成本/存货平均额
应收账款周转率（次/年）	主营业务收入/应收账款平均额
流动资产周转率（次/年）	主营业务收入/流动资产平均额
总资产周转率（次/年）	主营业务收入/总资产平均额
发展能力分析	
销售收入增长率	本年销售收入/上年销售收入－1
净利润增长率	本年净利润/上年净利润－1
资本积累率	本年所有者权益/上年所有者权益－1
总资产增长率	本年总资产/上年总资产－1
固定资产成新率	平均固定资产净值/平均固定资产原值

（2）平衡计分卡法。基于广义利益相关者的观点，工程必须满足广泛的利益相关者的需求，包括员工、顾客和所有者，以保证他们的利益，平衡计分卡是考虑工程绩效和各方利益相关者利益的很好的工具。平衡积分卡法应用于工程管理，是指以工程战略为导向，通过财务、客户、内部业务流程和学习与增长四个方面及其业绩指标的因果关系，全面管理和评价工程综合业绩，是工程战略的具体体现，既是一个绩效评价系统也是一个有效的战略管理系统。

平衡计分卡包括以下四个维度。

①财务维度表明员工的努力是否对工程的经济收益产生了积极的作用，财务方面是其他三个方面的出发点和归宿；

②客户维度体现了工程的关注焦点，是工程与外界、部门与其他单位变化的反映，它是平衡计分卡的平衡点；

③内部运作流程维度着眼于工程的核心竞争力，工程应当甄选出那些对客户满意度有最大影响的业务程序（包括影响时间、质量、服务和生产率的各种因素），明确自身的核心竞争能力，并把它们转化成具体的测评指标，内部过程是工程改善业绩的重点；

④学习和成长维度的目标是持续提高员工的技术素质和管理素质，为客户创造更多价值并提高工程运作效率。

平衡记分卡中的每一项指标都是一系列因果关系中的一环，既是结果又是驱动因素，通过它们把相关部门的目标同组织战略联系在一起。员工的技术素质和管理素质决定产品质量和销售业绩等；产品和服务质量决定顾客满意度和忠诚度；顾客满意度和忠诚度及产品和服务质量等决定财务状况和市场份额。为提高经营成果，必须使产品或服务赢得顾客的信赖；要使顾客信赖，必须提供顾客满意的产品，为此改进内部生产过程；改进内部生产过程，必须对职工进行培训，开发新的信息系统。图 4-3 是工程应用平衡计分卡的模型。

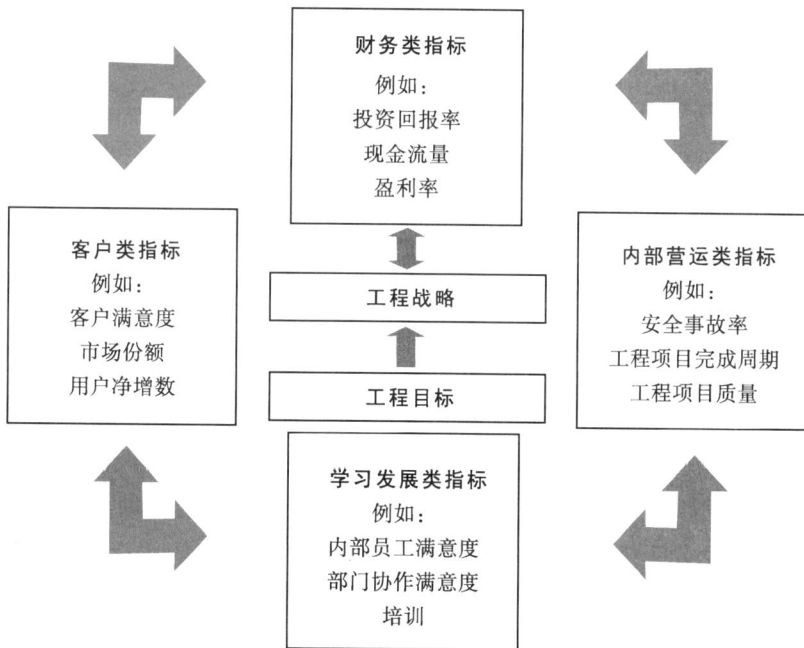

图 4-3 工程平衡计分卡模型

4.4　案例：西电东送工程

西电东送是西部大开发的标志性工程之一，在西部开发三大标志性工程中，西电东送投资最大，工程量最大。"西电东送"，是指开发贵州、云南、广西、四川、内蒙古、山西等西部省区的电力资源，将其输送到电力紧缺的广东、上海、江苏、浙江和京、津、唐地区。西电东送分北、中、南 3 条通道，其在较大范围内实现了资源优化配置，扩大和优化了电网结构，缓解了东部地区如广东、京津唐等的电力紧张局面，减轻了东部地区环境压力。同时水火电站的开发建设也促进了西部地区的电力和经济的发展。

1. 总体规划

"西电东送"规划的总体原则是依据全国资源优化配置原则和市场经济的基本规律确定的，具体内容如下：

(1)统一规划东部和西部地区电源和电网，既要满足西部发展对电力的需求，又要尽可能扩大外送。

(2)"西电东送"规划中要做到两个优先、一个同时，即优先建设电网，使电网适度超前；优先开发水电，加大水电开发力度；同时要加快开发有条件的煤电基地。

(3)"西电东送"要求国家调控与市场调节相结合。规划东部电力时要留出吸收西部电力的市场空间；电力交易要符合市场规律，走法制化轨道。

(4)切实加强送端电网与受端电网规划，"西电东送"的骨干电网规划、全国联网规划及各区的电网规划相结合，一次输电网系统规划和二次通信系统等规划相结合，输电网规划和配电网规划相结合，确保整个电网安全稳定，使电力送得出、落得下、用得上。

(5)推进科技进步，实现输变电技术升级，提高输电能力。

(6)重视输变电工程建设及电源开发中的环境保护，采取节约用地，紧凑型输电走廊，减少砍伐等措施来减少对生态环境的影响。

总之，要通过"西电东送"战略的实施促进西部水力资源与大型煤电基地的开发，从而促进西部地区的经济发展，实现全国电力的可持续发展；推进全国联网，把我国电网建设成既是"安全、可靠、高效、开放"的电网，又是"结构坚强、潮流合理、技术先进、调度灵活、留有裕度"的电网。

2. 北、中、南通道规划

(1)北部通道。北部通道的"西电东送"主要包括两大部分：山西、内蒙西部向京津唐、河北南网及山东送电；西北送电至华北与山东电网。

在对北方通道各地区送、受端煤电基地水资源情况、电源厂址建设条件和水资源的供水情况、能源资源情况、各地区电价竞争力分析以及电网各通道能力和送电容量分析的基础上，北部通道的规划方案为：山西、内蒙西部向京津唐、河北南网及山东送电方面，规划全部以 500kV 交流接入华北电网，到 2020 年向外送电达 20GW。另一方面西北采用"交直流混送，水火电打捆外送"送电至华北与山东电网，电力外送分为三个通道：①黄河上游水电与宁夏火电采用 750kV 输电方式送电至西北电网的送端，再以直流方式外送到山东或京津唐电网；②陕北火电基地的神木、府谷火电厂以交流方式送电到华北；③陕北火电基地以直流方式送电到山东电网,这三个通道的送电规模至 2015 年约为 12GW,至 2020 年约为 20GW。

(2)中部通道。在综合考虑了中部地区水电出力特点、受电区电源结构和负荷特性、送电距离,经技术经济比较等因素后,2001—2002 年中部"西电东送"规划通过评审,主要结论性意见为:

①明确了四川Ⅰ水电开发方针及开发规模,即为"统筹规划,大型为主,大中小并举,龙头优先"的开发方针和 2020 年发电 42GW、水电资源开发率达到 50% 左右的开发规模。

②四川Ⅰ外送电力规划:2005 年向外送电 1.5GW 左右(通过三万线的三峡通道),2015 年送电达 5GW,2020 年送电达 20GW 以上。

③川Ⅰ电外送方案为交直流混送,送电华东为纯直流方案,送电华中则以现有 500kV 交流为基础,还有待进一步论证是采用直流 500kV 还是交流 500kV 或 750(800)kV 交流输电方式。

④中部通道的外送电力规划:2010 年三峡加川电外送可达 20GW 左右,2020 年达 40GW 左右。

同时提出一方面需要关注加快具有调节性能的瀑布沟等水电的开发和四川自身电网建设,保证四川自身电力的安全、可靠、充足的供应;另一方面完善四川大型水电开发如溪落渡、向家坝外送华中的交、直流方案的论证。

(3)南部通道。在重点考虑南通道地区环境保护问题、煤炭开采问题以及各地区电价竞争力分析的基础上,南通道规划方案主要要点为:2005 年"西电东送"的南部通道向广东送电达到 7GW 左右(另有 3GW 来自中通道的三峡),2015 年将达 20GW,2020 年将达到 25GW 左右(向广西送电则达到 30GW 左右),届时红水河、乌江及澜沧江中下河段基本已开发,同时开始规划金沙江中游段 20GW 的乌东德、白鹤滩等向南方电网输电的前期开发工作,为 2020 年及以后南方通道继续增加西电东送规模作好准备。

同时,规划对电网结构提出要求,建议广东电网采用 500kV 双环网结构,并要加快内环改造与外环的形成。广西电网是南方电网"西电东送"的中枢通道,要求其既能通过西电,又能在电压上起到中间支撑作用。贵州、云南电网是坚强的送端电网,贵州电网以"网对网"送电为主,而云南电网则以"点对网"送电为主。

在南方电网"西电东送"规划中,以下问题被重点强调:

①广东受端电网建设问题。整个南方电网将是世界上最复杂的电网,输送潮流大,如何保证这种大容量、强直流、多落点、交直流并联电网结构的安全稳定运行是一个极为严竣的问题。

②做好火电电源点的落实工作,同步实施煤、电、运、环境等环节。

③做好水电前期规划工作,抓紧后续水电开发的前期规划工作,特别要注意对环境和生态的保护。

案例讨论

1. 西电东送工程总体规划的原则是什么?

2. 西电东送工程的总体规划和各分项规划中如何考虑工程战略中的外部环境因素和内部条件因素?

3. 西电东送工程的总体规划和各分项规划拟解决问题的侧重点有何不同？

思考题

1. 工程战略管理的含义和特征是什么？

2. 工程战略管理的程序是什么？各程序具体包括哪些内容？

3. 有哪些影响工程战略管理的外部环境因素？各因素如何影响工程战略管理？

4. 有哪些影响工程战略管理的内部条件因素？各因素如何影响工程战略管理？

5. 在具体分析工程战略管理的外部环境和内部条件因素时,管理人员可以采用哪些分析工具和方法？请具体阐述各分析工具和方法的内容。

第5章

工程决策管理

5.1 工程决策概述

➤ 5.1.1 工程决策的概念及要素

1. 工程决策的概念

决策是人类的基本活动之一,人们在进行实践活动之前,都要在自己的头脑中对做什么、如何做以及将会出现什么后果等问题进行思考、设计、选择,通过一系列思维活动,形成一个主意、打算、方案,然后才开始行动,这一选择过程就是决策的过程。那到底什么是决策呢? 学者们从不同的角度为决策下了不同的定义。

赫伯特·西蒙(Herbert Simon)认为:"决策是管理的核心,管理是由一系列决策组成的;管理就是决策。"

邓肯(Dun Can)对决策的定义是:理性的人对需要采取行动的局面以恰当的反应。

里基·格里芬(Ricky Griffin)认为:"决策是从两个以上的备选方案中选择一个的过程。"

周三多指出:"决策是管理者识别并解决问题的过程,或者管理者利用机会的过程。"

综合以上观点,所谓决策,就是为达到一定的目标,从两个或两个以上的可行方案中选择一个合理方案的分析判断过程。具体来说,工程决策是工程决策者(政府、企业或个人)针对拟建工程项目,确立总体部署,并通过不同工程建设方案进行比较、分析和判断,对实施方案作出选择的全过程。

2. 工程决策的要素

从工程决策的概念,我们可以看出,工程决策的基本要素包括:决策者、决策目标、信息、备选方案、决策理论与方法等,如表 5-1 所示。

表 5-1 工程决策的基本要素

要素	具体内容
决策者	工程决策的主体,既可以是个人,也可以是群体
决策目标	一般有多个目标,主要包括功能目标、技术目标、经济目标、社会目标、生态目标等
信息	工程决策有关的自然、技术、经济、社会等各方面的信息
备选方案	一般有多个可供选择
决策理论与方法	指导工程决策的科学理论和具体的定性、定量或定性与定量相结合的决策方法

(1)决策者:进行决策的主体,既可以是单个的管理者,也可以是由多个管理者组成的集体或小组。决策的实质是体现决策系统中人的主观能力,其知识、社会背景、价值观、风险偏好等对决策效果有着决定性的影响。科学化的工程决策要认真听取科学家和工程技术人员的正确意见,像三峡大坝那样的大型工程往往还设有各种专家组或专家咨询委员会。

(2)决策目标:决策活动所期望达到的成果和价值。工程决策中至少要确立如下目标:①功能目标,即项目建成后所达到的总体功能;②技术目标,即对工程总体技术标准的要求或限定;③经济目标,如总投资、投资回报率等;④社会目标,如对国家或地区发展的影响等;⑤生态目标,如环境目标、对污染的治理程度等。

(3)信息:科学的决策取决于对现实环境的正确认识和对未来发展趋势的科学预测和把握。在工程决策过程中,要根据具体的工程目标和战略部署,广泛收集自然、技术、经济、社会等方面的相关信息,对这些信息进行加工整理,提出可能的工程实施方案。但同时,决策者不能不计成本地收集各方面信息,要进行成本—收益分析。

(4)备选方案:可供选择的各种工程实施的可行方案。

(5)决策理论与方法:决策是一个过程,而这一过程中每一个步骤的进行都离不开科学的理论指导和方法。

➢ 5.1.2 工程决策的特征

1. 目标性

任何决策都是为了实现一定的目标而作出的。没有目标,人们就难以拟订未来的活动方案,评价和比较这些方案也就没有了标准,对未来活动效果的检查更失去了依据。

工程是科学和数学的某种应用,通过这一应用,使自然界的物质和能源的特性能够通过各种结构、机器、产品、系统和过程,以最短的时间和精而少的人力做出高效、可靠且对人类有用的东西。简单地说,工程决策应体现经济效益和社会效益的统一。

2. 可行性

任何工程活动都需要利用一定资源,缺少必要的人力、物力和技术条件的支持,理论上非常完善的工程决策方案也只会是空中楼阁。因此,工程决策方案的拟订和选择,不仅要考察采取某种行动的必要性,而且要注意实施条件的限制,看其是否符合经济上合理、技术上可能、政策上允许、时间上可行的要求。

3. 选择性

决策的基本含义是抉择。决策是从若干备选的方案中进行选择,如果只有一个方案,就无法比较其优劣,也无选择余地,也就无所谓决策。没有比较就没有鉴别,更谈不上所谓的"最佳"。因此,工程决策要求必须提供多种可供选择的方案。

4. 满意性

最优决策往往只是理论上的幻想,因为它要求:①决策者了解与组织活动有关的全部信息;②决策者能正确地辨识全部信息的有用性,了解其价值并能据此制订出没有疏漏的行动方案;③决策者能够准确地计算每个方案在未来的执行结果。然而,在方案数量有限、执行结果不确定和结果判断不明的条件下,人们难以作出真正最优的决策。同时,工程作业多、战线长,存在同步作业、交叉作业工序,施工组织难度大,因此,他们通常是在几种可行的处理方案中选择一种在技术、经济、施工条件以及副作用等几个目标中达到综合最满意的方案。

5. 过程性

组织中的决策并不是单项决策,而是一系列决策的综合。例如,北京十三陵抽水蓄能电站从 1973 年开始进行规划,到 1997 年竣工,历时 25 年,工程的勘察设计施工经历了无数次大大小小的决策。在这一系列决策中,每个决策本身也是一个过程。为了方便理论分析,将决策的过程划分为几个阶段,但在实际工作中,这些阶段往往是相互联系、交错重叠的,难以截然分开。

6. 动态性

决策的动态性与过程性有关。决策不仅是一个过程,而且是一个不断循环的动态过程。工程系统的结构和影响因素常常是可变的,且相互影响,这要求决策者密切监视并研究外部环境及其变化,发现问题并及时调整决策活动,以实现组织与环境的动态平衡。

除上述特点之外,对国家重点工程来说,其决策还具有决策主体多、决策难度大、决策周期长、决策影响面广等显著特点。

▶ 5.1.3　工程决策的类型

从不同的角度,按照不同的标准,可以把工程决策分为不同的类型,如表 5 - 2 所示。对决策进行分类,主要是为了通过分类认识不同类型决策的特征,掌握不同类型决策的规律,并在实际中根据不同类型的决策采取不同的决策方式和方法。

表 5 - 2　按不同标准划分的工程决策类型

标准	具体的决策类型
决策问题的重要程度	战略决策、战术决策和业务决策
决策者的数量及其合作关系	个人决策和群体决策
决策目标的多少	单目标决策和多目标决策
决策环境的可控程度	确定型决策、风险型决策和不确定型决策
决策的性质和重复程度	程序化决策和非程序化决策
决策需要解决的问题	初始决策和追踪决策
决策对象	土木工程决策、水利工程决策、航天工程决策等

1. 根据决策问题的重要程度划分

根据决策问题的重要程度,可将工程决策划分为战略决策、战术决策和业务决策。

战略决策指事关组织未来发展方向和远景的全局性、长远性的大政方针方面的决策,它一般由高层管理者作出。

战术决策又称管理决策,属于战略决策执行过程中的具体决策,旨在实现组织中各环节的高度协调和资源的合理使用。

业务决策是日常业务活动中为提高工作效率和生产效率,合理组织业务活动进程等而进行的决策,如日常分配决策等。该类决策技术性强、时间紧,有很大的灵活性,一般由初级管理层负责。

2. 根据参与决策的管理者数量及其合作关系划分

根据参与决策的管理者数量及其合作关系,可将工程决策分为个人决策和群体决策。

个人决策是指个人参与组织活动中的各种决策。该类决策受决策者个人的经验、知识水平、意志等因素的影响,使决策具有强烈的个人色彩。其优点是处理问题快速、果断;缺点是容易出现鲁莽、武断等情况。

群体决策是一种强调全体成员形成共同认识、直接参与的决策方式。其优点有:通常能比个人作出质量更高的决策,因为它具有更完整的信息和更多的备选方案;易于增加有关人员对决策方案的接受性。其缺点是:决策效果易受到群体大小、成员从众现象等因素的影响,导致决策的效率相对较低。虽然工程决策中工程师或各类专家具有不可替代的作用,但不论是科学技术还是工程师都不应成为唯一的工程决策者,要广泛听取工程技术人员的意见,并遵循民主程序,让大众也参与到工程决策中来。

3. 根据决策目标的多少划分

根据决策目标的多少,可将工程决策分为单目标决策和多目标决策。

单目标决策是指决策的目标或标准只有一个的决策,例如:成本最小化。

多目标决策是指决策的目标或标准有两个或两个以上,而这些目标或标准又具有互斥性的决策。在工程决策管理中,除了对十分简单的决策问题的处理,往往都是多目标决策,如兴建一项水利枢纽工程,不仅涉及工程目标、经济目标,而且涉及生态环境目标、社会目标等。

4. 根据决策环境的控制程度划分

根据决策环境的控制程度,可将工程决策分为确定型决策、风险型决策和不确定型决策。

确定型决策是指自然状态(影响决策的因素在客观上存在的可能情况)是完全确定的,决策者对决策问题的情况和各种备选方案的结果充分了解的情况下作出的决策。

风险型决策也称随机决策,是指决策者不能预先确定未来的环境条件,但能预测每种自然状态发生的概率,根据概率进行计算并作出决策。工程往往面对复杂多变的环境,难以确定的因素很多,因此工程决策更多的是风险型决策。

不确定型决策是指结果有多种可能性,且决策者难以预测各种状态发生的概率,只能依靠经验确定一个主观概率而作出决策。

5. 根据决策的性质和重复程度划分

根据决策的性质和重复程度不同,可将工程决策划分为程序化决策和非程序化决策。

程序化决策又称常规决策,是指经常出现的、有章可循的决策。决策主体可以凭借经验或建立的程序,重复使用,且可以广泛地应用运筹学和电子计算机设施等手段。

非程序化决策也称一次性决策,是指对无常规可循的、偶然发生的、性质不甚清楚但却可能有重大影响的问题,主要依靠决策者的经验和才智来作的决策。这是一类反映工程系统复杂性的决策问题,并且工程时限性、多方面条件约束性及工程决策者对工程认识的局限性等特征,都使得非程序化决策问题的复杂性特征更加突出。

6. 根据决策需要解决的问题划分

根据决策需要解决的问题,可将工程决策分为初始决策和追踪决策。

初始决策是指组织对从事某种活动或从事该种活动的方案所进行的初次选择。追踪决策则是在初始决策的基础上对组织活动方向、内容或方式进行重新调整。初始决策是在对组织内外环境某种认识的基础上作出的,而追踪决策则是由于这种环境发生了变化,或者是由于组织对环境特点的认识发生了变化而引起的。组织中的大部分决策都属于追踪决策。

7. 根据决策的对象划分

根据决策的对象,可将工程决策分为土木工程决策、水利工程决策、航天工程决策等。

土木工程具有多种功能,由多种建筑物组成,结构复杂、涉及因素多,是一个非常复杂的人造大系统。土木工程决策就是关于如何组织、管理、运行这一系统的优化决策问题。该类决策在很大程度上需要依靠实践经验,原因在于:①有些客观情况过于复杂,难以如实进行室内实验或现场测试和理论分析。例如,地基基础、隧道及地下工程的受力和变形的状态及其随时间的变化,至今还需要参考工程经验进行分析判断。②只有进行新的工程实践,才能揭示新的问题。例如,建造了高层建筑和大跨桥梁等,工程的抗风和抗震问题突出了,才能发展出这方面的新理论和技术。

水利工程本属于土木工程的一个分支,但近年来由于其在国民经济中的地位日益重要,已成为一门相对独立的技术学科。与其他工程相比,水利工程有很强的系统性和综合性;对所在地区的经济、社会、生态环境、气候等都会产生很大影响;工作环境复杂,难以确切把握气象、水文、地质等自然条件;效益具有随机性,既有兴利除害有利的一面,又有淹没、移民、迁建等不利的一面。水利工程决策的目标就是全面考虑、统筹兼顾,合理安排地面和地下水资源的控制、开发和使用方式,以期减免不利影响,收到经济、社会和环境的最佳效果。同时,由于其本身的特点,水利工程决策往往需要多种人才智慧的综合,多学科优势的发挥,多渠道成果资料的分析,多层次的配合,做到科学化和民主化。

航天工程是探索、开发、利用太空和天体的综合性工程。其中,载人航天工程是中国航天领域迄今规模最庞大、系统最复杂、技术难度最大、质量可靠性和安全性要求最高的一项跨世纪国家重点工程。载人航天工程决策就是以国家综合国力和技术实力为基础,定性分析与定量论证、需要与可能相结合,层次分明、协调统一的综合过程,是众多人集体智慧的结晶,是实践系统工程的典范,也是国家政治、经济、军事、科技等综合国力的象征。

5.2 工程决策理论的发展

➢ 5.2.1 古典决策理论

古典决策理论又称规范决策理论,是基于"理性的经济人"假设提出来的,主要盛行于20 世纪 50 年代以前。古典决策理论认为,应该从经济的角度来看待决策问题,即决策的目的在于为组织获取最大的经济利益。

古典决策理论的主要内容是:

(1)在理性决策中,假定问题是清楚的、无异议的,假定决策者掌握与决策情景有关的完整信息。

(2)决策者能充分了解和列出所有可行方案,并能够确定每一个方案的所有可能结果。

(3)决策者应建立一个合理的自上而下的执行命令的组织体系。

(4)决策者进行决策的目的始终都在于使本组织获取最大的经济利益。

古典决策理论假设,作为决策者的管理者是完全理性的,决策环境条件的稳定与否是可以被改变的,在决策者充分了解有关信息情报的情况下,是完全可以作出完成组织目标的最佳决策的。古典决策理论忽视了非经济因素在决策中的作用,不一定指导实际的决策活动,从而逐渐被更为全面的行为决策理论所代替。

5.2.2 行为决策理论

行为决策理论的发展始于20世纪50年代。对古典决策理论的"理性经济人"假设发难的第一人是赫伯特·西蒙。他在《管理行为》一书中指出,理性和经济的标准都无法确切说明管理的决策过程,进而指出"有限理性"标准和"满意度"原则。其他学者对决策者行为作了进一步研究。他们在研究中发现,影响决策者进行决策的不仅有经济因素,还有其个人的行为表现,如态度、情感、经验和动机等。

行为决策理论的主要内容有以下五个方面:

(1)人的理性介于完全理性和非理性之间,即人是有限理性的,这是因为在高度不确定和极其复杂的现实决策环境中,人的知识、想象力和计算力是有限的。

(2)决策者在识别和发现问题的过程中容易受直觉上偏差的影响,而在对未来的状况作出判断时,直觉的运用往往多于逻辑分析方法的运用。

(3)由于受决策时间和可利用资源的限制,决策者即使充分了解和掌握有关决策环境的信息情报,也不能做到全部了解各种备选方案的情况,决策者选择的理性是相对的。

(4)在风险型决策中,与经济利益的考虑相比,决策者对待风险的态度起着更重要的作用。

(5)决策者在决策中由于缺乏积极性和有关能力或需要花费大量的时间、金钱,往往只求满意的结果,而不愿费力寻求最佳方案。

工程决策应该体现经济效益和社会效益的统一,当二者发生冲突时,决策者的价值观念至关重要,甚至对工程决策具有决定性意义。

情感与意志这些非理性因素在工程决策中也起着重要作用。从大的方面讲,许多工程的提出便源于感情因素,比如决定修建气派的城市中心广场,其动因主要是提升城市形象和增进城市自豪感;从小的方面讲,工程过程中的许多细节决策也渗透着感情因素,比如建筑设计会较多考虑美学感受,装饰材料的选择通常也依据决策者的感情偏好作出。再比如我国实施"863计划"的决定,其中便体现了国家最高领导人"当机立断"的果断意志。

5.2.3 当代决策理论

继古典决策理论和行为决策理论之后,决策理论又有了进一步的发展,即产生了当代决策理论。当代决策理论的核心内容是,决策贯穿于整个管理过程,决策程序就是整个管理过程。

组织是由作为决策者的个人及其下属、同事所组成的系统。整个决策过程从研究组织的内外环境开始,继而确定组织目标、设计可达到该目标的各种可行方案、比较和评估这些方案,进而进行方案选择(即作出择优决策),最后实施决策方案,并进行追踪检查和控制,以确保预定目标的实现。这种决策理论对决策的过程、决策的原则、程序化决策和非程序化决策、组织机构的建立同决策过程的联系等作了精辟的论述。

当今的决策者在决策过程中应该广泛采用现代化的手段和规范化的程序,以系统理论、运筹学和电子计算机为工具,并辅之以行为科学的有关理论,作出科学合理的决策。这就是说,当代决策理论把古典决策理论和行为决策理论有机地结合起来,它所概括的一套科学行为准则和工作程序既重视科学的理论、方法和手段的应用,又重视人的积极作用。

例如土木工程、工程地质和地基的勘查技术,目前主要仍然是现场钻探取样,室内分析实验,这是有一定局限性的。为适应现代化大型建筑的需要,急待利用现代科学技术来创造新的勘察方法。

工程规划方面,以往的总体规划常是凭借工程经验提出若干方案,从中择优。由于土木工程实施的规模日益扩大,现在已有必要也有可能运用系统工程的理论与方法以提高规划水平。特大的土木工程,例如高大水坝,会引起自然环境的改变,影响生态平衡和农业生产等,这类工程的社会效果有利也有弊,在规划中对于趋利避害要作全面的考虑。

工程设计方面,人们努力使设计尽可能符合实际情况,达到适用、经济、安全、美观的目的。为此,已开始采用概率统计来分析确定荷载值和材料强度值,研究自然界的风力、地震波、海浪等作用在时间、空间上的分布与统计规律,积极发展反映材料非弹性、结构大变形、结构动态以及结构与岩土共同作用的分析,进一步研究和完善结构可靠度极限状态设计法和结构优化设计等理论;同时发展运用电子计算机的高效能的计算和设计方法等。

工程施工方面,随着土木工程规模的扩大和由此产生的施工工具、设备、机械向多品种、自动化、大型化发展,施工日益走向机械化和自动化。同时组织管理开始应用系统工程的理论和方法,日益走向科学化;有些工程设施的建设继续趋向结构和构件标准化和生产工业化。这样,不仅可以降低造价、缩短工期、提高劳动生产率,而且可以解决特殊条件下的施工作业问题,以建造过去难以施工的工程。

像三峡工程这种规模巨大、技术复杂,涉及国家经济、科学技术乃至国防等一系列重大问题的系统工程,更需要决策者利用当代决策理论作出科学决策。

5.3　工程决策的依据、原则、过程及其影响因素

➢ 5.3.1　工程决策的依据和原则

1. 工程决策的依据

可以把工程决策的依据划分为三种:事实依据、价值依据、环境和条件依据。

(1)事实依据。西蒙把事实定义为"关于可以观察到的事物及其运动方式的陈述"。因此,这里所说的事实是指决策对象客观存在的情况,包括决策者对这种情况的了解和认识。它主要强调的是决策对象存在的客观性,与平常所说的实事求是的"实事"是相同的。事实是决策的基本依据。

(2)价值依据。这里所说的价值是指决策者的价值观、伦理道德和某些心理因素。这些因素虽然都有主观性,但仍然是决策的依据和前提。这是因为对任何事物的认识和判断都不可避免地掺进这些主观因素,否则就不能解释为什么对同一事物会有两种或多种截然不同的看法,为什么对同一方案会有截然不同的两种或多种选择。

(3)环境和条件依据。所谓的环境和条件,是指决策对象事实因素和决策者价值因素以外的各种因素,如自然条件、资源条件、社会制度条件、科学技术条件,以及人们的文化传统和风俗习惯条件等。

2. 工程决策的原则

(1)满意原则。理性在决策中是重要的,但现实中的理性是有局限的。西蒙把理性的约束因素归结为五条:不完备和不完全的信息、问题的复杂性、人类处理信息的能力限制、决策的时间限制和针对组织目标的争议。基于对"有限理性"的分析,西蒙提出了决策中不同于"最优"原则的"满意"原则,即人们很难选择一个从各个角度而言都是最优的方案,这样的方案往往是不存在的,人们只能根据需求和目标,选择最满意的方案。

(2)层级原则。在一个工程项目中,各个管理领域、各个管理层次都有大量的决策工作,不可能全部由高层管理者完成,必须按决策的难度和重要程度分层级进行。另外,组织管理的重要原则是责权对等、分权管理。实现分级决策,把部分重复进行的、程序化的决策权下放给下属,有利于分权管理。

例如,水利水电工程的决策就是一个多层次的决策问题,上至国务院、国家发展与改革委员会,下至工程指挥、总工程师乃至一名普通技术人员。高层次的决策限定了低层次的决策范围;低层次的决策又是高层次决策的基础。不同层次的决策相互作用,相互影响。

(3)集体决策和个人决策相结合的原则。工程决策既不能事事集体决策,大众参与,又不能事事个人决策,一人拍板。要坚持集体决策与个人决策相结合的原则,根据决策事务的轻重缓急,对那些带有战略性、非程序化的、事关组织全局的问题,实行集体决策,对其他的应酌情选择个人决策或集体决策。

决策的集体与个人相结合的原则,反映了决策科学化和民主化的客观要求。例如,水利工程的决策必须尊重水文地质、发电设备、土木建筑、环境保护等自然科学与技术工程领域的基本规律,同时反映各方面人士的意见,把不同看法、意见、分歧解决在决策过程之中,做到科学化和民主化的统一,提高决策的质量。

黄河上某水库是我国水利工程建设史上决策失误的典型例子,在很大程度上就是因当时科技水平有限,政治统帅一切,不民主、不科学而导致的。

(4)系统性原则。工程决策过程中,需要协调好人与自然、经济与社会、短期利益与长远利益、生态与环境等各方面之间的关系,要达到整体最优而不是局部最优。它要求把决策本身看做一个系统,以这个系统的整体目标为核心,追求整体效应,统筹兼顾、全面安排,并建立反馈系统,保证决策的正确实施。

(5)定性与定量相结合的原则。工程决策方法必须是一种定性指导下的定量,以定量为最终目的的定性,实现决策的科学化。

➤ 5.3.2　工程决策的过程

工程决策不是瞬息之间的行为,是一个过程,即是一个发现问题、分析问题和解决问题的系统分析判断过程。美国学者霍尔(H. Hall)提出了"弄清问题→目标选择→方案设计→建立数学模型→最优化→决策→实施"七个工程决策的步骤。根据工程的一般情况,为了保证决策正确,一般应按以下程序和步骤进行,如图5-1所示。

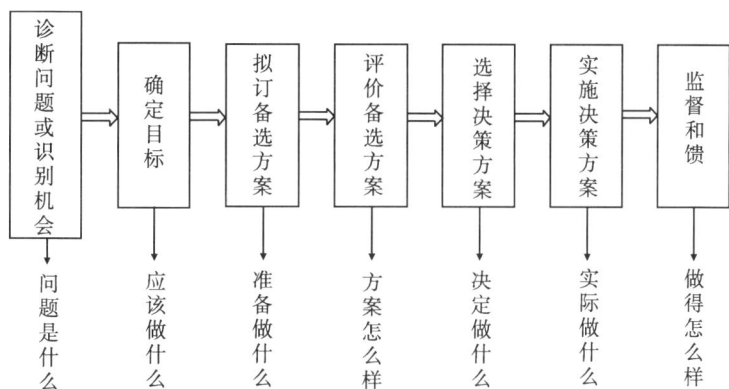

图 5-1 工程决策过程示意图

1. 诊断问题或识别机会

一切决策都是从问题——现状和期望之间的差异——开始的。决策者要在全面调查研究、系统收集环境信息的基础上发现差距,确认问题,并抓好问题的关键要害。这些"问题"可以是"麻烦",也可以是一种"机会",以都江堰工程为例说明。战国后期,秦国为增强国力,特别注意兴修水利,发展农业生产。公元前 256 年,水利专家李冰任蜀郡太守,发现蜀地四周都是高山,中间却是块大盆地,要发展这儿的农业,关键是要解决农田灌溉和排涝问题。岷江从西边流下来,河水常常泛滥成灾,盆地的东边却因被山阻隔,常闹旱灾。李冰意识到这些问题和机会,在灌县城郊凿通玉垒山,引水分洪,同时在这段江中筑坝分流,灌溉东边的水田,后来才有了历史上有名的都江堰水利工程。

识别机会和问题并不总是简单的。有些时候,问题可能植根于个人的过去经验、组织的复杂结构或个人和组织因素的某种混合。而且,评估机会和问题的精确程度也有赖于信息的精确程度,所以管理者要尽力获取积极的、可信赖的信息。

2. 确定目标

管理者一旦明确了需要解决的问题,就应该设定决策的目标。目标体现的是组织想要获得的结果,即希望决策达到什么效果或应该朝着什么方向前进。前面提到过,工程决策必须满足多个目标,但应该了解和明确每个目标的相对重要性。

3. 拟订备选方案

决策目标确定以后就需要提出实现目标和解决问题的各种可行方案。备选方案应该有自己的层次关系,备选方案的设计应尽可能全面和详尽周到。备选方案在设计过程中也应该注意可行性,要充分考虑所提方案的实现必须具备的条件,要估计方案的风险有多大,有没有办法减少风险等。方案可行性与方案合理性是同等重要的。

管理者常常借助其个人经验、经历和对有关情况的把握来提出方案。为了提出更多、更好的方案,需要从多种角度审视问题,这意味着管理者要善于征询他人的意见。通过头脑风暴法、名义群体技术和德尔菲技术等方法,可以提出富有创造性的方案。

在制订了一组备选方案之后,要对每一种备选方案的优点和缺点进行分析与评价。

4. 评价备选方案

由于工程将带来社会、经济和生态环境等多方面的影响,因此往往会出现多种可能的实施方案,并且这些方案各有所长。

在此阶段,要采用现代化的分析、评价、预测方法对各种备选方案进行综合评价。例如,水利水电的综合评价指标通常包括:①政策性指标:国家经济状况、电力发展需要、水电火电发展的平衡等。②技术性指标:工程项目的地质条件、坝高、蓄水水位、设备设施等。③经济性指标:工程投资、方案费用、回收期、税金等。④社会性指标:移民安置、生态环境、文物保护及其他方面的社会影响等。⑤资源性指标:水力资源的合理开发利用等。⑥时间性指标:工程进度、工程勘察设计周期、建设周期等。

在评价时,要根据目标来考核各个方案的费用和功效,运用定性、定量、定时的分析方法评估各备选方案的近期、中期和远期的效能,预测决策的后果以及来自各阶层、各领域的反应,尤其要注意那些难以用数学方法量化的非计量因素。在评价的基础上,权衡比较各备选方案的利弊得失,并将各种备选方案按优劣顺序排列,提出取舍意见,送交最高决策机构。

5. 选择决策方案

选择决策方案,就是要从各备选方案中选择一个满意方案。具体要做到以下几点:首先,必须能在较高程度上实现预定的决策目标,这是决策的合理性标准。其次,选择方案时还必须考虑方案实施所需付出的代价与可能带来的效果比值,此称为费用效果比或成本收益比。再次,合理的决策要妥善处理好正面效果与负面效果,以及效果与风险之间的关系。任何决策方案在实现预定目标所希望的正面效果的同时,往往也可能引起所不希望的各种负面效果。选择方案的方法有许多种,如实验法、可行性分析法、决策树法、决策矩阵法、模糊决策法、多目标决策法等。

6. 实施决策方案

在选出最佳方案后,就需要将其付诸实施。决策方案的实施是决策的延续和具体化,即还要作出许多后续决策。有时为了验证方案的可行性和可靠性,在方案选定以后需要进行一些局部试验,验证可行时,即可进入实施阶段;如果不可行,则要修正决策。

决策者在实施方案时,具体应从以下几个方面做好组织实施工作:①制定相应的具体措施,保证方案的正确实施;②做好宣传工作,确保与方案有关的各种指令能被有关人员充分接受和彻底了解;③健全机构,做好决策的组织工作,并应用目标管理方法把决策目标层层分解,落实到每一个执行单位和个人;④建立重要的工作报告制度,以便及时了解方案进展情况,及时进行调整。

7. 监督和反馈

工程决策是一个动态过程,常常不是按上述步骤一次就可以完成的,必须对实施过程中的情况和结果不断地、及时地追踪检查。通过追踪检查与评价,发现决策执行过程中出现的偏差,采取相应的措施进行决策控制。具体地,职能部门应对各层次、各岗位履行职责情况进行检查和监督,及时掌握执行进度,检查有无偏离目标,及时将信息反馈给决策者。决策者则根据职能部门反馈的信息,及时追踪方案实施情况,对既定目标发生部分偏离的,应采取有效措施,确保既定目标的顺利实现;对客观情况发生重大变化,原目标确定无法实现的,则要重新寻找问题或机会,确定新的目标,重新拟订可行方案,并进行评估、选择和实施。

实际中的工程决策不应是对自然系统的被动分析,而应是主动调整,按上述步骤,不断对系统提出要求、设计系统、评价设计方案、修改要求、反复分析比较,经过若干循环,求得最佳方案,最后综合成一个技术上合理、经济上合算、工作周期短、操作便利的决策结果。

➤ 5.3.3 影响工程决策的因素

先前的决策和行为、特定信念、个人价值、社会和职业标准、认知偏好、个性与环境压力等都影响着工程决策的结果。下面从四个方面具体说明影响工程决策的因素。

1. 外部环境

外部环境对决策的影响是多方面的。相对于比较稳定的外部环境而言,灵活多变的外部环境使得组织的决策频率更高,对组织的决策效率要求也更高,对组织的决策压力更大;组织处于不利的外部环境下,决策的约束因素更多,决策也会更加困难。例如,土方施工条件复杂,又多为露天作业,受气候、水温、地质等影响较大,难以确定的因素较多,决策的难度较大。

2. 组织自身因素

(1)组织文化。组织文化制约着组织及其成员的行为方式。在决策层次上,组织文化通过影响人们对改变的态度而发生作用。在偏向保守、怀旧、维持的组织中,人们总是根据过去的标准来判断现在的决策,总是担心在变化中会失去什么,从而对将要发生的变化产生怀疑、害怕和抵御的心理与行为;相反,在具有开拓、创新气氛的组织中,人们总是以发展的眼光来分析决策的合理性,总是希望在可能产生的变化中得到什么,因此,渴望变化、欢迎变化、支持变化。显然,欢迎变化的组织文化有利于新决策的实施,而抵御变化的组织文化则可能给任何新决策的实施带来灾难性的影响。

(2)组织的信息化程度。信息化程度对决策的影响主要体现在其对决策效率的影响上。信息化程度较高的组织拥有较先进的信息技术,可以快速获取质量较高的信息;另外,在这样的组织中,决策者通常掌握着较先进的决策手段。高质量的信息与先进的决策手段便于决策者快速作出较高质量的决策。不仅如此,在高度信息化的组织中,决策者的意图易被人理解,决策者也比较容易从他人那里获取反馈,使决策方案能根据组织的实际情况进行调整,从而使其得到很好的实施。

(3)组织对环境的习惯反应模式。对环境的习惯反应模式也影响着组织的活动选择。即使在相同的环境背景下,不同的组织可能作出不同的反应。而这种调整组织与环境关系的模式一旦形成,就会趋于稳定,限制着决策者对行动方案的选择。

3. 决策主体因素

(1)决策者的个人素质和民主作风。工程决策事关工程全局,必须提高决策者的决策能力,因为决策者的价值观、知识水平、战略眼光、领导能力、民主作风、对待风险的态度等都会直接影响决策的过程和结果。知识渊博、富有战略眼光的决策者,往往会作出高质量的决策;领导能力强、民主作风好的决策者能够集思广益,发动更多的人参与决策,提高决策质量;愿冒风险的决策者在决策时往往会更加主动和积极;相反,不愿冒风险的决策者则在决策时容易被动和保守。过去在"突出政治"的计划经济体制下,相当多的工程投资由国家出资,且一旦出现工程事故,工程技术人员会被上纲上线,因此他们所作的决策更趋于保守,关注工程安全,却对工程造价有所轻视,很容易造成工程费用的盲目增加,甚至浪费;在市场经济不太规范的时候,有些工程技术人员又过多地考虑工程费用,盲目追求经济效益,以投资少、施工快作为唯一的决策准则,以致出现了很多大大小小的工程事故,给国家和人民生命财产造成巨大的损失。

(2)决策者与过去决策的关系。过去的决策总是有形或无形地影响现在的决策。如果当前的决策者也是过去决策的制定者,则往往倾向于在更大程度上减少对过去决策的修改;如果当前的决策者与过去的决策没有很深的渊源关系,则往往倾向于更大幅度地接受改变。

4. 决策问题的性质

(1)决策问题的重要性。问题的重要性对决策的影响是多方面的。重要的问题更能引起高层领导的重视,有些重要问题甚至必须由高层领导亲自决策,从而决策可得到更多力量的支持;越重要的问题越有可能由群体决策,与个体决策相比,在群体决策时,对问题的认识更全面,决策的质量可能越高;越重要的问题越需要决策者慎重决策,越需要决策者避开各类决策陷阱。

例如,在土方工程中,当地质环境和周围环境非常复杂,并对工程影响重大时,施工方案必须由单位总工程师审定,甚至需要施工单位协同建设单位组织评审后,报市建设行政主管部门备案。

(2)决策问题的急迫性。决策涉及的问题对组织来说非常急迫,这样的决策被称为时间敏感型决策;反之,被称为知识敏感型决策。时间敏感型决策对决策速度的要求高于对决策质量的要求;而知识敏感型决策对决策质量的要求较高。

工程项目,尤其是重大工程项目,由于其面临问题的复杂性、社会发展的不确定性以及对潜在影响因素认知的有限性,其决策存在很大的风险性,一定要在充分论证的基础上进行科学决策,一般不宜匆忙立项或上马。

5.4 工程决策方法

➤ 5.4.1 定性决策方法

正确、科学和民主的决策是工程,尤其是大型工程各项工作成功的重要前提。由于大型工程规模庞大、涉及因素众多且相互关系复杂,后果影响重大,其决策需要跨行业和多部门的专家进行群体共同决策。定性决策方法又称软方法,是建立在心理学、社会学和行为科学等基础上的"专家法",是在决策过程中利用已知的、现有的资料,充分发挥专家集体的智慧、能力和经验,在系统调查研究分析的基础上进行决策的方法。具体包括以下几种:

1. 头脑风暴法

头脑风暴法是比较常用的集体决策方法,主要用于收集新设想。这种方法通常是将对解决某一问题感兴趣的人集合在一起,在完全不受约束的条件下,敞开思路,畅所欲言。一般,时间安排在1~2小时,参加者以5~6人为宜。

头脑风暴法的创始人——英国心理学家奥斯本(A. F. Osborn)——为该决策方法的实施提出了四项原则:

(1)对别人的建议不作任何评价,将相互讨论限制在最低限度内;

(2)建议越多越好,参与者不要考虑自己建议的质量,想到什么就说出来;

(3)鼓励每个人独立思考,广开思路,想法越新颖、越奇异越好;

(4)可以补充和完善已有的建议,以使其更具说服力。

2. 名义群体法

名义群体法是指决策制定过程中限制群体讨论的一种决策方法,如同参加传统委员会会议一样,群体成员必须出席,但需要独立思考。

具体来说,它遵循以下步骤:首先,管理者召集一些有相关知识的人,把待解决问题的关键内容告诉他们,并请他们独立思考,要求每个人尽可能地把自己的备选方案和意见写下来;然后,每个成员将自己的想法提交给群体,一个接一个地向大家说明自己的观点;最后,由小组成员对提出的全部备选方案进行投票,根据投票结果,赞成人数最多的备选方案即为所选方案。当然,管理者最后仍有权决定是接受还是拒绝这一方案。

3. 德尔菲法

德尔菲法又称专家调查法,是用来听取有关专家对某一问题或计划的意见的方法。这种方法是由美国兰德公司在 20 世纪 50 年代初与道格拉斯公司协作开发的,主要研究如何通过有控制的反馈使得收集专家意见更为可靠。

这种方法第一步是要设法取得有关专家的合作(专家包括大学教授、研究人员以及某方面有经验的管理者),但专家在整个过程中以"背靠背"方式接受咨询。然后把要解决的关键问题分别告诉专家们,请他们单独发表自己的意见并说明提出意见的理由或论证该意见。在此基础上,管理者收集并综合各位专家的意见,再把综合后的意见反馈给各位专家,让他们再次进行分析并发表意见。在此过程中,如遇到差别很大的意见,则把提供这些意见的专家集中起来进行讨论并综合意见,如此反复多次,最终形成代表专家组意见的方案。

运用该方法的关键是:①选择好专家,这主要取决于决策涉及问题或机会的性质;②决定适当的专家人数,一般 10~50 人为好;③拟定好意见征询表,因为它的质量直接关系到决策的有效性。

4. 电子会议法

电子会议法是群体决策与计算机技术相结合的决策方法。在使用这种方法时,先将群体成员集中起来,每个人面前都有一个与中心计算机相连接的终端,群体成员将自己有关解决决策问题的方案输入计算机终端,然后再将它投影在大型屏幕上。

电子会议的主要优点是匿名、诚实和快速,决策参与者能不透露姓名地打出自己所要表达的任何信息,一敲键盘即显示在屏幕上,使所有人都能看到。它还使人们充分表达他们的见解而不会受到惩罚,每个人作出的有关问题的决策建议都能如实地、不被改动地反映在大屏幕上。在使用计算机进行决策咨询时,没有人闲聊,而且人们还可以在同一时间互不干扰地交换见解,要比传统的面对面决策咨询的效率高出许多。例如,菲尔普斯道奇矿业公司采用此方法成功地将原来需要几天的年计划会议缩短到 12 小时。

专家群体经验和从工程实践本身总结出来的经验等都是工程技术人员对工程所处状态作出正确判断的基础,上述这些方法都使组织对工程决策有一种定性上的、总体上的把握,其显著优点是分析判断快,且最终综合而成的方案很容易获得成功。但由于工程系统的复杂性,系统中的各个因素往往是相互关联、相互影响的,各种状态出现的概率也常常是不确定的。对于这种错综复杂的工程决策问题,常常不是仅凭经验、类比或简单地罗列几条优缺点就可以作出合理决策的。系统科学的出现和发展以及电子计算机的使用,为人类决策的科学化提供了更有力的分析工具和手段,推动了决策的定量化、科学化进程。

➤ 5.4.2 定量决策方法

定量决策方法又称硬方法,是指建立在数学模型的基础上,运用统计学、运筹学和电子计算机技术对决策对象进行计算和量化研究以解决决策问题的方法。定量决策法主要有确定型决策方法、风险型决策方法和不确定型决策方法。

1. 确定型决策方法

确定型决策分析是在决策者对未来情况有十分清楚的了解,对相关的条件都能准确地列举的环境下进行分析的。确定型决策问题必须具备四个条件:①存在一个明确的决策目标;②存在一个明确的自然状态;③存在可供决策者选择的多个行动方案;④可求得各方案在确定状态下的损益值。

工程中,常用的确定型决策方法有线性规划法、目标规划法和费用—安全度模型。

(1)线性规划法。线性规划法的基本思想是在满足一组已知的约束条件下,使决策目标达到最优。也就是在满足一组约束条件下,求目标函数的最大值(或最小值)的问题。它是一种为寻求单位资源最佳效用的数学方法,常用于组织内部有限资源的调配问题。线性规划可用图解法、代数法、单纯形法等方法求解,在变量多时可利用计算机求解。

在任何一个工程中,总体看来施工条件都是复杂的,一般来说是非线性问题,但就某一条件或某一条件的某一部分来说,其往往就是线性的或者可近似地简化为线性问题。

(2)目标规划法。工程决策往往要实现多个目标,而目标规划是目前用来解决多目标决策问题的常用方法之一。一般情况下,多目标决策问题的几个目标有主次轻重之分,因此,决策人不仅要确定各种目标,还要根据目标的主次建立目标的优先等级,在求解过程中只有在上一级目标被满足或不能再改善时,才求解下一级目标的最优解。有时,可能有若干个目标处于同一优先级,但其中侧重程度有所不同,则可以在同一优先级的各个目标前赋予不同的权重以示区别。

运用目标规划进行多目标决策的关键在于建立目标规划的数学模型。设有 m 个目标和资源约束方程,它们的目标值和资源限制量用 m 维向量 b 表示。这些目标和资源约束可以用 n 维向量 x 所表示的 n 个子目标和资源约束变量的线性组合来达到,A 为 $m \times n$ 的技术系数矩阵,则目标规划数学模型为:

$$\min z = \sum_{i=1}^{m} (d_i^+ + d_i^-)$$
$$\text{s. t.} \quad Ax - Id^+ + Id^- = b$$
$$x, d^+, d^- \geqslant 0$$

这里,d^+,d^- 是 m 维列向量,I 是 m 维单位矩阵。

现就目标规划数学模型的有关问题阐述如下:

① 关于目标函数。根据决策问题的目标要求不同，要达到的目标函数也不同，常见的有三种情况：

A. $\min(d^+ + d^-)$。给定的目标约束是：$Ax - d^+ + d^- = b$，所以求 $\min(d^+ + d^-)$ 实际上就是使 $|Ax - b|$ 最小，即使正负偏差量取极小值。这势必引起求得的 x 完全满足 $Ax = b$ 的目标。在目标规划中，总有 $d^+ \cdot d^- = 0$，即 $d^+ \neq 0$ 和 $d^- \neq 0$ 不能同时存在，即目标为正、负偏差至少一个为零。所以，求 $\min(d^+ + d^-)$ 只有三种可能：正好达到目标，即 $Ax = b$，所以 $d^+ = d^- = 0$；超过目标，即 $Ax > b$，则 $d^- = 0$，$d^+ = A - b > 0$；达不到目标，即 $Ax < b$，则 $d^+ = 0$，$d^- = b - A > 0$。不论目标的约束条件是什么，$\min(d^+ + d^-)$ 可找出使 d^+ 或 d^- 取最小值的 x。

B. $\min d^+$。如果目标函数只要求使距离目标的正偏差最小，则解集合就由所有满足 $Ax \leqslant b$ 和可能使 $\min d^+ = 0$ 的 x 构成。

如果 $\min d^+ \neq 0$，那么解集合是由可能使 $\min(Ax - b)$ 达到最低程度的 x 构成。

C. $\min d^-$。如果目标函数只要求使距离目标的负偏差最小，则解集合就由所有满足 $Ax \geqslant b$ 和可能使 $\min d^- = 0$ 的 x 构成。

如果 $\min d^- \neq 0$，那么解集合是由可能使 $\min(b - Ax)$ 达到最低程度的 x 构成。

当多个目标处于同一优先级时，可以在目标偏差变量前赋予不同的权重系数，因此又有 $\min C(d^+ + d^-)$，$\min Cd^+$ 和 $\min Cd^-$ 三种情况。

总之，目标规划的目标函数中有可能只存在上述情况中的一种，但多数时候都是兼而有之的，如第 1 个优先等级目标要求 $p_1(d_1^+ + d_1^-)$，第 2 个目标要求 $p_2 d_2^-$，第 3 个目标要求 $p_3 d_3^+$，等等。

② 关于约束条件。目标规划中的约束条件可以分为三种情况：

A. 目标约束。在目标约束方程中，为了使约束方程由不等式变成等式，必须加上正、负偏差变量，如：成本目标不能超过 100，其目标约束为 $2x_1 + x_2 \leqslant 100$，则可写成 $2x_1 + x_2 - d_1^+ + d_1^- = 100$。

B. 资源约束。在资源约束方程中，为了使不等式变成等式，只需加上负偏差变量即可，因为正偏差变量已由资源限量代替。如设备台时不能超过 50，其资源约束为 $3x_1 + 3x_2 \leqslant 50$，则可写成 $3x_1 + 3x_2 + d_2^- = 50$。

C. 目标约束兼资源约束。如充分利用原材料，尽可能使原材料剩余量最小，原材料已有一定限制量，这种情况属于目标约束和资源约束兼而有之，则在约束方程中同样只需要列出负偏差变量。例如，原材料限制量为 12，这时 $4x_1 + 3x_2 \leqslant 12$，则可写成 $4x_1 + 3x_2 + d_3^- = 12$。

【例 5-1】某市银行准备在四个工程项目上以股份形式进行投资，事前曾派出四名信贷人员对这些工程项目的收益各自进行了预测，预测结果如表 5-3 所示。

银行决策人分析了表 5-3 所示预测结果认为，若投资第 4 项工程项目其收益为最大，应予以优先考虑，但为了支援其余工程项目上马，在投资上也应适当照顾。当研究后决定在投资时要考虑四个目标，按优先等级列举如下：

P_1　取得投资总额 15% 的期望收益。

表 5 - 3　工程项目收益预测及投资

工程项目		1	2	3	4
每股投资(元)		30	45	25	50
预测收益(元／股)	1	3.00	12.00	4.00	21.00
	2	1.50	4.50	1.00	16.00
	3	2.40	2.30	2.75	20.00
	4	4.50	5.00	1.85	15.00
期望收益(元／股)		2.85	5.95	2.40	18.00

P_2　考虑到有些工程项目可能达不到期望收益,故要求所冒风险最小(用期望收益的绝对偏差量衡量)。

P_3　希望总投资额 50% 以上用于第 4 工程项目。

P_4　确定最大投资额为 100 万元。

根据题意,目标规划的建模过程如下:

先设 x_1、x_2、x_3 和 x_4 分别为工程项目 1、2、3 和 4 的投资股数,则其约束条件为:

(1) 期望收益目标约束。根据目标 P_1 的要求,其约束方程为:

$$2.85x_1 + 5.95x_2 + 2.4x_3 + 18x_4 - d_1^+ + d_1^- = 0.15(30x_1 + 45x_2 + 25x_3 + 50x_4)$$

(2) 风险最小目标约束。风险最小可按期望收益绝对偏差量最小来衡量,其约束方程为:

$$(3 - 2.85)x_1 + (12 - 5.95)x_2 + (4 - 2.4)x_3 + (21 - 18)x_4 - d_2^+ + d_2^- = 0$$

$$(1.5 - 2.85)x_1 + (4.5 - 5.95)x_2 + (1 - 2.4)x_3 + (16 - 18)x_4 - d_3^+ + d_3^- = 0$$

$$(2.4 - 2.85)x_1 + (2.3 - 5.95)x_2 + (2.75 - 2.4)x_3 + (20 - 18)x_4 - d_4^+ + d_4^- = 0$$

$$(4.5 - 2.85)x_1 + (5 - 5.95)x_2 + (1.85 - 2.4)x_3 + (15 - 18)x_4 - d_5^+ + d_5^- = 0$$

(3) 工程项目 4 的投资目标约束。根据目标 P_3 的要求,其约束方程为:

$$50x_4 - d_6^+ + d_6^- = 0.50(30x_1 + 45x_2 + 25x_3 + 50x_4)$$

(4) 投资额目标约束。根据目标 P_4 的要求,其约束方程为:

$$30x_1 + 45x_2 + 25x_3 + 50x_4 - d_7^+ + d_7^- = 1000000$$

根据题意,各目标函数分别为:$P_1 d_1^-$、$P_2 \sum_{i=2}^{5} (d_i^+ + d_i^-)$、$P_3 d_6^-$、$P_4 d_7^+$ 并使其总和为最小。

综上所述,可以将该工程项目投资决策的目标规划数学模型归纳如下:

$$\min z = P_1 d_1^- + P_2 \sum_{i=2}^{5} (d_i^+ + d_i^-) + P_3 d_6^- + P_4 d_7^+$$

$$\text{s. t. } -1.65x_1 - 0.8x_2 - 1.35x_3 + 10.5x_4 - d_1^+ + d_1^- = 0$$

$$0.15x_1 + 6.05x_2 + 1.6x_3 + 3x_4 - d_2^+ + d_2^- = 0$$

$$-1.35x_1 - 1.45x_2 - 1.4x_3 - 2x_4 - d_3^+ + d_3^- = 0$$

$$-0.45x_1 - 3.65x_2 + 0.35x_3 + 2x_4 - d_4^+ + d_4^- = 0$$

$$1.65x_1 - 0.95x_2 - 0.55x_3 - 3x_4 - d_5^+ + d_5^- = 0$$

$$-15x_1 - 22.5x_2 - 12.5x_3 + 25x_4 - d_6^+ + d_6^- = 0$$

$$30x_1 + 45x_2 + 25x_3 + 50x_4 - d_7^+ + d_7^- = 1000000$$

$$x_i \geqslant 0, i = 1 \sim 4$$

$$d_j^+, d_j^- \geqslant 0, j = 1 \sim 7$$

详细求解过程请见参考文献[38]。

（3）费用 — 安全度模型。在实际的工程决策中,应选择一个技术上可靠、经济上合理的行动方案。这一问题可用费用 — 安全度曲线（C-R 曲线）来描述。

工程造价,是指在工程实际当中,采取某一项工程措施时所耗的费用,用 C 表示。

安全度,是指工程中采取某一项工程措施后,该工程现在或将来一个时间段内安全运行的程度度量,用 R 表示,$R = 0 \sim 100\%$。

一般来说,工程的安全度是随着工程造价的提高而提高的。实际当中,二者并不一定是线性关系,可能是各种形状的曲线（如图 5-2 所示）,但不管是哪种形式的曲线,实际上都是不可能达到 100% 安全度的。

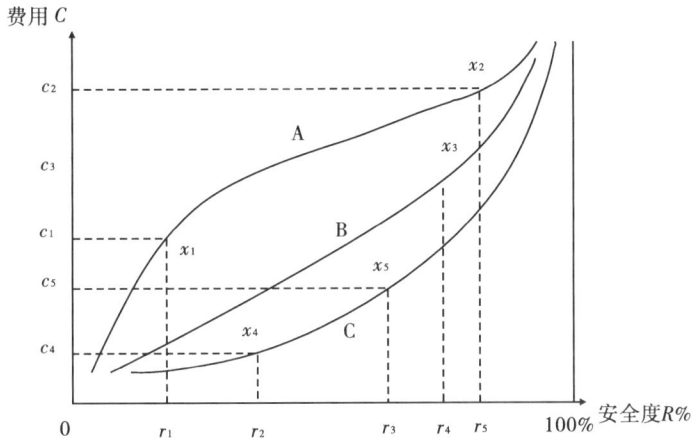

图 5-2　C-R 曲线及其决策意义

①A 型曲线。

$0 \sim x_1$ 段:在初期工程费用投入较少时,对于工程的安全度影响较小,也就是说对工程处理没有起到多大作用。

$x_1 \sim x_2$ 段:当费用增加到一定数目（c_1）时,工程安全度明显增加,此时工程处理措施起到了较好的作用。

x_2 以后段:当工程费用继续增加,虽然工程安全度仍在增大,但增加的幅度已较小。

对于 A 型曲线,工程中就是要寻找 x_1、x_2 两点,将工程决策置于（x_1, x_2）区间内,即最合理的决策。

②C 型曲线。

$0 \sim x_4$ 段:此段曲线工程造价变化较小,安全度变化很大,也就是说在工程中只要稍作处理,采取少量的工程措施,就可极有效地提高工程的安全度。

$x_4 \sim x_5$ 段:随着工程费用的增加,工程的安全度也在增加,但此时安全度增加的幅度已没有前段那么明显。有时为了保证工程较大的安全度,常常也选择此段内的决策。

x_5 以后段:与 A 型曲线相同,当工程费用继续增加,虽然工程安全度仍在增大,但增加的幅度已较小。实际上不管是何种形式的曲线,最后都有此特征。

对于 C 型曲线,也要寻找 x_4、x_5 两点,但与 A 型曲线不同的是,根据工程的实际情况,可将工程决策置于 $0 \sim x_4$ 段内,也可置于 $x_4 \sim x_5$ 段内,二者都是合理的决策。

③B 型曲线。

B 型曲线介于 A、C 型曲线之间,工程的安全度与工程费用基本呈线性关系,实际决策中关键是寻找 x_3 点,不能使工程造价盲目过高,造成浪费。

从以上分析可以得知,在进行工程决策时,能够搞清工程费用与工程安全度的关系,根据有关资料的分析计算清楚准确地绘制一条 $C\text{-}R$ 曲线是能否做好决策的关键。同时,所谓工程技术上的可靠性和经济上的合理性,绝不是工程费用越低越好,而是要"物有所值",即在工程造价和安全度之间寻找一个平衡点,使二者均达到最大限度的满意。

2. 风险型决策方法

当对某一工程问题进行决策时,如果已知决策方案所需的条件,并且可以预计可能出现的几种状态及各种状态出现的概率,在这种情况下进行的决策就叫做概率型决策或风险型决策。风险型决策必须具备以下条件:① 存在着决策者期望达到的目标;② 有两个以上的方案可供决策者选择;③ 存在着不以决策者的意志为转移的几种自然状态;④ 各种自然状态出现的概率已知或可估计出来;⑤ 不同行动方案在不同自然状态下的损益值可以估算出来。

风险型决策常用的方法有期望值决策法和决策树分析法,下面介绍这些方法的运用。

(1) 期望值决策法。对每一个行动方案按照已知的损益值和概率综合计算其损益期望值,然后选择损益期望值最大(或最小)者为最优方案的方法。期望值一般可用最大利润、最小损失、最少投资、最高产值来表示。

一个经济变量的期望值,是它在不同自然状态下的损益值乘以相应的概率之和,即:

$$E(X_i) = \sum_{j=1}^{N} Y_{ij} P(S_j)$$

式中:$E(X_i)$—— 第 i 个方案的期望值;

$\quad\quad Y_{ij}$—— 第 i 个方案在自然状态 S_j 下的损益值;

$\quad\quad P(S_j)$—— 自然状态 S_j 发生的概率;

$\quad\quad N$—— 自然状态的总数。

当前工程建设项目中,很多决策者都是根据损益期望值进行投标项目的选择和投标报价风险决策分析的。

【例 5－2】某公司对未来 5 年进行预测,A 产品市场需求的高需求概率为 0.3,中需求概率为 0.5,低需求概率为 0.2。对此可有建新厂、扩建老厂或对老厂设备进行技术改造三个方案。已知有关资料如表 5－4 所示。该公司采用哪个方案较好?

表 5－4　某公司对未来 5 年的预测数据　　　　　　　　　　　　单位:万元

| | 高需求 | 中需求 | 低需求 | 投资 |
	$P(S_1) = 0.3$	$P(S_2) = 0.5$	$P(S_3) = 0.2$	
新建 X_1	120	40	－30	100
扩建 X_2	100	50	0	50
改造 X_3	40	30	20	20

根据已知资料,三个方案损益期望值计算如下:

新建方案　$E(X_1) = [120 \times 0.3 + 40 \times 0.5 + (-30) \times 0.2] \times 5 - 100 = 150$（万元）

扩建方案　$E(X_2) = [100 \times 0.3 + 50 \times 0.5 + 0 \times 0.2] \times 5 - 50 = 225$（万元）

改造方案　$E(X_3) = [40 \times 0.3 + 30 \times 0.5 + 20 \times 0.2] \times 5 - 20 = 135$（万元）

对三个方案的期望收益值进行比较可见,扩建方案期望值最大,因此在其他非计量因素允许的条件下,应采用扩建老厂的方案。

(2)决策树分析法。决策树是在图论中的树图应用于决策的一种工具。它是以树的生长过程的不断分枝来表示各方案不同自然状态发生的可能性,以分枝和剪修来寻求最优方案的决策方法。

决策树由决策点、方案分枝、自然状态结点、概率分枝组成,其结构如图 5-3 所示。

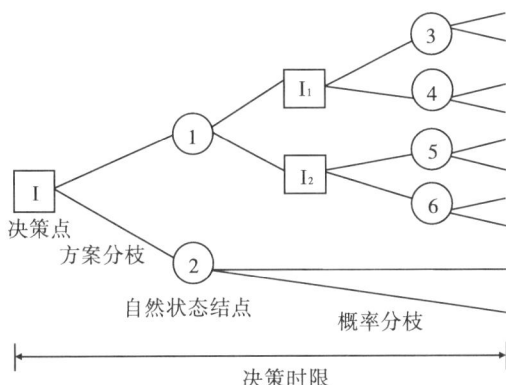

图 5-3　决策树图

决策点:树的出发点,用方块□表示,用来表明决策结果。

方案分枝:从决策点引出的若干条直线,每条线代表一个方案,并由它与自然状态结点相连接。

自然状态结点:从各方案分枝末端画一圆圈○来表示,用它来表明各种自然状态所能获得效益的机会。

概率分枝:从状态结点引出的若干条直线,每一条直线代表一种自然状态。

决策树分析法的基本原理,是以计算各方案在各种自然状态下的收益值或损失值,即损益期望值作为决策标准的。用决策树法进行决策分析,树形是按书写的逻辑顺序从左向右横向展开;方案选优过程是从右向左逐一计算损益期望值,然后比较期望值的大小,分层进行决策选优。因此,运用决策树决策的步骤如下:

①绘制树形图:绘图前必须预先确定有几个可供选择的方案,以及各个方案将会发生几种自然状态。

②计算期望值:由右向左依次进行。首先根据各种自然状态发生的概率分别计算每种自然状态下的期望值。当遇到状态结点时,计算其各个概率分枝期望值的和并与前面方案枝上的值汇总,标记在状态结点上。当遇到决策点时,则将各方案枝的状态结点上的数值相比,哪个方案枝的收益期望值最大(或损失期望值最小),就把它标记在决策点上。

③剪枝:方案比较选优的过程。从右向左,逐一比较,凡是状态结点上的值小于(或大

于)决策点上的数值的方案枝一律剪掉(画上"//"符号表示),最终剩下的方案枝就是最佳方案。

【例5-3】某企业为了扩大某产品的生产,拟建设新厂。据市场预测,产品销路好的概率为0.7,销路差的概率为0.3。有三种方案可供企业选择:

方案1:新建大厂,需投资300万元。据初步估计,销路好时,每年可获利100万元;销路差时,每年亏损20万元。服务期为10年。

方案2:新建小厂,需投资140万元。据初步估计,销路好时,每年可获利40万元;销路差时,每年仍可获利30万元。服务期为10年。

方案3:先建小厂,3年后销路好时再扩建,需追加投资200万元,服务期为7年,估计每年获利95万元。

以上三种方案哪种方案最好?

根据已知条件绘制决策树,如图5-4所示。

各结点的期望值如下所示:

⑥点:$95 \times 1 \times 7 - 200 = 465$(万元)

⑦点:$40 \times 1 \times 7 = 280$(万元)

比较⑥点、⑦点,显然⑥点期望值高,故取扩建方案,剪枝舍去不扩建方案,得出⑤点的期望值为465万元。

②点:$(100 \times 0.7 - 20 \times 0.3) \times 10 - 300 = 340$(万元)

③点:$(40 \times 0.7 + 30 \times 0.3) \times 10 - 140 = 230$(万元)

④点:$(465 \times 0.7 + 40 \times 0.7 \times 3) + 30 \times 0.3 \times 10 - 140 = 359.5$(万元)

比较②点、③点、④点,显然④点期望值高,故取方案3,舍去方案1和方案2,得出①点的期望值为359.5万元。

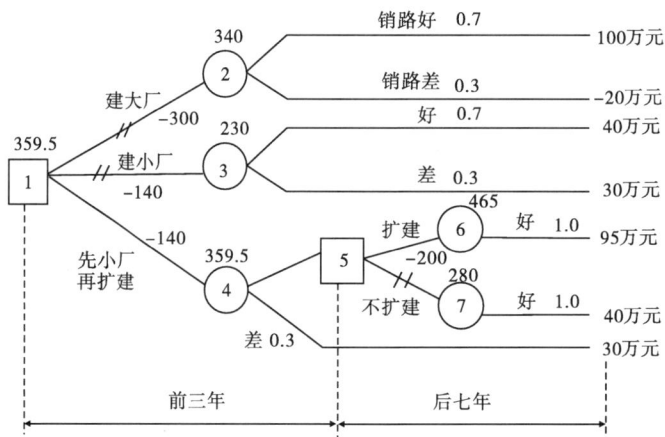

图5-4 决策树图

3. 不确定型决策方法

不确定型决策是备选方案存在两种或两种以上自然状态,但每种自然状态发生的概率无法估计的决策。工程中,面对复杂多变的自然、经济、技术、市场等各种因素,有时需要决策者采用不确定型决策方法进行分析。

不确定型决策主要取决于决策者的经验和智慧,由于决策者各具特点,便有了不同的评选标准,因而产生了多种具体的决策方法。下面结合例子分别对其进行简单介绍。

【例5-4】要研究某段洞室的塌方处理问题,选用该洞段塌方量作为决策判据,已初步确定了五种可能的处理方案 d_1、d_2、d_3、d_4、d_5。又知在采取各种处理方案后,可能出现四种不同的状况,通过工程地质有关方法计算,可得出各方案在各状态下可能出现的洞室塌方量如表5-5所示。

表5-5 某工程洞室处理段表 单位:万 m^3

项目 方案	塌方量			
	S_1	S_2	S_3	S_4
d_1	4	4	6	7
d_2	2	4	6	9
d_3	5	7	3	5
d_4	3	5	6	8
d_5	3	5	5	5

(1)小中取大法(悲观法)。采用这种方法的管理者对未来持悲观的态度,认为未来会出现最差的自然状态,因此不论采取哪种方案,都只能获取该方案的最大损失(或最小收益)。采用小中取大法进行决策时,首先计算各方案在不同自然状态下的收益,并找出各方案所带来的最大损失(或最小收益),然后在其中选择损失最小(或收益最大)的方案作为最优方案。

在本例中,d_1、d_2、d_3、d_4、d_5方案的最大塌方量分别为7万 m^3、9万 m^3、7万 m^3、8万 m^3、5万 m^3,选择其中最大塌方量最小的 d_5 方案作为最优方案。

(2)大中取大法(乐观法)。采用这种方法的管理者对未来持乐观的态度,认为未来会出现最好的自然状态,因此不论采取哪种方案,都能获取该方案的最小损失(或最大收益)。采用大中取大法进行决策时,首先计算各方案在不同自然状态下的收益,并找出各方案所带来的最小损失(或最大收益),然后选择损失最小(或收益最大)的方案作为所要的方案。

在本例中,d_1、d_2、d_3、d_4、d_5方案的最小塌方量分别为4万 m^3、2万 m^3、3万 m^3、3万 m^3、3万 m^3,选择其中最小塌方量最小的 d_2 方案作为最优方案。

(3)乐观系数法。前两种方法,是按照最好或最坏结果进行决策,因此有一定的缺点:除了最大或最小收益外,其余均不予考虑,而且极端行事,有片面性。为了克服这种缺点,可采用乐观系数法。所谓乐观系数法,就是决策者对自然状态的估计在乐观与悲观这两个极端之间用一个系数来折中求得平衡,算出每一方案折中的期望损失值(或期望收益值),然后在这些折中的期望损失值(或期望收益值)中挑选出一个期望损失值最小(或期望收益值最大)的方案为最优决策方案。

乐观系数法,首先由决策者根据对历史数据的分析和经验判断确定一个乐观系数,用 a 表示,且 $0 \leqslant a \leqslant 1$。当决策者对未来自然状态的估计比较乐观时,可取 $a > 0.5$;当决策者对未来的估计比较悲观时,可取 $a < 0.5$。各方案折中期望收益值可用下式计算:

$$折中期望损益值 = a \times (最大损益值) + (1-a) \times (最小损益值)$$

在本例中,如果决策者估计出现最好状态的可能性为45%,出现最坏情况的可能性为55%,则各方案的折中期望损失值计算如下:

d_1方案的折中期望值$=0.45\times4+0.55\times7=5.65(万\ m^3)$

d_2方案的折中期望值$=0.45\times2+0.55\times9=5.85(万\ m^3)$

d_3方案的折中期望值$=0.45\times3+0.55\times7=5.20(万\ m^3)$

d_4方案的折中期望值$=0.45\times3+0.55\times8=5.75(万\ m^3)$

d_5方案的折中期望值$=0.45\times3+0.55\times5=4.10(万\ m^3)$

从计算结果看出,d_5方案的折中期望损失值最小,因此选择d_5方案为最佳方案。

(4)最小遗憾决策法(最小最大后悔值法)。决策者在选择了某方案之后,如果将来发生的自然状态表明其他方案的收益更大,那么他(或她)会为自己的选择而后悔。最小最大后悔值法就是使后悔值最小的方法。采用这种方法进行决策时,首先计算各方案在各自然状态下的后悔值(某方案在某自然状态下的后悔值=该自然状态下的最大收益—该方案在该自然状态下的收益),并找出个各案的最大后悔值,然后进行比较,选择最大后悔值最小的方案作为所要的方案。后悔值比较表如表5-6所示。

表5-6　后悔值比较表　　　　　　单位:万元

方案＼状态	S_1	S_2	S_3	S_4	最大后悔值
d_1	2	0	3	2	3
d_2	0	0	3	4	4
d_3	3	3	0	0	3
d_4	1	1	3	3	3
d_5	1	1	2	0	2

经过比较,d_5方案的最大后悔值最小,所以选择d_5方案。

(5)等可能性法。该方法认为,在各自然状态发生的可能性不清楚的时候,只能认为各状态发生的概率相等。按相同的概率求出各方案条件损益的期望值,损失期望值最小(或收益期望值最大)的方案即为最满意的方案。

d_1方案的期望值$=\dfrac{1}{4}\times4+\dfrac{1}{4}\times4+\dfrac{1}{4}\times6+\dfrac{1}{4}\times7=5.25(万\ m^3)$

d_2方案的期望值$=\dfrac{1}{4}\times2+\dfrac{1}{4}\times4+\dfrac{1}{4}\times6+\dfrac{1}{4}\times9=5.25(万\ m^3)$

d_3方案的期望值$=\dfrac{1}{4}\times5+\dfrac{1}{4}\times7+\dfrac{1}{4}\times3+\dfrac{1}{4}\times5=5(万\ m^3)$

d_4方案的期望值$=\dfrac{1}{4}\times3+\dfrac{1}{4}\times5+\dfrac{1}{4}\times6+\dfrac{1}{4}\times8=5.5(万\ m^3)$

d_5方案的期望值$=\dfrac{1}{4}\times3+\dfrac{1}{4}\times5+\dfrac{1}{4}\times5+\dfrac{1}{4}\times5=4.5(万\ m^3)$

经过比较,按等可能性法求出的d_5方案的期望塌方量最小,所以选择d_5方案。

➤ 5.4.3 定性与定量相结合的决策方法

大型工程决策管理面临着诸多类型的问题,很难单纯用定性或定量的方法来进行,要采用定性与定量相结合的决策方法,应用较广的主要有以下几种:

1. 从定性到定量的综合集成方法

1990 年初,钱学森等首次把处理开放的复杂巨系统工程的方法定名为从定性到定量的综合集成方法。综合集成是从整体上考虑并解决问题的方法论。

综合集成法是在对社会系统、人体系统、地理系统和军事系统这四个开放的复杂巨系统研究实践基础上提炼、概括和抽象出来的。在这些研究中通常是科学理论、经验知识和专家判断相结合,形成和提出经验性假设(判断或猜想),但这些经验性假设不能用严谨的科学方式加以证明,需借助现代计算机技术,基于各种统计数据和信息资料,建立起包括大量参数的模型,而这些模型应建立在经验和对系统的理解上并经过真实性检验。这里包括了感情的、理性的、经验的、科学的、定性的和定量的知识综合集成,通过人—机交互,反复对比、逐次逼近,最后形成结论。其实质是将专家群体(与主题有关的专家)、统计数据和信息资料(亦与主题有关的)三者有机结合起来,构成一个高度智能化的人机交互系统(也称综合集成研讨厅),它具有综合集成的各种知识,从感情上升到理性,实现从定性到定量的功能。

它的主要特点如下:

(1)定性研究与定量研究有机结合,贯穿全过程;

(2)科学理论与经验知识相结合,把人们对客观事物的点点知识综合集成解决问题;

(3)应用系统思想把多种学科结合起来进行综合研究;

(4)根据复杂巨系统的层次结构,把宏观研究与微观研究统一起来;

(5)必须有大型计算机系统支持,不仅有管理信息系统、决策支持系统等功能,而且还要有综合集成的功能。

应用综合集成法对开放的复杂巨系统进行探索研究,开辟了一个新的科学领域,它在理论和实践上都具有重大的战略意义。

例如,地铁工程项目具有开放性、规模大、周期长、项目参与单位多、技术要求高、施工难度大的特点,传统项目管理方法难以驾驭其复杂性,综合集成方法是解决该类项目决策中复杂问题的有效方法。其具体实现方式是构建基于 Internet 的包括专家体系、机器体系和知识体系的综合集成研讨厅,框架结构如图 5-5 所示。

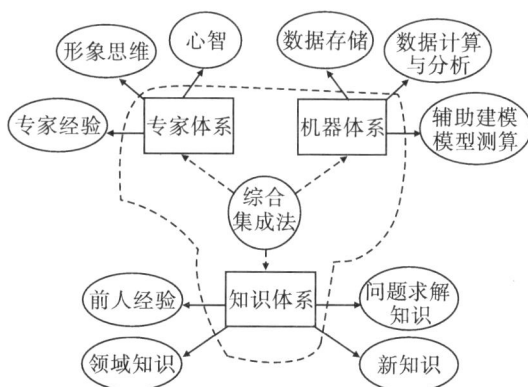

图 5-5　综合集成研讨厅框架结构示意图

2. 综合评价法

综合评价法是对工程系统总体的优劣评价,即对某一工程建筑物或工程区所处条件优劣的总体评价。例如,抽水蓄能电站规划选点阶段可能有三个站址供选择,通过勘查工作,如认为甲址优于乙址,乙址优于丙址,就说明甲系统总体上优于乙系统,乙系统总体上优于丙系统。系统总体评价值用 V 来度量,系统优劣的评价实际上就是比较各相关系统的 V 的大小。工程中一般是系统评价值最大者对应的方案即为最优方案。

综合评价是以分项评价为前提的。任何系统都是由几个因子构成的,如地下厂房工程地质系统包括岩性、断层、裂隙、地下水、地应力等几个因子。评价一个地下厂房工程地质系统的优劣,既要关心该地下厂房系统总体的优劣,也要关心构成总系统各因子的优劣。

在评价中对各因子给予不同的权重,可以使工程决策更趋于科学合理。权重的分配一般采取从粗到细的方式,先粗略地把权数分配到大类指标,然后再把大类所得的权数细分到各个指标。

对某水库防渗方案作选择时,各大类指标权数分配如表 5-7 所示。

大类指标得到的权数再细分到二级指标,其中技术性指标的分配如表 5-8 所示。

表 5-7　某水库防渗方案评价因子权数分配

大类指标	权数 ω_i
经济性指标	20
技术性指标	40
社会性指标	30
运行性指标	10
合计	100

表 5-8　某水库防渗方案技术性评价因子权数再分配

技术性指标	权数 ω_i
有效库容	10
水库渗漏量	8
防渗工程量	10
施工难度	5
工程造价	7
合计	40

把权重考虑到系统分析与评价之中后,综合评价值的表达式为:

$$V = \sum_{i=1}^{n} v'_i = \sum_{i=1}^{n} \omega_i v_i$$

式中,V 为大类指标或几大类指标的综合评价值,选出系统综合评分最高者即最优方案,如表 5-9 所示。

表 5-9　有权重因子的系统评分及各比较系统综合评分

因子	f_1	f_2	...	f_i	...	f_n	$\sum$
权重	ω_1	ω_2	...	ω_3	...	ω_n	
系统 1	v'_{11}	v'_{12}	...	v'_{1j}	...	v'_{1n}	V_1
系统 2	v'_{21}	v'_{22}	...	v'_{2j}	...	v'_{2n}	V_2
系统 3	v'_{31}	v'_{32}	...	v'_{3j}	...	v'_{3n}	V_3

3. 层次分析法

层次分析法(analytic hierarchy process, AHP)是将与决策总是有关的元素分解成目标、准则、方案等层次,在此基础上进行定性和定量分析的决策方法。该方法是美国运筹学家匹茨堡大学教授萨蒂于 20 世纪 70 年代初,在为美国国防部研究"根据各个工业部门对国家福利的贡献大小而进行电力分配"课题时,应用网络系统理论和多目标综合评价方法,提出的一种层次权重决策分析方法。

层次分析法的主要步骤是:首先将决策问题按总目标、各层子目标、评价准则直至具体的备择方案的顺序分解为不同的层次结构,然后用求解判断矩阵特征向量的办法,求得每一层次的各元素对上一层次某元素的优先权重,最后再用加权求和的方法递阶归并各备择方案对总目标的最终权重,此最终权重最大者即为最优方案。这里所谓"优先权重"是一种相对的量度,它表明各备择方案在某一特定的评价准则或子目标下优越程度的相对量度,以及各子目标对上一层目标而言重要程度的相对量度。层次分析法比较适合于具有分层交错评价指标的目标系统,而且目标值又难于定量描述的决策问题。其用法是构造判断矩阵,求出其最大特征值及其所对应的特征向量 W,归一化后,即为某一层次指标对于上一层次某相关指标的相对重要性权值。

层次分析法作为一种决策方式,体现了人们决策思维的基本特征,即分解、判断和综合的过程。将层次分析法用于工程投标决策中,通过建立合理的投标决策层次结构模型,可以实现把投标人员和专家进行经验判断的定性思维过程定量化,使得投标决策的过程更加程序化和科学化,从而确定出合理的投标决策。

5.5　案例:阿斯旺水坝的灾难

规模在世界上数一数二的埃及阿斯旺水坝竣工于 20 世纪 70 年代初。表面上看,这座水坝给埃及人民带来了廉价的电力,控制了水旱灾害,灌溉了农田。然而实际上,该水坝破坏了尼罗河流域的生态平衡,造成了一系列灾难:由于尼罗河的泥沙和有机质沉积到水库底部,尼罗河两岸的绿洲失去肥源——几亿吨淤泥、土壤日益盐渍化;由于尼罗河河口供沙不足,河口三角洲平原向内陆收缩,使工厂、港口、国防工事有沉入地中海的危险;由于缺乏来自陆地的盐分和有机物,沙丁鱼的年捕鱼量减少 1.8 万吨;由于大坝阻隔,尼罗河下游的活水变成相对静止的"湖泊",为血吸虫和疟蚊的繁殖提供了条件,致使水库区一带血吸虫病流行。埃及建造此大坝所带来的灾难性后果,使人们深深地感叹:一失足成千古恨!

案例讨论

埃及建造阿斯旺水坝的决策给我们提供了什么启示?

思考题

1. 试述工程决策的概念及组成要素。

2. 工程决策有哪些特征?

3. 如何区分工程决策的类型?

4. 工程决策有哪些主要的理论观点? 你是如何理解和评价这些观点的?

5. 工程决策过程包括哪些步骤? 该过程要受到哪些因素的影响?

6. 在计算机普及的今天,为什么定性决策方法仍有用武之地?

7. 简述头脑风暴法的特点及原则。

8. 绝大多数工程决策是在不确定和风险环境下作出的,那么在你看来,不确定环境下的决策和风险环境下的决策哪一个更容易? 为什么?

9. 什么是"最小最大后悔值"决策方法? 简述其步骤。

第6章

工程经济分析

6.1 工程经济分析概述

➤ 6.1.1 工程经济分析的重要意义

要使技术能够有效地应用于国家经济建设,就必须对工程的各种技术方案的经济效益进行计算、分析和评价,即进行工程经济分析。工程经济分析的重要意义主要体现在以下三个方面。

1. 工程经济分析是提高社会资源利用效率的有效途径

人类生活在一个资源有限的世界上,工程师们所肩负的一项重大社会和经济责任,就是要合理分配和有效利用现有的资源,包括劳动力、原材料、能源等,来满足人类的需要,所以如何使产品以最低的成本可靠地实现产品的必要功能是工程师必须考虑和解决的问题,而要作出合理分配和有效利用资源的决策,则必须同时考虑技术与经济各方面的因素,进行工程经济分析。

2. 工程经济分析是实现市场价值的重要保证

现代社会要求工程项目的产品具有较高的竞争力,不仅要技术过硬,价格上也要有吸引力。如果只考虑提高工程质量,不考虑成本,产品价格很高,产品也就卖不出去。降低成本,增加利润,是工程师的重要任务,也是经济发展对工程提出的要求,如果工程技术人员不懂经济,不能正确处理技术与经济的关系,就不能做到这一点。

3. 工程经济分析是降低工程投资风险的可靠保证

决策科学化是工程经济分析的重要体现。在工程项目投资前期进行各种技术方案的论证评价,一方面可以在投资前发现问题,并及时采取相应措施;另一方面对于技术经济论证不可行的方案,及时否定,从而避免不必要的损失,使投资风险最小化。如果盲目从事或凭主观意识发号施令,到头来只会造成人力、物力和财力的浪费。只有加强工程经济分析工作,才能降低投资风险,使每项投资获得预期收益。

➤ 6.1.2 工程经济分析的主要内容

工程经济分析的内容主要是指工程项目可行性研究、工程项目评价和不确定性分析。具体包括:工程项目的必要性分析、工程项目技术方案分析、建厂条件分析与厂址选择、资金估算与资金筹措、成本费用与税金估算、营业收入与税金估算、财务评价、国民经济评价、社会评价、不确定性分析、可行性研究报告等内容。

1. 可行性研究

可行性(feasibility)通常指"可能的,行得通的,可以实现或可以成功的"等含义。可行性研究(feasibility study)是关于工程项目是否可行的研究。一个项目是否可行通常包含了四个问题:项目是否必要? 项目能够实现与否? 实现后的效果如何? 项目实施的风险大小? 任何项目首先要有客观的需要,这并不是一个显而易见的问题。在当今日益复杂的经济、技术和社会环境中,有些项目表面上似乎是必要的,而实际上也许根本不存在其成立的条件。同样,项目可实现性也是一个需要详细调查研究才能知晓的问题。只有项目在技术上可行,才有可能实现。一个项目除了能实现,还必须有良好的经济和社会效益。项目实施的风险评价和控制同样不容忽视。

总之,可行性研究是指在投资决策前通过详细的调查研究,对拟建项目的必要性、可实现性及其对经济和社会的有利性等方面所作的全面而系统的综合性研究。可行性研究的基本方式是调查研究,通过对市场和现场调查研究,可以搜集到绝大部分的数据资料。对必要性、可实现性和有利性的分析和论证是可行性研究的主要内容。可行性研究的目的就是帮助决策者作出正确的决策,减少或防止决策失误,从而提高投资效益,推动经济协调发展和社会全面进步,其最终成果就是工程项目的可行性研究报告,《××航天工程可行性研究报告》目录见附表1。

2. 工程项目评价

工程项目评价(engineering project evaluation)是为了达到给定的目标,对一个政府投资或企业投资的工程项目可行性的判断。其主要内容是权衡这一项目的利害得失和各替代方案间的优劣比较,得出综合结论。

工程项目评价是可行性研究工作的重要组成部分。它是在做好产品(服务)市场需求预测和厂址选择、工艺技术设备选择等工程技术经济研究基础上,针对各替代方案的财务盈利性和经济、社会合理性而进行的分析和论证。它的目的是为了回答可行性研究中拟建项目对经济和社会的有利性问题。通过项目评价,最终可以得到项目方案是否可行的肯定答复。工程项目评价分为财务评价、国民经济评价和社会评价三类。

(1)财务评价。采用市场价格为基础的预测价格,估算项目的财务效益和费用,通过编制财务报表,计算财务指标,分析项目的盈利能力、偿债能力和财务生存能力,判别项目的财务可接受性;明确项目对财务主体及投资者的价值贡献,为投资决策和融资决策提供依据。

(2)国民经济评价(简称经济评价)。从资源合理配置的角度,采用影子价格体系,分析估算项目的经济效益和费用,计算经济评价指标,分析项目对社会福利所作的贡献,评价项目的经济合理性。

(3)社会评价。现代社会发展目标包括充分就业、物价稳定、国际收支平衡、生态环境优化、社会经济可持续发展。项目社会评价就是根据国家社会发展的基本目标,在项目选择上把效益目标、公平目标、环境目标以及加速贫困地区经济发展等影响社会发展的其他因素通盘考虑,对项目进行多因素多目标的综合分析评价,从而选出并实施那些有助于实现社会发展目标的项目。项目社会评价目前尚无规范方法,一般项目应进行社会效果(效益)分析,评价项目的社会适应性。

3. 工程项目的决策依据

工程项目评价的内容及侧重点应根据项目性质、项目目标、项目投资者、项目财务主体以及项目对经济和社会的影响程度等具体情况选定。对于一般项目,财务评价的结果能满足投资决策需要时,可不进行经济评价;对关系国家安全、国土开发和市场不能有效配置资源的经济和社会发展项目,除了进行财务评价外,还应进行经济评价。特别重大的项目须进行区域经济与宏观经济影响分析及社会评价。

工程项目评价结论作为项目决策的依据之一。只需要进行财务评价的项目可将财务评价结论作为决策的依据;同时需要进行财务评价和经济评价的项目,财务评价与经济评价结论均应作为决策依据,必要时应以经济评价结论为主要依据,同时应满足项目财务生存能力的要求。对特别重大的项目,如航天载人工程、三峡工程,区域经济与宏观经济影响分析及社会评价结论应作为决策的重要依据。

4. 不确定性分析

工程项目评价所采用的数据大部分来自预测和估算,加之时间的推移、条件的变化和一些未考虑因素的影响,使工程项目评价不可避免地带有不确定性,导致投资项目的决策存在风险。为了分析不确定性因素对项目评价指标的影响,估计项目可能承担的风险和经济上的可靠性,应进行不确定性分析。不确定性分析方法通常有盈亏分析、敏感性分析、概率分析和风险分析等。

➤ 6.1.3 三峡工程的论证与决策

作为我国 20 世纪 90 年代的特大型工程项目,长江三峡工程的论证与决策过程,就是工程经济分析的最好例证与诠释。

长江三峡水利枢纽工程是开发和治理长江的关键性骨干工程,具有防洪、发电、航运等巨大综合效益,是世界上规模最大的水利枢纽工程。枢纽主要由大坝、水电站厂房、通航建筑物三部分组成。建成后可使荆江河段防洪标准由十年一遇提高到百年一遇;水电站装机容量 1820×10^4 kW,年平均发电量 846.8×10^8 kW·h,主要供应华东、华中和华南地区;三峡水库将显著改善长江宜昌至重庆 660 公里的航道,万吨级船队可直达重庆港。

改革开放以后,中央有关部门及四川、湖北两省政府,推荐了 21 位特邀顾问指导论证工作。领导小组下设 14 个专家组,聘请国务院所属 17 个部门、单位,中科院所属的 12 个院所,28 所高等院校和 8 个省市专业部门的专家 412 位,共涉及 40 多个专业。论证程序采取先专题、后综合,专题与综合交叉的办法(如图 6-1 所示)。经过近 3 年的论证,到 1988 年 11 月,14 个专家组陆续提出了专题论证报告。论证得出总的结论是,三峡工程对我国四个现代化建设是必要的,技术上是可行的,经济上是合理的,建比不建好,早建比晚建有利,建议早作决策。论证推荐的三峡工程建设方案为"一级开发,一次建成,分期蓄水,连续移民",即大坝坝顶高程 185 米,一次建成,初期运行水位 156 米,最终正常蓄水位 175 米,移民不间断地进行,20 年移民结束。1992 年 3 月 16 日,时任国务院总理李鹏向全国人民代表大会提交《国务院关于提请审议兴建长江三峡工程的议案》。4 月 3 日高票投票通过,列入国民经济和社会发展十年规划。

从三峡工程的论证过程可以看出,三峡工程的工程经济分析对于我国国民经济发展具有深远的战略意义和社会经济效益,客观上要求,除了对我们熟知的工程项目的必要性、可实现性与有利性分析之外,还需要涉及社会评价等内容,包括工程地质、防洪对策、生态环境、水库泥沙淤积、水库移民搬迁、投资能力等。

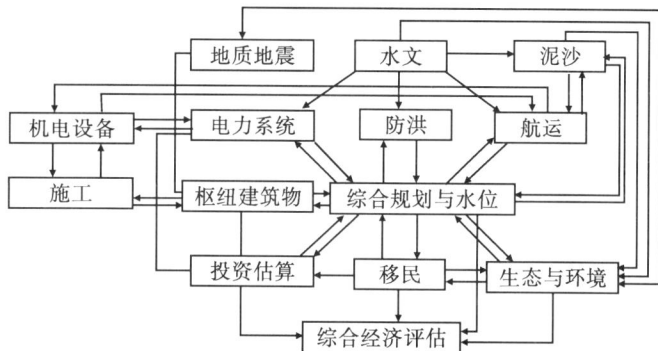

图 6-1 三峡工程论证框架图

6.2 工程经济分析的工具与方法

➤ 6.2.1 基本经济要素的预测与估计

1. 总投资

项目总投资包括建设投资、建设期利息、固定资产投资方向调节税和流动资金。建设投资由工程费用(建筑工程费、设备购置费、安装工程费)、工程建设其他费用和预备费(基本预备费和涨价预备费)组成,建设投资中的各分项分别形成固定资产原值、无形资产原值和其他资产原值。形成的固定资产原值可用于计算折旧费,形成的无形资产和其他资产原值可用于计算摊销费。建设期利息应计入固定资产原值。其他资产是指不能全部计入当年损益,应当在以后年度内分期摊销的各项费用,包括开办费等。预备费是指投资估算中为不可预见的因素和物价变动因素而准备的费用,分为基本预备费和涨价预备费。为了简化计算,将预备费也计入固定资产原值。

项目所需要的资金总额由自有资金、赠款、借入资金三部分组成。

自有资金是指投资者缴付的出资额,包括资本金和资本溢价。资本金是指新建项目设立企业时在工商行政管理部门登记的注册资金。根据投资主体的不同,资本金可分为国家资本金、法人资本金、个人资本金及外商资本金等。资本金的筹集可以采取国家投资、各方集资或者发行股票等方式。投资者可以用现金、实物和无形资产等进行投资。资本溢价是指在资金筹措过程中,投资者缴付的出资额超出资本金的差额。借入资金是指通过国内外银行贷款、国际金融组织贷款、外国政府贷款、出口信贷、发行债券、补偿贸易等方式筹集的资金。

2. 成本及税费估算

经营成本指运营期内为生产产品而发生的各种费用,是财务评价中现金流量分析的主要现金流出,可按下式估算:

经营成本＝外购原材料、燃料和动力费＋工资及福利费＋修理费＋其他费用

式中：其他费用是指从制造费用、管理费用和营业费用中扣除了折旧费、摊销费、修理费、工资及福利费以后的其余部分。

总成本费用指项目在运营期的一定时期内（一般为 1 年）为生产和销售产品而花费的全部成本和费用。总成本费用等于经营成本、折旧费、摊销费与财务费用之和。

工程项目评价涉及的税费主要包括关税、增值税、营业税、消费税、所得税、资源税、城市维护建设税和教育费附加等，有些行业还包括土地增值税。应根据税法和工程项目的具体情况选用适当的税种和税率。如有减免税优惠，应说明依据及减免方式，并按相关规定估算。

3. 营业收入及利润

营业收入是指销售产品或提供服务所获得的收入。估算营业收入的基础数据是产品的数量和价格。销售价格采用不含增值税的价格，一般采用出厂价格，也可根据需要采用送达用户的价格或离岸价格。产品或服务的数量（各期运营负荷）应根据技术的成熟度、市场开发程度、产品的寿命期、需求量增减变化等因素，结合工程项目的特点，通过制订运营计划，合理确定。估算营业收入时，假设产品销售量等于生产量。

营业收入加补贴收入，扣除总成本费用、营业税金及附加之后得利润总额。利润总额弥补以前年度亏损为应纳税所得额，扣除所得税，剩余为净利润。净利润与年初未分配利润之和是可供分配的利润。可供分配的利润中提取法定盈余公积金后为可供投资者分配的利润。可供投资者分配的利润减去应付优先股股利，提取任意盈余公积金（比例由公司股东大会决定），剩余为应付普通股股利，分配后剩余为未分配利润。根据企业性质的不同，可供投资者分配的利润分配情况不同。营业收入、成本、税金、利润之间的关系如图 6-2 所示。

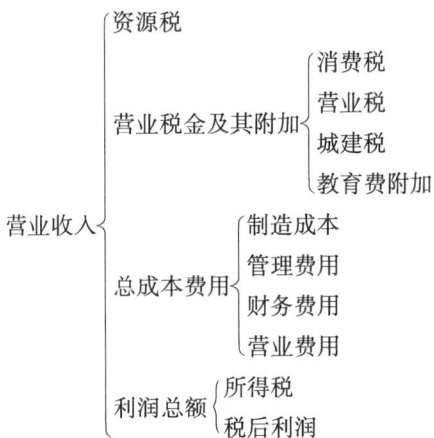

图 6-2　营业收入、成本、税金、利润之间的关系图

➢ 6.2.2　资金时间价值的内涵

资金投入到生产或流通领域，随着时间的推移，会发生增值现象。把不同时间发生的等额资金在运动过程中产生的增值部分称为资金的时间价值。

在生产或流通领域，资金运动的增值是利润，其大小与行业的利润率水平有关；存入银

行的资金产生的增值是利息,其大小取决于利息率。不论是利润还是利息,它们都是资金时间价值的绝对量的表现形式。

资金时间价值的大小取决于多方面的因素,主要有:投资收益率、银行利率、通货膨胀率和投资风险因素等。实际上,银行利率就是资金时间价值的相对量的表现形式。

根据资金时间价值的定义,不难发现,资金时间价值主要受利息的计算方法、利息计息周期和折现率的影响。利息的计算有单利计息和复利计息之分。

(1)单利计息指仅用本金(P)计算利息(I),利息不再生利息。若利率为i,计息周期为n,单利计息时,利息计算公式为:

$$I_n = P \times i \times n \qquad (式6-1)$$

n个计息周期后的本利和(F)为:

$$F_n = P \times (1 + i \times n) \qquad (式6-2)$$

我国银行存款利息就是以单利计算的,计息周期为"年"或"月"。

(2)复利计息指用本金与前期累计利息总额之和计息,即除最初的本金要计算利息外,每一计息周期的利息都要并入本金,再生利息。复利计息n年(期)的本利和公式为:

$$F_n = P(1 + i)^n \qquad (式6-3)$$

我国的基本建设贷款就是按复利计息的。复利计息比较符合资金在社会再生产过程中运动的实际情况,反映了资金运动的客观规律,可以较好地体现资金的时间价值。在工程经济分析中一般采用复利计息,用复利的等值计算方法来计算资金的时间价值。

为了计算资金时间价值,我们需要了解一些基本的术语。

(1)时值是指以某个时间为基准,运动着的资金所处的相对时间位置上的价值(特定时间位置上的价值)。根据时间基点的不同,同一笔资金的时值又可以分为现值和终值。

现值(P,present value)是指某一特定时间序列起点的现金流量。如果把未来某个时点上的现金流量按照某一确定的利率(i)计算到该时间序列起点的现金流量,该计算的现金流量也称为现值,这一过程称为折现。

终值(F,future value)是指某一特定时间序列终点的现金流量。如果把某个时点上的现金流量按照某一确定的利率(i)计算到该时间序列终点的现金流量,该计算的现金流量也称为终值。由此可见,终值是现值加上资金时间价值后的现金流量。

年值(A,annuity)是指发生在某一特定时间序列各计算期末(不包括零期)并且金额大小相等的现金流量。

(2)折现是指把未来某个时点上的现金流量按照某一确定的利率(i)计算到该时间序列起点的现金流量的过程。折现的大小取决于折现率,即某一特定的利率i。

(3)等值是指在同一时间序列中,不同时点上的两笔或两笔以上的现金流量,按照一定的利率和计息方式,折现到某一相同时点的现金流量是相等的,则称这两笔或两笔以上的现金流量是等值的。

例如,2012年1月1日的1000元,在年利率为10%的情况下,按年计息,就与2013年1月1日的1100元是相等的。

➤ 6.2.3　现金流量

任何经济活动,例如生产经营活动、投资活动都可以从物质形态和货币形态两个方面进行考察。对于一个特定的经济系统而言(这个经济系统可以是一个投资项目、一个企业,也可以是一个行业、一个地区或者一个国家),投入的资金,花费的成本,获取的收益,都可以看成是以货币形式(包括现金和其他支付形式)体现的资金流出或流入。在工程经济分析中,把各个时间点上实际发生的(或将要发生的)这种资金流出或资金流入称为现金流量。流入系统的资金称为现金流入,流出系统的资金称为现金流出,现金流入与现金流出之差称为净现金流量。工程经济分析的目的就是要根据特定经济系统所要达到的目标和所拥有的资源条件,考察系统在从事某项经济活动过程中的现金流出和现金流入情况,计算经济效果评价指标,选择合适的工程技术方案,以取得最好的经济效果。

1. 现金流量图

现金流量有三个要素:大小、流向、时间。大小即资金数额;流向指项目的现金流入或流出,以流入为正,流出为负;时间指现金流入与流出发生的时间点。每年的现金流量的代数和就是该年的净现金流量,如图 6-3 所示。

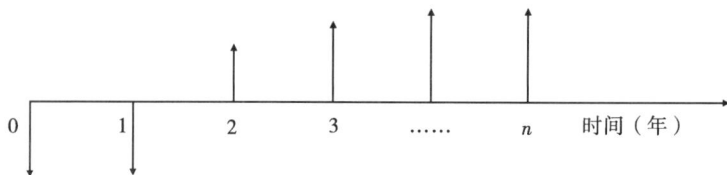

图 6-3 现金流量图的表示方式

2. 现金流量表

现金流量表是以工程项目或投资方案为一独立系统,用来反映工程项目寿命周期内现金流入、现金流出和净现金流量的活动情况和基础数据的一张报表。它也是工程经济分析的基本报表之一。项目投资现金流量表的具体形式如表 6-1 所示。

表 6-1 项目投资现金流量表

序号	项目	合计	计算期					
1	现金流入							
1.1	营业收入							
1.2	补贴收入							
1.3	回收固定资产余值							
1.4	回收流动资金							
2	现金流出							
2.1	建设投资							
2.2	流动资金							
2.3	经营成本							
2.4	营业税金及附加							
2.5	维护运营投资							
3	所得税前净现金流量(1-2)							

序号	项目	合计	计算期				
4	累积所得税前净现金流量						
5	调整所得税						
6	所得税后净现金流量(3-5)						
7	累积所得税后净现金流量						

计算指标：

项目投资财务内部收益率(%)(所得税前)

项目投资财务内部收益率(%)(所得税后)

项目投资财务净现值(所得税前)($i=$ %)

项目投资财务净现值(所得税后)($i=$ %)

项目投资回收期(年)(所得税前)

项目投资回收期(年)(所得税后)

在工程经济分析中对投资与收益发生的时间点有两种处理方法：一种称年初投资年末收益法，即把投资计入发生年的年初，把收益计入发生年的年末；另一种是近年来较多采用的年(期)末习惯法，即每一年(期)发生的现金流量均认为发生在年末。这两种处理方法的结果稍有差别，但不会引起本质变化。我国国家发改委、建设部颁布的《建设项目经济评价方法与参数》(第三版)规定，项目经济评价采用年末习惯法。

6.2.4 资金等值计算

通过资金等值计算可以将一个时点一定数额的资金通过折现等方式表示为另一个时点的一定数额的资金，这两笔资金具有相同的价值。一般可以分为一次支付和多次支付两种类型。

由未来值或等额年金求现值的复利等值计算过程称为折现或贴现。一次支付由终值(F)求现值(P)的公式为：

$$P = F(P/F,i,n) = F\frac{1}{(1+i)^n}$$ （式 6-4）

式中，$(P/F,i,n)$ 是一次支付现值系数的代号与计算公式。

多次支付由 n 年(期)的等额年金(A)求现值(P)的公式为：

$$P = A(P/A,i,n) = A\frac{(1+i)^n-1}{i(1+i)^n}$$ （式 6-5）

式中，$(P/A,i,n)$ 是等额分付现值系数的代号与计算公式。

6.2.5 工程项目评价指标体系与方案选择

1. 单一方案的评价方法和指标

所谓单一方案，是指工程项目只存在一个备选方案。对其进行评价时，只需考察方案自身的经济性，也就是只需要检验他们自身的绝对经济效果是否能够通过评价标准。凡是通过评价标准的方案，就认为它在经济效果上是可以接受的，否则应予以拒绝。对于单一方案的经济评价,根据是否考虑资金的时间价值,可以分为静态评价和动态评价,所采用的指标和评价方法也略有不同。

(1) 静态的评价指标。

① 总投资收益率(ROI)。ROI 表示项目总投资的盈利水平,是指项目达到设计生产能力后的一个正常生产年份的年息税前利润或营运期内年平均息税前利润(EBIT)与项目总投资(TI)的比率。它是考查项目单位投资盈利能力的静态指标,可根据"利润与利润分配表"中的有关数据计算。其计算公式为:

$$ROI = \frac{EBIT}{TI} \times 100\%$$ (式 6 - 6)

式中,EBIT 为项目正常年份的年息税前利润或运营期内年平均息税前利润;TI 为项目总投资。

息税前利润(EBIT) = 年营业收入 - 年营业税金及附加 - 经营成本 - 折旧 - 摊销费

② 权益投资净利润率(ROE)。ROE 表示项目资本金的盈利水平,是指项目达到设计能力后正常年份的年净利润或运营期内年平均净利润(NP)与项目权益投资(EC)的比率。其计算公式为:

$$ROE = \frac{NP}{EC} \times 100\%$$ (式 6 - 7)

式中,NP 为项目正常年份的年净利润或运营期内年平均净利润;EC 为项目权益投资。

权益投资净利润高于同行业的净利润率参考值,表明用权益投资净利润率表示的盈利能力满足要求。

③ 投资回收期。投资回收期(payback period)就是从项目建设之日起,用项目各年的净收入(年收入减去年支出)抵偿总投资所需要的时间。投资回收期的定义表达式为:

$$\sum_{t=0}^{P_t} (CI - CO)_t = 0$$ (式 6 - 8)

式中,P_t 为投资回收期;CI 为现金流入;CO 为现金流出;$(CI - CO)_t$ 为第 t 年的净现金流量。

投资回收期自项目建设开始年算起,单位是年。投资回收期一般用项目投资现金流量表计算,具体是根据累计净现金流量图的直线内差求得,实用计算公式为:

$$P_t = 累计净现金流量首次为正值或零的年份数 - 1 + \frac{上年累计净现金流量的绝对值}{当年的净现金流量}$$

(式 6 - 9)

对于一般项目,若投资回收期短,表明项目盈利能力高,投资回收快,抗风险能力强。计算所得的投资回收期,应与部门或行业规定的基准投资回收期(P_c)进行比较。

若 $P_t \leqslant P_c$,表明项目可在规定的投资回收期之前收回投资,项目可行;

若 $P_t > P_c$,表明项目不能在规定的投资回收期之前收回投资,项目无法满足行业项目投资盈利性和风险性要求,项目不可行。

投资回收期指标的优点:其一,概念清晰,简单易用;其二,该指标不仅在一定程度上反映项目的经济性,而且反映项目风险的大小。项目决策面临着未来的不确定因素,这种不确定性带来的风险随着时间的延长而增加。为了减少这种风险,就必然希望投资回收期越短越好。因此,能够反映一定的经济性和风险性的投资回收期指标,在项目经济评价中具有重要地位和作用,作为一个主要指标被广泛采用。

投资回收期指标的缺点和局限性:其一,它没有反映资金的时间价值;其二,由于它只考虑投资回收期之前的现金流量,故不能全面反映项目在寿命期内真实的效益,也难于对不同方案的比较选择作出正确判断。

(2) 动态评价指标。

① 财务净现值 $FNPV$ (financial net present value)。财务净现值是反映项目盈利能力的价值型评价指标。财务净现值是按基准折现率将项目计算期内各年的净现金流量折现到建设期初(第 1 年初)的现值之和。其表达式为:

$$FNPV = \sum_{t=0}^{n} (CI - CO)_t (1 + i_c)^{-t} \qquad (式 6-10)$$

式中,i_c 为准折现率,采用行业的基准收益率。

一般情况下,财务盈利能力分析只计算项目投资财务净现值,可根据需要选择计算所得税前财务净现值或所得税后财务净现值。

评价准则,若 $FNPV \geqslant 0$,则项目方案可考虑接受。

② 财务内部收益率 $FIRR$ (financial internal rate of return)。财务内部收益率指项目在计算期内各年净现金流量现值累计等于零时的折现率,即使项目净现值为零的折现率,其定义表达式为:

$$\sum_{t=0}^{n} (CI - CO)_t (1 + FIRR)^{-t} = 0 \qquad (式 6-11)$$

式中:CI 为现金流入;CO 为现金流出;$(CI - CO)_t$ 为第 t 年的净现金流量;n 为计算期;$FIRR$ 为财务内部收益率。

财务内部收益率对多数实际问题,其范围为 $-1 < FIRR < \infty$。$FIRR$ 实际使用试差法(插值法) 计算。具体计算步骤如下:

第一步:画出方案的现金流量图(或现金流量表),列出净现值的计算公式。

第二步:选择一个适当的收益率代入净现值的计算公式,试算出净现值。如果 $NPV > 0$,说明试算用的收益率偏低,应提高;如果 $NPV < 0$,说明试算用的收益率偏高,应较低。

第三步:重复步骤二。

第四步:当试算得出的两个净现值满足:

$i = i_1,NPV_1 > 0$;$i = i_2,NPV_2 < 0$,且 i_1、i_2 相差不超过 $2\% \sim 5\%$ 时,将计算出的 i_1、i_2、NPV_1、NPV_2 代入(式 6-12),即可求出内部收益率(IRR)。

$$IRR = i_1 + \frac{NPV_1}{NPV_1 + |NPV_2|}(i_2 - i_1) \qquad (式 6-12)$$

式中:i_1—— 试算用的较低收益率;

$\quad\quad i_2$—— 试算用的较高收益率;

$\quad\quad NPV_1$—— 用计算的净现值(正值);

$\quad\quad NPV_2$—— 用计算的净现值(负值)。

财务内部收益率的经济涵义,是在计算期内项目的收益率,它反映项目的获利能力。一个投资项目开始以后,始终处于以某种"利率"产生收益的状态,这种收益率越高,项目的获利能力越强,经济性愈好,而这个利率的高低完全取决于项目"内部",内部收益率因此得名。内部收益率是项目所固有的特性。

财务内部收益率的经济意义还可以这样理解,未回收投资的增值率,即把资金投入项目以后,将不断通过项目的净收益加以回收,其尚未回收的资金将以 FIRR 的比率(利率)增值,直到项目计算期结束时正好回收了全部投资。

项目投资财务内部收益率、权益投资财务内部收益率、投资各方财务内部收益率分别采用项目投资财务现金流量表、权益投资财务现金流量表和投资各方财务现金流量表,依据上式计算。

在财务评价中,财务内部收益率与行业的基准收益率(i_c)比较,当 $FIRR \geq i_c$ 时,项目方案在财务上可以被接受。项目投资财务内部收益率、权益投资财务内部收益率、投资各方财务内部收益率各有不同的财务基准收益率。

2. 多方案的评价方法和指标

(1)独立方案的评价方法与评价指标。所谓独立方案是指作为评价对象的各方案的现金流是独立的,不具有相关性,而且任意方案的采用与否都不影响其他方案是否采用的决策。

独立方案经济评价的特点:① 不需要进行方案比较,因为所有的方案都是独立无关的;② 诸方案之间不具有排他性,采用甲方案并不要求放弃乙方案,在资金无限制的情况下,几个方案甚至全部方案可以同时存在;③ 所采纳的方案的经济效果可以相加。

根据独立方案的特点,在独立方案进行评价时,首先进行绝对经济效果的检验,然后对于满足绝对经济效果的方案结合资金约束情况进行优选。

(2)互斥方案的评价方法与评价指标。互斥方案是指方案之间的关系具有互不相容、互相排斥的性质,即在多个互斥方案中只能选择一个,在选择某一个方案的同时,必须放弃其余方案。

互斥方案的评价、选择通常包括两大内容:首先是用净现值、内部收益率等指标考察各个方案的经济效果,即进行绝对经济效果检验;其次是利用相对评价指标如差额投资回收期等指标考察哪个方案相对最优,即进行相对经济效果检验。

① 相同寿命期的互斥方案的评价与选择。对于相同寿命期多个互斥方案的评价与选择,通常采用增量分析法。增量分析法的评价指标包括差额投资收益率、差额投资回收期和差额内部收益率。

A. 差额投资收益率与差额投资回收期。对于产出的数量、质量和计算期均相同的两个工程技术方案的比较,可归结为费用的比较问题。可采用静态的简便比较方法,包括差额投资收益率法和差额投资回收期法。

设有方案 1、2 的投资(包括固定资产和流动资金)分别为 I_1 和 I_2,经常费用(年经营成本)为 C_1 和 C_2。若 $I_1 < I_2$ 且 $C_1 < C_2$,则不言而喻,方案 1 优于方案 2,无需计算指标进行比较。而通常碰到的问题是 $I_1 < I_2$ 且 $C_1 > C_2$,即投资大的方案经营费用小。在这种情况下,可以用差额投资收益率 R_a 和差额投资回收期 P_a 这两个静态指标来判断两个方案的优劣。

当两个方案的产量相同时,差额投资收益率 R_a 表示增加单位投资所节省的经营费用:

$$R_a = (C_1 - C_2)/(I_2 - I_1) \qquad \text{(式 6-13)}$$

差额投资回收期 P_a，表示通过投资大的方案 2 每年所节省的经营费用来回收相对增加的投资所需要的时间(年)。

$$P_a = (I_2 - I_1) / (C_1 - C_2) \qquad (式 6-14)$$

当两个方案的产量不同时，以上两个公式同样成立，但是，式中 C_1 和 C_2 分别表示两个比较方案的单位产品经营成本，I_1 和 I_2 分别表示两个比较方案单位产品所分摊的投资。

这两个指标由于计算方便，主要用于财务评价中的初步方案优选。其判据是，$R_a \geqslant i_c$(行业基准收益率)，或 $P_a < P_c$(基准投资回收期) 时，投资大的方案为优；反之，则投资小的方案为优。

B. 差额内部收益率(ΔIRR)。内部收益率是一个重要的且常用的比率型指标。在方案比较中，用内部收益率指标进行比较，不一定能选出较优方案。方案比较的评判指标应采用两个方案净现值相等时的折现率，此折现率称为差额(投资)内部收益率。它实际上是两方案增量现金流量的内部收益率。其定义表达式为：

$$\sum_{t=0}^{n} \left[(CI - CO)_2 - (CI - CO)_1 \right]_t (1 + \Delta IRR)^{-t} = 0 \qquad (式 6-15)$$

即

$$\sum_{t=0}^{n} \left[\Delta CI - \Delta CO \right]_t (1 + \Delta IRR)^{-t} \qquad (式 6-16)$$

式中：$(CI - CO)_2$——投资大的方案第 t 年的净现金流量；

$\qquad (CI - CO)_1$——投资小的方案第 t 年的净现金流量。

差额内部收益率 ΔIRR 与内部收益率一样，也可用试算内差法计算。采用差额内部收益率比选方案时，若 i_c 为基准折现率，则当 $\Delta IRR \geqslant i_c$ 时，投资大的方案 2 较优，这意味着方案 2 比方案 1 多用的投资而形成了正的差额净现值，是值得的。反之，当 $\Delta IRR \leqslant i_c$ 时，投资小的方案 1 较优，这意味着方案 2 比方案 1 多用的投资是不值得的。应放弃投资大的方案。

② 不同寿命期的互斥方案的评价与选择。就项目评价的基本原则而言，寿命不等的互斥方案经济效果评价与寿命相等的互斥方案经济效果评价一样，通常都应进行各方案的绝对效果检验与方案间的相对效果检验(仅有费用现金流的互斥方案只进行相对效果检验)。方案绝对效果检验的方法前面已作过论述，下面主要讨论寿命不等的互斥方案的相对效果检验。根据"可比性原则"，计算期不同的方案要进行比较，必须进行适当处理，使其具有可比性。

A. 净年值法。在对寿命不等的互斥方案进行比选时，净年值法是最为简便的方法，当参加比选的方案数目众多时，尤其是这样。设 m 个互斥方案的寿命期分别为 $n_1, n_2, \cdots, n_m$，方案 $j(j = 1, 2, \cdots, m)$ 在其寿命期内的净年值可根据(式 6-17) 计算。

$$NAV = NPV(A/P, i_c, n) = \sum_{t=0}^{n} \left[(CI - CO)(1 + i_0)^{-t} \right] (A/P, i_c, n) \quad (式 6-17)$$

式中：NAV——净年值；

$\qquad (A/P, i_c, n)$——资金回收系数。

判别准则：

若 $NAV \geqslant 0$，则项目在经济效果上可行；

若 $NAV < 0$，则项目在经济效果上不可行。

净年值法的判别准则为:净年值大于或等于零,且净年值最大的方案是最优可行方案。用净年值法进行寿命不等的互斥方案比选,实际上隐含着作出这样一种假定:各备选方案在其寿命结束时均可按原方案重复实施或以与原方案经济效果水平相同的方案接续。因为一个方案无论重复实施多少次,其净年值是不变的,所以净年值法实际上假定了各方案可以无限多次重复实施。在这一假定前提下,净年值法以"年"为时间单位比较各方案的经济效果,从而使寿命不等的互斥方案间具有可比性。对于仅有或仅需要计算费用现金流的互斥方案,可以比照净年值法,用费用年值指标进行比选。判别准则是:费用年值最小的方案为最优方案。

B. 净现值法。当互斥方案寿命不等时,一般情况下,各方案在各自寿命期内的净现值不具有可比性。如果要使用净现值指标(对于仅有或仅需计算费用现金流的方案来说是费用现值指标)进行方案比选,必需设定一个共同的分析期。分析期的设定应根据决策的需要和方案的技术经济特征来决定。通常有以下几种处理方法:

a. 寿命期最小公倍数法。此法假定备选方案中的一个或若干个在其寿命期结束后按原定方案重复实施若干次,取各备选方案寿命期的最小公倍数作为共同的分析期。例如,有两个备选方案,A方案的寿命为10年,B方案的寿命为15年,假定A方案重复实施两次,B方案重复实施一次,取两方案寿命期的最小公倍数30年作为分析期。用共同的分析期计算各方案的净现值,进行比较。

b. 净年值折现法。按某一共同的分析期将各备选方案的净年值折现得到用于方案比选的净现值。这种方法实际上是净年值的一种变形。设方案$j(j=1,2\cdots,m)$的寿命期为n_j,共同分析期为N,方案j净现值的计算公式为:

$$NPV_j = \sum_{t=0}^{n}\left[(CI_j - CO_j)_t(P/F,i_0,t)\right](A/P,i_0,n_j)(P/A,i_0,N) \quad (式6-18)$$

年值折现法求净现值时,共同分析期N取值的大小不会影响方案的比选结论。但通常N的取值不大于最长的方案寿命期,不小于最短的方案的寿命期,多用寿命期最短方案的计算期为分析期N。用上述方法计算出的净现值用于寿命不等的互斥方案评价的判别准则是:净现值大于零,且净现值最大的方案是最优方案。对于仅有或仅需计算费用现金流量的互斥方案,可按照上述方法计算费用现值进行比选。判别准则是:费用现值最小的方案为最优方案。

6.3 工程项目评价

➢ 6.3.1 财务评价

财务评价就是根据国家现行财税制度和价格体系,从项目财务角度入手,运用对比和测定的方法分析、计算项目直接效益和直接费用,编制财务报表,计算和评价指标,考察项目的盈利能力、清偿能力以及外汇平衡等财务状况,据以判断项目在财务上的可行性。财务评价是项目可行性研究的核心内容,其评价结论是决定项目取舍的基本依据。

财务评价有三个目的,第一个目的是评价项目的盈利能力。对于一个有经济收入的项目,是否值得投资,最重要的就是要看它建成投产后是否有盈利能力和盈利能力的大小。因此财务评价首先要评价项目的盈利能力。盈利水平主要有以下三个指标:正常年份的盈利水平、项目寿命期的净现值、项目的财务收益率。第二个目的是评价项目的投资偿还能力。项目的投资偿还包括两方面:一是整个项目的投资收回,二是投资构成中的贷款的偿还。能否如期回收投资和偿还贷款是投资和贷款的依据。最后一个目的是评价项目承受风险的能力。项目的立项决策建立在对未来情况的预测上,也就是承受风险的能力。承受风险的能力越强,项目越可行。

财务评价的依据是前期可行性研究所提供的基础数据,通过编制财务报表、计算财务评价指标和各项财务比率作出评价比较,来判断项目或方案的可行性。具体分为以下几个步骤:

1. 基础数据的准备

基础数据主要包括:

(1) 资金流量情况,包括资产投资预算、投资构成、资金的分年度使用计划。

(2) 市场预测,包括产品销售量的预测、项目在市场中占有的份额、价格的变化趋势等。

(3) 项目实施进度,包括寿命周期、建设期、投产进度。

(4) 项目流动资金、营业收入、成本和税金的估算。

2. 财务评价基本计算表的编制

由上述基础工作的分析和效益费用等基础数据,分别编制反映项目财务盈利能力、清偿能力和外汇平衡情况的基本报表。财务评价的基本报表包括各类财务现金流量表、利润与利润分配表、财务计划现金流量表、资产负债表和借款还本付息计划表。

(1) 项目投资财务现金流量表。该表不分投资资金来源,以全部投资作为自有资金为计算基础(自有资金假设),用以计算全部投资所得税前和所得税后的财务内部收益率、财务净现值和投资回收期等评价指标,考察项目全部投资的盈利能力,为各个投资方案(不论其资金来源及利息多少)进行比较建立共同基础。

(2) 权益投资财务现金流量表。该表从权益投资角度出发,以权益投资作为计算基础,把借款本金偿还和利息支付作为现金流出,用以计算权益投资财务内部收益率,考察项目权益投资的盈利能力。

(3) 投资各方现金流量表。该表从投资各方的角度出发,以投资各方的出资额作为计算基础,把借款本金偿还和利息支付作为现金流出,用以计算投资各方财务内部收益率,考察项目投资各方的盈利能力。

(4) 利润与利润分配表。该表反映项目计算期内各年的营业收入、总成本费用、利润总额、所得税后利润的分配情况,用以计算总投资收益率、权益投资净利润率等指标。

(5) 财务计划现金流量表。该表反映项目计算期内各年的投资、融资及经营活动的现金流入和流出,用于计算累计资金盈余或短缺情况,用于分析项目的财务可持续性,选择资金筹措方案,制订适宜的借款及偿还计划,并为编制资产负债表提供依据。

(6) 资产负债表。该表综合反映项目计算期内各年末资产、负债和所有者权益的增减变化及对应关系,以考察项目资产、负债、所有者权益的结构是否合理,用以计算资产负债率、流动比率及速动比率,进行偿债能力分析。

(7) 借款还本付息计划表。该表反映项目计算期内各年借款本金偿还和利息支付情况，用于计算偿债备付率和利息备付率指标，分析项目偿债及利息的保障程度和支付能力。

财务评价的报表按下列顺序计算：

(1) 独立计算的报表。独立计算的报表的辅助报表主要有：① 建设投资估算表；② 建设期利息估算表；③ 流动资金表；④ 项目总投资使用计划与资金筹措表；⑤ 营业收入、营业税金及附加和增值税估算表；⑥ 总成本费用估算表。

(2) 相互联系需平行计算的报表，如图 6-4 所示。

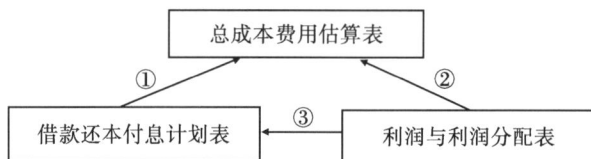

图 6-4　平行计算报表

(3) 结果性报表。结果性报表的辅助报表主要有：① 现金流量表；② 利润与利润分配表；③ 财务计划现金流量表；④ 资产负债表；⑤ 借款还本付息计划表。

3. 计算财务评价指标并进行评价

根据财务评价基本财务报表计算财务评价指标，分别与对应的评价标准进行对比，对财务状况进行评价。

➤ 6.3.2　经济评价

经济评价是按照资源合理配置原则，从国家整体角度考察项目的效益和费用，用影子价格等经济评价参数分析、计算项目对国民经济的净贡献，评价项目的经济合理性的一种分析方法。经济评价又称费用效益分析或国民经济评价，经济评价的重点是从资源合理配置的角度，分析项目投资的经济效益和对社会福利所作出的贡献，评价项目的经济合理性。经济评价的主要特点一是整体性和系统性。把国民经济作为一个大系统，每个建设项目都从这个系统中吸取一定量的投入（如资金、劳动力、土地等），同时也向国民经济这个大系统提供一定数量的产出（如产品、服务等）。经济评价把建设项目放在国民经济这个大系统中，采用影子价格计算、分析项目给国家经济整体带来的效益和国家为此而付出的代价（费用），从而选择对大系统目标最有利的项目或方案。

财务评价与经济评价存在众多方面的区别：

(1) 评价角度不同。财务评价是从项目的经营者、投资者和债权人角度分析项目货币收支、盈利状况和借款清偿能力，经济评价则是从国民经济整体角度考察项目需要国家付出的代价和对国家的贡献，考察投资行为的经济合理性。

(2) 项目费用、效益的含义和范围划分不同。财务评价是根据项目的实际收支情况确定项目的效益和直接费用；经济评价则是根据项目给国家带来的效益和项目消耗国家资源的多少，来考察项目的效益和费用。国家给项目的补贴、项目向国家上交的税金及国内借款的利息，均视为转移支付，不作为项目的效益和直接费用，而且要计算项目的间接效益和间接费用,即外部效果。

(3)评价采用的价格不同。财务评价对投入物和产出物采用财务价格;经济评价采用影子价格。

(4)主要参数不同。财务评价采用国家公布的汇率和行业基准收益率或银行贷款利率;经济分析采用国家统一测定的社会折现率和影子汇率等经济评价参数。

由于上述区别,两种评价有时可能导致相反的结论。

经济评价可在直接识别估算经济费用和经济效益的基础上,利用表格计算相关指标,也可在财务评价的基础上将财务现金流量转换为经济效益与费用流量,利用表格计算相关指标,基本步骤如下:

第一步:剔除财务现金流量中通货膨胀因素,得到以实价表示的财务现金流量。

第二步:剔除运营期财务现金流量中不反映真实资源流量变动状况的转移支付因素。

第三步:用影子价格和影子汇率调整建设投资各项组成,并剔除其费用中的转移支付项目。

第四步:调整流动资金,将流动资产和流动负债中不反映实际资源耗费的有关现金应收、应付、预收、预付款项,从流动资金中剔除。

第五步:调整经营费用,用影子价格调整主要原材料、燃料及动力费用、工资及福利费等。

第六步:调整营业收入,对于具有市场价格的产出物,以市场价格为基础计算其影子价格;对于没有市场价格的产出效果,以支付意愿或接受补偿意愿的原则计算其影子价格。

第七步:对于货币化的外部效果,应将货币化的外部效果计入经济效益费用流量;对于难以进行货币化的外部效果,应尽可能地采用其他量纲进行量化。难以量化的,进行定性描述,以全面反映项目的产出效果。

经济评价包括费用效益流量分析和外汇效果分析,费用效益流量分析的主要指标是经济内部收益率和经济净现值。产品出口创汇及替代进口节汇的项目,要计算经济外汇净现值、经济换汇成本和经济节汇成本等指标。此外,还可对难以量化的外部效果进行定性分析。

1. 费用效益流量分析指标

(1)经济内部收益率(EIRR)。经济内部收益率是反映项目对国民经济所作净贡献的相对指标。它是使项目计算期内的经济净现值等于零的折现率。其表达式为:

$$ENPV = \sum_{t=0}^{n} (B-C)_t (1+EIRR)^{-t} = 0 \qquad (式6-19)$$

式中:B——效益流;

C——费用流;

$(B-C)_t$——第 t 年的净效益流量;

n——项目建设期加生产期。

把求得的 $EIRR$ 与社会折现率比较,一般情况下,经济内部收益率大于或等于社会折现率的项目表明其对国民经济的净贡献能力超过或达到要求的水平,应认为是可以考虑接受的。

(2)经济净现值($ENPV$)。经济净现值是反映项目对国民经济所作贡献的绝对指标。它是按社会折现率将项目计算期内各年的净效益流量折现到建设期初的现值之和。一般情况下,经济净现值大于零的项目是可以考虑接受的。其表达式为:

$$ENPV = \sum_{t=0}^{n} (B-C)_t (1+i_s)^{-t} \qquad (式 6-20)$$

式中:i_s——社会折现率;

其余符号见 $EIRR$ 计算式符号的解释。

2. 外汇效果分析指标

(1)经济外汇净现值($ENPV_F$)。经济外汇净现值是反映项目实施后对国家外汇收支直接或间接影响的重要指标,用以衡量项目对国家外汇的真实净贡献(创汇或节汇)和净消耗(用汇)。其计算式为:

$$ENPV_F = \sum_{t=0}^{n} (FCI-FCO)_t (1+i_s)^t \qquad (式 6-21)$$

式中:FCI——外汇流入量;

FCO——外汇流出量;

$(FCI-FCO)_t$——第 t 年的净外汇流量;

n ——项目建设期加生产期。

一般情况下,经济外汇净现值大于或等于零的项目,从外汇获得或节约的角度看,应是可以考虑接受的。

(2)经济换汇成本或经济节汇成本。当有产品直接出口或有产品替代出口时,应计算经济换汇成本或经济节汇成本。它是用货物影子价格、影子工资和社会折现率计算的,为生产出口产品或替代进口产品而投入的国内资源现值(以人民币表示),与生产出口或替代进口产品的经济外汇净现值(通常以美元表示)之比,亦即换取 1 美元外汇所需要的人民币金额。经济换汇成本或经济节汇成本实际上是分析、评价项目实施后在国际上的竞争力的,其表达式为:

$$经济换汇成本或节汇成本 = \frac{\sum_{t=0}^{n} DR_t (1+i_s)^{-t}}{\sum_{t=0}^{n} (FCI_F - FCO_F)(1+i_s)^{-t}} \qquad (式 6-22)$$

式中:DR_t——项目在第 t 年为出口或替代进口投入的国内资源的经济价值;

FCI_F——出口产品的外汇流入或替代进口节约的外汇;

FCO_F——生产出口产品或替代进口产品的外汇流出。

经济换汇成本或经济节汇成本(元/美元)小于或等于影子汇率时,表明项目产品的出口或替代进口是有利的。

经济评价的基本报表一般包括国民经济效益费用流量表(全部投资)和国民经济效益费用流量表(国内投资)。前者以全部投资作为计算的基础,用以计算全部投资经济内部收益率、经济净现值等评价指标;后者以国内投资作为计算基础,将国外借款利息和本金的偿付作为费用派出,用以计算国内投资的经济内部收益率、经济净现值等指标,作为利用外资项目经济评价和方案比较取舍的依据。外汇效益分析要借助于经济外汇流量表及国内资源流量表。

在完成经济费用效益分析之后,应进一步分析对比经济费用效益与财务现金流量之间的差异,并根据需要对财务分析与经济评价结论之间的差异进行分析,找出受益或受损群体,分析项目对不同群体在经济上的影响程度,并提出改进资源配置效率及财务生存能力的政策建议。对于效益和费用难于货币化的项目,应采用费用效果分析方法;对于效益和费用难于量化的项目,应进行定性经济评价。

➤ 6.3.3 社会评价

1. 社会评价的特点

(1)宏观性和长期性。社会评价要涉及经济增长目标、国家安全目标、人口控制目标、减少失业和贫困目标、环境保护目标,具有宏观性的特点;一般财务评价,甚至一些大型项目的经济评价考察项目不超过 20 年的经济效果,而社会评价考察的时间跨度是几代人、上百年,因此,社会评价还具有长期性的特点。

(2)目标的多样性和复杂性。社会评价的目标分析首先需要从国家、地方、社区三个不同层次进行分析,做到宏观分析与微观分析相结合。其次是多样性的,要分析多个社会发展目标,多种社会政策,多种社会效益和多样的人文因素和环境因素。因此,通常用多目标综合评价法。

(3)评价指标和评价标准的差异性。社会多元化和社会效益本身的多样性使得难以统一的量纲、指标和标准来计算和比较社会效益。社会评价中通用评价指标少,专用指标多;定量指标少,定性指标多。

2. 社会评价的范围、层次和作用

(1)范围。并不是任何环境下的任何项目都需要进行社会评价。社会评价有助于将项目建设方案和实施与区域性社会发展相结合,有利于社会稳定。因此,社会评价适用于社会因素较为复杂、社会影响较为久远、社会效益较为显著和社会风险较大的投资项目。如需要大量移民搬迁或者占用农田较多的项目,如交通和水利项目以及采矿和油田项目;具有明确社会发展目标的项目,如减轻贫困项目、区域发展项目和社会服务项目,如文化、教育和公共卫生项目。

(2)层次。社会评价分为以下三个层次:

①项目识别(初级社会评估):考察确定项目利益主体,筛选主要社会因素和风险,确定负面影响。

②项目准备(详细社会分析):描述影响发展项目诸方面的社会形式和过程。

③项目实施(建立监控和评估机制):在项目实施阶段,测量投入与产出,以此作为衡量项目成功进展的尺度,并随时间的发展衡量项目的社会影响。

(3)社会评价的作用。

①有利于国民经济发展目标与社会发展目标协调一致,防止单纯追求项目的经济效益;

②有利于项目与所在地区利益协调一致,减少社会矛盾和纠纷,防止可能产生的不利的社会影响和后果,促进社会稳定;

③有利于避免或减少项目建设和运营的社会风险,提高投资效益。

3. 项目社会评价的主要内容

社会评价从以人为本的原则出发,研究内容包括项目的社会影响分析、项目与所在地区的互适性分析和社会分析。社会评价的框架如图 6-5 所示。

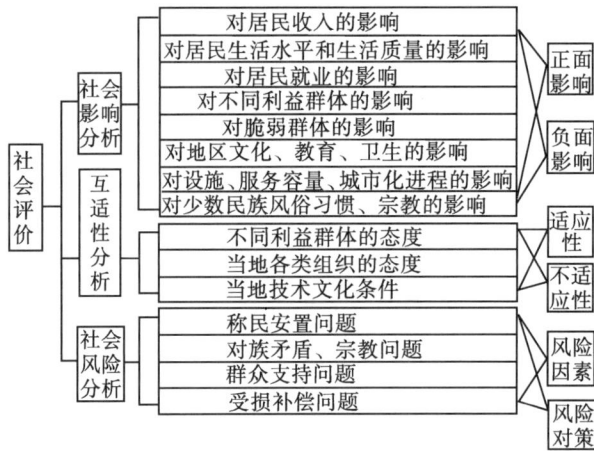

图 6-5　工程项目的社会评价框架

4. 项目决策不同阶段的社会评价

(1)项目建议书阶段的初步社会评价。初步社会评价的目的是识别对项目方案制订或实施具有重要影响的社会因素,并确定是否需要在项目可行性研究阶段进行详细社会分析。一般包括对关键利益相关者的识别,分析项目实施对不同利益相关者可能产生的社会影响(包括正面影响和负面影响),项目实施可能遇到的社会风险,判断是否需要进行详细的社会分析和评价,如有必要应确定详细社会分析和评价应重点关注的具体内容。

(2)可行性研究阶段的详细社会分析与评价。详细社会评价的主要目的是为项目方案制定和实施提供有关社会组织和文化习俗方面的信息,为制定消除和减缓负面社会影响的行动方案提供详尽的社会经济数据,以确保项目方案优化分析的质量和实施的成功。在建设项目的社会评价中,收集和分析与社会发展相关的信息是一个相互作用和参与的过程。项目地区人群的社会文化和人口统计特征、他们的生产活动和社会组织状况,以及项目内容与他们的需求兼容的程度等,是影响项目能否成功的至关重要因素。

详细社会分析的内容应根据初步社会评价的结论和建议进行确定,但通常情况下应侧重于以下几个方面:

①进行详细的利益相关者分析,评价各利益相关者受项目影响的程度以及他们对项目的影响力;

②当地社会组织结构分析,包括当地的正式和非正式社会组织类型、风俗习惯、不同群体之间的关系、社会动员机制、沟通协调机制、道德规范、价值观念和信仰体系等,分析其对项目方案制订和实施的影响和作用,以及克服当地社会组织结构障碍的途径和建议;

③在调查分析的基础上,制订利益相关者参与项目方案制订、实施和管理的框架和途径;

④制订详细的负面社会影响减缓计划及行动方案；

⑤根据项目的具体目标、项目地区的社会发展目标和项目目标群体及项目影响群体的社会经济条件等因素，确定社会评价的监测指标和监测方法，对这些指标的现状进行基线调查（基础调查），为项目实施阶段的社会问题监测评估提供依据。

6.4　不确定分析

在项目经济评价中所采用的经济参数，如产品（服务）的销售数量、销售价格等都是根据项目可行性研究中的市场分析、各项技术决策等预测的数值，在项目实施和投产后的运行中，由于各种主观和客观原因，原先的各项技术决策、市场分析结论都可能发生偏差，即投资项目的未来与目前的预测不可能是完全一致的。二者的偏差称之为不确定性。因此，对投资项目进行不确定性分析，即预估一些主要因素发生变化对项目经济评价指标的影响程度是十分必要的。

不确定性分析包括盈亏平衡分析、敏感性分析、概率分析和风险分析。

➤ 6.4.1　盈亏平衡分析

$$利润＝销量×价格－固定成本－单位产品的可变成本×产量$$
$$＝产量×价格－固定成本－单位产品的可变成本×产量$$

即：
$$R = PQ - F - vQ$$

如果保持项目盈亏平衡，则有：
$$PQ - F - vQ = 0$$

整理上式，就可得到盈亏平衡点的产量，即：
$$Q^* = \frac{F}{P - v} \qquad \text{（式 6-23）}$$

式中：Q^*——盈亏平衡点产量；R——项目利润；P——产品的价格；Q——产品的产量；F——固定成本；v——单位产品的可变成本。

若用销售价格表示盈亏平衡点，则根据（式6-23）可得到处于盈亏平衡点的销售价格的计算公式为：
$$P^* = \frac{F}{Q} + v \qquad \text{（式 6-24）}$$

式中：P^*——项目盈亏平衡点的销售价格。

盈亏平衡点产量与项目设计的生产能力之间的差距越小，说明项目的风险越大，项目越容易受生产（销售）水平变化的影响。盈亏平衡点越低，表明项目适应市场变化的能力和抗风险能力越强。

项目抗风险能力的大小可以用经营安全率来反映。
$$经营安全率 = 1 - BEP_i \qquad \text{（式 6-25）}$$

式中：BEP_i——盈亏平衡生产能力利用率，其计算公式为：
$$BEP_i = \frac{Q^*}{Q_0} \times 100\% = \frac{F}{(F - v)Q_0} \times 100\% \qquad \text{（式 6-26）}$$

式中:Q_0——项目的设计生产能力;Q^*——盈亏平衡点的产量。

如果经营安全率大于30%,说明项目的经营安全性较好;如果经营安全率小于30%,说明项目的经营安全性较差。

盈亏平衡分析是对拟建项目进行不确定性分析的方法之一。使用盈亏平衡分析法需要对项目的主要参数如产量、售价和成本等进行估计,因此,盈亏平衡分析法只能对项目的抗风险性进行粗略的分析,盈亏平衡分析有助于确定某个项目的合理生产规模,但同时它具有以下的局限性:

(1)盈亏平衡分析建立在生产量等于销售量的基础上,即假设生产的产品全部能销售出去,这显然与实际情况不符;

(2)盈亏平衡分析所使用的数据是在类似项目正常年份的历史数据基础上经过修正以后得出的,数据精度不高。

因此,盈亏平衡分析法适用于对短期的建设项目进行不确定性分析。对于长期的建设项目,这种方法很难得到全面的结论。

➢ 6.4.2 敏感性分析

敏感性分析是投资项目经济评价中常用的一种研究不确定性的分析方法。它是在确定性分析的基础上,进一步分析不确定性因素对投资项目的最终经济效果指标(如净现值和内部收益率等)的影响及其影响程度。不确定因素一般可选择主要参数(如销售收入、经营成本、生产能力、初始投资等)进行分析。如果参数的小幅度变化能导致最终经济效果指标的较大变化,则称此参数为敏感性因素;反之,则称为非敏感性因素。

在经济评价中,敏感性分析的主要作用在于:

(1)通过投资经济效益对不同参数的敏感性的比较,从中发现对经济效益的不确定性影响最大的参数。

(2)通过敏感性分析可大体揭示投资经济效益的变动范围或幅度,一定程度上反映了投资经济效益的风险和不确定程度。在作方案比较时,风险和不确定大小是取舍方案的重要依据之一。

敏感性分析一般分为以下几个步骤:

第一步:计算基本情况下备选方案的经济效果指标即目标值(如净现值和内部收益率)。

第二步:列出影响项目投资效益的主要因素(如投资、价格、折现率、项目寿命期、销售收入、经营成本等)。

第三步:分析预测主要因素的变动幅度以及变动后对净现值和内部收益率的影响程度。

第四步:将某一项目(或同一项目的不同方案)的各种因素变动所造成的影响幅度进行比较汇总。某一因素变动前后计算结果的差别越大,说明该项目对因素的反应越敏感,项目在这方面所承担的风险也越大。

第五步:根据项目性质以及对各种因素敏感度的次序,选择风险较小、较可靠的方案。

根据因素变动的数量,又把敏感性分析分成单因素敏感性分析和多因素敏感性分析。单因素敏感性分析是在其他因素保持不变的情况下,每次只研究一个不确定因素的变化对经济效果指标影响的敏感程度的方法。单因素敏感性分析适合于分析项目方案的最敏感因素,但是现实中各种因素的变动可能存在着相互关联性,一个因素的变动往往引发其他因素的变动,改进的方法就是进行多因素敏感性分析。多因素敏感性分析要考虑可能发生的各种因素不同变动幅度的多种组合,计算起来要比单因素敏感性分析复杂得多。

通过盈亏平衡分析、敏感性分析等不确定性分析方法,得出项目可能面临的风险,分析其抗风险能力,得出风险情况下项目财务评价的结论。最终,由以上项目的确定性分析和不确定性分析的结果,对项目可行性作出判断,并从多种方案中选出最优方案。

6.5　案例:新型航空发动机配件示范工程的经济分析

某军工科技公司现拟投资建设新型航空发动机配件示范工程。在完成该工程项目的必要性和可实现性论证的基础上,需要进行财务评价。经概算需投资 15000 万元,其中固定资产投资 13000 万元,分别在第 1 年投入 5000 万元自有资金,第 2 年投入 6000 万元(贷款)、2000 万元自有资金,其中,购买专利技术 500 万元,项目期结束,固定资产残值为 180 万元;流动资金投资 2000 万元(全部为贷款),在第 3 年投入,当年达产。项目两年建成,营运期为 10 年。固定资产投资贷款利率为 6%,流动资金贷款利率为 8%。每年原材料、辅助材料消耗 6000 万元/年,燃料动力 400 万元/年,工资和福利 800 万元/年及制造费(不含折旧)、营业费用、管理费用支出共 1000 万元/年,营业收入 16000 万元,按照直线法进行折旧,按照最大还款能力还款,增值税率 17%,城市建设维护税与教育费附加税之和为增值税税额的 10%,所得税率为 25%,法定盈余公积金按 10% 提取,不提任意公积金。试编制借款偿还表、利润与利润分配表、投资现金流量表、资本金现金流量表,并对工程项目进行财务评价。(行业基准折现率为 10%)

1. 财务评价

下面是六种基本数据表。

(1)现金流量图。现金流量图如图 6-6 所示。

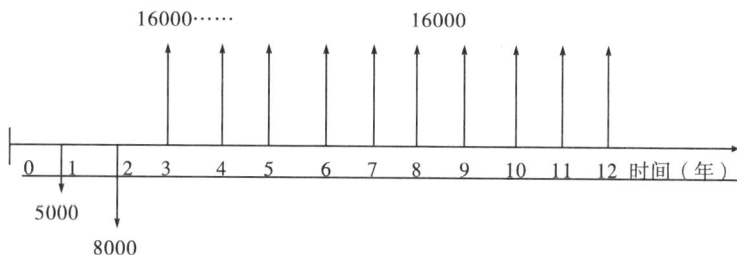

图 6-6　现金流量图

(2)借款偿还表。借款偿还计划表如表 6-2 所示。

表 6－2 借款偿还计划表　　　　　　　　　　　　　　　　　　　单位：万元

序号	项目(年)		1	2	3	4	5	6	7	8	9	10	11	12
1	借款及还本付息													
1.1	年初借款累计	长期			618	96.1								
		流动			0	200	200	200	200	200	200	200	200	200
1.2	本年借款	长期		600										
		流动			200									
1.3	本年应计利息	长期		18	37.08	5.77								
		流动			16	16	16	16	16	16	16	16	16	16
1.4	本年还本	长期			521.9	96.1								
		流动			0	0	0	0	0	0	0	0	0	200
1.5	本年付息	长期			37.08	5.77								
		流动			16	16	16	16	16	16	16	16	16	16
2	偿还贷款本金的资金来源													
2.1	未分配利润				391.9	96.1	0	0	0	0	0	0	0	0
2.2	折旧、摊销				130	0	0	0	0	0	0	0	0	0
2.3	其他资金													200

（3）总成本费用表。总成本费用表如表 6－3 所示。

表 6－3 总成本费用表　　　　　　　　　　　　　　　　　　　单位：万元

序号	项目(年)	3	4	5	6	7	8	9	10	11	12
1	直接材料、直接燃料及动力费	6400	6400	6400	6400	6400	6400	6400	6400	6400	6400
2	直接工资及福利费	800	800	800	800	800	800	800	800	800	800
3	折旧、摊销费	1300	1300	1300	1300	1300	1300	1300	1300	1300	1300
4	制造费用(不含折旧)										
5	营业费用	1000	1000	1000	1000	1000	1000	1000	1000	1000	1000
6	管理费用										
7	财务费用	530.8	217.7	160	160	160	160	160	160	160	160
8	总成本费用	10030.8	9717.7	9660	9660	9660	9660	9660	9660	9660	9660
9	经营成本	8200	8200	8200	8200	8200	8200	8200	8200	8200	8200

（4）利润与利润分配表。利润与利润分配表如表 6－4 所示。

表 6－4 利润与利润分配表　　　　　　　　　　　　　　　　　　　单位：万元

序号	项目(年)	3	4	5	6	7	8	9	10	11	12
1	营业收入	16000	16000	16000	16000	16000	16000	16000	16000	16000	16000
2	总成本费用	10030.8	9717.7	9660	9660	9660	9660	9660	9660	9660	9660
3	营业税金及附加	163.2	163.2	163.2	163.2	163.2	163.2	163.2	163.2	163.2	163.2
4	营业利润	5806	6119.1	6176.8	6176.8	6176.8	6176.8	6176.8	6176.8	6176.8	6176.8

序号	项目(年)	3	4	5	6	7	8	9	10	11	12
5	资源税	0	0	0	0	0	0	0	0	0	0
6	利润总额	5806	6119.1	6176.8	6176.8	6176.8	6176.8	6176.8	6176.8	6176.8	6176.8
7	所得税	1451.5	1529.8	1544.2	1544.2	1544.2	1544.2	1544.2	1544.2	1544.2	1544.2
8	净利润	4354.5	4589.3	4632.6	4632.6	4632.6	4632.6	4632.6	4632.6	4632.6	4632.6
8.1	法定盈余公积金	435.45	458.93	463.26	463.26	463.26	463.26	463.26	463.26	463.26	463.26
8.2	可供投资者分配利润	0	316.94	4169.3	4169.3	4169.3	4169.3	4169.3	4169.3	4169.3	4169.3
8.3	未分配利润	3919.1	3813.4	0	0	0	0	0	0	0	0

(5)项目投资现金流量表。项目投资现金流量表如表6-5所示。

表6-5 项目投资现金流量表 单位:万元

序号	项目(年)	建设期		生产期									
		1	2	3	4	5	6	7	8	9	10	11	12
1	现金流入			16000	16000	16000	16000	16000	16000	16000	16000	16000	18180
1.1	营业收入			16000	16000	16000	16000	16000	16000	16000	16000	16000	16000
1.2	回收固定资产余值												180
1.3	回收流动资金												2000
2	现金流出	5000	8000	11947.4	9947.4	9947.4	9947.4	9947.4	9947.4	9947.4	9947.4	9947.4	9947.4
2.1	建设投资	5000	8000										
2.2	流动资金			2000									
2.3	经营成本			8200	8200	8200	8200	8200	8200	8200	8200	8200	8200
2.4	营业税金及附加			163.2	163.2	163.2	163.2	163.2	163.2	163.2	163.2	163.2	163.2
2.5	调整所得税			1584.2	1584.2	1584.2	1584.2	1584.2	1584.2	1584.2	1584.2	1584.2	1584.2
3	净现金流量	-5000	-8000	4052.6	6052.6	6052.6	6052.6	6052.6	6052.6	6052.6	6052.6	6052.6	8232.6
4	累计净现金流量	-5000	-13000	-8947.4	-2894.8	3157.8	9210.4	15263	21315.6	27368.2	33420.8	39473.4	47706
5	折现系数	0.909	0.826	0.751	0.683	0.621	0.564	0.513	0.467	0.424	0.386	0.35	0.319
	净现金流量现值	-4545.00	-6608.00	3043.50	4133.93	3758.66	3413.67	3104.98	2826.56	2566.30	2336.30	2118.41	2626.20

(6)资本金现金流量表。项目资本金现金流量如表6-6所示。

表6-6 项目资本金现金流量表 单位:万元

序号	项目(年)	建设期		生产期									
		1	2	3	4	5	6	7	8	9	10	11	12
1	现金流入			16000	16000	16000	16000	16000	16000	16000	16000	16000	18180
1.1	营业收入			16000	16000	16000	16000	16000	16000	16000	16000	16000	16000
1.2	回收固定资产余值												180

续表 6-6

序号	项目(年)		建设期		生产期									
			1	2	3	4	5	6	7	8	9	10	11	12
1.3	回收流动资金													2000
2	现金流出		5000	2000	18901.7	11071.7	10067.4	10067.4	10067.4	10067.4	10067.4	10067.4	10067.4	12067.4
2.1	项目资本金		5000	2000										
2.2	流动资金													
2.3	经营成本				8200	8200	8200	8200	8200	8200	8200	8200	8200	8200
2.4	营业税金及附加				163.2	163.2	163.2	163.2	163.2	163.2	163.2	163.2	163.2	163.2
2.5	所得税				1451.5	1529.8	1544.2	1544.2	1544.2	1544.2	1544.2	1544.2	1544.2	1544.2
2.6	长期借款补偿	本金			5219	961	0	0	0	0	0	0	0	0
		利息			3708	57.7	0	0	0	0	0	0	0	0
2.7	流动资金借款补偿	本金			0	0	0	0	0	0	0	0	0	2000
		利息			160	160	160	160	160	160	160	160	160	160
3	净现金流量		-5000	-2000	-2901.7	4928.3	5932.6	5932.6	5932.6	5932.6	5932.6	5932.6	5932.6	6112.6
4	累计净现金流量		-5000	-7000	-9901.7	-4973.4	959.2	6891.8	12824.4	18757	24689.6	30622.2	36554.8	42667.4
5	折现系数		0.909	0.826	0.751	0.683	0.621	0.564	0.513	0.467	0.424	0.386	0.35	0.319
	净现金流量现值		-4545.00	-1652.00	-2179.18	3366.03	3684.14	3345.99	3043.42	2770.52	2515.42	2289.98	2076.41	1949.92

2. 财务评价指标

本工程项目财务评价指标的技术结果如表 6-7 所示。

表 6-7　财务评价指标的计算结果

相关评价指标	计算值
项目投资回收期	4.48 年
项目投资财务内部收益率	35.22%
项目投资财务净现值	18775.5 万元
资本金财务内部收益率	42.38%

表 6-7 中,项目投资财务内部收益率、投资回收期和财务净现值等反映项目获利能力的主要指标均优于该企业基准值,说明项目在财务上可行。

3. 不确定性分析

不确定性分析有盈亏平衡分析和敏感性分析。

(1)盈亏平衡分析:从表 6-4 中可看出,本项目在第三年,即运营当年达到盈亏平衡,并实现盈利。

（2）敏感性分析：本项目选取的不确定性因素包括产品销售价格（营业收入的波动）、经营成本和总投资。考察不确定性因素在±5%和±10%的范围内变动时，对项目财务净现值的产生的影响。

正常情况下，财务净现值是18775.5万元，当产品销售价格、经营成本和总投资分别上下波动5%和10%时，项目财务净现值的变化如表6-8所示。

表 6-8　敏感性分析表

波动幅度 变动因素	+10%	+5%	+1%	-1%	-5%	-10%	敏感程度
销售价格	26900.32	22837.92	19594.38	17969.42	14713.12	10650.72	最敏感
经营成本	14611.56	16693.54	18359.13	19191.92	20857.50	22939.48	很敏感
总投资	17660.22	18217.87	18663.99	18887.05	19333.17	19890.82	较敏感

从表6-8中可以看出，销售价格为最为敏感的因素。

4. 财务评价结论

通过对该工程项目的经济效益分析及各项指标的计算表明，该工程的内部收益率为35.22%，投资回收期是4.48年，均高于该行业的基准指标，该工程项目有一定的抗风险能力和较高的盈利能力。同时项目还具有较明显的社会效益。因此，该项目的建设是可行的。

敏感性分析表明，销售价格的变化对净现值最为敏感，对经营成本的变化也很敏感，对总投资的变化较为敏感。因此，产品价格和经营成本的波动对工程项目的影响值得关注。

案例讨论

1. 如何用最大还款能力偿还贷款？
2. 如何编制现金流量表？
3. 如何测算评价指标？
4. 如何进行敏感性分析？

思考题

1. 什么是工程项目评价？工程项目评价分为哪几类？
2. 什么是资金时间价值、时值与资金等值？
3. 工程项目评价中常用的静态与动态评价指标有哪些？
4. 如何进行敏感性分析？
5. 某公司拟投资建设一个电力工程项目，其基础数据如下：

（1）工程项目实施计划。该项目建设期为3年，实施计划进度为：第1年完成项目全部投资的20%，第2年完成项目全部投资的55%，第3年完成项目全部投资的25%，第4年项目投产，投产当年项目的生产负荷达到设计生产能力的70%，第5年项目的生产负荷达到设计生产能力的90%，第6年项目的生产负荷达到设计生产能力。项目的运营期总计为

15年。

(2)工程建设投资估算。本项目工程费与工程建设其他费的估算额为52180万元,预备费(包括基本预备费和涨价预备费)为5000万元。本项目的投资方向调节税率为0。

(3)工程建设资金来源。本项目的资金来源为自有资金和贷款,贷款总额为40000万元,其中外汇贷款为2300万美元。外汇牌价为1美元兑换6.3元人民币。贷款的人民币部分,从中国建设银行获得,年利率为6%。贷款的外汇部分,从中国银行获得,年利率为8%(按年计息)。

(4)工程经营费用估计。工程项目达到设计生产能力以后,全厂定员为1100人,工资和福利费按照每人每年48000元估算。每年的其他费用为860万元。年外购原材料、燃料及动力费估算为19200万元。年经营成本为21000万元,年修理费占年经营成本10%。各项流动资金的最低周转天数分别为:应收账款30天,现金40天,应付账款30天,存货40天。

请分别估算下列问题:

(1)估算建设期贷款利息;

(2)用分项详细估算法估算拟建工程项目的流动资金;

(3)估算拟建工程项目的总投资。

6. 某企业拟建一个生产性项目,该项目的建设期为2年,运营期为7年。预计建设投资800万元(含利息),并全部形成固定资产。固定资产的使用年限为10年,期末残值为50万元,按照直线法折旧。

该企业建设期第1年投入项目资本金380万元,建设期第2年向当地建设银行贷款400万元(不含利息),贷款利率10%,项目第3年投产,投产当年又投入200万元作为流动资金,其中借款100万元,贷款利率8%。

运营期,正常年份的营业收入为700万元,经营成本300万元,产品营业税金及附加税为营业收入的6%,所得税税率为25%,年总成本400万元,行业基准收益率10%。

投产第1年生产能力为70%,为简化计算此年的销售收入,经营成本和总成本费用均按正常年份的70%计算,投产第2年达到正常设计生产能力。

要求如下:

(1)计算建设期利息;

(2)计算固定资产年等额折旧及运营期末固定资产余值;

(3)计算营业税金及附加和所得税;

(4)列出项目投资的现金流量表;

(5)计算该项目的动态投资回收期和财务净现值;

(6)说明项目的财务可行性;

(7)分别对该项目的投资额和营业收入进行敏感性分析。

附表1　　　　《××航天工程可行性研究报告》目录

第一章 总论

第一节 项目背景

第二节 项目概况

第三节 项目可行性与必要性分析

第四节 融资与财务说明

第二章 经营管理体制

第一节 项目投资方介绍

第二节 组织架构

第三节 人力资源配置

第四节 创业所有权分配

第三章 行业与市场分析

第一节 市场环境分析

一、PEST 分析

二、微观环境分析

第二节 ××航天工程市场消费发展

第三节 目标市场分析

第四节 市场分析小结

第四章 竞争分析

第一节 ××航天工程市场竞争分析

一、××航天工程市场竞争态势分析

二、××航天工程市场竞争格局分析

第二节 ××航天工程目标市场分析研究

一、××航天工程市场规模分析及预测

二、××航天工程项目计划拥有的市场份额

第五章 竞争优势

第一节 ××航天工程项目优势分析

第二节 ××航天工程技术优势分析

第三节 ××航天工程项目团队执行力

第四节 ××航天工程项目核心竞争力

第六章 发展计划

第一节 项目发展计划

一、基础建设阶段

二、发展阶段

三、稳固发展阶段

第二节 项目建设规划

一、项目建设原则

二、项目规划及布局

第三节 项目运营规划

一、经营原则

二、市场运营规划

第七章 投资估算

第一节 投资估算范围

（略）

第7章
工程创新管理

7.1 工程创新管理概述

7.1.1 工程创新管理的内涵

1. 创新的内涵

创新是一个国家进步的灵魂,创新也是实现企业可持续发展的关键。"创新"(innovation)这一概念由美籍奥地利经济学家熊彼特(J. A. Schumpeter) 1912 年在他出版的《经济发展理论》一书中首先提出。根据熊彼特的观点,所谓创新就是在生产体系中引入一个新的生产函数,也即生产要素的"新组合"。

他提出,创新主要包括五个方面:①引入新产品。可以是创造一种从没有过的新产品,也可以是在原有的产品中改变或者引进一种新的属性。②引入新工艺。可以是引入一种新的生产方法,也可以是引入一种新的商业模式。③开辟新市场。可以是开辟一个从没有过的市场,但也可以是,针对某企业来说,本企业从未进入过的已经存在的市场。④控制原材料的新供应来源。这个供应来源可以是已经存在的,也可以是第一次被创造出来的,只要针对本企业是全新的即可。⑤建立新的企业组织。可以是新建的企业,也可以是企业的重组或者兼并,只要因为这个组织的成立,打破了原有的市场结构。从上面的定义我们可以看出,创新不仅包括技术创新,还包括管理创新、制度创新和组织创新等一系列的创新。

2. 创新管理的内涵

许多学者认为,管理的核心就是创新,但是,创新具有高度复杂性和不确定性。因此我们有必要对创新进行管理。关于如何对创新进行管理,目前学术界主要形成了两派:计划学派和非计划学派。

计划学派认为,创新是可以被计划的,创新管理就是对创新过程的管理,创新过程有其共性,因此,是可以计划、组织、指挥、协调、控制的,即是可以管理的。非计划学派认为,创新过程是一个异常复杂、充满"混乱"的"非线性过程",大多数创新并不是计划的产物,而是某个(些)意外结出的"果实",它们一般是从一系列相对混乱的事件中开始显现,其产生也往往是间歇的、无序的,带有许多随机互动和意外,结果通常是无法预测的。因此,对创新过程管理来说,正式的计划、程序和控制系统存在一定的局限性。

不论是实施航天载人计划、登月计划,还是新产品的研发,大量事实和数据表明,不同主体可以通过建立创新体系,实施创新规划与计划,达到预期的创新目标,在市场竞争和技术进步中取得成功。因此,我们认为创新是可以管理的。在借鉴计划学派的观点的基础上,我们认为,所谓创新管理就是指如何对创新过程进行的管理,具体来讲,就是面对内外环境中存在的机会,不同主体在综合市场、技术和组织等因素的基础上,通过一系列的管理工具对人、财、物等资源进行优化整合和集成,达到产生新的想法、新的过程和新的产品的目的。

3. 工程创新管理的内涵

工程创新管理作为创新管理理论的一个重要分支已越来越受到政府、理论界与企业界的高度重视。结合目前对创新管理理论,如技术创新管理、知识创新管理和制度创新管理等的大量研究和大量工程实践,以李伯聪、殷瑞钰和王大洲等为代表的著名学者已产生了较为丰富的研究成果,明显深化了人们对工程创新管理的内涵的认识。

李伯聪认为,工程活动的基本特点是技术要素、人力要素、经济要素、管理要素、社会要素等多种要素的选择、综合和集成。工程创新管理的基本特点是集成性创新,他认为,那种仅仅把工程活动解释为单纯的"科学的应用"或"技术的应用"的观点是对工程本性的严重误解。殷瑞钰认为,工程创新管理的重要标志体现为"集成创新"。工程的集成创新往往体现在两个层次,一是技术要素层次,工程创新管理活动需要对多个学科多种技术在更大的时空尺度上进行选择、组织和集成优化;二是技术要素和经济、社会、管理等要素在一定边界条件下的优化集成。王大洲认为,工程创新管理是技术因素、社会因素和环境因素等彼此关联而成为一个复杂系统。作为一个异质要素的集成过程,工程创新管理往往包含着技术创新和社会发明,这个过程的重要产物就是一个具有新质的"工程系统"和一种新的"生活方式"的出现。因此,系统性、集成性、复杂性、社会性和创造性就构成了工程创新管理的典型特征。

综合目前国内著名学者的观点,以及我们对工程创新管理内涵的理解,我们认为,工程创新管理是指在工程系统观的指导下,结合工程的战略性、复杂性、社会性等特点,针对工程实践中技术、管理、经济和社会等因素,运用各种创新管理工具,进行的综合集成的管理。

➤ 7.1.3 工程创新管理的特点

1. 战略性

工程创新管理已成为工程创新活动的主战场。近年来,我国平均一年在工程建设投资规模就达到二十多万亿元,工程创新管理的战略地位和作用显得日益突出。

如果把一个国家的整体性创新活动比喻为一场国家范围的创新之战,那么,在这个创新之战的总战场上,既有前哨战场,后勤战线,也有主战场。研发活动就是前哨战场,主战场就是工程创新。在这个创新战场上,既有侦察兵,也有主力部队。研发人员是创新之战中的侦察兵,企业是创新之战中的主力部队。在创新之战中,"前哨战场和侦察兵"的作用是绝不能忽视的,没有一支优秀的侦察队伍,主力部队往往就会迷失或错失战略方向和战斗方向。可是,单单依靠侦察兵和前哨战场是不可能进行"主战场"的"决战"的。决战必须依靠主力军,真正决定创新之战胜负的决定性力量和决定性环节乃是主力军和主战场。

研究世界经济史,我们发现,日本在二战失败、国家经济和技术极端落后的情况下,通过一系列的工程创新,仅用了几十年的时间,使国家经济出现了强劲的发展势头,成为工业化强国。很多人认为,当年英国的崛起是因为蒸汽机的发明,其实不然,推动英国发展的有三股力量。当牛顿发现了宇宙运行的规律后,科学的精神渗透到英国社会;当瓦特最终以万能蒸汽机解决了最核心的动力问题后,英国工业化开始以惊人的速度全面展开;当亚当·斯密以《国富论》指出了自由竞争的市场规律后,英国人开始在本国强大工业能力的支持下,推行自由贸易,拓展全球市场。在这三股力量下,当时的英国成为世界上第一个工业化国家。可见,英国的崛起不仅仅是技术创新,还包括制度创新、社会创新和文化创新。而工程创新则是这几种创新的综合集成体。

2. 复杂性

工程创新管理的复杂性是由工程的复杂性决定的。一项工程的完成往往要经过一系列的过程。首先要经过前期的论证,然后要经过精细的设计、认真的施工,最后经过严格的验收。同样,工程创新管理也是一个全过程的活动。工程创新管理的复杂性主要体现在两个方面:①在重大项目中,前期的工程创新设计能否通过,往往要经历一轮又一轮的专家论证分析,由于不同的专家学科背景不同,思维角度不同,因此在讨论中,会出现各种分歧。②由于工程的唯一性,因此在施工过程中,很有可能会出现一些事先预想不到的问题。这些突发问题,可能是关于技术的,也可能是关于环境的、社会的和人文的。由于时间紧迫,如何在较短的时间内创新性地解决这些问题,成为工程能否进一步实施的关键。

三峡工程是就是工程创新管理复杂性的典范。三峡工程建设涉及水工、施工、泥沙、航运、水文、气象、地质、材料、金属结构、机电设备、生态、环境、信息等众多学科和专业领域。除直接参与工程建设的设计、业主、施工、监理单位的科技人员外,全国有数十家科研院所和高校、数万名科技人员参与三峡工程的论证工作,提交了数千份科技成果报告。同时针对重大技术难题,汇集全国科技精华,充分发挥专家的作用,展开科技攻关和科学决策。这些科技成果为三峡工程建设和运行等重大问题的科学决策奠定了基础,对优化设计、改进施工工艺、保证工程质量、节约工程投资、促进现代化管理发挥了重要作用。

3. 社会性

工程创新管理不仅是一项技术性的活动,更是一项社会性的活动。工程创新管理不能只是一味地追求高、新、尖和难,或者说技术层面的因素,还应该注重其社会效应。因此,工程创新管理的价值标准是,这项工程创新是否改善了人们的生活,是否更有利于人与自然的和谐相处,是否更有利于可持续发展。

工程创新管理强调技术先进性与社会性的对立与统一。例如2010年修建的江阴澄西水厂供水工程。在设计之初,除了技术创新要求之外,还特别强调了提升城市形象、人与自然的和谐以及与城市环境协调。为此,该工程项目没有被简单地进行工业建筑群设计,而是被设计成一个与江阴苏南历史风貌和城市发展建设相适应的城市地域建筑体系,自始至终让建筑融合在周围自然环境中,使建筑物充满建筑文化气息;还尝试打造含徽派元素的建筑风格,不光用在厂前区建筑物上,也运用在厂区生产区的建筑物上,使人进入厂区能体验到一种宜人和谐的亲切感,在一个适宜的环境中工作和学习。

4. 集成性

工程创新管理的集成性主要体现在以下几个方面:①在工程创新的过程中,必须综合考虑技术因素、社会因素、经济因素和文化因素等。工程不同于科学,也不同于人文,而是在人文和科学的基础上形成的跨学科的知识与实践体系,具体体现为以科学为基础对各种技术因素、社会因素和环境因素的综合。因此,工程创新管理者所面对的必然是一个跨学科问题,在工程创新中,需要关注工程的社会维度和伦理维度。只有在工程创新中实现各种利益关系的调和、各类社会因素的整合,只有在工程创新中做到人、技术与自然环境的和谐,才能创造出令各方满意的"优质工程"。②工程创新是技术创新、知识创新、机制体制创新、组织创新和管理创新的综合集成。工程不仅是一项技术活动,更是一项管理活动。在工程创新管理的过程中,我们不仅要考虑如何实现技术创新,还要考虑如何通过知识创新、机制体制创新和管理创新,在确保工程质量的前提下,缩短工程周期,降低工程成本,以及创新性地解决工程过程中的文物保护和移民等问题。③工程创新是多种知识和人才的集成。在一项重大的工程项目中,只具有特定专业技术知识的工程人员,其创造性将会大打折扣。只有通过各种知识的彼此渗透和融合,才能为新技术的产生和工程的实施提供前提。在解决人类面临的复杂的现实工程问题时,任何单一的学科都是很不充分的。只有将科学知识、技术知识、财务知识、营销知识、法律知识、美学知识乃至人类学知识等整合融入工程,才能有效提升工程创新管理水平。

5. 风险性

一般而言,工程项目具有"唯一性",对于超大型工程项目更是如此。由于时间的不可逆性和工程活动的"地理空间"(地质条件等)和"社会空间"(政策、文化、制度等)的不同,使得工程活动的具体目的、边界条件、约束条件等都产生变化。因此,工程活动必然是根据不同的"地理空间"和"社会空间"而变化。工程活动必然是"不可完全重复"的活动。例如青藏铁路工程、南京长江大桥工程,其突出特征就是它们具有"一次性"或"唯一性"。工程创新的唯一性增加了工程创新管理的复杂程度和不确定性,使得工程创新管理具有较高的风险性。

以摩托罗拉的铱星计划为例。这项总投资为34亿美元的计划,对摩托罗拉来说意义重大,这项重大工程创新将有效解决全球电话信号的分布问题,世界上任何地方的用户都可以通过电话联系,为此,设计了由77颗近地卫星组成的星群组成的所谓"铱星方案"。遗憾的是,该项重大工程创新活动却由于对市场需求等风险因素估计不足,最终导致失败。

7.1.3 工程创新管理的重要性

在我国政府的"十二五"规划中,提出要把建设创新型国家作为我国面向未来的重大战略。在这个重大战略的实施活动中,工程创新管理是一个核心和关键的内容。

1. 工程创新管理能力是国家综合竞争力的重要体现

科学技术的发展水平是一个国家综合实力的重要体现,而科学技术要转化为现实生产力必须通过工程这一环节,工程创新已成为推动经济发展和社会进步的重要引擎和巨大动力,工程创新管理能力和水平决定了国家创新体系的能力和水平,工程创新管理已成为重大创新活动的主战场。

在国际上,我们看到,在过去的几十年中,有些国家(例如英国)尽管拥有大量的科研理论成果,但由于缺乏有效的工程转化(更具体地讲,由于科学研究、技术开发与经济在很大程度上相分离),结果使科学研究成为"孤立"的行为,这是造成这些国家经济发展缓慢的重要原因之一。与此同时,有些国家(例如日本)虽然其科研理论成果不如英国多,诺贝尔奖获得者也没有英国多,但它们在工程转化上效率高,在战后不长的时间内实现了崛起。

在国内,也存在着科学研究、技术开发与工程创新管理、经济发展缺乏协调性、统一性的问题,即所谓的"两张皮"现象。这直接导致科技成果转化率低。造成这种现象的原因是复杂的,其中重要原因之一是没有清楚地认识到工程创新管理是创新活动的主战场,或者是理论上是认识到了,但在实践上存在困难或偏差。

在建设创新型国家的过程中,一个关键指标就是看我们在工程自主创新这个主战场上取得了什么样的成就和进展。我们只有意识到工程创新管理的重要性,在实践中积极进行工程创新管理,才能提高国家综合竞争力和实现全面可持续发展。

2. 工程创新管理是我国走新型工业化道路和转变经济增长方式的基本要求

工程活动是现代社会存在和发展的物质基础,在现代社会中工程活动是一种最基本的活动方式。工程活动不但塑造了"今天社会"的物质面貌,而且它还在继续不断地"重塑"和改变现代社会的物质面貌。

从总体上看,我国是工程大国,但目前我国还不能算是工程强国。我国社会主义市场经济体制的优越性,使我们可以完成像南水北调、三峡、载人航天等大型工程,但在大量的生产制造领域,我们的许多工程还远未达到世界先进水平。整体而言,我国科学技术的发展水平与发达国家存在差距,但工程上的差距更大。

党的"十六大"报告提出了走新型工业化道路,要求经济增长方式要从粗放型增长方式向集约型增长方式转变。工程创新管理是实现走新型工业化道路的目标的重要途径之一。一方面,走新型工业化道路是我国进行工程创新管理的重要指南,另一方面,工程创新管理实践又将有力地推动我国实现新型工业化。如果离开了工程创新管理活动,走新型工业化道路就可能成为一句空话。另外,要实现从粗放型增长方式向集约型增长方式的转变,同样也离不开工程创新管理。只有不断提高工程创新管理水平,才能改变我国目前依靠粗放式增长来促进经济发展的现状,实现向资源利用率高、环境污染少、产出效率高的集约型增长方式的转变。

3. 工程创新管理关系到全面建设小康社会和构建和谐社会的大局

目前,我国正在努力实现全面建设小康社会,为了实现这个宏伟目标,全国各地都在根据需要规划、设计和建设成千上万的工程项目,其中还包括一些大型和特大型工程项目。仅2011年,我国工程建设投入的资金总额就达到了22万多亿人民币。这些工程项目的建设将会在相当长时间内影响着国家经济社会发展的整体格局,将使我国未来的自然、经济、社会、文化环境和状况有很大的改观。这些工程建设的总体状况如何,也将直接影响我国全面建设小康社会的大局。

工程不仅是经济工程、技术工程,也是社会工程、生态工程。由于工程活动中不但体现了人与自然的关系,而且还体现人与社会的关系,所以,工程创新管理不但具有经济发展方面的意义,而且还直接影响到人与人关系的和谐、影响到构建和谐社会,严重的情况还会因为工程建设的问题引发尖锐的社会矛盾,如严重的工程事故、拖欠农民工工资等。

所以,工程创新管理关系到全面建设小康社会的大局。工程规划直接关系到国家的经济发展格局,工程建设直接关系到国家的整体实力,工程安全直接关系到人民的切身利益,工程与环境的和谐友好直接关系到可持续发展,工程与社会的和谐直接关系到全体公民的福祉。好的工程能够造福人民,而失败的工程则可能破坏环境、危害民众、殃及后代。因此,我们必须提高工程创新管理水平,为全面建设小康社会和构建和谐社会奠定良好的基础。

7.2 工程创新管理的理论基础

7.2.1 创新理论

美籍奥地利经济学家熊彼特在 1912 年出版的《经济发展理论》一书中,第一次提出了著名的"创新理论"。在随后的二十年间,他又分别出版了《经济周期》和《资本主义、社会主义和民主主义》两本书,对创新理论进行了修改和完善,形成了以创新为核心的理论体系。熊彼特本人也被世人尊称为"创新理论之父"。上百年来,尽管创新理论得到了不断的发展,但是熊彼特的"创新理论"依然为世人所推崇,正如美国经济学家罗森堡所说,"如果说 20 世纪是凯恩斯的世纪,那么 21 世纪将是熊彼特的世纪"。

1. 熊彼特的创新思想

(1)创新是生产过程中内生的。熊彼特认为,"我们所指的'发展'只是经济生活中从内部自行发生,并非从外部强加于它的变化"。尽管投入的资本和劳动力数量的变化,能够导致经济生活的变化,但这并不是唯一的经济变化;还有另一种经济变化,它是从体系内部发生的。这种变化是那么多的重要经济现象的原因,它就是"创新"。

(2)创新是一种"革命性"变化。熊彼特曾作过这样一个形象的比喻:你不管把多大数量的驿路马车或邮车连续相加,也决不能得到一条铁路。"而恰恰就是这种'革命性'变化的发生,才是我们要涉及的经济发展的问题",这充分体现了创新的突发性和间断性的特点。

"新组合并不一定要由控制创新过程所代替的生产或商业过程的同一批人去执行",即并不是驿路马车的所有者去造铁路,而恰恰相反,铁路的建设意味着对驿路马车的否定。所以,在竞争性的经济生活中,新组合意味着对旧组合通过竞争而加以消灭,尽管消灭的方式不同。随着经济的发展,经济实体的扩大,创新更多地转化为一种经济实体内部的自我更新。

(3)创新就是打破平衡。在熊彼特看来,经济的根本现象是发展,而发展最主要的特征就是动态的不均衡。任何处于平衡或者均衡系统中的经济系统都不存在创新。在均衡状态下,企业总收入等于总支出,生产管理者所得到的只是"管理工资",因而不产生利润。只有在创新的情况下,才存在企业家和资本,才产生利润和利息。这时,企业总收入超过总支出,这种余额或剩余就是企业家利润,是企业家由于实现了新组合而应得的合理报酬。

(4)创新必须能够创造出新的价值。熊彼特认为,先有发明,后有创新;发明是新工具或新方法的发现,而创新是新工具或新方法的应用。因为新工具或新方法的使用在经济发展中起到关键的作用,就是能够创造出新的价值。强调创新是新工具或新方法的应用,必须产生出新的经济价值,这对于创新理论的研究具有重要的意义。所以,这个思想被此后诸多研究创新理论的学者所继承。

(5)创新是对企业家的本质要求。经济发展的主体是实现"新组合"的企业,而实现这些"新组合"的人就是企业家。企业家不一定是资本家、股东或者技术发明人,而是有效利用资本和劳动等生产要素并将它们重新组合起来的人。因此,企业家的核心职能不是经营或管理,而是看其是否能够执行这种"新组合"。每个企业家只有实现了某种"新组合"时,才是一个名副其实的企业家。如果仅仅进行循规蹈矩的经营管理,那么他就失去了做企业家的资格,只能称得上是一位管理者。

(6)创新是经济发展的本质规定。熊彼特力图引入创新概念,以便从机制上解释经济发展。他认为,可以把经济区分为"增长"与"发展"两种情况。所谓经济增长,如果是由人口和资本的增长所导致的,并不能称作发展。"因为它没有在本质上产生新的现象,而只是同一种适应过程。""我们所指的发展是一种特殊的现象,它是对均衡的干扰,永远在改变和代替以前存在的均衡状态。我们的发展理论,只不过是对这种现象和伴随它的过程的论述。"所以,"我们所说的发展,可以定义为执行新的组合。"因此,发展是经济循环流转过程的中断,也就是实现了创新。

2. 熊彼特的创新模型

在熊彼特的创新理论的形成过程中,他分别提出了两个模型。一个是企业家创新模型,另一个是大企业创新模型。

(1)企业家创新模型。

熊彼特在其《经济发展理论》一书中提出了他的企业家创新模型。该模型突出强调了两点,首先是企业家的作用;其次,他把技术看成是外生的经济变量。由此,他认为创新应该遵循以下模式:①在企业家或者市场之外,有一个基本的发明流,不受市场需求的影响,很大程度上是由于个人爱好所致。②一些企业家发现了这些发明的潜在商业价值,准备对这些发明进行投资。③一旦创新获得成功,它就会导致市场均衡状态的打破,使得成功的创新者获得超额的利润。但是这种超额的利润会随着大量模仿者的进入,最后演变成行业平均利润,重新回到市场均衡状态。企业家创新模型如图7-1所示。

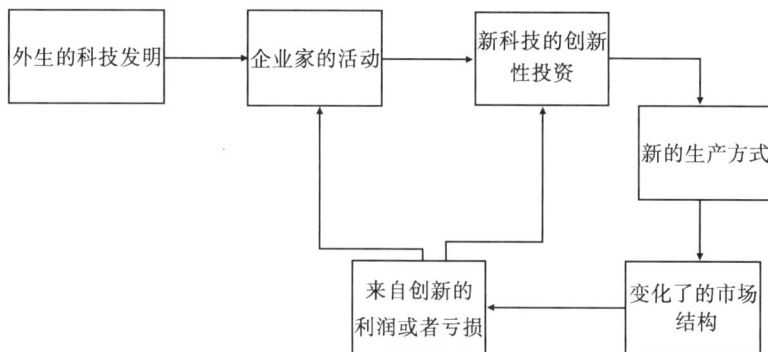

图7-1 企业家创新模型

(2)大企业创新模型。

1947年,在熊彼特的著作《资本主义、社会主义和民主主义》中,他提出,大企业"已经成为经济进步最有力的发动机。尤其已成为总产量长期扩张最有力的发动机"。他还指出,技术创新是内生的观点。这是因为现代大企业会把建立一个研究部门当做首先要做的事情,成功的创新将会是一个正反馈,使得企业重视研究和开发活动,从而增强了市场集中度。

基于以上观点,熊彼特提出了他的第二个创新模型,即大企业创新模型。其要点是:技术来自企业内部的创新部门;成功的创新使企业获得超额的利润,企业因此得以壮大,形成暂时的垄断,而后大量的模仿者随之加入,使得垄断者的地位被削弱,最后所有企业都获得平均利润。大企业创新模型如图7-2所示。

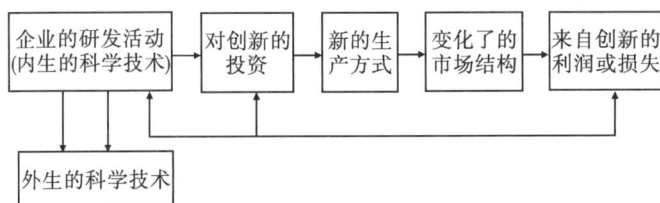

图7-2 大企业创新模型

(3)两模型的比较。

①这两个创新模型并不存在谁对谁错之分,它们分别适用于不同的情景。例如,企业直接将高校的研发成果拿来投资,许多企业的技术购买行为,便属于熊彼特的企业家创新模型,而属于大企业创新模型的企业更多,无论是苹果、三星还是杜邦,都是内部创新主导的企业。

②大企业创新模型不同于企业家创新模型之处在于,大企业创新模型包括了大企业的内部研发创新。

③两个模型的相同之处在于,强调技术创新是推动经济长期发展的动力,创新模型是一种简单的线性技术推动模型,从科学发现到应用研究,逐步前进到技术开发以及企业的生产活动,最终导致新产品进入市场,市场只是被看做研究和发展成果的接受者。在现实生活中,许多突变性创新和破坏性创新都是由技术推动的。苹果公司的创新很大程度上就归属于技术推动型。乔布斯曾说过,"苹果的创新源于自己对于产品本身的爱,而不是市场"。

3. 创新的特征

(1)创新的时效性。在竞争激烈、变动快速的环境下,创新速度已成为组织获取竞争优势的重要条件。尤其是在全球化不断加剧的今天,环境、技术与竞争市场的快速变化以及产品生命周期不断缩短,使得组织所面临的环境日渐复杂且趋向多元化,组织必须保持一定的创新速度,来适应环境所带来的快速变迁,并借此来维持组织的竞争优势。以美国为代表的发达国家的产品创新周期正在不断缩短,目前多数产品已经可以达到3个星期的设计周期和3个月的试制周期。而我国企业的大部分新产品开发周期仍较高,平均为18个月。

经济学家Little的研究表明,如果企业创新项目或成果推向市场晚6个月,将导致其整个生命周期内利润降低15%~17%,而且随着产品生命周期的缩短,相对的损失还会增加。如表7-1所示。

表7-1 进入市场的时间与损益

进入市场的时间(提前或推迟)	6个月	5个月	4个月	3个月	2个月	1个月
时间推迟,收益减少	33%	25%	18%	12%	7%	3%
时间提前,收入提高	11.9%	9.3%	7.3%	5.3%	4.3%	3.1%

(2)创新的系统性。系统是指由若干相互联系、相互作用的要素组成的具有特定功能的有机整体。创新系统可以理解为围绕某一创新目标,由不同创新主体,其他参与者,外部环境构成的一个有机整体。创新曾经很长一段时间里被认为是少数人的事情或者是企业家的

个体行为,而忽略了创新的系统性。

1978 年,英国经济学家弗里德曼第一次运用系统的观点分析了日本的技术创新,提出了国家创新系统的概念。他的研究发现,日本在技术落后的情况下,以技术创新为主导,辅以组织创新和制度创新,只用了数十年的时间,便使得国家经济出现了强劲的发展势头,成为工业化强国。在这其中,日本通产省制定的技术政策,日本国家创新系统中的厂商,以及日本的教育、培训和相关的社会创新等之间的相互作用对日本的技术进步和经济发展作出了重大的贡献。清华大学吴贵生教授也认为,国家创新系统的组成要素包括企业、政府、研究机构和教育培训机构,创新主体之间存在着紧密的联系并且与市场环境、创新政策以及国际经济环境都存在着广泛的联系。

(3)创新的学习性。在大量制造一种产品的过程中,人们常常观察到连续生产一个单位产量所要求的资源数量是随着累计产量的增加而递减的。这种边际成本递减规律就称之为学习效应。管理创新的整个过程,也可以看做是一个学习的过程。知识积累到一定程度后,将出现质的变化,创新结果呈指数增长。组织的学习能力越强,管理创新的能力就越强,创新的成效也就越好。创新力与学习力的关系如图 7-3 所示。

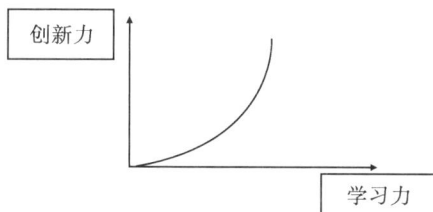

图 7-3 创新力与学习力关系

(4)创新的溢出性。创新过程固然风险较大,但是由于领先管理者可以获得超额收益,其他企业也必将竞相模仿创新。另外,创新者也可能会将成果转让。管理创新作为创新的一种,具有较大公开性,加之不存在专利保护手段,学习与模仿者较易获得经验,从而造成创新的外溢和扩散。随着创新引入时间的缩短,创新收益趋向社会平均收益。创新收益的时间效应如图 7-4 所示。

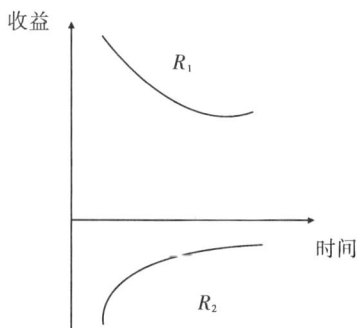

图 7-4 创新收益随时间变化图

在图 7-4 中,R_1 表示领先企业的管理创新者获得的收益。R_2 表示后来的管理创新者获得的收益。从图 7-4 中可以看到,随着时间的推进,后来模仿者在一步步地逼近原来的领先者,最终两者逐渐地趋向于平均收益。

➤ 7.2.2　创新管理理论

1. 创新管理理论的基础——创新人假设

每一个管理理论都隐含着一个对人性的基本假设,这是每一个学者进行学术研究,每一个实践管理者进行管理的基础。以泰勒为代表的科学管理理论源于经济人假设。经济人假设认为,工人工作的唯一目的就是为了获取工资,金钱激励是唯一有效和正确的激励方式。以霍桑试验为代表的行为管理理论源于社会人的假设。社会人假设认为,人不仅有物质追求,还有其他精神和情感追求,倡导管理者关心员工的情感需要。以史克恩、费德勒、豪斯等人为代表的权变理论源于复杂人的假设。复杂人假设认为,人不只是单纯的经济人,也不是完全的社会人,而应该是因时、因地、因各种情况采取适当措施的复杂人。不存在普遍通用的管理准则,一切都要因时因地进行管理。同样,创新管理理论是基于创新人假设。

创新人假设是指,在知识经济条件下,人人都有一种想充分发挥自己潜能,实现创新理想并保持持续创新能力的欲望。人们只有将自己的才能表现出来,通过创造性劳动实现创新,促进个人、组织(企业)和社会的共同发展,才会感到最大的满足和欣慰。

创新人假设的要点如下:①人的需要层次由低级向高级不断升华,其目的不仅是为了自我实现,而是为了创新,寻求工作上的创意和意义。②人们力求在工作中不断创新、有所成就,通过持续的创新来发展自己的技术和能力,以便能适应知识经济的发展变化。③为了实现持续创新,要求人们能够自我控制和自我激励;要求组织(企业)和社会创建一种宽松、自由、民主的环境,并综合运用多种激励手段激励人们不断地创新,以促进组织(企业)、社会的持续发展。④个人的创新与组织目标的实现并不冲突,而是一致的。在适当条件下,个人会自动调整自己的创新目标,使之与组织目标相一致;组织也要为个人创新目标的实现提供必要的条件、环境和物质保障,以便更好地实现组织的目标。

与经济人假设、社会人假设和复杂人假设相比,创新人假设将创新作为人性的一个重要层面,必然会导致管理方式和管理理论的变革和创新。

2. 传统创新管理理论

随着世界范围内的企业竞争越来越激烈,创新变得越来越重要。如何实现创新,如何对创新进行管理,成为当下政府、学术界和企业界共同关心的热点问题。传统的创新管理理论主要包含以下观点:创新的生命观与生态观,创新的集成观,创新的系统观,创新的全时观,创新的全员观,创新的全程观,创新的全球观。

创新的生命观与生态观不再把员工看做是缺乏创造力的个体,不再是被迫、机械性工作的机器。该理论指出,员工是有生命、有创造力的个体,还提出,创新环境应该具有多样性,应成为一个多样化的生态系统。组织的集成观认为,集成创新是自主创新的重要组成部分。在当今社会,各种信息、技术错综复杂,如何有效地整合这些因素,如何实现好的集成创新是企业成功的关键。创新的系统观认为,创新是一个非常复杂的过程,在实现创新的工程中要综合考虑创新中的各个要素,包括技术、组织、制度、管理、文化等。创新的全时观、全员观、全程观和全球观分别从时间、人员、过程和区域等角度强调了在当前企业竞争越来越激烈的环境下,创新应该坚持时时刻刻地进行,永不停歇,并贯彻到每个管理流程中去。创新不是研发人员的专利,从销售人员、生产制造人员、研发人员到售后服务人员、管理人员、财务人员等,都可以成为出色的创新源。创新应该在企业的每个区域都进行,不管是公司总部还是各个分支机构。

3. 全面创新管理理论

随着对创新管理研究的不断深入,越来越多的学者开始意识到,创新管理需要一种整合观念,即将各学科、各职能进行有效整合,仅仅强调创新的某一维度是远远不够的,因为技术、市场及组织变革之间存在着互动关系。在这种背景下,全面创新管理理论应运而生。

全面创新管理是以培养核心能力、提高持续竞争力为导向,以价值创造(价值增加)为最终目标,以各种创新要素(如技术、组织、市场、战略、管理、文化、制度等)的有机组合与协同创新为手段,通过有效的创新管理机制、方法和工具,力求做到人人创新、事事创新、时时创新、处处创新。

全面创新管理的实质就是要求实现全要素创新、全员创新、全时空创新、全面协同。

(1)全要素创新。全要素创新是指创新需要系统观和全面观,需要使技术、战略、文化、制度、组织等与创新绩效有密切关系的要素达到全面协同,以实现最佳的创新绩效。目前研究表明,与创新相关的要素主要包括六种:即战略、技术、市场、文化、制度、组织要素。从全面创新管理的系统观、全面观来看,这些要素作用的发挥离不开全员参与和全时空的背景。

(2)全员创新。全员创新是指创新不再只是企业研发人员和技术人员的"专利",而应是全体员工共同的行为。固然,企业中的研发人员承担着主要的创新任务,但是从销售人员、生产制造人员到售后服务人员、管理人员、财务人员等,人人都可以在自己的岗位上成为出色的创新者。另外,广义的全员还包括用户、供应商、股东等利益相关者。

211厂是一家拥有多年历史的航天总装集成企业,该企业指出,创新主体不仅仅是科研人员,而是要全员参与,所谓"天下兴亡,匹夫有责"。在公司的一项工程中,930吨液压机作为重要的工程设备,由于多年的失修,漏油十分厉害。有段时间,这台设备只要一启动,机油就像雨水一样四溅,害得工人师傅们只好穿上雨衣、戴上草帽作业。但随后通过一项创新工作——TPM(全员生产性保全)——的推广,老设备经过维护犹如脱胎换骨,重新焕发出了青春。该厂的师傅们不禁感慨万千:"其实对于我们来说,创新二字并不是空谈,只要有意识地对自己的本职工作加以持续改进,就可以修成正果。"

(3)全时空创新。全时空创新分为全时创新和全空间创新(全球化创新或全地域创新)。全时创新是一种创新策略、一种思想、一种创新观念,是即兴创新、即时创新(包括快速创新)、连续创新的有机结合。即兴创新是在特定问题上灵感的闪现、创造力的凝固。即时创新是应时而发,要求快速地响应市场需求。连续创新就是让创新成为组织发展永恒的主题,每时每刻都在创新,使创新成为涉及企业各个部门和员工的必备能力,而不是偶然发生的事件。在2001年全球海尔经理人年会上,美国海尔贸易公司总裁迈克根据美国用户的抱怨突发奇想,提出能否设计一种上层为普通卧式冷柜,下面为带抽屉的冷柜的设想。冷柜产品部在得知迈克的设想后,4名科研人员采用同步工程,连夜奋战,仅用17小时就完成了样机,迈克感到非常惊讶,而这款冰柜也因迈克的创意被命名为迈克冷柜。

全空间创新是指在全球经济一体化和网络化的背景下,企业应该考虑如何有效利用创新空间(包括企业内部空间和外部空间),在全球范围内有效整合创新资源为己所用,实现创新的全球化,即处处创新。它也包括全价值链创新、全流程创新等。

(4)全面协同。全面协同是指各创新要素在全员参与和全时空域的框架下进行全方位的协同匹配,以实现各自单独所无法实现的"2＋2＞5"的协同效应,从而促进创新绩效的提高。全面协同与传统意义上的协同的区别如下:①涵盖的协同主体更多、相互作用关系更复杂。传统的协同概念多指2个主体间的相互作用,产生"1＋1＞2"的协同效应,例如技术与市场的协同,而全面协同涵盖了影响创新绩效的六大关键要素,更具有全面性和系统性,其相互关系更为复杂,但其全面协同效应也将更为明显。②强调了全员参与和全时空域创新的重要性。各创新要素必须在全员参与和全时空域框架下才能真正实现全方位的全面协同,而这是传统的协同概念所没有涉及的。

全面创新管理不是对原有创新管理理论和方法的归纳集成和简单的延伸,而是一次具有革命性的突破。它改变了原有的基于机械观、线性的创新管理思维方式,而以生态观、复杂系统理论为其理论依据和出发点。无论从其理论基础、目标、战略、结构、要素、时空范围还是管理风格方面,都与传统的创新管理范式有本质的区别,特别是其根据环境的变化突破了原有的时空域和局限于研发部门和研发人员创新的框架,突出强调了新形势下全时创新、全球化创新和全员创新的重要性,使创新的主体、要素与时空范围大大扩展。

4. 创新管理的特征

创新具有时效性、系统性、学习性、溢出性等特征,那么创新管理具有哪些特征呢? 创新管理并不是对创新本身的管理,而是以创新为中心的管理,其特征主要表现在动态适应性、持续性、全面性、结构性、社会性和创新性等方面。

(1)动态适应性。当今世界唯一不变的便是变化本身,"快鱼吃慢鱼"成为现代企业竞争的一大特点。企业在激烈的市场竞争中能否尽快适应环境的变化获得竞争优势,关键就要看企业是否能够不断创新,不断打破常规推陈出新。而这一切的实现就要依靠创新管理,使企业以创新为中心,在组织、制度、文化、资金、人员等方面创建支持创新的氛围。创新的实现必须以外部条件为前提,组织管理的目标之一是适应外部的变化,而适应外部的变化就是要促进组织内部的变革或创新,使创新管理具有适应性。

(2)持续性。创新是可以持续的,因此,持续性也是创新管理的一个特征。创新管理的目标之一便是促进形成支持不断创新的氛围,使创新成为组织运作的常态。"常态"说明组织不断地推进创新是一件自然而然的事情,并不需要考虑太多的问题。创新管理的持续性综合表现为目标的持续性、时间的持续性、过程的持续性和创新动力的持续性。

(3)全面性。组织(社会、国家)的创新管理需要搭建一个支持创新的平台,这一平台的建立需要考虑诸多方面的因素,包括制度、组织、资金、文化、人员诸方面,涉及的内容是全面性的。需要指出的是,创新管理的全面性特征并非组织在各个方面都需要创新,都需要变革,而是组织的每个方面,每个角落都应该是支持创新的。当一些方面如组织或者文化已经处于适合当前创新要求的状态了,那么就可以视为已经符合创新管理的标准。只有那些不支持创新的因素才需要变革。

(4)结构性。人类社会的存在和发展在某种意义上是一种结构性的存在和发展,创新打破平衡,造成对称破缺,必将产生新的危机与压力。而当旧的结构无法容忍和承受这种压力,即压力达到一定阈值时,新的结构必将出现。新的结构要求组织拥有新的平台,在新的平台上进行再创新,创新管理必须满足这种要求。创新管理的结构性意味着创新管理应该具有柔性,能够对创新的这种变化进行自适应和自调整,甚至是主动进行"破坏性的改进"。创新管理的结构性特征,还表明了创新管理就应该是一种新的管理范式,是管理发展的新阶段。

(5)社会性。无论是经济价值还是人的价值的实现,创新管理都是发生在一定的社会环境中的,以社会的存在为前提的。创新管理目标的成功实现必须以社会需要为前提,以社会组织为依托,在组织内部形成人人创新、时时创新、处处创新的良好氛围。没有组织共享平台的建立,没有组织成员的支持,创新目标是不可能实现的。

(6)创新性。创新管理的最大特点在于对管理本身的创新,形成新的管理机制,同时也需要管理理论、方法、组织和结构的创新。从以创新为中心的管理,即协调创新机制,到创新协同的实现,即管理范式的创新,创新管理已成为一种新的管理范式。

7.3 工程创新管理的途径

7.3.1 集成创新

现实生活中,每一项工程都不是技术、资源、人力、环境等要素简单堆砌而成的。事实上,无论是耗资巨大、影响深远的大型、特大型工程,还是造价较低的小型工程,都涉及大量、不同性质的构成要素,通过工程活动,将这些要素整合成一个具有特定功能的工程实体。

工程创新作为工程活动的重要组成,同样也是一个异质要素的集成过程。这种集成不仅包括创造性地将各种工程技术、方法结合并加以灵活运用,还包括将管理实践、社会文化、经济条件等要素合理协调,特别是在知识经济时代,工程所涵盖的范围逐渐扩大,例如信息、知识等,传统的管理方法已经不能满足现代工程的要求,需要采用新的管理模式对工程活动进行科学管理。

工程活动的集成性特点决定了工程创新也必须将影响工程活动的这些要素以系统的观念综合管理。著名科学家钱学森通过对系统理论和实践的深入研究后指出,"现在能用的、唯一有效处理开放的复杂巨系统(包括社会系统)的方法,就是定性定量相结合的方法"。集成创新是解决复杂问题的创新,随着信息技术的不断发展、工程项目日趋复杂,集成创新逐渐得到理论界和企业界的重视,也将成为工程创新的重要途径。

1. 技术集成

集成创新的概念源于"技术集成"。技术集成原意是指,通过组织把好的资源、工具和解决问题的方法进行应用,从而提高绩效。一些学者认为,美国在20世纪90年代战胜日本的重要原因就是由技术集成或系统集成所代表的新技术管理和生产组织模式。技术集成在经济活动中的作用可见一斑。

由于工程活动本身具有复杂性、社会性、系统性的特点,容易受内外部环境的影响,因此涉及多种资源的协调和匹配。技术集成的涵义也有所不同。在工程管理领域,技术集成是指各种技术要素围绕着工程的整体目标进行优化组合的动态过程。工程技术集成,是指根据工程的具体要求和本身特性,结合其他资源条件,采用科学的方法对工程进行评价,选择合适的技术并将这些技术有效地融合在一起。随着全球化竞争格局的逐步形成和工程的日趋复杂,依靠单一技术已经远远不能满足现代工程对技术的要求。现代工程具有规模大、影响深远、工程涵盖主体多等特点,通过技术集成,工程的决策、实施、完成各个环节都将更注重要素的配置,有助于控制和降低工程风险。

福建联合石化公司应用 IGCC(整体煤气化联合循环发电系统)等多种技术,创造良好的经济效益就是技术集成的范例。IGCC 是一项将煤气化技术和高效的联合循环相结合的先进动力系统,具有热效率高、排放低、耗水量少等优点。IGCC 技术应用于炼油乙烯一体化工程是 IGCC 技术的重要发展方向之一,尽管 IGCC 技术已有了较快的发展,但许多关键技术仍待突破。福建联合石化炼油乙烯工程应用该技术,配套多种炼油技术,成功实现了商业化。该工程技术采用了主控制系统、安全泄放及火炬系统、操作工况、整体控制等,并且利用 RAM、动态模拟、仿真技术等分析手段对这些系统进行严格的分析判断,优化工艺方案,加快成控制系统方案的确定,节约了时间成本。仅仅用了 4 个月,IGCC 全流程打通,取得了技术上的成功,并且投入商业运营。

2. 集成管理

构成工程的要素众多。从广义上来讲,可以包涵经济、自然、社会、法律乃至政治等。一般而言,工程不外乎追求经济利益和社会福利两种,因此一项工程,不可能脱离于经济、社会而单独存在。工程活动必然会触及不同主体的利益与价值,因此工程创新还必须考虑社会效益和环境效益,这也是未来工程创新管理的一个发展趋势,一项经济效益极佳但对环境造成污染的工程很可能在当地民众反对和环保部门的阻止中导致失败。

集成管理是指将集成思想创造性地运用于管理实践当中,通过科学而巧妙的创造性思维,从新的角度和层面管理各种构成要素,提高各项管理要素的交融度,从而达到工程的目的。企业改造生产线,需要综合考虑产品的价格、市场、原材料、能源、相关法律法规等,在这些要素中寻求一个平衡点,决定是否实施该项改造工程。政府修筑铁路,需要对经济发展状况、水文地理条件、社会环境、资源能耗等系统评价,权衡其中的利弊,作出合理的决策。一般来说,工程集成管理大致包括工程目标确定、目标细化、价值流分析、集成分析、形成集成管理模式等几个步骤,如图 7-5 所示。

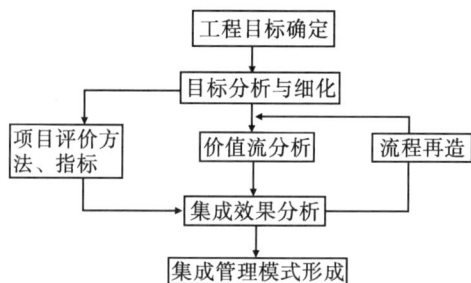

图 7-5　工程集成管理步骤

对工程要素的集成管理可以参照项目管理的原理和方法。美国项目管理协会曾将项目管理划分为八个要素,包括质量、范围、时间、成本、人力资源、物力和劳力资源、信息资源、风险。在工程管理时,同样可以将构成要素划分为这八大类,然后建立能够全面集成这些要素的模型。可供参考的方法有各要素分步集成法、各要素之间的两两集成法、信息资源和风险两要素集成法、信息资源和其他要素集成法等。在操作实践中,应该结合工程的具体情况科学地选择集成方法,达到工程管理的目的。

➤ 7.3.2　知识创新

工程是建立在核心专业技术知识与相关知识的基础上,通过整合、集成各种资源而实现的,在实现的过程中,工程活动又不断对知识进行获取、利用、共享、转化与创新。知识服务于工程活动,也是创新的源泉和基础。没有牢固的知识基础,创新就是无本之木、无源之水。没有及时的、全面的、有效的信息,缺乏必需的、多样的知识,是不会产生创新成果的。然而由于工程活动具有临时性、唯一性等特点,一项工程很可能是没有先例可以借鉴,而就算有类似的工程,也不可以生搬硬套,需要结合本次工程的实际情况加以评价,必要的时候还需要创造出新的方法、技术来满足工程活动的需求。工程活动作为专业技术知识和其他相关知识所构成的集成性知识体系,涵盖了知识管理的各个方面,需要各种不同的知识。工程知识的全面性、广泛性也直接影响了创新能力的高低。此外,随着工程的结束,掌握核心知识的技术人员的转移也常常使知识流失,使得后继工程缺乏应有的知识而不能很好地实现创新。因此,在工程实施过程中,如何确保知识的有效性、进行知识创新非常重要。

1. 知识创新需要广泛实践

知识从实践中来,实践又可以检验知识。我国著名桥梁专家茅以升就曾说过,“从工程发展的历史来看,一切工程都是先根据经验,然后尝试,等到知其成败,再从成败中推求出法则,研究出理论,然后从新的理论,再创造出新的工程,但其最初根源是实践而非理论”。由此可以看出,工程的过程是实践,实践产生新理论,根据新理论又进行实践的循环过程。在这个循环过程当中,实践决定了需要哪种知识,需要突破哪些领域进行创新。工程人才在工程之初,对工程作出可行性分析,判断本次工程中需要哪些知识,对现有知识作出评估,对有所欠缺的知识或者技术作改进与创新。

从严格意义上来讲,工程是没有先例可以借鉴的活动,因为任何一项工程都是在特定环境中完成的,所以工程创新也是一个“摸着石头过河”的过程,只有通过实践才能解决。知识创新更是如此,只有在不断探索实践中,才能发现现有知识的不足,结合实际需要开拓新的知识,突破知识创新的瓶颈。工程的系统性还要求在工程实践中将各方面知识有机结合在一起,因此工程实践能使工程人才更好地理解工程知识,达到融会贯通的效果,提高知识创新能力。

茅以升是我国杰出的桥梁专家,钱塘江大桥的成功修建是他高超智慧的展示。在建桥过程中,茅以升创造性地采用了射水法,克服了在厚硬的流沙上难以打桩的困难;采用了沉箱法,克服了水流湍急难以施工的困难;采用浮运法,利用江潮的涨落巧妙地在桥墩上架设了钢梁。他不断总结经验,吸取教训,改进工作,克服了 80 多个重大难题,仅用两年半时间,就在急流汹涌的钱塘江上建起了这座长 1453 米,高 71 米的铁路、公路两用双层大桥。它成为中国桥梁建筑史上浓墨重彩的一笔。

2. 知识创新需要健全的知识转化制度

工程项目是知识的运用、集成与创新的过程。如何管理好工程知识,实现知识创新主要面临两个问题。首先,工程具有一定周期,往往是一次性活动。掌握核心技术、知识的工程人才流失后会导致工程知识的流失,创新能力难以持续提高,而且工程项目阶段大量知识存在于个人头脑当中,管理这些隐性知识、提升知识资产价值的能力直接影响着工程知识创新。其次,知识具有生命周期,表现为知识的产生、处理、存储、淘汰、创新转化的过程。在实践当中产生的知识,随着时间的推移、技术的更迭,要么被淘汰,要么被加以改造、转化与创新,成为新的知识,又应用到实践中去。不及时地进行知识的创新与转化,就会变成过时的、没有利用价值的信息。

在建立工程知识转化制度时,一定要结合工程的不同情况,区别、灵活对待。由于知识转化是建立在工程人员和工程情景的基础上,工程的规模与性质,地域与组织直接决定了工程人员的交流方式与管理方法。例如某个项目部在完成一项工程之后,积累了一些经验,这些经验在团队中分享并且保存,在面临类似项目时可以使用或者传递给新加入者。在工程较为复杂时,工程人才可能来自不同学科,不同专业的人员坐在一起交流各自专业的经验,这种思维的碰撞,会产生出新的知识火花,从而促进知识的创新。

3. 知识创新需要学科交叉

随着经济发展,工程日趋复杂性,工程所需要的知识也在不断扩大,工程创新管理也将从单一学科向学科交叉转变,工程创新管理也在多方面体现出了科学技术与人文知识的集成特点。只有通过互相嵌套,各类要素得以良好的匹配,从而才能保证工程的顺利进行。

现代工程已不仅仅局限于对自然科学的探索实践,还广泛应用人文社科知识,呈现出跨学科、学科交叉集成的格局。研究表明,各学科的彼此渗透与融合,可以有效促进创新的产生。如果只有专业技术工程人员,其创造性必然大打折扣,不利于工程的成功实施。在解决现实生活中的巨大工程时,只具备单一学科的知识是不够的,尤其是那些影响深远的大型工程。例如核电站的开发建设,不仅需要具备专业核能动力知识,还需要考察地理、人文等自然条件。在工程实施过程中,只有将科知识、技术知识、法律知识等多学科综合考虑,实现跨学科沟通交流,才能创造出成功的工程。

▶ 7.3.3 制度创新

制度通常被定义为一套行为规则,用于协调社会、组织乃至个人之间的关系。制度不仅关乎于组织的结构,更是规范模式。制度创新是指,在现有的生产和生活环境条件下,通过建立新的、能更有效激励人们行为的制度、规范体系,来实现经济社会的持续发展与变革的创新。在工程建设方面,主要是工程制度创新,即根据工程建设需要,不断对工程制度进行变革。

任何工程活动,归根结底都是由处于市场经济环境中的企业或者组织来完成的,所以工程活动无疑要受到法律、习俗、制度的约束,也符合制度创新的规律。健全的制度有利于提升工程项目的经济效益、促进工程人才之间的相互交流、提高创新效果,反之,不完备的制度很有可能对工程活动产生消极、负面的影响。工程活动开展过程中,需要根据实际需要不断对已有制度进行改进乃至革新,必须保持制度动态、灵活、可以随时调整。三峡工程取得的巨大成功就离不开制度创新,三峡工程建设期间,采取了工程建设决策领导体制、市场导向型建设管理体制、以资本金制度为基础的市场化项目融资体制等多项创新活动,可以说,制度创新保障了工程建设的顺利进行和成功投运。

1. 技术协同制度创新

工程活动是知识与技术的集成。在考虑制度创新时,有必要将制度创新与技术创新有机结合。首先,技术创新直接引致了制度边界的扩大。技术的更迭,都会直接或者间接影响制度选择空间的范围,使得制度有一定的突破,以确保技术创新的顺利进行。技术创新的变化必然要求制度上作出相应的变革与之相适应。因此,技术创新可以通过增加某些制度安排改变的潜在利润,或者降低某些制度安排的操作成本,为制度创新创造前提条件。其次,制度创新直接决定了技术创新的深度与广度。由于制度规定了组织的运行机制,在宏观层面具有掌控作用,因此直接决定了组织是否要进行技术创新、开展哪种创新活动等。可以想见,一项浩大的工程必然有一套与之匹配的规章制度,保守的组织章程必然不会过多地开展创新活动,而大胆、富有挑战精神的组织则会勇于创新,这都与制度设置有很大的联系。

工程创新管理作为我国创新的主战场,需要广泛地开展各类创新活动。这就需要首先在制度层面作出明确的规定,将制度创新和技术创新有机地结合在一起,制度创新保证了技术创新,技术创新又对制度创新提出了更高的要求,两者相辅相成,相互促进。

2. 管理制度创新

现代工程具有施工技术要求高、工程构成复杂、要求资金量巨大等特点,在工程管理中,需要根据工程项目和工程项目管理的特点,以定性分析与定量分析相结合的方法论为基础,创造性地将各种管理技术以集成观念贯穿于工程活动的始末,而且必须因地制宜、有一定的创新,这样才能满足工程的要求。管理机制的创新包括工程实施主体、动态管理方法、项目融资方法等。

(1)工程在实施时,应按照现代企业制度的要求,明确项目企业法人的职责,坚持以市场为导向。以企业的身份参与工程建设,有助于实现政企分开、自主经营、自我约束等。企业是项目公司的投资主体,制定资产经营责任制,做到产权清晰,依法建立新型的产权关系,作为所有者的企业退居到控股公司的位置,以股东的方式来行使自己的职责,同时承担有限责任,用这个办法来界定企业与项目部各自工程管理的边界责任。

(2)在对大型工程进行管理时,应该采用动态分层分段的管理方法。针对工程内部不同的子工程,应区别对待,采用不同的管理方法。具体来说,可以根据工程需要,采用各种管理技术,包括企业资源计划 ERP 技术,即帮助工程承办企业有效利用各种资源,提高管理者的分析决策能力;信息资源规划 IRP 技术,帮助采集、处理、规划工程所需的各种信息;工作分解结构 WBS 技术、项目分解结构 PBS 技术、组织分解结构 OBS 技术,帮助将工程分解为相互独立、相互影响的子单元、子项目和子结构等,如图 7-6 所示。

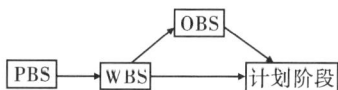

图 7-6 工程管理计划建立过程

(3)工程融资制度创新。现代工程一般规模较大,资金需求也很大,合理的融资模式可以有效降低工程成本,提高资金的实用效率。例如,三峡工程融资模式设计中,创造性地提出了项目资本金制度,即在总投资中,国家注入部分资金,然后依法享有所有者权利,作为非债务性资金,从全国用电量中提取一定比例作为三峡工程建设基金,并且采用了国内企业债券、国际银团贷款等多重筹资模式,综合融资成本利率比同期贷款利率低 3%~4%。

▶ 7.3.4 技术创新

当代工程的疆界已远远超出了工业活动的范围,它变成了一个以制造活动为基础,包括科学活动、技术活动、社会活动、管理活动、文化活动所构成的复杂体系。工程活动作为一项具有科学内涵和技术内容的人类活动,不同于一般的社会实践活动。随着学者们对工程认识与研究的加深,传统地将工程认为是"科学技术的应用"这一思想已经落伍,事实上,工程活动不是简单地对科学知识和技术的应用。工程活动中的技术创新,也和传统的技术创新有所区别。

技术创新概念主要源于经济学家熊彼特的创新理论。但是现实工程活动中的技术创新涉及更多的是技术范畴,主要是基于一个特定项目展开的,主要研究单件式生产产品的创新规律,与工程"唯一性"相对应,工程活动中的技术创新往往也是研发和生产融合在一起,研发成功即意味生产的完成,除此之外,工程技术创新的实施主体也不同,主要是由多职能跨企业的项目组来完成的。在工程活动中应用技术时,需要因时因地制宜地反映新的要求、符合新的情况、吸取新的成果。

1. 基于市场导向的工程技术创新

从本质属性来看,工程也是一种产品,只是这种产品生产过程更为复杂、产生的影响和效益更加深远。工程最后也是要面向市场,为消费者服务,设计良好的工程可以方便生活、造福群众,设计有缺陷的工程可能不会得到市场的认可,甚至带来恶劣的影响,最终被淘汰。因此,在探讨工程技术创新时,可以将工程活动类比于产品开发活动。这就为工程中实现技术创新提供了另一种思路。

20 世纪 70 年代,日本质量管理大师赤尾洋二和水野滋提出质量功能展开方法(quality function deployment,QFD),主张企业产品开发的唯一依据就是顾客需求和市场导向,产品开发过程实际上就是将顾客或市场的要求转化为设计要求、零部件特性、工艺要求、生产要求的多层次演绎分析方法,它体现了以市场为导向,以顾客要求为产品开发唯一依据的指导思想。工程在设计时,可以按照"5W2H"法,包括 why,where,when,what,who,how,how much 这七个问题,作好前期市场调查,对工程进行评估,作出准确的可行性分析与预测,设计出的工程应该明确以满足市场需求、填补市场空白为指导思想,避免出现工程尚未竣工就已经落伍,不被消费者买单的情况。

2. 基于过程的工程技术创新

S 曲线理论认为,所有的技术开发工作都是在一定的技术条件极限下进行的,技术创新就是为了突破技术极限而存在的。技术创新项目初期,需要大量的知识、信息,此时技术的发展是比较缓慢的,随着技术的成熟,不断克服了制约因素,技术进步速度加快,达到最大值。接下来技术又要受到新的技术极限的约束,需要进一步突破,如此往复循环,从而实现技术进步。技术进步 S 曲线如图 7-7 所示。

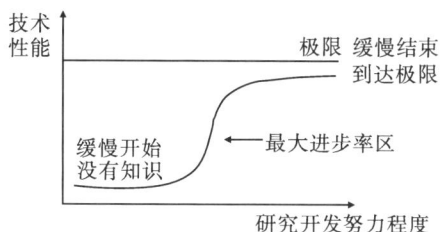

图7-7 技术进步S曲线

工程活动中的技术创新,同样存在技术极限和如何突破极限的问题。这是由工程活动的唯一性、复杂性以及建设周期长等特点决定的。在工程建设中,后期的建筑方案、结构方案、关键技术方案的设计都是对前期方案的进一步细化和深化,并要根据工程建设的实际需求进行持续不断的创新,创新的数量可能比前期设计还要多。技术创新往往是随着工程的进展程度逐步加深,与工程活动融合在一起。因此考虑如何实现工程技术创新,就必须将技术创新置于整个工程内部,贯穿于工程的始末。

在工程过程中实现技术创新,可以按照阶段评审流程方法(phased review process,PRP)。PRP核心在于将工程过程明确划分为若干个阶段,每个阶段结束前都有个评审点,通过对评审点的考核,评审前一阶段的所有任务是否都已经完成,然后决定是否继续开发。在工程实施过程中,应该严格按照PRP方法,将工程合理划分为几个阶段,针对每个设立评审点,在进行下一个阶段时,必须对上一个阶段作出准确的评价,找出问题所在,提出解决方案,只有上阶段任务全部完成才能进入下阶段。PRP方法有助于降低工程活动中技术创新的风险,也有助于将工程活动合理安排,确保技术创新的可实现性和有利性。

3. 基于技术轨道的工程技术创新

技术轨道源于"自然轨道"理论,该理论最早由Nelson和Winter在1982年提出,用来刻画技术发展的特征,例如对规模经济的追求,工序的不断机械化。随后,意大利经济学家多西(G. Dosi)根据自然轨道理论,提出了技术轨道的概念,同时进一步提出了技术范式的概念。技术轨道和技术范式作为技术创新领域的重要思想,吸引了众多学者的目光。技术轨道主要强调解决技术问题的一种模式或者模型,即技术按照哪种路径、哪种模式发展。

现实中的工程虽然是一种临时性的活动,每一项工程都有自身的特点,但工程活动也并非完全没有规律。例如,早期人们开展的工程活动,经济效益往往被置于第一位,因此在开发过程中,人们总是在寻求最高效、最实用的技术,那时产生的创新成果往往会出现经济效益高、社会效益低的问题。随着人们生活水平的提高,环保意识越来越强烈,在工程开发时,不仅关注经济效益,更关心是否会对环境带来损害、是否符合人与自然和谐相处的原则,技术创新就不再局限于原来简单的技术改进,而更加侧重于在提高效率的同时保护环境、节约能源。法国学者Saviotti研究发现,1915—1983年间,飞机制造工程的两条技术轨道:一条是注重机身胜于速度,另一条是注重速度胜于机身。属于第一条轨道的是客机,第二条轨道则是战斗机的发展方向。

因此,在工程活动中,不仅要强调唯一性,也要注意与其他工程进行比较研究,在认真总结的基础上,发现新的创新方向,实现突破性创新。

4. 基于创新网络的工程技术创新

现代工程规模大、构成复杂,往往涉及多个组织。这对工程技术创新提出了严峻的挑战,同时也开创了新的机遇。不同的利益相关者众多,对工程管理提出了更高的要求,但也为工程主体利用内外部资源实现技术创新开拓了新的平台。

在重大建设工程中,通过跨组织协同,构建技术创新网络是提高技术创新绩效的重要途径。技术创新网络是指工程主体与其他利益在交互式的作用当中建立的联系紧密、结构稳定、激励相容的关系的总和。通过技术创新网络的构建,不仅有助于协同作用的提升和工程技术的交叉互补,还可以规避高额的市场交易费用,满足重大建设工程技术创新的需要。

在京沪高速铁路建设过程中,充分利用了技术创新网络的优势,高质量、高水平地完成了整个工程。首先,京沪高铁在原铁道部的统一领导下,确保了工程的法律地位;其次,京沪高速铁路股份有限公司作为核心组织者,中国铁路工程总公司、中南大学、中国铁道科学研究院、铁道第三勘察设计院等作为骨干,实现了政府、企业、高校研究院组成的技术创新网络,组织运行高效,技术创新成效显著。

7.4　案例:杭州湾跨海大桥

▷ 7.4.1　杭州湾大桥简介

杭州湾跨海大桥是一座横跨中国杭州湾海域的跨海大桥,如图 7-8 所示。它北起浙江嘉兴海盐郑家棣,南至宁波慈溪水路湾,全长 36 公里,比连接巴林与沙特的法赫德国王大桥还长 11 公里,成为继美国的庞恰特雷恩湖桥和青岛胶州湾大桥后世界第三长的桥梁,也是截至 2012 年,目前世界上仅次于青岛胶州湾大桥的世界第二跨海大桥。它也是我国"五纵七横"国道主干线中的同江—三亚高速公路和国家高速公路沈阳—海口高速公路跨越杭州湾的最便捷通道,向北通过沈海高速、乍嘉苏等高速公路通往浙江省的嘉兴、湖州和上海、江苏、山东、天津等东部沿海经济发达地区;向南通过甬台温高速、上三线等高速公路通往浙江省的宁波、舟山、台州、温州和东南沿海广大经济发达地区。大桥建成后,在经济上更充分地发挥了上海的经济辐射和聚集作用,促进上海浦东的开发与发展,进一步加强了上海在长江三角洲的龙头地位,带动和促进浙江、上海、江苏经济的快速持续发展;在交通上缩短了宁波至上海间的陆路距离 120 余公里,从而也大大缓解了已经拥挤不堪的沪杭甬高速公路的压力,形成以上海为中心的江浙沪两小时交通圈,与沪杭、杭甬高速一起构成沪、杭、甬"经济金三角"和"交通金三角"。

图 7-8　杭州湾跨海大桥

杭州湾跨海大桥按双向六车道高速公路设计,设计时速 100km/h,设计使用年限 100 年,总投资约 118 亿元。大桥设南、北两个航道,其中北航道桥为主跨 448 米的钻石型双塔双索面钢箱梁斜拉桥,通航标准 35000 吨;南航道桥为主跨 318 米的 A 型单塔双索面钢箱梁斜拉桥,通航标准 3000 吨。除南、北航道桥外其余引桥采用 30～80 米不等的预应力混凝土连续箱梁结构。杭州湾跨海大桥是目前世界上已建或在建的最长的跨海大桥,大桥主体工程于 2003 年顺利开工建设,直至 2008 年 5 月 1 日建成顺利通车。

➤ 7.4.2 杭州湾跨海大桥工程的难点

杭州湾跨海大桥是我国真正意义上建设的首座跨海大桥,设计没有技术规范,验收没有技术标准,施工没有实践经验,国内外没有现成可供借鉴的经验。在工程实施过程中,存在许多的难题。

1. 复杂的自然环境

(1)大风雾天多。杭州湾南北两岸灾害性天气主要有 8 级以上台风影响(年平均 2～3 次)、龙卷风(年平均 0.72 次)、雾(年平均 20～50 天)。

(2)流急浪大。桥位区海域平均流速 2.39m/s,实测最大流速达 5.16m/s。南航道以南局部海域有鸡冠浪,表现为潮流和浪向紊乱。

(3)滩涂长,地质复杂。南岸滩涂宽达 9 公里,北岸滩涂宽 1.46 公里。南岸浅滩地表以下50－60 米普遍存在有零星分布的浅层沼气。此外,如软土覆盖层厚,存在冲刷槽、软土层、砂土液化等不良地质现象也给工程提出了挑战。

(4)冲刷严重。根据桥墩局部冲刷试验结果,引桥南岸深槽处冲刷最严重,其中施工期最大冲刷深度达 15.5 米。

2. 工程建设特点

(1)工程规模大、海上工程量大。大桥工程全长 36 公里,海上段长度达 32 公里。全桥总计混凝土 245 万立方,各类钢材 82 万吨,钢管桩 5513 根,钻孔桩 3550 根,承台 1272 个,墩身 1428 个,工程规模浩大。

(2)工程周期短。南岸 10 公里滩涂区干湿交替,海上工程大部分为远岸作业,施工条件很差。受水文和气象影响,有效工作日少,据现场施工统计,海上施工作业年有效天数不足 180 天,滩涂区约 250 天。

(3)制定总体设计方案难度很大。设计要求新,其中水中区引桥(18.27 公里)和南岸滩涂区引桥(10.1 公里),是整个工程的关键;结构防腐问题十分突出,且无规范可遵循;大桥运行期间,桥面行车环境受大风、浓雾、暴雨及驾驶员视觉疲劳等不利因素的影响,采取合理有效的设计对策是保障桥面行车安全的关键;设计方案涉及新材料、新工艺、新技术的应用以及多项大型专用设备的研制。

(4)建设目标要求高、施工组织与运行管理难度大。大桥工程规模宏大,备受世人瞩目。建设之初,宁波市委市政府明确提出大桥工程要按照"三个一流目标"的标准来实施。面对复杂的建设环境,充满挑战的工程,组织和管理好大桥工程是摆在指挥部面前的巨大挑战。

➤ 7.4.3 杭州湾跨海大桥工程管理的创新

杭州湾跨海大桥建设所遇到的困难和问题是前所未有的。大桥指挥部自开工之初就提出了"博纳、自信、创新、奋进"的企业精神,积极开展知识创新、技术创新、管理创新和制度创新解决了大桥建设中的诸多难题。可以说杭州湾大桥的成功在很大程度上就是包括知识创新、技术创新、管理创新和制度创新的集成。

1. 创新之一:知识创新

知识创新是指通过基础研究和应用研究,获得新的基础科学和技术科学知识的过程。知识创新的目的是追求新发现、探索新规律、创立新学说、创造新方法、积累新知识。在杭州湾大桥的建设过程中,除了运用现代技术进行设计、施工外,还包含着大量的知识创新。

(1)运用自然环境条件与创新桥景相结合的思路。大桥在设计中首次引入了景观设计的概念。景观设计师们借助西湖苏堤"长桥卧波"的美学理念,兼顾杭州湾水文环境特点,结合行车时司机和乘客的心理因素,确定了大桥总体布置原则。整座大桥平面为 S 形曲线,从侧面看,在南北航道的通航孔桥处各呈拱形,具有了起伏跌宕的立面形状。在大桥中间下游侧,有一个面积达 1.2 万平方米的海中平台。大桥建成后,通过上部建筑和观光塔的建设,平台既有海中交通服务的救援功能,同时又有旅游休闲观光的功能。

(2)结构设计与结构耐久性设计有机结合。杭州湾海洋环境属于桥梁结构所处的腐蚀最严重的环境条件之一。不管是钢结构还是钢筋混凝土结构,在海洋环境中都极易遭受风浪、水质等多种天然因素的作用,造成结构损伤,缩短其有效使用寿命。结构耐久性是杭州湾跨海大桥的重要设计内容之一。杭州湾跨海大桥混凝土结构耐久性设计是从材质本身的性能出发,以提高混凝土材料抗氯离子渗透为根本,并辅以外加涂层等辅助措施。设计中还提出"结构设计是结构耐久性的灵魂",结构设计要做到"可检、可换、可强、可补、可控",同时还提出了"结构施工是结构耐久性的基础,运营掩护是结构耐久性的保障"的理念。

(3)桥型方案设计与建设环境与施工工艺有机结合。杭州湾跨海大桥自然条件复杂,受海域潮大、流急、风浪大等特殊的水文、气象条件制约,年有效作业时间不到 180 天,海况给大桥建设带来严峻挑战。为了最大限度地减少海上作业的工作量、提高工效和工程质量,降低工程实施的风险和工程造价,有针对性地提出了大型化、工厂化、机械化、标准化的总体设计理念。对南岸的浅滩区,似水非水,似岸非岸,大型船机设备无法有效地为该区域桥梁建设服务的情况,采取了借助栈桥施工基础和下部结构,以及大型架桥机和大型设备进行梁上运输架设的技术措施;对于 70 米跨径引桥,提出了钢管打入桩基础、预制墩身和 70 米整孔预制吊装箱梁方案,最大限度地减少海上现场工作量,化海上施工为陆上施工,以加快施工进度、提高工程质量、降低施工风险和工程造价。总体贯彻"施工决定设计"的理念,将恶劣环境下结构的可实施性放到了结构设计之上,确保大桥建设得以安全顺利开展。大桥建设时间也有力地说明这一理念是非常正确的。

2. 创新之二:技术创新

在工程建设中,科学技术水平就是建造能力和水平的体现。杭州湾跨海大桥是一项多学科、跨领域的系统工程,又有许多技术难关。唯有技术创新才是攻坚克难、提高建桥水平和能力的强大动力。杭州湾跨海大桥主要的技术创新如表 7-2 所示。

表7-2　杭州湾跨海大桥的技术创新

技术创新1	防腐研究取得突破性进展
技术创新2	高精度测量控制技术得到进一步提高
技术创新3	滩涂区"梁上运梁架梁"新技术取得突破
技术创新4	70米、50米预应力砼预制箱梁的早期开裂问题得到了很好控制
技术创新5	强潮海域的大吨位梁上运输架设取得成功

(1)防腐研究取得突破性进展。杭州湾海水中富含氯离子,为确保大桥100年的使用寿命,对混凝土结构防腐蚀提出了新的要求。经过大量的试验研究,采用一种具有高密实性的海洋工程耐久混凝土,其抗氯离子侵入性能比一般混凝土提高了3~4倍。对于腐蚀环境特别严重的结构物,还采取其他相应的防腐措施,如采用耐腐蚀的环氧钢筋、阻止钢筋腐蚀的阻锈剂、混凝土结构表面防腐涂装等。在南、北航道桥主塔墩,采用世界上先进的混凝土结构阴极保护技术,为钢管桩工程质量系上了五道"保险索"。这些防腐蚀系统设计和进行的大量科学实验研究,不仅对确保大桥100年使用寿命有重要意义,而且为我国发展海洋结构耐腐蚀技术开了先河。

(2)高精度测量控制技术得到进一步提高。杭州湾大桥工程建设线长、面广,加上S状的桥型设计,工程高程和平面控制难度大,是大桥工程建设面临的一项突出难题。为此,工程建设中在两岸和海上建立了三个连续运行的GPS参考站,建立了为全桥测控贯通的21个"优先墩",钢管桩施工采用GPS实时动态测量,较好地解决了海上高程测量这个难题。

(3)滩涂区"梁上运梁架梁"新技术取得突破。在杭州湾跨海大桥南岸10.1公里滩涂,既不能采用现浇施工,也无法运用常规的"浮吊架梁"作业,是杭州湾大桥工程的"卡脖子"节点。当时国内采取梁上运输架设技术的最大吨位仅为600吨,世界上也仅为900吨,而本桥的50米梁重达1430吨,这是一项具有重大挑战性的技术。通过联合攻关研究,成功地完成了首片50米整孔箱梁的架设,创造了梁上运输架设的世界纪录。

(4)70米、50米预应力砼预制箱梁的早期开裂问题得到了很好控制。大体积砼结构的早期开裂问题一直是困扰我国工程界的一个技术难题。经多方位研究,在本桥预应力砼预制箱梁的施工中首次采用了"两次张拉技术",较好解决了这一工程的"顽疾"。

(5)强潮海域的大吨位梁上运输架设取得成功。70米预制梁重达2200吨,是目前国内最大尺寸、最大吨位的预制梁,而大桥又处于强潮流海域,最大流速5.16m/s。工程建设采取了自主创新的场内纵、横移技术和运架一体的海上架运设备,提前45天成功实现首架70米箱梁的节点工期目标。

3. 创新之三：管理创新

管理创新就是一种新的资源整合方式,它使组织功效和人的潜能得到极大发挥,从而提升管理水平。杭州湾跨海大桥的工程管理创新主要体现在创新规范标准、创建质量管理体系、创设"二个中心"、增设信息管理系统和创新激励机制。如表7-3所示。

表7-3 杭州湾跨海大桥管理创新

管理创新1	创新规范标准
管理创新2	创建质量管理体系
管理创新3	创设"二个中心"
管理创新4	增设信息管理系统
管理创新5	创新激励机制

(1)创新规范标准。杭州湾大桥工程建设的技术规范,在国内外尚无现成可供借鉴的范本。2003年,经过国内外考察学习和咨询,组织编制了杭州湾大桥工程专用施工技术规范及专项质量检验标准,填补了我国同类桥梁建设的空白。

(2)创建质量管理体系。建立了lSO 9000质量管理体系,制订了68项规章制度和建立108项工作流程,绘制了700多张工程管理统一用表,实施计算机网络管理,这在全国工程建设单位是不多见的。

(3)创设"二个中心"。海上测量和质量控制是工程建设中的两大难题。通过招投标建立了测控中心和试验中心,实行专业化管理,为大桥工程提供测量控制和试验检测技术保障。

(4)增设信息管理系统。建立OA系统和数据采集系统,完成了工程进度管理系统、档案管理系统、GPS定位系统等各类系统的开发和应用,为工程建设的有效管理提供了有力的支撑。

(5)创新激励机制。积极组织立功竞赛活动,立功竞赛活动成为大桥工程建设的重要抓手和"助推器"。专门设置了安全特别奖和质量目标奖,其中安全特别奖额高达3000万元,专门重奖在安全生产中取得好成绩的单位或有突出贡献的人员。

4.创新之四——制度创新

杭州湾跨海大桥的制度创新主要体现在融资制度创新和设计方案形成的创新两个方面。

(1)运用民营资金优势,实现大桥融资创新。大桥工程概算投资约118亿元,筹集巨大的建设资金是大桥建设遇到的重大难题之一。通过市场化运作,共有18家省内民营企业组成6家投资公司投资大桥建设,开始时民资占到50.26%。后来民资有进有出,到现在仍占30%左右。这不仅开创了民营资本与国有资本有机结合投资特大型交通基础设施建设的先河,而且对于实现政府和企业"双赢"的经营机制作出了积极、有益的探索。

(2)运用社会技术资源,实现大桥设计创新。面对杭州湾复杂的建桥条件,选择合理、安全、符合杭州湾实际的施工组织方案是必须率先解决的问题。经过充分论证,集中专家意见,创造性地提出了"施工决定设计"的建桥原则。按照这个建桥原则,2001年7月,在全国范围内开展了杭州湾大桥施工和设计方案征集活动,仅仅3个月时间就编写完成了各具特色的具有一流水平的施工组织和设计方案,形成了预制化、工厂化、大型化,变海上施工为陆上施工的施工和设计原则。这些凝集着专家学者智慧的施工方案和设计原则,不仅有助于"工程可行性研究报告"的早日完善,而且对于优化设计和施工方案的顺利实施起到直接而重要的作用。其做法的本身也开创了重大工程建设的先河。

➤ 7.4.4　工程成果

杭州湾跨海大桥建设者针对杭州湾强潮海域潮差大、潮流急、大风多、冲刷深、腐蚀强、滩涂长等恶劣的自然条件,开展技术攻关而形成的自主创新成果"强潮海域跨海大桥建设关键技术",2012 年荣获国家科学技术进步二等奖。这项技术可以让大桥钢管桩在海洋强腐蚀环境下依然达到 100 年的使用寿命。该项成果共取得授权专利 25 项(其中授权发明专利 10 项)、国家级和省部级工法 9 项,技术成果纳入国家和行业标准、规范共 5 项。

通过一系列的创新,直接为大桥节约了 6 亿元的建设成本。从间接经济效益来看,截至 2010 年底,大桥共通行各类车辆 2367 万辆,节约燃料约 4.3 亿升,节约运输成本约 41 亿元。在社会效益看,缩短了杭州湾两岸陆路交通运输距离 100 多公里,每年节约燃料约 2 亿升。杭州湾跨海大桥项目已入选中国百年百项杰出土木工程。

案例讨论

1. 杭州湾跨海大桥工程是如何体现工程创新管理的特点的?
2. 杭州湾跨海大桥工程是如何实现工程创新管理的?

思考题

1. 试分析工程管理、项目管理与工程创新管理的区别与联系。
2. 试举例分析工程创新与技术创新的区别与联系。
3. 为什么说工程创新管理的本质是集成创新? 如何实现集成创新?
4. 什么是工程技术创新? 如何实现工程技术创新?

第8章
工程标准化管理

8.1 工程标准和标准化工作

➤ 8.1.1 工程标准概述

1. 标准定义

标准,是对重复性事物和概念所作的统一规定。它以科学、技术和实践经验的综合成果为基础,经有关方面协商一致,由主管机构批准,以特定形式发布,作为共同遵守的准则和依据。该定义的含义如下:

(1)标准的本质属性是一种"统一规定"。这种统一规定是作为有关各方"共同遵守的准则和依据"。我国标准分为强制性标准和推荐性标准两类。强制性标准必须严格执行,做到全国统一。推荐性标准国家鼓励企业自愿采用。但推荐性标准如经协商,并计入经济合同或企业向用户作出明示担保,有关各方则必须执行,做到统一。

(2)标准制定的对象是重复性事物和概念。"重复性"指的是同一事物或概念反复多次出现的性质。例如批量生产的产品在生产过程中的重复投入、重复加工、重复检验等;同一类技术管理活动中反复出现同一概念的术语、符号、代号等被反复利用等。只有当事物或概念具有重复出现的特性并处于相对稳定时才有制定标准的必要,使标准作为今后实践的依据,最大限度地减少不必要的重复劳动,又能扩大"标准"重复利用范围。

(3)标准产生的客观基础是"科学、技术和实践经验的综合成果"。标准既是科学技术成果,又是实践经验的总结,并且这些成果和经验都是在经过分析、比较、综合和验证的基础上,加之规范化,只有这样,制定出来的标准才能具有科学性。

(4)制定标准过程要"经有关方面协商一致",亦即制定标准要发扬技术民主,与有关方面协商一致,这样制定出来的标准才具有权威性、科学性和适用性。

(5)标准文件有其自己一套特定格式和制定颁布的程序。标准的编写、印刷、幅面格式和编号、发布都要统一,这样既可保证标准的质量,又便于资料管理,体现了标准文件的严肃性。所以,标准必须"由主管机构批准,以特定形式发布"。标准从制定到批准发布的一整套工作程序和审批制度,是使标准本身具有法规特性的表现。

2. 标准制定的要求

标准的制定要便于理解和执行,一个好的标准的制定要满足以下几个方面:

(1)目标指向:标准必须是面对目标的,即遵循标准总是能保持生产出相同品质的产品。因此,与目标无关的词语、内容请勿出现。

（2）显示原因和结果：比如"安全地上紧螺丝"，这是一个结果，应该描述如何上紧螺丝；又如"焊接厚度应是3微米"这是一个结果，应该描述为："焊接工用施3.0A电流20分钟来获得3微米的厚度"。

（3）准确：要避免抽象，模糊的词语不宜出现。

（4）数量化、具体：每个读标准的人必须能以相同的方式解释标准。所以，标准中应该多使用图和数字。

（5）现实：标准必须是现实的、可操作的。工程中的操作规程、设备保养等标准一定要可操作性强，这一点非常重要。

3. 标准体制

标准体制是指与实现某一特定的标准化目的有关的标准，按其内在联系，根据一些要求所形成的科学的有机整体。它是有关标准分级和标准属性的总体，反映了标准之间相互连接、相互依存、相互制约的内在联系。

中国标准分为国家标准、行业标准、地方标准和企业标准四级。

（1）国家标准。对需要在全国范畴内统一的技术要求，应当制定国家标准。

（2）行业标准。对没有国家标准而又需要在全国某个行业范围内统一的技术要求，可以制定行业标准。

（3）地方标准。对没有国家标准和行业标准而又需要在省、自治区、直辖市范围内统一的工业产品的安全、卫生要求，可以制定地方标准。

（4）企业标准。企业生产的产品没有国家标准、行业标准和地方标准的，应当制定相应的企业标准。对已有国家标准、行业标准或地方标准的，鼓励企业制定严于国家标准、行业标准或地方标准要求的企业标准。

4. 工程标准的分类

标准的分类方法多种多样的，国内对工程标准的分类方法，尚无统一的规定，一般可以从以下几个方面进行分类：

（1）按照工程标准的约束性划分。按照工程标准的约束性可将其划分为强制性标准和推荐性标准。

强制性标准是指有关工程的安全、卫生、环境、基本功能要求、计量单位、质量测验等的标准，具有法律性。工程标准中的强制性标准包括：

①工程建设勘察、规划、设计、施工（包括安装）及验收等通用的综合标准和重要的通用的质量标准；

②工程建设通用的有关安全、卫生和环境保护的标准；

③工程建设重要的术语、符号、代号、计量与单位、建筑模数和制图方法标准；

④工程建设重要的通用的试验、检验和评定等标准；

⑤工程建设重要的通用的信息技术标准；

⑥国家需要控制的其他工程建设通用的标准。

推荐性标准是指勘察设计、施工工艺、产品、技术经济和管理等的标准，具有权威性。如前所述，推荐性标准国家鼓励企业自愿采用。

（2）按照工程标准的内容划分。

①设计标准。设计标准是指从事工程设计所依据的技术文件。

②施工及验收标准。施工标准是指施工操作程序及其技术要求的标准;验收标准是指检验、接收竣工工程项目的规程、办法与标准。

③建设定额。建设定额是指国家规定的消耗在单位建筑产品上活劳动和物化劳动的数量标准,以及用货币表现的某些必要费用的额度。

(3)按工程标准的属性划分。

①技术标准。技术标准是指对标准化领域中需要协调统一的技术事项所制定的标准。

②管理标准。管理标准是指对标准化领域中需要协调统一的管理事项所制定的标准。

③工作标准。工作标准是指对标准化领域中需要协调统一的工作事项所制定的标准。

➤ 8.1.2　标准化工作

1. 标准化的定义

标准化是在经济、技术、科学及管理等社会实践中,对重复性事物和概念通过制定、发布和实施标准,达到统一,以获得最佳秩序和社会效益。该定义的含义如下:

(1)标准化是一项活动过程,这个过程是由三个关联的环节组成,即制定、发布和实施标准。这三个环节的过程已作为标准化工作的任务列入《中华人民共和国标准化法》的条文中。《标准化法》第三条“标准化工作的任务是制定标准、组织实施标准和对标准的实施进行监督”即是对标准化定义内涵的全面清晰的概括。

(2)标准化在深度上是一个永无止境的循环上升过程。在标准化的过程中,制定标准,实施标准,在实施中随着科学技术进步对原标准适时进行总结、修订,再实施。每循环一周,标准就上升到一个新的水平,充实新的内容,产生新的效果。

(3)标准化在广度上是一个不断扩展的过程。随着社会科学技术进步,标准化正不断地扩展和深化自己的工作领域。如过去仅制定产品标准、技术标准,现在还要制定管理标准、工作标准;过去标准化工作主要在工农业生产领域,现在已扩展到安全、卫生、环境保护、交通运输、行政管理等领域。

(4)标准化的目的是“获得最佳秩序和社会效益”。定义中“最佳”是从整个国家和整个社会利益来衡量,而不是从一个部门、一个地区、一个单位、一个企业来考虑的。比如环境保护标准化和安全卫生标准化主要是从国计民生的长远利益来考虑。这里的最佳秩序和社会效益可以体现多方面,如建立质量保证体系,可保证和提高产品质量,保护消费者和社会公共利益;简化设计,完善工艺,提高生产效率;扩大通用化程度,方便使用维修;消除贸易壁垒,扩大国际贸易和交流等。如果贯彻一项具体标准对整个国家会产生很大的经济效益或社会效益,而对某一个具体单位、具体企业在一段时间内可能会受到一定的经济损失。应以整个国家和社会的长远经济利益或社会效益为重。

2. 标准化的目的

标准化的目的主要有四个:技术储备、提高效率、防止再发和教育训练。

在企业中,“标准”就是要以规定的成本、规定的工时、生产出品质均匀、符合规格的产品。如果工程现场的工序前后次序随意变更,或作业方法或作业条件随人而异有所改变,则无法生产出符合上述目的的产品。因此,必须对作业流程、作业方法、作业条件加以规定并贯彻执行,使之标准化。所以,标准化的作用就是把企业内员工所积累的技术、经验,通过文件的方式加以保存,而不会因为人员的流动,使得技术和经验流失。因为有了标准化,每一项工作也不会因为不同的人,在效率和品质上出现太大的差异。如果没有标准化,工作结果的一致性会受到质疑。

8.1.3　标准化管理

1. 标准化管理的含义

所谓标准化管理,是指为了取得最佳的经济效果,依据科学技术和实践经验,在充分协商的基础上,对经济技术活动中具有多样性和相关特性的重复事物,按一定的程序和形式颁发的统一规定。

2. 标准化管理的作用

标准化管理是一项重要的社会活动,在技术管理中推行标准化工作的一个直接的、主要的目的,在于获得全面的、最佳的经济效益,搞好企业的标准化管理工作具有十分重要的意义。标准化管理的作用如下:

(1)标准化管理是现代化大生产的必要条件,它能使广泛的生产经营活动按标准有秩序地进行。有了标准,各项工作就有衡量的尺度,可以减少生产中的盲目性和管理中的混乱现象,可使管理方法定型,简化管理程序,从而提高企业的科学管理水平。

(2)标准化管理能够促使工作高效化,大大减少随机的处理问题。标准中规定了工艺、原料等各项标准,有利于从技术上保证工程的高质量、高速度、低成本,既有利于维护用户的利益,又有利于提高企业信誉和经济效益。

(3)标准化也是组织专业生产的可靠技术基础。专业化、协作化要依靠标准化工作,在标准化的基础上,企业按标准组织生产,互换性、通用性强,产品性能才能适应各种需求,才能在专业化的基础上进行协作。所以,标准化的推广和应用,可以推动企业的技术进步。

3. 标准化管理的原则

标准化的管理原则即对标准化行动过程的规律的认识,体现在以下几个方面。

(1)简化。所谓简化就是剔除多余,合并重复,增加互换性,使无秩序转化为有序,使放任转为规范管理,使混乱变为整齐,使复杂成为简单。

(2)统一。统一是指在标准化工作中要将名词、编码、代号、标识、计量单位和标准系列等予以统一。

(3)协调。先进的标准才能促成最佳的协调。协调和统一是标准化工作的重要原则。凡是涉及整个系统、分系统内标准的统一问题,从而影响系统、分系统和设备研制的性能和质量的问题,或者是标准之间发生冲突的问题,标准制定与执行中的问题都在协调范围之内,都是需要进行技术和标准协调的内容。

(4)优化。优化是指在标准化的过程中,会有多个可行方案,要加以选优,从中选择一个最佳的方案。

4. 标准化管理的体制

我国标准化工作实行统一管理与分工负责相结合的管理体制。

(1)按照国务院授权,在国家质量监督检验检疫总局管理下,国家标准化管理委员会统一管理全国标准化工作。

（2）国务院有关行政主管部门和国务院授权的有关行业协会分工管理本部门、本行业的标准化工作。

（3）省、自治区、直辖市标准化行政主管部门统一管理本行政区域的标准化工作。省、自治区、直辖市政府有关行政主管部门分工管理本行政区域内本部门、本行业的标准化工作。

（4）市、县标准化行政主管部门和有关行政部门主管，按照省、自治区、直辖市政府规定的各自的职责，管理本行政区域内的标准化工作。

8.2　工程标准化体系

➤8.2.1　工程标准化体系建立的目的和意义

标准化是制度化的最高形式，可运用到工程的生产、开发设计、管理等方面，是一种非常有效的工作方法。工程的标准化工作能不能在市场竞争中发挥作用，体现了标准化在一个工程中的地位和存在价值。建立工程标准化应有很强的目的性，体现在以下几个方面：

1. 工程标准化体系建立的目的

（1）简化日益增长的品种多样和方便使用；

（2）改进工程中信息的传递；

（3）促进工程各个目标的顺利实现；

（4）保证工程实施过程中人员安全和健康；

（5）保护工程业主的利益和社会公共利益；

（6）消除工程交易的壁垒。

2. 工程标准化体系建立的意义

工程标准化建立意义重大，主要体现在以下几点：

（1）工程标准化是组织现代化生产的手段，实施科学管理的基础；

（2）工程标准化是提高产品质量的重要保证；

（3）工程标准化是适当简化工程类型，组织标准生产的前提；

（4）工程标准化可以促进合理利用资源和节约资源；

（5）工程标准化能有效实现安全生产和保护环境。

➤8.2.2　工程标准化体系构建的步骤

工程标准化的构建步骤可参考企业标准化，分三步来进行，具体步骤及其含义如下：

（1）制定好能确切反映市场需求，令业主满意的工程标准。这一步的含义是保证工程产品获得市场认可和较高的满意度。

（2）建立起以工程标准为核心的有效的标准体系。这一步的含义是保证工程产品质量的稳定和生产率的提高，不会由于工程产品质量不稳而造成资源的浪费，形成不可挽回的损失。

（3）把标准化向纵深推进，运用多种标准化形式支持工程产品的开发。对于工程产品的需求是不固定的，不是制定了一个标准，可以一成不变，工程及其标准必须具备应变顾客需求的能力，形成一套完善的标准体系。

在这三个步骤中,制定好工程标准才是标准化的第一步,标准只有形成体系才能发挥其应有的作用,而向纵深推进才是标准化的制高点。

8.2.3　工程标准化法律法规体系

现行工程标准化的法规,是在《标准化法》和《标准化法实施条例》相继发布后,结合有关工程的有关法律和行政法规,如《消防法》、《工程质量管理条例》等逐步确立的。工程标准化的法律法规体系如图8-1所示。

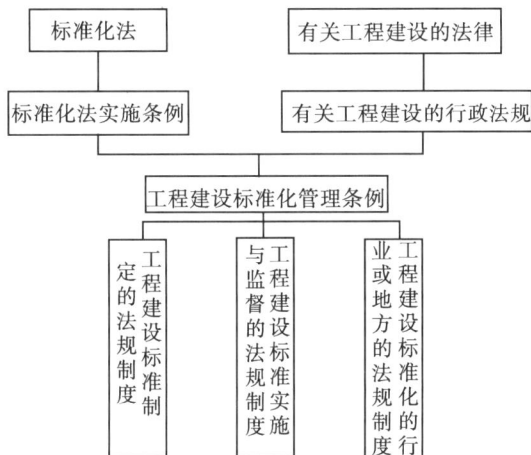

图8-1　工程建设标准化法律法规体系

8.3　工程标准化建设

8.3.1　标准化的产生与发展

标准化是随着人类开展生产劳动而产生,随着生产力的发展而发展的。

远古时代,人类在劳动过程中,经过长期的实践和摸索,为同一用途而制作的工具,其形态大小逐渐趋于一致,并把它作为"标样"互相模仿,世代相传成为例规,这是人类最初标准化思想的萌芽;随着社会分工和产品交换的发展,出现了计量器具和计量单位标准,冶金、车辆、兵器、建筑、乐器、药物、印刷、造纸、纺织等方面的标准化亦都有显著的发展;近代大机器工业的发展、专业化协作以及市场竞争,推动了标准化迅速发展起来。为了获得高生产效率,社会化机器生产要求在机器生产中广泛采用互换性好、通用化高的零部件。比如18世纪以来,美国首先在军品生产中运用零部件互换原理,开创了工业标准化的新时代。1841年英国约瑟夫·惠特沃斯要求在英国采用统一螺纹制度,设计出惠氏螺纹,经美国、英国、加拿大协调,将惠氏螺纹和美国螺纹合并成统一的英制螺纹,在全球广泛推广使用。1902年英国纽瓦尔公司编辑出版了纽瓦尔标准——"极限表",形成了最早的公差制。1911年美国人泰勒发表了《科学管理原理》,把标准化的方法应用到制定"标准时间"和"作业研究",开创了工业生产科学管理的新时代;随着国家之间的科技文化交流与贸易往来日益频繁,标准化跨越国界并在更广泛的范围内发挥作用。国际标准化的出现,意味着人类的标准化活动进入一个更高的层次,并在更广阔的范围内影响和推动着生产发展和科技进步。1946年,来自25个国家的代表在英国伦敦开会,通过了建立国际标准化组织(ISO)的决议。1947年2

月,ISO 正式成立。ISO 的成立标志着国际标准化迈入了全面发展的阶段。

➤ 8.3.2 工程标准化建设的步骤

针对于工程标准化,其建设的步骤如下:

(1)引进通用标准。结合国家、行业、地方、上层组织或利益相关者的相关标准,建立相应的工程实施标准(包括管理标准和技术标准)。主要涉及的是对政府或相关组织制定的现成标准(或条款)的选择,这些标准一般为通用标准,且大多带有强制性。这是标准化管理的最低层级,也是当前我国工程管理标准化的最普遍水平。

(2)建立工程标准体系。要获得更高的管理效率和更好的效果,必须建立系统化的标准体系。工程项目标准体系是指用于工程的相互联系的所有标准化文件的集合体,主要由工程采用的通用标准和专用标准两部分组成。这一层次的主要工作是制定专用于本工程的特定标准,这些标准能够体现出工程管理及团队技术的成熟度。

(3)纵深推进标准化。即要实施工程管理标准化,建立成熟的标准化机制,使不同团队能够互相借鉴,并按照地域、规模、技术要求等建立起标准库,以应用于不同工程。

8.4 工程标准的管理

➤ 8.4.1 工程标准的管理体制

工程标准化实行"统一管理,分工负责"的管理体制。国务院建设行政主管部门统一管理全国工程标准化工作,国务院有关行政主管部门,例如交通部、水利部、铁道部等,分工管理本部门、本行业的工程标准化工作。工程标准化管理的任务是制定标准、实施标准和对标准的实施进行监督。

➤ 8.4.2 工程标准制订的程序

工程标准的制定程序为:立项、准备、征求意见、送审、报批、备案、出版发行、复审与修订等阶段。

1. 立项阶段

工程标准制定、修订年度计划,由标准的批准机构组织编制。一般程序为:国务院建设行政主管部门提出计划项目的重点和具体原则;有关部门或标准管理机构提出本部门、本行业或本地方项目计划;国务院建设行政主管部门研究和综合平衡后,提出年度计划草案并在有关媒体进行公示;经进一步协调或修改后,正式下达。

2. 准备阶段

由主编单位筹建编制组、制定工作大纲,由主编部门或单位召开第一次编制工作会议,成立编制组并就标准的主要章节目录、标准的编制原则、需要调查研究的主要问题、必要的测试验证项目、工作进度计划及编制组成员的分工等达成共识。

3. 征求意见阶段

由编制组搜集整理有关技术资料、开展调查研究或组织试验验证、编写标准的征求意见稿及其条文说明,征求意见稿由主编单位印发各有关部门、单位公开征求意见。

4. 送审阶段

编制组对征求到的意见逐条进行归纳整理,在分析研究的基础上提出处理意见,并根据处理意见编写标准的送审稿及其条文说明,完成送审报告、主要问题的专题报告、试设计或施工试用报告等送审文件。由主编部门或主编部门委托的主编单位召开审查会议,形成专家审查意见。

5. 报批阶段

编制组在完成标准的报批稿及其条文说明、报批报告后,连同标准编制过程中的主要问题专题报告、试设计或施工试用报告、征求意见处理汇总表、审查会纪要等文件,由主编部门提请批准部门批准。

6. 备案阶段

工程行业标准、地方标准应当经国务院建设行政主管部门备案。对有强制性条文的,应当在批准发布前备案;对没有强制性条文的,应当在批准发布后一个月内备案。

7. 出版发行阶段

工程标准由批准部门在指定的出版社出版,公开发行。工程标准属于科研成果,对技术水平高、取得显著经济效益或社会效益的,申请各级科技进步奖,予以奖励。

8. 复审和修订阶段

工程标准复审一般在标准实施后五年进行,也可以根据需要随时开展复审。标准复审一般由主管单位或管理机构负责组织。当标准的主要技术内容或绝大部门内容需要修订时,可以组织全面修订。对全面修订的标准,其计划、编制的原则和程序、工作要求、审批发布、出版等与标准的制定相同。当标准的部分规定已制约了科学技术新成果推广应用,标准的部分规定经修订后可取得明显的经济效益、社会效益、环境效益,标准的部分规定有明显缺陷或与相关的标准相抵制以及根据工程的需要而又可能对现行的标准作局部补充规定时,可以进行标准的局部修订。

▷ 8.4.3 工程标准制定的法规制度

工程标准制定的有关法规制度如图 8-2 所示。

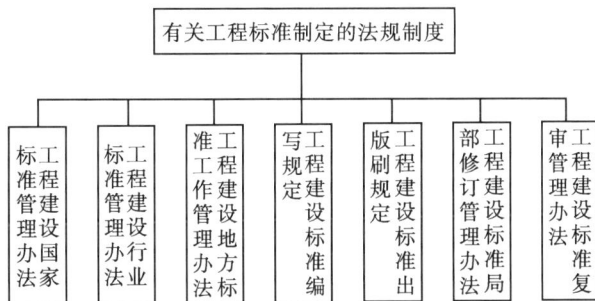

图 8-2 工程标准制定的有关规章制度

➢ 8.4.4 工程标准的实施与修订

1. 工程标准实施依据

如上所述,工程标准实施与修订的依据包括《标准化法》、《建筑法》、《消防法》、《公路法》、《标准化法实施条例》、《建设工程质量管理条例》、《建设工程勘察设计管理条例》等法律和行政法规,以及《实施工程建设强制性标准监督规定》等部门规章。

2. 工程标准实施的职责

(1)国务院行政主管部门负责全国实施工程强制性标准的监督管理工作。国务院有关行政主管部门按照国务院的职能分工负责实施工程强制性标准的监督管理工作。县级以上地方人民政府行政主管部门负责本行政区域内实施工程强制性标准的监督管理工作。

(2)工程规划审查机关应当对工程规划阶段执行强制性标准的情况实施监督。如工程的施工图设计文件审查单位应当对工程建设勘察、设计阶段执行强制性标准的情况实施监督;建筑安全监督管理机构应当对工程施工阶段执行施工安全强制性标准的情况实施监督;工程质量监督机构应当对工程施工、监理、验收等阶段执行强制性标准的情况实施监督。

(3)工程标准批准部门应当定期对工程规划审查机关、施工图设计文件审查单位、建筑安全监督管理机构、工程质量监督机构实施强制性标准的监督进行检查,对监督不力的单位和个人,给予通报批评,建议有关部门处理。工程建设标准批准部门应当对工程执行强制性标准情况进行监督检查。

3. 工程标准实施的内容

(1)工程标准经审定批准后,对于涉及较多专业或部门执行的标准,应由标准化管理部门以"管理通知"形式发布;对于只涉及一两个专业执行的标准可直接发给专业,不再采用专门的发布形式。所有标准的封面及首页均应注明发布日期。

(2)标准发布时,标准化管理部门应按其实施所需的准备时间确定其实施日期,并在封面和首页上注明。在标准实施的准备期间,有关专业或部门应组织学习宣贯标准的条文内容,并做好实施标准的所有准备工作。

(3)标准开始实施后,有关人员均应在工作中认真贯彻、执行,任何部门和个人不得自行更改。对实施中发现的问题和改进意见,应及时用书面形式反馈给标准化管理部门,由标准化管理部门作出处理决定。

(4)在工程中所采用的标准,若工程顾客有要求或因特殊原因需要修改或不能执行某些条款时,应在工程的有关规定中予以规定和说明,并报标准化管理部门和档案馆等有关部门备案。

4. 工程标准的复审、修改和修订

(1)工程标准从发布之日起,可每隔三年至五年进行一次复审。复审工作由主编单位的主任工程师或技术行政负责人负责组织,标准化管理部门归口管理,主管工程标准工作的总工程师或经理负责审批。

(2)复审工作应由主编单位确定标准复审鉴定人,根据科学技术发展与工程的需要、标准实施与信息反馈情况以及相关标准的制定、修订情况,对标准条文进行详细审查,提出鉴定意见,填写"标准复审意见表",由主任工程师或行政负责人审核,总工程师或经理批准。复审中应确定标准"继续执行"、"修订"或"废止"。

(3)标准化管理部门每个年度可以"管理通知"形式发布当年工程标准复审结果。

(4)对尚未到复审年份的标准进行补充或对标准某些条款进行修改时,标准化管理部门可以"管理通知"形式予以发布,有关部门应对相应标准进行修改或撤换。

(5)对已经三次局部修改的标准及复审确定需修订的标准,应按标准制定工作程序进行修订和重新发布。修订后的标准编号除将其发布年份改变外,其他部分不变。

8.5 案例:杭瑞高速公路建设——工程建设标准化

项目概况:拟建公路是国道主干线 GZ65 的重要组成部分,是滇境昆明至瑞丽的最后一段,在国家高速公路网规划中,属东西横线中的第十二条,简称杭瑞高速。推荐方案起点位于龙陵县城东北处老山卡,终点位于南碗河中缅交界处,即接瑞丽—缅甸八莫公路,路线全长 157.876 公里。其中起点 K154+600 为高速,设计时速 80km/h,路基宽 24.5 米,K154+600 止点 K157+712.344 为考虑陆水联运通道瑞丽—缅甸(八莫)公路缅方规划等级,现用二级公路连接,二级公路标准为:设计时速 80km/h,路基宽 12 米。拟建公路估算总投资1030318.89 万元,平均每公里 6526.13 万元。计划拟于 2009 年初开工,2012 年底竣工,工期为三年。

中铁一局集团大丽高速公路 27—2A 合同段标准化工地建设活动实施方案为深入贯彻落实科学发展观,加强高速公路施工管理,进一步提升工程质量、安全意识和文明施工形象,促进本合同段工程建设又好又快发展,按照指挥部下发的《云南大丽高速公路标准化工地建设管理实施细则》及云南省交通厅下发的《云南省高速公路施工标准化管理指南》的文件要求统一部署,项目部决定从 2010 年 7 月起,在本管段内开展标准化建设活动,结合本标段实际,特制定本活动方案。

(1)指导思想。以促进高速公路建设管理水平和工程质量安全水平提升为重点,大力推行现代工程管理,促进高速公路建设标准化、规范化、精细化,全面提高本合同段高速公路建设管理水平。

(2)工作目标。通过开展高速公路标准化建设活动,大力推进施工管理标准化、规范化、精细化,将"规范管理、精细施工"的理念贯穿工程施工全过程,促进管理制度更加完善,现场管理更加规范,人员技能更加精湛,材料加工、施工工艺更加精细,试验检测更加可靠,参建人员标准化意识明显增强,工程质量、安全水平进一步提高。项目驻地建设、施工工艺和现场管理 100% 达到标准化要求,工程实体关键指标全部达到规范要求。

(3)组织机构。为切实开展好本次活动,项目部成立大丽高速公路 27—2A 合同段段标准化建设活动领导小组。

(4)活动时间和范围。活动时间为:2010 年 7 月初至 2013 年 12 月 31 日。活动范围包括:大丽高速公路 27—2A 合同段。

(5)活动步骤。标准化工地建设活动分三个阶段开展,具体为:①制定方案、宣传动员及临时设施,施工现场,施工办公和生活设施建设阶段(2010 年 6 月)成立领导小组,制定活动方案并上报,召开动员大会,加大宣传力度。按有关规定进行临时设施,施工现场,施工办公和生活设施标准化建设。②组织实施及工程全面开工前后或重点部位开工前后的建设布置阶段(2010年7月—2010年10月)确定本合同段内重点工程石金山隧道左幅(出口段)隧道施工工艺及安全重点防护措施,开展安全评估等并收集痕迹化资料。③工程全面开工后的维护、保持、执行阶段(2010年10月—2013年12月31日)按照指挥部下发的《云南大丽高速公路标准化工地建设管理实施细则》及云南省交通厅下发的《云南省高速公路施工标准化管理指南》的文件要求,认真贯彻落实文件各项要求,加强施工现场管理,落实各项职责,构建标准化工地建设管理体系。接受相关单位的考核评估,根据考核情况进行整改。

(6)主要活动内容。按照大丽高速公路建设指挥部统一要求,开展标准化建设活动。①工地标准化。工地标准化主要包括驻地和施工现场的标准化。按照标准化要求建设施工驻地和试验室及施工便道,改善生产生活环境,提高施工管理效率。按照标准化要求建设拌和站、预制加工场地和材料存放场地,实现混合料(混凝土)集中拌制,钢筋、碎石集中加工,构件集中预制,充分发挥集约化施工的优势,规范施工现场管理,保证工程质量。按照标准化要求规范施工现场安全防护设施、安全标识及其他各类临时设施设置,消除隐患,文明施工。②施工标准化。按照规范要求,结合工程实际情况,细化路基、隧道等各项工程的施工标准化要求,优化施工工艺,严格工艺管理,提高施工效率和实体工程质量。规范质量检验与控制,强化各类验证试验和标准试验,做到检测项目完整齐全、检测频率符合要求、检测数据真实可靠。加强对隐蔽工程、关键工序的过程控制和验收,确保工程各项指标抽检合格率达到规范要求。③管理标准化。严格执行公路建设法律法规和强制性标准,在工程管理中查找薄弱环节,健全管理制度,优化管理流程,把技术标准、管理标准、作业标准落实到施工全过程,实现工程进度合理均衡,节能环保措施到位,档案资料收集齐全、整理规范。充分利用信息技术、网络技术和通讯技术等信息化管理手段,搭建管理信息平台,逐步实现管理过程的全控制,达到规范管理流程、提高管理效率的目的。加强从业人员管理和培训,提高从业人员持证率。

(7)有关要求。有关要求包括两个方面,具体为:①提高认识,加强领导。开展施工标准化活动是深入贯彻落实科学发展观的重要载体,各部门要充分认识开展本次活动的重要意义,营造良好的活动氛围。活动开展过程中,要加强交流、互动,通过组织培训、技术竞赛、召开现场交流会等方式,形成争先创优的活动氛围,推动标准化建设活动深入开展。②强化管理,务求实效。标准化建设领导小组负责本合同段内标准化活动的组织、检查工作,要结合日常工程质量、安全监督检查,加强对标准化活动的监督、检查,及时解决活动中出现的问题,推动活动扎实有序进行。

资料来源:http://wenku.baidu.com/view/a43e84ce58f5f61fb73666d8.html.

案例讨论

1. 为什么要进行工程标准化建设?

2. 施工单位为实现工程标准化建设做了哪些工作?这些工作是否有利于实现工程建设标准化?

3. 高速公路建设中哪些方面做到了标准化?为实现工程标准化建设依据了哪些标准?

思考题

1. 标准的定义是什么？有什么制定要求？

2. 什么是标准体制？工程标准如何分类？

3. 什么是标准化？标准化的目的是什么？

4. 标准化管理的含义是什么？标准化管理的原则和体制？

5. 简述工程标准化体系构建的步骤？工程标准化的法律法规体系是什么？

6. 简述工程标准化建设的步骤？

7. 工程标准制定的程序是什么？如何实施和修订工程标准？

第9章

工程规划与设计管理

9.1 工程规划与工程设计概述

在工程活动中,设计工作具有特殊的重要性。成功的设计是顺利建设和成功运行的前提、基础和重要保证;平庸的设计预示着平庸的工程;而拙劣、错误的设计必然导致未来工程的失败。

从工程制度和习惯方面看,"按图施工"早已成为了工程界的"行规"。虽然没有人可以否认设计工作在工程活动中的重要性,并且早在 20 世纪 60 年代就已经有人开始对工程设计问题进行理论探讨和分析了,可是种种迹象表明,目前在国内外——特别是在国内——对设计问题的理论研究仍然是一个亟待加强的薄弱环节。

工程设计是人们运用科技知识和方法,有目标地创造工程产品构思和计划的过程,几乎涉及人类活动的全部领域。工程设计的费用往往只占最终产品成本的一小部分(8%~15%),然而它对产品的先进性和竞争能力却起着决定性的影响,并往往决定 70%~80% 的制造成本和营销服务成本。所以说工程设计是现代社会工业文明的最重要的支柱,是工业创新的核心环节,也是现代社会生产力的龙头。工程设计的水平和能力是一个国家和地区工业创新能力和竞争能力的决定性因素之一。

工程设计是指对工程项目的建设提供有技术依据的设计文件和图纸的整个活动过程,是建设项目生命期中的重要环节,是建设项目进行整体规划、体现具体实施意图的重要过程,是科学技术转化为生产力的纽带,是处理技术与经济关系的关键性环节,是确定与控制工程造价的重点阶段。工程设计是否经济合理,对工程建设项目造价的确定与控制具有十分重要的意义。

工程设计是属于工程总体谋划与具体实现之间的一个关键环节,是技术集成和工程综合优化的过程。设计工作生动地体现了工程智慧的创造性与主动性。从知识的范畴方面看,设计中包括了对多种类型的知识的获取、加工、处理、集成、转化、交流、融合和传递。在设计过程中,知识活动具体体现在:

——对工程活动的初始条件、边界条件、环境条件的调查;

——新知识的获取、处理过程;

——各类相关知识的优化集成过程;

——确定把知识转化为工艺、装备并传递到产品的固化程序或流程;

——对未来市场和其他有关状况的预测;

——其他许多方面的相关知识,特别是还要包括那些无法用语言表达、但又意义重大的

"隐性知识(tacit knowledge)"。

设计实质上是将知识转化为现实生产力的先导过程,在某种程度上也可以说设计是对工程构建、运行过程进行先期虚拟化的过程。在设计过程中,设计人员应该既重视创新性又重视规范性,并把规范性与创新性统一起来。

9.2　工程规划与设计的对象、过程、方法

▶ 9.2.1　工程设计的对象

工程项目的建设都有特定政治、经济和社会生活背景。从简单而抽象的建设意图产生,到具体复杂的工程建成,期间的各个环节各个过程的活动内容、方式及其所要求达到的预期目标,都离不开计划的指导。工程项目规划是把建设意图转换成定义明确、系统清晰、目标具体且富有策略性运作思路的高智力的系统活动。通过项目规划可以明确项目的发展纲要,构建项目的系统框架,并为项目的决策提供依据,为项目的实施提供指导,为项目的运营奠定基础。

工程项目规划按照阶段不同,可以分成项目前期发展阶段的规划、项目实施阶段的规划和项目运营阶段的规划;按照规划的对象不同,可以分成新建项目的规划、改建项目的规划、迁建项目的规划、扩建项目的规划和恢复项目的规划等;按照项目规划的范围不同,可以分成项目总体方案规划和项目局部方案规划;按照规划的内容不同,可以分为项目的构思策划、项目的融资策划、项目的组织规划、项目的目标控制规划和项目的采购规划等。

工程项目规划贯穿项目从构思、立项、建设到运营的全过程。工程项目规划的具体内容既包括项目建设前期的发展规划,又包括项目实施阶段的组织规划、目标控制规划和采购规划,同时还涉及项目建成后的运营规划。

▶ 9.2.2　工程设计的一般过程和方法

在一个完整的工程项目的实施中,设计应该是发生在工程决策之后,而位于项目的执行、建设或施工之前。原则上,工程设计的结果应该是明晰和规范的图纸、程序和操作流程,而不能留下疏漏和"缺环"。

应该强调指出,不同产业、不同类型、不同规模、不同产品、不同国家乃至不同企业的工程在进行具体的工程设计工作时,其具体过程、具体流程和具体环节会有很大的差别。虽然也有一些学者尝试着对工程设计的工作环节或"设计流程"进行过概括和分析,并且他们的具体分析和具体观点也是有参考价值的,但他们之间的具体看法确实差别很大,例如仅在Buccialelli 的一本书中就列举了对设计过程的三种不同的看法。这些不同的看法各有所见、各有优点,但又很难统一起来。有鉴于此,本书也就不在这里对工程设计的一般流程进行归纳了。在此我们只想强调指出:所有的"设计流程"都是一个从"概念设计"(conceptual design)"逐步落实"或"逐步具体化"为"最终图纸"或"最终方案"的过程,但这个过程绝不是一个简单的"线形推进"的过程,在"设计流程"的不同环节或步骤之间常常需要进行多次的"反馈",在不同的设计部门或"设计要素"之间常常需要进行反复的"协调"和"讨论",否则,

是很难获得一个满意的"设计结果"的。

在设计流程中,以下几个问题是值得特别注意的。

1. 需求分析

设计始于需求。需求对设计师提出了需要解决的问题,而工程设计的最终目的则是给出在工程上可以实现的解决问题的详细方案。一般地说,真正的需求究竟是什么——这往往并不是显而易见的,有时甚至会是很难发现和很难真正被把握到的。对需求的分析和澄清有时看似只是整个设计过程中的一小步,但这一步却非常关键。

经验不足的设计者往往在尚未吃透问题之前就着手思考解决之道,急于根据一些似是而非的问题开展设计,这样的倾向,加上对相关任务的草率理解,很容易误导工程设计者,将时间和精力用于解决错误的问题,或者是没有对准问题的核心,没有对准问题的全部。

有时工程设计的需求方或潜在用户并不具备相应的工程知识,他们对工程甚至有着一些不切实际的期望和要求。这也就是说,在用户的需求与可实现的工程产品之间,往往存在着一个鸿沟,需要工程设计者运用自己的专业知识和技能去启发用户,引导其正确的需求,弥合用户的简单直观需求和合理需求之间的鸿沟。

在很多情况下,对工程设计和建设提出的要求可能是含混不清的,有的甚至可能相互冲突,反映了不同的利益相关者的不同价值取向,这就要求工程的设计者对这些较为笼统或相互矛盾的需求有着深刻而准确的洞察,能够进行合理而精炼的概括、平衡和取舍。

对与需求相关的问题进行透彻分析的结果,应该是对工程设计所面临问题的一个准确明晰的描述,这是以工程的方式来解决问题的出发点。

在需求分析阶段,工程的设计者除了对用户需求要有一个相当准确而深刻的了解外,还需要明确其他的一些对工程设计的约束和要求。例如,整个工程项目的成本、预算、工期、工程的使用年限或产品的生命周期等,这些都是在随后的设计阶段需要加以满足的约束条件。在工程的建造和使用中可能涉及的法律法规和道德伦理方面的问题及相关规定,也需要在需求分析阶段加以澄清。此外,对工程设计所需要实现的总体目标和需要达到的技术经济指标、主要功能、安全性、稳定性、可靠性、可维护性等,也需要给出定性的界定和定量的描述。

在需求分析阶段设计师不但应该完成对设计问题的准确表述,而且应该明确对工程项目的各种约束条件和明确该项目需要达到的功能性指标。

需求分析是工程设计的起点,它为随后的设计活动设立了目标、边界和范围。优秀的工程设计者往往能够发现真正的需求和问题所在,而不至于因为对需求和问题的不当把握和理解而从一开始就将潜在的新颖或优化的解决方案排除在外。对需求及其相关问题的深入而准确的分析能够为后面的设计提供正确的方向和有益的启示。

2. 概念设计(conceptual design)

概念设计是工程设计的核心所在。在概念设计中,工程设计者针对基于需求分析而产生的设计问题提出解决的思路,融会贯通地、创造性地运用工程科学和技术、实际工程经验以及各种相关的非工程类知识(如商业、社会、文化、伦理等方面的),确立解决问题的基本方案和构想,并作出关键性的决策和选择。

概念设计是整个工程设计阶段最重要也是最困难的部分,它体现了设计者对设计总体目标的洞察,对设计任务的驾驭,对整个工程项目的总体目标、约束条件及各种技术手段和方案的全面把握,以及综合性、创造性的工程思维的水平和风格。

一项设计任务的成败在很大程度上取决于其概念设计的品质,一个好的设计概念固然有可能在随后的细节设计和开发阶段得不到很好的落实,但一个糟糕的概念设计从一开始就决定了工程项目不可能获得成功。相对而言,概念设计不需要投入太多的资金、材料和人力成本,但这并不意味着概念设计就可以不讲章法,草草了事,恰恰相反的是,概念设计需要反复认识、比较,这个过程会占去较长的时间。

概念设计又可以进一步划分为概念生成与概念选择两个阶段。概念生成是指根据针对需求分析而得到的各种目标、指标和约束条件而形成各种解决方案的总体思路和概要,运用综合性、创造性的工程思维力求初步解决面临的设计问题。在某种意义上,生成的设计概念的数量可以"多多益善",这需要集思广益,充分调动和发挥设计团队的想象力和创造性,尽可能穷尽地纳入各种可能的解决方案,从而不至于从一开始就将富有创新性的新颖的设计概念遗漏或排除在外。

概念选择则是对已生成的若干备选设计方案进行评估和比较,筛选出少数几个方案展开进一步的研究、分析和测算,并最终确定一个最佳的概念设计。最理想的情况是,备选的设计概念在各种重要特征及相关指标等方面能够进行量化比较,然后将之排序,这样一个最佳方案也就水落石出了。但在现实的工程设计中,情况往往要复杂得多,多种复杂因素使得对不同设计概念的评估和选择成为了一个具有很大挑战性的任务,除了需要借助系统性、结构化的方法使得评估和决策更加全面和准确外,设计者的实践经验、洞察力和分析能力始终扮演着不可或缺的重要角色。

3. 概念设计的逐步具体化

概念设计本身是不可能成为施工的依据的。设计团队还必须在其设计流程中逐步把概念设计具体化为详细的、符合工程化规范的、可实现的技术实施方案,没有这个对概念设计进行逐步具体化的过程,再好的设计概念也只能是"概念"。在概念设计阶段,通常只进行初步的、总体性的功能和结构设计,它还必须在逐步具体化的过程中为概念设计的"灵魂"注入丰富的"血"与"肉",逐步地把概念设计加以精细化和准确化,直至能够通过可行、可靠且有效的工程技术手段最终加以实现。

在对概念设计逐步具体化的过程中,复杂的设计任务被逐级分解为能够通过成熟的、可控的工程方法实现的子设计任务。应该注意的是,在这个过程中,协调问题常常会成为一个突出的问题,并且在这个过程中仍然需要继续完成许多重要的决策和选择。

在把概念设计具体化的最后工作阶段,常常需要根据明确的规范、标准、公式、算法、手册和目录进行大量、细致、周全的计算和制图,必须在这些大量的细小、烦琐的具体工作中尽可能避免差错和遗漏。

9.3 工程规划与设计的组织

工程规划与设计团队是指为了完成项目的规划和设计,由多个部门、不同专业的人员所组成的从事项目规划并且具有独立性的项目组织。工程规划与设计的组织要遵行项目管理组织的基本原则：

(1)目的性原则：根据工程的性质和要求，要选择具有相关专业知识和经验的工程规划人员，并给各专业人员分配合适的任务。

(2)适应性原则：一要符合相关行业法规条例要求，根据一定的程序组建工程规划团队。二要适应工作需要，如工程规划的任务属性不同，选择不同的人员和组织方式。三要适应合同要求，根据不同情况采用联合管理模式、托管模式和总承包模式。

(3)精干、高效原则：工程规划的组织机构的设置应按照任务需要设计，避免职能重叠交叉。

(4)有效管理原则：要处理好工程规划管理的效率问题，根据工程规划任务复杂性的不同，任务复杂度低的规划可以放宽管理，任务复杂度高的规划则要重点关注，提高管理效率。

(5)责任分明原则：工程规划各阶段、各个方面的任务必须有明确的任务负责人，规定好责任范围，以便在规划阶段出现问题时可以快速找到责任人。

此外，由于工程具有系统性的特点，工程规划组织还要遵行以下几个原则：

(1)多主体参与原则：任何工程项目都具有系统性的特点，所以在工程规划和设计中不仅需要组织内专业人员的参与，还需要项目可能涉及的客户、业主以及社会相关第三方的参与。在工程规划阶段多主体的参与，能够使规划和设计更好地考虑各方的利益，达到整体目标最优化。

(2)权变原则：任何工程都要根据时间和地点的不同而进行具体的调整，工程规划和设计也是如此。组织设置要根据环境的要求进行必要的改变，还可以根据任务的进行情况而及时改变，使工程规划组织更符合任务的要求。

工程项目组织管理与传统组织管理的最大区别之处在于工程项目组织管理更强调项目负责人的作用，强调团队的协作精神，其组织形式具有更大的灵活性和柔性。项目管理组织结构的基本形式有直线制、混合制、职能制和矩阵制等组织形式。现在工程项目组织中广泛应用的组织形式为矩阵式的组织结构。

由于每个工程规划和设计所需要的人员知识背景、知识结构、专业特长等都不相同，如城市建筑工程需要的设计师和城郊建筑工程项目的不同，南方水电工程项目设计师和北方的也不同。由于项目自身的特点、地域和其他文化经济方面的不同，企业应该在组织内培养具有专业知识的各类人员，在不同的项目中抽调不同的员工组成项目规划小组。小组成员在项目期间主要隶属于项目管理者，在项目外主要受到职能部门的领导，项目管理者给小组成员分配任务，而职能部门领导为项目成员的工作提供专业知识支持和后勤服务。

矩阵式组织的优点有：①将企业的横向与纵向关系相结合，有利于协作生产。②针对特定的任务进行人员配置有利于发挥个体优势，集众家之长，提高项目完成的质量，提高劳动生产率。③各部门人员不定期的组合有利于信息交流，增加互相学习机会，提高专业管理水平。

矩阵结构的缺点是：①项目负责人的责任大于权力，因为参加项目的人员都来自不同部门，隶属关系仍在原单位，只是为"会战"而来，所以项目负责人对他们管理困难，没有足够的激励手段与惩治手段，这种人员上的双重管理是矩阵结构的先天缺陷。②由于项目组成人员来自各个职能部门，当任务完成以后，仍要回原部门，因而容易产生临时观念，对工作有一定影响。③由于项目一般涉及较多的专业,而项目负责人对项目的成败具有举足轻重的作用,所以要求项目负责人具有较高的协调能力和丰富的经验。

工程规划和设计组织由多个部门、不同专业的人员所组成,因此采用矩阵式的结构更能满足项目要求,但也因为成员来源复杂,管理难度大,所以工程项目负责人应多关注工程规划和设计小组,为其正常运行提供必要的支持。

9.4　工程规划与设计的知识管理

知识管理(knowledge management,KM)就是为企业实现显性知识和隐性知识共享提供新的途径,知识管理是利用集体的智慧提高企业的应变和创新能力。工程规划与设计是需要涉及多学科、多方面的知识,每一个工程规划之间都有相同的地方,也有与其他工程规划的不同之处。因此,企业可以在工程规划与设计中引入知识管理,建立工程规划的知识库,通过不同工程规划积累的知识和经验,能够为将来提高工程规划的效率奠定基础。

知识管理要遵循以下三条原则:

(1)积累原则。知识积累是实施知识管理的基础。通过把每个工程规划的相关数据整合到一起,建立丰富的数据库,可以为不同环境下如何进行工程规划提供参考方案。

(2)共享原则。知识共享,是指一个组织内部的信息和知识要尽可能公开,使每一个员工都能接触和使用公司的知识和信息。工程规划需要有不同专业背景、不同部门之间的参与,在工程进行过程中,应该让每一个工程规划人员都能接触到这些知识。

(3)交流原则。知识管理的核心就是要在公司内部建立一个有利于交流的组织结构和文化气氛,使员工之间的交流毫无障碍。多样化的工程规划团队,通过不同个体间的知识交流和碰撞,才能集思广益,提出更全面更完善的规划方案。

知识管理作为一种管理理念,是需要长期坚持并且努力形成文化的活动。从这个概念上来讲,很明确,知识管理不是项目,因此也就不能按照简单项目管理的组织和运作方式来进行管理。但这并不是说项目管理的思想和方法不能运用在知识管理中,随着项目管理的意义被更多的人所认可,项目管理中的一些思想也已经慢慢演变为普遍适用的管理理念,这些思想也同样适用于知识管理。

知识管理的目标有很多,比如在合适的时间把合适的知识传递给合适的人,提高组织的竞争力,促进组织创新,保护组织的知识资产,避免知识随着人才的流失而流失,获取更多的商业利益等。当组织确定要实施知识管理的时候,可能是为了获得前面罗列的这些好处的全部或者某一部分,但是它们却不能作为指导具体知识管理实践活动的目标,因为前面所有的这些说法,都不符合项目管理中目标的 SMART 原则。因此,一个组织开始实施知识管理的过程可以是这样的:定义自己的愿景,就是最希望通过知识管理要解决的问题;选择适合自身情况的一种或几种具体活动;为这些活动制定一个符合 SMART 原则的目标;开始PDCA 的过程,就是计划、执行、检查、行动。

在工程管理组中进行知识管理同步推行时,需要明确一点:知识管理的推行工作从本质上讲是一种"变革",是对现有工作习惯的一种改变。员工在这个过程中的积极性是左右知识管理推行的关键因素,要从员工角度,转变促成知识管理。因此,为了更好地推行知识管

理,让员工更快地接受知识管理,对待这种变革,可以从四个方面考虑:

(1)对待知识管理的敏感性。每个员工对于知识管理的理解可能不同,因此,在知识管理项目之初,要向全体员工说明知识管理的目标、愿景、主要工作内容以及对个人的影响(正面效应及负面效应)等,降低对知识管理的敏感性(抵触情绪),从而增加知识管理的透明度。

(2)对员工能力的综合评估。知识管理能否顺利推行下去,关键是看员工的能力能否实现所设定的目标。比如,对一个认为知识管理等同于文档管理的组织而言,希望在短短时间内,把所有"老法师"(资深员工)的经验全部发掘出来,那是不现实的。

(3)强调义务与职责。从变革管理的角度看,行为的改变才能够促成态度的改变,由外部的约束、刺激、激励来推动知识管理的工作变成内部自发的来进行知识管理。这第一步就需要使用相关的制度/措施来保证这种转变。整个制度/措施集合应该包含三部分:日常管理制度、激励考核制度、支持制度。

(4)承诺与业务流程/实际工作结合。通过员工的"承诺",或理解为将成果固化到业务流程中,实现知识管理成果与实际工作的紧密结合。比如类似于"项目结束后要完成知识地图"之类的制度约束,真正实现知识管理与流程管理的结合。

知识管理在理论界和企业界的快速发展,使得越来越多的企业开始了从知识管理认知转入知识管理实践的尝试,综合国内知识管理实践,知识管理实施一般可以按五个步骤进行:

第一步:认知。认知是实施知识管理的第一步,主要任务是统一工程项目组织成员对知识管理的认知,梳理知识管理的意义,评估工程项目的知识管理现状。帮助员工认识是否需要知识管理,并确定知识管理实施的正确方向。

该阶段是知识管理的第一步,因此需要特别注意三点。①组织文化和管理模式对知识管理采用何种实施方法有着决定性的作用,因此应特别注意不要忽略组织文化和管理现状;②知识管理的推广需要流程、组织、绩效等管理机制的配合,同时也需要深入业务层,必须得到高层重视,并将知识管理提升到战略高度,才能保证知识管理的顺利推进;③由于知识管理需要长期的推进,需要对知识管理的效益进行准确量化评估,才能转化为长期发展的动力。

认知阶段多数企业会邀请外部的一些培训、咨询公司参与,关键在于了解业界标杆企业的做法和选择合适自己现状的解决方案。

第二步:规划。知识管理的推进是一套系统工程,在充分认知工程项目需求的基础上,详细规划也是确保知识管理实施效果的重要环节。这个环节主要是通过对知识管理现状、知识类型的详细分析,并结合业务流程等多角度,进行知识管理规划。在规划中,切记知识管理只是过程,不能为了知识管理而进行知识管理,只有把知识管理充分融入工程项目管理之中,才能充分发挥知识管理的实施效果。

规划阶段的难点主要包括:①知识管理和工程项目战略目标与流程的结合;②知识管理与其他管理制度如管理的结合及管理思想的转变;③以知识管理思想为基础的业务流程的改造;④知识管理的文化氛围的建立;⑤知识管理规划与工程项目实际情况结合,建立适合项目自身特点的实践形式。

本阶段建议由咨询公司和工程项目中高层统一认识共同来参与规划,确定知识管理实施的解决方案。

第三步:试点。此阶段是第二阶段的延续和实践,按照规划选取适当的部门和流程,依照规划基础进行知识管理实践,并从短期效果来评估知识管理规划,同时结合试点中出现的问题进行修正。

本阶段是知识管理从战略规划到落地实施的阶段,根据对工程项目试点部门的知识管理现状、需求和提升计划的分析,应该考虑引入支撑知识管理落地的知识管理 IT 系统。根据前几个阶段的规划和分析,选择适合工程项目现状的 IT 落地方法,如带知识管理功能的办公协同系统、知识管理系统、知识门户落地等。可以说,本阶段在知识管理系统实施中难度最大,需要建立强有力的项目保障,做好业务部门、咨询公司、系统开发商等多方面协调工作。

第四步:推广和支持。在试点阶段不断修正知识管理规划的基础上,知识管理将大规模在工程项目推广,以全面实现其价值。

工程项目管理人员要及时对全面推广造成的混乱进行控制和对知识管理实施全局的把握;并且要把知识管理融入到业务流程和日常工作中,建立知识管理的有效激励机制和绩效体系。

第五步:制度化。制度化阶段既是知识管理项目实施的结束,又是工程项目知识管理的一个新开端,同时也是一个自我完善的过程。要完成这一阶段,工程项目必须重新定义战略,并进行组织构架及业务流程的重组,准确评估知识管理在工程项目中实现的价值。

这一阶段,工程项目开始意识到知识管理是工程项目运作的一种战略,而且有必要成为综合工程项目运作机制的一部分,从而把知识管理全面融入到工程项目战略、流程、组织、绩效等管理体系中。在此基础上,知识管理将逐渐演变工程项目核心竞争力的一部分,有力促进工程项目每一位员工的发展。

纵观国外知识管理的发展轨迹,结合国内知识管理的应用现状,可以预见在不久的将来,知识管理将逐渐成长为一种管理思想,进而形成一种管理,如同流程管理一样,将成为体现组织核心能力的关键要素。因此,工程项目成功实施知识管理对工程项目核心竞争的增强和工程项目的长久发展将具有重大的意义。

9.5 工程规划与设计的管理体制

为了规范工程规划和设计,国家对建设项目工程规划有完善的管理制度,并制定了《建设工程勘察设计管理条例》。其中建设工程设计,是指根据建设工程的要求,对建设工程所需的技术、经济、资源、环境等条件进行综合分析、论证,编制建设工程设计文件的活动。

➤ 9.5.1 工程规划和设计要遵循的规定

建设工程勘察、设计应当与社会、经济发展水平相适应,做到经济效益、社会效益和环境效益相统一。

从事建设工程勘察、设计活动,应当坚持先勘察、后设计、再施工的原则。

县级以上人民政府建设行政主管部门和交通、水利等有关部门应当依照本条例的规定,加强对建设工程勘察、设计活动的监督管理。建设工程勘察、设计单位必须依法进行建设工程勘察、设计,严格执行工程建设强制性标准,并对建设工程勘察、设计的质量负责。

国家鼓励在建设工程勘察、设计活动中采用先进技术、先进工艺、先进设备、新型材料和现代管理方法。

9.5.2 工程规划和设计的资质要求

国家对从事建设工程勘察、设计活动的单位实行资质管理制度。具体办法由国务院建设行政主管部门同国务院有关部门制定。

建设工程勘察、设计单位应当在其资质等级许可的范围内承揽建设工程勘察、设计业务。禁止建设工程勘察、设计单位超越其资质等级许可的范围或者以其他建设工程勘察、设计单位的名义承揽建设工程勘察、设计业务。禁止建设工程勘察、设计单位允许其他单位或者个人以本单位的名义承揽建设工程勘察、设计业务。

国家对从事建设工程勘察、设计活动的专业技术人员,实行执业资格注册管理制度。未经注册的建设工程勘察、设计人员,不得以注册执业人员的名义从事建设工程勘察、设计活动。

建设工程勘察、设计注册执业人员和其他专业技术人员只能受聘于一个建设工程勘察、设计单位;未受聘于建设工程勘察、设计单位的,不得从事建设工程的勘察、设计活动。

建设工程勘察、设计单位资质证书和执业人员注册证书,由国务院建设行政主管部门统一制作。

9.5.3 工程规划和设计的编制实施

编制建设工程勘察、设计文件,应当以下列规定为依据:
(1)项目批准文件;
(2)城市规划;
(3)工程建设强制性标准;
(4)国家规定的建设工程勘察、设计深度要求。

铁路、交通、水利等专业建设工程,还应当以专业规划的要求为依据。

编制建设工程勘察文件,应当真实、准确,满足建设工程规划、选址、设计、岩土治理和施工的需要。编制方案设计文件,应当满足编制初步设计文件和控制概算的需要。编制初步设计文件,应当满足编制施工招标文件、主要设备材料订货和编制施工图设计文件的需要。编制施工图设计文件,应当满足设备材料采购、非标准设备制作和施工的需要,并注明建设工程合理使用年限。

设计文件中选用的材料、构配件、设备,应当注明其规格、型号、性能等技术指标,其质量要求必须符合国家规定的标准。除有特殊要求的建筑材料、专用设备和工艺生产线等外,设计单位不得指定生产厂、供应商。

建设单位、施工单位、监理单位不得修改建设工程勘察、设计文件;确需修改建设工程勘察、设计文件的,应当由原建设工程勘察、设计单位修改。经原建设工程勘察、设计单位书面同意,建设单位也可以委托其他具有相应资质的建设工程勘察、设计单位修改。修改单位对修改的勘察、设计文件承担相应责任。施工单位、监理单位发现建设工程勘察、设计文件不符合工程建设强制性标准、合同约定的质量要求的，应当报告建设单位，建设单位有权要求建设工程勘察、设计单位对建设工程勘察、设计文件进行补充、修改。建设工程勘察、设计文件内容需要作重大修改的，建设单位应当报经原审批机关批准后，方可修改。

建设工程勘察、设计文件中规定采用的新技术、新材料，可能影响建设工程质量和安全的，又没有国家技术标准的，应当由国家认可的检测机构进行试验、论证，出具检测报告，并经国务院有关部门或者省、自治区、直辖市人民政府有关部门组织的建设工程技术专家委员会审定后，方可使用。

建设工程勘察、设计单位应当在建设工程施工前，向施工单位和监理单位说明建设工程勘察、设计意图，解释建设工程勘察、设计文件。建设工程勘察、设计单位应当及时解决施工中出现的勘察、设计问题。

➤ 9.5.4　工程规划和设计的监督管理

国务院建设行政主管部门对全国的建设工程勘察、设计活动实施统一监督管理。国务院铁路、交通、水利等有关部门按照国务院规定的职责分工，负责对全国的有关专业建设工程勘察、设计活动的监督管理。县级以上地方人民政府建设行政主管部门对本行政区域内的建设工程勘察、设计活动实施监督管理。县级以上地方人民政府交通、水利等有关部门在各自的职责范围内，负责对本行政区域内的有关专业建设工程勘察、设计活动的监督管理。

建设工程勘察、设计单位在建设工程勘察、设计资质证书规定的业务范围内跨部门、跨地区承揽勘察、设计业务的，有关地方人民政府及其所属部门不得设置障碍，不得违反国家规定收取任何费用。

县级以上人民政府建设行政主管部门或者交通、水利等有关部门应当对施工图设计文件中涉及公共利益、公众安全、工程建设强制性标准的内容进行审查。施工图设计文件未经审查批准的，不得使用。任何单位和个人对建设工程勘察、设计活动中的违法行为都有权检举、控告、投诉。

为了规范工程项目设计管理工作，保证工程设计质量，推行设计优化，提高项目投产后的市场竞争能力和投资效益，工程管理项目的规划和设计工作应该严格按照国家的有关规定来执行，并且工程规划和设计工作要符合工程项目的具体情况，为工程项目管理成功推进提供支持。

9.6　案例：××学校新校区工程

➤ 9.6.1　校园概况

××学校现坐落于××市××区××路，占地200余亩，总建筑面积约60000平方米。办学规模3500人，专职教师218人。随着生源的不断增多，校园的规模已不能满足现有教学要求。2009年初，××市政府决定在××镇划拨一处占地508亩的新校区用于学校的扩建，扩建后学校近期规划办学规模可达8000人。学院以超前的办学理念，主动适应市场要求,科学定位,确立了对学生负责的办学宗旨,以培养"懂技术,会管理,能操作的实用技能型人才"为目标,就业为向导,以教学为中心,大力推进学生的素质教育,以科学发展观为教学理念统领全局,走特色办学之路,促进学校办学的持续全面发展。

➤ 9.6.2 规划设计构思与校园规划总体特色

"现代化,网络化,智能化,园林化,生态化",是本方案对××学校新校区规划所遵循的设计原则。

(1)合理布局,充分利用土地资源,并结合地形地貌特点,科学地安排新校区的功能分区,确保教学及实训区的中心地位。按学科功能相近的特点考虑各建筑组团的布局,以利于提高教学管理水平。教学与生活既相互独立同时也联系便捷。整体化的建筑群体有利于集中建筑用地,留出更多的大面积绿化用地,提高校园环境质量;便于设施的共享使用和管理;具有更大的弹性,可根据学科的发展灵活调整各院系的用房。

(2)以规划,景观,建筑三位一体的整体化校园设计手法,从城市到校园,从整个校园的生态环境到建筑组群,到建筑内部庭院,营造多层次的园林空间。立足于提高修养,陶冶情操,起到"环境育人"的作用。强调生态和环境优先的理念,充分利用自然条件,做足"生态"文章,构筑整个校园生态系统。尊重自然生态优先,结合地域、地区特点,以高起点的环境艺术及景观设计创造一个现代化的生态校园环境。现状围绕在校园南北的水体与人工园林环境将整个校园营造成统一的整体。

(3)强调"以人为本"的设计理念,同时体现在:满足教学、实训、生活的需求;满足交流、活动、休闲的需求;满足方便、安全的需求。建筑的单体设计尺度宜人,以现代建筑艺术为主要建筑特征,在体现时代特色的同时形成××校园的独特个性。

(4)反映教育智能化,信息化的特点,适应学科交叉的教学,实训模式。创造一个资源共享,联系便捷的智能型校园的教学与实训环境,体现学科间的密切联系与交融。在规划布局,外部空间上均体现网络化的特点,营造流通、交流、接触方便的交往空间,体现大学激励思想、创造知识的环境特点。

(5)以整体性为设计出发点,将校园一、二期规划整体设计,在校园整体布局中有效地实现资源共享、学科交融与学校的统一管理。

(6)校园规划教学区采用对称布置,建筑形态以现代的建筑语言为主要手段,建筑的层数大部分为多层,行政主楼是全校区建筑的最高点,为8层,高低错落,形成丰富的建筑轮廓线。

➤ 9.6.3 校园功能组织分区设计

校园规划用地范围根据要求,分为五大功能区:主教学区、科研发展区、学生生活区、体育运动区、景观区。规划总建筑面积为254203.25平方米,容积率为0.76,建筑密度为21%,绿地率为27.5%。

(1)主教学区:包括院系教学实训楼、公共教学楼、图书馆、礼堂及学生活动中心、校行政楼、国际交流中心等,新校园教学区沿着校园东侧(201国道)主入口中心广场两侧对称布置,形成一个较为完整的一体空间,建筑曲线较为流畅,突出了整个校园的设计主题。

（2）科研发展区：在主教学区南北分设两组科研发展楼，它也是校园发展的备用地，采用同一建筑尺度和建筑形态，与校园的对称布置方式形成统一。

（3）学生生活区：学校生活区集中布置在校园西北侧，与校园教学区及生活服务区紧密相连，包括学生宿舍楼（1—8号楼）、学生及教工食堂、学生生活服务中心、后勤管理办公、超市、浴室、水房、锅炉房等。学生食堂布置在宿舍楼之间，便于服务利用。

（4）体育运动区：包括体育训练馆1栋；400米跑道标准运动场1块；篮球场18块，含室内2块；排球场8块；网球场6块；室外器械活动场7块；室内羽毛球场5块；室内乒乓球台20台；室内体操及健身馆各一处。

（5）景观区：根据新校区区位特点，主教学区集中布置于校园东侧中心区域，教学区以中轴对称布局为特征，中央绿地间的南北建筑红线为110米，中轴绿地纵深280米。东侧紧邻的201国道设校园主入口。校前区有入口广场，用于人流集散；中轴西侧为校园中心的礼仪广场，可安排学校的一些重要活动。教学区依中轴分南北两区，两侧的教学建筑均呈院落布局，基本采用五层高的多层建筑。南侧院系教学行政及实验楼群，从东至西依次为资源系楼、化工系楼、机电系楼、建筑系楼、信息系楼和经贸系楼；紧邻教学实训综合楼为校图书馆，北侧由东至西依次为国际交流中心及两栋公共教学楼，西侧紧邻行政主楼为礼堂及学生活动中心。中央绿轴正对的西端为八层高的校教学实训综合楼，它作为学院的标志平面呈弧形布局，办公楼部分以小高层布局整体面向东侧中央绿轴的开放空间，西侧大会议室及两组阶梯教室面向校园操场布局。

考虑校园用地的集约性，规划中将教学区南北两侧分设两组科研发展区，一方面沿街用房考虑校园地处城市生态研发区，可强化学校产学研结合的实用功能，另一方面，考虑学校发展，亦可作为教学区发展的备用地。

学生生活区位于校园西北部。学生宿舍楼为五层的多层楼，东西排列分别有四组围院组合而成，每个围院基本由两栋宿舍组成，两组宿舍楼的北侧分设有两组食堂综合楼，1号食堂的一、二层为学生食堂，三层为教工食堂；2号食堂一、二层为学生食堂，三、四层为超市、银行、邮电、浴室等组成的学生生活服务中心。学生生活区最西端，即校园西北隅设有后勤管理中心及锅炉房。在网球场东侧设有垃圾收集站、公厕、污水处理站。

校园中心区校教学实训综合楼的西侧，学生生活区的南侧为校园操场，为标准400米跑道，结合环境及小品设计，是师生校园生活的主要休闲活动场所。操场西侧，校园西南隅为集中体育运动场地，包括篮球场、排球场和网球场。

➤ 9.6.4　校园道路交通规划

校园规划在用地东西两侧分设校园主入口和次入口各一个，另在校园北侧科研发展区及学生生活区各设有一个次入口。校园主入口直接与201国道相连接，有利于展现校园的形象，方便主教学区师生的出入和学校的对外交流。

校园内道路设计主次分明，线路流畅，沿教学区中轴教学楼南北两组团的外侧，由校前区自东向西构成环形主干道，与学生生活区南侧的东西道路整体构成校园的干道系统，一直贯通到校园西侧入口。校园的次级道路基本沿建筑周边布置，与主干道构成环线便于交通疏散。校园道路主干道8米，两侧各有2米人行道，道路红线宽口米；次干道6米，两侧各有

2 米人行道,道路红线宽 10 米。路面采用柏油路面,人行道铺设方砖。道路最小纵坡为 0.3%。主入口校前区、主楼前学校中心区、学生食堂、体育馆及运动场看台前均设有集散广场,以方便师生的日常生活,也为校园安全创造了有利条件。

➤ 9.6.5 校园空间景观及绿地规划

校园内绿地系统原则上"点"、"线"、"面"的方式进行组织,整个校园以南北两侧的自然水渠围合而成,利用自然景观与人工景观,在校园东侧主入口处设中心广场,中心区设置集中绿地和活动广场,并使校园各功能区围绕中心广场有机组织,并将校园外绿化景观有机渗入到校园内。

校前广场及中央绿轴是校园第一印象的呈现,校前广场和教学实训综合楼前大草坪是校园开放空间的核心,教学楼建筑的组合与上述景观轴相得益彰,使两者互为因借,凸显出两侧院系教学楼、公共教学楼、图书馆、礼堂及行政主楼等主体建筑的标志性,烘托出浓郁的校园壁间文化氛围。

校园操场是另一个良好的开敞空间,标准的 400 米跑道,沿着操场道路两边种植高大的树木,配置一些绿化及小品加以点缀,形成小的自有空间。

在校园的南侧人工设置了两座小的山丘,围绕山丘种植一些高低错落的树木,与校园南侧的自然水渠形成有山有水的良好景观,使师生置身于绿意盎然的校园环境中。开放景观与庭院小景的有机融合,使校园景观层次充裕、丰富多彩。

◢ 案例讨论

1. 该校园各个功能区、道路和绿地规划如何体现工程规划与设计的目的?
2. 该校园整体规划设计如何体现工程规划与设计的一般原则?

◢ 思考题

1. 工程规划的一般过程有哪些?
2. 如何组织工程规划和设计团队?
3. 工程规划与设计中知识管理要注意哪些问题?
4. 工程规划与设计时应满足哪些法律法规的要求?

第 10 章

工程项目管理

10.1 工程项目管理概述

➤ 10.1.1 工程项目的概念、特点及分类

1. 工程项目的概念

工程项目是指为达到预期的目标,投入一定量的资本,在一定的约束条件下,经过决策与实施的必要程序,从而形成固定资产的一系列活动的总称。从管理角度看,一个工程项目应是在一个总体设计及总概算范围内,由一个或者若干个互有联系的单项工程组成的,在建设中实行统一核算、统一管理的投资建设工程。

2. 工程项目的特点

一般说来,工程项目具有如下几个特点:

(1)目标的约束性。工程项目实现其目标要受到多方面条件的制约,其中最主要的有:①时间约束,即工程要有合理的工期时限;②资源约束,即工程要在一定的人、财、物力条件下来完成;③质量约束,即工程要达到预期的生产能力、技术水平、产品等级的要求。

(2)周期长。工程项目一般建设周期长,投资回收期长,工程寿命周期长,工程质量好坏影响面大,作用时间长。

(3)风险大。由于工程项目建设是一次性的,其周期长,建设过程中涉及的各种不确定因素很多,因此投资的风险很大。

(4)特殊的组织和法律条件。工程项目组织是一次性的,项目参加单位之间主要靠合同作为纽带建立起联系,同时以经济合同作为分配工作、划分责权利关系的依据;而工程参加单位在工程实施过程中的协调,主要是通过合同和各种管理规范实现的;工程组织是多变的、不稳定的;工程项目建设和运行应遵守相关的法律条例。

(5)复杂性和系统性。现代工程项目复杂性高、系统性强,主要反映在以下几方面:有新知识、新工艺的要求,技术复杂、新颖;由许多专业组成,各单位共同协作;工程项目经历由构思、决策、设计、计划、采购供应、施工、验收到运行的全过程,项目使用期长,对全局影响大;受多目标限制,如资金限制、时间限制、资源限制、环境限制等。

3. 工程项目的分类

由于工程项目种类繁多,为便于科学管理,需要从不同角度来作出分类。

(1)按投资的再生产性质划分。按投资的再生产性质,工程项目可分为基本建设项目(如新建、扩建、改建、迁建、重建)和更新改造项目(如技术改造项目、技术引进项目、设备更

新项目等)。

(2)按建设规模划分。按国家规定的标准,基本建设项目可划分为大型、中型、小型项目;技术改造项目可分为限额以上项目和限额以下项目。

(3)按建设阶段划分。按建设阶段,工程项目可分为预备项目(投资前期项目)或筹建项目、新开工项目、施工项目、续建项目、投产项目、收尾项目和停产项目等。

(4)按投资建设的用途划分。按投资建设的用途,工程项目可分为生产性建设项目(即用于物质产品生产的建设项目)如工业项目、运输项目、农田水利项目、能源项目等,和非生产性建设项目(即满足人们物质文化生活需要的项目)如经营性项目和非经营性项目等。

(5)按资金来源划分。按资金来源,工程项目可分为国家预算拨款项目、国家拨改贷项目、银行贷款项目、企业联合投资项目、企业自筹项目、利用外资项目、外资项目等。

➢ 10.1.2 工程项目管理的要素与过程

工程项目管理是指管理者按照工程实施客观规律的要求,在有限的资源条件下,运用系统工程的特点、理论和方法,对工程项目涉及的全部工作进行管理。即从工程项目的决策到实施全过程进行计划、组织、指挥、协调、控制和总结评价,以实现工程预定的目标。从工程项目管理的内涵出发,工程项目管理包括如下五方面要素:

(1)管理的客体。工程项目管理的客体是项目涉及的全部工作,这些工作构成了工程项目的系统运动过程——项目周期。

(2)管理的主体。工程项目管理的主体是项目的管理者。工程项目的管理者应该是投资者(项目业主)及其委托方(项目承包单位和监理公司等),他们对工程项目的全过程进行管理。

(3)管理的目的。管理的目的是实现项目的目标。管理的性质和功能决定了它本身不是目的,而是实现一定目的的手段。具体地说,工程项目管理的目标是:在有限资源条件下,保证项目时间、质量、成本达到最优化。

(4)管理的职能。项目的管理职能可概括为计划、组织、指挥、协调和控制。离开这些职能,项目的运转是不可能的,管理的目标亦无法实现。

(5)管理的依据。管理的依据是工程项目的客观规律。管理是人的主观行为,而主观行为必然要受到客观规律的制约。要实现管理目标,达到预期效果,就必须尊重工程项目运行的客观规律。

现实中的绝大多数工程项目具有寿命的周期性,即在其实施过程中的不同阶段会呈现出相似的特点。基于这些特点,工程项目可划分为不同的阶段进行管理。按照我国建设部门的相关规定,工程项目通常是划分为如下三个大的阶段来进行管理和控制的。

1. 立项决策阶段

立项决策阶段是指从工程项目的投资意向到评估决策这一时期。这一时期的中心任务是对工程项目进行科学的论证研究和评估决策。该阶段又可进一步划分为以下四步:

(1)投资机会选择。机会选择是对工程项目内容的粗略描述和概括,目的是要找准投资方向和领域。

(2)项目建议书。项目建议书是投资机会的具体化,是项目得以成立的书面文件。应对申报的理由及其主要依据、项目的市场要求、生产建设条件、投资概算和简单的经济效益和社会效益情况作出概要叙述。

（3）可行性研究。可行性研究是投资前期工作的中心环节，需组织各方面专家和实际工作者，对项目进行科学的、详细的研究论证，提出项目的可行性研究报告。

（4）项目评估与决策。项目评估是对可行性研究报告的评价，是工程项目立项决策的最后依据。

2. 设计实施阶段

设计实施阶段是指工程项目在立项决策后，从项目的选址到竣工验收这段时间，其主要任务是实现立项决策阶段制定的目标，把构思设计变成现实。该阶段包括以下六步：

（1）项目选址。工程项目的选址从宏观上看，首先要考虑国家的生产力布局和发展规划，同时注意相关产业的连接关系；其次是环境影响，包括城市建设与改造迁移、环境保护等。从项目发展自身条件看，要求厂址建在自然资源与原料产地邻近地区；地质、水文、自然气候适宜工程项目的生存与发展；交通运输、燃料动力、水源供给条件要便捷经济；尽量节约用地、避免占用农田，同时要考虑自然景观和文物古迹保护等因素。

（2）设计。设计是项目可行性研究的继续和深化，是对工程项目各项技术经济指标进行全面规划的重要环节，一般包括设计概论、建设规模与产品方案、总体布局、工艺流程及设备选型、主要设备清单和材料、主要技术经济指标、主要建筑物、公用辅助设施、劳动定员、"三废"处理、占地面积及征地数量、建设工期计划、总投资概算等文字说明及图纸。

（3）制订年度建设计划。一般来说，投资项目的建设时间均为跨年度的，因此，通常以年为单位制订建设计划，以保证投资项目有计划、按节奏地平衡进行，达到合理使用资金和资源、保证时间效益的目的。

（4）施工准备与施工。在制订年度建设计划后，即可着手施工前的准备工作。其目的是保证工程施工的顺利进行，防止疏忽和遗漏，避免施工建设间停带来损失。

（5）生产准备。在工程项目正式竣工投产以前，为了保证使项目尽快达到设计的理想状态，必须做好生产准备工作，它是竣工与正式生产之间不可忽视的环节。生产准备工作一般有：按计划要求培训管理人员和工人，组织生产人员参加主要设备和工程的安装、调试，在投产前熟悉工艺流程和操作技术，同时进一步落实开工必备的原材料和辅助产品。

（6）竣工验收、交付使用。竣工验收的目的是要按照设计要求检查施工质量，及时发现问题并予以解决，以保证工程项目建成后达到设计要求的各项技术经济指标。

3. 生产使用阶段

工程项目经过生产使用阶段，可实现生产经营目标，归还贷款，回收投资。这一阶段包括以下三步：

（1）项目后评价。项目后评价是工程项目竣工验收及使用（生产、使用、营运）一段时间后，对工程项目的立项决策、设计、施工、竣工验收、生产营运全过程进行系统评价。通过后评价达到肯定成绩、总结经验、研究问题、吸取教训、提高项目决策水平和投资效果的目的。

（2）实现生产经营目标。实现生产经营目标，一是要尽快生产出合格产品并达到设计所规定的年生产能力，二是按计划逐年实现利润指标。

（3）资金回收。工程项目在建成投产转入正常生产经营后就要逐年从收入中收回投资，偿还贷款。资金回收的速度反映了工程项目的财务生命力，为了保证资金的正常回收，要建立一整套规章制度。

➤ 10.1.3　工程项目管理的内容与任务

为了实现工程项目的目标,必须对其进行全过程的多方面管理。在工程项目的不同实施阶段,管理工作的内容不同。其主要内容包括:①工程项目目标设计、项目定义及可行性研究等;②工程项目的系统分析,包括外部系统(环境)调查分析及内部系统(项目结构)分析等;③工程项目的计划管理,包括实施方案及总体计划、工期计划、成本(投资)计划、资源计划以及它们的优化等;④工程项目的组织管理,包括组织机构设置、人员组成、各方面工作与职责的分配、管理规程的制订等;⑤工程项目的合同管理,包括招标投标管理、合同实施控制、合同变更管理、索赔管理等;⑥工程项目的信息管理,包括信息系统的建立、文档管理等;⑦工程项目的实施控制,包括进度控制、成本(投资)控制、质量控制、风险控制、变更管理;⑧工程项目后工作,包括验收、移交、运行准备、后评估、对实施过程进行总结,研究目标实现的程度、存在的问题等。

工程项目管理的任务可以概括为最优地实现项目的质量、投资/成本、工期、安全四大目标,亦即有效地利用有限的资源,用尽可能少的费用、尽可能快的速度和优良的工程质量建成工程项目,使其实现预定的功能。工程项目建设不同阶段具有不同的阶段性目标,阶段性目标服从和受控于总目标,并影响总目标的实现。工程项目管理者的任务就是在一定的约束条件下,有效地组织人力、物力、财力去逐一实现阶段性目标,进而保证总目标的实现。工程项目管理过程由四个基本环节组成,这四个环节就是管理任务的具体化。首先是确定目标,即在规定的总目标下,确定某一方面的目标和这方面工作的阶段性目标。其次是制订方案和措施,即在明确目标之后,就要提出达到目标的多种方案,并对各种方案进行评审,分析其长处和短处,然后确定实现目标的最佳方案,在此基础上提出具体措施。再次是实施方案,亦即将选定的方案付诸实施。最后是跟踪检查,即检查决策方案的执行情况,如果未被执行或执行的效果不理想,则应查明干扰因素来自何处,如果问题明确,则又回到确定目标上去,开始新的一轮循环。

10.2　工程项目的招投标管理

➤ 10.2.1　工程项目的采购方式

采购是指从组织外部获得货物、工程和服务的整个采办过程。采购的类型大体上可以分为两类,即有形采购和无形采购,而有形采购又可分为货物采购和工程采购两类。任何工程项目的实施都离不开采购活动,采购工作是工程项目实施的重要环节,甚至是决定项目建设成败的关键。采购对工程项目的重要性,可归纳为以下几点:

(1)采购工作是工程项目执行中的关键环节并构成项目执行的重要内容,采购能否经济有效地进行,不仅影响着成本控制,而且也关系着项目预期效益能否充分发挥。

(2)采购工作涉及巨额费用的管理和使用,招标投标过程又充满商业竞争,如果没有一套严密而规范化的程序和制度,就会给贪污、贿赂之类的腐败或欺诈行为和严重浪费现象提供滋生的土壤,给项目的实施带来危害。

(3)采购要兼顾经济性和有效性两个方面,要使两者有机地和完美地结合起来,也就是使采购的货物或工程,既要费用低、质量好,又要在合理的时间内尽早完成,避免和减少延误。

(4)采购工作是否公正合理,会直接影响国家提高生产力、促进经济增长目的的实现。

为了确保采购工作的顺利实施,并有效地为工程项目总目标的实现服务,在进行采购时通常需要遵守以下基本原则:

(1)经济性和效率性。采购要在经济上有效,也就是说,所采购的工程、货物、服务应具有优良的质量,以及在合理的、较短的时间内完成采购,以满足工程工期的要求。

(2)均等的竞争机会。即采购要给予合格竞争者均等的机会,所有符合条件的公司都可参与资格预审、投标、报价,提供项目所需的货物、工程或服务,参与投标的公司在招标的各个环节上必须受到公平等待遇。

(3)促进产业的发展。采购特别是国家投资工程项目的集中采购,通常还担负着配合国家宏观经济及产业政策实施的任务,为推动和扶持国家鼓励的产业提供动力。

(4)透明度。即强调采购过程的客观性,加强对采购过程的监督,反对暗箱操作。

通常,工程项目的采购方式可分为招标采购方式和非招标采购方式两大类,前者包括国际竞争性招标、有限国际竞争性招标和国内竞争性招标;后者包括国际国内询价采购(通常称之为“货比三家”)、直接签订合同和自营工程。

1. 国际竞争性招标

国际竞争性招标(international competitive bidding,ICB)是指,招标人在全世界范围内以公开招标的方式选择中标人。国际竞争性招标可以使采购人能够经济有效地采购到所需的货物、土建和服务,并保证所有的供货商和承包商有一个公平参与投标竞争的机会。以世界银行贷款项目为例,国际竞争性招标的基本程序一般分为如下十步:

(1)刊登采购总公告。刊登采购总公告的目的,是使所有的供货商或承包商能随时不断地了解世界银行贷款项目的采购动向,它仅是具体招标通告的补充,采购总公告提供的信息应足以使未来的供货商或承包商判断是否对将来的招标有兴趣。

(2)资格预审。凡是大型复杂的土建工程、大型成套复杂设备或专门的服务,或交钥匙合同、设计与施工合同、管理承包合同等,在正式组织招标之前要先进行资格审查,对投标人是否有资格和足够的能力承担这项工程或制造设备预先进行审查,以便缩小投标人的范围,使不合格的厂家避免因准备投标而花费大量的开支,也使项目单位减轻评标的负担,同时有助于确定国内优惠的合格性等。

(3)编制招标文件。招标文件编制的质量优劣,直接影响到采购的效果和进度,其重要性表现在:①招标文件是招标者招标承建工程项目或采购货物及服务的法律文件,招标单位在开标后不得再对招标文件(包括补遗书)进行修改;②招标文件是投标人准备投标文件及投标的依据;③招标文件是评标的依据;④招标文件是签订合同所遵循的文件。

(4)刊登具体招标公告。在发行资格预审文件或招标文件之前,要至少在借款国内一份广泛发行的报纸及官方杂志上刊登预审或招标通告作为具体采购通告。招标通告的内容包括:借款国名称,项目名称,采购内容简介,资金来源,交货时间或竣工工期,对合格货源国的要求,发售招标文件的单位名称、地址及文件售价,投标截止日期和地点的规定,投标保证金的金额要求,开标日期、时间和地点。

(5)发售招标文件。如果单独进行过资格预审,那么招标文件的发售可按通过资格审查的厂商名单发送;如果没有单独进行过资格预审,招标文件可发售给对招标通告作出反应,并有兴趣参加投标的合格国家的厂商。

(6)投标。为了使投标人有充分的时间组织投标,投标时间的确定,应特别考虑以下几点:①要根据实际情况合理确定投标文件的编制时间;②对大型工程和复杂设备,招标人要组织标前会和现场考察;③对投标人提出的书面问题要及时予以澄清、答复,澄清和答复内容要以补遗书形式发给所有购买招标文件的单位。

在规定的投标截止日期之前提交的标书,才能被接受,凡是在截止日期过后收到的标书,要原封退还。收到投标后要签收或通过投标人确认已收到提交的标书,并记录收到日期和时间。在收到投标文件至开标之前,所有的投标文件均不得启封,并要妥善保存。

(7)开标。开标应按招标通告中规定的时间、地点公开进行,并邀请投标人或其委托的代表参加。开标时,要当众宣布投标人名称、投标价格、有无撤标情况、有无提交合格的投标保证金以及招标单位认为其他合适的内容。投标文件中附有降价信、提价信、折扣率等,一律要一并宣读,未宣读者应视为无效,且在评标中不予考虑。

(8)评标。评标目的是根据招标文件中确定的标准和方法,对每个投标人的标书进行评价比较,以选出最低评标价的投标商。招标文件是评标的依据,评标不得采用招标文件规定以外的任何标准和方法,凡评标中需考虑的因素都必须写入招标文件。

(9)授标。根据世行的规定,合同要授予最低评标价的投标商。在评标报告与授标建议经世行批准后,可以发出中标通知书。合同的授予要在投标有效期内进行。

(10)签订合同。合同签字和提交履约保证金后,合同就正式生效,然后进入合同实施阶段。

2. 有限国际竞争性招标

有限国际竞争性招标(limited international bidding,LIB)方式实际上是一种不公开刊登广告,而直接邀请有关厂商投标的国际竞争性招标。有限国际竞争性招标方式通常适用于下述情况:①采购金额较小;②有能力提供所需货物的供货商、服务的提供者或工程的承包商数量有限;③有其他特殊原因,证明不能完全按照国际竞争性招标方式进行采购,如紧急的援建项目等。

有限国际竞争性招标方式不必刊登广告,因此,必须先确定拟邀请参加投标的厂商名单。为了保证价格具有竞争性,邀请投标的厂商应当广泛一些,至少要有3家厂商,授标应在至少评比3家厂商的基础上作出决定。

3. 国内竞争性招标

国内竞争性招标(national competitive biding,NCB)是通过在国内刊登广告并根据国内招标程序进行的招标。它适用于下列情况:①合同金额小;②土建工程地点分散,而且施工时间可能要拖得很长;③劳动密集型的土建工程;④在国内能够采购得到的货物或工程,其价格低于国际市场的价格;⑤如果采用国际竞争性招标的方式所带来的行政或财务上的负担,明显地超过 ICB 所具有的优越性。

国内竞争性招标与国际竞争性招标方式的不同之处表现在：广告只限于刊登在国内报纸或公办的杂志上，不像国际竞争性招标那样要求刊登总采购通告；招标文件可用本国语言编写。国内竞争性招标的采购程序与国际竞争性招标类似，一般包括编写招标文件、刊登广告、投标、开标、合同谈判等步骤。至于资格预审，除非很大的项目，一般和评标一起进行资格审定，可不单独进行资格预审。采用国内竞争性招标，采购时间可以大大缩短，做到既经济又有效，从而加速工程项目的实施进度。

4. 其他采购方式

除招标采购方式之外，还可根据项目需要采用其他非招标采购方式，通常采用的此类方式有：国际或国内询价采购、直接采购、自营工程等。

(1)国际和国内询价采购。国际询价采购(international shopping,IS)和国内询价采购(national shopping,NS)，也称之为"货比三家"，是在比较几家国内外厂家(通常至少三家)报价的基础上进行的采购，这种方式只适用于采购现货或价值较小的标准规格设备，或者适用于小型、简单的土建工程。国际或国内询价采购方式的确定是根据项目采购的内容、合同金额的大小，及询价采购的金额占贷款采购量的比例等考虑因素而确定的。询价采购不需正式的招标文件，只需向有关的供货厂家发出询价单，让其报价，然后在各家报价的基础上，进行比较，最后确定并签订合同。

(2)直接采购或称直接签订合同，指不通过竞争的直接签订合同(direct contracting,DC)的采购方式，可以适用于下述情况：①对于已按照规定的程序授标并签约而且正在实施中的工程或货物合同，在需要增加类似的工程量或供货量的情况下，可通过这种方式延续合同；②考虑与现有设备配套的设备或备件的标准化方面的一致性，可采用此方式向原来的供货厂商增购货物；③所需设备具有专营性，只能从一家厂商购买；④负责工艺设计的承包人要求从指定的一家厂商购买关键的部件，以此作为保证达到设计性能或质量的条件；等等。

(3)自营工程。自营工程(force account)是土建工程中采用的一种采购方式，它是指项目业主不通过招标或其他采购方式而直接使用自己国内、省(区)内的施工队伍来承建的土建工程。自营工程适用于下列情况：①工程量的多少，事先无法确定；②工程规模小而分散，或所处地点比较偏远，使承包商要承担过高的调遣费用；③必须在不干扰正在进行中的作业的情况下进行施工、并完成工程；④没有一个承包商感兴趣的工程；等等。

➤ 10. 2. 2　工程项目的招标管理

当工程项目获得立项、设计文件已经批准、建设资金得到落实、招标文件编写完成及施工准备业已就绪后，即可启动招标程序。工程项目的一般招标程序如图 10-1 所示。一般情况下，可以将招标过程划分为三个阶段：招标准备阶段、招标实施阶段、开标定标阶段。下面就这三个阶段中招标管理工作的关键环节作一介绍。

1. 招标准备阶段

招标准备阶段是从履行工程项目的审批手续开始，至招标文件及标底编写完成为止，这段时间的程序如下：

(1)履行审批手续。对于依法必须进行招标的工程项目，要按照国家有关规定，需要履行审批手续、取得批准。

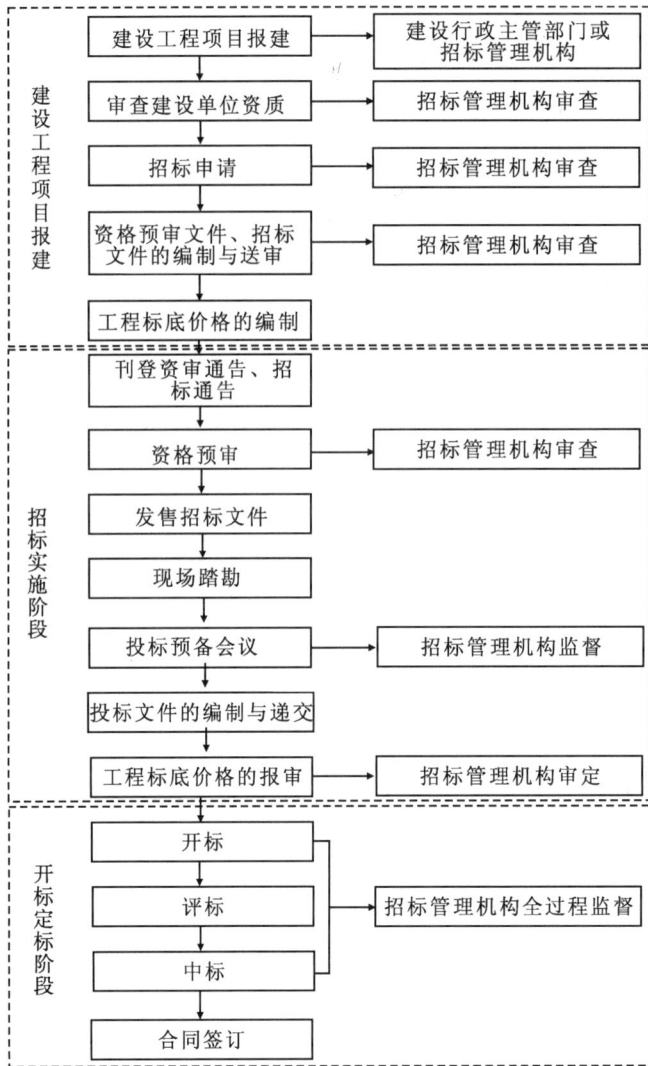

图 10-1 工程项目招标程序

(2)办理工程报建备案。取得建设项目立项批准文件之后,招标人应按照《工程建设项目报建管理办法》规定具备的条件,向建设行政主管部门办理报建备案。

(3)选定招标方式。招标人应按《中华人民共和国招标投标法》和有关招标投标法律法规、规章的规定确定招标方式。

(4)办理招标申请。按有关现行工程建设法规的规定,招标人应向建设和行政主管部门办理招标备案或申请手续,取得批准后方可招标。招标申请一般要求说明招标项目范围、招标项目准备情况、招标单位的招标能力、对投标人资质要求、拟采用的招标方式等内容。

(5)编制招标文件及标底。招标文件是招投标过程中重要的法律文件,它不仅规定了完整的招标程序,而且还提出了各项具体的技术标准和交易条件,规定了拟订立合同的主要内容,是投标人准备投标文件和参加投标的依据,也是订立合同的基础。《招标投标法》规定,招标人应根据招标项目的特点和需要编制招标文件。对于有标底招标,标底是评标的重要依据,所以,招标人应认真谨慎地编制工程项目的标底。

2. 招标实施阶段

招标实施阶段是从发布招标公告(或投标邀请书)开始至接受投标截止日期为止,这段时间的程序如下:

(1)发布招标公告或投标邀请书。招标公告是招标人以公开方式邀请不特定的潜在投标人就某一工程项目进行投标的明确意思表示,这是公开招标的第一步。依法必须进行招标项目的招标公告应当通过国家指定的报刊、信息网络或其他媒介发布。招标公告应包括以下主要内容:招标人的名称、地址、电话、联系人或招标代理机构的名称、地址、电话、联系人,招标项目的性质,招标项目的数量,招标项目实施地点,招标项目实施时间、质量要求,获取招标文件的办法,对投标人的资格要求,报送投标书的时间、地点和截止日期,招标的资金来源,招标工作安排等。投标邀请书是法定招标项目,按规定经批准可采用邀请招标方式时,招标人以邀请书的形式邀请事先选定的特定的潜在投标人,就某一项目进行投标的明确意思表示。投标邀请书的法定内容与公开招标的招标公告内容一致。

(2)资格预审。招标人对潜在投标人的资格预审,其目的是使具有承接该项目能力的潜在投标人参与投标竞争,筛选掉不具备条件的,这样可以保证中标人能够履行合同义务,保质保量地完成招标项目。一般资格预审包括投标人投标合法性和投标能力的审查。招标单位参照《建设项目施工招标资格预审文件》,根据工程具体情况和要求编写资格预审文件,并报招标管理机构审查,同意后刊登资格预算通告,按规定日期、时间发放资格预审文件。资格预审评价方法目前国内常用的是"综合评价法",具体做法是:首先,根据工程特点确定评价项目、标准;其次,淘汰报送资料不全的投标者;再次,如果投标人数目较多,招标人可以按评价项目标准评分,最后根据评分结果确定投标人名单,并向所有合格单位发出资格预审合格通知书,申请单位收到通知书后以书面的形式予以确认。

(3)发售招标文件。收到允许参加投标通知的潜在投标人,按招标公告或资格预审合格通知书规定的时间向招标人购买或领取招标文件。不进行资格预审的,发售给愿意参加投标的单位。投标人收到招标文件后,在7日内以书面形式向招标人提出有关疑问或需澄清的问题。招标人对已发出的招标文件进行必要的澄清或修改,应当在招标文件要求提交投标文件截止时间至少15日前,以书面形式通知所有招标文件收受人。这是招标人必须履行的义务,因为招标文件收受人没有一种独立的方法可以了解到招标人对招标文件所做的必要的澄清或者修改。同时,提前15天以书面的形式通知所有投标人的要求,也能确保投标人对招标人提出的澄清或者修改意见及时作出回应。

(4)现场踏勘。现场踏勘即实地勘察,是招标人根据招标项目的具体情况,组织潜在的投标人踏勘项目现场。其目的是使投标人了解项目的实施场地和周围环境,以获得有关投标策略的资料和信息。现场踏勘包括亲临现场踏勘和市场调查两个方面,主要由招标单位介绍现场情况。现场踏勘一般安排在投标预备会的前几天。投标人在现场踏勘中如有疑问,应在投标预备会前以书面形式向招标人提出。

(5)投标预备会。投标预备会的目的在于澄清招标文件中的疑问,解答投标人对招标文件和现场踏勘所提出的疑问。一般可以安排在发售招标文件后7—28日内举行。投标预备会由招标人主持,招标机构监督。会议的主要内容是:对图纸或有关问题交底;澄清招标文件的疑问问题或补充修改招标文件;解答投标人提出的疑问;通知有关事宜。

（6）受理投标文件。在投标截止时间前，招标人应做好投标文件受理准备工作，如签收的书面证明，书面证明中列有签收的时间、地点、具体签收人、签收的件数、密封状况和送达人签字。招标单位要对文件的密封标志签收，遵守有关规定，并妥善保管。

（7）工程标底价格的报审。工程施工招标的标底价格在开标前报招标管理机构审定，招标管理机构在规定的时间内完成标底价格的审定工作，未经审定的标底价格一律无效。标底价格审定的内容与标底的组成内容相同。标底价格的编制人员应在保密的环境中编制，完成之后应密封送审标底。标底价格审定完成后应及时封存，直至开标。所有接触过标底价格的人员在截止日后、开标之前都有保密责任，不得泄漏标底价格。

3. 开标定标阶段

开标定标阶段是指从开标到签订招标工程项目合同为止这段时间。这个阶段对招标工作的成败具有决定性意义，也是招标终结阶段。通常包括以下几步工作：

（1）开标。开标是指招标人将所有投标人的投标文件启封揭晓。开标应按招标通告中规定的时间、地点公开进行，并邀请投标人或委托的代表参加。开标时，要当众宣读投标人名称、投标价格、有无撤标情况、有无提交合格的投标保证金以及招标单位认为其他合适的内容。凡投标文件中附有降价信、提价信、折扣率等，一律要一并宣读，未宣读者应视为无效，在评标中不予考虑。《招标投标法》规定，开标应当与招标文件中确定的提交投标文件截止日期同时公开进行；开标由招标人主持，开标时，由投标人或者推选的代表检查投标文件的密封情况，也可以由招标人委托的公证机构检查并公证；经确认无误后，由工作人员当众拆封，宣读投标人的名称、投标价格和投标文件的其他主要内容。招标人在招标文件要求提交投标文件的截止时间前收到的所有投标文件，开标时都应当众予以拆封、宣读。开标过程应当记录，并存档备查。

（2）评标。所谓评标，是指按照招标文件规定的评标原则、标准和方法，对各投标人的投标文件进行评价比较和分析，设有标底的，应当参照标底，从中评选并推荐合格的中标候选人的过程。其工作的主要内容包括：组成评标委员会、投标资格审查、评标、写出评标报告。

评标的一般程序如下：①开标会结束后，投标人退出会场，开始评标；②评标委员会审阅评标文件，检查投标人对投标文件的响应情况和文件的完备情况；③对审阅后的有效投标文件进行实质性评议；④评标委员会要求投标人对投标文件中的实质内容进行说明和解释；⑤评标委员会对评标结果审核，确定中标人的顺序，形成评标报告；⑥评标结果送招标投标管理机构审查，确认后根据评标结果宣布中标人。

（3）中标。中标，是招标人根据评标报告和推荐的中标候选人名单，最后选定一名投标人为中标者的过程。《招标投标法》规定中标人的投标应当符合下列条件之一：能够最大限度地满足招标文件中规定的各项综合评价标准；能够满足招标文件的实质性要求，并且经评审的投标价格最低；但投标报价低于成本价的除外。确定中标单位后，招标单位应于5日内持评标报告到招标管理机构核准，招标管理机构在2日内提出核准意见，经核准同意后招标单位向中标单位发放"中标通知书"；向未中标单位发通知书，收取保证金的，应尽快退还未中标人的投标保证金。中标通知书是招标人向中标人发出的通知其中标的书面凭证，对招标人和中标人均具有法律效力，违者要承担缔约过失责任。中标人收到中标通知书后，按规定提交履约担保并按规定时间、地点与招标人签订合同。

（4）合同签订。合同签订，即建设单位与中标的投标单位在规定的期限内签订合同。在约定的日期、时间和地点根据《中华人民共和国经济合同法》、《建设工程施工合同管理办法》等的规定，依据招标文件、投标文件，双方签订工程合同。中标单位拒绝在规定的时间内提交履约担保和签订合同，招标单位报请招标管理机构批准同意后取消其中标资格，并规定没收其投标保证金，并考虑与另一参加投标的投标单位签订合同。建设单位如拒绝与中标单位签订合同，除双倍返还投标保证金外，还需赔偿有关损失。建设单位与中标单位签订合同后，建设单位及时通知其他投标单位其投标未被接受，按要求退回招标文件、图纸和有关技术资料，同时退回投标保证金（无息）。因违反规定被没收的投标保证金不予退回。

10.2.3　工程项目的投标管理

工程项目投标是经审查获得投标资格的投标人，以同意发包方招标文件所提出的条件为前提，在广泛的市场调查的基础上响应招标，按规定程序编写投标文件，以投标报价的竞争形式获取工程任务的过程。

1. 投标前期的准备工作

投标的前期准备工作通常包括如下内容：

（1）成立投标工作组织。当一个公司进行工程投标时，组织一个强有力的、内行的投标班子是十分重要的，投标机构中的组成一般要有经济管理、专业技术、商务金融、合同管理的专家参加。作为承包商来说，要注意保持报价班子成员的相对稳定，以便积累和总结经验，不断提高素质和水平，提高估价工作的效率，从而提高本公司投标报价的竞争力。

（2）参加投标资格预审。承包商得到招标信息后应及时报名参加投标，得到投标邀请之后明确向业主表明参加投标的意愿，以便得到资格审查的机会。对于资格预算文件，投标人应特别注意要根据所投工程的特点，有重点地填写，对在评审内容中可能占有较大权重的内容要多填写，有针对性地多报送资料，并强调本公司的财务、人员、施工设备、施工经验等方面的优势。

（3）研究招标文件。应对招标文件进行仔细的研究，特别是要重点研究招标文件中的下列内容：①投标者须知，了解招标项目的资金来源、对投标担保形式、投标文件的送达时限、是否允许对投标文件进行调整等；②合同条款，包括合同结构、合同的法规背景、承包方式、合同计价方式、合同的风险因素等；③技术规定，包括工程的技术和工艺特点，对设备、材料、施工和安装方法所规定的技术要求，对工程质量的要求及适应标准的体系规定，对特殊部分实行强制性标准的要求等；④工程量清单，认真复核工程量，按照不同形式的计算规则，对暂定金额、计日工、各类费用的费率进行复核计算；⑤评标办法，即分析评标方法和授予合同的标准，据以采取相应的投标策略。

（4）调查研究、勘察现场。为了获得投标决策的主动权，投标人应广泛收集与招标项目相关的各种信息，通过勘察施工现场、查阅资料、参加有关会议，走访同行专家和地域相关管理机构等多种形式开展信息汇集工作，为投标决策提供依据。其主要工作包括：施工现场自然条件调查，施工条件调查，施工辅助条件调查，生产要素市场调查，潜在的协作单位调查，招标单位及关联单位情况调查，对竞争对手的调查，项目所在地有关机构情况的调查，业主与项目情况调查等。

（5）对工程造价资料的利用。建立工程造价资料积累制度是工程造价计价依据极其重要的基础性工作，全面系统地积累和利用工程造价资料，建立稳定的造价资料积累制度，对于加强工程造价管理、合理确定和有效控制工程造价具有十分重要的意义。建立工程造价数据资料库，其主要作用是提供下列资料和信息：编制概算指标、投标估算指标的重要基础资料，编制投资估算、设计概算的类似工程设计资料，审查施工图预算的基础资料，研究分析工程造价变化规律的基础资料，编制固定资产投资计划的参考资料，编制标底和投标报价的参考资料，编制预算定额、概算定额的基础资料等。

2. 投标工程项目施工方案的分析与拟订

投标项目施工方案的拟订是投标报价的一个前提条件，也是招标单位评标时要考虑的一个重要内容之一。施工方案由投标单位技术专家负责主持制订，主要考虑施工方法，施工机具的配置、各工种劳动力的安排及现场施工人员的平衡、施工计划进度与分批竣工的安排、施工质量保证体系、安全及环境保护等。其具体包括如下内容：

（1）施工总进度计划。施工总进度计划是总设计中的主要内容，也是中标后现场施工管理的中心，是施工现场各项施工活动在时间上的具体安排和体现。计划中应说明各个施工项目及主要工种工程施工准备时间，单位工程、分项工程的拟定用工时间；说明施工现场的各种资源的需要量等。编制的要点是准确计算所有项目的工程量并填入工程量汇总表；根据本单位的施工经验、企业的机械化程度、建设规模和建筑类型对总工期的可能性进行具体分析。还要对施工顺序、分步施工计划，连续、均衡、有节奏施工等因素进行具体分析。

（2）施工的技术方案。施工方案应包括以下主要内容：①各分部分项工程完整的施工方案，保证质量措施；②施工机械的进场计划；③工程材料的进场计划；④施工现场平面图、布置图及施工道路平面图；⑤冬雨季施工措施；⑥地下管线及其他地上或地下设施的加固措施；⑦保证安全生产、文明施工、降低环境污染的措施。

（3）施工组织总设计。施工组织设计是指对拟建工程项目，在开工前针对工程本身的特点和工地具体情况，按照工程的要求对所需要的施工劳力、施工材料、施工机具和施工临时设施，经过科学计算、精心比较及合理安排后而编制出的一套，在时间上和空间上进行合理施工的战略部署文件，它由一份施工组织设计说明书、一张工程施工进度计划表、一套施工现场平面布置图所组成。

3. 投标报价的计算

投标报价是按照国家有关部门计价的规定和投标文件的规定，依据投标人提供的工程量清单、施工设计图纸、施工现场情况、拟定的施工方案、企业定额以及市场价格，在考虑风险因素、成本因素、企业发展 战略等因素的条件下，编制的参加项目投标竞争的价格。工程项目的投标报价一般由成本（直接费、间接费）、利润和税金构成。其编制可采用供料单价法和综合单价法计价等。工料单价法中分部分项工程量单价为直接费。直接费以人工、材料、机械的消耗量及其相应的价格确定。间接费、利润、税金按有关规定另行计算。综合单价法中分部分项工程量单价为全费用单价。全费用单价综合计算完成分部分项工程所发生的直接费、间接费、利润和税金。投标报价应当满足招标文件的要求，依据企业定额和市场价格信息，并按照国务院和省、市、自治区人民政府建设行政主管部门发布的工程造价计价方法进行计算。

4. 投标文件的编制与递交

对某项工程投标报价方案作出决策后,就可以编写正式投标文件。建设工程投标文件,是建设工程投标人单方面阐述自己响应招标文件要求,旨在向招标人提出愿意订立合同的意思表示,是投标人确定、修改和解释有关投标事项的各种书面表达形式的统称。其格式一般由招标单位制定,作为招标文件的组成部分,投标单位在填写前应仔细研究"投标须知",按规定的要求编制和报送。投标文件应完全按照招标文件的各项要求来编制,其中投标文件主文一般包括以下内容:投标书,投标书目录,投标保证金,法定代表人资格证明书,授权委托书,具有标价的工程量清单与报价表,辅助资料表,资格审查表,对招标文件中合同协议条款内容的确认和响应,按招标文件规定提交的其他资料。投标人应在招标文件规定的截止日期内将投标文件递交给招标人,招标人可以按招标文件中投标须知规定的方式,酌情延长递交投标文件的截止日期,在投标截止日期以后送达的投标文件,招标人应当拒收。投标人可以在递交投标文件以后,在规定的投标截止日期之前,采用书面形式向招标人递交补充、修改或撤回其投标文件的通知,补充、修改的内容为投标文件的组成部分;在投标截止日期之后,投标人不得修改或撤回投标文件。

10.3　工程项目的合同管理

➤ 10.3.1　工程项目合同的概念、特征及作用

1. 工程项目合同的概念

工程项目合同是指发包方和承包方为完成指定的工程项目,明确相互之间权利和义务而达成的协议。工程项目合同是项目实施过程中的各个主体之间订立的,它不仅仅是一份合同,而且是由各个不同主体之间的合同组成的合同体系。工程项目合同由以下五个要素构成:合同双方的彼此一致性、统一的计算和支付报酬的方式、合同规章、合法的合同目的和依据法律确定的合同类型。

2. 工程项目合同的特征

与一般经济合同相比,工程项目合同具有以下特征:

(1)合同的标的物具有特殊性。合同的标的物是工程项目,工程项目具有固定性的特点,而其对应的生产具有流动性;由于时间、地点、技术、经济、环保等条件的不同,造成了工程项目具有一次性特征,无法按重复的模式去组织建设;建设产品体积庞大,消耗资源多,涉及面广,投资额度大;工程项目建设在自然条件影响下,不确定因素多等。合同标的物的特殊性决定了工程项目合同管理的复杂性。

(2)合同履行的期限长。项目合同的履行期限长,是由工程项目实施周期长所决定的。由此也决定了合同管理的长期性,必须保证合同各方在享有约定权利的基础上履行合同中约定的义务;同时,也必须加强对工程项目各种合同的整体管理,保证各种构成要素之间的协调配合。

(3)合同包含的内容多。工程项目建设涉及诸方面的因素和多方面的法律关系,这些都

要反映到合同中。因此,项目合同往往分写成好几个文件,既要涵盖项目实施过程中的各个环节,又要包含项目实施过程中的各种条款。比如,除了一般性条款(如范围、质量、工期、造价等)外,还会有一些特殊性条款(如保险、税收、专利、文物等),条款有的多达几十条。

(4)合同涉及面广。工程项目实施过程中会涉及多方面的关系。如业主可能聘请招标公司或工程管理公司进行项目管理;承包方则会涉及工程分包方、材料采购与供应方。在大型工程项目中,甚至会有几十家分包单位,而国际工程招标投标中,还会涉及国外的工程单位。工程项目合同中必须明确所涉及的各方关系,订立相应的条款。这就决定了项目具有合同涉及面广、管理复杂的特点。

(5)合同风险大。工程项目所具有的一次性、固定性、涉及面广、投资额大、易受自然因素影响的特点,造成了合同的风险性,而建筑业市场的激烈竞争又加剧了这种风险。因此,在签订合同过程中须仔细斟酌,避免承担风险责任,并要善于把握和利用可能的风险因素获利,使己方在今后的合同执行中居于有利地位。

3. 工程项目合同的作用

在工程项目的实施过程中,合同发挥着重要的作用,具体表现在以下几方面:

(1)计划作用。通过合同条文的周密规定,可保证建设项目按实施计划、在规定的工期内顺利建成。

(2)组织作用。通过项目合同,明确规定了建设项目有关各个环节的协作配合,实现投资、勘测设计、施工、安装和竣工验收诸环节的严密组织和协调实施。

(3)监督作用。通过项目合同条文的制约,实现合同有关各方面的监督,对建设项目的建设工期、施工质量和建设费用起到有力的保证、监督作用。

(4)管理作用。为了严格执行项目合同,项目有关各方面都要加强管理工作,提高工作效率,进行科学管理,以达到顺利建成工程并获取计划利润,扩大再生产的目的。

(5)解决纠纷的依据。项目合同是解决合同各方在合同执行中发生的各种纠纷的最基本的依据。

➤ 10.3.2　工程项目的合同类型及条件

1. 按合同的标的物分类

按合同的标的物划分,项目合同可分为勘察设计合同、工程监理合同、土建安装工程承包合同、工程材料和机械设备供应合同、加工订货合同、工程咨询合同等。

(1)勘察设计合同。勘察设计合同是发包方与承包方为完成勘察设计任务,明确双方权利和义务关系的协议。

(2)工程监理合同。工程监理合同是工程项目的建设单位,委托监理单位对工程项目实施阶段的建设行为实行监督管理的协议。委托方必须委托与工程等级相适应的资质等级的监理单位进行工程监理。

(3)土建安装工程承包合同。土建安装工程承包合同是建设单位与承包商为完成商定的施工和安装工作内容,明确双方权利、义务关系的协议。

(4)工程材料和机械设备供应合同。合同的供方一般为物资供应商或机械设备的生产厂家,需方可能是建设单位,也可能是总承包商。

(5)加工订货合同。在项目建设工程中加工合同很多,加工合同的标的通常称为定做物,定做物可以是构件、机组设备或施工用品。加工合同的委托方称为定做方,该方需要定做物,另一方称为承揽方,完成定做物的加工。

(6)工程咨询合同。工程咨询合同是就特定的技术项目提供可行性论证、技术预测、专项技术调查、分析评价报告等所订立的合同。合同当事人一方可以是建设单位或承包商,他们提出咨询要求,为委托方;另一方是提供服务的咨询单位或个人,称为顾问方。为建设单位进行咨询服务的工作内容有机会研究、可行性研究、评价设计方案等;为承包商提供咨询服务的内容,有投标前机会研究、施工计划编制、施工方案咨询等。

2. 按合同所包括的工程范围和承包关系划分

按合同所包括的工程范围和承包关系划分,项目合同可分为总包合同和分包合同。

(1)总包合同。总包合同是指业主与总承包商之间就某一工程项目的承包任务签订的合同。总包合同的当事人是业主和总承包商,工程项目中所涉及的权利和义务关系,只能在业主和总承包商之间发生。

(2)分包合同。分包合同是指总承包商将工程项目的某部分工程或单项工程分包给某一分包商所签订的合同。分包合同的当事人是总承包商和分包商,工程项目所涉及的权利和义务关系,只能在总承包商与分包商之间发生。

3. 按承包合同的计价方法划分

按承包合同的计价方法划分,项目合同可分为总价合同、单价合同和成本加酬金合同。

(1)总价合同。总价合同又分为固定总价合同、调值总价合同和固定工程量总价合同三种。①固定总价合同。合同双方以图纸和工程说明为依据,按照商定的总价进行承包,并一笔包死。在合同执行过程中,除非业主要求变更原定的承包内容,否则承包商不得要求变更总价。这种合同方式一般适用于工程规模较小、技术不太复杂、工期较短,且签订合同时已具备详细设计文件的情况。②调值总价合同。在报价及签订合同时,以设计图纸、工程量清单及当时价格计算签订总价合同,但在合同条款中双方商定,如果在合同执行过程中由于通货膨胀引起工料成本增加时,合同价应相应调整。这种合同业主承担了物价上涨这一不可预测费用因素的风险,承包商承担其他风险。这种计价方式通常适用于工期较长,通货膨胀难以预测,但现场条件较为简单的工程项目。③固定工程量总价合同,即业主要求承包商在投标时按单价合同办法分别填报分项工程单价,从而计算出工程单价,据之签订合同。原定工程项目全部完成后,根据工程量调整总价。这种合同方式要求工程量清单中的工程量计算比较准确,不宜采用估算的数值,因此应达到施工图设计或扩大的初步设计的深度。

(2)单价合同。单价合同又可细分为估计工程量单价合同和纯单价合同两类。①估计工程量单价合同。承包商投标时按工程量表中的估计工程量为基础,填入相应的单价作为报价。合同总价是根据结算单中每项的工程数量和相应的单价计算得出,但合同的总价并不是工程项目费用的最终金额,因为单价合同中的工程量是一个估算值,这种合同形式适用于招标时还难以确定比较准确工程量的工程项目。②纯单价合同。招标文件只向投标人给出各个分项工程内的工作项目一览表,工程范围及必要的说明,而不提供工程量。承包商只要给出各项目的单价即可,实施时按实际工程量计算。但对于工程费分摊在许多工程中的复杂工程,或有一些不易计算工程量的项目,采用纯单价合同可能引起一些纠纷和争执。

（3）成本加酬金合同。成本加酬金合同这种承包方式的基本特点是按工程发生的实际成本(人工、材料和施工机械费)，加上固定的管理费和利润来确定工程总造价。这种承包方式主要用于开工前对工程内容尚不十分清楚的情况，例如边设计边施工的紧急工程，或遭受地震或战火等灾害破坏后急需修复的工程。在实践中可有以下四种不同的具体做法：①成本加固定百分比酬金合同，即除直接成本外，管理费和利润按成本的一定比例支付。②成本加固定酬金。直接成本实报实销，但酬金是事先商定的一个固定数目。③成本加浮动酬金，这种类型的合同要求双方事先商定工程成本和酬金的预期水平。如果实际成本恰好等于预期水平，工程造价就是成本加固定酬金；如果实际成本低于预期水平，则增加酬金；如果实际水平高于预期水平，则减少酬金。④目标成本加奖励。在仅有初步设计和工程说明书、迫切要求开工的情况下，可根据粗略估算的工程量和适当的单价表编制概算作为目标成本。随着详细设计逐步具体化，工程量和目标成本可加以调整，另外规定一个百分数作为酬金。最后结算时如果实际成本高于目标成本并超过事先商定的界限，则减少奖励酬金；如果实际成本低于目标成本，则增加奖励酬金。

在不同类型的工程项目合同中，合同双方之间的关系是通过合同条件明确定义的。目前，在全世界应用最广的合同条件，是由国际咨询工程师联合会(法文 federation internationale desingenieurs-conseils)发布的 FIDIC 合同条件。FIDIC 条件的标准文本由英语写成，第一版于 1957 年颁布，1963 年颁布 FIDIC 合同条件第二版，1977 年颁布 FIDIC 合同条件第三版，1987 年 FIDIC 合同条件第四版问世。当前使用的版本是 FIDIC 于 1999 年出版的最新合同条件，包括《业主/咨询工程师标准服务协议书》、《设计—建造与交钥匙工程合同条件》、《电气与机械工程合同条件》、《土木工程施工合同条件》和《土木工程施工分包合同条件》等。除了 FIDIC 合同条件之外，影响较大的还有 AIA 合同条件、ICE/NEC 合同条件和 JCT 合同条件等。AIA 合同由美国建筑师协会(The American Institute of Architects)制定，作为建筑师的专业团队，其制定的 AIA 合同条件经历了 15 次修改，在美国建筑业界具有很高的权威性，影响大、使用范围广。ICE 合同条件是由英国土木工程师协会(The Institute of Civil Engineers，ICE)颁布的，1993 年 3 月，ICE 又正式出版了新工程合同——NEC (The New Engineering Contract)第一版，并在 1995 年出版了第二版。NEC 在一些国家，尤其是英国及英联邦成员国得到了广泛的应用，获得了一致的好评。JCT 合同条件是总价合同的标准文本，它是由英国工程承包界的权威机构"合同审定联合会"(The Joint Contract Tribunal，JCT)制定和发布的。

➤ 10.3.3 工程项目合同的履行、变更与解除

1. 工程项目合同的履行

工程项目合同的履行是指合同的当事人根据合同的规定，在适当的时间、地点，以适当的方式全面完成自己所承担的责任和义务的过程。严格履行合同是双方当事人的义务，因此工程项目合同的当事人必须共同按计划履行合同，实现项目合同所要达到的各类预定目标。工程项目合同的履行分为实际履行和适当履行两种形式。

（1）项目合同的实际履行。项目合同的实际履行就是要求项目合同的当事人按照合同规定的目标来履行。实际履行是合同法规的一个基本原则。由于项目合同的标的物大都为

指定物,因此不得以支付违约金或赔偿经济损失来免除项目合同一方当事人继续履行合同规定的义务。如果允许合同当事人一方可用货币代偿合同规定的标的,那么项目合同当事人的另一方可能在经济上蒙受更大的损失或无法计算的间接损失。此外,即使项目合同当事人一方在经济上没有遭受损失,但是,对于预定的项目目标或任务,使某些涉及国计民生、社会公益项目不能得到实现,实际上的损失更大。所以,实际履行的正确含义只能是按照项目合同规定的标的履行。当然还存在另一种情况,当实际履行不仅在客观上不可能,而且还会给项目合同的另一方当事人和社会利益造成更大的损失,这时应当允许用支付违约金和赔偿损失的办法来替合同的实际履行。

(2)项目合同的适当履行。项目合同的适当履行即项目合同的当事人按照法律和项目合同条款规定的标的,按质、按量、按时地履行。合同的当事人不得以次充好,以假乱真,否则,项目合同的另一方当事人有权拒绝接受。所以在签订项目合同时,必须对标的物的价格、数量、质量等方面作出具体规定,以便当事人按规定履行,另一方当事人在项目结束时也能按规定验收。

2. 工程项目合同的不履行

在某种情况下,合同当事人一方或双方认为不能或不应该履行合同,称为合同的不履行。当一方对合同不履行时,一般应承担法律责任;另一方有权要求其支付违约金,如有损失还可要求赔偿。工程项目承包合同的不履行有以下三种情况:

(1)全部不履行:指当事人完全没有履行自己的义务。一般合同规定凡出现下述情况,应允许变更或撤销合同,双方均不承担违约责任。它们是:签约后由于政府颁布的法令使一方不能履约;政府撤销合同项目;因自然灾害和不可抗拒原因无法执行合同。

(2)部分不履行:指履行合同过程中在某些方面出现不符合合同要求的情况,例如承包商完成的部分工程项目质量低劣。这种部分不履行也要承担违约责任和相应的赔偿。

(3)到期不履行:指当事人不能按时履行合同,例如业主不按时付款或不按时验收已完工程;承包商未按规定的进度及时完成项目等。到期不履行一方应承担违约责任。

3. 工程项目合同的违约

合同当事人应按合同规定完成自己应承担的义务。但是当事的一方如果做不到其所应承担的任何一项义务,而且又不能证明自己未履行合同的责任不在于己,则可认为他应承担违约责任。若当事人一方有理由认为对方可能不履约时,有权要求对方在一定时间内作出履约保证,否则可视为违约。当由于合同的履行问题发生违约时,违约方应承担相应的违约责任。常见的违约处理方式如下:

(1)违约罚款。违约罚款一般有两种:一种是具有惩罚性质的罚款金,是对违约一方的制裁;另一种是作为预定损失赔偿的违约款。一般来说,违约罚款的支付并不免除违约人继续履行合同和完成工程的义务。例如,承包商延误工期既要支付罚款,又要继续完成工程。

(2)损害赔偿。构成损害赔偿责任成立的条件有:必须有损害的事实;必须是因承包人过失而导致损害行为的发生;损害发生的原因与损害之间必须是因果关系。

(3)取消合同。即当一方不履行合同时,另一方有权根据规定的条件要求取消合同以及违约方赔偿损失。

4. 工程项目合同的变更与解除

由于工程项目在实施过程中存在着众多不确定因素的影响,因此,项目范围及内容不可避免地会发生变更,从而导致项目合同的变更。准确地讲,工程项目合同变更通常是指由于一定的法律事实而改变合同的内容和标的的法律行为。它具有如下主要特征:项目合同的双方当事人必须协商一致;改变合同的内容和标的;合同变更的法律后果是将产生新的债权和债务关系。

工程项目合同的解除是指消灭既存的合同效力的法律行为,其主要特征有如下三点:项目合同的双方当事人必须协商一致;合同当事人应负合同解除前的义务和赔偿责任,必要时还应负恢复原状的义务;项目合同解除的法律后果是消灭原合同的效力。

合同的变更和解除,属于两种法律行为,但也有其共同之处,即都是经项目合同双方当事人协商一致,改变原合同的法律关系。其不同的地方是,前者产生新法律关系,后果是消灭原合同关系。根据我国现行的法律,有关的合同法规以及经济生活与司法实践来看,一般必须具备下列条件才能变更和解除项目合同:

(1)双方当事人确实自愿协商同意,并且不因此损害国家利益和社会公共利益。

(2)由于不可抗力致使项目合同的全部义务不能履行。

(3)由于另一方在合同约定的期限内没有履行合同,且在被允许的推迟履行的合理期限内仍未履行。

(4)由于项目合同当事人的一方违反合同,以致严重影响订立项目合同时所期望实现的目的,或致使项目合同的履行成为不必要。

(5)项目合同约定的解除合同的条件已经出现。

当项目合同的一方当事人要求变更、解除项目合同时,应当及时通知另一方当事人。因变更或解除项目合同使一方当事人遭受损失的,除依法可以免除的责任之外,应由责任方负责赔偿。当事人一方发生合并、分立时,由变更后的当事人承担或者分别承担项目合同的义务,并享受相应的权利。

➤ 10.3.4 工程项目合同纠纷的处置

1. 产生工程项目合同纠纷的原因

在合同履行过程中,合同双方发生纠纷不可避免,这些纠纷发生的原因是各种各样的。例如,因工期索赔或经济索赔而发生争执;因中途停止施工追究责任归属而发生争执;因对承包商提供的材料、设备的性能、质量、估价不同而发生争执;因终止合同追究责任而发生争执等。除了业主和承包商的纠纷以外,还经常发生承包商同监理工程师之间的争端。例如,承包商对监理工程师的决定或意见表示反对,对监理工程师关于合同双方的争端的建议不能接受,对监理工程师确定的新单价不能同意等。但争端发生的根源在于工程承包业务存在的客观缺陷和多变因素,主要可归纳如下:

(1)合同双方的权利和地位不平等。由于"买方市场"的原则,业主在合同的制订和实施过程中出于主导地位,往往把承包商约束得很死,要求他承担过多的风险,稍有不慎,就会亏损。

(2)双方对合同文件的理解不相同。由于对合同条款的解释不同,合同双方经常会发生分歧。而对合同的解释权总是属于监理工程师,实际上是业主一方。不合理的解释合同必然引起承包商的权益遭受损失。

(3)业主付款的拖期。这是产生合同争端最常见的,在工程项目实施中,业主常常不按时付款,大多数是寻求借口拖数月不付,特别是发展中国家自筹资金的项目。业主对承包商的扣款,往往自作主张,从承包商的每月进度款中扣除。

(4)施工条件的变化多端。土建工程,尤其是大型水利枢纽、煤矿工程,施工条件涉及天文地理,经常遭受难以预测的天灾和人祸,无论是施工现场的自然条件的重大变化,或工程所在国的任何重大社会条件变化,都会对工程的施工造成严重障碍,引起合同双方的争端。有时,由于施工条件的变化,引起设计上的重大修改,提出大量的工程变更指令,影响到工期和造价的变化,亦易引起纠纷。

2. 解决工程项目合同纠纷的方式

通常,解决工程项目合同纠纷主要有四种方式,即协商解决、调解解决、仲裁解决和诉讼解决:

(1)协商。协商是指双方当事人进行磋商,在相互谅解的基础上,为了促进双方的关系,为了今后双方之间的业务继续往来与发展,相互都怀有诚意地作出一些有利于实际解决纠纷的让步,并在彼此都认为可以接受的基础上达成和解协议。协商解决的优点在于,不必经过仲裁机构或司法程序,省去仲裁和诉讼所浪费的时间和金钱,气氛一般比较友好,而且双方协商的灵活性较大,更重要的是协商解决给双方留下的余地较大。

(2)调解。调解是由第三者从中调停,促进双方当事人和解。调解可以在交付仲裁和诉讼前进行,也可以在仲裁和诉讼过程中进行。通过调解达成和解后,即不可再求助于仲裁和诉讼。实践证明,很多纠纷案件,经过双方协商,或者第三者的调解是可以得到解决的。调解的过程是查清事实、分清是非的过程,也是协调双方关系,更好地履行合同的过程。

(3)仲裁。仲裁是指双方当事人把纠纷提交仲裁机构,由其依照一定的程序作出判决或裁决。仲裁是一种措施,是维护合同法律效力的必要手段。进行仲裁的基本做法有:①申诉人必须在其权利受到侵害之日起一年内,以书面形式向仲裁机关提出申请书,具体写明合同纠纷及其主要问题,提出自己的要求,同时附有原合同和有关材料的正本或者复制本;②仲裁机关在接到申请书后,先审查申诉手续是否完备,如不符要求,可通知申诉人补交材料或者不予受理;③案件受理后,由仲裁机关将申诉副本转交受诉人,并限期提出答辩,提供有关材料;④仲裁机关应对受理的案件组织调查,取得有关的人证、物证;⑤在弄清事实的基础上,进行调解,调解不成时,根据有关法律、法令和政策,作出裁决,并制作裁决书;⑥一方或双方当事人反悔的,必须在收到仲裁决定书之日起 15 天内,向法院起诉。已发生效力的裁决,由仲裁机关督促执行,并在当事人拒绝执行时,通知开户银行划拨货款或赔偿金。

(4)诉讼。项目合同当事人因合同纠纷在其他方式都无法解决时,可以向法院提起诉讼。根据合同的特殊情况,还可能必须由专门的法院对一些合同纠纷案件进行审理,如铁路运输法院、水上运输法院、森林法院以及海事法院等。当事人一方在提起诉讼前必须作好充分的诉讼准备,收集各类证据,进行必要的取证工作。在向法院提交起诉状时应准备下列文件或证词以及有关凭证:起诉状、合同文件以及附件、营业执照、法定代表人、委托人员授权证书、合同双方当事人往来的财务凭证、合同双方当事人往来的信函、电报等。

10.4 案例:西非某排水渠项目的合同管理

1998 年,我国某建筑公司通过国际公开竞标的方式,在西非某国获得了一个排水渠建设项目的土建承包合同。该排水渠工程位于该国首都,是穿过首都市中心的泄洪排污渠。该项目由世界银行与该国政府联合出资,合同金额为 852 万欧元。项目的监理单位是一家世界著名的咨询公司,合同条件采用 FIDIC 条款第四版《土木工程施工合同条件》。项目的工期要求为 1999 年 12 月 15 日开工,2002 年 6 月 19 日完工。工程的主要工程内容为:砼渠道、砼管线以及道路、箱涵、桥梁等附属设施,主要工程量:土方 67 万方、砼 6 万方、模板 8.7 万平方米。该项目所处的外部环境的特点是:施工内容繁杂,市区环境干扰大,受天气影响严重。

由于投标竞争的激烈性,合同标价仅是工程师预算的 51%。1999－2001 年间欧元大幅贬值,加之当地纳税增加等诸多不利因素的影响,使项目在开工之初就面临着巨大的经济困难和悲观的前景。然而在公司总部领导的支持和指导下,通过项目组人员两年半的共同奋战,该项目最终提前 3 个月完工。工程实际结算额达到 1450 万欧元,从而实现税后纯利润约 200 万欧元。该国副总统亲自对本工程进行竣工剪彩,该项目为承包公司在西非市场赢得了良好的信誉。

1. 工程结算

关于结算工作,在与咨询工程师的接触中,项目团队坚持“据理力争、信守诺言”的原则,不仅做到了按时结算、按时收款,而且能够想方设法地争取一些额外收益。为保证工程款的及时结算,他们的具体做法是:

(1)结算人员必须在每月 15 日之前,将上个月的工程账单报及时送交咨询工程师。

(2)为防止出现结算漏项现象,结算人员必须每天到工地了解工程进展情况,随时向中方工程师了解实际工程量尤其是变更情况,及时与现场咨询工程师编制签署额外工程量的明细表。

(3)与咨询工程师建立良好的私人关系,机智灵活地配合咨询审批工作,想方设法加快审批速度。

(4)在咨询工程师的佣金支付方面,一定要信守诺言,有理有节地按规定执行。

2. 工程变更

在该工程项目的实施过程中,影响经济效益的主要变更有两个:

(1)1 号变更令:排水渠原设计为梯形断面,因本项目地处该国首都市中心,拆迁工作难度相当大,其中有一家旅馆坚决不同意拆迁,业主官员也深感头疼。借此机会,项目部建议咨询工程师和业主:将梯形断面改为矩形,这样可以减少拆迁面积,避免项目地域内旅馆的拆除。业主随即同意让中方提出技术和财务方案,经过项目部全体人员的共同努力和总部的大力支持,很快报出了矩形水渠的技术和商务方案。经过 1 个多月的公关和谈判,咨询工程师及业主终于同意断面修改并在 6 个月后颁发了 1 号变更令,为整个项目增加合同金额 134 万欧元。

(2)2 号变更令:此变更令主要是关于追加工程内容,包括:2 个马道、1 个管道桥、Nima

箱涵、主渠道汇流口箱涵及爬梯、Mataheko 箱涵等十几个项目。特别值得一提的是，Mataheko 排水渠项目原是业主拟公开招标的世行贷款项目，由于中方工程进度好，形象得以树立，才使业主和世界银行破例以变更令的形式交给中方实施。2 号变更令使中方获得了重新报价和谈判的机会，追加合同金额 249 万欧元，而且，这些追加项目的利润率高达 30%。

3. 工程索赔

该项目在施工期间前后操作成功 6 次索赔，其中，4 次工程索赔、2 次保险索赔，累计金额达 113.3 万欧元，显著改善了项目的经济状况，为项目经济效益的提升作出了贡献。

(1)针对业主的工程索赔。项目从 2000 年 9 月至 2002 年 6 月，先后向业主和咨询工程师递交了 5 份索赔报告，其中 4 份获得批准，为项目带来 107 万欧元资金流入。5 次索赔情况具体说明如下：水渠断面修改导致施工方法和施工组织的变化，索赔金额 110 万欧元，批准金额 72 万欧元；2000 年超常规降雨造成的损失，索赔金额 38 万欧元，批准金额 18 万欧元；施工场地拆迁延误损失，索赔金额 16 万欧元，批准金额 10 万欧元；2001 年超常规降雨造成的损失，索赔金额 22 万欧元，批准金额 7 万欧元；旧的电信桥拆迁延误损失，索赔金额 40 万欧元，未批准。

(2)向保险公司索赔。除了上述工程索赔外，还应积极向承包工程一切险的当地保险公司展开保险索赔。两年半来，向保险公司递交了 2 次关于洪水损失的索赔报告。由于报告中引入了大量的现场损失证明材料及相关的录像与照片，使保险公司不得不按保单中的风险条款给予合理赔偿。2 次合计获得赔偿 6.3 万欧元，这是当初缴纳保险金的 2 倍。

在上述索赔过程中，公司着重做好了以下几方面工作，从而有效地保证了索赔的成功：

(1)密切注意施工过程中出现的可能引起索赔的事件，做好索赔的同期记录，在事件发生后及时地向咨询工程师和业主提交报告。

(2)做好现场施工记录，如摄像与摄影，对于现场发生的非常规性工程内容及时让咨询工程师当场确认。

(3)做好合同文件及信函保管工作，系统地积累施工资料，建立施工档案，可在以后合同管理和索赔时参考使用。

(4)组织利用好每月三方会议，因此会议纪要往往是索赔不可或缺的支持性文件。

(5)索赔事件发生后，一定要在规定的时间内及时报出完整系统的索赔报告。

4. 对外形象

良好的对外关系是做好包括合同管理在内的项目整体经营管理的重要保证。无论是变更令的操作，还是索赔的成功，如果没有与业主和咨询工程师融洽的合作关系，都是难以实现的。首先施工形象、进度是对外商务工作的基础，没有良好的施工形象，是很难获得业主和咨询工程师的信任的，当然也难以建立融洽的合作关系。其次，重承诺、守信用、坦诚相待是开展对外工作的基本法则。公司在施工过程中通过上述两方面工作，树立了良好的对外形象，从而为项目合同管理的成功奠定了基础。

整个工程项目实施过程中的合同管理绩效可以汇总如下：

(1)排水渠原设计断面由梯形改为矩形，新增合同金额 134 万欧元；

(2)追加工程内容和议标项目，新增合同金额 249 万欧元；

(3)向业主索赔工程款 107 万欧元；

(4)向保险公司索赔 6.3 万欧元。

此外,借助于合同条件的汇率波动补偿条款,公司弥补了 80% 的汇率损失,大大减轻了欧元贬值对项目经济效益的不利影响。

案例讨论

1. 该建筑公司在承包这个排水渠建设项目之初面临的问题有哪些? 其扭转不利形势、改善项目收益的主要措施是什么?

2. 该工程项目在建设过程中的变更和索赔有哪些? 是什么因素促使其索赔取得成功的?

思考题

1. 工程项目有何特点? 如何对其进行分类?

2. 工程项目管理包括哪几方面要素? 可划分为哪几个阶段?

3. 工程项目采购通常需遵守基本原则有哪些? 如何对采购方式进行分类?

4. 工程项目招标主要由哪些步骤构成? 工程项目投标的过程与招标有何不同?

5. 与一般经济合同相比,工程项目合同有何特点? 主要的合同类型有哪些?

6. 工程项目合同变更及解除的条件有哪些? 如何对争议和纠纷进行处置?

第 11 章
工程施工管理

11.1 工程施工管理概述

11.1.1 工程施工管理的定义及特征

工程施工管理,是以施工企业为主体,以施工工程为对象,在既定的资源和环境约束下,为了实现施工工程质量、工期和成本目标的整体优化,运用系统工程理论、观点和方法,对施工项目实施的全过程,进行决策、计划、组织、指挥、协调、控制、激励等一系列工作的总称。工程施工管理是施工企业对工程建设过程所实施的管理,它具有如下的基本特征:

1. 工程施工管理的主体是施工企业

首先需要明确的是,工程施工管理的主体是工程的实施者。在现实中,这一角色多数是由工程的承包商来承担的,工程的发包商和监理单位,对工程施工管理承担监督者的角色。

2. 工程施工管理的对象是施工工程

工程施工管理的周期也就是施工工程项目的生命期,包括工程投标、签订合同、施工准备、实施、交工验收以及用后服务等。工程施工管理的任务包括进度管理、质量管理、成本管理、安全管理、环境管理、合同管理、资源管理、信息管理、沟通管理、风险管理、组织协调等。施工工程的特点决定了工程施工管理的特殊性,其突出表现是生产活动与市场交易活动同时进行;先有交易活动,后有"产成品"(竣工项目);买卖双方都投入生产管理,生产活动和交易活动很难分开。所以,工程施工管理是对特殊的生产活动、在特殊的市场上进行的特殊交易活动的管理,其复杂性是一般生产管理难以比拟的。

3. 工程施工管理要求强化组织协调工作

施工工程的生产活动具有一次性和单件性的特点,导致对生产的问题难以补救或虽可补救但后果严重;参与施工人员在不断流动,需要采取特殊的流水方式,组织工作量很大;施工在露天进行,工期长、资金投入量大;施工活动涉及复杂的经济关系、技术关系、法律关系、行政关系和人际关系等。这些都使工程施工管理中的组织协调工作困难、复杂、多变,必须通过强化组织协调的办法才能保证施工的顺利进行。组织协调的主要强化方法是优选项目经理,建立调度机构,配备称职的调度人员,建立起动态的控制体系,努力实现调度工作科学化。

11.1.2 工程施工管理的任务及内容

工程施工管理的主要任务及内容包括工程施工的范围管理、组织管理、目标控制、沟通管理、资源管理、合同管理和风险管理等,具体说明如下:

1. 范围管理

工程施工范围是指工程施工过程中各项活动的总和,或指组织为了成功完成施工工程并实现各项目标所必须完成的所有活动的集合。施工工程的范围既包括其产品的范围,又包括施工工程的工作范围。施工工程产品范围决定了施工工程的工作范围,包括各项施工活动和管理活动的范围。工程产品范围的要求深度和广度,决定了施工工程范围的深度和广度。

2. 组织管理

工程施工组织管理,是指为实现施工工程组织形式职能而进行的组织系统的设计、建立、运行和调整。组织系统的设立与建立,是指经过筹划与设计,建成一个可以完成施工工程管理任务的组织机构,建立必要的规章制度,划分并明确岗位、责任和权力,并通过一定岗位和部门内人员的规范化活动及信息沟通,实现组织目标。高效率的组织体系的建立是施工工程管理取得成功的保证。组织运行就是按分担的责任完成各自的工作。组织运行有三个关键:一是人员配置;二是业务联系;三是信息反馈。组织调整是指根据工作的需要和环境的变化,分析原有的施工工程组织系统的缺陷、适应性和效率,对原有组织系统进行调整或重新组合,包括组织形式的变化、人员的变动、规章制度的修订和废止,责任系统的调整以及信息流通系统的调整等。

3. 目标控制

目标控制是工程施工管理的核心内容,工程施工管理控制目标包括进度、质量、成本、安全和环境目标等。从反馈过程得到控制系统的信息后,便着手制订计划、采取措施、输入受控系统,在输入资源转化为产品的过程中,对受控系统进行检查、监督,与计划或标准进行比较,发现偏差进行修正,或通过(报告等)信息反馈修正计划或标准,开始新一轮控制循环。

4. 沟通管理

工程施工沟通管理就是确保通过正式的结构和步骤,及时和适当地对工程施工信息进行收集、分发、存储和处理,并对非正式的沟通网络进行必要的控制,以利于工程施工目标的实现。组织协调是沟通的一个必需的手段,它通过正确处理各种关系,有效协调工程施工过程中的人际关系、组织关系、供求关系及约束关系等,以使沟通能够得以有效进行。

5. 资源管理

资源是施工工程目标得以实现的保证,主要包括人力资源、材料、设备、资金和技术。工程施工资源管理的内容包括以下三项:①分析各项资源的特点;②按照一定原则、方法对施工项目资源进行优化配置,并对配置状况进行评价;③对施工项目的各项资源进行动态管理,使资源与施工项目的需求始终保持平衡和相互适应。

6. 合同管理

工程施工管理是在市场条件下进行的特殊交易活动的管理,且交易活动贯穿于工程施工管理的全过程,因此,必须依法签订合同,进行履约经营。合同管理是一项执法、守法活动;市场有国内市场和国际市场之分。因此,合同管理势必涉及国内及国际上有关法规和合同文本、合同条件,在合同管理中应给予高度重视。为了取得经济效益,还必须作好索赔,讲究索赔的方法和技巧,提供充分的索赔证据。

7. 风险管理

工程施工风险是指可能对工程施工造成不利影响的不确定性事件或者条件。工程施工风险管理主要有风险管理规划、风险识别、定性风险分析、定量风险分析、风险应对规划和风险监视与控制六个过程。这六个过程彼此之间相互影响,而且还与工程施工其他方面的管理过程如范围管理、进度管理、成本(费用)管理、质量管理、采购与合同管理、人力资源管理和沟通管理等相关联。风险管理的各个过程在实践中交叉重叠、相互影响。工程施工要想获得成功,企业必须在整个工程施工过程中投入力量进行风险管理,避免或减小事故造成的不利后果,以最小的代价实现工程施工的目标。

➢ 11.1.3　工程施工管理的组织模式

工程施工管理的组织模式是由施工工程的特点、业主的管理能力和工程施工条件所决定的。目前国内外已形成多种工程施工管理的组织模式,这些组织模式还在不断地得到创新和完善。下面介绍几种常用的工程施工管理组织模式。

1. 传统的建筑师/工程师项目管理模式

传统的建筑师/工程师工程施工管理模式,又称设计—招标—建造方式(design-bid-build method),这种工程施工管理模式在国际上最为通用,世界银行、亚洲开发银行贷款项目和采用 FIDIC 合同条件的国际工程项目均采用这种模式。在这种模式中,业主委托建筑师/工程师进行前期的各项工作,如投资机会研究、可行性研究等,待工程评估立项后再进行设计。在设计阶段的后期进行施工招标准备,随后通过招标选择施工承包商。在这种模式中,施工承包商又可分为施工总承包和分项直接承包:

(1)施工总承包。施工总承包在国际上最早出现,也是目前应用最为广泛的一种建设工程项目承包方式。它由业主、监理公司、总承包商 3 个经济上独立的主体共同完成工程建设任务。在这种模式下,业主首先委托或以招标方式选择一个监理公司,双方签订管理合同;然后,由监理公司的监理工程师协助业主进行工程发包的招标准备、承包商选定及总包合同签订等工作,并在合同执行过程中实施合同管理。在施工总承包中,各相关主体之间的关系示意如图 11-1 所示。

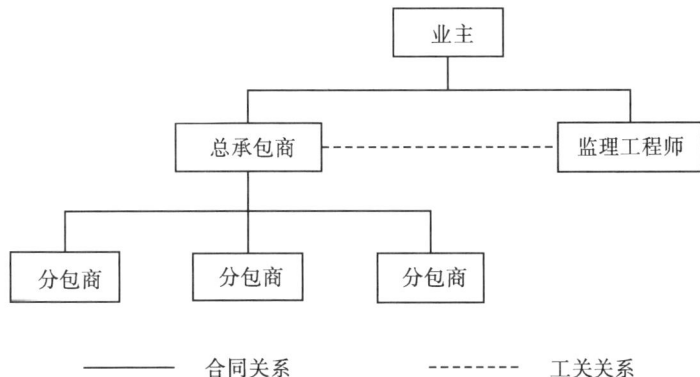

图 11-1　施工总承包示意图

(2)分项直接承包。分项直接承包是指业主将整个施工工程按子项工程或专业工程分期分批地以公开或邀请招标的方式直接发包给承包商,每一子项工程或专业工程的发包均由业主与各承包商签订发包合同。采用这种承包方式,每个承包商分别就自身承担的工程部分对业主负责,并直接接受监理工程师的监督,经业主同意,直接承包的承包商也可以进行专业或劳务分包。在这种模式下,业主根据工程规模的大小和专业情况,可委托一家或几家监理单位对工程施工进行监督和管理。采用这种建设方式的优点在于可充分利用竞争机制,选择专业技术水平高的承包商承担相应专业工程项目的施工,从而取得提高质量、降低造价、缩短工期的效果,但和总承包形式相比,业主管理工作量会增大。在分项直接承包中,各相关方之间的关系示意如图 11-2 所示。

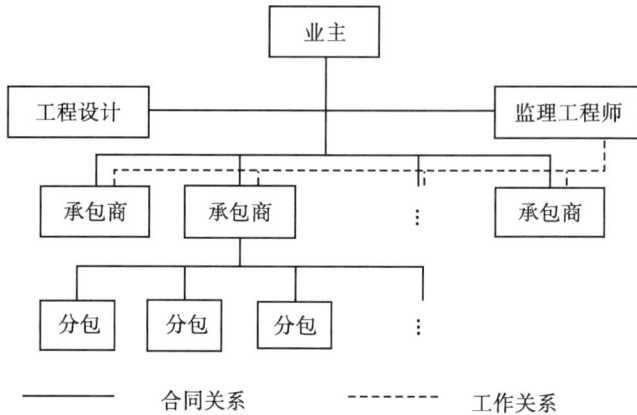

图 11-2　分项直接承包示意图

2. 设计—施工总承包

在设计—施工总承包中,总承包既承担工程设计任务,又承担工程施工任务。总承包可能把一部分或全部设计任务分包给其他专业设计单位,也可能把一部分或全部施工任务分包给其他承包商,但是由总承包与业主签订设计—施工总承包合同,向业主承担整个工程的设计和施工责任。这种模式把设计和施工紧密地结合在一起,能起到优化设计方案、提高设计的可施工性、加快工程建设进度和节省费用的作用,并有利于施工新技术在设计中的推广应用,也可加强设计与施工的配合,实现设计与施工的流水作业。但在这种方式中,承包商既有设计职能,又有施工职能,难以实现设计和施工的互相制约和把关,这也对监理工程师的监督和管理提出了更高的要求。设计—施工总承包管理组织模式如图 11-3 所示。

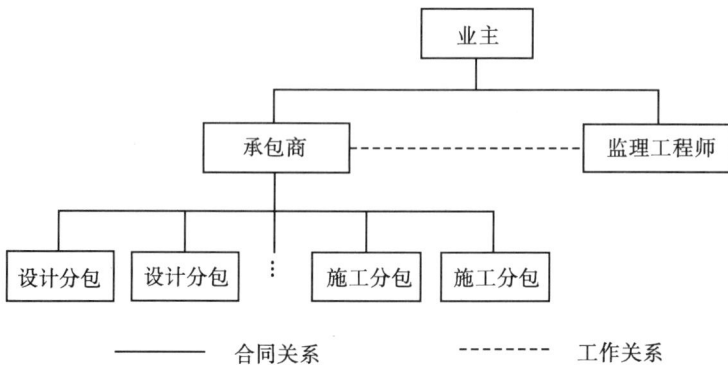

图 11-3　设计—施工总承包示意图

3. 工程项目总承包

工程项目总承包也称一揽子承包,或叫"交钥匙"承包。这种管理组织模式下,业主只需对拟建项目的要求和条件概略地提出一般意向,而由承包商对工程项目进行可行性研究,并对工程项目建设的计划、设计、采购、施工和竣工等全部建设活动实行总承包。

4. CM 模式

CM(construction management)模式最早起源于美国,目前在美国的一些大型建设工程上得到广泛应用。这种管理组织模式是业主委托建设工程管理的代理人——项目经理——来负责整个工程项目的管理,包括可行性研究、设计、采购、施工、竣工、投产等工作。建设项目经理作为业主的代理人,和监理工程师有区别,他有权为业主选择设计人和承包商,并以业主的名义开展工作,业主则对代理人的一切行为负责。当然,业主和代理人之间也有委托合同,代理人必须在委托合同规定的范围内工作。CM 组织模式如图 11-4 所示。

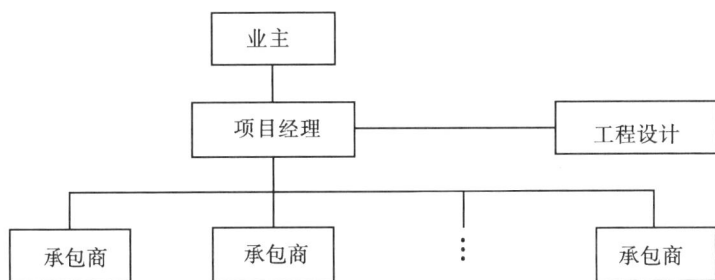

图 11-4 CM 模式示意图

5. BOT 模式

BOT(build-operate-transfer)即"建造—运营—转让"模式,是一种基础设施等可以实施特许权经营的建设工程项目管理的组织方式。它是经政府特许,将某些基础设施工程建设项目整体发包给私营公司去融资、建造和运营,不再需要政府为项目的实施筹集资金。被授权的私营公司在授权期限内拥有对所建造工程项目的所有权和管理权,在运营的约定期限内,政府应保证公司偿清项目筹资本息,为项目主办人及其他持股人的股本投入赢得合理的收益。约定期(特许期)期满后,工程项目的所有权与管理权就由特许的私营公司转交给政府。BOT 管理组织模式如图 11-5 所示。

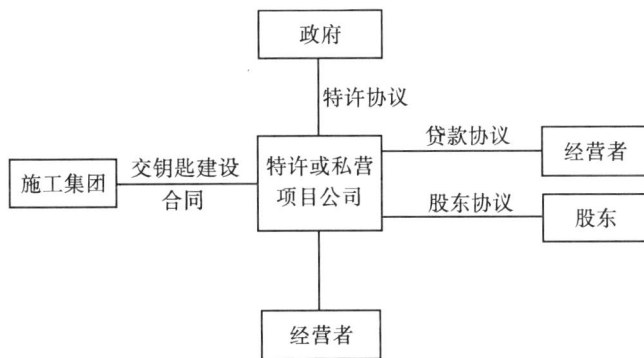

图 11-5 BOT 管理组织模式示意图

11.2 工程施工的进度管理与控制

➤ 11.2.1 工程施工进度及其管理过程

工程施工进度是指工程各施工工作在时间上的排序,它强调的是一种工作进展以及对工作的有效协调和控制。对于进度,还常以其中的一项内容——"工期"(duration)——来代称,工程施工工期的控制实质上是指工程施工进度的管理。任何工程的施工都有一个进度管理问题,对工程施工进度的要求是通过严密的进度计划,以及各种资源的配置与保障,以使工程能够按照合同条款的约束,按期完工并交付。

工程施工进度管理又称为工程施工的时间管理,是指在工程施工过程中,为了确保整个工程能够在规定的时间内实现预期的目标,对所有工作进度及日程安排所进行的管理工作。工程施工进度管理包括两大部分内容:

(1)工程施工进度计划的编制:即编制符合工期要求的,合理且经济的工程施工进度计划(包括多级进度管理所需的子计划)。

(2)工程施工进度计划的控制:即在计划的实施过程中,检查实际进度是否按要求进行,若出现偏差,要及时找出原因,采取必要的补救措施或调整、修改原计划,直至整个工程完成为止。

更为具体地说,工程施工进度管理工作主要包括了以下六部分内容:

(1)工作定义:确定为完成合同所规定的可交付成果所必须进行的各项具体工作。

(2)工作排序:确定各工作之间的逻辑关系。

(3)工作资源估算:估算完成每项工作所需要的资源种类和数量。

(4)工作时间估算:估算完成每项工作所需要的时间。

(5)施工进度计划编制:分析工作顺序、工作时间、资源需求和时间限制,以形成工程进度计划。

(6)施工进度计划控制:运用进度控制的方法,对工程施工进度进行监控,根据实际情况对工程进度计划进行调整。

图 11-6 详细地概括了工程施工进度管理的各个过程。这里提到的过程虽然作为各自独立的概念给予了明确的界定,但是在实践中,它们往往是以多种形式交叉重叠和相互影响的。对于多数工程项目来说,工作排序、工作资源估算、工作时间估算和进度计划编制,可视为紧密相连的一个完整过程。由图 11-6 可见,在工程施工进度管理中,不仅要做到工程施工进度管理各部分工作内容之间通盘考虑,而且要与其他内外部相关因素相互协调、紧密配合,这样,才能取得整个工程施工进度管理的成功。

工程施工进度管理

工作定义
1. 输入
  企业环境因素
  组织过程资产
  施工范围说明
  工作分解结构
  工程管理计划
2. 工具和技术
  工作分解技术
  模板法
  滚动计划编制
  专家判断
3. 输出
  工作清单
  工作属性
  里程碑清单
  必要的调整

工作排序
1. 输入
  工程范围说明
  工作清单
  工作属性
  里程碑清单
  批准的变更申请
2. 工具和技术
  前导图法
  箭线图法
  进度网络模板
  条件图法
3. 输出
  进度网络图
  工作清单更新
  工作属性更新
  必要的调整

工作资源估算
1. 输入
  企业环境因素
  组织过程资产
  工作清单
  工作属性
  资源能力
  工程管理计划
2. 工具和技术
  专家判断
  定额法
  自下而上估算
  自上而下估算
  项目管理软件
3. 输出
  工作资源需求
  工作属性更新
  资源分解结构
  必要的调整

工作时间估算
1. 输入
  企业环境因素
  组织过程资产
  工程范围说明
  工作清单
  工作属性
  工作资源需求
  工程管理计划
  a. 已识别风险
  b. 工作成本估算
2. 工具和技术
  类比估算法
  专家判断
  德尔菲法
  模拟方法
  a. 蒙特卡罗模拟法
  b. 三点估算法
  参数估计
  储备分析
3. 输出
  估算工作时间
  工作清单更新

进度计划编制
1. 输入
  企业环境因素
  工程范围说明
  工作清单
  工作属性
  进度网络图
  工作资源需求
  工作时间估算
  工程管理计划
  风险登记
2. 工具和技术
  工作分解结构方法
  工作分解技术
  网络计划技术
  延续时间的压缩
  甘特图法
  里程碑法
  资源分配的启发式方法
  管理软件
3. 输出
  工程施工进度数据
  进度基准
  资源需求更新
  进度计划更新
  工作属性更新
  必要的调整

进度计划控制
1. 输入
  进度管理计划
  进度基准
  绩效报告
  批准的变更申请
2. 工具和技术
  进度报告
  进度变更控制系统
  绩效测量
  偏差分析
  进度对比横道图
3. 输出
  进度数据更新
  进度基准更新
  绩效测量
  纠正措施建议
  过程资产更新
  工作清单更新
  工作属性更新
  管理计划更新

图 11-6 工程施工进度管理工作内容

➢ 11.2.2 工程施工进度管理方法

1. 甘特图

甘特图即条线图或横道图,是工程施工进度计划最常用的管理方法之一。该方法自20世纪初期出现以来,由于它简单明了,到今天仍然被广泛应用于工程施工进度的管理中。在甘特图中,各工作纵向排列在图的左侧,横轴表示进度与工作时间,用线段或横道的长短表示。图11-7给出了一个小型工程——现浇混凝土水池施工的甘特图。图中的横道线起点和终点显示了每项工作的开始时间和结束时间,横道线的长度表示了该项工作的持续时间。除上述信息之外,甘特图还能够清楚地展示出,在该工程实施过程中每一天所进行的工作,从而为相关资源的筹措、准备与调整提供时间基准。甘特图的时间单位决定着工程进度管理的粗略程度,根据工程施工进度管理与控制的需要,可以用小时、天、周、月等作为度量进度的时间单位。如果一个工程需要一年以上的时间才能完成,则可选择周甘特图或月甘特图;若一个工程需要一个月左右的时间就能完成,则选择天甘特图将更有助于实际工程的管理。甘特图直观、简单和易懂,因此,是一种广受欢迎的工程施工进度管理的工具。甘特图可用于工程施工管理的任何层次,而时间单位则可从年到日甚至到时。另外,甘特图除用于制作进度计划外,还可作为进度的控制工具。

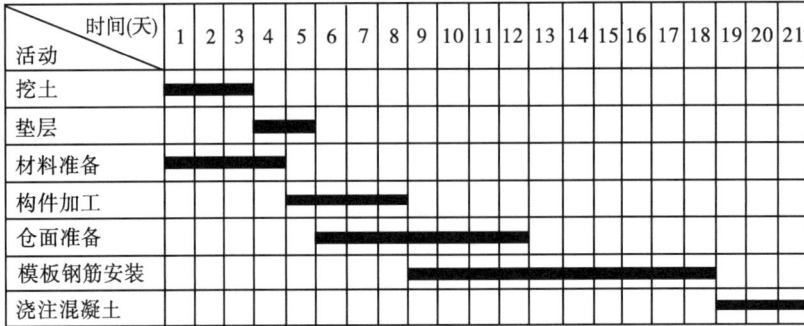

图 11-7 现浇混凝土水池项目进度计划甘特图

2. 关键路径法

关键路径法(critical path method)是指在工程项目网络表述的基础上,通过计算各工作和事件的时间参数,找到网络的关键路径,进而获得满意的进度计划安排的网络计划方法。关键路径法是目前最为主要的工程施工进度计划安排方法,在各类工程管理实践中得到了广泛的应用。与甘特图相比,关键路径法能够完整、科学地描述各工作之间的逻辑关系,进而为工程施工进度的优化奠定基础。

工程工作网络的路径是指从网络起点出发至终点结束的一条连通的线路。图 11-8 给出了一个双代号网络示例,其中,箭线代表具体的工作,各工作代号后括号中的数字为工作的持续时间;节点代表事件,反映工程施工的进展状态。加粗实线"C→D→F→G",即从节点 1 出发,经节点 3、5、6,至节点 7 结束的线路,便为该项目网络的一条路径。对项目网络中的某一路径而言的,路径上所有工作的持续时间之和即为该路径的路长。以"C→D→F→G"路径为例,该路径的路长等于工作 C、D、F、G 持续时间之和,即为 4+4+10+3=21。关键路径是指在网络中,路长最大的那条路径。所以,图 11-8 所示的网络中,关键路径即为粗实线所示的"C→D→F→G"。关键路径决定了整个工程施工的工期,关键路径上的工作称为关键工作,关键路径上的事件称为关键事件,在工程施工过程中,它们的任何延误通常会导致整个工程完工时间的同步延误,因而是工程施工进度计划与控制的重点。

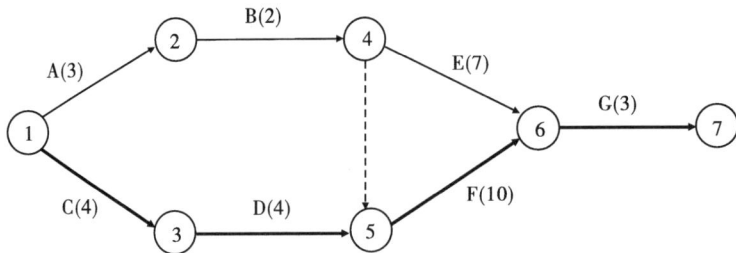

图 11-8 工程施工网络图的路径与路长

尽管关键路径是通过路径和路长来定义的,但是对于大型复杂工程网络来说,通过计算路长来确定关键路径并非一个科学的办法。在网络计划技术中,关键路径一般是通过网络时间参数的计算来完成的。对于双代号网络来说,其时间参数分为事件时间参数和工作时间参数两组。

事件的时间参数包括以下两个:

(1)事件的最早实现时间 ET_i:指在给定工程施工开始时间的前提下,网络节点所代表事件的最早可能的实现时间。最早实现时间以工程施工的开始时间为基准,向后逐步递加得到,当有多个箭线汇聚于一个节点时,挑选累加值最大的一个作为该节点所代表事件的最早实现时间。

(2)最晚实现时间 LT_i:指在给定工程施工截止时间(即整个工程最晚必须完成的时间)的前提下,网络节点所代表事件的最晚必需的实现时间。最晚实现时间以工程施工截止时间为基准,向前逐步递减得到,当有多个箭线从一个节点出发时,挑选累减值最小的一个作为该节点所代表事件的最晚实现时间。

工作的时间参数有以下六个:

(1)最早开始时间 ES_{i-j}:指在给定工程施工开始时间的前提下,网络箭线所代表工作的最早可能开始的时间。最早开始时间 ES_{i-j} 等于其起始节点所代表事件的最早实现时间 ET_i。

(2)最早完成时间 EF_{i-j}:指在给定工程施工开始时间的前提下,网络箭线所代表工作的最早可能的完成时间。最早完成时间 EF_{i-j} 等于最早开始时间 ES_{i-j} 加上工作 $i-j$ 的持续时间。

(3)最晚完成时间 LF_{i-j}:指在给定工程施工截止时间的前提下,网络箭线所代表工作的最晚必须完成的时间。最晚完成时间 LF_{i-j} 等于其终止节点所代表事件的最晚实现时间 LT_j。

(4)最晚开始时间 LS_{i-j}:指在给定工程施工截止时间的前提下,网络箭线所代表工作的最晚必须完成的时间。最晚开始时间 LS_{i-j} 等于最晚完成时间 LF_{i-j} 减去工作 $i-j$ 的持续时间。

(5)总时差 TF_{i-j}:指在给定工程施工截止时间的前提下,工作的开始时间(或完成时间)可以调整的总的余地的大小,又称为工作的总浮动时间。总时差 TF_{i-j} 等于最晚开始时间 LS_{i-j} 减去最早开始时间 ES_{i-j} 的差值,或者最晚完成时间 LF_{i-j} 减去最早完成时间 EF_{i-j} 的差值。

(6)自由时差 FF_{i-j}:指在不影响紧后工作的最早开始时间的前提下,工作的开始时间(或完成时间)可以调整的余地的大小,又称为工作的自由浮动时间。自由时差 FF_{i-j} 等于某项工作所有紧后工作开始时间的最小值,减去由该项工作的持续时间及最早开始时间的差值。

以图 11-8 所示的工程网络为例,将整个工程的开始时间记为 0 时刻,并令工程施工的截止时间等于网络关键路径的长度,则按照上述方法可以计算出各工作的 ES_{i-j}、EF_{i-j}、LF_{i-j}、LS_{i-j}、TF_{i-j} 和 FF_{i-j}(见图 11-9)。在计算出工程施工网络中各工作的时间参数之后,便可以轻易地判断出关键路径了:当工程的截止时间等于关键路径长度时,总时差为零的工作所组成的路径为关键路径;当工程的截止时间大于关键路径的长度时,总时差最小的工作所组成的路径为关键路径。从图11-9可见,关键路径即为"C→D→F→G",在这条路径上,所有工作的总时差均为0。最后需要特别说明的是,上述讨论是针对双代号网络进行的,除了双代号网络外,还有一种单代号网络。在单代号网络中,节点代表工作,箭线代表工作之间的逻辑关系。尽管单代号网络与双代号网络的表述方式不同,但其时间参数的计算原理却完全相同。对于某一给定的施工工程,单代号网络和双代号网络的计算结果是一样的。

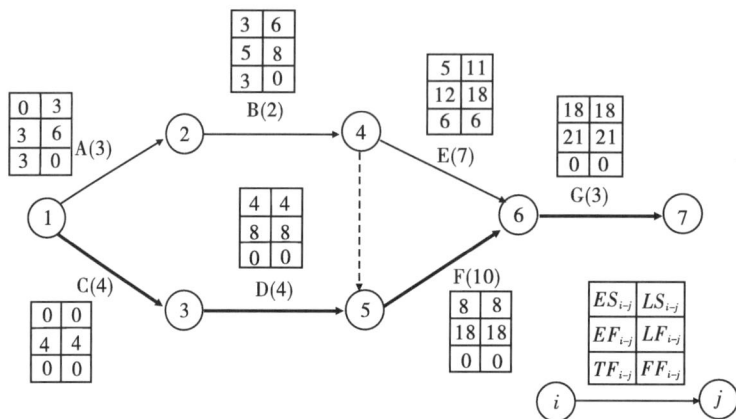

图 11-9　工程施工网络的时间参数

3. 计划评审技术

计划评审技术(program evaluation and review technique,PERT)属于不确定型网络计划技术,在计划评审技术中,工作之间的逻辑关系固定不变,但它们的持续时间为概率型参数。与工作之间逻辑关系及持续时间均固定的确定型网络计划相比,不确定型网络计划的特点是:或者工作的持续时间不确定,或者工作之间的逻辑关系不明确,或者二者兼有。一般来说,不确定型网络计划更符合现实情况,特别是对于一些复杂的工程或者是从未实施过的工程,大多属于这种类型。由于不确定型网络计划采用了概率统计等数学理论,所得结果更为切合实际,从而提高了网络计划的适应能力。

在 PERT 网络中,时间参数的计算与确定型网络中的关键路径法基本相同,但需要将工作持续时间的均值视为其持续时间。同时,在假定工作持续时间服从正态分布的条件下,利用关键路径上工作持续时间的均值和方差,估算整个工程按计划完成的概率。PERT 网络时间参数具体的计算步骤如下:

第一步:数据整理。即整理制定工程进度计划所需的输入参数,包括各工作的逻辑关系及持续时间的三点估计等。

第二步:网络图绘制。根据各工作之间的逻辑关系,绘制工程的网络图。

第三步:工作持续时间均值和方差计算。依据工作的三点估计,计算工作持续时间的均值和方差。

第四步:工作最早及最晚开始时间计算。按照关键路径法,基于工作持续时间的均值计算各工作的最早及最晚开始时间。

第五步:关键路径确定。根据工作的最早及最晚开始时间计算各工作的总时差,并依据总时差找出关键路径。

第六步:网络计划实现概率计算。计算关键路径上的工作持续时间的累计均值和方差,并依据累计均值和方差计算网络计划实现的概率。

➢ 11.2.3　工程施工进度的控制

工程施工进度的控制,是指工程施工进度计划制定以后,在实施过程中,对实施进展情况进行的检查、对比、分析和调整,以确保工程施工进度计划总目标得以实现。在工程施工过程中,必须经常检查工程的实际进展情况,并与施工进度计划进行比较。如实际进度与计划进度相符,则表明工程完成情况良好;如发现实际进度已偏离了计划进度,则应分析产生偏差的原因和对后续进度计划总目标的影响,找出解决问题的办法和避免进度计划总目标受影响的切实可行措施,并根据这些办法和措施,对原进度计划进行修改,使之符合实际情况并保证原进度计划总目标得以实现。然后再进行新的检查、对比、分析、调整,直至工程最终完成为止。从而确保工程进度总目标的实现,甚至可在不影响工程完成质量和不增加工程成本的前提下,使之提前完成。

工程施工进度的控制过程可用图 11-10 描述。在工程施工进度控制中,常用的分析工具有偏差分析、趋势预测、关键比值、因果分析等。

1. 偏差分析

偏差是指实际成本、进度或质量指标与相应计划之间的偏离程度。由于控制的反馈性,组织中各管理层都经常利用偏差来验证预算和进度系统。在验证预算和进度系统时,必须同时比较成本偏差与进度偏差。因为成本偏差只是实际成本对预算的偏离,不能用于测量实际进度对计划进度的偏离,而进度偏离亦不能反映成本偏离情况。偏差值是控制分析中的一个关键参数,因而应向各相关单位汇报。对于不同的工程或同一工程不同阶段或不同管理层次,由于对偏差的控制程度不一样,制定偏差允许值的方法也不同。这主要取决于以下因素:所处生命周期阶段;所处生命周期阶段的时间长短;工程总工期的长短;估算方式;估算精确度等。

2. 趋势预测

工程在进行当中总会出现偏差,不管是预算、挣得值还是进度都不可避免地会发生这种情况,所以可以根据工程实施与进度计划的偏差情况进行未来趋势预测。对工程中的某一特定任务的某一指标而言,计划阶段代表工程计划情况,而实际阶段则是工程实施中的实际统计数据,二者在当前时刻进行比较。管理者根据实际的偏离情况并假设对已发生的偏离不采取纠正行动,预测实施将按未来某种工程执行轨迹运行才能按预期实现最终目标。对于新的计划轨迹,管理者应该考虑是否存在实现问题、应采用哪个替代方案、成本和资源需求如何、要完成哪些任务等。

3. 关键比值

在大工程中,通常用计算一组关键比值来加强控制分析。关键比值计算如下:

$$关键比值 = (实际进度/计划进度) \times (预算成本/实际成本)$$

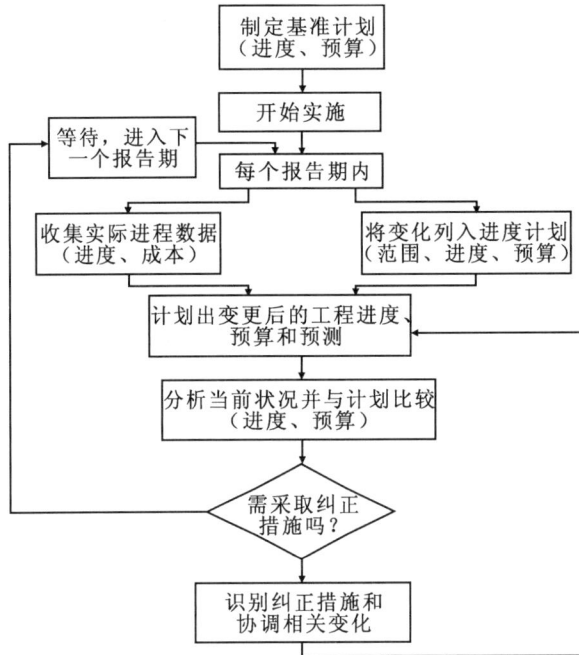

图 11-10   工程施工进行控制过程

这里,将实际进度/计划进度称为进度比值,将预算成本/实际成本称为成本比值,关键比值则由进度比值和成本比值组成,是这两个独立比值的乘积。无疑,就单个独立比值而言,当二者都大于 1 时,工程实施状态应该是好的,但一个大于 1,一个小于 1,状态如何呢?一般来说,关键比值在 1 附近时,不需要采取控制行动。对于不同的工程、不同的任务,关键比值的控制范围是不相同的,这就需要具体问题具体分析了。

4. 因果分析

因果分析图常用于质量管理中,但对工程偏差因果分析也是很适合的。因果分析一般包括以下四个步骤:①明确问题。②查找产生该问题的原因。为从系统角度充分认识各方原因,应组织具有代表性的人物并采用头脑风暴法进行分析。③确定各原因对问题产生的影响程度。④画出带箭头的鱼刺图。因果分析图是用来进行因果分析的一种较为常见的方法,它具有系统性、直观性等特点,同时也适于进行定量分析,因此它是一种较好的分析方式。

11.3   工程施工的成本管理与控制

➤ 11.3.1   工程施工成本估算

工程施工成本估算就是估计完成工程各项工作所必需的资源费用的近似值,包括要达到工程施工目标所需要的各种资源或需要支出的各种费用,诸如人力资源、原材料、管理费用、差旅费等。在进行成本估算时,要考虑经济环境(如通货膨胀、税率、利息率和汇率等)的影响,并以此为参考对估算结果进行适当的修正。当施工成本估算涉及重大的不确定因素时,应设法减小风险,并对余留的风险考虑适当的应急备用金。施工成本估算有时还要对各个备选方案的费用进行估算和比较,并将结果作为方案选择的依据。

工程施工成本估算框架如图 11-11 所示。

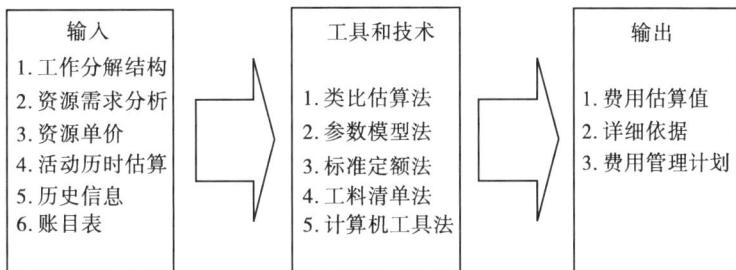

图 11-11　工程施工成本估算框架

在进行施工成本估算时,通常需要如下输入资料:

(1)工作分解结构。工作分解结构是工程管理的一项基础性工作,它可以将工程分解到最底层的操作层次上,从而为工程施工成本的估算提供了最基本的信息。

(2)资源需求分析。资源需求是工程施工成本的基础,工程施工成本的结果取决于工程施工的资源需求量和资源单价两个因素。资源需求的种类和数量及其单价,决定了工程施工的成本值。资源需求是工程资源计划过程的输出结果,它包括工程施工所需的资源种类(人力、设备、材料和资金等)和数量。

(3)资源单价。资源需求分析给出了工程施工的资源需求种类和数量,各类资源消耗量乘以相应的价格就可以得到相应的费用。对于资源单价的获得,可以通过市场调查,了解各类资源的单价(如人工工资率、各类设备的购买价格、旧费率或租赁、使用费率、各种所需材料的价格以及资金的利息率等)。

(4)活动持续时间估算。人工、设备和资金的使用费用都与时间相关,在估算工程施工各工作单位消耗的资源费用时,要先估算与这些资源的使用或占用有关的活动持续时间。工程施工的人工费用等于人工的日(或小时)工资率乘以人工需求量。工程施工的设备使用费用通常等于设备的使用时间乘以相应的设备使用费率。资金的使用费用是利息,决定利息有两个因素:本金和时间。显然,在工程施工过程中,资金占用的时间越长,则支付的利息就越多,相应的费用也就越高。由此看来,各项工作历时时间是工程施工成本估算的要素之一。

(5)历史信息。施工组织和所在企业或其他组织已完成的类似工程的历史记录,以及资源市场价格的历史数据,都可以作为工程施工成本估算的参考信息。已完成类似工程的历史数据,为当前工程的工作分解结构、各工作单元的资源消耗估计、各工作单元的持续时间估计提供了参考依据。

(6)账目表。账目表表明了工程施工成本的构成框架,也是工程执行过程中进行成本记录和控制的框架。

在进行工程施工成本估算时,常用的方法有类比估算法、参数模型法、标准定额法、工料清单法等。

1. 类比估算法

类比估算法(也称自上而下估算法)就是指利用以前已完成的类似工程的实际成本,估算当前工程成本的方法。这种方法简便易行,是经常使用的进行粗略估算的方法之一,但其不足之处是精度取决于被估算的工程与以前工程的相似程度、相距时间和地点的远近,需要有较为详细的同类工程的历史信息。在估算时要求有经验的专家针对类似工程和当前工程交付成果的差异、相距的时间和距离,对估算成本加以修正和调整。

对于某一施工工程,交付成果的差异可能是建筑结构上的差异、建筑装饰材料的差异和建筑规模的差异等。这种差异对施工成本估算的影响可通过估算差异部分的费用来修正。类似工程和当前工程的时间、地点不同,都会导致所需资源价格的不同。这种价格不同对成本估算的影响可利用价格调整系数来修正。

【例 11-1】某公司拟在其分公司甲地建办公楼一座。该公司 3 年前曾在公司总部乙地建成相似的办公楼一座。乙地办公楼实际造价为 4800 万元。两座办公楼除室内地面装饰地砖不同外,建筑结构、面积和建筑材料均相同。甲地拟建办公楼的建筑面积为 8000 平方米,地面全部铺 500×500(毫米)豪华型防滑瓷砖,价格为每平方米 260 元。乙地办公楼室内地面铺的是印度红大理石地面砖,价格为每平方米 380 元。另外,3 年来人工平均工资率上涨 15%,其他资源的价格和费率均未变。在乙地办公楼的全部实际造价中,人工费占 20%。根据上述资料,用类比法估算甲地拟建办公楼的费用。

解:甲地拟建办公楼的费用为:

$$C = 类似项目实际成本 + 价格调整修正值 + 交付成果差异修正值$$
$$= 4800 + 4800 \times 20\% \times 15\% + 8000 \times (0.026 - 0.038)$$
$$= 4848(万元)$$

2. 参数模型法

参数模型法是指根据可交付成果的特征计量参数(如电力建设工程成果的"千伏安"、公路建设工程成果的"公里"、民用建筑工程成果的"平方米"等),通过模型来估算费用的方法。参数模型可能是简单模型,如每千伏安费用、每公里费用、每平方米费用等,也可能是相对复杂的理论或经验模型。参数模型法估算费用的精度取决于参数的计量精度、历史数据的准确程度以及估算模型的科学程度。

【例 11-2】某化工企业二期扩建工程,根据经验得知,该类工程的费用估算参数模型为:

$$C = E(1 + f_1 a_1 + f_2 a_2) + I$$

式中:C——工程估算成本;

E——设备采购费用;

a_1——建筑施工费用占设备费的比例;

a_2——设备安装费用占设备费的比例;

I——其他费用估算值(包括管理费、不可预见费等);

f_1——建筑施工费的综合调整系数;

f_2——设备安装费的综合调整系数。

现经市场调研,已知该工程的设备采购费用为 2000 万元,建筑施工费用占设备费的

20%,设备安装费用占设备费的 15%,建筑施工费与设备安装费的综合调整系数均为 1.1,该工程的其他费用估计为 100 万元。利用上述参数模型估计该扩建工程的估算成本。

解:该扩建工程的估算成本为:

$$C = 2000(1 + 1.1 \times 20\% + 1.1 \times 15\%) + 100 = 2870(万元)$$

3. 标准定额法

标准定额法是以事先制定的产品定额费用为标准,在生产费用发生时,就及时提供实际发生的费用脱离定额耗费的差异额,让管理者及时采取措施,控制生产费用的发生额,并且根据定额和差异额计算产品实际费用的一种费用计算和控制的方法。标准定额法有以下几个主要特点:

(1)成本计算对象是企业的完工产品或半成品。根据企业管理的要求,只计算完工产品成本或者同时计算半成品成本与完工产品成本。

(2)成本计算期间是每月的会计报告期。标准定额法一般用于大批量生产企业,只能按月进行成本计算。

(3)产品实际成本是以定额成本为基础,由定额成本、定额差异和定额变动三部分相加而组成。

(4)每月的生产成本应分为定额成本、定额差异和定额变动三方面,并分配于完工产品和在生产产品中。

标准定额法适用于已制定了一整套完整的定额管理制度,产品定型,各项生产成本消耗定额稳定、准确,财会人员基本知识、基本技能较强的企业,主要是大批量生产的企业。由于标准定额法的成本计算对象既可以是最终完工产品,也可以是半成品,所以它既可以在整个企业运用,又可以只运用于企业中的某些车间。

标准定额法的优点表现在:①采用定额成本可以计算出定额与实际成本之间的差异额,并采取措施加以改进,所以,采用这种方法有利于加强成本的日常控制;②由于采用该方法可计算出定额差异、定额变动差异等项指标,有利于进行产品成本的定期分析;③通过对定额差异的分析,可以对定额进行修改,从而提高定额的管理和计划管理水平;④由于有了现成的定额成本资料,可采用定额资料对定额差异和定额变动差异在完工产品和在生产产品之间进行分配。

标准定额法的缺点表现在:①因为要分别核算定额成本、定额差异和定额变动差异,工作量较大,推行起来比较困难;②不便于对各个责任部门的工作情况进行考核和分析;③定额资料若不准确,则会影响成本计算的准确性。

4. 工料清单法

工料清单法(也称自下而上估算法)是一种首先要给出工程耗用的人工物料清单,然后再对各项物料和工作的成本进行估算,最后向上滚动加总得到工程总费用的方法。这种方法就是指根据工程的工作分解结构,先估算工作分解结构底层各基本工作单元的成本,然后逐层汇总,最后得到工程总成本估算值的方法,在估算各工作单元的成本时,要先估算各工作单元的资源消耗量,再用各种资源的消耗量乘以相应的资源单位成本(或价格)得到各种资源消耗成本,然后再汇总得到工作单元的总成本,最后再按工作分解结构将各工作单元的成本逐层汇总得到项目层的总成本估算值。自下而上的成本估算方法精度相对较高,但是当工程构成复杂、工作分解结构的基本工作单元划分较小时,估算过程的工作量会较大,相应的估算工作成本也较高。自下而上的成本估算法要求估算人员掌握较为详细的工程所消耗资源的单位成本(或价格)的信息。图 11 - 12 给出了一个建筑项目的自下而上费用的估算过程。

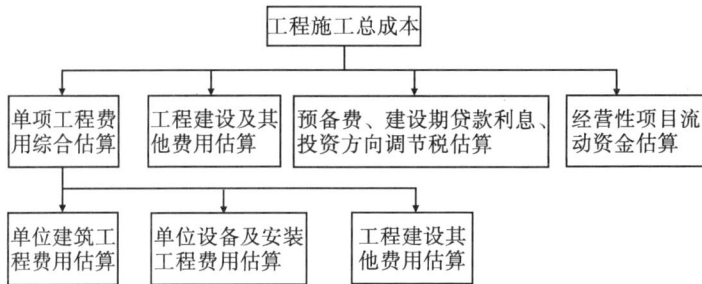

图 11 - 12 工程施工成本的三级估算示意图

工程施工成本估算的结果通常包括以下内容:

(1)工程施工成本估算文件。工程施工成本估算过程的最主要成果,就是工程施工成本的估算值。估算值一般用货币单位来表示,如人民币、美元、日元等。但有时为了便于比较,也用实物量单位来分别表示各类资源的估计消耗量,如人工消耗的工日数,设备消耗的台班数或材料消耗的吨数、米数等。

(2)详细依据。在此要说明工程施工成本估算的依据,以便于与工程的利益相关者沟通。成本估算的详细依据通常包括:估算工作范围的描述,它常从工作结构分解的参考资料中获得;估算依据和方法的说明,即估算是如何编制的;估算过程中所作假定的说明;估算结果的精度范围。

(3)工程施工成本管理计划。工程施工成本估算最后形成工程的成本管理计划,作为工程施工预算和成本控制的基本依据之一。

➤ 11.3.2 工程施工成本预算

工程施工成本预算也称工程成本计划,其任务就是在施工成本估算的基础上,将估算的施工成本基于工作分解结构分配到每一项具体的工作上,并确定整个工程的总预算,作为衡量工程施工情况和控制成本的基准之一。工程成本计划编制的过程包括两步:第一步,根据工程成本估算将其分摊到工作分解结构中的各个工作上;第二步,在整个工作包期间进行每个工作包的预案分配,这样就可以在任何地点和时间准确地确定预算支出的多少。在此过程中,需要将以下内容考虑在内:

(1)工程施工成本估算。工程施工成本估算是进一步展开工程施工成本预算的前提工作,是作为工程各基本工作包成本分配的基础。

(2)工作结构分解。工作结构分解确定了成本分配的组成部分。

(3)进度计划安排。利用网络图计算得出的工程施工进度计划,给出了工程各工作单元的起止时刻,从而确定了各工作单元需要各类资源的时间,进而可以得出费用在工期内发生的时间分布。

（4）风险水平。工程的风险管理水平会影响预算的结果。

分摊总预算就是根据工程预算过程的输入信息，将工程总费用分摊到每个费用要素中去，如人工、原材料和分包商，再到工作分解结构中的适当的工作包，并为每一个工作包建立一个费用预算。为每一个工作包建立费用预算的方法有两种：一是自上而下法，即在工程总成本（包括人工、原材料等）之内按照每一工作包的相关工作范围来考察，以工程总成本的一定比例分摊到各个工作包中；二是自下而上法，它是依据与每一工作包有关的具体工作而进行费用估算的方法。由于在工程成本估算过程中，没有对工程的具体工作进行详细的说明，在工程开始后，就需要补充对每一项工作的详细说明并制订网络计划。一旦对工程的每一工作进行了详细具体的说明，就可以对每一项工作进行时间、资源和费用的估算。每一个工作包的成本预算就是组成各工作包的所有费用的加总。

一旦为每一项工作包建立了总成本预算，成本预算过程的第二步就是分配每一项费用预算到各个工作包的整个工期中去，而每个工期的费用估计是根据该工作包的各项工作所完成的进度确定的。当每一个工作包的费用预算分摊到工期的各个区间后，就能确定在任何时候用去了多少预算。这个数字可以通过截止某一期的预算成本加总而得到。这一合计数被称为累计预算成本，是直接到某期为止的工程预算。工程施工成本预算的输出是工程施工成本基准计划。成本基准计划是按时间分段的预算，它是按工程施工进度计划将各工作单元的预算成本累加而得到的。工程成本基准计划一般以 S 型曲线表示。在工程施工的生命周期内，各项工作根据工程的进度计划开始、执行和完成，所发生的累积预算成本形成了一条 S 型曲线，如图 11-13 所示。图中的实线就是累积预算成本曲线，因为该曲线是在工程执行过程中，基于预算来考核工程执行进度偏差和实际费用偏差的依据，所以也称为工程的成本基准计划或预算基线。

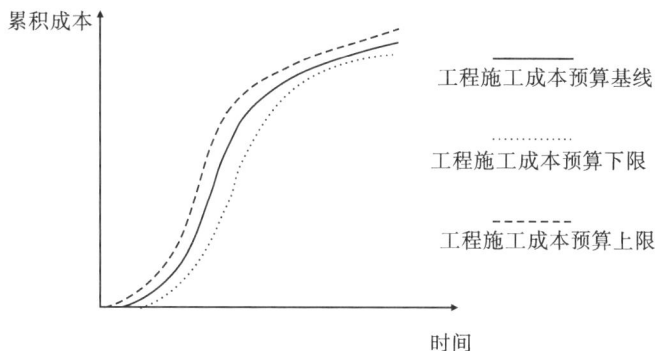

图 11-13　工程施工成本预算基线

由于在工程的成本预算阶段存在许多不确定性因素，工程施工的实际发生费用与估算费用必定会存在一定的偏差，如图 11-13 中的虚线和点画线。显然，在工程施工成本预算基线之下的实际累计成本是期望的工程施工成本执行情况，而在工程施工成本预算基线之上的实际累计成本是不期望的工程施工成本执行情况。根据工程施工进度计划，如果所有的工作单元都按最早开始时间执行，或都按最晚开始时间执行，可得到两条在两端重合的 S 型曲线，称为香蕉图，如图 11-14 所示。香蕉图是工程施工进度控制的依据，它给出了工程进度允许偏差（调整）的范围。显然，按照工程的计划进度，累积预算成本的发生应在两条 S 型曲线围成的香蕉图中。

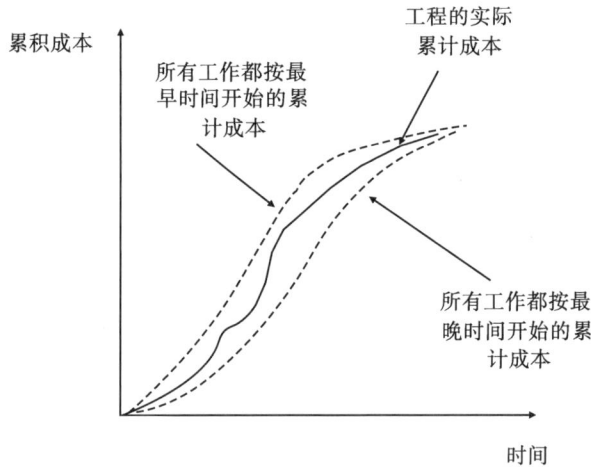

图 11-14　累计预算成本的香蕉图

➤ 11.3.3　工程施工成本控制

现实中的工程施工成本控制的方法很多,在此主要介绍偏差控制法、成本分析表法和挣值法。

1. 偏差控制法

偏差控制法是在制定出成本计划的基础上,通过采用比较的方法,找出计划成本与实际成本之间的偏差,分析偏差产生的原因与变化发展趋势,进而采取措施以减少或消除不利偏差,实现成本计划的一种科学方法。实施偏差控制法时,通常将偏差可分为如下三种:

$$实际偏差＝实际成本－预算成本$$
$$计划偏差＝预算成本－计划成本$$
$$目标偏差＝实际成本－计划成本$$

其中,实际成本是指在工程实施过程发生的各项实际支出;计划成本是指在制订计划时所规定应实现的成本控制目标;预算成本是指工程成本控制的底线,它通常在计划成本的基础上在留出一定的余地。以上三种成本之间形成三种偏差:实际偏差、计划偏差和目标偏差。实际偏差衡量实际成本与成本底线之间的距离,反映了工程成本控制所获得的实际结果;计划偏差衡量计划成本与成本底线之间的距离,是工程成本控制力图达到的目标;目标偏差衡量实际成本围绕计划成本之间的波动情况,它是真正应用于现实工程成本控制的偏差。上述三种成本及三种偏差之间的关系如图 11-15 所示。

一般说来,利用偏差控制法对工程成本进行控制的实施步骤如下:

(1)找出偏差:即在工程实施过程中不断记录实际发生的各项成本,然后将记录的实际成本与计划成本进行比较,从而发现目标偏差。

(2)分析偏差产生的原因:即分析实际成本与计划成本之间出现偏差的原因,常用的有两种方法:因素分析法与图像分析法。因素分析法是将成本偏差的原因归纳为几个相互联系的因素,然后用一定的计划方法从数值上测定出各种因素对成本产生偏差程度的影响,找出偏差的产生是哪种成本的增加而引起的。图像分析法是通过绘制线图和成本曲线的形式,通过总成本和分项成本的比较分析,发现总成本出现的偏差是由哪些分项成本超支造成的。

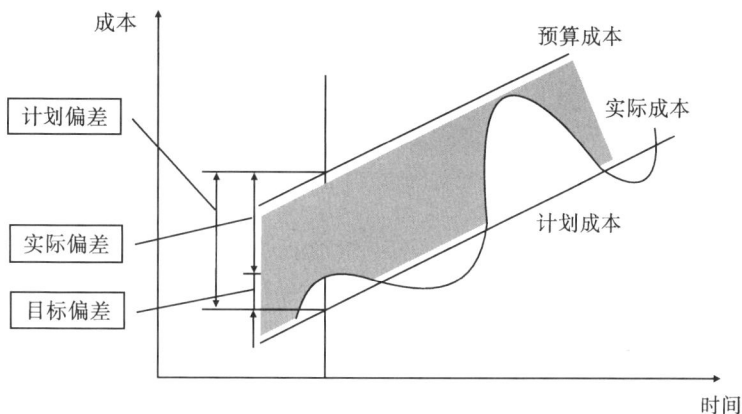

图 11-15　三种成本及三种偏差之间的关系

(3)纠正偏差:即针对偏差产生的原因采取相应的措施,以减少成本偏差并把成本偏差控制在理想的范围之内,以使成本控制的目标最终得以实现。

需要说明的是,上述实施步骤是一个动态的过程,即在工程的实施过程中,要不断地跟踪检查,发现偏差,分析原因,采取纠偏措施,确保工程成本控制在给定的预算范围之内。这个过程示意如图 11-16 所示。

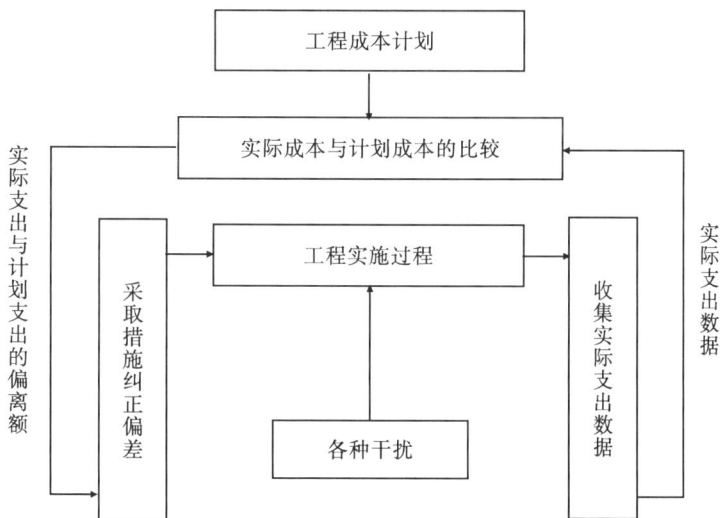

图 11-16　工程成本动态控制示意图

2. 成本分析表法

成本分析表法是一种常规的工程成本控制方法,它是利用表格形式调查、分析、研究工程成本的一种方法,包括成本日报、周报、月报表、成本预测报告表等。

(1)月成本分析表:即每月做出成本报表,以便对成本进行研究对比。在月成本分析表中要表明工程期限、预算成本、实际成本、生产数量、项目单价等。对控制的作业单位,每个月都要进行成本分析,作业单位的成本项目的分类,一定要与工程成本预算相一致,以便分析对比。

（2）成本日报或周报表：对重要工程应掌握每周、甚至每日的工程进度和成本，以便发现工作上的弱点和困难，并采取有效措施。成本日报或周报，比做出的关于全部工程的月报表要详细、准确，一般只是对重要工程和进度快的每项作业分别写一份报告书，通常只记入人工费、机械营运费和产品数量。

（3）月成本计算及最终预测报告：即每月编制月成本计算及最终成本预测报告对工程成本进行分析和控制。该报告书记载的主要事项包括：工程名称、已支出金额、到完成尚需的预计金额、盈亏预计等。该报告书随着时间的推移，其精确性不断增加。

3. 挣值法

由于工程成本与进度之间所存在紧密的关联关系，显然，在进行成本控制时不考虑其与进度的关系是不行的。从另一个方面讲，在进行进度控制时不考虑工程的成本预算，同样也不会获得好的结果。所以，若想取得较为理想的控制效果，工程的成本和进度必须集中到一起进行综合考虑，努力实现二者的协调与配合。

挣值法（又称挣得值分析法）是一种通过测量计划工作的预算成本、已完成工作的预算成本和已完成工作的实际成本，同时得到有关计划实施的进度和成本偏差，从而对工程进度和成本进行综合控制的有效方法。挣值法的独特之处就在于，它将工程已实际完成的工作量转化为预算成本，以此来衡量工程的进度，并借此将进度与成本关联在一起，实现二者的协调控制。其中，已完成工作的预算成本即为挣得值（earned value），挣值法正是基于该参数而得名。挣得值分析有以下三个基本参数：

（1）计划工作的预算成本 BCWS（budgeted cost for work scheduled）：指根据工程进度计划的要求应完成的工作所对应的预算成本，反映按进度计划应当完成的工作量。其计算公式为：

$$BCWS = 计划工作量 \times 预算定额$$

（2）已完成工作的预算成本 BCWP（budgeted cost for work performed）：指工程在实施过程中实际完成的工作所对应的预算成本，反映在实际进展中所完成的工作量。其计算公式为：

$$BCWP = 已完成工作量 \times 预算定额$$

（3）已完成工作的实际成本 ACWP（actual cost for work performed）：指工程在实施过程中实际完成的工作所消耗的成本，反映在实际进展中所支出的成本高低。

基于上述三个基本参数，挣得值分析法有以下四个评价指标：

（1）成本偏差 CV（cost variance）：指已完成工作的预算成本与已完成工作的实际成本之间的偏差，反映工程实施过程中的成本控制情况。其计算公式为：

$$CV = BCWP - ACWP$$

当 CV 为负值时，表示成本控制效果不佳，实际成本超过预算成本；反之，当 CV 为正值时，表示成本控制效果较好，实际成本低于预算成本。

（2）进度偏差 SV（schedule variance）：指已完成工作的预算成本与计划工作的预算成本之间的偏差，反映工程实施过程中的进度控制情况。其计算公式为：

$$SV = BCWP - BCWS$$

当 SV 为正值时，表示进度控制良好，实际进度超前于计划进度；当 SV 为负值时，表示进度控制不佳，实际进度滞后于计划进度。

（3）成本执行指标 CPI（cost performed index）：指已完成工作的预算成本与已完成工作的实际成本之比，反映工程实施过程中的成本控制情况。其计算公式为：

$$CPI = \frac{BCWP}{ACWP}$$

当 $CPI > 1$ 时，实际成本低于预算；当 $CPI < 1$ 时，表示实际成本超出预算；当 $CPI = 1$ 时，表示实际成本与预算成本吻合。

（4）进度执行指标 SPI（schedule performed index）：指已完成工作的预算成本与计划工作的预算成本之比，反映工程实施过程中的进度控制情况。其计算公式为：

$$SPI = \frac{BCWP}{BCWS}$$

当 $SPI > 1$ 时，表示进度提前；当 $SPI < 1$ 时，表示进度延误；当 $SPI = 1$ 时，表示实际进度等于计划进度。

在工程实施过程中，通过实时地观测 $BCWS$、$BCWP$ 和 $ACWP$，便可以同时判断进度和成本的执行情况，分析其偏差出现的情况，据此制定切实可行的纠偏措施，确保成本与进度控制目标的完成。

现假定在某一工程的实施过程中，通过对上述三个参数的在线观测，得到了如图 11-17 所示的 $BCWS$、$BCWP$ 和 $ACWP$ 变化曲线。从该图可以清楚地看出，对于该工程来说，其成本和进度控制效果都非常不理想：因为已完成工作的预算成本 $BCWP$ 曲线始终位于计划工作的预算成本 $BCWS$ 曲线的下方，这使得进度偏差 SV 在工程的执行过程中恒为负值，进度执行指标 SPI 一直小于 1 时，表示工程从开始到结束，进度始终处于没有达到计划的要求，始终处于一种延误的状态；与此同时，已完成工作的实际成本 $ACWP$ 曲线却始终位于已完成工作的预算成本 $BCWP$ 的上方，导致成本偏差 CV 在工程实施过程中恒为负值，成本执行指标 CPI 一直小于 1，表示工程从开始到结束，实际发生的成本支出始终没有控制到成本预算之内。在工程完成的时候，无论是进度还是成本，都超过了原定的计划。也就是说，工程既没有按期完成，也没有给实施者带来任何收益。

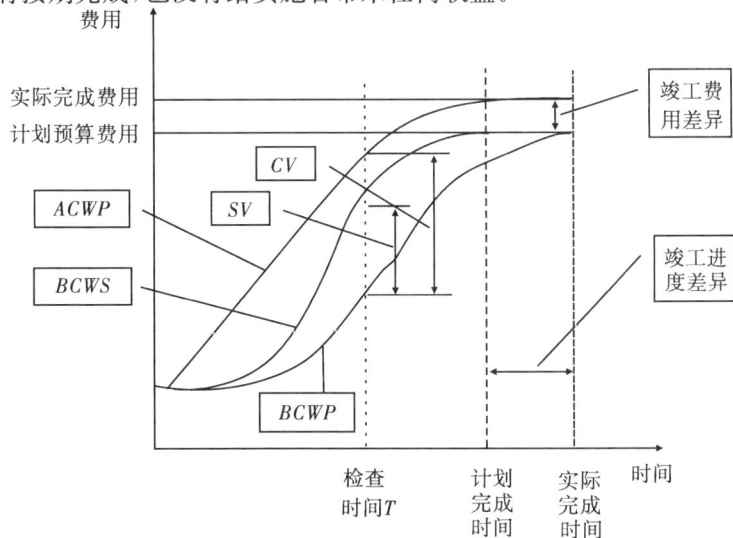

图 11-17　某工程的 $BCWS$、$BCWP$、$ACWP$ 曲线

　　需要特别强调的是,在对工程进度和成本的偏差进行分析时,要将它们综合在一起进行讨论,不能将二者割裂开来。因为在有些情况下,工程成本的超支是由于进度的提前所造成的,如果将超前部分的进度预算考虑在内的话,成本可能不仅没有超支,甚至有可能还会节余。此时,如果已完成部分的工作质量是满足要求的,那么,不仅对相关组织不能惩罚,而且还应该进行奖励。在另一些情况下,工程的成本有所节余,但这些节余并非是相关组织对成本控制得力的结果,而使由于进度延迟所致,也就是说,相关组织没有在规定的时间内完成相应的任务,所以成本的支出比较少。如果按照相关组织所完成的工作量计算的话,成本不仅没有节余,而且还有可能超支。在这种情况下,不仅不能对其成本节余进行奖励,而且有可能需要对其进行改组,以改变当前的不利局面。

　　表 11-1 给出了三种参数的综合分析与一般应对措施。在表中,较为理想的情形是第2种和第3种,在这两种情形下,工程实际进度超过计划进度,实际成本低于预算成本,说明进度和成本都控制的比较理想。较为糟糕的情形是第1种和第5种,在这两种情形下,无论是进度还是成本,都没有达到计划的要求,成本超支、进度滞后,管理亟待改进。情形4和情形6介于二者之间,在情形4中,虽然进度是提前的,但成本超支得较为严重,所以,应重点加强对工程成本的控制;情形6与情形4相反,成本是节余的,但进度却是滞后的,因此,应着力加快工程的进度。在实际工程控制中,如果出现了情形4和情形6,管理者需要深入分析二者综合到一起的总体结果,而不要一概而论地地采取笼统的措施。一般说来,在工程实施过程中,三条曲线相互靠近、均衡地向前发展比较好,过高或过低以及大幅地波动,都可能预示着工程实施中可能隐藏着潜在的问题。此外,还应注意的是,工程实施是一个动态的过程,三条曲线之间的关系不会像表 11-1 中那样固定不变,所以,应对措施也不是一成不变的,应该根据具体的变化适时地进行调整。

表 11-1　三种参数的综合分析与一般应对措施

序号	三种参数关系		分析	应对措施
	图形关系	参数关系		
1		$ACWP>BCWS>BCWP$ $SV<0$　$CV<0$ $SPI<1$　$CPI<1$	进度滞后 成本超支 效率较低	在加快进度的同时,应着力控制好工程成本,用工作效率高的人员更换一些效率低的人员
2		$BCWP>BCWS>ACWP$ $SV>0$　$CV>0$ $SPI>1$　$CPI>1$	进度超前 成本节余 效率较高	若偏离不大,维持现状,但应注意工程实施中存在的隐患
3		$BCWP>ACWP>BCWS$ $SV>0$　$CV>0$ $SPI>1$　$CPI>1$	进度过快 成本节余 效率较高	抽出部分人员,放慢工程进度

序号	三种参数关系		分析	应对措施
	图形关系	参数关系		
4	*ACWP* *BCWP* *BCWS*	$ACWP>BCWP>BCWS$ $SV>0$ $CV<0$ $SPI>1$ $CPI<1$	进度超前 成本超支 效率较低	在保证进度的同时,应注意成本的控制、提高效率,抽出部分人员,增加骨干人员
5	*BCWS* *ACWP* *BCWP*	$BCWS>ACWP>BCWP$ $SV<0$ $CV<0$ $SPI<1$ $CPI<1$	进度滞后 成本超支 效率较低	在控制成本的同时,应着力加快工程进度,增加高效人员的投入
6	*BCWS* *BCWP* *ACWP*	$BCWS>BCWP>ACWP$ $SV<0$ $CV>0$ $SPI<1$ $CPI>1$	进度滞后 成本节余 效率较低	应加大投入,着力把工程进度赶回来

11.4 案例:XACB商务中心工程的工期压缩与成本控制

XACB商务中心位于西安浐灞生态区三角洲中部的A-17地块内。该地块东北方隔一条滨河路为灞河,东南方隔一条纬二路为东三环,西北方为东湖路延伸线,西南为区内二环路。浐灞行政中心项目包括行政中心办公楼以及配套的地下车库等辅助设施。本工程总包单位仅负责一般室内装修,室内精装修和特殊装修另委托其他专业单位完成。工程建设的概况如表11-2所示。

表11-2 工程建设概况表

工程名称	XACB商务中心工程施工总承包项目	工程地址	浐灞生态区三角洲中部的A-17地块
投资单位	浐灞河发展有限公司	勘察单位	中国有色金属工业工业西安勘察设计研究院
代建单位	西安市浐灞生态房地产有限公司	监理单位	陕西华建工程管理咨询有限责任公司
设计单位	中国建筑西北设计研究院	总包单位	中建三局建设工程股份有限公司
质量监督部门	西安市浐灞委质量安全监督站	建设工期	300日历天
主要分包工程	弱电、空调、电梯、玻璃幕墙	合同总价	2.3亿元
合同工期	265日历天	自行完成	1.2亿元
工程主要功能或用途	作为浐灞生态区管委会行政办公和企业办公		

由于具有一定的社会和政治意义,此工程对工期要求特别严格,工程对于工期控制的主要方式是:

(1)加班加点赶工期。因为工期要求特别紧,建筑施工企业从开始施工就投入大量人力物力加班加点赶工期,工程在春节期间也正常施工,可见其紧迫性。

(2)按照事先编制的施工进度计划进行施工。工程按照编制的工程进度的网络图进行有组织的施工,但在施工过程中,由于施工工艺以及工作经验方面的限制,有时会变更施工进度计划图。

(3)通过减少工程量来加快工期。在发现工程按时完成无望时,工程管理者取消了一部分可以后续实施的工程,以保证整个工程能够按期完成。

关于工程的工期控制,此工程存在的主要问题体现在:①在进度计划编制方面,由于施工工艺以及工作经验方面的限制,导致了进度安排的不合理。②对于进度计划的控制,尚未建立工程进度定量检测的规范。由于该工程项目周围空间狭小,地质条件复杂,因此在施工过程中存在很多不确定的因素,如果进度控制工作没做好,往往会导致进度计划束之高阁,无法正常实施。③不能很好的结合成本问题考虑工期的压缩。工程的工期要求比较严格,施工企业一味的盲目的加班加点赶眼前的工期,根本不会从系统的观点来分析优化整个工程,在考虑成本情况下来压缩工期。

关于工程施工成本的控制,采用团队合作的意识来实现。项目经理非常重视团队意识的培养,成本控制主要是由各个重要工序的工长进行控制的,不同的工长负责一项重要的施工工序。例如,混凝土工长负责混凝土的浇灌,因此,他也同时负责整个混凝土的成本控制,混凝土所用的材料、人工和机械等都由他一个人控制。与混凝土成本控制相类似,其他不同工序的成本由各工长控制。当然,各工序之间的成本控制也不是孤立的,不同的工长经常互相协调、互相提醒,以体现团队的合作意识。

工程成本控制问题主要体现在:①此工程基本上没有完善的成本控制计划且成本控制不规范。在工程施工的前期,管理团队还是做了一些成本控制方面的工作,针对施工方法、施工顺序制定出比较先进合理的施工方案。但相关部门并没有编制成本计划,没有将各施工单元或工作包的成本责任落实到各职能部门和班组。在施工期间的成本控制上,缺乏一套行之有效的程序。可以说,对此工程成本控制来说,仅仅停留在节省原材料上,不会从设计、采购、施工方案等多角度来对成本进行控制。②对于成本的控制没有与工期的控制很好地结合起来,压缩工期是以成本为代价的,但应该在系统的分析之后有效地进行压缩,所以,应该将工期和成本有机地结合起来进行考虑。例如,在工程施工过程中,对 A 段地上 1 层结构压缩的比较多,A 段地下工程原计划一共 50 天,后来压缩了 5 天,直接成本增加包括机械费、人工费有 11 万之多。但由于 A 段结构并不在关键路径上,因而压缩的 5 天时间对整个工程工期没有产生任何贡献。还有,在压缩工期的过程中,比较偏重压缩前期的工程,而不是在对工作的压缩成本进行比较之后,合理地选择被压缩的工作。由于某些前期工程的压缩成本远远高于后期工程,这样,也造成了一部分压缩成本的浪费。以结构工程为例,其压缩成本要比后期某些关键工作高出 2 倍以上,但也被压缩了。

为了便于研究分析,对该工程的网络进行和合理的简化,简化后的双代号网络图如图 11-18 所示。图中,各工作的正常持续时间与直接费如表 11-3 所示。工作的压缩时间与压缩成本之间的关系由于涉及的因素角度,因而估算起来较为复杂。根据的历史数据统计,压缩时间与成本之间的关系是非线性的,即压缩第 1 天和压缩第 2 天的成本不同。而且,由于资源使用的限制和施工组织的需要,绝大多数工作不能够连续地进行压缩,即工期的压缩是离散的。基于上述事实,将每项工作的执行模式选定为三种:第 1 种模式为不进行压缩的正常模式;第 2 种模式为加急模式,在正常模式的基础上,以增加一部分成本为代价,对工作工期进行一定程度的压缩;第 3 种为紧急模式,在加急模式的基础上,进一步对工作工期压缩,消耗的成本也更高。各工作在不同执行模式下的工期和成本如表 11-4 所示。

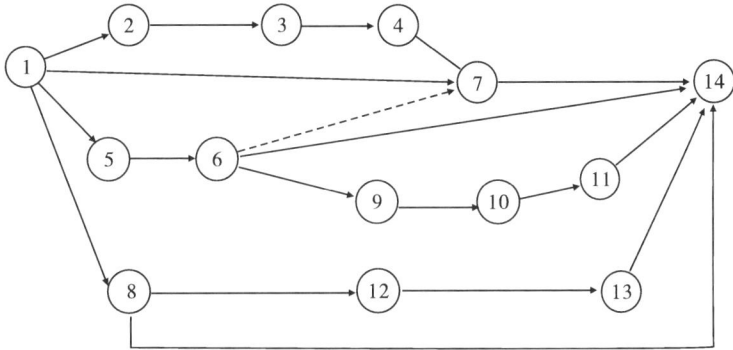

图 11-18　XACB 商务中心简化后的网络图

表 11-3　各工作的正常持续时间与直接费

工序代号	工序	正常工期时间 (天)	直接费 (万元)
1—2	B 段地上 4 层结构	12	291
2—3	B 段地上 5 层结构	12	324.8
3—4	B 段地上 6 层结构	12	327.7
4—7	B 段地上 7 层结构	12	324.4
1—7	1—4 层砌体及隔墙	48	40.7
7—14	室内装饰装修	91	1600
1—5	A 段地上 4 层结构	9	264.7
5—6	A 段地上 5 层结构	9	260.5
6—7	虚拟活动,6 需在 7 前完成	30	0
6—14	A 区电梯安装调试	121	34.8
6—9	工作 G 穿放电缆、接地母线连接	60	40.9
9—10	各系统设备安装	24	18.4
10—11	各系统设备调试	13	2.6
11—14	集成软硬件安装调试	24	15.3
1—8	地下室砌体	14	13.8
8—12	地下室抹灰	27	7.7
12—13	1—4 层抹灰	37	22.7
13—14	5—7 层抹灰	60	12.6
8—14	门窗安装、卫生间放水、楼地面、天棚、吊顶、五金工程施工	125	740.5

表 11-4 各工作在不同执行模式下的工期和压缩成本

工序代号	压缩工期符号	正常模式	加急模式	紧急模式
1—2	$d_{1,2}$	0	1	4
	成本增加额	0	31500	145400
2—3	$d_{2,3}$	0	1	4
	成本增加额	0	37800	182720
3—4	$d_{3,4}$	0	1	4
	成本增加额	0	37000	180000
4—7	$d_{4,7}$	0	1	4
	成本增加额	0	29500	135700
1—7	$d_{1,7}$	0	4	10
	成本增加额	0	20500	70625
7—14	$d_{7,14}$	0	5	12
	成本增加额	0	173000	472800
1—5	$d_{1,5}$	0	4	
	成本增加额	0	132344	
5—6	$d_{5,6}$	0	2	
	成本增加额	0	73325	132344
6—7	$d_{6,7}$	0	15	
	成本增加额	0	0	
6—14	$d_{6,14}$	0	15	
	成本增加额	0	0	
6—9	$d_{6,9}$	0	4	9
	成本增加额	0	62000	141428.6
9—10	$d_{9,10}$	0	4	9
	成本增加额	0	4200	13500
10—11	$d_{10,11}$	0	2	
	成本增加额	0	800	
11—14	$d_{11,14}$	0	3	8
	成本增加额	0	6000	21333.33
1—8	$d_{1,8}$	0	3	8
	成本增加额	0	4800	18400
8—12	$d_{8,12}$	0	3	8
	成本增加额	0	3000	11733.33
12—13	$d_{12,13}$	0	3	8
	成本增加额	0	9000	26666.67
13—14	$d_{13,14}$	0	3	10
	成本增加额	0	7200	32750
8—14	$d_{8,14}$	0	3	12
	成本增加额	0	63000	187200

XACB 商务中心工程巨大,实施阶段可变因素多,容易产生偏差。为了构建集成工期和成本的工程进度计划优化模型,必须对现实情况进行一定的简化,并在此基础上给出模型的前提假设,以确保模型能够从现实中抽象出来。在此,作出如下基本假设:

（1）工作之间的衔接关系是结束－开始型的，即工作都在所有的紧前工作都结束后才能开始，而且只要紧前工作一结束就马上开始。从 XACB 商务中心工程的实际情况来看，基本上所有的工序间的关系都是结束－开始时的，都是一个工序结束后马上开始下一个工序。因此，这样的假设是符合整个工程的实际情况的，该假设条件确定了工作间的衔接条件，保证了每个工作的最早开始时间，等于其所有紧前工作的最早结束时间的最大值。

（2）每个工作具有三种离散的执行模式，即正常模式、加急模式和紧急模式，每种模式下的压缩时间和压缩成本是确定的。在 XACB 商务中心工程实际施工过程中，根据工程的进度情况，会对后续工作采取不同的执行模式。正常模式即按照工程的前期计划正常地进行组织和施工；加急模式是在工程出现延误后，加大人力、物力的投入，进行快速赶工的执行模式；紧急模式是在工程出现重大延误时，以最大程度加快工程进度的施工模式。这样的假设基本符合工程的实际施工情况，而且压缩工期与成本增加额度的关系采用离散的形式表达，不仅符合工程的实际特点，而且也大大简化了工期和成本之间的关系，有利于问题的求解。

（3）工作工期的压缩不影响工程的间接费。在 XACB 商务中心的施工过程中，工程赶工所造成的管理费增加较少，而且这些成本在工程成本的估算过程中，已经预留到工程的措施费中了，不需要另行计算。此外，在工作工期的压缩过程中，工程的原计划的总工期是不变的，因此在成本的增加上只计算直接成本是符合工程实际的。

（4）在整个计算过程中不考虑成本的时间价值。由于在工程的工期压缩过程中，整个压缩的时间只有 20 天左右，这样对原计划的施工成本来说，压缩后工序成本的增加在这近 20 天中折现是非常小，且由于整个原计划网络图中工序的成本本身就是估计的，这样不考虑成本的时间价值也符合工程实际。

在上述基本假设的基础上，构建同时考虑工期和成本的 XACB 商务中心进度计划优化模型。首先定义如下符号：

N：工程工作的总数量；

s_n：工作 n 的开始时间，$n = 1, 2, \cdots, N$；

s_m：工作 m 的开始时间，工作 m 是工作 n 紧后工作；

R_0：工程工作在正常模式下的成本总和；

c_{nq}：工作 n 采取执行模式 q 时的成本，包括正常成本和压缩成本；

d_{nq}：工作 n 采取执行模式 q 时的工期；

D：整个工程的截止时间；

z_{nq}：工作的模式选择 $0-1$ 决策变量：

$$z_{nq} = \begin{cases} 1 & \text{活动 } n \text{ 采用执行模式 } q \\ 0 & \text{其他} \end{cases} \qquad n = 1, 2, \cdots, N; q = 1, 2, 3$$

利用上述符号，可构建优化模型如下所述：

$$\text{Min} \sum_{n=1}^{N} \sum_{q=1}^{3} (c_{nq} z_{nq}) - R_0 \qquad (\text{式 } 11-1)$$

$$\text{s. t.} \sum_{q=1}^{3} z_{nq} = 1 \qquad n = 1, 2, \cdots, N \qquad (\text{式 } 11-2)$$

$$s_n + \sum_{q=1}^{3}(d_{nq}z_{nq}) \leqslant s_m \qquad (式11-3)$$

$$s_N + \sum_{q=1}^{3}(d_{Nq}z_{Nq}) \leqslant D \qquad (式11-4)$$

在上述优化模型中,(式11-1)为目标函数,最小化整个工程压缩的总成本。约束条件有以下三组:

(1)约束条件(式11-2)为每个工作在正常模式、加急模式和紧急模式中,选择一种适合的模式。

(2)约束条件(式11-3)确保工作之间的衔接关系,使得紧后工作的开始时间不早于对应紧前工作的完成时间。

(3)约束条件(式11-4)保证工程最后一个工作的完成时间不晚于工程的截止时间 D。

利用上述优化模型,便可为每个工作选择一种适当的执行模式,以合理地实现工程工期的压缩,在确保工程按期完工的前提下,最小化总的压缩成本。

由于简化后的工程规模不大,对于上述优化模型,可以使用枚举法编程来对模型进行求解。枚举法即列举所有可能的模式,即按照一定的顺序把所有可能的执行组合全部寻找出来,然后进行筛选,满足条件的留下,不满足条件的舍去,最后找出使目标函数最小化的模式安排。具体的求解思路如下:

第一步:按顺序依次为每个工作选择一种执行模式,然后根据关键路径法计算各个工作的开始时间。

第二步:验证工程的完工时间是否满足工程的截止时间要求,如果满足则把此解留下,不满足则舍去。

第三步:按顺序进行下一组执行模式的选取,并重复上述两步,直至所有的模式组合选完为止。

第四步:在所有留下来的可行解中,计算所有可行解对应的目标函数值,即压缩总成本,选取其中的最小值作为最优解。

通过上述计算,最终获得的最优解为压缩工期 19 天,压缩成本 1177135 元。而在可行解中,最大的压缩工期为 21 天,对应的压缩成本为 1846725 元,两者的成本差为 1846725 − 1177135＝66959(元)。最大成本和最小成本的工期只差 2 天,但成本却相差将近 67 万元,由此可见合理地压缩工期对成本控制有重大影响。

案例讨论

1. XACB 商务中心工程在实施过程中遇到了哪些问题？在构建工程进度计划优化模型时,为什么要提出四条假设条件？

2. 该案例中的优化模型是否能够解决 XACB 商务中心工程的进度和费用控制问题？

思考题

1. 工程施工管理的基本特征有哪些？其包含的主要任务及内容是什么？

2. 工程施工管理的常见组织模式有哪些？它们各自适用于哪些场合？

3. 工程施工进度管理包括哪些工作内容？常用的进度管理方法有哪些？

4. 何谓工程施工成本估算？其使用的主要方法有哪些？

5. 什么是工程施工成本预算？如何编制工程的施工成本预算？

6. 工程施工成本控制的常用方法有哪些？挣值法是如何实现对成本与进度的协调控制的？

第 12 章

工程质量管理

12.1 工程质量管理概述

▶ 12.1.1 质量及工程质量的概念

1. 质量及工程质量的概念

根据国家标准《质量管理体系基础和术语》(GB/T 19000—2008/ISO 9000：2005)的定义,质量是指一组固有特性满足要求的程度。

就工程质量而言,其固有特性通常包括使用功能、寿命以及可靠性、安全性、经济性等特性,这些特性满足要求的程度越高,质量就越好。

2. 工程质量的基本特性

工程从本质上说是一项拟建或在建的工程产品,它和一般产品具有同样的质量内涵,即一组固有特性满足需要的程度。这些特性是指产品的适用性、可靠性、安全性、经济性以及环境的适宜性等。由于工程产品一般是采用单件性筹划、设计和施工的生产组织方式,因此其具体的质量特性指标是在各工程的策划、决策和设计过程中进行定义的,体现在以下几个方面。

(1)反映使用功能的质量特性。工程的功能性质量,主要是反映对工程使用功能需求的一系列特性指标,如房屋建筑产品的平面空间布局、通风采光性能;工业工程的生产能力和工艺流程;道路交通工程的路面等级、通行能力等。按照现代质量管理理念,功能性质量必须以顾客关注为焦点,通过需求的识别进行定义。

(2)反映安全可靠的质量特性。工程的安全可靠的质量特性即工程产品不仅要满足使用功能和用途的要求,而且在正常的使用条件下应能达到安全可靠的要求,如工程结构的自身安全可靠,建筑物使用过程的防腐蚀、防坠、防火、防盗、防辐射;以及设备系统运行与使用安全等。可靠性质量必须在满足功能性质量需求的基础上,结合技术标准、规范特别是强制性条文的要求进行确定与实施。

(3)反映艺术文化的质量特性。工程产品具有深刻的社会文化背景,历来人们都把工程产品视同艺术品,对其个性的艺术效果,包括工程造型、立面外观、文化内涵、时代表征以及装修装饰、色彩视觉等,不仅使用会者会关注,社会也会关注;不仅当前引人关注,而且未来人们也会关注和评价。工程产品艺术文化特性的质量来自于设计者的设计理念、创意和创新,以及施工者对设计意图的领会与精益生产。

(4)反映工程环境的质量特性。作为工程管理对象的工程,可能是独立的单项工程或单位工程,甚至某主要分部工程;也可能是一个由群体建筑或线型工程组成的工程,如新、改、扩建的工业厂区、大学城或校区、枢纽空港机场、深水港区、高速公路等。工程环境质量包括工程用地范围内的规划布局、道路交通组织、绿化景观等;更追求其与周边环境的协调性或适宜性。

12.1.2　工程质量形成过程

工程质量的形成过程,贯穿于整个工程的决策过程和各个子工程的设计与建造过程,体现在工程质量的目标决策、目标细化及目标实现的系统过程。

1. 质量需求的识别过程

在工程决策阶段,主要工作包括工程发展策划、可行性研究、方案论证和投资决策。这一过程的质量管理职能在于识别工程意图和需求,对工程的性质、规模、使用功能、系统构成和工程标准要求等进行策划、分析、论证,为整个工程的质量总目标以及工程内各个子工程的质量目标提出明确要求。

必须指出,由于工程产品采取定制式的承发包生产,因此,其质量目标的决策是单位(业主)或工程法人的质量管理职能。尽管工程的前期工作,业主可以采取社会化、专业化的方式,委托咨询机构、设计单位或工程总承包企业进行,但这一切并不改变业主或工程法人的决策性质。业主的需求和法律法规的要求,是决定工程质量目标的主要依据。

2. 质量目标的定义过程

工程质量目标的具体定义过程,首先是在工程设计阶段。设计是一种高智力的创造性活动,工程的设计任务,因其产品对象的单件性,总体上符合目标设计与标准设计相结合的特征。在总体规划设计与单体方案设计阶段,相当于产品的开发设计;总体规划和方案设计经过可行性研究和技术经济论证后,进入工程的标准设计;在这整个设计过程中,实现对工程质量目标的明确定义。由此可见,工程设计的任务就在于按照业主的工程意图、决策要点、法律法规和强调性标准的要求,将工程的质量目标具体化。通过工程的方案设计、扩大初步设计、技术设计和施工图设计等环节,对工程各细部的质量特性指标进行明确定义,即确定质量目标值,为工程的施工安装作业活动及质量控制提供依据。另一方面,承包方也会为了创品牌工程或根据业主的创优要求及具体情况来确定工程的质量目标,策划精品工程的质量控制。

3. 质量目标的实现过程

工程质量目标实现的最重要、最关键过程是在建造阶段,包括施工准备过程和施工作业活动过程。其任务是按照质量策划的要求,制定企业或工程内控标准,实施目标管理、过程监控、阶段考核、持续改进的方法,严格按设计图纸施工;正确合理地配备施工生产要素,把特定的劳动对象转化成符合质量标准的工程产品。

综上所述,工程质量的形成过程,贯穿于工程的决策过程和实施过程,这些过程的各个重要环节构成了工程实施的基本程序,它是工程实施客观规律的体现。工程质量的形成过程,从某种意义上说,也就是在履行工程实施程序的过程中,对工程实体注入一组固有的质量特性,以满足人们的预期需求。在这个过程中,工程的各个参与方,直接承担着相关工程质量目标的控制职能和相应的质量责任。

➤ 12.1.3　工程质量的影响因素

影响工程质量的因素很多,主要有五个方面,即人(man)、材料(material)、机械(machine)、方法(method)和环境(environment),简称为 4M1E 因素。

1. 人员因素

人是生产经营活动的主体,也是工程的决策者、管理者、操作者,工程的全过程,如规划、决策、勘察、设计和施工,都是通过人来完成的。人员的素质,即人的文化水平、技术水平、决策能力、管理能力、组织能力、作业能力、控制能力、身体素质及职业道德等,都将直接和间接地对规划、决策、勘察、设计和施工的质量产生影响,而规划是否合理、决策是否正确、设计是否符合所需要的质量功能、施工能否满足合同、规范、技术标准的需要等,都将对工程质量产生不同程度的影响,所以人员素质是影响工程质量的一个重要因素。

2. 工程材料

工程材料泛指构成工程实体的各类材料、构配件、半成品等,它是工程的物质条件,是工程质量的基础。工程材料选用是否合理、产品是否合格、材质是否经过检验、保管使用是否得当等,都将直接影响工程的结构刚度和强度,影响工程外表及观感,影响工程的使用功能,影响工程的使用安全。

3. 机械设备

机械设备可分为两类:①组成工程实体及配套的工艺设备和各类机具,如电梯、泵机、通风设备等,它们构成了设备安装工程或工业设备安装工程,形成完整的使用功能。②施工过程中使用的各类机具设备,包括大型垂直与横向运输设备、各类操作工具、各种施工安全设施、各类测量仪器和计量器具等,简称施工机具设备,它们是施工生产的手段。机具设备对工程质量也有重要的影响。工程机具设备产品质量的优劣,直接影响工程使用功能质量。施工机具设备的类型是否符合工程施工特点,性能是否先进稳定,操作是否方便安全等,都将影响工程的质量。

4. 工艺方法

工艺方法是指工程现场采用的施工方案,包括技术方案和组织方案。前者如施工工艺和作业方法,后者如施工区段空间划分及施工流向顺序、劳动组织等。在工程施工中,施工方案是否合理,施工工艺是否先进,施工操作是否正确,都将对工程质量产生重大的影响。大力推进采用新技术、新工艺、新方法,不断提高工艺技术水平,是保证工程质量稳定提高的重要因素。

5. 环境条件

环境条件是指对工程质量特性起重要作用的环境因素,包括工程技术环境,如工程地质、水文、气象等;工程作业环境,如施工环境作业面大小、防护设施、通风照明和通讯条件等;工程管理环境,主要指工程实施的合同结构与管理关系的确定,组织体制及管理制度等;周边环境如工程邻近的地下管线、建(构)筑物等。环境条件往往对工程质量产生特定的影响。加强环境管理,改进作业条件,把握好技术环境,辅以必要的措施,是控制环境对质量影响的重要保证。

12.1.4 工程质量的特点

工程质量的特点是由工程本身和工程生产的特点决定的。工程产品及其生产的特点主要体现在：①产品的固定性和生产的流动性；②产品的多样性和生产的单件性；③产品形体庞大、高投入、生产周期长、具有风险性；④产品的社会性和生产的外部约束性。由于上述工程及其生产的特点，决定了形成的工程质量本身具有以下特点。

1. 影响因素多

工程质量受到多种因素的影响，如决策、设计、材料、机具设备、施工方法、施工工艺、技术措施、人员素质、工期、工程造价等，这些因素直接或间接地影响工程质量。

2. 质量波动大

由于工程生产的单件性、流动性，不像一般工业产品的生产那样，有固定的生产流水线、有规范化的生产工艺和完善的检测技术、有成套的生产设备和稳定的生产环境，所以工程质量容易产生波动且波动大。同时由于影响工程质量的偶然性因素和系统性因素比较多，其中任一因素发生变动，都会使工程质量产生波动。为此，要严防出现系统性因素的质量变异，要把质量波动控制在偶然性因素范围内。

3. 质量隐蔽性

工程在施工过程中，由于分项工程交接多、中间产品多、隐蔽工程多，因此质量存在隐蔽性。若在施工中不及时进行质量检查，事后就只能从表面上检查，很难发现内在的质量问题，这样就容易产生判断错误，即第一类判断错误（将合格品判为不合格品）和第二类判断错误（将不合格品误认为合格品）。

4. 终检的局限性

工程建成后不可能像一般工业产品那样依靠终检来判断产品质量，或将产品拆卸、解体来检查其内在的质量，或者对不合格零部件进行更换。而工程的终检（竣工验收）无法进行工程内在质量的检验，发现隐蔽的质量缺陷。因此，工程的终检存在一定的局限性。这就要求工程质量控制应以预防为主，重视事先、事中控制，防患于未然。

5. 评价方法的特殊性

工程质量的检查评定及验收是按检验批、分项工程、分部工程、单位工程进行的。检验批的质量是分项工程乃至整个工程质量检验的基础，检验批合格质量主要取决于主控工程和一般工程经抽样检验的结果。隐蔽工程在隐蔽前要检查合格后验收，涉及结构安全的试块、试件以及有关材料，应按规定进行见证取样检测；涉及结构安全和使用功能的重要分部工程要进行抽样检测。工程质量是在施工单位按合格质量标准自行检查评定的基础上，由监理工程师（或工程单位工程负责人）组织有关单位、人员进行检验确认验收。这种评价方法体现了"验评分离、强化验收、完善手段、过程控制"的指导思想。

12.2 工程质量管理体系

12.2.1 工程质量管理体系的性质

工程项质量管理体系既不是业主方也不是施工方的质量管理体系或质量保证体系,而是工程目标管理的一个工作系统,它具有以下性质:

(1)工程质量管理体系是以工程为对象,由工程实施的总组织者负责建立的面向工程对象开展质量控制的工作体系。

(2)工程质量管理体系是工程管理组织的一个目标管理体系,它与工程投资管理、进度管理、职业健康安全与环境管理等目标管理体系,共同依托于同一工程管理的组织机构。

(3)工程质量管理体系根据工程管理的实际需要而建立,随着工程的完成和工程管理组织的解体而消失,因此,它是一个一次性的质量管理工作体系,是不同于企业的质量管理体系。

12.2.2 工程质量管理体系的特点

工程质量管理体系是面向工程对象而建立的质量管理工作体系,它和企业或其他组织机构按照 GB/T 19000—2008 族标准建立的质量管理体系相比,有以下的不同点:

1. 建立的目的不同

工程质量管理体系只用于特定的工程质量管理,而不是用于企业或组织的质量管理,其建立的目的不同。

2. 服务的范围不同

工程质量管理体系涉及工程实施过程所有的质量责任主体,而不只是某一个承包企业或组织机构,其服务的范围不同。

3. 控制的目标不同

工程质量管理体系的控制目标是工程的质量标准,并非某一具体企业或组织的质量管理目标,其控制的目标不同。

4. 作用的时效不同

工程质量管理体系与工程管理组织系统相融合,是一次性的质量工作体系,并非永久性的质量管理体系,其作用的时效不同。

5. 评价的方式不同

工程质量管理体系的有效性一般由工程管理的总组织者进行自我评价与诊断,不需进行第三方认证,其评价的方式不同。

12.2.3 工程质量管理体系的结构

工程质量管理体系,一般形成多层次、多单元的结构形态,这是由其实施任务的委托方式和合同结构所决定的。

1. 多层次结构

多层次结构是对应于工程系统纵向垂直分解的单项、单位工程的质量管理体系。在大中型工程尤其是群体工程中,第一层次的质量管理体系应由建设单位的工程管理机构负责建立,在委托代建、委托工程管理或实行交钥匙式工程总承包的情况下,应由相应的代建方工程管理机构、受托工程管理机构或工程总承包企业工程管理机构负责建立;第二层次的质量管理体系,通常是指分别由工程的设计总负责单位、施工总承包单位等建立的相应管理范围内的质量控制体系;第三层次及其以下,是承担工程设计、施工安装、材料设备供应等各承包单位的现场质量自控体系,或称各自的施工质量保证体系。系统纵向层次机构的合理性是建设工程质量目标、控制责任和措施分解落实的重要保证。

2. 多单元结构

多单元结构是指在工程质量管理总体系下,第二层次的质量管理体系及其以下的质量自控或保证体系可能有多个。这是工程质量目标、责任和措施分解的必然结果。

12.2.4　工程质量管理体系的建立

工程质量管理体系的建立过程实际上就是工程质量总目标的确定和分解过程,也是工程各参与方之间的质量管理关系和控制责任的确立过程。为了保证质量管理体系的科学性和有效性,必须明确体系建立的原则、内容、程序和主体。

1. 工程质量管理体系建立的原则

工程质量管理体系的建立遵循以下原则对于质量目标的规划、分解和有效实施控制是非常重要的。

(1)分层次规划原则。工程质量管理体系的分层次规划,是指工程管理的总组织者和承担工程实施任务的各参与单位,分别进行不同层次和范围的工程质量管理体系规划。

(2)目标分解原则。工程质量管理系统总目标的分解,是根据管理系统内工程的分解结构,将工程的标准和质量总体目标分解到各个责任主体,明示于合同条件,由各责任主体制订出相应的质量计划,确定其具体的管理方式和管理要求。

(3)质量责任制的原则。工程质量管理系统的建立,应按照建筑法和建设工程质量管理条例有关建设工程质量责任的规定,界定各方的质量责任范围和控制要求。

(4)系统有效性的原则。工程质量管理系统,应从实际出发,结合工程特点、合同结构和工程管理组织系统的构成情况,建立工程各参与方共同遵循的质量管理制度和控制措施,并形成有效的运行机制。

2. 工程质量管理体系建立的程序

工程质量管理系统的建立过程,一般可按以下环节依次展开。

(1)确立系统质量管理网络。首先明确系统各层面的建设工程质量管理负责人,一般应包括承担工程实施任务的工程经理(或工程负责人)、总工程师,工程监理机构的总监理工程师、专业监理工程师等,然后形成明确的工程质量管理责任者的关系网络架构。

(2)制定系统质量控制制度。系统质量控制制度包括质量控制例会制度、协调制度、报告审批制度、质量验收制度和质量信息管理制度等,形成建设工程质量控制系统的管理文件或手册,作为承担建设工程实施任务各方主体共同遵循的管理依据。

(3)分析系统质量管理界面。工程质量管理系统的质量责任界面,包括静态界面和动态界面。静态界面根据法律法规、合同条件、组织内部职能分工来确定;动态界面是指工程实施过程中设计单位之间、施工单位之间、设计与施工单位之间的衔接配合关系及其责任划分,必须通过分析研究,确定管理原则与协调方式。

(4)编制系统质量管理计划。工程管理总组织者,负责主持编制建设工程总质量计划,并根据质量管理系统的要求,部署各质量责任主体编制与其承担任务范围相符的质量计划,并按规定程序完成质量计划的审批,作为其实施自身工程质量管理的依据。

3. 工程质量管理体系建立的主体

按照工程质量管理系统的性质、范围和主体的构成,一般情况下其质量管理系统应由工程总承包企业的工程管理机构负责建立。在分阶段依次对勘察、设计、施工、安装等任务进行分别招标发包的情况下,通常应由建设单位或其委托的建设工程管理企业负责建立,各承包企业根据建设工程质量控制系统的要求,建立隶属于建设工程质量控制系统的设计项目、施工工程、采购供应工程等质量控制子系统(可称相应的质量保证体系),以具体实施其质量责任范围内的质量管理和目标控制。

12.3　工程质量控制与改进

➢ 12.3.1　质量控制及工程质量控制的概念

1. 质量控制

质量控制是质量管理的一部分,致力于满足质量要求。可以从以下几方面去理解质量控制:

(1)质量控制是质量管理的重要组成部分,其目的是为了使产品、体系或过程的固有特性达到规定的要求,即满足顾客、法律、法规等方面所提出的质量要求(如适用性、安全性等)。所以,质量控制是通过采取一系列的作业术语和活动对各个过程实施控制的。

(2)质量控制的工作内容包括了作业技术和活动,也就是包括专业技术和管理技术两个方面。围绕产品形成全过程每一阶段的工作如何能保证做好,应对影响其质量的人、机、料、法、环(4M1E)因素进行控制,并对质量活动的成果进行分阶段验证,以便及时发现问题,查明原因,采取相应纠正措施,防止不合格的发生。因此,质量控制应贯彻预防为主与检验把关相结合的原则。

(3)质量控制应贯穿在产品形成和体系运行的全过程。每一过程都有输入、转换和输出等三个环节,通过对每一个过程三个环节实施有效控制,使对产品质量有影响的各个过程处于受控状态,这样持续提供符合规定要求的产品才能得到保障。

2. 工程质量控制

工程质量控制是指致力于满足工程质量要求,也就是为了保证工程质量满足工程合同、规范标准所采取的一系列措施、方法和手段。工程质量要求主要表现为工程合同、设计文件、技术规范标准规定的质量标准。

（1）工程质量控制按其实施主体不同，分为自控主体和监控主体。前者是指直接从事质量职能的活动者，后者是指对他人质量能力和效果的监控者，主要包括以下四个方面：

①政府的工程质量控制。政府属于监控主体，它主要是以法律法规为依据，通过抓工程报建、施工图设计文件审查、施工许可、材料和设备准用、工程质量监督、重大工程竣工验收备案等主要环节进行。

②工程监理单位的质量控制。工程监理单位属于监控主体，它主要是受建设单位的委托，代表建设单位对工程实施全过程进行的质量监督和控制，包括勘察设计阶段质量控制、施工阶段质量控制，以满足建设单位对工程质量的要求。

③勘察设计单位的质量控制。勘察设计单位属于自控主体，它是以法律、法规及合同为依据，对勘察设计的整个过程进行控制，包括工作程序、工作进度、费用及成果文件所包含的功能和使用价值，以满足建设单位对勘察设计质量的要求。

④施工单位的质量控制。施工单位属于自控主体，它是以工程合同、设计图纸和技术规范为依据，对施工准备阶段、施工阶段、竣工验收交付阶段等施工全过程的工作质量和工程质量进行的控制，以达到合同文件规定的质量要求。

（2）工程质量控制按工程质量形成过程，包括全过程各阶段的质量控制，主要包括以下三个方面：

①决策阶段的质量控制，主要是通过工程的可行性研究，选择最佳建设方案，使工程的质量要求符合业主的意图，并与投资目标相协调，与所在地区环境相协调。

②工程勘察设计阶段的质量控制，主要是要选择好勘察设计单位，要保证工程设计符合决策阶段确定的质量要求，保证设计符合有关技术规范和标准的规定，要保证设计文件、图纸符合现场和施工的实际条件，其深度能满足施工的需要。

③工程施工阶段的质量控制，一是择优选择能保证工程质量的施工单位，二是严格监督承建商按设计图纸进行施工，并形成符合合同文件规定质量要求的最终建筑产品。

12.3.2　工程质量改进的内涵、对象和主体

1. 质量改进及工程质量改进

对现有的质量水平在控制和维持的基础上加以突破和提高，将质量提高到一个新的水平，该过程称为质量改进。可以从以下几个方面理解工程质量改进的内涵：

（1）工程质量改进对象的广泛性。就工程实施过程而言，工程施工环境处于不断的变化之中，工程组织应不断改进工程施工条件、优化工程施工方法、整合工程资源等，即对工程实施过程的改进；积极地强化工程质量管理过程，进一步明确工程质量目标，不断完善工程质量保证体系，建立健全各种质量管理制度、规范和要求，即对工程管理过程的改进；按照工程客户的要求，不断提高工程各阶段的科教服务的质量和最终工程产品的质量，即对产品本身的改进。所以，工程质量改进的对象包括工程施工过程的质量改进、管理过程的质量改进和工程产品的质量改进。

（2）工程质量改进的持续性。工程质量改进是一种以追求更高质量目标的持续活动。它基于这样一种事实，无论任何一种施工方法、任何一个过程、任何一个流程、任何一项管理

制度、任何一项产品等,现存的状态都会这样或那样地存在着某种缺陷、某种遗憾、某种可以改进的地方,都会有更好的一个对应的过程、流程、制度、产品来代替它,关键在于工程组织如何发掘。工程质量改进的持续性是客观的。从另一个角度来看,工程的环境在变化、技术条件在变化、顾客的需求和期望在变化,也决定了支持和塑造工程质量的过程质量、工作质量必须随之变化和提高。顾客通过工程质量的持续改进可以获得满意的需求,工程组织通过工程质量持续改进而获得更高的竞争能力和生存与发展空间。

(3)工程质量改进的过程性。工程是一次性的渐进过程,从开始到结束可以划分为若干阶段,构成其整个生命周期。一个过程包含将输入转化为输出的一个或多个活动。一个工程必须按照一系列规划好的、并相互关联的过程来实施。工程的所有工作都是通过过程完成的,由简单过程、复杂过程和网络过程组成。如:工序是一个简单的过程,按照工序的加工要求,该工序的输入是上道工序的输出,该工序的输出是下道工序的输入,该工序的加工(转化)需要相应的资源和活动(完好的加工条件、合理的工序能力、科学的检测手段等);一个加工流程(施工线)是由多道工序(多个施工环节)的集合,也同样是一个过程,同样是由将输入转化为输出的一组彼此相关的资源和活动组成;供方、分供方和顾客形成过程网络(供应链);承包方、分包方和发包方形成工程施工联盟的过程网络。工序、过程、过程网络根据需要可以生成更大的过程网络,如图 12-1 所示。任何一个过程都有输入和输出,输入是实施过程的基础和依据,输出是完成过程的结果,既可以是有形产品,也可以是无形产品,也可以两者兼有。完成一个过程就是将输入转化为输出。过程本身是价值增值的转换,完成过程必须投入适当的资源和活动;同时,为了确保过程的质量,对输入过程的信息、要求和输出的产品以及在过程中的适当阶段应进行必要的检查、评审和验证。

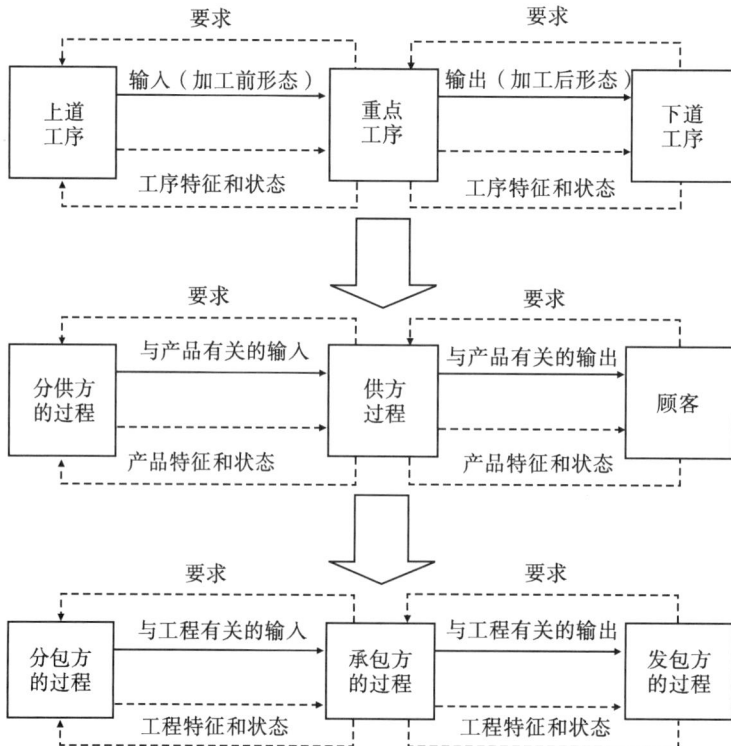

图 12-1 基于过程的过程网络汇集

2. 工程质量改进的对象

工程质量改进的主要对象包括三个方面：对工程本身的改进；对工程实施过程的改进；对管理过程的改进。

（1）对工程本身的改进是一种技术改进，这种改进可能会使工程的质量得以提高，也可能会使工程的成本下降，甚至可以促成工程质量的创新。

（2）对工程实施过程的改进，是对工程实施方案、实施环节及实施过程中各种生产要素等方面的改进，这种改进可能会使工程质量提高，也可能使工程成本下降，还可能提高实施过程的有效性。

（3）对管理过程的改进，是工程质量持续改进的最主要方面，它包括对质量方针、质量目标、组织机构、管理制度、管理方法等各方面的改进，这种改进会使工程质量保证能力得到增强，从而能使工程质量得以提高，可以提高质量管理效率，增加组织的活力。对管理过程的改进往往能收到事半功倍的成效。

3. 工程质量改进的主体

一个工程涉及业主、工程承担方、供应单位等各方组织，这些组织构成了工程质量持续改进的主体。而这些组织的领导和管理人员是工程质量持续改进最直接，也是最主要的主体。这是因为任何一项改进活动都是由领导决策的，只有领导意识到改进并决定要改进，改进才能实施并取得成功。当然，这些组织中的员工在工程质量持续改进中的重要地位和作用也是不可忽视的。无论是对工程本身的改进，还是对工程实施过程的改进或是对管理过程的改进，特别是涉及需要员工执行、实施的改进，从改进的策划、准备、论证，到实施、测量、认可和保持，都需要与员工协商，征求其意见，否则就可能会使质量改进脱离实际，甚至受到员工的抵制。因此，为了使工程质量持续改进有效，必须发挥各方组织、各类人员的作用，任何一方组织、任何一个人的作用都是不可忽视的。

➤ 12.3.3　工程质量改进观念的转变

工程质量改进的压力包括对工程质量提出的新要求和参与工程的组织自身的竞争。①对工程质量的新要求来自于工程和服务的用户，也来自于社会公众、国家和自然环境，还来自于工程参与各方组织；②参与工程的组织要生存，要发展，要在激烈的市场竞争中获胜是进行质量改进的动机，质量改进已成为组织生存和发展的重要手段。

从工程质量管理的发展历史中，可归纳出有关工程质量改进的一些重要观念的转变，主要经历以下几个阶段：

1. 从事后检验到事前预防

事后检验的实质是将不合格品检查出来，防止将不合格品交给用户。事后检验可以在一定程度上保证工程质量，但这只是一种被动管理。而采用数理统计、过程控制、过程能力研究等方法进行质量管理，能在一定程度上减少不合格品的出现，这是一种预防控制，可以将质量改进工作的重点放在工程形成的过程之中，实现真正意义上的质量改进。

2. 从工程到过程，再到全过程

对已产生的不合格品进行返工、调整等并不是实质上的质量改进，因为它不具备防止或减少以后不合格品出现的作用。工程质量产生与工程形成的过程,只有改进过程,才能够最终实现工程质量或提高工程质量。

著名质量管理专家朱兰用一条螺旋式上升的曲线表达了产品质量产生、形成和实现的过程或产品质量形成的规律,工程的形成过程同样符合"朱兰螺旋曲线"这一规律。工程质量的形成由许多过程组成,它们相互联系、相互作用、相互促进,该过程不断循环、不断上升,工程质量在循环中形成,在上升中提高。所以,要改进工程质量,必须改进工程形成的全过程。

3. 从部分人员到全体人员

工程形成的全过程与所有人员有关,他们都承担有相应的质量责任。只有每个成员都进行高质量的工作,才有高质量的过程和全过程,最终才有高质量的工程。人是一切事务中最积极、最重要、最宝贵的因素,是决定过程和工程质量的第一要素,质量管理和质量改进应该是也必须是全员的质量管理和质量改进。

改进是一项创造性活动,最符合人的本性。创造性的质量改进,能发挥人的主观能动性,能施展人的才智与聪明,能实现人的个性和全面发展。从这个意义上来说,全员性的质量管理和质量改进是质量管理的一次革命。

4. 从工程到顾客,再到社会和环境的需要

是以自己的需要实现工程,还是以顾客的需要实现工程? 是以现有的生产技术标准或规范来度量质量,还是以顾客的需求度量质量? 这是传统质量管理和现代质量管理的一个根本区别。现在和未来必须将顾客的需求放在第一位,顾客的需求或要求是衡量工程质量的唯一标准,而无论其是否达到或超过了某个既定的标准,只要顾客满意即是高质量。因此,质量的标准已从工程本身转到了外部需要,顾客的概念成了质量改进的首要概念。

顾客首先是工程的直接用户,但在工程进行过程中,前一个过程向后一个过程提供构件、原材料,以及其他需要的条件,则后一个过程也就成了前一个过程的顾客或用户,前一个过程的生产或活动必须能够满足后一个过程的要求。于是,工程质量形成的全过程便成了一个顾客链,外部顾客的需求是第一位的,是最终用户,内部顾客的需求需要考虑。依次满足各自顾客的需要,使得形成工程质量的所有过程彼此有机协调地、合乎最终目标地、拉动式地动作起来。

工程的使用不仅对直接用户产生影响或作用,而且也可能对社会和环境产生影响。工程的实施者不得不更多地关注社会公众的舆论、各种民间组织和运动、政府的条例和法规、世界性组织的活动等。工程的实施及其质量要求势必更加外部化,组织必须通过质量改进来满足这种日益外部化的广泛而苛刻的要求。顾客更加外部化、广泛化为进行质量改进带来了更多的机会,同时也带来了更大的困难或挑战。

5. 从控制到改进,再到进步

质量控制是使被控制工程或过程达到和维持在某个标准状态的活动。质量控制的基础是标准,即某个既定的标准或规范、规程。采用统计控制方法可进行预防性的质量控制,它较单纯的检验有很大的进步,但以标准为基础的质量控制存在很多弱点:

(1)滞后性:标准往往是过去实际经验的总结,反映不了新的变化,所以现有标准是

落后的。

(2)不完善性:标准可能有缺陷,甚至不适用。

(3)惰性:标准的存在易形成一种固定或僵化的状态,一切按标准进行会抑制人的主观能动性和创造性,人们被动地依赖标准,而不是积极地、有创造性地开展工作。

所以,质量控制的结果是在原有水平上的继续,充其量也只是对造成脱离既定标准的问题或原因实施改进,但并不是实质性的质量改进。

质量改进是对工程或过程进行改进,使其从一个旧的标准达到一个新的标准的活动。所以,质量改进较质量控制更主动、更积极,有强烈的问题意识、改进意识和质量意识。质量控制解决了"做什么"的问题,而质量改进解决了"如何做"的问题,弥补了质量控制的不足,但质量控制仍是质量改进的基础,标准仍是改进的前提。质量管理专家朱兰强调了质量改进的重要性和进步性,必须在质量控制的基础上进行质量改进,质量才能有实质性的提高。

12.3.4　工程质量改进的主要过程

工程质量持续改进的主要过程(工作流程)如图 12-2 所示。

识别改进机会 ⟶ 改进策划 ⟶ 改进的实施与监控 ⟶ 改进效果的度量

图 12-2　工程质量持续改进工作流程

1. 识别改进机会

质量改进没有对象,改进就是一句空话。所以,要持续改进工程质量,一个很重要的问题就是要不断确定并获取持续改进的机会。一般来说,在工程实施过程中,需要改进的问题随处可见,似乎不需要对改进的机会进行特别确定。但是应该意识到,类似的改进往往难以纳入质量改进计划,即使纳入了,往往也是不自觉的,无长远计划的、零碎的、不成系统的。这样的改进也可能解决某些问题,但其综合效果并不突出。ISO 9000 系列标准要求的持续改进,是有计划的、系统的、不断进行的,因此就必然存在一个确定并获取机会的过程。这一过程就是识别改进机会。

识别改进机会的途径主要包括三方面:①从监视和测量中识别改进机会;②从广泛的信息来源中识别改进机会;③从质量改进的过程或结果中识别改进机会。

在工程进展过程中,要不断识别顾客的需求与期望;要不断测量顾客的满意度;要对工程质量进行诊断并对工程过程能力进行分析。要通过这些环节识别质量改进机会。

2. 改进策划

改进策划主要解决如何改进的问题。这里涉及改进的目标、方案、措施、组织、方法等一系列策划问题。其中改进目标策划是最为重要的策划,以下将简单介绍目标策划的有关问题。

在工程质量持续改进过程中,为做到有的放矢,并准确把握改进的程度,以保证持续改进的有效性,首要的问题是合理确定持续改进的目标。目标的合理性是改进有效性的前提。

根据持续改进目标所包括的范围,可分为工程总体改进目标和具体改进目标。工程相关方都需要对其所承担的工程进行总体改进目标和具体改进目标的策划。

(1)工程总体改进目标。工程总体质量改进目标就总体工程而言的,主要包括:

①工程质量应达到的质量水平、工程一次验收合格率,优良品率、工期履约率和顾客满意率;

②质量损失应降低到的水平;

③工程的质量管理应达到的水平。

总体质量改进目标属于战略性目标,在策划应考虑以下要素:

①顾客和其他相关方的需求和期望;

②竞争对手的情况;

③科学技术的发展以及本组织掌握新的科学技术的可能性;

④工程的现有状况,特别是持续改进的机会;

⑤工程的人员情况,特别是对稀有人才的需求及可能得到满足的情况;

⑥工程的资源状况及可能为持续改进提供资源的情况。

质量改进目标是分等级的——多层次或多级别的。这种等级就好比一个金字塔,塔的顶部有少数几个目标,每个目标都是最重要的,质量改进的总体目标就属于这一类。但仅有总体目标是不够的,也是难以实现的。为使总体目标能够实现,做到可以操作、可以控制,必须将总体目标分解成第二级、第三级,一直细分到每个目标都可以从技术上定义为止。工程的具体改进目标就是总体改进目标的细分结果,是总体目标的具体化,属于战术性目标。

(2)工程具体改进目标。工程具体改进目标主要包括:

①顾客的需求引起的质量改进目标;

②工程特征引起的质量改进目标;

③工程的过程特征引起的质量改进目标;

④过程控制特征引起的质量改进目标。

如果目标定义为射击瞄准的靶子——努力所要达到的目的,那么,质量改进目标就是一个射击瞄准的质量靶子。质量改进目标是不断变动的,以便对变化的环境作出反应。所以,质量改进目标是一个不断移动的靶子。要做的是,提供评价这些产生影响的手段和相应修改目标的手段。

(3)工程资料改进目标策划的输入。不同类型的工程,其持续改进目标策划的输入有所不同,但基本上都包括以下几个方面:

①质量方针。持续改进的目标应建立在组织的质量方针基础上。一般来说,工程的总体质量改进目标应与组织的质量方针相适应,具体的质量改进目标也应遵循质量方针所规定的原则。

②上一级质量改进目标。质量改进目标的等级性包括两个方面:一是就层次而言的上一级,例如,年度质量改进目标相对于季度质量改进目标而言就是上一级目标。下一级质量改进目标必须为上一级质量改进目标的完成提供保证。

③存在的问题点。为实现工程质量目标所必须解决的主要问题称之为问题点,如不合格、缺陷、不足、与先进水平的差距等。可以说,未能满足工程质量目标要求或有碍于质量目标实现的资源、过程、程序等都可能成为问题点。

④现状及未来的需求。现状和未来的需求是实现质量目标的基础,实现质量目标可以

改变现状并满足未来的需求。对现状和未来的需求的把握,可以使持续改进目标更符合实际。

⑤自我评定的结果。自我评定是工程组织自身对工程质量状态的意见或判断,这种评定的结果是持续改进目标策划的重要依据。

⑥现有的业绩。考虑工程现状不仅考虑存在的问题,而且应考虑业绩。持续改进目标应在现有业绩的基础上得到进一步提升。

⑦所有相关方的满意程度。持续改进目标的策划应充分考虑所有相关方的利益,力求增加他们的满意程度。

(4)持续改进目标策划的原则。为使工程质量持续改进目标切实可行,在目标策划过程中应考虑以下原则:

①应满足质量方针和上一级质量改进目标的要求。无论是针对现有质量状况提出的持续改进目标,还是在特定情况下策划的持续改进目标,都不能违背质量方针所规定的原则,都应为上一级质量改进目标的实现提供保证。

②必须针对问题点。持续改进是对现有问题的改进,是对现有水平的提高。所以,持续改进目标必须有针对性。高于现状是持续改进目标的性质所决定的。

③必须考虑质量的经济性。工程的质量改进是无止境的,但要受工程费用的约束。所以,任何一项改进目标的策划都应考虑经济问题。持续改进所追求的是工程的更高质量,而不是最高质量。

④应是经过努力能够达到的。持续改进目标应切实可行。所谓切实,就是要切合实际,有针对性;所谓可行,就是经过努力能够达到。高于现状是一个方面,但其程度却值得研究。

⑤必须有针对性措施。持续改进目标是质量改进所要达到的目的,需要通过采取一系列措施才能实现。没有目标的质量改进是盲目的、无效的;同样,没有配套措施的质量改进目标也是空洞的、无法实现的。所以,对于每一个持续改进目标都必须考虑必要的作业过程和相关资源,并落实人员和时间。

⑥持续改进目标应是可测量的。持续改进目标应该尽可能以定量的方式出现,不能定量的也要可测量。

⑦应制定评价标准。在确定目标的同时,应制定相应的价值准则和评价标准。

3. 改进的实施和监控

工程质量持续改进重在实施。为了保证持续改进能达到预期效果,必须采用科学的实施方法,并在实施过程中加强监督和控制。

持续改进的实施过程实际上可以归纳为 PDCA 循环过程。

(1)策划阶段——P 阶段(plan)。该阶段的主要工作是改进机会识别:制定改进目标;确定达到这些目标的措施和方法。其包括以下四个步骤:

①机会识别。通过对顾客的需求和期望进行分析以识别改进机会;通过对顾客的满意度的分析识别改进机会;通过对工程进行质量诊断识别改进机会;通过进行过程能力分析识别改进机会;通过对改进结果的分析评审识别改进机会。

②因素分析。根据识别的结果,分析改进因素。

③明确引进的主要对象。就某个改进问题来说,可能存在着许多需要改进的因素。从

总体来说,可能包括操作者(人)、机械设备(机)、原材料(料)、工艺方法(法)、环境条件(环)以及检测工具和检测方法等。就管理问题而言,其影响因素也是多方面的,如管理者、管理对象、管理方法、管理工具等。每项大的影响因素中又包括许多小的因素。持续改进,不可能考虑所有因素,而只能抓主要矛盾,这就需要明确改进的主要对象。

④制订改进计划。针对需要改进的主要对象,拟订改进措施,策划改进课题并形成改进计划,制订的改进计划应切实可行。

制订改进计划的过程应考虑5W1H问题:

Why(为什么):说明为什么要制订该计划或措施;

Where(哪里干):说明在何地实施该计划;

What(改进到何种程度):说明要达到的目的;

Who(谁来干):说明改进计划实施的负责人;

When(何时完成):说明完成改进计划的时间;

How(如何干):说明如何完成改进任务。

(2)实施阶段——D阶段(do)。这一阶段的主要任务就是实施改进计划。任何一项改进计划的实施都需要一个过程,需要技术、方法、管理、工具、人员、资金等要素的支撑,因此,在改进计划实施过程中,要从这些方面创造有利于改进的环境;同时,改进的过程又是一个动态过程,应不断根据条件的变化及改进中发现的新问题即时调整改进措施。

(3)检查阶段——C阶段(check)。质量改进追求效果,而改进的效果如何需要检查、分析才能作出判断。检查就是根据所制订的改进计划,检查改进的进度和效果,检查是否达到预期的目的。根据检查的结果,可以进一步为改进提供机会。

(4)处理阶段——A阶段(action)。处理阶段主要进行两项工作:一是总结经验,巩固改进成果。即根据检查的结果进行总结,将成功的经验和失败的教训纳入有关的标准、规定和制度。二是将遗留问题转入下一个循环,作为下一个循环制定改进计划的资料和依据。对遗留问题应进行分析,要充分看到改进的成果,不能因为遗留问题的存在而削弱了改进的积极性;但也不能盲目乐观,对遗留问题视而不见,不能设想一次改进能解决所有的质量问题。质量改进之所以是持续的、不间断的,就在于任何质量改进都可能存在遗留问题。一次质量改进成功后,又可能产生新的问题,因此进一步改进的可能性总是存在的。这也是持续改进的原因或理论基础之一。质量改进也可能失败,不仅没有解决原来的质量问题,而其可能产生新的质量问题,因此 ,要不断总结经验,坚持改进,才能获得成功。

根据PDCA循环原理,可将持续改进归纳为以下基本流程,如图12-3所示。

4. 改进效果的度量

为了掌握工程质量持续改进的效果,应及时对改进的结果加以度量、分析与评审。

在处理阶段需要进行的另一项重要工作是通过采用一定的测量、分析和评价技术对改进的效果进行度量,这是工程质量持续改进所必需的。通过这一过程,一方面可以分析、判断改进的成效;另一方面可以为进一步改进提供依据。

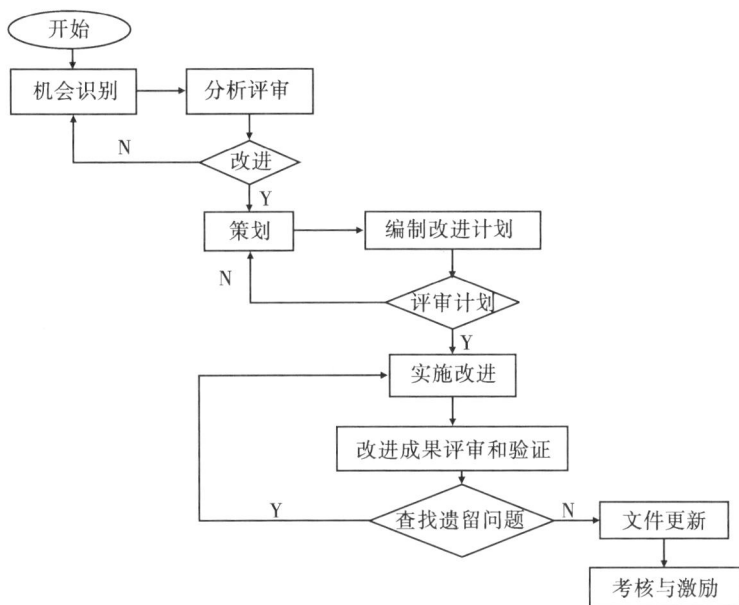

图 12-3　持续改进基本流程

为了测量持续改进活动的结果,在工程质量持续改进过程中,需建立一个客观的测量系统。组织质量管理体系应开发并建立一个与其运作性质相适应的测量系统,并将"测量、分析和改进"作为质量管理体系的"四大板块"之一。组织的测量系统首先应满足日常测量的需要,同时应满足持续改进效果度量的需要,即组织的测量系统应具有满足持续改进测量的功能。

一个良好的测量系统应能满足持续改进过程中机会识别和效果度量的需要,其测量对象主要包括:①顾客和其他相关方的满意度;②工程质量状态;③过程能力;④过程效率。

对上述测量内容应根据工程的特点设计测量方法,配备测量仪器,并根据机会识别和改进效果度量的需要随时进行测量。

对持续改进效果进行度量的主要方法是,通过测量改进前后的情况,以确定持续改进的效果。所以,为了度量持续改进效果,至少需要进行两次测量,即一次是在改进之前,一次是在改进之后。改进前后的测量应在相同的条件下,用相同的方法进行,以增强结果的可比性。改进之后的测量是确定持续改进是否取得效果的关键。

根据测量的结果,应对持续改进的效果进行分析与评价,评价的方法有:单项分析评价和系统评价。

单项分析评价就是将改进之后的测量结果与改进之前的测量结果相比较,如果前者优于后者,改进就取得了效果。

采用单项分析评价方法判断持续改进的效果,比较简单,但考虑的因素比较单一,这种判断往往难以评价持续改进的综合效果。若需要评判持续改进的综合效果,则可采用系统评价的方法。系统评价的基本步骤是:

(1)确定评价因素。就持续改进效果而言,评价因素有很多,但并非考虑所有因素,而应将事关改进效果全局的因素选择为评价因素。其主要因素有:质量改善成果、顾客满意状况、改进对工程费用的影响、改进对工期的影响、改进对安全的影响。

（2）确定评价指标体系。评价指标应与评价因素相适应。

①质量改善程度指标：包括工程质量指标、工程性能指标、过程能力指数等。

②顾客满意度状况指标：主要是顾客满意度。

③改进对工程费用的影响指标：主要是工程后工作成本。

④改进对工期的影响指标：主要是工程工期或工作时间。

⑤改进对安全的影响指标：主要是工程的事故率。

（3）制定评价准则。评价准则涉及如何对每个指标进行评价的问题，这与所采用的评价方法是密切相关的。

（4）确定评价方法并进行分析评价。根据持续改进效果分析评价的特点，选用不同的方法进行分析评价。常用的方法有质量效益法、价值分析法、工效系数法等。

12.4 工程质量监理

➤ 12.4.1 工程监理的概念及内涵

1. 工程监理的概念

工程监理是指具有相应资质的工程监理企业，接收建设单位的委托和授权，根据国家批准的工程建设文件、有关工程建设的法律、法规和工程建设监理合同以及其他工程建设合同，对工程建设进行微观性监督管理的专业化服务活动。

2. 工程监理内涵

工程监理的内涵从以下几个方面理解：

（1）工程监理的行为主体是监理企业。工程监理单位是具有独立性、社会化、专业化等特点，专门从事工程建设监理和其他相关工程技术服务活动的经济组织。只有工程建设单位才能按照独立、自主的原则，以"公正的第三方"的身份开展工程建设监理活动。

建设行政主管部门对工程建设行为所实施的监督管理活动、工程业主所进行的管理、总承包单位对分包单位进行的监督管理，都不属于工程建设监理范畴。

（2）工程监理是针对工程建设所实施的监督管理活动。工程监理，其对象包括新建、改建和扩建的各种工程。按照《建设工程监理范围和规模规定》，我国强制实行监理的工程包括：国家重点建设工程；工程总投资额在 3000 万元以上的大中型公共事业工程；成片开发建设的建筑面积在 5 万平方米以上的住宅建设工程；利用外国政府或者国际组织贷款资金工程；学校、影剧院、体育场馆工程；总投资额在 3000 万元以上关系社会公共利益、公众安全的基础设施工程。

（3）工程监理实施的前提是受建设单位委托。按照《中华人民共和国建筑法》第三十一条规定，建设单位与其委托的工程监理企业应当鉴订书面建设工程委托监理合同。只有在监理合同中对工程监理企业进行委托与授权，工程监理企业才能在委托的范围内，根据建设单位的授权，对承建单位的工程建设活动实施科学管理。

（4）工程监理的依据是委托监理合同和工程建设文件。工程监理是具有明确依据的监

督管理活动,其监理的依据主要有两个方面:

①工程委托监理合同和相关的建设工程合同是建设工程监理的最直接依据。工程监理企业只有在监理合同委托的范围内监督管理承建单位,履行其工程业主所签订的相关建设工程合同(包括咨询合同、勘察合同、设计合同、设备采购合同和施工合同)。

②工程建设文件,包括批准的可行性研究报告、建设工程选址意见书、建设用地规划许可证、建设工程规划许可证和批准的设计文件及施工许可证等。

➢ 12.4.2　工程监理的性质和作用

1. 工程监理的性质

(1)服务性。工程监理的服务属性是由监理的业务性质决定的。建设工程监理是工程监理企业为建设单位提供专业化工程管理服务,是在工程建设过程中,利用自己在工程建设方面的知识、技能和经验为客户提供高智能监督管理服务,以满足工程业主对工程管理的需要。它的直接服务对象是委托方,也就是工程业主。建设工程监理的服务性,决定了工程建立企业并不是取代建设单位的建设管理活动,而是为建设单位提供专业化服务。因此,工程建立企业不具有建设工程重大问题的决策权,而只是在委托与授权范围内代表建设单位进行工程管理。工程监理的服务性使它与政府对工程建设行政性监督管理活动区别开来。

工程监理既不同于承建商的直接生产活动,也不同于业主的直接投资活动。它既不是工程承包活动,也不是工程发包活动。监理单位既不向业主承包工程造价,也不参与承包单位的赢利分成。它所获得的报酬是提供技术服务的劳务报酬。

(2)科学性。工程监理是一种高智能的技术服务,从事工程监理活动应当遵循科学的准则。工程监理以协助业主实现其投资目的为己任,力求在预定的投资额、进度、质量目标内实现工程。只有应用科学的思想、理论、方法、手段才能监管好工程建设。

按照工程监理科学性要求,监理单位应当有足够数量的、业务素质合格的监理工程师;要有一套科学的管理制度;要掌握先进的监理理论、方法,积累足够的技术、经济资料和数据;要拥有现代化的监理技术和器具;要有科学的工作程序。

(3)独立性。独立性是工程监理的一项国际惯例。国际咨询工程师联合会明确指出,监理单位是"作为一个独立的专业公司受聘于业主去履行服务的一方",应当"根据合同进行工作",监理工程师应当"作为一名独立的专业人员进行工作"。同时,国际咨询工程师联合会要求其会员"相对于承包商、制造商、供应商,必须保持其行为的绝对独立性,不得从他们那里接受任何形式的好处,而使他的决定的公正性受到影响或不利于他行使委托人赋予他的责任"。它与工程业主、承建商之间的关系是平等的。在工程建设中,监理单位是独立的一方,如果不能做到这一点,处处按照建设单位的指挥行事,也就失去了这种引入第三方专业管理的意义。

监理单位在履行监理合同义务和开展监理活动的过程中,要建立自己的组织,要确立自己的工作准则,要运用科学的方法和手段,根据自己的判断,独立地开展工作。监理单位既要认真、勤奋、竭诚地为委托方服务,协助业主实现预定目标,也要按照公正、独立、自主的原则开展监理工作。

(4)公正性。监理单位和监理工程师在工程建设过程中,一方面应当作为能够严格履行监理合同各项义务,能够竭诚地为客户服务的"服务方",同时,也应当成为"公正的第三方",也就是在提供监理服务的过程中,监理单位和监理工程师应当排除各种干扰,以公正的立场对待委托方和被监理方,特别是当业主和被监理方发生利益冲突或矛盾时,应能够以事实为依据,以有关法律、法规和双方所签订的工程建设合同为准则,站在第三方立场上公正地加以解决和处理。

公正性是监理行业的必然要求,是工程监理正常和顺利开展的基本条件,是监理单位和监理工程师的基本职业道德。

2. 工程监理的作用

(1)有利于提高工程投资决策的科学化水平。在投资决策阶段引入建设工程监理,通过专业化的工程监理企业进行决策阶段管理服务,可以帮助建设单位更好地选择工程咨询机构,并由工程监理企业监控工程咨询合同的实施,对工程建议书、可行性研究报告等咨询报告进行评估,因此,工程监理可以提高建设工程投资决策的科学化水平,避免工程投资决策的失误。

(2)有利于保证工程质量和使用安全。工程关系到人民生命财产安全,对人类健康和环境也有较大影响。在工程实施过程中引入工程监理,采取科学的管理方式对工程质量进行控制,使承建单位建立完善的质量保证体系并在工程中切实落实,从而最大限度地避免工程质量隐患,确保建设工程质量和使用安全。

(3)有利于实现工程投资效益的最大化。工程全过程引入建设工程监理,由专家参与决策和实施过程,通过监理工程师的科学管理,有利于实现投资效益最大化目标,在满足建设工程预定功能和质量标准的前提下,实现建设投资额最少和建设工程全寿命周期费用最少;实现建设工程本身投资效益与环境、社会效益的综合效益最大化。

(4)有利于规范工程各参与方的行为。工程监理企业作为公正的"第三方"可依据委托监理合同和有关的建设工程合同对承建单位的建设行为进行有效的监督管理,避免不当建设行为的发生,即使出现不当建设行为,也能及时加以制止,减少损失;工程监理企业也要根据委托合同向建设单位提出适当的建议,并接受政府的监督管理。因此,推行建设工程监理制度,能对工程建设参与各方的行为约束,使其符合法律、法规、规章和市场准则。

➤ 12.4.3 工程质量的政府监督管理

1. 工程质量的政府监督管理体制和职能

国务院建设行政主管部门对全国的建设工程质量实施统一监督管理。

县级以上政府建设行政主管部门和其他有关部门履行检查职责时,有权要求被检查的单位提供有关工程质量的文件和资料,有权进入被检查单位的施工现场进行检查,在检查中发现工程质量存在问题时,有权责令改正。

政府的工程质量监督管理具有权威性、强制性、综合性的特点。

2. 工程质量监督制度

国家实行建设工程质量监督管理制度,工程质量监督管理的主体是各级政府建设行政主管部门和其他有关部门,工程质量监督管理由建设行政主管部门或其他有关部门委托的工程质量监督机构具体实施。

工程质量监督机构是经省级以上建设行政主管部门或有关专业部门考核认定,具有独立法人资格的单位。它受县级以上地方人民政府建设行政主管部门或有关专业部门的委托,依法对工程质量进行强制性监督,并对委托部门负责。

3. 工程质量检测制度

在建设行政主管部门领导和标准化管理部门指导下开展检测工作,其出具的检测报告具有法定效力。法定的国家级检测机构出具的检测报告,在国内为最终裁定,在国外具有代表国家的性质。

4. 工程保修制度

工程承包单位在向业主提交工程竣工验收报告时,应向其出具工程质量保修书,质量保修书中应明确建设工程保修范围、保修期限和保修责任等。

➤ 12.4.4　工程质量问题和质量事故的处理

1. 工程质量问题

(1)工程质量问题的定义。根据国际标准化组织(ISO)和我国有关质量、质量管理和质量保证标准的定义,凡工程产品质量没有满足某个规定的要求,就称之为质量不合格。凡是工程质量不合格,必须进行返修、加固或报废处理,由此造成直接经济损失低于 5000 元的称为质量问题;直接经济损失在 5000 元(含 5000 元)以上的称为工程质量事故。

(2)工程质量问题成因。形成工程质量问题的原因错综复杂,一般归纳为:违背程序、违反法规行为、勘察失真、设计差错、管理不到位、使用不合格的原材料、制品及设备、自然环境因素、使用不当等。

(3)工程质量问题处理。

①当因施工而引起的质量问题在萌芽状态时,应及时制止。

②当因施工而引起的质量问题已出现时,应立即向施工单位发出《监理通知》;要求其对质量问题进行补救处理,并采取足以保证施工质量的有效措施后,填报《监理通知回复单》报监理单位。

③当某道工序或分项工程完工以后,出现不合格项,监理工程师应填写《不合格项处置记录》,要求施工单位及时采取措施予以整改。

④在交工使用后的保修期内发现的施工质量问题,监理工程师应及时签发《监理通知》,指令施工单位进行修补、加固或返工处理。

工程质量问题处理的程序如图 12-4 所示。

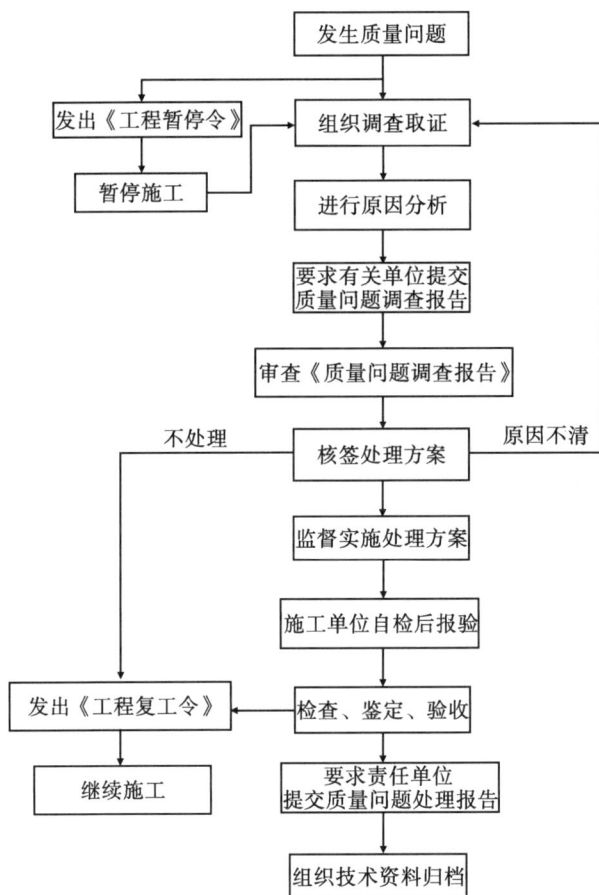

图 12 - 4　质量问题处理程序

2. 工程质量事故

（1）工程质量事故的分类。如前所述，如果工程质量不合格，直接经济损失在 5000 元（含 5000 元）以上的称为工程质量事故。根据经济损失的大小，工程质量事故可分为以下几类：

①一般质量事故，具备下列情况之一：直接损失大于等于 5000 元而小于 50000 元；影响使用功能和工程结构安全，造成永久质量缺陷的。

②严重质量事故，具备下列条件之一：直接损失大于等于 50000 元而小于等于 100000 元；严重影响使用功能或工程结构安全存在重大质量隐患的；事故性质恶劣或造成 2 人以下重伤的。

③重大质量事故，具备下列条件之一：工程倒塌或报废；由于质量事故，造成人员死亡或重伤 3 人以上；直接经济损失 10 万元以上。

工程重大事故分为四级，其中特别重大事故具备以下条件之一：一次死亡 30 人及其以上；直接经济损失达 500 万元及其以上；性质特别严重。

（2）工程质量事故的处理。

①工程质量事故处理的依据。

A. 质量事故的实况资料。

a. 施工单位的质量事故调查报告,包括质量事故发生的时间、地点;质量事故状况的描述;质量事故发展变化的情况;有关质量事故的观测记录、事故现场状态的照片或录像。

b. 监理单位调查研究所获得的第一手资料。

B. 有关合同及合同文件。它包括工程承包合同;设计委托合同;设备与器材购销合同;监理合同等。

C. 有关技术文件和档案。它包括有关的设计文件;与施工有关的技术文件、档案和资料。

D. 相关的建设法规。它包括勘察、设计、施工、监理等单位资质管理方面的法规;从业者资格管理方面的法规;建筑市场方面的法规;建筑施工方面的法规;关于标准化管理方面的法规。

②工程质量事故处理的程序。

工程质量事故处理的程序如图 12-5 所示。

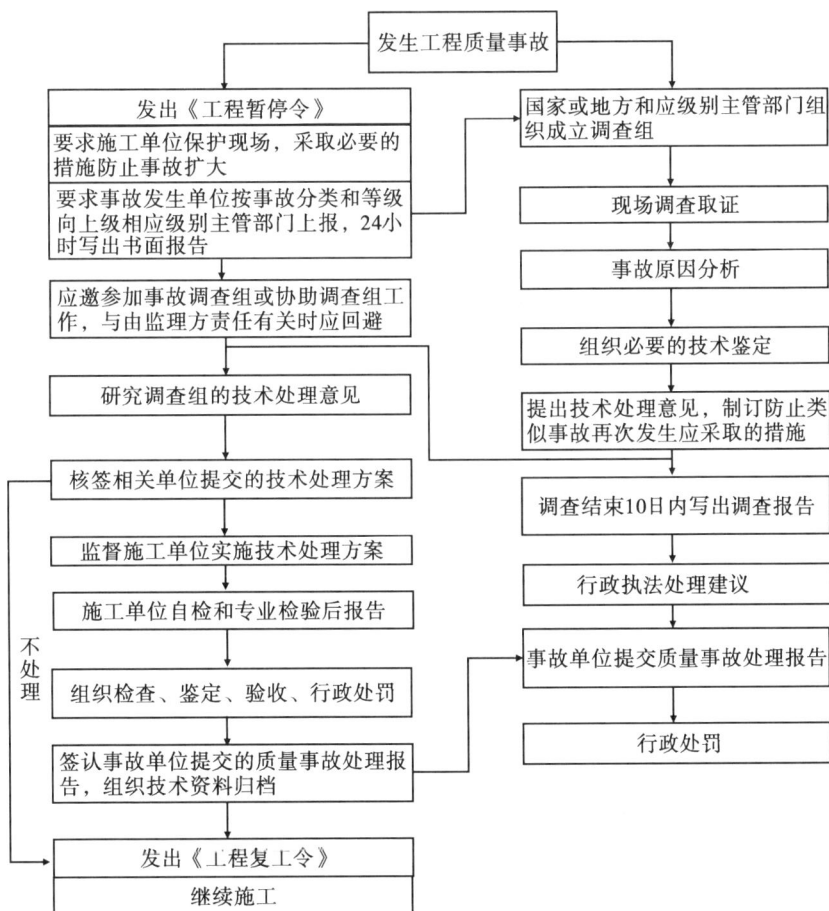

图 12-5　质量事故处理程序

③工程质量事故处理的方案。工程质量事故处理方案需满足以下基本要求:满足设计要求和用户的期望;保证结构安全可靠,不留任何质量隐患;符合经济合理的原则。

工程质量事故处理的方案包括修补处理、返工处理、不做处理。

④工程质量事故处理的验收结论。工程质量事故处理的验收结论包括以下方面：

A. 事故已排除，可以继续施工；

B. 隐患已清除，结构安全有保证；

C. 经修补处理后，完全能够满足使用要求；

D. 基本上满足使用要求，但使用时应有附加限制条件；

E. 对耐久性的结论；

F. 对建筑物外观影响的结论；

G. 对短期内难以作出结论的，可提出进一步观测检验意见。

12.5　案例：江西省防震减灾应急指挥中心建筑工程项目质量管理

➤ 12.5.1　项目概况

江西省防震减灾应急指挥中心选址位于南昌国家高新技术产业开发区艾溪湖风景区，项目场址地形呈长方形，用地面积为 13340 平方米（约 20 亩），总建筑面积为 11329.81 平方米（地上部分 8894.94 平方米；地下部分 2414.87 平方米），建筑占地面积 11558.64 平方米，建筑密度为 21.12％。容积率为 1.21。南北长 77 米，东西长 171 米。场址西面临昌东大道，有绿化休闲带进行区域防护，相邻用地均为无污染与少污染高科技产业管理生产区和一些政府机关。该区域基础设施、公共设施、交通运输均发展完善。周边环境、工程地质情况良好，交通便利，给排水、电力、通信等基础设施均较为完善，具备建设条件。

经过合法的招投标程序，确定了工程建设单位为江西省第三建筑有限公司，工程监理单位为江西恒实监理公司，勘察设计单位为江西省地矿局勘察设计院，工程设计单位为中国瑞林工程技术有限公司建筑设计院。江西省地震局在项目建设中建立了"政府监督、社会监理、单位自检"三级质量保证体系，并根据国家和各主管部门有关规定建立健全了质量保证体系和层层负责的质量责任制，严格按法定程序办事。江西省地震局负责人代表投资者的利益对工程质量负总责。

为加强对工程建设的管理，江西省地震局专门成立了江西省防震减灾应急指挥中心基建办从事项目建设的有关工作。工程监理单位对工程进行"四控制"、"二管理"、"一协调"管理，确保工程的质量。项目的勘察设计单位——江西省地矿局勘察设计院——按照国家现行的有关设计规范、技术标准和合同对建筑场地进行了勘察设计。项目的工程设计单位——中国瑞林工程技术有限公司建筑设计院——加强了设计过程阶段的质量控制并健全了设计文件的审核会签制度，保证了设计质量。施工单位——江西省第三建筑有限公司——接受政府质监部门对其资质和质量保证体系的监督检查，严格按照设计图纸和技术标准、规程进行施工，对每道工序都按质量要求确定施工工序，并对施工的工程质量负责。

➢ 12.5.2　项目质量管理分析

1. 项目的质量目标

本工程的质量总体目标是要求所有工程质量验收合格并且必须达到省级优良,争创江西省杜鹃花工程奖。

2. 项目质量控制的依据

国家和省相关施工规范和验收标准、工程合同、招标和投标文件、施工图纸等相关标准作为该工程项目质量控制依据。

3. 项目质量计划

项目质量计划是指为确定项目应该达到的质量标准和如何达到这些项目质量标准而做的项目质量的计划与安排,是国家现行的有关法律、法规、技术标准、设计文件及工程合同中对工程的安全、使用、经济、美观等特性的综合要求。它是质量策划的结果之一,主要包含了功能和使用价值质量、工程实体质量。

为了实现该项目的质量目标,施工现场建立由项目经理部到工程队,再到施工班组自上而下的质量管理体系。在施工过程中自下而上按照"跟踪检测"、"复检"、"抽检"三个检测等级分别进行检测,实施工程质量全员、全方位、全过程、全要素的管理,并对各级主要领导实行工程质量终身负责制。在施工中坚持"三检"制度,推行"样板"制度,开展 QC 小组活动,推广"四新"技术应用,实施奖励措施,落实责任到人。本工程的工程质量保证体系和质量控制系统过程分别如图 12-6 和表 12-1 所示。

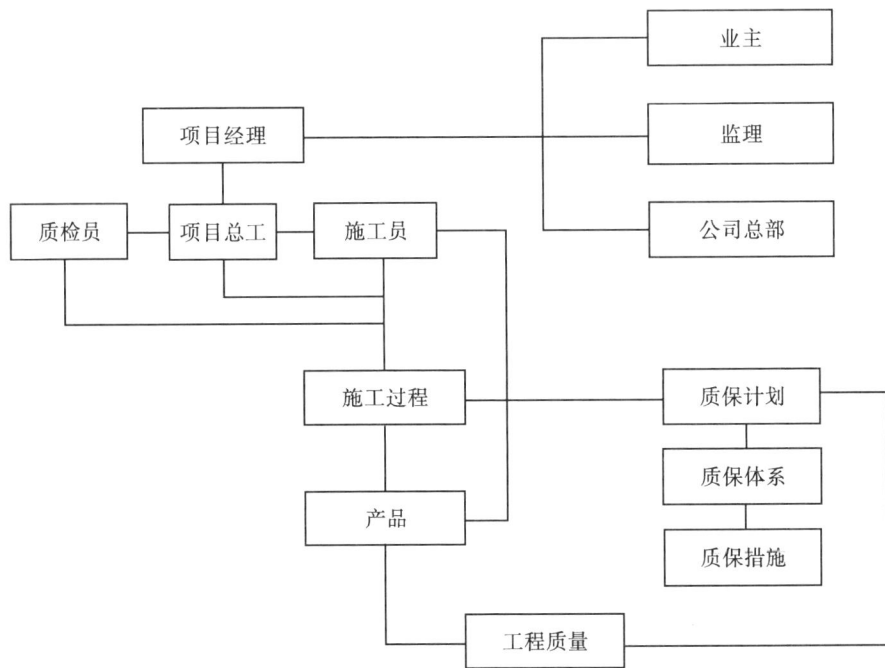

图 12-6　工程质量保证体系

表 12-1　工程质量控制系统过程

时间阶段	计划内容	
事前控制	施工准备质量控制	质量控制系统组织
		质量保证体系审查
		机械设备质量控制
		施工质量和施工方法的审查
事中控制	图样会审及技术交流	
	施工过程质量控制	工序控制
		工序间的交接检查
		隐蔽工程质量控制
	中间产品质量控制	
	分项工程质量评定	
	设计变更审查	
事后控制	竣工质量检查	联动试车
		验收文件审核
		竣工验收
	工程质量评定	
	质量文件的审查与建档	

从图 12-6 和表 12-1 可以看出,针对本次工程建设,有关各方建立了完整的质保体系,完善了质量控制过程,保证了工程施工质量。

4. 项目建设过程不同阶段的质量管理

此过程主要从影响工程质量的设计、施工、竣工验收三个环节对项目实施纵向的质量管理。

(1)项目设计阶段的质量控制。项目设计阶段的质量管理是积极主动、极具挑战性的动态管理。在项目设计中,质量的含义可以解释为满足建筑法律法规、建筑功能和建筑美学的要求。

该项目在设计阶段前明确了各专业的接口关系、设计条件往来流程及确认程序、设计更新过程的控制和标志,明确了设计职责和权限,设定了设计目标要求、过程要求、成果要求,其中最为重要的是结构抗震设计。结构的抗震设计是综合了概念设计、计算和结构措施等完整的一系列设计,设计人员在设计过程中综合考虑了场地条件和场地土的稳定性、建筑物的平面和里面布置及其外形尺寸抗震体系的选取、抗侧力构件的布置以及结构质量的分布、非结构构件与主题结构的关系及其两者之间的错拉、材料与施工质量等。在结构设计过程中,始终遵循"强柱弱梁、强剪弱弯、强节点强锚固"的设计原则,重视构件的延性性能,加强薄弱部位,合理控制钢筋的锚固长度。综合考虑抗震的多道防线,尽量避免薄弱层的出现。从根本上消除了建筑中的抗震薄弱环节,再加以必要的计算和构造措施,使最后设计出的指挥中心大楼具有良好的抗震性能和足够的抗震可靠度。

(2)项目施工阶段的质量控制。施工过程是工程建设的重要一环,一个工程建设项目,从规划设计到竣工投产使用,要经过较长时间和很多人创造性的劳动,能否达到质量标准和规划要求,很大程度上取决于施工过程中的质量管理水平。施工阶段质量控制是工程项目全过程质量控制的关键环节,施工阶段质量管理的有效性关系到整个工程项目的最终质量能否达到国家规范和业主的要求,关系到整个工程项目的顺利完成和成本控制,因此必须重视和加强。影响工程质量的因素很多,归纳起来主要包括环境、机械、方法、材料和人等因素。

在江西省防震减灾应急指挥中心工程项目质量管理中应用的质量控制方法主要包括:①核检清单法;②质量检验法;③控制图法;④帕累斯图法;⑤统计样本法;⑥流程图法;⑦趋势分析法等。

(3)竣工验收阶段的质量控制。工程项目竣工验收阶段,就是对项目施工阶段的质量进行试车运转、检查评定,考核质量目标是否符合设计阶段的质量要求。工程质量验收分为过程验收和竣工验收。

①过程验收。过程验收主要包括:隐蔽过程验收,分部、分项工程验收以及单位工程质量验收。

A. 隐蔽工程验收。隐蔽工程验收做到了与施工同步进行,隐蔽工程验收前,江西省第三建筑有限公司必须提前通知监理单位和江西省地震局基建办,并提交隐蔽工程验收申请单,监理单位和江西省地震局基建办接到通知后,必须到现场进行实地质量检查和有关工程量的确认工作,检查合格后,在验收申请单进行签字、确认,方可进行隐蔽。

B. 分部、分项工程验收。分部、分项工程完成后,在江西省第三建筑有限公司自行检查合格后,通知监理单位和江西省地震局基建办验收,并提交验收申请,附江西省第三建筑有限公司自行检查数据表单和江西省第三建筑有限公司质量管理机构相关人员的签字,监理代表和江西省地震局基建办接到验收申请后,首先对其质量检查资料进行审查,资料审查合格后,进入施工现场进行平行检测和测量,验收合格后,相关方在验收申请单上进行签字、确认,并形成验收文件。

C. 单位工程质量验收。单位工程完工后,江西省第三建筑有限公司自行组织检查、评定,并向江西恒实监理公司派驻现场的监理人员提交验收申请。江西恒实监理公司在接到验收申请后,组织施工单位进行内部初验,初验合格后,由江西恒实监理公司向江西省地震局基建办提出验收申请,然后组织监理、施工、设计等人员进行单位工程验收,明确验收结果,并形成验收报告。

②竣工验收。按照基本建设项目验收程序,竣工验收一般分为两个阶段:一是单项工程验收,二是全面竣工验收或称工程整体验收。

单项工程验收,又称交工验收,是在江西省第三建筑有限公司已经完成单项工程施工任务后,向江西省地震局基建办交工并由江西省防震减灾应急指挥中心基建办组织的验收,验收合格后,该单项工程即可投入使用。

全面竣工验收,是在全部工程完工后由江西省防震减灾应急指挥中心基建办提出书面申请,政府有关部门组织的竣工验收,这是对建设项目进行的整体验收,又称动用验收。验收合格的单项工程,在全部工程竣工验收时,不再办理验收手续。

5. 项目建设过程参建单位的质量管理

(1)施工单位的质量管理。施工过程是形成工程实体的过程,是对工程质量保证的重要阶段。施工过程质量管理的基本任务包括两个方面:一是按照工程设计要求和国家有关的技术法规、施工及验收规范、操作规程等对整个施工过程的各个工序进行有组织的质量检验工作,充分发挥质量把关作用;二是通过数理统计的办法,进行工程质量分析,找出产生工程质量缺陷的根本原因,随时采取预防措施,使工程质量达到要求标准,避免工程质量事故的发生。

江西省第三建筑有限公司编制了《施工组织设计》和《专项施工方案》,对施工顺序、方法、工期和质量保证措施进行了明确,并在施工过程中大力推行"三检"制度,做到及时报验。江西省第三建筑有限公司定期召开质量专题会议和质量大检查,并且制定了严格的质量奖惩措施,加强质量管控。

(2)监理单位的质量管理。监理单位是工程质量的主要监督者和控制者,加强监理单位的管理,保证监理单位高效、负责的监管工程,使工程质量始终处于受控状态,是工程质量管理的重要内容。监理单位对工程项目的质量管理涉及工程建设的各个方面,监理单位质量管理工作的好坏,直接影响工程建设质量、进度和投资。监理单位应协调与参建各方的关系,与参建各方的质量管理人员一道,共同控制工程建设质量;处理好进度、投资与质量控制之间的关系,使其相互促进、相互制约,确保工程建设质量。注重工程资料的收集和整理,及时进行竣工验收,使工程早日投入使用,发挥其应有的效益。

在防震减灾应急指挥中心工程建设中,监理代表在工地现场共召开监理例会17次;下发监理通知单12份。监理公司派驻现场的监理人员主要采取的质量控制手段包括旁站监理、巡视和平行检验。

(3)业主的质量管理。工程质量问题是参与工程建设各方共同利益之所在,做好工程质量控制,是有关各方共同的义不容辞的责任。但在实际工作中,由于参与工程建设各方所处位置不同,各自所关注的重点也有所不同,作为业主的主要任务之一,就是要以质量控制为纽带,协调监理、设计、施工单位三者关系,加强对监理、设计、施工的质量控制,监督合同履行和强制性标准执行情况,保证工程达到预期的质量目标。业主的质量控制目标是通过施工全过程的全面质量监督管理、协调和决策,保证竣工项目达到投资决策所确定的质量标准。

(4)政府的质量监督管理。为加强对建设工程质量管理,我国在《建筑法》和《工程质量管理条例》中明确政府行政主管部门设立专门机构对建设工程质量行使监督职能,其特点是外部的、纵向的控制。政府监督机构的质量控制是按城镇或专业部门建立起的有权威的工程质量监督机构,根据有关法规和技术标准,对本地区(本行业)的工程质量进行监督,其目的在于维护社会公共利益,保证技术性法规的执行。政府对建设工程质量监督的职能包括两方面:一是监督工程建设各方主体的质量行为,二是监督检查工程实体的施工质量。

在防震减灾应急指挥中心工程建设中,政府的质量监管是国家质量管理部门对江西省地震局基建办、江西省第三建筑有限公司、江西省地矿局勘察设计院、施工设备和材料供应单位进行的质量监督检查,属于行政管理范畴,是加强政府机构对工程质量管理的重要措施。

江西省防震减灾应急指挥中心建筑工程项目从勘察设计、建设施工到交工验收等环节实行了全过程质量管理,通过对工程项目实行全过程质量管理,使整个工程取得了良好的成效,保证了项目各项指标的实现,极大地提高了该项目投资的经济效益和社会效益,验证了全过程质量管理模式对工程质量控制所起到的良好效果。

资料来源:李超. 江西省防震减灾应急指挥中心建筑工程项目中的质量管理研究[D]. 南昌:南昌大学,2012.

案例讨论

1. 简述质量方针和质量目标的作用分别是什么? 两者间的关系是什么?

2. 试从案例分析工程项目质量管理不同于其他一般质量管理的特点有哪些?

思考题

1. 质量及工程质量的定义是什么? 简述工程质量的基本特性。

2. 简述工程质量的形成过程及影响因素。

3. 工程质量有何特点。

4. 工程质量管理体系的性质、特点和结构。

5. 工程质量管理体系建立的原则和程序。

6. 什么是质量控制? 工程质量控制的概念及分类是什么?

7. 简述工程质量改进的内涵、对象和主体。

8. 简述工程质量改进观念的转变。

9. 简述工程质量改进的主要过程。

10. 工程监理的性质是什么?

11. 工程质量问题处理的程序是什么?

12. 工程质量事故分类及处理的程序是什么?

第13章
工程环境管理

13.1 工程环境管理概述

▷ 13.1.1 环境管理体系

1. 环境管理体系的作用和意义

国际标准化组织(ISO)从 1993 年 6 月正式成立环境管理技术委员会(ISO/TC 207)开始,就遵照其宗旨:"通过制定和实施一套环境管理的国际标准,规范企业和社会团体等所有组织的环境表现,使之与社会经济发展相适应,改善生态环境质量,减少人类各项活动所造成的环境污染,节约能源,促进经济的可持续发展。"经过三年的努力到 1996 年推出了 ISO 14000 系列标准。同年,我国将其等同转换为国家标准 GB/T 24000 系列标准。环境管理体系的作用和意义具体可表现为以下几个方面:

(1)保护人类生存和发展的需要。

(2)国民经济可持续发展的需要。

(3)建立市场经济体制的需要。

(4)国内外贸易发展的需要。

(5)环境管理现代化的需要。

2. 环境管理体系的基本术语

(1)环境。组织运行活动的外部存在,包括空气、水、土地、自然资源、植物、动物、人,以及它们之间的相关关系。

(2)环境因素。一个组织的活动、产品或服务中能与环境发生相互作用的要素。

(3)环境影响。全部或部分由组织的活动、产品或服务给环境造成的任何有害或有益的变化。

(4)环境目标。组织依据其环境方针规定自己所要实现的总体环境目的,如可行应予以量化。

(5)环境表现(行为)。组织基于其环境方针、目标和指标,对它的环境要素进行控制所取得的可测量的环境管理体系结果。

(6)环境方针。组织对其全部环境表现(行为)的意图与原则的声明,它为组织的行为及环境目标和指标的建立提供了一个框架。

(7)环境指标。直接来自环境目标,或为实现环境目标所需规定并满足的具体的环境表现(行为)要求,它们可适用于组织或其局部,如可行应予量化。

(8)环境管理体系。整个管理体系的一个组成部分,包括为制定、实施、实现、评审和保持环境方针所需的组织的结构、计划活动、职责、惯例、程序、过程和资源。

(9)环境管理体系审核。客观地获得审核证据并予以评价,以判断组织的环境管理体系是否符合规定的环境管理体系审核标准准则的一个以文件支持的系统化验证过程,包括将这一过程的结果呈报管理者。

(10)持续改进。强化环境管理体系的过程,目的是根据组织的环境方针,实现对整体环境表现(行为)的改进。

(11)相关方。关注组织的环境表现(行为)或受其环境表现(行为)影响的个人或团体。

(12)组织。具有自身职能和行政管理的公司、集团公司、商行、企事业单位、政府机构或社团,或是上述单位的部分结合体,无论其是否法人团体,公营或私营。

(13)污染预防。污染预防旨在避免、减少或控制污染而对各种过程、惯例、材料或产品的采用,可包括再循环、处理、过程更改、控制机制、资源的有效利用和材料替代等。

3. 环境管理体系的内容

(1)环境方针。环境方针的内容必须包括对遵守法律及其他要求、持续改进和污染预防的承诺,并作为制定与评审环境目标和指标的框架。

(2)环境因素。识别环境因素时要考虑到"三种状态"(正常、异常、紧急)、"三种时态"(过去、现在、将来)、向大气排放、向水体排放、废弃物处理、土地污染、原材料和自然资源的利用、其他当地环境问题及时更新环境方面的信息,以确保环境因素识别的充分性和重要环境因素评价的科学性。

(3)法律和其他要求。组织应建立并保持程序以保证活动、产品或服务中环境因素遵守法律和其他要求,还应建立获得相关法律和其他要求的渠道,包括对变动信息的跟踪。

(4)目标和指标。

①组织内部各管理层次、各有关部门和岗位在一定时期内均有相应的目标和指标,并用文本表示。

②组织在建立和评审目标时,应考虑的因素主要有:环境影响因素、遵守法律法规和其他要求的承诺、相关方要求等。

③目标和指标应与环境方针中的承诺相呼应。

(5)环境管理方案。组织应制订一个或多个环境管理方案,其作用是保证环境目标和指标的实现。方案的内容一般可以有:组织的目标、指标的分解落实情况,使各相关层次与职能在环境管理方案与其所承担的目标、指标相对应,并应规定实现目标、指标的职责、方法和时间表等。

(6)组织结构和职责。

①环境管理体系的有效实施要靠组织的所有部门承担相关的环境职责,必须对每一层次的任务、职责、权限作出明确规定,形成文件并给予传达。

②最高管理者应指定管理者代表并明确其任务、职责、权限,应为管理环境体系的实施提供各种必要的资源。

③管理者代表应对环境管理体系建立、实施、保持负责,并向最高管理者报告环境管理体系运行情况。

（7）培训、意识和能力。组织应明确培训要求和需要特殊培训的工作岗位和人员，建立培训程序，明确培训应达到的效果，并对可能产生重大影响的工作，要有必要的教育、培训、工作经验、能力方面的要求，以保证他们能胜任所负担的工作。

（8）信息交流。组织应建立对内对外双向信息交流的程序，其功能是：能在组织的各层次和职能间交流有关环境因素和管理体系的信息，以及外部相关方信息的接收、成文、答复，特别注意涉及重要环境因素的外部信息的处理并记录其决定。

（9）环境管理体系文件。环境管理体系文件应充分描述环境管理体系的核心要素及其相互作用，应给出查询相关文件的途径，明确查找的方法，使相关人员易于获取有效版本。

（10）文件控制。

①组织应建立并保持有效的控制程序，保证所有文件的实施，注明日期（包括发布和修订日期）、字迹清楚、标志明确，妥善保管并在规定期间予以保留等要求；还应及时从发放和使用场所收回失效文件，防止误用，建立并保持有关制定和修改各类文件的程序。

②环境管理体系重在运行和对环境因素的有效控制，应避免文件过于繁琐，以利于建立良好的控制系统。

（11）运行控制。

①组织的方针、目标和指标及重要环境因素有关的运行和活动，应确保它们在程序的控制下运行；当某些活动有关标准在第三层文件中已有具体规定的，程序可予以引用。

②对缺乏程序指导可能偏离方针、目标、指标的运行应建立运行控制程序，但并不要求所有的活动和过程都建立相应的运行控制程序。

③应识别组织使用的产品和服务中的重要环境因素，并建立和保持相应的文件程序，将有关程序与要求通报供方和承包方，以促使他们提供的产品或服务符合组织的要求。

（12）应急准备和响应。

①组织应建立并保持一套程序，使之能有效确定潜在的事故或紧急情况，并在其发生前予以预防，减少可能伴随的环境影响；一旦紧急情况发生时作出响应，尽可能地减少由此造成的环境影响。

②组织应考虑可能会有的潜在事故和紧急情况，采取预防和纠正的措施应针对潜在的和发生的原因，必要时特别是在事故或紧急情况发生后，应对程序予以评审和修订，确保其切实可行。

③可行时，定期按程序有关规定定期进行实验或演练。

（13）监测和测量。对环境管理体系进行例行监测和测量，既是对体系运行状况的监督手段，又是发现问题及时采取纠正措施，实施有效运行控制的首要环节。

①监测的内容，通常包括：组织的环境绩效（如组织采取污染预防措施收到的效果，节省资源和能源的效果，对重大环境因素控制的结果等），有关的运行控制（对运行加以控制，监测其执行程序及其运行结果是否偏离目标和指标），目标、指标和环境管理方案的实现程度，为组织评价环境管理体系的有效性提供充分的客观依据。

②对检测活动，在程序中应明确规定：如何进行例行监测，如何使用、维护、保管监测设备，如何记录和如何保管记录，如何参照标准进行评价，什么时候向谁报告监测结果和发现的问题等。

③组织应建立评价程序,定期检查有关法律法规的持续遵循情况,以判断环境方针有关承诺的复合性。

(14)不符合、纠正与预防措施。

①组织应建立并保持文件程序,用来规定有关的职责和权限,对不符合进行处理与调查,采取措施减少由此产生的影响,采取纠正与预防措施并予以完成。

②对于旨在消除已存在和潜在不符合所采取的纠正或预防措施,应分析原因并与该问题的严重性和伴随的环境影响相适应。

③对于纠正与预防措施所引起对程序文件的任何更改,组织均应遵守实施并予以记录。

(15)记录。

①组织应建立对记录进行管理的程序,明确对环境管理的标识、保存、处置的要求。

②程序应规定记录的内容。

③对记录本身的质量要求是字迹清楚、标识清楚、可追溯。

(16)环境管理体系审核。

①组织应制定、保持定期开展环境管理体系内部审核的程序、方案。

②审核程序和方案的目的,是判定其是否满足符合性(即环境管理体系是否符合对环境管理工作的预定安排和规范要求)和有效性(即环境管理体系是否得到正确实施和保持),向管理者报告管理结果。

③对审核方案的编制依据和内容要求,应立足于所涉及活动的环境的重要性和以前审核的结果。

④审核的具体内容,应规定审核的范围、频次、方法,对审核组的要求,审核报告的要求等。

(17)管理评审。

①组织应按规定的时间间隔进行,评审过程要记录,结果要形成文件。

②评审的对象是环境管理体系,目的是保证环境管理体系的持续适用性、充分性、有效性。

③评审前要收集充分必要信息,作为评审依据。

4. 环境管理体系的运行模式

环境管理体系建立在一个由"策划、实施、检查评审和改进"几个环节构成的动态循环过程的基础上,其具体的运行模式如图 13-1 所示。

▷ 13.1.2　项目环境管理的程序

工程相关干系人应根据批准的建设项目环境影响报告,通过对环境因素的识别和评估,确定管理目标及主要指标,并在各个阶段贯彻实施。工程的环境管理应遵循下列程序:

(1)确定工程环境管理目标。

(2)进行工程环境管理策划、评价与决策。

(3)实施工程环境管理策划。

(4)验证并持续改进。

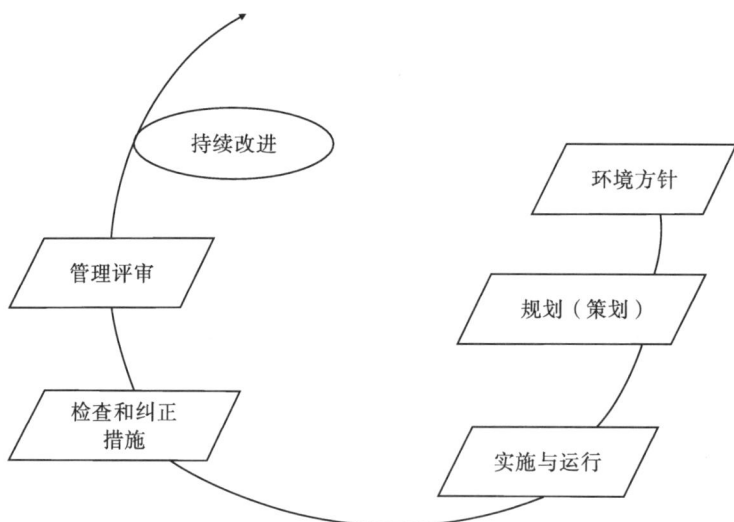

图 13-1 环境管理体系运行模式

➤ 13.1.3 工程环境管理的工作内容

工程环境管理的工作内容包括工程决策阶段(建设项目环境评价)、工程实施阶段(现场环境管理)及运行与收尾阶段的环境管理(工程环境影响后评价),本章重点介绍的是工程决策阶段环境管理与工程实施阶段环境管理,前者的重点在于工程的环境评价,后者即通常所说的现场环境管理。

1. 工程环境评价的工作内容

环境影响评价是指对规划和建设项目实施后可能造成的环境影响进行分析、预测和评估,提出预防或者减轻不良环境影响的对策和措施,进行跟踪监测的方法与制度。目前,我国的环境影响评价主要包括规划环境影响评价和建设项目环境影响评价两大类。规划和建设项目处于不同的决策层,因此,针对二者所做的环境影响评价的基本任务也有所不同。

环境影响评价作为环境法的基本制度之一,涉及多个主题和环节。建设单位、环境影响评价机构、环境影响评价文件的审批部门、建设项目的审批部门等都是环境影响评价制度实施过程中必不可少的。特别是《中华人民共和国环境影响评价法》(以下简称《环境影响评价法》)将环境影响评价的对象扩大到规划后,各级政府和政府有关部门如规划的审批、编制等机构也是不可缺少的相关主体。哪个环节出问题,都有可能造成环境污染和生态破坏的后果。而对于拟议中的建设项目,在其动工之前进行环境影响评价,只是环境影响评价制度的一部分。一个完整的建设项目环境影响评价,还包括后评价、"三同时"、跟踪检查等一系列制度和措施。否则,环境影响评价制度就无法发挥其应有的作用。《环境影响评价法》对环境影响评价所下的定义,就包括了进行跟踪监测的内容。可见,建设项目投入生产或者使用后,并不意味着环境影响评价工作就已经结束,跟踪检查也是其中一个不可或缺的组成部分。实施跟踪检查,其根本目的就在于能够发现建设项目在运行过程中存在的问题,并提出相应的解决方案和改进措施。

按评价对象,环境影响评价可以分为规划(战略)环境影响评价和建设项目环境影响评价。按照环境要素,环境影响评价可以分为大气环境影响评价、地表水环境影响评价、地下水环境影响评价、声环境影响评价、生态影响评价等。

2. 工程现场环境管理的工作内容

工程的项目经理负责现场环境管理工作的总体策划和部署,建立环境管理组织机构,制定相应制度和措施,组织培训,使各级人员明确环境保护的意义和责任。项目经理部的工作应包括以下几个方面:

(1)按照分区划块原则,搞好项目的环境管理,进行定期检查,加强协调,及时解决发现的问题,实施纠正和预防措施,保持现场良好的作业环境、卫生条件和工作秩序,做到污染预防。

(2)对环境因素进行控制,制定应急准备和相应措施,并保证信息通畅,预防可能出现非预期的损害。在出现环境事故时,应消除污染,并应制定相应措施,防止环境二次污染。

(3)应保存有关环境管理的工作记录。

(4)进行现场节能管理,有条件时应规定能源使用指标。

13.1.4　工程施工环境保护标准

为了保障在一线作业的建筑施工者的身体健康和生命安全,改善他们的工作生活环境,建设部制定出台了《建筑施工现场环境与卫生标准》,为建筑施工现场环境设置了标尺。该标准已于 2005 年 3 月 1 日开始实施。为了更好地推动标准的贯彻落实,环境保护主管部门首先应对建筑施工企业、监理单位和有关从业人员进行全面的建筑施工现场环境问题防治措施的要求与技术培训;其次应强化建筑施工现场环境监督管理;最后应严格落实标准对建筑工地主要环境卫生问题的防治措施的检查。这样通过环境保护主管部门、卫生部门和建设主管部门共同对《建筑施工现场环境与卫生标准》的贯彻实施,才能够逐步改善建筑工地的环境状况,为建设施工工人创造一个健康、卫生、舒心的工作、生活环境。

13.2　工程环境评价

根据国家环境保护总局 1999 年发布的《关于建设项目环境影响评价制度有关问题的通知》,其中建设项目是指:"按固定资产投资方式进行的一切开发建设活动包括国有经济、城乡集体经济、联营、股份制、外资、港澳台投资、个体经济和其他各种不同经济类型的开发活动。"从工程的生命周期来看,其决策阶段的环境评价的活动应遵循建设项目的环境评价制度及相关的法规。

13.2.1　工程环境评价的原则

1. 针对性

环境影响评价工作人员,必须针对工程特点和所在地区的环境特点进行深入细致的调查和分析,并抓住危害环境的主要因素,目标明确,重点突出,即带着问题作评价,使工作有的放矢,以确保环境影响评价工作真正起到以下三个基本的功能和作用:

(1)在厂址、布局、工艺、技术、设备选型、生产规模、产品结构、原材料使用等诸多方面为项目审评主管提供决策依据;

(2)为设计工作规定优化设计、实现清洁生产和应采取的环境保护措施；

(3)为环境管理部门实施监督管理提供科学依据。

2. 政策性

政策性是工程环境影响评价工作的灵魂。不体现政策的评价是没有生命力的评价。环境影响评价文件中的政策性，主要体现在以下几个方面：

(1)对选址以及产品结构、规模要根据环保法规、当时的产业政策，结合总体规划去评价选址、布局和规模的合理性、可行性。

(2)对用地(土地也是环境资源)要结合国家的土地利用政策、当地土地资源状况和生态环境去评价其土地利用的合理性和节约土地的必要性。

(3)对所选工艺、技术、设备和污染物排放状况要结合资源、能源利用政策去评价其技术经济指标的先进性，即评价其是否"清洁生产"，污染是否能解决在生产工艺过程中，产品是否清洁。

(4)对工程项目拟采取的环保措施及装备水平要结合现行环保技术政策、发展状况及当地客观要求去评价其可靠性和可操作性，并在此基础之上提出并规定满足环保要求的对策措施。

(5)对环保投资费用计划结合当前国家和本地区技术经济状况和生活质量所需，评价其"三效益"的统一性。

(6)对环境质量要结合环境功能规划和质量指标去评价其保证性。

(7)对特定环境保护对象要结合实际影响情况，根据防护距离标准等规定评价其安全性。

3. 科学性

环境影响评价是由多学科组成的综合技术。由于这项工作在时间上具有超前性，所以在开展这项工作时，从现状调查、评价因子筛选到评价专题设置、监测布点、取样、分析、测试、数据处理、模式选用、预测、评价以及给出结论都应严守科学态度，一丝不苟地完成各项工作。为了增强环境影响评价工作的科学性，还需要注意评价工作的区域性和系统性问题。

(1)区域性是指环境影响评价不能孤立地研究自身对环境的影响，应当从整体出发，研究评价区内自然环境对影响因素的承受能力(即环境容量)。既要考虑项目自身的影响问题，又要考虑对环境质量现状的叠加影响问题。

(2)系统性是指评价时要把环境看作一个由多种要素组成，又受到多种因素影响的大系统。既要考虑拟建工程与已有工程对环境影响的有机联系和环境容量的动态平衡问题，又要考虑各环境要素之间的相互影响的叠加关系，从而制定出符合整体要求的防治对策，以达到系统化的目的。

4. 公正性

环境影响报告书既是拟建工程的决策依据，又是贯彻"谁污染，谁治理"方针和处理环境污染纠纷的执法依据，所以对于环境影响评价的每项工作都要做到准确和公正，评价结论一定要明确、可信、有充分的科学依据，绝不能模棱两可，含糊其辞，更不能受外在因素的影响而带有主观性倾向。

▷ 13.2.2　工程环境评价的工作程序

环境影响评价工作一般分三个阶段,即前期准备、调研和工作方案编制阶段,分析论证和预测评价阶段,环境影响评价文件编制阶段。具体流程如图 13-2 所示。

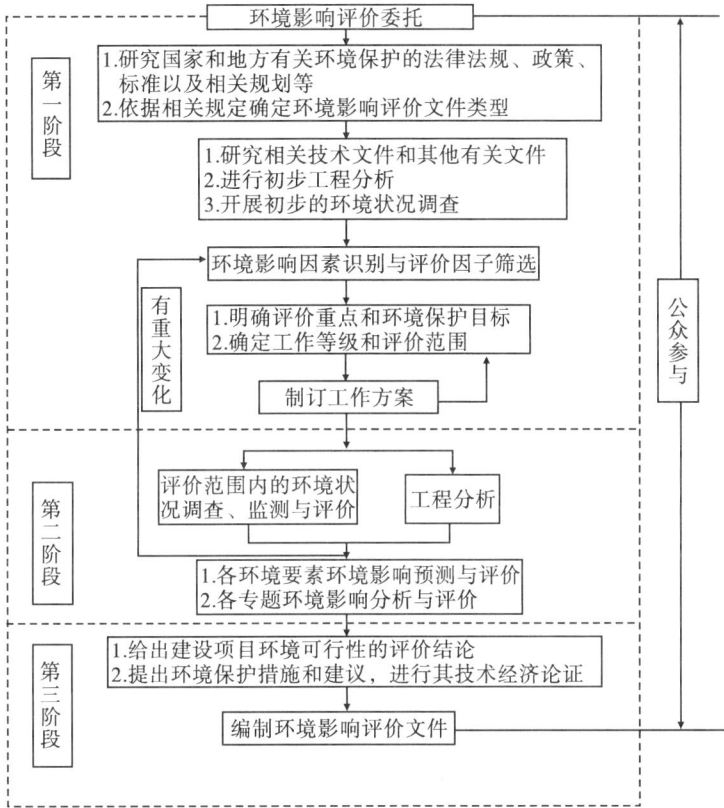

图 13-2　工程环境影响评价的工作程序

▷ 13.2.3　工程环境评价的工作内容

1. 环境影响因素识别与评价因子筛选

(1)环境影响识别。环境影响是指工程活动可能引起的物理、化学、生物、文化、社会经济环境系统的任何改变或新的环境条件的形成,"环境"是指影响人类生存和发展的各种天然和经过人工改造的自然因素的总体。人类社会开发行动的性质、范围和地点不同,受影响的环境要素变化的范围和程度也不同。在研究一项具体开发建设活动对环境的影响时,应该首先分析这一开发建设活动全过程对各种环境因素产生的影响,并重点关注那些受到重大影响的环境要素及其质量参数(或称环境因子)的变化。例如,建设一个大型的燃煤火力发电厂,有可能使周围大气中二氧化硫浓度显著增加;城市污水经过一级处理后排入海湾会使排放口附近海水中有机物浓度显著升高,会影响原有水生生态的平衡。环境影响的重大性是相对的,例如,对一个濒危物种繁殖地的影响比对数量丰富的物种繁殖地的影响重大,同样,高强度噪声对居民住宅区的影响比对工业区的影响重大。

环境影响是由造成环境影响的源和受影响的环境两方面而构成的,而辨识开发行动或建设项目的实施对环境要素的各种参数或环境因子的各式各样影响,以及各项环境要素对项目实施的制约性,就是环境影响识别。

环境影响识别是开展环境影响评价工作的基础,应根据建设项目工程特点和影响区域环境特征识别建设项目的环境影响。环境影响识别就是在了解和分析建设项目所在地区域发展规划、环境保护规划、环境功能区划、环境现状等环境特征和拟建项目工程特征的基础上,分析和列出建设项目对环境可能产生影响的行为,以及可能受上述行为影响的环境要素及相关参数。

影响识别应明确建设项目在施工过程、生产运行、服务期满后等不同阶段的各种行为与可能受影响的环境要素间的相互作用效应关系、影响性质、影响范围、影响程度等,定性分析建设项目对各环境要素可能产生的污染影响与生态破坏,包括有利与不利影响、长期与短期影响、可逆与不可逆影响、直接与间接影响、积累与非积累影响等。对制约项目实施的关键环境因素或条件,应作为环境影响评价的重点内容。

在进行环境影响识别时,可按建设期、运营期和服务期满后三个阶段和自然环境、社会环境、环境质量划分。环境影响因素识别方法可采用清单法、矩阵法、网格法、GIS支持下的叠加图法等。

(2)评价因子筛选。评价因子筛选就是在环境影响识别的基础上,按环境对工程活动的制约因素和工程活动对环境资源的影响因子作用关系,识别和筛选出主要行为影响因子和环境制约因子。依据环境影响识别结果,并结合区域环境功能要求、规划确定的环境保护目标(环境质量标准、生态保护需要和污染物排放总量控制要求),综合分析开发工程活动产生的环境污染和生态影响因子、环境现状污染及超标因子、环境功能目标因子,从中分别筛选确定出需要进行环境现状调查、监测、现状评价和影响预测、评价的主要因子。筛选确定评价因子,应重点关注重要的环境制约因素。评价因子必须能够反映环境影响的主要特征和区域环境的基本状况。评价因子应分别列出现状评价因子和预测评价因子。

2. 确定评价工作等级和评价范围

(1)评价工作等级。评价工作等级的划分是指对大气、地表水、地下水、噪声、土壤、生态、人群健康、放射性、电磁波、震动、景观等单个环境要素的专项评价而言。建设工程各环境要素专项评价原则上应划分工作等级,一般可划分为三级。一级评价对环境影响进行全面、详细、深入评价,二级评价对环境影响进行较为详细、深入评价,三级评价只进行环境影响分析。建设项目其他专题评价可根据评价工作需要划分评价等级。

各环境要素专项评价工作等级以下列因素为依据进行划分:

①工程特点:包括工程性质、工程规模、工程选址选线、总体布局、工艺流程、原料的使用、能源与水资源的使用、对环境产生影响的方式或途径、主要污染物种类、源强与排放方式、去向以及污染物在自然环境中进行讲解转化的难易程度、对生物的毒理作用等。对于自然资源开发和区域开发等工程项目,工程特征主要指开发方式、开发规模、开发范围、开发强度及影响环境的有关工程技术参数等。

②工程所在地区域环境特征:包括自然物理环境(如:地形、地貌,地表水文、水质,地下水文、水质,河流水系、水源地,气候、气象,土壤,环境地质、地震、自然灾害、矿物资源等)、自

然生态环境(如:渔业、水生生物、野生动植物、森林、草原植被类型分布,区内生态系统结构特点,濒危或珍稀物种,生物多样性,农业生产,自然保护区类型,区域生态功能区划等)和社会经济环境状况(如:社会经济发展水平,工业、农牧业、第三产业等产业结构特征;工矿企业分布、数量、特点;城镇、村落及居民分布,人口数量、素质和生活水准等)。同时还包括:土地质量、功能、利用,土地利用规划;基础及公共设施状况,如供电、供热、供气、供排水,住房、商业、卫生、学校、交通等;污水处理,垃圾处理;农业生产结构及耕作制度;水产、畜牧等;就业情况;城镇乡村发展规划,社会、经济发展规划;生活质量,如:社会经济价值;文化价值,如当地的传统文化、历史遗产、文化水平及人文资源;公众健康,如目标人口的寿命与健康状况,医疗保健和医疗设施情况,区域地方病、流行病、受拟建项目影响病的发病率;社会福利和社会安全;环境美学价值;考古或历史文物;旅游资源;娱乐设施;环境功能与环境资源、环境敏感程度等。

③国家或地方的有关法律法规、政策和规划要求:包括环境和资源保护法律法规及其法定的保护对象、环境质量标准和污染物排放控制标准、社会经济发展规划、环境功能区划、环境保护规划等。

其他专项评价工作等级划分可参照各环境要素评价工作等级划分依据。

对于某一具体工程项目,各专项评价的工作等级可根据项目所处区域环境敏感程度、工程污染或生态影响特征及其他特殊要求等情况进行适当调整,但调整的幅度不超过一级,并应说明调整的具体理由。

④对于各环境要素已有环境影响评价技术导则的,则应按有关规定确定该环境要素的环境影响评价等级。

(2)评价范围。根据工程项目可能影响范围(包括直接影响、间接影响、潜在影响等)确定环境影响评价范围,其中项目实施可能影响范围内的环境敏感区等应重点关注。

根据环境功能区划和保护目标要求,按照确定的各环境要素的评价等级和环境影响评价技术导则相关规定,结合拟建工程项目污染和破坏特点及当地环境特征,分别确定各环境要素具体的现状调查范围和预测评价范围,并在地形地貌图上标出范围,特别要注明关心点位置。

(3)评价方法。环境影响评价采用定量评价与定性评价相结合的方法,应以量化评价为主。评价方法应优先选用成熟的技术方法,鼓励使用先进的技术方法,慎用有争议或处于研究阶段尚没有定论的方法。当选用非导则推荐的评价或预测分析方法,应根据建设项目特征、评价范围、影响性质等分析其适用性,并且环境影响评价结论要明确。

3. 项目概况与工程分析

(1)项目概况。项目概况具体包括项目的名称、地点、地理位置、建设性质、工程总投资,建设规模、项目组成(包括主体工程、辅助工程、配套工程、公用工程、环境工程等)及厂区或总平面布置,主要设备装置、经济技术指标、产品方案、工艺方法或施工建设方案,主要工程点(段)分布、工程建设进度计划、劳动定员和工程投资情况等。

扩建、改建和技术改造项目应说明原有及在建工程的规模、项目组成、产品方案和主要工艺方法,以及扩建、改建和技术改造项目与原有、在建工程的依托关系。

(2)工程分析。工程分析是环境影响评价基础工作之一,目的是要通过工程分析,确定污染物源强、污染方式及途径或工程开发建设不同方式和强度对生态环境的扰动、改变和破坏程度。

工程分析应结合项目的工程组成、工艺路线,对工程项目环境影响的因素、方式、强度等进行详细分析与说明。工作内容一般包括对工程基本数据、主体工程污染影响因素分析、生态影响因素分析、水资源利用合理性分析、原辅材料、产品、废物的储运、交通运输、公用工程、非正常工况、选址选线、工体布局、环保措施和设施等的分析。工程分析的内容应满足"全过程、全时段、全方位、多角度"的技术要求,"全过程"指对项目的分析应包括施工期、运营期及服务期满后等;"全时段"指不但要考虑正常生产状态,同时要考虑异常、紧急等非正常状态;"全方位"指不但要考虑主体生产装置,同时应考虑配套、辅助设施;"多角度"指在着重考虑环保设施的情况下,同时应从情节生产角度、节约能源资源的角度出发,对项目的污染物源进行深入细致的分析。

工程分析应在全面的前提下,结合项目特征和环境特征突出重点。根据各类型建设项目的工程内容及其特征,抓住其对环境可能产生较大不利影响的主要因素进行深入分析。应用及提出的数据资料要真实、准确、可信。对项目的规划、可行性研究和设计等技术文件中提供的资料、数据、图件等,应进行分析后引用,引用现有资料时应分析其时效性;类比分析数据、资料,应分析其有效性、相同性或者相似性。

在建设和营运过程中,可能导致植被损坏、水土流失、生态平衡失调等环境影响的建设项目,应通过选址选线方案、施工作业设备、作业方式、运营方式等分析确定环境影响的受体,如土壤、自然植被、水生植物、大型动物、鸟类、鱼类与贝类等,及其影响的方式、范围和持续时间。

工程分析的方法主要有类比分析法、物料平衡计算法、查阅参考资料分析法等。

4. 环境现状调查与评价

环境现状调查与评价是环境影响评价基础工作之一,目的是通过环境现状调查获取项目拟建区域的环境背景值,反映具体区域的环境特征,发现和了解主要制约因素。

根据工程项目污染源及所在地区的环境特点,结合各专项评价的工作等级,确定各环境要素的现状调查范围,并筛选出应调查的有关参数。充分搜集和利用现有的有效资料,当现有资料不能满足要求时,需进行现场调查和测试,并分析现状监测数据的可靠性和代表性。对与评价的建设项目有密切关系的环境情况应全面、详细调查,给出定量的数据并作出分析或评价;对一般自然环境与社会环境的调查,应根据建设项目的具体情况和评价地区的实际情况,适当增减,切忌对相关资料不加分析地大量罗列。

环境现状调查与评价基本内容包括自然环境(自然物理环境与自然生态环境)概况、社会环境状况、各环境要素的环境质量状况以及评价范围内污染源调查。

(1)自然环境概况。

①地理位置及地形地貌。概要说明项目所处的经度、纬度,行政区位置和交通位置,所在地区海拔、地形特征,周围的地貌类型及有危害的地貌现象和分布情况。当工程活动可能改变地形地貌时,应详细说明可能直接对项目有危害或将被项目建设诱发的地貌现象的现状及发展趋势。

②地质与水文地质。概要说明当地各时代沉积岩地层、地质构造特征以及相应的地貌表现,物理与化学风化情况,当地已探明或已开采的矿产资源情况。对于可能存在的不良地

质现象和地质条件,要进行较为详细的叙述。

概要说明各含水层的埋藏条件、水位特征及地下水类型及开发利用状况。尤其要说明潜水含水层上部覆盖层(包气带)的岩性、厚度及分布变化,或承压水顶板的岩性、厚度及分布变化。说明各含水层的补给、径流和排泄条件,以及含水层之间与地表水之间的水力联系。

③气候与气象。概要说明建设项目所在地区的主要气候特征,如:年平均风速和主导风向,平均气温,极端气温与月平均气温(最冷月和最热月),年平均相对湿度,平均降水量、降水天数、降水量极值,日照,主要的灾害性天气特征,大气边界层和大气湍流污染气象特征等。

④水文与水资源。说明水系分布、水文特征、极端水情;地表水资源的分布及利用情况,主要取水口分布,地表水与地下水的联系,水质现状以及地表水的污染来源。地下水的补给、径流、排泄条件,包气带的岩性,地下水水质现状,污染地下水的主要途径,地下水开发利用现状与采补平衡问题,水源地及其保护区的划分,地下水开发利用规划等。

涉及近海水域或河口海湾时,需要说明其地理概况、水文特征及水质现状,潮型、海岸带资源与海洋资源的开发利用情况、水体污染来源等。

⑤土壤、动植物与生态。项目周围地区的主要土壤类型及其分布、水土流失、自然灾害、土地利用类型、土壤污染的主要来源及其质量现状等。可进一步调查土壤的物理、化学性质,土壤成分与结构,颗粒度,土壤容重,含水率与持水能力,土壤一次、二次污染状况,水土流失的原因、特点、面积、侵蚀模数元素及流失量等。

项目周围地区的动植物情况,特别是国家重点保护的野生动植物情况。

当地的主要生态系统类型及现状:包括生态系统的生产力、物质循环状况、生态系统与周围环境的关系以及影响生态系统的主要因素,重要生态情况和主要生态问题、重要生态功能区及其他生态敏感目标等。

(2)社会环境状况。根据现有资料并结合必要的现场调查,简要叙述社会环境状况,包括人口、居民收入及就业、产业结构、能源与利用方式、农业与土地利用、交通运输及经济发展状况、重要的人文遗迹、自然遗迹与"珍贵"景观及其与项目的相对位置和距离。根据项目的特点和环境影响评价的需要,可安排进行一定范围人群健康调查。

(3)环境质量状况。

①环境空气质量。说明项目周围地区大气环境中主要的污染源及其污染物质、大气环境质量现状。根据评价项目主要污染物和当地大气污染状况对污染因子进行筛选,并根据不同的评价深度或评价等级确定污染源调查范围。

收集评价区内及其周边例行大气监测点位的现状监测资料,统计分析各点位各季的主要污染物的浓度值、超标量、变化趋势等。根据项目特点、大气环境特征、大气功能区类别及评价等级,在评价区内按以环境功能区为主兼顾均布性的原则布点,开展现场监测工作。监测应与气象观测同步进行,对于不需要气象观测的三级评价项目应收集其附近有代表性的气象台站各监测时间的地面风向、风速资料。

以确定的环境空气质量标准限值为基准,采用单因子污染指数法对选定的评价因子进行评价,确定大气环境质量。

②水环境质量。地表水水质调查一般在枯水期进行，丰水期和平水期可进行补充调查。应尽量采用现有数据资料，如资料不足时需进行实测。所选择的水质组分包括两类：一是常规水质组分，它能反映水域一般的水质状况；二是特征水质组分，它能代表将来项目排放的废水水质影响特征。常规水质组分以最近颁布的地表水环境质量标准或海水水质标准为基础，根据水域类别、评价等级、现状污染源进行筛选。特征水质组分根据项目废水污染物、水体环境质量现状选定。

地表水（包括海湾）及地下水环境质量，以确定的地表水、地下水环境质量标准或海水水质标准限值为基准，采用单因子污染指数法对选定的评价因子进行评价。

③声环境质量。根据建设项目声环境影响评价的需要，调查评价范围内现有噪声源种类、数量及相应的噪声级，现有噪声敏感目标、噪声功能区划分情况，各噪声功能区的环境噪声现状、超标情况及受噪声影响的人口分布。根据声环境现状评价和预测的需要，选择有代表性点位按规范做好现场检测，并根据区域环境噪声标准进行评价。

④其他。根据当地环境情况及建设项目特点，决定是否进行放射性、光与电磁辐射、震动、地面下沉等方面的调查。

（4）评价范围内污染源调查。根据各专项环境影响评价技术导则确定的环境影响评价工作等级，确定污染源调查的范围。根据建设项目的工程特性、当地环境状况和环境保护目标分布情况，确定污染源调查的主要对象，如大气污染源、水污染源、噪声源或固体废物等。对于改扩建项目或其他"以新带老"的建设项目，还需调查已建工程、在建工程和评价区内与拟建项目相关的污染源。

应选择建设项目等标排放量较大的污染因子、评价区已造成严重污染的污染因子以及拟建项目的特殊污染因子作为主要污染因子，注意点源与非点源的分类调查。

环境现状调查的方法主要有收集资料法、现场调查法、遥感和地理信息系统分析的方法等，污染源调查的方法主要有物料衡算法、经验计算法、实测法等。一般情况下，采用单因子污染指数法对选定的评价因子及各环境要素的质量现状进行评价，并说明环境质量的变化趋势。

5. 环境影响预测与评价

对建设项目的环境影响进行预测，是指对能代表评价区各种环境质量参数变化的预测，分析、预测和评价的范围、时段、内容及方法均应根据其评价工作等级、工程与环境特性、当地的环境保护要求而定。

（1）环境影响预测的范围。环境影响预测范围的确定与建设项目和环境的特性及敏感保护目标分布等情况有关，其具体范围按各环境要素的评价等级和环境影响评价技术导则的要求确定。

（2）环境影响的预测时段。按照项目实施过程的不同阶段，可以划分为建设阶段、生产运行阶段和服务期满后的环境影响预测。

当建设阶段的噪声、震动、地面水、地下水、大气、土壤等的影响程度较重、影响时间较长时，应进行建设阶段的影响预测。对于在运营阶段有污染物排放的建设项目，应预测建设项目生产运行阶段，正常排放和非正常排放，事故排放等情况的环境影响。对可能产生积累环境影响的项目，在服务期满后，应进行服务期满后的影响预测。

在进行环境影响预测时,应考虑环境对建设项目影响的承载能力。一般情况下,应该考虑污染影响的衰减能力或环境净化能力最差的时段和污染影响的衰减能力或环境净化能力一般的时段进行环境影响预测。如十年一遇连续 7 天河流枯水流量、冰封期枯水月平均流量,冬季采暖期静小风、熏烟条件、典型日气象条件等。

（3）环境影响预测和平均内容。预测和评价的环境参数应包括反映评价区一般质量状况的常规参数和反映建设项目特征的特性参数两类,前者反映该评价区的一般质量状况,后者反映该评价区与建设项目有联系的环境质量状况。各建设项目应预测的环境质量参数的类别和数目,与评价工作等级、工程和环境特性及当地的环保要求有关,在各专项环境影响评价技术导则中有明确规定。评价中须考虑环境质量背景已实施和正在实施的建设项目的同类污染物环境叠加影响。如项目所造成的环境影响不能满足环境质量要求,应给出对建设项目进行环境影响控制即实施环保措施后的预测结果。

在对环境影响进行预测的基础上,对预测结果进行科学、客观的分析;明确项目环境影响的特征;评价建设项目环境影响的范围、程度和性质;对各环境要素和环境保护目标逐一进行分析和评价,提出明确的结论。

生态影响型项目的环境影响预测内容一般包括生态系统整体性影响预测,野生生物物种及其生态影响预测,敏感保护目标影响预测以及自然资源、农业生态、城市生态、海洋生态影响预测,区域生态问题预测以及其他特别影响预测,包括施工期环境影响、水土保持、移民安置等。

生态影响评价内容一般包括生态系统整体性及其功能、生物及其生境、敏感生态问题（敏感生态保护目标）、自然资源、区域生态问题等。生态影响评价应绘制必要的评价图,如土地利用及变化图、土壤侵蚀图以及生态质量变化或敏感目标受影响状况图等。

对选址、选线敏感的项目应分析不同选址、选线方案的环境影响。项目的选址选线,应从是否符合法规要求、是否与规划相协调、是否满足环境功能区要求、是否影响敏感的环境保护目标或造成重大资源、经济、社会和文化损失等方面进行环境合理性论证。

（4）环境影响预测的方法。预测环境影响时应尽量选用通用、成熟、简便并能满足准确度要求的方法。目前使用较多的预测方法有数学模式法、物理模型法、类比调查法和专业判断法等。

6. 环境风险评价

涉及有毒有害、易燃、易爆物资的生产、使用、贮运,以及导致物理损伤与危害的机械事故或其他事故（如外来生物入侵的生态风险）的建设项目,需进行环境风险评价。

根据项目风险特征及周围环境特点,从危险物、事故源及特殊环境条件等方面对建设项目的具体环境风险因素进行识别。

环境风险评价应重点关心化学风险（来自产品加工过程中产生的有毒、易燃、易爆物的风险）和物理风险（如潜在的运输事故、水坝塌坝造成的洪水,会导致物理损伤与危害的机械事故或其他事故等）可能带来的对环境质量、环境资源、人群健康等的影响。

事故防范措施主要从组织制度、设计规范、防护措施及可行性、监督检查、岗位培训和演习、操作规程、警示标志、记录备案等方面提出要求;事故处理应急方案则从事故预想、组织程序、应急措施、应急设施、区域应急援助网络等方面突出要求和建议。

7. 环境保护措施及其技术、经济论证

明确项目在选址、布局和污染物排放及生态保护等方面采取的具体环境保护措施。结合环境影响评价结果,分析拟采取措施的技术可行性、运行稳定性、经济合理性、长期稳定运行达标排放的可靠性,论证项目环境保护措施实现达标排放、满足环境质量要求与污染物排放总量控制要求及生态功能要求的技术经济可行性。

污染控制以预防为主,清洁生产与末端治理相结合,项目污染控制与区域污染控制相结合,按技术先进、效果可靠、目标可达、经济合理的原则,进行多方案比选,推荐最佳方案。按废气、废水、固体废物、噪声等污染控制设施及环境监测、绿化等分别列出其环保投资额,给出各项措施及投资估算一览表。改建、扩建项目和技术改造项目,须针对该项目有关的原有环境污染问题,提出"以新带老"环境保护措施。

生态保护措施应重在预防,同时综合运用减缓影响、恢复生态系统、补偿生态功能损失以及改善生态的措施。综合国家对不同区域的相关要求,从保护、恢复、补偿、建设等方面提出和论证实施生态保护措施的基本框架;生态保护措施需落实到具体时段和具体点位上,重视减少对生态系统的整体性影响,同时应逐个落实敏感保护目标的保护措施。应特别注意选址选线的环境可行性,以及施工建设的环保措施和管理措施、植被恢复与重建措施。对于生态影响重大而一时又不能确切把握的影响,应考虑长期的生态监测措施。处于山区、丘陵区、风沙区的建设项目需编制水土保持方案,环评报告书中应引用经水行政主管部门审查同意的水土保持方案的主要结论。

8. 清洁生产分析和循环经济

国家已发布行业清洁生产标准和相关技术指南的项目,应按所发布的规定内容和指标进行清洁生产水平分析,必要时提出进一步改进措施与建议。

国家未发布行业清洁生产标准和相关技术指南的项目,应结合行业及工程特点,从资源能源利用、生产工艺与设备、生产过程、污染物产生、废物处理与综合利用、环境管理要求等方面确定清洁生产指标和开展评价。

从企业、区域或行业等不同层次,进行循环经济分析,提高资源利用率和优化废物处置途径。优化废物处置途径过程中应注意对可依托条件的说明,如接受某单位固体废物中的矿渣作为原料的水泥厂的建设时序、生产规模及工艺、与矿渣产生单位的运距等可依托条件调查与说明,用于佐证废物处置条件的落实情况。

9. 污染物排放总量控制

"十一五"期间国家对化学需氧量、二氧化硫两种主要污染物实行排放总量控制计划管理,在国家确定的水污染防治重点流域、海域专项规划中,还要控制氨氮(总氮)、总磷等污染物的排放总量,控制指标在各专项规划中下达,由相关地区分别执行,国家统一考核。鼓励各地根据各自的环境状况,增加本地区必须严格控制的污染物,纳入本地区污染物排放总量控制计划。

在项目正常运行、满足环境质量要求、污染物达标排放及清洁生产的前提下,按照节能减排的原则给出主要污染物排放量,提出污染物排放总量控制指标的建议,主要污染物排放总量必须纳入所在地区的污染物排放总量控制计划。

在区域环境质量达标的前提下,根据国家实施主要污染物排放总量控制的有关要求和地方环境保护行政主管部门对污染物排放总量控制的具体指标,分析建设项目能否满足国家和地方的污染物排放总量控制计划,论证建设项目污染物排放总量控制措施的可行性与可靠性。

在环境质量现状已超出环境功能区划相应环境质量标准的地区,原则上应提出具体可行的区域平衡方案或削减措施,在区域污染物排放总量有所减少、环境质量改善的前提下,方可进行项目建设,确保区域环境质量满足功能区和目标管理要求。

技术改造类项目必须采取"以新带老"、区域削减及其他削减污染物排放总量措施,做到增产不增污或增产减污。

10. 环境影响经济损益分析

环境经济损益分析的主要任务是衡量项目需要投入的环境保护投资所能收到的环境保护效果。通过分析、计算项目的环境代价(污染和破坏造成的环境经济损失价值)、环境成本(环保工程投资、运行费用、管理费用等)、环境经济收益(采取环保治理、综合利用、生态建设和保护等措施获取的直接或间接经济效益),对环境工程措施的经济效益、环境效益进行分析、评述。

环境经济损益的分析应从项目产生的正负两方面环境影响进行,以定性与定量相结合的方式,估算项目所引起环境影响的经济价值,并将其纳入项目的费用效益分析中,以判断项目环境影响对其可行性的影响。

以项目实施后的影响预测与环境现状进行比较,从环境要素、资源类别、社会文化等方面筛选出需要或者可能进行经济评价的环境影响因子,对量化的环境影响进行货币化,并将货币化的环境影响价值纳入项目的经济分析。

11. 环境管理和环境监测计划

根据国家和地方的环境管理要求,结合项目本身具体情况,针对项目其不同阶段提出具有可操作性的环境管理措施与监测计划。

对建设单位提出关于本项目所需的环境管理机构设置、人员配备、管理机构的职责要求;明确设计、施工建设、试生产、竣工验收和生产运行阶段的主要环境管理工作内容及安排;必要时对各环保设施岗位提出制定操作制度、规程及其岗位责任制等要求;对各污染源排污装置(如排气筒、排污管道)、排污口,提出规范化建设、监测、监控和管理的要求。

结合项目的环境影响特征,依照相关监测技术规范,提出制定相应的环境质量跟踪监测、污染源监测以及生态监测等方面的监测计划要求。

对于非正常工况特别是事故情况和可能出现的环境风险问题应提出制定预防与应急处理预案要求;施工周期长、影响范围广的工程项目还应提出施工期环境监理的具体要求;公路、铁路、水利、水电、输运管线等项目,应强调建设全过程的环境管理(含监理)措施与监测计划;对于涉及重要的生态保护区和可能具有较大生态风险的建设项目和区域、流域开发项目,应提出长期的生态监测计划。

13.3 工程现场环境管理

13.3.1 工程项目现场管理基本规定

(1)项目经理部应在施工前了解经过施工现场的地下管线,标出位置,加以保护。施工时发现文物、古迹、爆炸物、电缆等,应当停止施工,保护现场,及时向有关部门报告,并按照规定处理。

(2)施工中需要停水、停电、封路而影响环境时,应经有关部门批准,事先告示。在行人、车辆通过的地方施工,应当设置沟、井、坎、洞的覆盖物和标志。

(3)项目经理应对施工现场的环境因素进行分析,对于可能产生的污水、废气、噪声、固体废弃物等污染源采取措施,进行控制。

(4)建筑垃圾和渣土应堆放在指定地点,定期进行清理。装载建筑材料、垃圾或渣土的运输机械,应采取防止尘土飞扬、洒落或流溢的有效措施。施工现场应根据需要设置机动车辆冲洗设施,冲洗污水应进行处理。

(5)除有符合规定的装置外,不得在施工现场融化沥青和焚烧油毡、油漆,亦不得焚烧其他可产生有毒有害烟尘和恶臭气味的废弃物。项目经理部应按规定有效地处理有毒有害物质,禁止将有毒有害废弃物现场回填。

(6)施工现场的场容管理应符合施工平面图设计的合理安排和物料器具定位管理标准的要求。

(7)项目经理部应依据施工条件,按照施工总平面图、施工方案和施工进度计划的要求,认真进行所负责区域的施工平面图的规划、设计、布置、使用和管理。

(8)现场的主要机械设备、脚手架、密封式安全网与围挡、模具、施工临时道路、各种管线、施工材料制品堆场及仓库、土方及建筑垃圾堆放区、变配电间、消火栓、警卫室、现场的办公、生产和生活临时设施等的布置,均应符合施工平面图的要求。

(9)现场入口处的醒目位置,应公示以下内容:

①工程概况。

②职业健康安全纪律。

③防火须知。

④职业健康安全生产与文明施工规定。

⑤施工平面图。

⑥项目经理部组织机构图及主要管理人员名单。

(10)施工现场周边应按当地有关要求设置围挡和相关的职业健康安全预防设施。危险品仓库附近应有明显标志及围挡设施。

(11)施工现场应设置畅通的排水沟渠系统,保持场地道路的干燥坚实。施工现场的泥浆和污水未经处理不得直接排放。地面宜作硬化处理。有条件时,可对施工现场进行绿化布置。

➤ 13.3.2 工程项目现场环境保护

1. 现场环境保护基本规定

(1)把环保指标以责任书的形式层层分解到有关单位和个人,列入承包合同和岗位责任制,建立一个懂行善管的环保自我监控体系。

(2)要加强检查,加强对施工现场粉尘、噪声、废气的监测和监控工作。要与文明施工现场管理一起检查、考核、奖罚。及时采取措施消除粉尘、废气和污水的污染。

(3)施工单位要采取有效措施控制人为噪声、粉尘的污染和采取技术措施控制烟尘、污水、噪声污染。建设单位应该负责协调外部关系,同当地居民会、村委会、办事处、派出所、居民、施工单位、环保部门加强联系。

（4）要有技术措施，严格执行国家的法律、法规。在编制施工组织设计时，必须有环境保护的技术措施。在施工现场平面布置和组织施工过程中都要执行国家、地区、行业和企业有关防治空气污染、水源污染、噪声污染等环境保护的法律、法规和规章制度。

（5）建筑工程施工由于技术、经济条件限制，对环境的污染不能控制在规定的范围内的，建设单位应当同施工单位事先报请当时人民政府建设行政主管部门和环境行政主管部门批转。

2. 项目现场环境保护措施

（1）防治大气污染措施。

①高层建筑物和多层建筑物清理施工垃圾时，要搭设封闭式专用垃圾道，采用容器吊运或将永久性垃圾道随结构安装好以供施工使用，严禁凌空随意抛散。

②施工现场道路采用焦渣、级配砂石、粉煤灰级配砂石、沥青混凝土或水泥混凝土等，有条件的可利用永久性道路，并指定专人定期洒水清扫，形成制度，防止道路扬尘。

③袋装水泥、白灰、粉煤灰等易飞扬的细颗散粒材料，应库内存放。室外临时露天存放时，必须下垫上盖，严密遮盖，防止扬尘。

④散装水泥、粉煤灰、白灰等细颗粉状材料，应存放在固定容器（散灰罐）内。没有固定容器时，应设封闭式专库存放，并具备可靠的防扬尘措施。

⑤运输水泥、粉煤灰、白灰等细颗粉状材料时，要采取遮盖措施，防止沿途遗洒、扬尘。卸运时，应采取措施，以减少扬尘。

⑥车辆不带泥沙出现场措施。可在大门口铺一段石子，定期过筛清理；作一段水沟冲刷车轮；人工拍土，清扫车轮、车帮；挖土撞车不超装；车辆行驶不猛拐，不急刹车，防止洒土；卸土后注意关好车厢门；场区和场外安排人清扫洒水，基本做到不洒土、不扬尘，减少对周围环境污染。

⑦除设有符合规定的装置外，禁止在施工现场焚烧油毡、橡胶、塑料、皮革、树叶、枯草、各种包皮等，以及其他会产生有毒、有害烟尘和恶臭气体的物质。

⑧机动车都要安装 PCA 阀，对那些尾气排放超标的车辆要安装净化消声器，确保不冒黑烟。

⑨工地茶炉、大灶、锅炉，尽量采用消烟除尘型茶炉、锅炉和消烟节能回风灶，烟尘降至允许排放范围为止。

⑩工地搅拌站除尘是治理的重点。有条件要修建集中搅拌站，由计算机控制进料、搅拌、输送全过程，在进料仓上方安装除尘器，可使水泥、砂、石中的粉尘降低 99% 以上。采用现代化先进设备是解决工地粉尘污染的根本途径。

⑪工地采用普通搅拌站，先将搅拌站封闭严密，尽量不使粉尘外泄，扬尘污染环境。并在搅拌机拌筒出料口安装活动胶皮罩，通过高压静电除尘器或旋风滤尘器等除尘装置将粉尘分开净化，达到除尘目的。最简单易行的是将搅拌站封闭后，在拌筒地出料口上方和地上斜斗侧面装几组喷雾器喷头，利用水雾除尘。

⑫拆除旧有建筑物时，应适当洒水，防止扬尘。

（2）防治水污染措施。

①禁止将有毒、有害废弃物作土方回填。

②施工现场搅拌站废水、现制水磨石的污水、电石（碳化钙）的污水须经沉淀池沉淀后再

排入城市污水管道或河流。最好将沉淀水用于工地洒水降尘,并采取措施回收利用。上述污水未经处理不得直接排入城市污水管道或河流中去。

③现场存放油料,必须对库房地面进行防渗处理。如采用防渗混凝土地面,铺油毡等。使用时,要采取措施,防止油料跑、冒、滴、漏,污染水体。

④施工现场 100 人以上的临时食堂,污染排放时可设置简易有效的隔油池,定期掏油和杂物,防止污染。

⑤工地临时厕所、化粪池应采取防渗漏措施。中心城市施工现场的临时厕所可采取水冲式厕所,蹲坑上加盖,并有防蝇、灭蝇措施,防止污染水体和环境。

⑥化学药品、外加剂等要妥善保管,库内存放,防止污染环境。

(3)防治噪声污染措施。

①严格控制人为噪声,进入施工现场不得高声喊叫、无故甩打模板、乱吹哨,限制高音喇叭的使用,最大限度地减少噪声扰民。

②凡在人口稠密区进行强噪声作业时,须严格控制作业时间,一般晚 10 点到次日 6 点之间停止强噪声作业。确实是特殊情况必须昼夜施工时,尽量采取降低噪声措施,并会同建设单位找当地居委会、村委会或当地居民协调,出安民告示,求得群众谅解。

③尽量选用低噪声设备和工艺代替高噪声设备与加工工艺。如低噪声振捣器、风机、电动空压机、电锯等。

④在声源处安装消声器消声,即在通风机、鼓风机、压缩机燃气轮机、内燃机及各类排气放空装置等进出风管的适当位置设置消声器。常用的消声器有阻性消声器、抗性消声器、阻抗复合消声器、穿微孔板消声器等。具体选用哪种消声器,应根据所需消声量、噪声源频率特性和消声器的声学性能及空气动力特性等因素而定。

⑤采取吸声、隔声、隔振和阻尼等声学处理的方法来降低噪声。

A. 吸声:吸声是利用吸声材料(如玻璃棉,矿渣棉,毛毡,泡沫塑料,吸声砖,木丝板,干蔗板等)和吸声结构(如穿孔共振吸声结构,微穿孔板吸声结构,薄板共振吸声结构等)吸收通过的声音,减少室内噪声的反射来降低噪声。

B. 隔声:隔声是把发声的物体、场所用隔声材料(如砖、钢筋混凝土、钢板、厚木板、矿棉被等)封闭起来与周围隔绝。常用的隔声结构有隔声间、隔声机罩、隔声屏等。隔声有单层隔声和双层隔声结构两种。

C. 隔振:隔振,就是防止振动能量从振源传递出去。隔振装置主要包括金属弹簧、隔振器、隔振垫(如剪刀橡胶、气垫)等。常用的材料还有软木、矿渣棉、玻璃纤维等。

D. 阻尼:阻尼就是用内摩擦损耗大的一些材料来消耗金属板的振动能量并变成热能散失掉,从而抑制金属板的弯曲振动,使辐射噪声大幅度地消减。常用的阻尼材料有沥青、软橡胶和其他高分子涂料等。

➤ 13.3.3 项目现场环境卫生管理

1. 施工区环境卫生管理

(1)环境卫生管理责任区。为创造舒适的工作环境,养成良好的文明施工作风,保证职工身体健康,施工区域和生活区域应有明确划分,把施工区和生活区分成若干片,分片包干,建立责任区,从道路交通、消防器材、材料堆放到垃圾、厕所、厨房、宿舍、火炉、吸烟等都有专人负责,做到责任落实到人(名单上墙),使文明施工、环境卫生工作保持经常化、制度化。

（2）环境卫生管理措施。

①施工现场要天天打扫，保持整洁卫生，场地平整，各类物品堆放整齐，道路平坦畅通，无堆放物、无散落物，做到无积水、无黑臭、无垃圾，有排水措施。生活垃圾与建筑垃圾要分别定点堆放，严禁混放，并应及时清运。

②施工现场严禁大小便，发现有随地大小便现象要对责任区负责人进行处罚。施工区、生活区有明确划分，设置标志牌，标牌上注明责任人姓名和管理范围。

③卫生区的平面图应按比例绘制，并注明责任区编号和负责人姓名。

④施工现场零散材料和垃圾，要及时清理，垃圾临时放置不得超过 3 天，如违反本条规定要处罚工地负责人。

⑤办公室内做到天天打扫，保持整洁卫生，做到窗明地净，文具摆放整齐；达不到要求的，对当天卫生值班员罚款。

⑥职工宿舍铺上、铺下做到整洁有序，室内和宿舍四周保持干净，污水和污物、生活垃圾集中堆放，及时外运；如发现不符合此条要求的，处罚当天卫生值班员。

⑦冬季办公室和职工宿舍取暖炉，必须有验收手续，合格后方可使用。

⑧楼内清理出的垃圾，要用容器或小推车，用塔吊或提升设备运下，严禁高空抛撒。

⑨施工现场的厕所，做到有顶、门窗齐全并有纱，坚持天天打扫，每周洒白灰或打药一两次，消灭蝇蛆，便坑需加盖。

⑩为了广大职工身体健康，施工现场必须设置保温桶（冬季）和开水（水杯自备），公用杯子必须采取消毒措施，茶水桶必须有盖并加锁。

⑪施工现场的卫生要定期进行检查，如发现问题，限期改正。

2. 生活区卫生管理

（1）宿舍卫生管理规定。

①职工宿舍要有卫生管理制度，实行室长负责制，规定一周内每天卫生值日名单并张贴上墙，做到天天有人打扫，保持室内窗明地净，通风良好。

②宿舍内各类物品应堆放整齐，不到处乱放，做到整齐美观。

③宿舍内保持清洁卫生，清扫出的垃圾倒在指定的垃圾站堆放，并及时清理。

④生活废水应有污水池，二楼以上也要有水源及水池，做到卫生区内无污水、无污物，废水不得乱倒乱流。

⑤夏季宿舍应有消暑和防蚊虫叮咬措施。冬季取暖炉的防煤气中毒设施必须齐全、有效，建立验收合格证制度，经验收合格发证后，方可使用。

⑥未经许可一律禁止使用电炉及其他用电加热器具。

（2）办公室卫生管理规定。

①办公室的卫生由办公室全体人员轮流值班，负责打扫，排出值班表。

②值班人员负责打扫卫生、打水，做好来访记录，整理文具。文具应摆放整齐，做到窗明地净，无蝇，无鼠。

③冬季负责取暖炉的看火，落地炉灰及时清扫，炉灰按指定地点堆放，定期清理外运，防止发生火灾。

④未经许可一律禁止使用电炉及其他电加热器具。

3. 食堂卫生管理

为加强建筑工地食堂管理，严防肠道传染病的发生，杜绝食物中毒，把住病从口入关，各单位要加强对食堂的治理整顿。

根据《食品卫生法》规定,依照食堂规模的大小,入伙人数的多少,应当有相应的食品原料处理、加工、贮存等场所及必要的上、下水等卫生设施。要做到防尘、防蝇,与污染源(污水沟、厕所、垃圾箱等)应保持30米以上的距离。食堂内每天做到清洗打扫,并保持内外环境的整洁。

(1)食品卫生。

①采购运输。

A. 采购外地食品应向供货单位索取县以上食品卫生监督机构开具的检验合格证或检验单,必要时可请当地食品卫生监督机构进行复验。

B. 采购食品使用的车辆、容器要清洁卫生,做到生熟分开,防尘、防蝇、防雨、防晒。

C. 不得采购制售腐败变质、霉变、生虫、有异味或《食品卫生法》规定禁止生产经营的食品。

②贮存、保管。

A. 根据《食品卫生法》的规定,食品不得接触有毒物、不洁物。建筑工程使用的防冻盐(亚硝酸钠)等有毒有害物质,各施工单位要设专人专库存放,严禁亚硝酸盐和食盐同仓共贮,要建立健全管理制度。

B. 贮存食品要隔墙、离地,注意做到通风、防潮、防虫、防鼠。食堂内必须设置合格的密封熟食间,有条件的单位应设冷藏设备。主副食品、原料、半成品、成品要分开存放。

C. 盛放酱油、盐等副食调料要做到容器物见本色,加盖存放,清洁卫生。

D. 禁止用铝制品、非食用性塑料制品盛放熟菜。

③制售过程的卫生。

A. 制作食品的原料要新鲜卫生,做到不用、不买腐败变质的食品,各种食品要烧熟煮透,以免食物中毒的发生。

B. 制售过程及刀、墩、案板、盆、碗、及其他盛器、筐、水池子、抹布和冰箱等工具严格做到生熟分开,售饭时要用工具销售直接入口食品。

C. 未经过卫生监督管理部门批准,工地食堂禁止供应生吃凉拌菜,以防止肠道传染疾病。剩饭、剩菜要回锅彻底加热再食用,一旦发现变质,不得食用。

D. 公用食具要洗净消毒,应有上下水洗手和餐具洗涤设备。

E. 使用的代价券必须每天消毒,防止交叉感染。

F. 盛放丢弃食物的桶(缸)必须有盖,并及时清运。

(2)炊管人员卫生。

①凡在岗位上的炊管人员,必须持有所在地区卫生防疫部门办理的健康证和岗位培训合格证,并且每天进行一次体检。

②凡患有痢疾、肝炎、伤寒、活动性肺结核、渗出性皮肤病以及其他有碍食品卫生的疾病,不得参加接触直接入口食品的制售及食品洗涤工作。

③民工炊管人员无健康证的不准上岗,否则予以经济处罚,责令关闭食堂,并追究有关领导的责任。

④炊管人员操作时必须穿戴好工作服、发帽,做到"三白"(白衣、白帽、白口罩),并保持清洁整齐,做到文明操作,不赤背,不光脚,禁止随地吐痰。

⑤炊管人员必须做好个人卫生,要坚持做到四勤(勤理发、勤洗澡、勤换衣、勤剪指甲)。

(3)集体食堂发放卫生许可证验收标准。

①新建、改建、扩建的集体食堂,在选址和设计时应符合卫生要求,远离有毒有害场所,30米内不得有露天坑式厕所、暴露垃圾堆(站)和粪堆畜圈等污染源。

②需有与进餐人数相适应的餐厅、制作间和原料库等辅助用房。餐厅和制作间(含库房)建筑面积比例一般应为1∶1.5。其地面和墙裙的建筑材料,要用具有防鼠、防潮和便于洗刷的水泥等。有条件的食堂,制作间灶台及其周围要镶嵌白瓷砖,炉灶应有通风排烟设备。

③制作间应分为主食间、副食间、烧火间,有条件的可开设生间、摘菜间、炒菜间、冷荤间、面点间。做到生与熟,原料与成品、半成品,食品与杂物、毒物(亚硝酸盐、农药、化肥等)严格分开。冷荤间应具备"五专"(专人、专室、专容器用具、专消毒、专冷藏)。

④主、副食应分开存放。易腐食品应有冷藏设备(冷藏库或冰箱)。

⑤食品加工机械、用具、炊具、容器应有防蝇、防尘设备。用具、容器和食用苫布(棉被)要有生、熟及正、反面标记,防止食品污染。

⑥采购运输要有专用食品容器及专用车。

⑦食堂应有相应的更衣、消毒、盥洗、采光、照明、通风和防蝇、防尘设备,以及通畅的上下水管道。

⑧餐厅设有洗碗池、残渣桶和洗手设备。

⑨公用餐具应有专用洗刷、消毒和存放设备。

⑩食堂炊管人员(包括合同工、临时工)必须按有关规定进行健康检查和卫生知识培训并取得健康合格证和培训证。

⑪具有健全的卫生管理制度。单位领导要负责食堂管理工作,并将提高食品卫生质量、预防食品中毒,列入岗位责任制的考核评奖条件中。

⑫集体食堂的经常性食品卫生检查工作,各单位要根据《食品卫生法》有关规定和本地颁发的《饮食行业(集体食堂)食品卫生管理标准和要求》及《建筑工地食堂卫生管理标准和要求》,进行管理检查。

(4)职工饮水卫生规定。施工现场应供应开水,饮水器具要卫生。夏季要确保施工现场的凉开水或清凉饮料供应,暑伏天可增加绿豆汤,防止中暑脱水现象发生。

4. 厕所卫生管理

(1)施工现场要按规定设置厕所,厕所的合理设置方案为:厕所的设置要离食堂30米以外,屋顶墙壁要严密,门窗齐全有效,便槽内必须铺设瓷砖。

(2)厕所要有专人管理,应有化粪池,严禁将粪便直接排入下水道或河流沟渠中,露天粪池必须加盖。

(3)厕所定期清扫制度:厕所设专人天天冲洗打扫,做到无积垢、垃圾及明显臭味,并应有洗手水源,市区工地厕所要有水冲设施保持厕所清洁卫生。

(4)厕所灭蝇蛆措施:厕所按规定采取冲水或加盖措施,定期打药或撒白灰粉,消灭蝇蛆。

13.3.4 项目现场安全色标管理

1. 安全色

安全色是表达信息含义的颜色,用来表示禁止、警告、指令、指示等,其作用在于使人们能迅速发现或分辨职业健康安全标志,提醒人们注意,预防事故发生。

①红色:表示禁止、停止、消防和危险的意思。

②蓝色:表示指令,必须遵守的规定。

③黄色:表示通行、安全和提供信息的意思。

2. 职业健康安全标志

职业健康安全标志是指在操作人员容易产生错误,有造成事故危险的场所,为了确保职业健康安全,所采取的一种标示。此标示由安全色、几何图形符合构成,是用以表达特定职业健康安全信息的特殊标示。设置职业健康安全标志的目的,是为了引起人们对不安全因素的注意,预防事故发生。

①禁止标志:是不准或制止人们的某种行为(图形为黑色,禁止符号与文字底色为红色)。

②警告标志:是使人们注意可能发生的危险(图形警告符号及字体为黑色,图形底色为黄色)。

③指令标志:是告诉人们必须遵守的意思(图形为白色,指令标志底色均为蓝色)。

④提示标志:是向人们提示目标的方向,用于消防提示(消防提示标志的底色为红色,文字、图形为白色)。

3. 项目现场安全色标数量及位置

项目现场安全色标数量及位置见表13-1。

表13-1 项目现场安全色标分布表

类别		数量	位置
禁止类 (红色)	禁止吸烟	8个	材料库房、成品库、油料堆放处、易燃易爆场所、材料场地、木工棚、施工现场、打字复印室
	禁止通行	7个	外架拆除、坑、沟、洞、槽、吊钩下方、危险部位
	禁止攀登 禁止跨越	6个 6个	外用电梯出口、通道口、马道出入口首层外架四面、栏杆、未验收的外架
指令类 (蓝色)	必须戴 安全帽	7个	外用电梯出入口、现场大门口、吊钩下方、危险部位、马道出入口、通道口、上下交叉作业
	必须系 安全带	5个	现场大门口、马道出入口、外用电梯出入口、高处作业场所、特种作业场所
	必须穿 防护服	5个	通道口、马道出入口、外用电梯出入口、电焊作业场所、油漆防水施工场所
	必须戴 防护眼 镜	12个	通道口、马道出入口、外用电梯出入、通道出入口、马道出入口、车工操作间、焊工操作场所、抹灰操作场所、机械喷漆场所、修理间、电镀车间、钢筋加工场所
警告类 (黄色)	当心弧光	1个	焊工操作场所
	当心塌方	2个	坑下作业场所、土方开挖
	机械伤人	6个	机械操作场所、电锯、电钻、电刨、钢筋加工现场、机械修理场所
提示类 (绿色)	安全状态 通行	5个	安全通道、行人车辆通道、外架施工层保护、人行通道、防护棚

13.4 工程环境影响后评价

根据《环境影响评价法》,在项目建设、运行过程中产生不符合经审批的环境影响评价文件的情形的,建设单位应当组织环境影响的后评价,采取改进措施,并报原环境影响评价文件审批部门和建设项目审批部门备案;原环境影响评价文件审批部门也可以责任建设单位进行环境影响的后评价,采取改进措施。

1. 建设项目环境影响后评价的概念与作用

建设项目环境影响后评价,就是对建设项目实施后的环境影响以及防范措施的有效性进行跟踪监测和验证性评价,并提出补救方案或措施,实现项目建设与环境相互协调的方法和制度。

实施建设项目环境影响后评价制度,一方面可以针对发现的问题进行分析,确定环境影响评价时的分析判断、评价技术路线和方法以及自然、社会、环境的背景调查是否正确,进行相应的评价并提高环境影响评价的有效性。另一方面,也能对环境影响评价机构的评价水平和评价结论进行验证,考核评价机构,改进评价机构的工作。

2. 建设项目环境影响后评价的主要内容

建设项目环境影响后评价是对原环境影响评价的验证和补充,也是项目环境管理反馈的必要的信息。因此,在实际工作中,建设项目环境影响的后评价主要包括两个方面:一方面是针对环境影响评价的主要内容,即环境影响评价文件中所涉及的主要专题,如工程分析、大气环境、水环境、声环境、生态等进行后评价,并针对原环境影响评价中存在的主要问题,如重要错误和漏项等提出建议,对建设项目的环境可行性作出切合实际的评价。另一方面是评估建设项目污染防治措施的有效性,提出补救方案或措施。

进行环境影响后评价时应选择与环境影响评价时相类似的气象、水文等条件,以利于事后调查和保证评价的精度和可比较性。对难以估计环境影响的大型建设项目,通过事后评价有利于控制其对环境所造成的负面影响,预防其对环境所造成污染和破坏。

具体而言,建设项目环境影响后评价的主要内容包括:

(1)环评报告及环保设施竣工验收回顾。

(2)工程分析的后评价。它包括工程的厂址位置、生产规模、生产工艺、产品方案、原材料来源及消耗、运行时数等基本情况,环境影响的来源、影响的方式及影响的强度等。

(3)环境现状、区域污染源及评价区域环境质量后评价。

(4)环境影响报告书选择的环境要素后评价。

(5)环境影响预测的后评价。一般情况下,可选择重要且计算方法成熟的评价要素(如水环境、大气环境、声环境等)进行后评价。

(6)污染防治措施有效性的后评价。它包括环境影响报告书规定的环境保护措施是否合理、适用、有效,能否满足达标排放、污染物排放总量控制等要求,工程实际采纳状况等,了解和验收工程环保设施的设计、建设、运行管理和维护制度,环保设施达到了的精华效果、运转率及运载负荷的状况,环评报告书环保投资费用效益分析与实际投入水平的对比等。

(7)公众意见调查。这是公众参与制度在后评价工作中的重要体现。

(8)环境管理与监测后评价。它包括环境影响报告书中规定的监测时段、采样频率及采样方法是否按国家有关技术规范执行,分析方法是否采用环境标准中相应的分析方法,所得数据是否具有代表性、准确性、精密性和完整性,管理措施是否可行等。

(9)后评价结论。后评价之后,要求做成环境影响评价文件,文件中参数及数据应详尽,环保措施要具体、有可操作性,结论要明确。

13.5　案例：怒江水电开发

　　2013 年 1 月 23 日，国务院办公厅公布《能源发展"十二五"规划》称，我国在"十二五"将积极发展水电，其中，怒江水电基地建设赫然在列，其中重点开工建设怒江松塔水电站，深入论证、有序启动怒江干流六库、马吉、亚碧罗、赛格等项目。此次规划的明确，意味着怒江水电开发的重启。此前，因是否会破坏"原生态环境"等争论，怒江水电开发进度已延宕近十年，怒江亦被外界称为中国乃至世界水利开发主要受阻于环保因素的一个罕见案例。近五年内，云南已"三答怒江开发问题"。2009 年、2011 年、2012 年两会期间，都有云南省高层公开表示，怒江水电开发必须处理好流域、生态环境、当地民众等问题；"怒江水电开发现在没动，一个项目都没动"。2013 年 1 月 27 日，怒江州委书记段跃庆更是在云南省"两会"上疾呼，希望在省级层面加大统筹协调力度、整合资源，推进怒江干流开发。据知情者透露，怒江当地政府每年都会组队到北京游说，获取国家有关部门对怒江水电站开发的支持。而近两年来，每年都和怒江水电开发主体——云南华电怒江开发有限公司多次召开怒江干流水电开发前期工作推进座谈会。如今，怒江开发"复活"已成定局，但移民、生态、地质等随之而来的一系列问题，依然是其难以绕开的几道坎。可以预见的是，有关怒江水电发展与保护的争论仍会继续。

　　发源于西藏高原唐古拉山的怒江，流经西藏、云南，进入缅甸，最后汇入印度洋。它在中国境内全长 2018 公里。这条有东方大峡谷之称的河流，是联合国确认的世界文化遗产，也是我国仅有的两条没有修建大型水坝的河流之一（另一条是雅鲁藏布江）。然而，怒江的平静，在十年前开始被打破。2003 年 8 月，国家发改委主持评审通过了由云南省完成的《怒江中下游水电规划报告》。该报告规划以松塔和马吉为龙头水库，丙中洛、鹿马登、福贡、碧江、亚碧罗、泸水、六库、石头寨、赛格、岩桑树和光坡等梯级组成的"两库十三级"开发方案，全梯级总装机容量可达 2132 万千瓦，比三峡大坝的装机容量还要多 300 万千瓦。该规划报告一出，就遭到强烈反对。参加会议的原环保总局代表不予签字，他们认为，怒江是除雅鲁藏布江外唯一相对完整的生态江河，建议作为一个原生环境的对照点和参照系予以保留，不予开发。2003 年 9 月 3 日，原国家环保总局主持召开座谈会，列举出多种反对怒江建坝理由："三江并流"于 2003 年被联合国列入世界自然遗产名录，在该地区进行水电开发和梯级电站建设与世界自然遗产保护的宗旨不相符；怒江峡谷景观壮美，对有可能破坏怒江峡谷景观生态自然性与完整性的开发建设活动要慎重决策；当地物种与文化传统需要维护。绿家园、自然之友等环保组织亦开展一系列宣讲活动，强调三江并流地区面积不到国土面积的 0.4%，却拥有全国 25% 以上的高等植物和动物，有 77 种国家级保护动物，是世界级的物种基因库。2003 年 9 月 29 日，云南省环保局召开研讨会，对以上质疑进行回应：怒江水电开发对植物物种影响较小、不存在对原生植被的影响；怒江水电开发不会导致陆生脊椎动物物种灭绝，而水域面积增大，会为水域栖息种类创造更为有利的条件；三江并流怒江片区的核心区域在海拔 2500 米以上，但怒江水电开发规划最高程为 1570 米，因此不会对其产生大的影响。针对环保人士"保存中国最后一条自然流淌河流"的主张，云南省官方给出解释：因怒江干流上游已于 20 世纪 90 年代建成两座水电站大坝，怒江已经不再是自然流淌的河流。2004 年 2 月，从怒江丙中洛到贡山的路上，绿家园负责人汪永晨接到北京志愿者的一个电话，然后掩面大哭——原来，国务院总理温家宝在国家发改委报送的《怒江中下游流域水电规划报告》上批示："对这类引起社会高度关注，且有环保方面不同意见的大型水电工程，应慎重研究、科学决策。"

　　然而,数年来,有关怒江水电开发的争论一直不断。在 2008 年国家公务员考试中,"怒江建水电站的争议"甚至成为申论的重要试题。2011 年 2 月,四位地质界专家以联名信方式上书国务院领导,从地质研究的角度反对怒江水电开发,再次引发公众关注。四位专家是中国地震局地质研究所研究员徐道一,核工业北京地质研究院研究员孙文鹏,中国科学院地质与地球物理研究所研究员朱铭,中国地质大学教授李东旭。他们在联名信上直陈,"怒江处于活动断裂带、地震频发,身处泥石流重灾区,却多暴雨","在地震、地质上有特殊的高风险,不应建设大型水电站"。这封联名信将怒江水电开发讨论首次从以往的生态问题延续到了地质问题上。随后发生的日本大地震,让中央高层十分重视这些老专家的意见。环保NGO"云南大众流域"负责人于晓刚向时代周报透露,温家宝总理要求有关部门深入研究、论证怒江的地质与地震风险。针对怒江水电站的地震风险,2011 年 3 月 6 日,中国水力发电工程学会、中国大坝委员会组织召开了研讨会,发出了另一种地质意见。中国地震局地质研究所副所长徐锡伟表示,"水电站坝址若处于断裂带上,一旦地震,的确无坚不摧。但实际操作中,只要不让坝址区跨断层、提高设防烈度,水电开发依然是安全的。"水电水利规划设计总院会同中国地震局地震预测研究所通过研究认为:怒江中下游流域历史上地震少、震级小;就西南地区复杂的地震环境而言,怒江流域(中下游)仍属区域构造相对稳定的地区。地震专家虢顺民在怒江区域工作多年,在云南西部做过一二十个水电站的地震安全性评价,并参与怒江水电开发安评工作。他表示,怒江断裂带并不都在怒江上,而规划中的全部电站大坝都避开了怒江断裂带。另一位老地震专家蒋溥也同意虢顺民的判断:"从目前我们所掌握的资料看,怒江并不存在和汶川地震、龙门山断裂那种环境。"前述四位老专家在联名信中提出,怒江水电开发的危险还存在于泥石流灾害,"怒江地区是潜在灾害组合类型及致灾危险性大的地区"。中国水力发电工程学会副秘书长张博庭对此回应,怒江地区山高水急,河水长期冲击河谷,造成河床不断下切,导致周围的岸坡不断地坍塌变形。但水电工程修建之后,将把江水切割岸坡的能量利用起来发电,减少江水对河谷的急速深切,使河流发育趋于缓慢、稳定,最终会减少地质灾害的发生。

　　尽管外界争论不休,怒江地方政府数年来却一直难以遏制开发怒江水电的冲动——贫困的压力已超过了环保的压力。怒江是全国唯一的傈僳族自治州,总人口 50 万。该州 98% 以上的面积是高山峡谷,76% 的耕地位于 25°以上的坡度,垦殖系数不足 4%,全州 58.3% 的区域面积属自然保护区,人地矛盾十分突出,滑坡泥石流自然灾害频发,生存和发展空间严重不足。"因为社会发展程度低、劳动者素质不高、经济基础薄弱,再加上欠投入、欠开发等因素,至今还徘徊在贫困线上。"怒江州委书记段跃庆说,目前怒江全州的贫困人口发生率达 71.1%,是全国最贫困的地区之一。所辖 4 县(泸水、兰坪、福贡、贡山)无一例外地藏着"国家扶贫开发重点县"的帽子。但怒江又是我国资源最富集的地区之一。这里有世界级的水资源。水资源占云南省总量的 47%,可开发装机容量达 4200 万千瓦,为全国六大水电基地之一。怒江号称中国第五大河流,仅在其中下游水电开发装机容量就可达 2000 多万千瓦。除此之外,怒江还拥有世界级的矿产资源,目前已探明的有锌、铅、锡、金、钨等 28 种矿产,294 个矿床(点),仅兰坪金顶凤凰山 3.2 平方公里的范围内就蕴藏着铅锌矿 1432 万吨,潜在经济价值高达 1000 亿元以上,是我国目前已探明储量最大的铅锌矿床。2007 年年初,怒江州提出"矿电经济强州"战略:构建国家级水电基地、国家级有色金属基地。其中水电被当地主政者视为是发展最快最见效者。在怒江前州长邱三益看来,水能是怒江最大的资源,非常丰富,而且是可再生资源,"对于怒江这样边远落后的少数民族地区,只有'靠山吃山,靠水吃水'"。"优先的选择,是大力开发怒江的水电资源。"这是中科院院士何祚庥深入怒江考察后的感叹。何认为,怒江水电开发,可以改善当地的贫困环境,可以发展经济,更好地保护怒江的生态环境。按照最初的设想和水电开发的设计方案,怒江的13级电站年发电量可达1029.6亿千瓦时。经测算,电站建成后,发电产值将达360亿元,每年可上交国家利税80亿元,地方的财政收入将增加27亿元。同时,电站建设的工程投资约需1000亿元,电站的建设将扩大就业,带动当地建材、交通等二、三产业的发展,带动地方GDP的增长。"怒江水电开发已成为我们官方决策会议最重要的议题之一。我们一直强调倾全州人民之力,争取项目尽快上马。"怒江州一名官员说。2008年3月,国家发改委发布的《可再生能源发展"十一五"规划》明确表示,"十一五"期间将开发怒江六库、赛格水电站。后受制环保争议,至今未获环保部门批准。但从2003年起,整个怒江中下游流域电站建设前期工作一直未停止。2008年,六库水电站在国家尚未正式核准的情况下竟悄然动工,并以建设社会主义新农村为名,对上游的村庄进行了移民。如今,六库电站的工地大门紧闭,早已停工,但作为建设主坝的基础工程围堰已经修好。

事实上,2010年3月,怒江州给国家发改委的《关于怒江发展问题研究工作情况报告》明确表明,希望国家尽快批准怒江中下游水电规划"一库四级"优先开发方案,正式核准六库电站。2010年6月24—26日,耗时八年编制完成的《怒江流域综合规划报告》,在北京通过了水利部主持的审查。2011年1月底,国家能源局新能源与可再生能源司副司长史立山表示,关于怒江开发建设的前期论证,特别是设计、研究一直在做,到底怎么推进目前虽无准确、成型的说法,但一定会开发怒江。这是国家能源局首次就怒江开发明确表态。2013年1月23日,国务院办公厅公布《能源发展"十二五"规划》。该规划表示,我国在"十二五"将积极发展水电,全面推进金沙江中下游、澜沧江中下游、雅砻江、大渡河、黄河上游、雅鲁藏布江中游水电基地建设,有序启动金沙江上游、澜沧江上游、怒江水电基地建设。以上规划明确表示,在怒江流域开发中"十二五"将重点开工建设松塔水电站,深入论证、有序启动怒江干流六库、马吉、亚碧罗、赛格等项目。资料显示,由大唐集团负责兴建运营的松塔电站位于滇、藏省(区)界上游约7公里的西藏境内,是怒江中下游水电规划的第一个梯级电站,也是怒江中下游梯级规划的龙头水库之一。"这次国家规划基本等于大方向明确了,但后续还有许多工作要做。"华能集团内部人士说,比如规划提出要创新移民安置和生态补偿机制,这些都需要在下一步工作中落实。作为怒江流域水电开发主体,云南华电怒江水电开发公司已成立了六库水电站筹建处、赛格水电站筹建处、亚碧罗水电站筹建处、六丙公路建设公司等4个下属单位。目前,六库、赛格、亚碧罗、马吉四个电站和流域开发的主要配套工程已开展相关前期和筹建工作。目前,华电怒江公司正在进行六库—丙中洛二级公路的施工。这条公路全长292公里,总投资150亿元,是怒江水电开发进场公路的一部分,该项目一期工程(六库至跃进桥段)拟在2014年建成通车。华电怒江公司内部人士称,旗下规划中的四大电站何时开工,内部并无具体时间,得看国家的核准,但"六库电站肯定最先动工"。

怒江水电开发几乎已成定局,云南省能源局却仍然谨言慎行。针对怒江开发"复活"一事,该局综合处一位官员接受时代周报采访表示"省里很重视,但也很谨慎"。他坦承:"毕竟规划是规划,但要实施起来还是困难重重,有关环保的舆论压力太大。"质疑声已然响起。云南大众流域负责人于晓刚觉得《能源发展"十二五"规划》重启怒江开发"非常唐突":"这是想在全国两会前赶紧抛出来,作一个定局。这个规划没有征求公众意见,违背了信息公开的有关法律法规。"于晓刚称,他将联合国内的环保NGO在2月中下旬作相关调研,"深入了解此次怒江开发解禁的背景,背后有何力量在推动,然后再进行呼吁和提出质疑"。著名水资源保护专家翁立达并不反对开发怒江,但他表示:"如何合理、适度、科学地开发,是一个特别慎重的问题。目前在环评、地灾论证等基础工作方面,我们做得很不扎实。"

案例讨论

1. 如何看待怒江水电开发各利益主体的诉求?

2. 从工程环境评价与管理的角度来看,怒江水电开发工程需要重点从哪些方面推进?

思考题

1. 工程环境管理包括的主要内容有哪些?

2. 工程环境评价的主要内容包括哪些? 具体步骤与方法是什么?

3. 工程现场环境管理的主要内容包括哪些?

第14章
工程项目物流管理

14.1 工程项目物流系统管理

工程的供应链与物流管理的产生是由于工程项目在立项、准备和实施过程中的特殊性和复杂性所致。尽管工程项目的物流管理与工程项目管理和物流管理的发展具有紧密的联系，但是由于其特定的对象范围——工程项目的一系列特征，诸如工程项目的规模大、投资高、周期长，以及最终产品或服务的固定性和唯一性、影响因素以及参与方众多等，都使得其相应的供应链与物流管理具有其特定的内容。随着时代的进步和社会的发展，现代物流业对于国民经济的支撑保障作用日益显著，科学化的物流管理逐渐成为加快企业改革和保持效益增长的重要驱动力，工程项目中的供应链和物流管理已经受到了越来越多的关注和重视。

14.2 工程项目物流系统的概念及特点

根据工程项目管理的理论研究和实践活动，可以看出，由于工程建设项目在计划、组织、实施和控制的过程中，涉及大量的物资、资金、信息和人员，这不仅包括工程项目建设中所需要物资的采购、分类和仓储外，还存在着所需用物资的分拨、配送和运输。一般来讲，在大型的工程建设项目中，由于涉及的物资和设备种类多、数量大，其供应链与物流的管理也就相对庞杂繁琐，这就需要运用科学系统的物流管理。根据国内学者的观点，工程项目物流管理的概念始于工程管理学的实践发展中，把其中的一些主要因素划分为物资流、技术流、资金流和人力流等。工程项目的供应链与物流管理是指在工程项目的实施过程中，综合运用系统工程的思想和理论，结合现代物流管理的技术和方法，对于工程建设项目所需物资和设备进行科学与系统的规划、组织和安排，主要包括物资和设备的计划、采购、运输、供给、回收以及质量控制的整个过程。

▶ 14.2.1 工程项目物流系统概念

根据中华人民共和国国家标准《物流术语》的定义，物流是指物品从供给地向接收地的实体流动过程，并根据实际需要，将运输、储存、装卸、搬运、包装、流通加工、配送、信息处理等基本功能实施的有机结合。一般来讲，物流中的"物"通常不会改变其物理属性，例如尺寸、形状和性质等。因此，具体的物流活动与施工生产活动不一样，不会创造"物"的实际效用。但是，由于物流能够改变"物品"从供给方到需求方之间在时间和空间上的差距，创造了时间价值和空间价值，推动社会经济活动的顺利进行。

著名科学家钱学森对系统（system）是这样描述的："系统是由相互作用而又相互依赖的若干组成部分结合的具有特定功能的有机整体。"这是目前较为公认的定义。因此，物流系统就是指物流活动所需的设施、设备等物质要素,政策、制度、管理等支撑要素以及运输、仓储、配送等功能要素相互联系、相互制约的有机整体。

综上所述,结合工程项目的特征、工程管理的实践、系统工程的思想和现代物流的观点,我们认为,工程项目的物流系统是指为了以最低的物流成本达到工程项目建设所需的服务要求,在工程项目的实施过程中,由与物流活动相关的物资、设施(设备)、资金、信息和人力等相互联系、相互制约的动态要素所构成的,以实现工程项目的时间效益和空间效益为目的,保障工程建设项目顺利进行的有机整体,对相关的物流活动进行系统的计划、组织、协调、实施和控制的过程。

➢ 14.2.2　工程项目物流系统特点

工程项目物流系统是一种集成的、一体化的、系统的管理,是对整个工程建设项目所需用物料物资、设施设备、信息以及生产性服务的系统安排,不仅包括工程项目的物资流通,还包括工程项目的物资储运,是工程项目建设过程中各物流功能要素包括计划、采购、运输、配送、包装、流通加工以及物流信息服务的有机整合,最终实现以尽可能低的成本为工程项目提供最好的物流服务。

一般来讲,工程项目物流系统中所涉及的工程项目,主要是一个特定的具有独立设计文件和通过立项审批程序的、在建成后能够独立发挥相关设计文件所规定的生产能力或经济效益的综合体。为完成这一综合体,其构建的物流系统具有如下的主要特点:

1. 个性化

由于工程项目在实施的过程中,受地质、地形、水文、气候和生态等自然条件的限制,同时还受到地域文化、风俗、民族习惯等社会因素的影响。这些影响因素都将导致工程项目的需求不同,同时也决定了工程项目在不同地区、不同条件下存在着差异化和多样性,从而导致了工程项目在最终生产的单向性以及对于工程项目建筑材料、设施设备和生产服务的个性化需求,由此也就带来了工程项目物流系统的个性化和差异化的服务理念。

2. 特殊化

一般来讲,工程建设项目的投资规模大、成本高,完成后的产成品的外在形态都比较大,需要占据相当大的空间。随着现代社会经济的发展和人们生产与生活水平的提高,工程项目的建设与建筑标准也在提高,工程项目的建设规模不断扩大,这也就在客观上造成了某些工程项目所需的建筑材料和设备的大件性以及服务需求的多样性,最终导致工程项目建设中对于建筑材料的采购、储运和配送以及相关物流服务提供的特殊性需求,由此也就形成了工程项目物流系统中对于相关物流生产活动的特殊化。

3. 专业化

由于社会化分工导致了专业化生产,工程项目物流系统是有别于一般的制造业和商贸业的物流系统和物流管理。一般而言,物流中的“物”是不改变其物理属性(包括尺寸、形状和性质等),但是工程项目物流系统中也有例外,例如在工程项目建设施工的工地上,混凝土现场供应往往利用了混凝土搅拌车将沙石、水泥和水等进行了适当的配比和搅拌,在运输过程中完成某些工程项目建筑材料的实体变化,这就需要将工程项目的物流系统区别于一般意义上的物流系统,进行专业化的管理。

工程项目物流系统的专业化包括两个方面的内容:一方面是服务功能或内容的专业化,即提供简单、功能专一的物流服务管理;另一方面是工程项目物流管理对象的针对性和专业化。

4. 社会化

为了改善和提高在工程项目建设中所涉及的物流系统的个性化、特殊化和专业化所带来的效率问题,工程项目物流系统对于个性化管理中具有共性的方面,也可以适当地进行转移和外包,从而依靠第三方物流来提高工程项目物流管理的效率和效益。这在一定程度上,推动了工程项目物流系统的社会化,以优化工程项目的供应链与物流管理。

5. 复杂性

由于工程项目物流系统的运行对象是处于工程项目建设中的物资、资金、信息和人力,这些因素的多变性也增加了物流系统的复杂性。由于工程建设项目涉及的物品种类繁多、参与方众多、物资占用大量资金、大量信息的流动等,所有这些人力、物力和财力资源的组合和优化配置,将是一个非常复杂的问题。特别是在工程项目建设中,始终贯穿着大量的物流信息,如何把这些信息收集好、处理好并为项目建设所服务,也是一个非常复杂的问题。

6. 动态性

工程项目的物流系统一般联系着许多的参与方,包括工程项目的委托方、施工方、监管方,以及建筑材料的供给方、采购方等,随着工程项目的建设的有序推进和实施,物流系统内各要素以及系统的运行也在常常变化。由于社会需求和生产服务等环境条件是在不断变化的,工程项目的物流系统也应当是一个灵活的、可变的、具有环境适应能力的动态系统。当外界条件发生重大变化时,物流系统甚至需要进行重新的规划和设计。

▷ 14.2.3 不同类型工程项目的物流系统运行比较分析

工程建设项目是以形成固定资产为目的的投资建设过程。这里以土木工程建设项目为例,工程项目消耗的建筑材料主要包括钢筋、水泥、木料、砖瓦沙石等。这些建筑材料体积大、质量重,需要使用大型的物流设施或设备,并占用较多的场地空间。由于工程建设项目具有单体性、时间性和一次性的特点,产品的形成属单件生产方式,因此为工程建设项目提供的物流服务也具有特殊性,如服务数量的不稳定性、服务地点的变动性、服务方式的灵活性。大型工程建设项目受影响的因素繁多而复杂,特别是受经济环境因素的影响难以预料,因而对材料消耗计划很难做到准确,这就要求强化施工过程中对材料供应的控制。根据相关的研究统计,工程建设项目的投资一般都比较大,特别是大型工程建设项目,通常是投资在数亿元以上或者更大。一般认为,工程建设项目中建筑材料和设备成本占工程项目造价的 60%～70%,而其中物流费用占材料成本的 17% 左右(一般以钢材和水泥测算,钢材水泥比为 1:3)。也就是说,物流费用约占工程项目总造价的 11%。不仅物流费用在工程项目的造价中占有很高的比重,而且物流效率的高低还会影响材料占用资金的数量和施工效率。低效率的物流活动,或者使材料库存过大,浪费资金,或者使库存不足造成停工待料。这些都会增大工程建设项目的成本,甚至不能按期完成项目建设。因此,加强工程建设项目中的材料供应管理,通过降低材料消耗、节约材料供应过程中的物流成本,对于降低工程项目的造价至关重要。

在计划经济时代,我国工程建设项目的主要材料供应是严格受国家计划控制的,供应渠道一般是由专业物资公司按计划供应给建设单位,建设单位再供应给施工单位。当时情况下,各个主体为了有效控制属于自己的物资,通常商流与物流是不分离的,因而物流成本比较高。随着我国社会主义市场经济体制的形成和逐步完善,工程建设项目中的材料受国家计划控制的程度越来越低,建设单位和施工方自行采购材料及选择供货厂商的自主权越来越大,现在与材料供应密切相关的物流模式变得多样化起来。这里主要就业主供材制、业主招标—施工方承包供材物流、业主招标束—商家供材兼营物流模式、业主招标—厂家供材第三方物流模式以及工程总承包模式下的物流模式等典型模式进行系统的分析与比较。

1. 业主供材制物流模式

业主供材制物流模式,是指由工程建设项目的业主通过计划、采购、检验、仓储、配送和物流过程的监控等业务活动,将工程项目所需要的主要物资供应给施工单位。为了避免由于材料价格波动造成与施工单位之间的矛盾,业主在进行施工单位招标和签订合同时明确规定了向施工单位供应材料的基础价格,施工单位按基础价格进行投标报价和施工领料结算。实行业主供材制的单位,必须在其内部设立物资部门,配置必要的物流设施,如仓库、运输车辆、加工设备等。物资部门既是业主的物资供应管理部门,也是供应物流运作的实施机构。除进货运输作业可由供货单位或由其委托运输公司承担外,其他物流作业基本都由物资部门完成。我国大型水利工程——三峡工程——就属于这一模式。这种模式带有明显计划经济的特点。由于大型工程建设项目的业主建设一个项目往往是一次性的,为了这一次建设,需要设立专门的物资部门、配置专用物流设施,工程结束后人员需要重新安排、设施需要处置,从而增大物流成本。业主与施工方在采购供应方面的协调成本也比较高。而且,这种一次性的部门,是一种非专业化的机构进行专业管理,经验远不如专业的物流企业,因而管理效率低。不过,在我国市场机制还不健全的情况下,这种模式对保证工程质量和工程进度还是比较有效的。

2. 业主招标—施工方承包供材物流模式

业主招标—施工方承包供材物流模式,是指材料供应厂家和价格由业主招标确定,施工方根据业主确定的供应厂家和价格组织进货并承担物流作业;业主根据施工方的进货数量和进货时间向供货厂家支付货款,并定期从施工方的工程款中抵扣,同时收取一定的管理费。显然,采取这种物流模式时,业主控制供货厂家从而保证了材料质量,同时也从材料价格的角度控制了材料成本,但把材料消耗量和物流费用的风险转移给了施工方。这是我国工程建设项目中采用得较多的一种物流管理模式。这种模式是对前一种模式的改进,它避免了业主设立物资部门造成浪费和承担风险,在一定程度上解决了物流效率不高和降低协调成本的问题。但是,大型工程建设项目的施工单位多,势必造成物流作业分散,规模效益差;我国施工单位的主营业务仅仅是工程施工,对施工现场的物流作业有一定的作业管理能力,但从全局和全过程考虑物流合理化就显得不足。

3. 业主招标—商家供材兼营物流模式

业主招标—商家供材兼营物流模式,是指由业主招标选择材料供应商和确定价格,供应商从材料生产厂家购进材料并兼营物流业务,然后根据工程项目的进度要求,按时、按品种、保质、保量将材料配送到指定的施工现场。这种模式只是将物流服务从施工方转移到了供应商,而且供应商不是材料生产厂家,而是以提供商流服务为目的,从购销差价中获取收益的材料经销商。这种模式实际是增加了一个商流环节。大型工程建设项目的材料供应都是大批量的，应该直接从生产厂家进货，如果增加一个商流环节，必然会增大材料供应成本。而且，增加这一环节使供应链拉长，对保证质量和及时供货都是不利的。

4. 业主招标—厂家供材第三方物流模式

业主招标—厂家供材第三方物流模式，是指由业主招标选择材料生产厂家和确定材料价格，物流业务委托给第三方物流企业或由生产厂家委托给方第三方物流企业（物流服务商）。后一种情况中，生产厂家在投标时应向业主提供与第三方物流企业签订的委托协议。物流企业根据工程项目的进度要求，按时、按品种、保质、保量将材料配送到指定的施工现场。这种模式减少了商流中间环节，利用了专业化的物流企业，商流和物流成本都会优于前面三种模式。但是，如果第三方物流企业直接由业主委托，则业主需要协调施工方、材料供应厂家和物流服务商三方，协调工作量大。如果第三方物流企业由材料厂家委托，业主只需协调两方即可。所以后者的优势更大。

5. 工程总承包物流模式

工程总承包方式下的物流模式，是指业主将工程项目的设计、采购、施工、试运行任务以固定总价形式，全部承包给一家有工程总承包能力的承包商，由总承包商对工程项目的进度、费用、质量、安全进行管理和控制，并按合同约定完成工程的一种承发包方式。

工程总承包根据其承包的内容不同，可以分为设计采购施工总承包（engineering procurement construction，EPC）、交钥匙总承包（lump sum turn key，LSTK）、设计采购施工管理承包（engineering procurement construction management，EPCm）、设计采购施工监理承包（engineering procurement construction superintendence，EPCs）、设计采购承包和施工咨询（engineering procurement construction advisory，EPCa）等多种形式。可见，工程总承包的各种形式中都包含了采购承包的内容。

在工程总承包方式下，通常是由总承包商完成工程的总体设计，总承包商可以将局部设计或其他建设环节分包出去。所有分包出去的工作都由总承包商对业主负责，分包商不与业主直接签订合同。工程总承包商对承包项目实行项目管理制，工程管理中具有典型的项目管理制的组织结构。一般来讲，总承包商对工程物资的管理，只是承担了物资的招标采购和物流运行的监控，而对具体的物流作业则交给了供应商或分包给了专业的物流服务商。从纵向分包的优势考虑，应该交给供应商。大型工程建设项目的材料供应商一般都是材料生产厂家，这些厂家通常不具备承担大量物流服务的能力，他们会将物流业务委托给专业物流服务商。所以，无论总承包商将物流作业委托给供应商还是专业物流服务商，最终承担物流作业的还是专业物流服务商，即第三方物流模式。

目前，在国际工程项目承包模式中，工程项目总承包模式是普遍采用的。由于项目总承包商在材料物资的招标、采购、选型、匹配、供需协调等方面的集成优势和规模优势，实行"工程总承包商＋生产厂家＋第三方物流企业"模式可以给工程建设项目的实施带来增值效益。因此，这种物流模式在国际工程项目中已经得到越来越广泛应用。

综上所述，工程建设项目供应物流的几种典型模式都有其自身的优点与缺点，它们的优缺点比较如表 14-1 所示。

表 14-1　工程建设项目供应物流的几种典型模式的优缺点比较

物流模式	优点/缺点
业主供材制	优点： 　　1. 业主供材对保证工程质量和进度还是比较有效的 　　2. 由业主集中供材,在大型建设项目中,往往由于材料需求量的规模效应而获得较低的价格 缺点： 　　1. 建设项目、特别是大型建设项目的业主班子往往是临时组建的,项目结束后就解散了,是一次性、临时性的项目组织,因此是一种非专业化的机构进行专业管理,管理效率低下,经验远不如专业的物流企业 　　2. 为了工程项目的建设,需要设立专门的物资部门、配置专用物流设施,而项目完工后又需要处理设施,人员需要重新安置,因此,这种模式大大增加了物流成本 　　3. 业主需要协调与材料供应商、承包单位在材料采购供应方面的关系,协调成本比较高
业主招标—施工方承包供材物流	优点： 　　1. 这是对业主供材制模式的改进,避免了业主设置物资部门造成浪费和承担风险,在一定程度上解决了物流效率不高和降低协调成本的问题 　　2. 采取这种物流模式时,业主控制供货厂家从而保证了材料质量 　　3. 业主控制材料价格,就从材料成本的角度控制了工程建设成本 　　4. 这种模式把材料消耗量和物流费用的风险转移给了承包单位 缺点： 　　1. 大型工程建设项目的承包单位众多,势必造成物流作业分散,规模效益差 　　2. 承包单位主营业务是工程施工,对现场的物流作业有一定的作业管理能力,但从材料供应的全局和全过程角度考虑物流合理化就显得不足 　　3. 在组织大型建设项目的物流方面,承包单位的物流设施明显不足
业主招标—商家供材兼营物流模式	优点： 　　这一模式的优点和业主招标—施工方承包供材物流模式基本相同。 缺点： 　　1. 这种模式只是将物流服务从承包单位转移到了供应商。由于供应商不是材料生产厂家,而是以提供商流服务为目的,从购销差价中获取收益,因此增加了一个商流环节 　　2. 这种模式由于增加商流环节使供应链拉长,对保证质量和及时供货可能存在不利 　　3. 大型工程建设项目的材料供应都是大批量的,增加一个商流环节,往往会增大材料供应成本。如果能直接从生产厂家进货,减少商流环节,可以节约材料供应成本
业主招标—厂家供材第三方物流模式	优点： 　　这一模式除了具有上述两种模式的优点之外,还具有如下的优点： 　　1. 减少了商流中间环节,利用了专业化的物流企业,商流和物流成本都会优于前面三种模式 　　2. 如果第三方物流企业由材料厂家委托,业主只需协调承包单位和材料供应厂家两方即可,协调工作简单 　　3. 可以充分发挥第三方物流企业的专业化服务优势,降低物流成本 缺点： 　　如果第三方物流企业直接由业主委托,则业主需要协调承包单位、材料供应厂家和物流服务企业三方之间的关系,协调工作最大

物流模式	优点/缺点
工程总承包模式下的物流模式	优点： 这一模式除了具有第四种模式的优点之外,还具有如下的优点： 1. 由于业主把材料的采购权委托给了总承包单位,可以精简业主在材料采购方面的组织机构和人员,集中精力控制材料采购的总成本和工程建设总成本,因此,可以降低业主的建设管理成本,提高业主对工程建设的管理效率 2. 可以充分发挥总承包商在材料采购方面的丰富经验,可以降低材料采购成本,选择合理的工程材料 3. 可以充分发挥总承包商在协调工程进度、众多分包商的物资需求、现场物资的堆放与物资供应方面的丰富经验 4. 可以充分发挥第三物流企业的专业化服务优势,降低物流成本 缺点： 1. 如果总承包商对于物资的源头质量不能有效地控制,将会对整个项目带来潜在的质量风险 2. 由总承包商委托的第三方物流服务商提供物流服务,与施工单位及供应商的协调管理难度较大

14.3 工程项目物流系统规划与组织管理

工程项目物流管理是根据工程项目建设的实际需要,遵循物料实体资料的流动规律,应用系统工程的基本原理和方法,对工程建设过程中的物流活动进行计划、组织、指挥、协调、控制和监管,使得各项物流活动实现资源的优化配置和有机整合,通过降低工程建设的物流费用,达到客户满意的服务水平,并通过满足工程项目需求来提高经济效益和社会效益的全过程。

从基本过程、组成要素和管理职能来看,工程项目物流管理的主要内容应当包括以下三个部分：

(1)对工程项目物流活动过程各个要素的管理,包括物资的采购、运输、仓储等实体环节的管理。

(2)对工程项目物流各个活动过程中各要素的管理,即对其中的物资、设施设备、资金、信息、人员和技术等要素的管理。

(3)对工程项目物流活动中具有职能实施的管理,主要包括物流系统的规划、组织、实施和控制等基本职能的管理。

从工程项目的角度来看,工程项目建筑材料、设备及其他商品在时间和空间上的位移所形成的物流主要包括工程项目社会物流和工程项目企业物流。工程项目社会物流,是工程项目外部物流活动的总称。如规划设计部门、工程项目投资审批机关、材料设备供应部门、资金融通部门、工程项目投资商或开发商以及施工企业等单位之间有关物质商品和劳务的流动。工程项目企业物流是工程项目内部物流活动的总称。为了推动工程项目建设顺利进行,工程项目开发商内部需要成立一套相应的管理机构,涉及工程项目施工现场管理、工程项目价款结算与成本核算以及人员管理等;同样,在工程项目施工企业内部,也有一套相应的机构,涉及工程项目建设的技术、质量、成本、进度等方面的管理。工程项目的社会物流主要包括第三方物流、国际物流和应急物流,内部物流主要涉及采购物流、配送物流、仓储物流、生产物流和逆向物流等。综上所述,本书认为,工程项目物流管理的主要内容如图14-1所示。

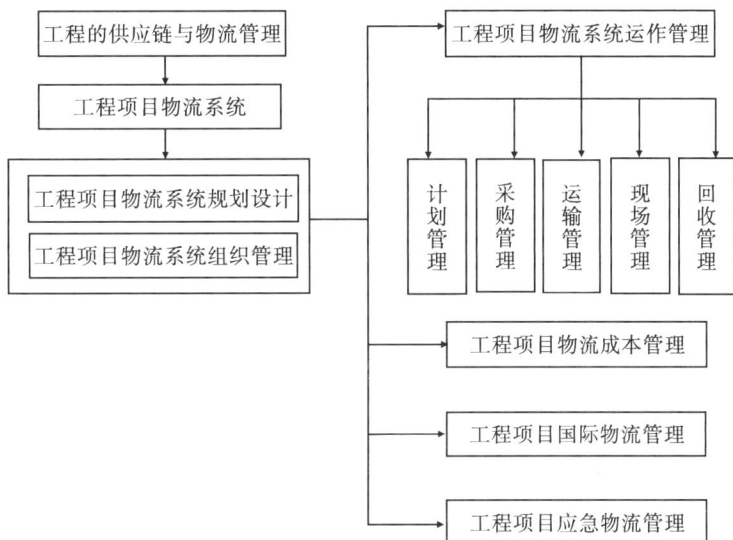

图14-1　工程项目物流管理的框架模型

对于工程项目物流系统来讲,建筑材料能否有效利用,设施布局是否合理得当,设备是否运转良好,能否提高工程项目物流运作的效率和效益,规划和组织管理起着决定性的作用。

物流系统的规划和组织是指在特定的工程项目背景下,根据工程建设的实际需要,确定物流系统的发展目标和设计达到工程项目目标(包括时间效益与空间效益)的策略与行动的全过程。工程项目物流系统是一个设计领域非常广泛的综合系统,它涵盖了交通运输、货运代理、仓储管理、流通加工、物资配送及信息服务等领域。科学合理地开展物流系统的规划和组织管理,能够推动工程物资和设施设备的有效利用,避免浪费和无序建设。

工程项目物流系统规划设计的核心就是运用系统的思想和方法,对于工程项目物流运作的各个功能要素进行优化整合,从而保证工程项目物流系统良性、健康、有序地运转。物流系统规划设计必须以工程项目整体的目标作为中心。工程项目物流系统的整体目标就是使人力、物力、财力和人流、物流、资金流、信息流等得到最合理、最经济、最有效的配置和安排,即要确保物流系统的各方面参与主体功能,并以最小的投入获得最大的效益。

工程项目物流系统的规划涉及的问题相当广泛,包括工程项目建设中供应物流模式的选择,物流网络结构的设计,物资物料在运输、仓储和配送时等物流路线的确定,各节点内如建筑工地和配送中心等内部的设施规划和布局,搬运系统设计等多种不同规模和不同层次的问题。

1. 物流系统战略规划

物流规划的重要内容——确立物流规划的指导思想和明确建立物流系统的发展战略及其发展目标,应作为物流系统规划展开阶段的首要任务。在规划的指导思想中,主要描述在工程项目建设过程中物流系统的建设和运作对工程项目的支撑保障设想,明确工程项目物流活动各参与主体应发挥的作用和功能。在明确工程项目设计规划和实际需求的基础上,明确该物流系统的发展战略、运营运作、组织管理和政策环境建设等方面的内容,根据物流系统的总体要求和实际需求,最终确定物流系统的发展目标以及运作策略,对物流系统建设所需的内外部条件进行系统的有机整合。

2. 物流系统架构规划

物流系统架构规划通常包含物流组织架构、物流技术支持架构和物流管理架构等。物流组织架构规划是对工程项目物流服务主体、物流服务模式、运作组织体系以及内部物流服务体系的发展方向和发展模式进行规划。物流技术支持架构规划是对工程项目建设过程中所需的物流服务技术装备与物流管理信息系统的规划和设计,建立相关物流技术人才培训以及引进体系。物流管理架构规划是根据工程项目的实际需求,构建适应工程建设的物流管理组织体系,明确相关物流活动部门的分工职责、运作协调和沟通制度。

3. 物流系统网络规划

物流系统网络规划的主要内容包括在工程项目的建设过程中,物流体系的网络功能和布局规划,同时根据工程建设的实际要求,明确未来构建的物流系统网络架构体系的功能定位。

4. 物流服务质量规划

工程项目的物流成本在工程总成本中占比重较高,良好的物流服务质量是工程项目顺利推进,实现经济和社会效益的关键。同时,物流系统的服务资源与工程项目的发展战略定位是制定服务质量标准的基础,因此,必须确定适宜的物流服务标准,并对物流系统服务过程进行有效的跟踪监测、绩效评估和及时响应,及时改善内部管理,提高工程项目的经济效益。服务质量规划的任务就是围绕既定的客户服务标准设计有效的跟踪监测指标,按照物流服务过程进行绩效监测,使物流系统能够据此改善物流服务,提高物流运作的效率与效益。

工程项目物流系统的组织是在工程项目建设过程中物流活动的实际协调者和承担者。它包含工程项目内部的物流管理和运作部门、相关参与方的物流合作组织,也可以是从事物流及其中介服务的部门和企业等。工程项目的物流组织管理就是要解决在工程项目的建设中如何安排负责物流活动的人员和要素,以鼓励他们更好地相互协调,相互合作,通过提高工程项目物流系统的运作效率实现工程建设的顺利进行。

在工程项目的物流系统中,要想实现并维持资源的优化配置且满足工程建设的实际需求是一种挑战。功能的非同质性和人员背景、技能的差异要求组成综合性的、跨领域的、有控制的项目团队。此外,在既有的物流系统规划的实施中,物流系统的组织也许是一个纯粹的功能结构的形式,但是对于一个单独的项目而言,矩阵式结构也许更能适合物流需求的定位。

为工程项目物流活动建立一定的组织机构可以明确其权利和职责,促使组织内成员各司其职,协同共进。工程项目物流系统的组织模式不仅取决于工程项目内物流运行的特点,还取决于现代物流业发展的方向和趋势。随着经济的发展和社会的进步,21 世纪的物流已经成为在全球市场的激励竞争中形成的多元化网络所必需的全球物流,现代物流业呈现出信息化、网络化、智能化、柔性化、标准化和社会化等特征,物流组织也必须适应环境的变化,向更为科学合理的方向发展。

从欧美等发达国家的物流演变发展过程来看,物流组织的发展已经呈现出以下趋势:①由职能垂直化向过程扁平化转变;②由固定刚性向临时柔性转变;③由内部一体化向虚拟化、网络化发展。

结合工程项目自身的特点来看,本书认为,在工程建设的过程中,物流系统的组织模式主要以项目团队管理模式。这一模式的组织结构如图 14－2 所示:

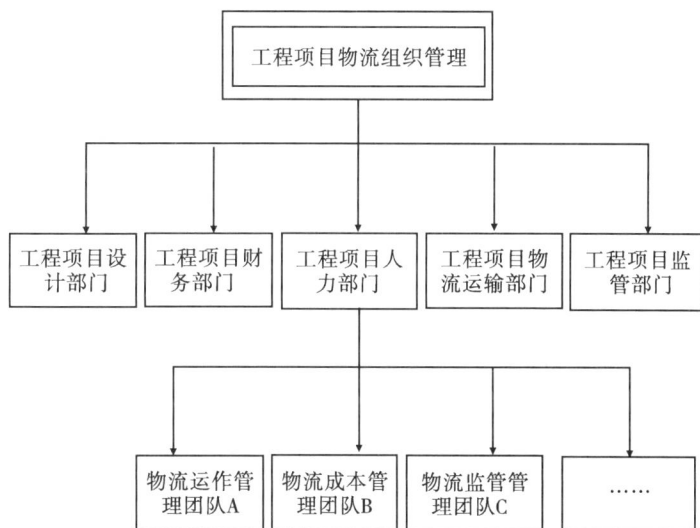

图 14－2　工程项目物流系统的组织设计——项目团队管理模式组织结构

随着工程管理理论的深化和工程建设实践的发展,通常将工程项目建设过程中的职能要素进行分解,并在工程项目的组织构建中将相关的要素有机整合,构建如图 14－2 所示的项目团队组织管理模式。在工程项目的建设中,需要进行项目的设计规划、经济分析评价、可行性研究、人力资源管理、物流运输、施工建设和工程监管部门,对于相关的物流活动的管理,可以由不同部门的成员组成跨部门的项目团队,对工程项目的物流运作、成本、监管等进行科学系统的计划和安排等。在这种组织模式下,工程项目物流系统的项目团队对相应的物流活动的管理职责定义清晰,人员组织精简,便于专业化的管理,提升物流运作的效率。

项目团队管理模式的优点在于:①对于工程项目内部特定的物流活动而言,项目团队的权利和责任定义清晰,项目团队成员直接对项目经理负责,项目的沟通渠道畅通。②由于是面向工程项目构建的,所以工程项目的实际需求明确,并且物流服务在供给方到需求方之间的沟通过程易于维持,从而能够实现快速响应工程项目的具体需求。③项目组成员通常都对于项目表现在高度忠诚,且有着强劲的动力和个人荣誉感。④所需用的专业技术人员仅为指定的项目团队服务,而不需要为多个项目负责。⑤所有项目团队的可见性良好。成本、计划和绩效很容易监控,潜在的问题能够及时发现并解决。

项目团队管理模式的缺点是:①工程项目建设过程中,会有不同的子项目,所以会有重复劳动、人员和设施设备的浪费等,整体的运作过程效率不高,且成本可能较高。②从管理者的角度来看,采用项目团队的管理模式,难以使成员有效地从一个团队转换到另一个团队中去。高素质的员工可能很容易被留任,不管相关项目的实际需求是否必要。

在确定工程项目物流系统的组织模式后,就需要根据工程项目建设的实际需求和组织管理的架构设计,对相关的物流人员进行合理有效的配备,并开展专项的生产建设服务和物流运作管理。

14.4 工程项目物流系统运作管理

工程项目物流系统的运作管理,主要包括规划设计工程项目建筑材料物流系统的布局、预测工程项目建筑材料和设施设备的需求量、制订工程项目建筑材料和设施设备的采购供应计划、制订运输调度计划、保持合理库存量、检测工程项目建筑材料和设施设备状态、处理和传递工程项目的物流信息以及工程项目逆向物流的管理。

从经济管理的角度来讲,工程项目物流系统的管理,就是指以工程项目建筑材料、设施设备以及服务的流动过程为主体,运用相关的管理技术和方法,对工程项目建筑材料、设施设备以及服务流动的过程进行系统的管理,以降低工程项目的物流成本,提高工程项目物流的经济和社会效益。工程项目的物流系统的运作管理主要有:①工程项目物流系统的计划管理;②工程项目物资及设备的采购管理;③工程项目物流运输管理;④工程项目物流现场管理;⑤工程项目回收物流管理等。

➤ 14.4.1 工程项目物流系统计划管理

工程项目物流系统的计划管理,是工程项目物流管理的核心内容。工程项目物流系统的计划管理,是指对工程项目物流管理的主要内容制订科学合理的计划,并通过对工程项目物流计划的编制、执行、修正以及监督等,对工程项目物流进行全过程的管理。

计划一般是根据时间的跨度展开的,由长远计划、年度计划和季度、月度、旬、周等计划构成。对于大型的工程建设项目,由于整个项目的实施和完成需要较长的时间,像大型基础设施建设如三峡大坝和青藏铁路等,就必须要作长远的计划。对于实施时间较短的项目,则只需要做制订年度或季度计划,甚至是周计划。在制订长远计划时,要预测未来工程项目的物流量及其构成、相关物流运输方式、仓储的发展规律、物流过程中的机械化水平,以及对未来物流经济效果进行分析。年度计划比长远计划更具体,要进行工程项目物流成本的分析,设置物流效果的目标和为达到目标的具体措施,项目设备更新、维修和改造等也是年度计划的重要内容;季度、月度、旬或周计划是组织工程项目日常物流活动的计划,对项目物流的数量和质量的具体生产和使用都具有更加详尽的指导。

➤ 14.4.2 工程项目物资及设备的采购管理

工程项目物资及设备的采购管理,是工程项目物流活动不可缺少的物质基础,是保障工程项目建设顺利进行的前提。工程项目物资及设备的采购管理,是指在工程项目的准备和建设过程中,根据其实际需要对于相关的建筑材料、设施设备以及相关物流服务等的采购和补充管理,是工程项目内部物流系统中独立性较强的子系统,同时又与工程项目内部的建设部门、财务部门和监管部门以及外部的资源、市场和运输等部门有着密切的联系。采购管理的正常开展能够保证工程建设的有序进行,为工程建设的正常运转不断地组织建筑材料、设施设备和人力资源以及物流信息的供应。因此,采购管理对于工程项目的正常、高效的进行发挥着重要的支撑保障作用。

在工程项目物流系统的采购管理中,首先就是要确定相关物资及设备的具体的采购策略。由于工程项目建设投资规模大,周期长,涉及的建筑材料和设施设备较多,很多需要进行专门的采购和设备管理。因此,根据工程项目所需物资及设备的特点,具体的采购策略主要包括以下几种:

1. 批量采购

在一般工程项目的建设中,针对钢材、水泥、木材以及砖瓦沙石等通用性的建筑材料以及叉车、手推车和混凝土搅拌机等常用的设施设备,由于原材料的标准化和单一化,市场上的供应商众多,不具有产品差异性,可以采用批量采购的方式。在这种方式下,工程项目的采购部门可以实行集中购买、统一采购的策略,通过大批量的进货,取得较低的进货成本,享受批量上的折扣优惠,从而降低工程建设的建材成本。

2. 定制采购

在有些工程项目的建设中,对于某些特殊性和专用化的建筑和施工设备来讲,由于市场上的供应商比较集中,对于设备的要求特殊化和专业化标准高,采购成本都比较高,质量要求严格,一般就需要集中在这些供应商中选择几个进行系统的比较和筛选,并进行定制采购。专注于特定的少数几个供应商的合作,通过定制采购的方式,一方面可以使供应商更好地了解工程项目采购方的实际需求,另一方面也能够保证这些专业化的设施设备的质量要求。

在确定所需物资及设备的采购策略后,接下来就要确定不同的物资及设备的供应商。一般来讲,不管是批量采购还是定制采购,都是通过向拟购材料的潜在供应商群体征询报价单,在收到报价单后进行成本分析,最终选择供应商。有时候采购部门还需要在对部分供应商的产品资质和服务信誉等进行一定的调查工作后再确定供应商。

工程项目物流系统的采购管理的过程主要包括:①确定采购管理的原则;②制定采购工作的程序;③实施标准化作业制度;④进行现场招标或采购谈判;⑤确定进货方案以及签订采购合同;⑥实施采购过程的监督。

➤ 14.4.3　工程项目物流运输管理

运输是社会生产必备的一般条件,是整个社会经济运行的主要基础。工程项目的物流运输,是工程项目物流活动最基本的功能,是实现工程项目原材料由供应方向需求方转移的主要途径。工程项目的物流运输管理,是指在工程项目的整个过程中,根据其对于相关的建筑材料、设施设备等实际需要和采购运输的具体安排,通过各种运输手段实现物资物料及设施设备在物流节点之间的有序流动,主要包括集货、分配、搬运、中转、装卸和分拨等一系列操作。虽然在物流运输过程不产生新的物质产品,但它能够实现物流的空间效用。

运输管理是物流过程的主要职能之一,也是物流系统内各业务活动的中心环节。物流过程中的其他各活动,诸如包装、仓储、搬运装卸、流通加工和物流信息系统等都是围绕着运输而进行的。可以说,在科学技术不断进步、生产的社会化和专业化程度不断提高的今天,一切的物质产品的生产分配、交换和消费都离不开运输。物流系统的合理化很大程度上取决于运输管理的合理化。所以,在工程项目的物流系统中,运输管理是关键,起着举足轻重的作用。

运输管理的合理化,是指根据工程建设的实际需要和所需物资的使用计划和自身特点,针对不同的建筑材料和设施设备等,对于各种运输方案进行技术经济分析,制订合理的运输计划,进行科学的运输调度,选择适当的运输工具,确定合理的运输路线和合适的运输环节。

运输管理的合理化,主要包括以下几点内容:

(1)合理规划。无论是建筑材料及设施设备数量的确定,运输路线的规划、选择和设计,运输设备和运输关联设备的配置和使用,都应当结合具体工程建设过程中的实际需求,通过科学的预测进行合理的规划,从而使得工程项目物流系统的供给方和需求方在数量、质量、流向、运输的等级层次等多个方面能够相互协调,提高运输的效率与效益。

(2)制订合理的运输计划。在制订运输计划时,要综合考虑多方面的要求,合理的运输计划,应当是在提高物流效率与降低物流成本之间实现平衡,既保证工程项目建设的实际需求,又能够避免物资设备供应的过度或短缺,实现最优化库存和资源的有效配置。

(3)进行合理的运输调度。在工程项目物流系统中,合理的运输调度能够大大减少运输成本。加强运输管理的社会化和信息化,可以推动工程项目物流系统充分利用社会运输资源,提高车辆利用率,加快信息流通和传递,降低空车利用率,这都是运输管理合理化的重要途径。

(4)选择适当的运输方式、运输工具和运输路径。在有多种备选方案的情况下,可以结合工程项目建设的实际情况,进行技术经济分析和可行性研究评价,确定最优化的运输方式、工具和路径,提高运输管理的经济和社会效益。

(5)确定合适的运输环节。根据实践经验,在很多时候,采用联合运输的方式可能会明显节省运输费用,降低物流成本。如铁路+公路或者水运+铁路等的多重联运模式。

(6)合理配载。合理配载可以充分利用运输车辆的载重量和车辆容积,是提高车辆运输效率的有效措施。

根据工程项目所需物资的物理特征和所需运输工具及方式的专业性,工程项目物流系统的运输管理主要有一般运输管理和大件运输管理等。

一般运输管理,是指针对钢筋、水泥、砖瓦沙石等基本建材和小型建筑设备如手推车、叉车等标准化设施设备来讲,根据工程建设的实际需求,确定物资及设备的运输模式,选择最优的运输方式和路线,由相关企业自身或专业化运输服务公司将物品由供应方向需求方的安全科学的转移过程。根据不同的运输方式,可以选择铁路运输、公路运输、水路运输、航空运输以及管道运输等。从运输路线的范围来讲,可以分为省内运输、省际运输以及国际运输等。

大件运输管理,是指针对工程项目建设过程中涉及的大件物品的运输配送来讲,由于其在体积和重量上的绝对优势地位,在运输工具、运输方式和运输路线的选择上,都有严格的限制,需要采用特殊的运输管理方式和监管制度。在大件的运输中,不是一般的运输车辆就可以完成运输的,需要用到特殊的运输工具。

大件运输包括超限和超重两个方面。超限设备(货物)是指装载轮廓尺寸超过车辆限界标准;超重设备(货物)是指车辆总重量对桥梁的作用超过设计活载。它主要包括:大型火力发电设备中的发电机定子、转子、锅炉汽包、水冷壁、除氧水箱、高低压加热器、大板梁等,大型水力发电设备中的转轮、上下机架、转子、定子、主轴、座环、导水机构、闸门启闭机以及主变压器、厂用变、联络变、电抗器、及高压电气设备等均为超限或超重设备。凡承运上述设备(货物)及超高、超重、超宽、超长货物满足其中一个条件亦称为大件运输。

"十二五"时期,中国装备制造、能源、石化、冶金等行业一批国家重点工程纷纷上马。特别是随着西部大开发以及中部崛起等区域发展战略的实施,中西部地区重点建设项目规模迅速扩大,需要大件运输来承担关键设备的运输保障任务越来越重。如核电(水电、火电)机组、风力发电设备、变压器、大型锅炉、石油储罐等。这些设备具有"价值高、超重、超长、超宽、超高、不可解体"的特点。其中具有国际领先水平的高端产品,有的单件价值上亿元,重量往往超千吨,长度超百米。关键设备的运输保障任务直接关系到重点工程项目的建设进度,一旦发生时间拖延,不仅大件运输的成本大幅增加,而且将使后续工程难以为继,整个工程运行成本上升,势必影响到"十二五"重点工程项目的顺利实施。

大件运输作为一个快速发展的行业,具有"专业性、规范性、安全性"的内在要求。与普通的超限运输相比,大件运输对企业的专业技能有更高的要求。企业需要具备相应的运输资质,拥有特种运输车辆和专业技术装备,能够进行线路勘测、方案设计、路桥加固、排障通行、联系协调等专业化服务和一体化运输能力。经过多年实践,不断改进,大件运输行业一般采用更为科学的轴载限定标准,运输车辆每轴载荷控制在 8~13 吨左右,有效分散大件设备对路面的压力,可以大大减轻对道路的损害。

14.4.4　工程项目现场物流管理

工程项目的现场物流管理,是工程项目在具体建设过程中物流活动的直接体现,是推动施工现场建设有序进行的基础。工程项目现场物流管理主要是从原材料供应、设施规划与布局和施工进度管理的角度,科学全面地对施工现场进行计划、指挥、组织和控制,协调工程项目物流管理部门和物资使用部门的关系,直接促成工程项目物流系统内部的沟通和合作。

由于工程项目的现场物流与物资使用的计划、现场操作系统管理、生产建设设施和安保设备、工地的布局和设施的规划、工序的安排和人员的布局等密切相关,这些因素都直接影响着现场物流活动的开展和衔接,因此,工程项目现场物流管理必须根据工程项目的实际情况和施工现场的具体环境,综合相关的物流管理技术和方法,合理安排现场物流活动。

物资的使用决定着物流的方向,物资使用数量的多少、快慢和品种等将会对现场物流的数量、物流组织的管理运作等提出不同的要求。工程项目的现场物流内部中原材料的供应、仓储、搬运和装卸、设施规划和布局以及工序和人员的安排等都存在着相互依存的关系。现场物流管理就是要协调好施工现场的各个环节,并使其有机地联系起来。

工程项目的现场物流管理,主要包括以下几点内容:

（1）现场操作系统的物流管理。在工程项目的施工现场，工程项目施工建设是工程项目管理的中心环节。由于在施工过程中，不仅需要消耗大量的建筑物资材料和使用许多专业化的建筑设施设备，对于这些物资物料及设施设备的现场搬运、装卸、组装、使用、流通加工和运转维护等形成的现场物流操作活动就构成了现场操作系统的物流管理。

（2）设施设备的布局和设计。在工程项目建设中，由于施工工地空间的有限和工程物资设备的众多，需要在相对有限的空间内对这些物资物料和设施设备的布局和摆放进行系统的规划和设计，促进工程项目物流系统的相关活动能够高效的运转，这对于提高工程项目的现场物流效率至关重要。

（3）工程工序及人员的安排。在制定工程工序和人员的安排中，要综合施工建设的实际需要和物资设施的使用情况，合理有序地进行工程进度和人员的规划和安排，提高物资、设施设备和人员的利用效率。通过工序及人员的系统整合和有机协调，实现工程项目物流系统与建设系统的有效衔接，促进工程项目建设以最低的物流成本实现较好的收益。

（4）根据现场需要制定库存管理规划。在进行库存管理时，要综合考虑工程建设项目的实际需求，合理制定库存规划和管理库存水平。良好的库存管理，应当正确确定库存数量，明确仓库任务，合理制定保管制度和流程，这样不仅能够满足在工程项目建设中现场物资设备的使用要求，又能够避免可能出现的现场物资设备的储备过量和积压闲置，以较低的库存水平达到物资设备的优化配置。

（5）进行适当的流通加工和组装。在工程项目的现场物流管理中，部分原材料需要在施工现场在适当的加工处理，如钢筋混凝土需要水泥、沙石等进行一定比例的混合和加工，而一些大型工程设备由于体积大，一般在运输中是拆分成较小的组件，在达到施工现场后需要进行组装和调试等，这些施工建设准备过程中的物流活动也是实施工程建设的基础。

（6）及时解决施工现场的问题和冲突。由于工程项目的规模大、投资高和周期长，施工建设工序和人力资源配置等需要根据实际需要及时调整，针对工程项目中出现的问题应及时协调和解决。

➤ 14.4.5 工程项目回收物流管理

回收物流，又称为逆向物流，区别于传统供应链中物流流动的方向和模式。根据中华人民共和国国家标准物流术语，逆向物流（returned logistics）是指不合格物品的返修、退货以及周转使用的包装容器从需求方向供应方的物品实际流动。比如回收用于运输的托盘、集装箱、接受客户的退货、收集容器、原材料边角料和零部件加工中的缺陷在制品等的销售方面物品实体的反向流动过程。

工程项目的回收物流管理，就是指在工程项目的建设过程中以及建设完成后，对于所留下的剩余的建筑材料、相关的建筑设施设备以及在此过程中产生的建筑废料等进行系统的分类、筛选、回收和再利用，其最终目的就是要减少资源设备的浪费，通过提高可回收资源的利用效率达到废弃物减少的目标，同时使整个物流系统运作更有效率。

对于工程建设项目来讲，由于投资的规模大、成本高、周期长，所消耗和使用的物资设备数量巨大，许多存在着资源过剩、产能过剩的明显问题，这些都对自然环境和人文环境影响显著，因此必须牢固树立科学发展观，坚持可持续发展的基本思想。基于环境影响、经济效益以及政策引导,特别是由于环保意识的不断增强和环保法规约束力度的不断加大,回收物流在工程项目中,的经济价值也逐渐显现。随着新的资源再生利用技术的研究和推广,大大降低了处理回收物品的成本,使得回收物流不再仅仅意味着成本费用的增加,而且还能带来资源的节约和再利用,这就可能意味着经济效益、社会效益和环境效益的共同增加。

工程项目回收物流管理的重要性体现在两个方面:

(1)降低物料成本,提高资源利用效率。减少物流的耗费,提高物料的利用率是工程项目物资管理的重点,也是降低工程建设成本、实现经济效益的重要手段。在传统的工程项目管理中,物料管理仅仅局限于物流系统内部的物料使用和消耗,不重视生产建设中所产生的废旧产品以及其剩余的设施设备的回收再利用问题,造成大量可再生资源和设施设备的闲置和浪费。由于废旧产品的回收价格低,资源充足,对于这些产品和设备的回收和再利用,是降低资源浪费、实现可持续发展的重要途径。

(2)保持环境,实现绿色化发展。随着人们生活水平和文化素质的提高,环保意识日益增强,生产和消费观念发生了巨大的变化,人们对于环境的期望越来越高。很多工程项目从规划设计到立项审批都需要进行环境影响的分析和论证。同时对于工程项目而言,因其大而全,对于环境的影响十分明显,更加需要进行合理的规划和通盘的考虑,开展回收物流的管理,能够减少工程项目对于环境的污染和资源的浪费,实现绿色化发展之路。

14.5　工程项目物流成本管理

工程项目的物流成本管理,是对在工程项目建设过程中物流系统业务活动的费用进行系统的管理和监控,并积极降低物流管理费用并提高物流运作效率。它主要包括物流成本的预算、核算和控制等。

工程项目的物流成本,是工程项目成本的重要构成部分,它主要有六大类:①客户服务成本;②库存管理成本;③运输成本;④批量成本;⑤仓储成本;⑥订货处理和信息成本。

合理控制工程项目的物流成本,是加强工程项目物流系统管理的重要内容。在保证工程项目建设实际需要的建筑材料、设施设备以及服务质量的前提下,必须努力控制和降低物流系统的总成本和总费用,这是加强和提升工程项目物流系统管理的重要手段。工程项目物流管理的主要目标就是要以尽可能低的成本来满足工程项目的实际需求。因此,在工程项目物流系统各个业务活动之间需要进行成本的平衡和协调。在有关活动的成本产生冲突时,更需要进行系统的比较分析和经济评价。例如,工程项目物流服务水平受到实际库存状态的影响,为保证工程建设的顺利进行,就需要有庞大的库存作为保证;然而大量的库存积压,则是以巨大的库存成本为代价的。在这种情况下,就需要以工程项目物流系统总成本为目标,对其进行权衡和比较,确定合理的库存水平,做到既满足工程项目建设中的实际需求,又不会占用大量的库存和流动资金,从而降低整个的物流成本。

一般来讲,在工程项目的建设过程中,采用先进的物流技术,加快物流系统的运转速度,扩大物流量,减少物流过程的中间环节,以及加强成本核算等都是可以降低工程项目物流成本的重要措施。在具体的实施过程中,则涉及如何下达订单,如何安排配送以及如何安排工排序等。在工程项目管理实践中,人们已经有了一些典型的技术和经验,如定期批量法、定量批量法和动态批量法等订货测量,来满足不同情况下的工程项目需求。

14.6　工程项目国际物流管理

由于经济的发展和社会的进步,全球经济一体化的步伐明显加快,以国际物流为基础的国际贸易呈现明显的增长态势。特别是在国与国之间的经济交流日趋频繁的今天,工程项目已经逐渐发展成为具有国际背景和特点的经济行为和活动。许多国家的工程项目已经由国外企业所承建,而许多企业也开始投资和运作国际工程项目,与此同时,在一个工程项目中,还会涉及部分物资物流及设施设备需要国外供应商的提供和相关的运输。这些都会导致工程项目管理逐渐走向国际化和全球化。

这里以中国石油天然气管道局为例,中国石油天然气管道局是经国务院批准组建成立于 1973 年,隶属于中国石油天然气集团公司(CNPC),是从事长输管道及其辅助设施、大中型储罐、电力、通信等工程勘察、设计、咨询、采办、施工及管理的跨国经营的具有化工石油工程总承包特级资质的管道工程建设专业化公司。中国石油天然气管道局制定了建设具有国际竞争力的管道专业化公司的企业发展总体目标,在非洲、亚洲、欧洲承揽了多个 EPC 总承包工程项目;为确保项目的及时开工、有序开展和按期完工,施工装备动迁、工程物资供应等国际物流管理工作都起到了至关重要的保障作用。

工程项目国际物流管理的主要目标是在工程建设过程中将实际所需的物资物料和设施设备及时、安全、准确地从原材料供应地运输到施工建设需求地,这其中就涉及国际物流的多个环节和业务活动。保证科学合理的国际物流管理,是对做好国际工程项目的最大考验。对于国际工程项目而言,虽然工程项目建设在国外,但大量筹建工作和后勤保障在国内,尤其是国内的资源配置和设备材料的供应直接制约着国际工程项目的实施进度。国际物流是保障资源配置和设备材料供应最重要的环节,如何科学合理地控制和解决国际物流管理中的各个环节和存在的问题,是项目实施成功的关键。

工程项目国际物流管理的主要程序包括以下几方面。

1. 确定国际物流运输方式及线路

由于工程项目所需物资的种类多、数量大、体积重,在实际的运输过程中,考虑到运输成本和运输效率,海洋运输和铁路运输是首要的选择。根据国际工程项目物流运输的实践来看,主要选择海运+铁运或者国际铁路+国内铁路的运输方式。在具体的实际操作中,可以根据物资采购地的不同选择最近的港口发运,但前提是这部分物资数量较大,适合单独运输,装船或者装集装箱不会增加额外运输成本,同时距离附近的港口比较近,操作方便。

2. 选择货代公司和船代公司及船东公司

在工程项目国际物流管理部门将比较备选的几家物流公司的报价,通过技术经济分析评价后,再决定采用货代公司。有时候,还要开展一定的同行业调查工作,包括对货代公司的运营资质,主要是营业执照、组织机构代码证、税务登记证、无船承运业务经营资格登记证、注册资本等,近年来的业绩及取得的相关证书,进行综合分析和比较。

船代公司及船东公司一般由货代公司提供相关的信息进行确定,也可以指定国内外实力较强、知名度较高的船东公司。在实际操作过程中,工程项目管理方必须自己决定船代公司及船东公司,而不能完全由货代公司指定,这是决定海运时间和安全的关键要素。

3. 保险公司的选择及投保

根据工程建设的实际情况和国际物流的具体需要,结合选择的运输方式、路线、货代及船代公司后,应选择具有相当资质的保险公司作为工程项目的运输保险公司,并委托货代公司购买货物运输保险。

4. 检验一览表的审批及报检报关

按照商务部对外援助项目的管理办法,所有出关的物资必须填报《检验一览表》进行审批,《检验一览表》将作为各地检验检疫局及海关检验和放行的主要依据。

5. 中转港转关、目的地清关及国际段运输

对于目的国有港口的,只需要办理目的地清关和目的国国内运输即可;对于目的国没有港口的,需要从第三国转运时,就需要办理中转港转关、目的地清关及中转港到目的地跨国运输。

14.7 工程项目应急物流管理

所谓应急物流,是指以追求时间效益最大化,灾害损失及不利影响最小化为目标,通过现代信息和管理技术整合采购、运输、储备、装卸、搬运、包装、流通加工、分拨、配送、信息处理等各种功能活动,对各类突发性公共事件所需的应急物资实施从起始地向目的地高效率的计划、组织、实施和控制过程,它具有突发性、不确定性、非常规性、事后选择性、不均衡性、紧迫性等特点。

工程项目的应急物流管理,就是在工程项目建设过程中,面对各类突发性公共事件和不确定性问题时,根据工程项目的实际需求,围绕着应急物流管理的目标,由相关人员、技术装备、应急物资、信息管理、软硬件基础设施、相关主体等因素共同构成的相互协调和相互作用的特殊物流管理活动。

工程项目应急物流管理的完善和发达程度,直接影响和决定着工程项目建设对于环境变化的适应能力和质量水平。由于工程项目建设周期长,投资规模大,面临的不确定性因素多,需要在工程项目建设环境变化后及时应对和调整。例如,一些国外工程项目建设时,所建国当地发生政局动荡;或者国内工程项目实施时,建设所在地发生自然灾害等,都将对工程项目的建设和完工产生重要影响。

根据应急物流管理的实践,构建和完善工程项目的应急物流管理体系,主要包括以下五个组成部分:①应急物资供应体系,主要通过工程项目应急物资的采购储备等组成。②应急物流运作体系,主要根据工程项目的实际情况,由应急物资需求预测、收集、配送以及误送回收管理等构成。③应急物流组织体系,主要在工程项目物流管理的系统中由若干层级的应急物流指挥中心构成,可促进上述应急物资供应和应急物流运作两个体系在面对突发性事件时能够有效协调,高效运转。④应急物流基础性支撑体系,主要由公路、铁路、水运、航空、物资储备等基础设施,应急物流通讯和信息平台以及应急物流装备和技术支持平台等构成。⑤应急物流法律法规政策体系,主要指工程项目建设所在地的应急物流法律法规和政策环境,用以规范各相关利益主体的权利、职责和义务,做到有法可依。通过以上五大体系互联、互动、互补、互促,共同服务于第一时间应急物资保障这一核心目标。

14.8 案例:三峡工程的物资采购与运输管理

长江三峡水利枢纽工程,简称三峡工程或三峡大坝,是中国长江上游段建设的大型水利工程项目。长江三峡分布在重庆市到湖北省宜昌市的长江干流上,大坝位于三峡西陵峡内的宜昌市夷陵区三斗坪,并和其下游不远的葛洲坝水电站形成梯级调度电站。

三峡水电站的机组布置在大坝的后侧,共安装 32 台 70 万千瓦水轮发电机组,其中左岸 14 台,右岸 12 台,右岸地下 6 台,另外还有 2 台 5 万千瓦的电源机组,总装机容量 2250 万千瓦,年发电量约 1000 亿度。三峡工程是世界上规模最大的水电站,是中国也是世界上有史以来建设的最大的水坝。该工程项目在建设中全面实行项目法人负责制、招标投标制、建设工程监理制、合同管理制等制度,以确保工程质量。

1. 业主供材制:保证质量,降低成本

保证三峡工程的施工进度和建设水平,控制工程建设成本,对占三峡工程建安工程总成本 30% 左右的钢材、水泥、粉煤灰、炸药、油料、木材(以下简称"六大主材")实施业主供材制,全面采用合同形式规范物资供应。物资供应合同主要有物资采购类合同、物资供应类合同和物资委托管理类合同,针对这三类合同的不同特点进行管理和协调,在三峡工程建设的 8 年中很好地保证了业主所供材料的质量和数量,同时也降低了三峡工程的成本。

三峡工程施工工期长,投资规模大,建设项目多。根据计算,三峡工程将耗用钢材约 75 万吨,水泥约 615 万吨,粉煤灰约 135 万吨,油料约 105 万吨,炸药约 10 万吨,木材约 25 万立方米。这部分主材的费用约为三峡工程建安工程总成本的 30% 左右。为有效实施"三控制"中成本控制的管理目标,对影响工程成本较大的六大主材实行了业主供材制,即由业主对三峡工程建设所需的六大主材的计划、订货、采购、检测、储运、配送等各个环节实施全面管理,对工程建设物流的全过程实施全面监控。

"千年大计,质量第一"。为此对构成三峡工程主体建筑物的主要材料的采购,应牢固树立质量第一的指导思想。在编制物资采购计划和开展物资采购活动时,应重点突出质量,严格质量标准及违约责任,其次是价格、产量和信誉等。

(1)水泥、粉煤灰:其需用量约 750 万吨,供应量不均衡,施工高峰年水泥和粉煤灰的需用量分别达到 90 万吨和 40 万吨左右,约为正常施工年的 4 倍和 6 倍,且施工高峰年主要集中在三峡二期施工期的 4 年时间内(1999—2002 年)。为此在三峡工程即将进入二期工程施工的 1997 年,业主对水泥和粉煤灰面向全国的水泥生产厂家和火电厂进行公开招标采购。组织专业人员进行招标文件编制和审核工作,在质量条款上,除满足国家有关规范规定外,针对三峡工程的特点,对水泥的某些指标如 MgO 和碱含量给出了三峡工程的质量标准。为保证混凝土的浇筑质量,首次在三峡工程上全面采用一级粉煤灰;考虑到每年的准确采购量未知,在采购标的上采用单价合同,要求投标人分品种和运输方式报到三峡工地综合单价。在评标中按照"产品质量、厂商信誉、运输条件、应急能力、到工地综合单价"五项原则选取了三家水泥主供厂家和五家粉煤灰主供厂家。

（2）钢材：考虑到钢材市场比较成熟，为提高厂家的质量意识和服务意识，并降低采购成本，对普通钢材采取每年 2 次（上半年 6 月份和下半年 12 月份）公开招标采购，择优选取5～6 家钢材生产厂家进行供应。对特殊钢材如压力引水管用高强钢板则面向国际市场进行公开招标采购。在编制和审查招投标文件时，重在质量条款上，以确保钢材的质量。

（3）油料、木材：基本上采取与钢材类似的模式，根据三峡工程的进度和需求不定期地进行竞价采购。

（4）炸药：属于国家专控产品，主要委托公安部和国内贸易部指定的京昌公司进行供应；又委托葛洲坝易普力公司供应部分混装炸药。在委托合同中要求两家公司对所供炸药质量负全面责任。

2. 重大件运输管理：安全生产，提高效益

三峡工程水轮发电机组单机容量 700MW，机组尺寸大，超重超大部件多。水轮机转轮重量 430 吨，专用吊具 20 吨，运输重量达 450 吨。转轮最大直径 10.5 米，含吊具高 6.24米，运输高度达 7.6 米，是单个部件重量最大的主设备。电站主变压器容量 840MW，重量380 吨，长度 11.8 米，高 4.9 米，宽 3.8 米，运输高度 6.3 米，主变压器的装卸运输是三峡工程运输中仅次于转轮的重大设备运输。

左岸电站水轮发电机组共有 14 台转轮，其中 ALSTOM 供货 8 台，VGS 供货 6 台。主变压器共有 15 台，其中 SIE-MENS 供货 9 台，保定变压器厂供货 4 台，沈阳变压器厂供货 2台。转轮和主变压器的装卸运输创造了长江内河运输和公路运输单件重量的国内最高纪录，组织好转轮及主变压器装卸运输工作和各项措施，确保装卸运输安全是三峡工程设备运输工作的重中之重。

三峡工程重大件运输涉及的单位多，不同行业相互协作，为确保转轮和主变压器的运输安全，必须建立一支高素质的运输团队，设备物资部与各协作单位的合同中明确规定各自的责任，对运输人员的素质提出明确的要求，对其职责和岗位进行科学的分工。为使运输管理规范化、制度化、可操作化，便于过程控制，设备物资部牵头编写了《长江三峡工程左岸电站水轮机转轮和主变压器重大件设备场内装卸运输作业规程》，明确各参加作业单位的岗位设置及职责、安全操作规程、装卸作业程序，对转轮和主变压器安全运输进行理论计算，对运输工具的安全系数进行校核，确保每一次运输的安全。发挥团队精神，做好涉及重大件运输各单位的统一指挥、部署、协调工作，是重大件安全运输的保证。

为确保三峡工程重大件运输的安全，按质量管理方针，明确提出了运输的质量目标，即安全、快速、及时地保证三峡工程机组设备重大件的运输，保证"双零"目标的实现。三峡工程无小事，设备转运的责任重于泰山。

为了确保机组设备运输的安全优质，万无一失，根据不同环境采取不同的措施，认真组织，重点抓落实，把工作做实做细，不留死角不留隐患。运输过程全程监控，除了严格按照作业指导书和运输方案作业外，格外重视每次线路的勘察、机械设备的状态，以及作业单位人员的变动情况。道路情况是运输前必须考虑的问题之一，每次运输前要求作业单位对道路进行清理排障，反复检查，包括路空中的每一根电线，路旁的堆放物及标识牌甚至是路上的一棵钉子或树枝。每次作业前，认真检查桥机、吊具、运输车辆，排除故障隐患，同时对备品备件登记成册。在大件运输过程中，确认巨型平板车 288 个轮子，没有因为道路情况而爆

胎。按要求选用捆绑钢丝绳、卡环、导链以及支垫物,有缺陷的工器具坚决不进入施工现场。不符合要求的支垫物坚决更换。人员的变动很容易引起操作程序的混乱,为此,每次大件运输前,必须对人员进行详细的分工,对车辆进行严格的定位,细到每个人、每台车。要求作业单位有备而去,做到忙而不乱,有条不紊的进行每一工序。途中监护也是一个重要过程,必须步行押运,全程监控,对途中发现的支垫塌陷、导链松弛等现象立即通知指挥并采取有效措施解决。经过的精心组织,9台转轮和9台主变已安全优质地运抵厂房。

为达到运输目标,将每一次运输都当成第一次进行,用如临深渊和如履薄冰的态度对每一次运输进行准备,在重大作业之前必须以《安全作业程序指导书》规范吊装、运输、卸载三个环节的作业。重大件到达码头之前召开接货的船前会,通报重大件的技术参数、结构形式、船运方货物装卸情况、运输重量等相关的资料,检查各参加作业单位的准备工作,包括装卸运输设备的维护和检查、文明施工和规范作业程序,明确各单位的职责,强调发扬"团队"精神,互相协作,服从指挥,在当好主角的同时,必须当好配角,保证重大件的运输安全。以"科学的态度,求实的精神",确保三峡工程机组重大件设备运输达到"费用省、速度快、质量高"的目标。

为保证重大件的运输安全,采用供应链等先进的物流管理思想指导具体的工作,物流通道的建设和信息通道的建设同时抓。全球卫星定位系统首次应用于水电工程的永久机电设备运输管理,随时掌握设备的运输状态,改变以往在通讯盲区无法联系和可通讯区域信息滞后的状况,随时可向境内运输承运单位发送指令,对运输过程中潜在不安全因素进行及时的处理,将风险降到最低。采用 INTERNET 的 web 技术,每个环节的信息数据能与其他环节信息数据实现交流与共享,避免信息不及时和失真现象。对设备承运单位的资信和资质进行严格的审查,从源头保证三峡工程重大件的安全。对运输工具严格控制,对运输三峡工程机组设备的船舶和车辆进行理论计算和模拟试验,内河运输的船舶在每一次大件运输启运之前都要请船级社对船舶和装载状况进行检查,出具了内河运输的适航证明之后,才能起航,确保三峡工程重大件的运输安全。

案例来源:

1. 杨耀,姚英平. 三峡工程物资供应中的合同管理[J]. 水利水电技术,2001(9):39-41.

2. 肖崇乾,陈初龙. 三峡工程重大件运输的质量管理[J]. 中国三峡建设,2004(10).

案例讨论

1. 三峡工程的"六大主材"采用的是哪种物流供应模式? 这种模式是否适用于其他建材? 三峡工程的组织结构是怎样的,这种组织结构决定了物流管理有什么特点?

2. 项目团队的管理模式是否适用于三峡工程的物资采购? 如果是,这种模式存在哪些优点和缺点?

3. 三峡工程物流系统的计划管理中长期规划和短期计划各有哪些侧重点? 它们对于该项目的物流系统运作起到什么作用?

4. 大型设备在三峡工程中十分常见。如果你是三峡工程中负责特殊设备采购及运输的部门主管,请站在当事人的角度,看看三峡工程的物资采购及运输还有哪些值得改进的地方,并结合实际情况阐述物流管理对于工程项目管理的重要性。

思考题

1. 工程项目物流系统有哪些特点?

2. 工程项目物流系统一般都有哪些类型? 简单总结不同类型的物流系统的优缺点。

3. 工程项目物流系统的规划和组织包括哪些内容? 常见的物流系统组织模式是什么? 其有什么特点?

4. 工程项目物流系统的运作管理主要有包括哪几部分? 各部分之间有什么关系?

5. 工程项目现场物流管理对于工程建设项目的影响有哪些? 回收物流管理对于工程建设项目的意义在哪里?

6. 工程项目物流成本主要包括哪几部分? 降低工程项目物流成本的重要措施主要有哪些? 请举例说明。

7. 工程项目国际物流管理的程序主要包括哪些步骤?

8. 结合实际的工程项目,谈谈你对工程项目应急物流管理的理解。

第15章
工程安全管理

15.1 工程安全管理概述

➤ 15.1.1 事故隐患、危险源及安全事故

事故隐患是一个抽象的概念,是事故发生的直接原因,指作业场所、设备及设施的不安全状态,人的不安全行为和管理上的缺陷等。它实质是有危险的、不安全的、有缺陷的"状态",这种状态可在人或物上表现出来。

危险源是一个更为具体的概念,指可能导致伤害或疾病、财产损失、工作环境破坏或这些情况组合的根源或状态。它的实质是具有潜在危险的源点或部位,是爆发事故的源头,是能量、危险物质集中的核心,是能量传出来或爆发的地方。危险源存在于确定的系统中,不同的系统范围,危险源的区域也不同。

一般来说,每个事故隐患可以对应多个具体的危险源,而这些危险源并不是工程项目中绝对存在的;危险源可能存在事故隐患,也可能不存在事故隐患,对于存在事故隐患的危险源一定要及时加以整改,否则随时都可能导致事故,两者之间的关系如图 15-1 所示。

图 15-1 安全隐患与危险源关系图

安全事故是危险源经某一特定事件的促发,导致的不可挽回的物质损失或人员伤亡。安全事故是未能妥善处理事故隐患和危险源所导致的结果,一旦发生安全事故必定存在相应的事故隐患以及危险源,但是事故隐患和危险源的存在未必导致安全事故的必然发生,尚需要一个触发事件。安全事故是危险源、事故隐患和触发事件三者共同作用的结果,其间的关系如图 15-2 所示。因此防范安全事故,必须对危险源进行控制,即防止危险源出现事故隐患或消除危险源已存在的事故隐患。

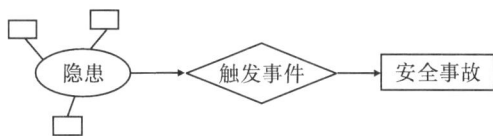

图 15-2　危险源、事故隐患与安全事故之间的关系

以建筑工程为例,2012 年 9 月 13 日,武汉长江二七大桥与欢乐大道交界处一工地上,一载人电梯从 30 层突然坠落,据通报 19 人直接遇难。致使该次工程事故的隐患可以归结为:设备安全引发的工程事故。该类隐患对应的具体危险源包括工地脚手架的稳定性、吊车工作的安全性等。直观地说,载人电梯作为工地上的一种机械设备,存在一定的事故隐患,电梯的故障可能会造成工程项目的财产损失或人员伤亡,它是一项具体存在的事物,所以是危险源之一,属于设备安全隐患这一事故隐患。针对这一案例,我们可以发现危险源的存在是不可避免的,但是我们同样可以发现,若做好了电梯的日常安全维护工作便可以大大减小这一危险源所造成的损失。所以我们在工程项目中应该仔细分析事故隐患,找到相应的危险源,对危险源进行有效控制和维护,以降低工程事故发生的概率。

15.1.2　工程安全管理概念

安全管理作为现代企业生产管理的重要分支,是一门具有动态性、综合性特点的系统科学。安全管理是为企业实现安全生产目标,对生产活动进行的计划、组织、指挥、协调和控制的一系列活动。安全管理的对象是生产中一切人、物、环境的状态管理与控制;主要实现方式是运用现代安全管理原理、方法和手段,分析和研究各种不安全因素,从技术上、组织上和管理上采取有力的措施,解决和消除各种不安全因素,防止事故的发生;目的是保证生产处于最佳安全状态。

20 世纪 80 年代以来,社会生产越来越精细,专业间隔离越来越明显,在工业工程领域越来越需要跨专业复合型的管理人才,因此,工程管理科学应运而生。工程管理是指为实现预期目标,对工程所进行的决策、组织、计划、协调、指挥与控制。与过去片面强调工程技术或经济管理等单个领域不同,工程管理结合了工程技术、管理、经济、法律等多学科知识,具有系统性、综合性、复杂性的特点。

伴随着改革开放以来中国经济起飞以及全球化经济的浪潮,安全管理和工程管理逐渐被国内工业工程领域和管理科学领域所重视。特别是 21 世纪以来,我国工业化、现代化加速推进,大量的大型工程特大型工程纷纷上马,伴随而来的工程安全问题已经成为了现阶段影响国内经济政治稳定的重要因素,工程安全管理的概念应运而生。作为安全管理科学和工程管理科学下的交叉学科,工程安全管理可以从两方面定义:一方面,工程安全管理可以看做是安全管理概念在工程领域的分支和延伸,工程安全管理沿袭了安全管理的管理思路,以实现安全为目标,以管理科学为基本方法,从技术上、组织上和管理等方面入手消除不安全因素,防止事故的发生;另一方面,工程安全管理也可以看做是工程管理在保证安全方面的发展。作为贯穿整个工程建设领域的重要目标,保证安全也是工程管理的重要目标,从而也成为影响工程管理发展的重要因素。在具体实践中,不安全因素往往来自多个方面,消除不安全因素也必须从多个领域入手,这就需要以强调多学科交叉,具有综合性、复杂性、系统性特点的工程管理理念来处理解决。

总体来说,在国内工程安全管理还没有一个规范统一的概念,结合现阶段的研究经验,工程安全管理可以定义为安全生产主体为工程安全而组织和使用人力、物力、财力等各种物质资源的过程。它利用计划、组织、指挥、协调、控制等管理机能,认识并控制来自自然界、机械的物质不安全因素及人的不安全行为,有效地控制设备事故、人身伤亡事故和职业危害的发生,确保工程在涵盖工程项目决策和实施的整个过程中始终处于安全状态,从而实现安全生产、文明施工。

➤ 15.1.3　工程安全管理内容

从工程安全管理环节来看,工程安全管理贯穿包括项目策划与决策过程、勘察设计、施工组织准备、施工阶段、检验试验、竣工验收等工程管理全过程的安全管理。

从安全管理主体来看,工程安全管理涉及建筑企业、业主或业主委托的监理机构、中介组织等多主体的安全管理。

从安全管理对象来看,工程安全管理涉及对一切与工程相关的人、物、环境的状态管理与控制。

工程安全管理是指将工程安全相关主体贯穿于工程安全管理的全过程,通过总结不安全因素、分析不安全因素产生的作用机制、针对不安全因素建立相应防范措施三方面的管理活动,建立工程安全管理体系,对人、物、环境因素状态进行管理,有效地控制人的不安全行为和物的不安全状态,消除或避免事故。

1. 总结不安全因素

工程安全管理的最终目标是保证工程安全,控制了影响工程安全的不安全因素就可以从源头最大限度地减少或消除工程安全隐患,降低事故发生的可能性。因此,总结不安全因素就成为工程安全管理的首要工作。总结不安全因素首先要注重经验总结,针对具体工程的种类和特点,广泛地收集相关工程安全管理的经验,对事故发生的经验教训进行总结分析,整理归纳出客观存在的影响工程安全的不安全因素;其次,结合工程实施的具体情况特点,从工程管理的多学科交叉思路出发,在工程技术、管理、经济、法律等各个相关领域分析探究不安全因素,从而做到不安全因素的全方位、多角度总结,在最大程度上避免遗漏。

2. 分析不安全因素产生作用机制

在总结影响工程安全的不安全因素基础上,要想做到未雨绸缪,防患于未然,就必须进一步分析总结不安全因素产生作用机制。从研究方法上看主要以工程技术、管理、经济、法律等专业知识为基础,并对已有事故经验和安全管理措施的借鉴吸收,并结合工程实施的具体情况特点进行分析研究。探究不安全因素产生机制,就可以找到消除某些不安全因素的措施方法,从而从根本上杜绝隐患。探究不安全因素作用机制,就可以从不安全因素作用过程入手进行全方位的监督防范,降低不安全因素爆发时的影响程度和范围,最大程度地避免事故的发生。

3. 针对不安全因素建立相应防范措施

在分析总结不安全因素及其产生作用机理的基础上,管理层需要针对不安全因素建立相应防范措施。这就要求从战略到战术、从宏观到微观、从全局到局部,作出周密的规划协调和控制,制定出工程安全管理的指导方针、规章制度、组织机构,设立对职工的安全要求、作业环境、教育和训练、年度安全工作目标、阶段工作重点、安全措施项目、危险分析、不安全行为、不安全状态、防护措施与用具、事故灾害的预防等。同时,针对可能发生的情况从工程技术、管理制度、经济、法律等各方面制定相应的应急办法,做到最大程度地保证工程安全,降低影响和损失。

现有的安全管理理论强调在实施安全管理过程中必须正确处理五种关系,坚持六项基本管理原则。其中,五种关系指的是在企业生产管理过程中必须要考虑到安全与危险的并存、安全与生产的统一、安全与质量的包涵、安全与速度的互保、安全与效益的兼顾。

➤ 15.1.4　工程安全管理原则

在实施工程安全管理过程中要遵循以下六项基本原则:

1. 生产、安全共管原则

安全是工程进行的必然条件,并对工程的实施进展发挥了促进作用。因此,安全目标与具体工程目标虽有时会出现矛盾,但从安全、生产管理的目标、目的出发却表现出高度的一致和完全的统一。安全管理是生产管理的重要组成部分,安全与生产在实施过程中,两者存在着密切的联系和进行共同管理的基础。

管生产同时管安全,不仅是对各级领导人员明确安全管理责任,同时,也向一切与生产有关的机构、人员,明确了业务范围内的安全管理责任。由此可见,一切与生产有关的机构、人员,都必须参与安全管理并在管理中承担责任。各级人员安全生产责任制度的建立,管理责任的落实,体现了管生产同时管安全的原则。

2. 目的性原则

没有明确目的安全管理是一种盲目行为,盲目的工程安全管理,不但不能保证工程的安全实施反而在很大程度上使工程安全状况进一步恶化。工程安全管理坚持对人、物、环境因素状态进行管理,有效控制人的不安全行为和物的不安全状态,消除或避免事故,达到保护劳动者的安全与健康的目的。

3. 安全第一、预防为主原则

工程安全管理不是处理事故,而是针对工程建设的特点,对人、物、环境等因素采取管理措施,有效地控制不安全因素的发展与扩大,把可能发生的事故消灭在萌芽状态,以保证工程建设过程中人的安全与健康。

贯彻预防为主原则,首先要端正对工程建设中不安全因素的认识,端正消除不安全因素的态度,选准消除不安全因素的时机。在安排与布置内容的时候,针对施工生产中可能出现的危险因素,采取措施予以消除是最佳选择。在生产活动过程中,经常检查、及时发现不安全因素,采取措施,明确责任,尽快地、坚决地予以消除,是工程安全管理应有的鲜明态度。

4.“四全”动态管理原则

任何一项工程的安全管理都不是少数人和安全机构的事,而是一切与生产有关的人共同的事。缺乏全员的参与,工程安全管理不会出现好的管理效果。安全管理涉及整个工程的方方面面,涉及从开工到竣工交付的全部生产过程,涉及全部的生产时间,涉及一切变化着的生产因素。因此,必须坚持全员、全过程、全方位、全天候的动态安全管理。

(1)全员管理:建筑企业、业主或业主委托的监理机构、中介组织等参与工程项目建设的人员无论是管理者还是作业者,每个岗位每个人都必须承担起相应的安全生产职责,一旦确定了安全生产的方针和目标,就应动员全体员工参与到安全生产系统活动中,做到"安全生产、人人有责"。

(2)全过程管理:对工程建设的项目策划与决策过程、勘察设计、施工组织准备、施工阶段、检验试验、竣工验收等全过程进行安全管理,发现隐患及时处理,否则一旦发生安全事故,将会导致造成人员伤亡,财产损失。

(3)全方位管理:对工程建设的所有工作内容都要进行管理。建设工程项目是一个整体,包括若干个单位工程、分部分项工程。只有对分部分项工程进行严格安全管理才能保证整体项目安全目标的实现。另外,影响项目整体目标实现的因素是多方面的,包括人的不安全行为、物的不安全状态、作业环境的不安全因素,只有全方位地对这些因素加以控制和管理才能保证项目正常进行。

(4)全天候管理:一年中的每一天、每一时刻都要注意安全,不管什么天气、什么环境都要求施工现场管理人员、施工作业人员进入现场时,要把安全放在第一位。

5. 重在控制原则

进行工程安全管理的目的是预防、消灭事故,防止或消除事故伤害,保护劳动者的安全与健康。从事故发生的原理出发,生产中人的不安全行为和物的不安全状态往往是不安全因素的主要来源,这就要求要将生产因素状态的控制作为安全管理的重点,而不能把约束当做安全管理的重点。

6. PDCA 循环改进原则

工程安全管理是在变化着的生产活动中的管理,是一种典型的动态管理。这就意味着它是不断发展、不断变化的,要适应变化的生产活动,以消除新的不安全因素。一种完善工程安全管理机制是一种通过"计划、实施、检查、改进"的 PDCA(P——计划、D——实施、C——检查、A——改进)动态循环,是不间断地摸索新的规律,总结管理、控制的办法与经验,指导新的变化后的动态过程,它通过自身的发展演化使安全管理不断螺旋地上升到新的高度。

(1)计划:根据工程安全管理需要,结合本工程的实际制订切实可行的安全方针、目标和计划;

(2)实施:按照安全计划进行安全措施的实施、执行等各项工作;

(3)检查:按照安全计划的要求,检查验收安全工作的进展情况;

(4)处理:根据安全计划的实施和检查情况进行分析总结,处理遇到的问题,提出改进的措施和建议,保证安全计划的实现。

对于重大的安全问题和安全事故隐患要采取相应的纠正措施和对策,并作为新一轮PDCA 循环的开始,从而形成安全水平不断改进的螺旋上升过程。

15.2　事故致因理论

预防和避免工程事故的关键,就在于找出事故发生的规律,发现、识别并且消除导致事故的必然原因,控制和减少偶然原因,使发生事故的可能性降到最小。为了对工程安全事故采取有效的预防措施,深入了解和认识事故发生的原因,本节重点介绍目前用来解释工程安全事故原因的重要理论——事故致因理论。

事故致因理论是从大量的典型事故的本质原因的分析中所提炼出来的事故机理和事故模型,其目的是要反映事故发生的过程和规律性,从理论上为事故原因的定性、定量分析,以及为事故的预测预防和改善安全管理工作提供科学的、完整的依据。其中,具有代表性的事故致因理论有事故频发倾向理论、事故因果连锁理论、能量意外释放理论、瑟利事故模型、轨迹交叉理论等。

从诱发事故发生的因素来看,主要有单因素理论、双因素理论以及三因素理论。其中单因素理论是 20 世纪初期提出的事故致因理论,也是最早的理论,主要有强调个人失误的"事故频发倾向论"、海因里希"事故因果连锁理论"等,强调管理失误的博德"事故因果连锁理论"等;双因素理论的代表性论点则是 1957 年科尔提出的社会—环境模型,此理论认为导致事故有个人和环境两个因素;20 世纪 50 年代以后,系统安全理论和方法的出现,使人们对事故致因理论有了新的认识,认为事故是由于人的不安全行为和物(机)的不安全状态以及环境的不良影响与干扰等叠加而成的。三因素系统理论逐渐替代了前两种理论,主要有能量意外释放理论、瑟利事故模型、轨迹交叉理论等。

➤ 15.2.1　事故频发倾向论

1919 年,英国的格林伍德(M. Greenwood)和伍兹(H. Woods)对工厂里的伤亡事故进行了统计分析,结果发现,工厂中的某些工人较其他工人更容易发生事故。从这种现象出发,后来由查姆勃(Chamber)和法默(Farmer)在 1939 年对此进行了进一步的补充,并明确提出了"事故频发倾向论"(accident proneness theory)。所谓事故频发倾向是指个别人容易发生事故的、稳定的、个人的内在倾向。该理论认为,从事同样的工作和在同样的工作环境下,某些人比其他人更容易发生事故,这些人是事故倾向者,他们的存在是工业事故发生的主要原因;如果通过人的性格特点区分出这部分人而不予雇佣,则可以减少工业生产中的事故。

该理论把事故致因完全归咎于人的天性,自格林伍德的研究起,迄今有无数的研究者对事故频发倾向理论的科学性问题进行了专门的研究探讨,不过后来的许多研究结果证明事故频发倾向者并不存在。

➤ 15.2.2　事故因果连锁理论

1. 海因里希的事故因果连锁理论

20 世纪二三十年代,美国的海因里希(W. H. Heinrich)对当时全美事故实际经验进行总结和概括,指出在机械事故中,死亡、重伤、轻伤和无伤亡事故的发生比例为 1∶29∶300,

系统地阐述了人的因素与物的因素之间的关系、不安全行为的产生及预防措施、事故预防与其他管理机能之间的关系等广泛问题,并上升为理论,提出了事故因果连锁理论(accident causation sequence theory),用以阐明导致伤亡事故的各种原因因素之间以及这些因素与事故、伤害之间的关系。事故因果连琐理论建立了事故致因的事件链这一重要概念,包括遗传及社会环境、人的缺点、人的不安全行为或物的不安全状态、事故、损害或伤害五种因素,可以形象表示为多米诺骨牌,一旦第一张倒下,就会导致第二张、第三张直至第五张骨牌依次倒下,最终导致事故,并带来相应的伤害和损失。该理论同时还指出,控制事故发生的可能性及减少伤害和损失的关键环节在于消除人的不安全行为和物的不安全状态,即移去中间的一块骨牌,则连锁被破坏,事故过程被中止。该理论的核心思想是:伤亡事故的发生不是一个孤立的事件,而是一系列原因事件相继发生的结果,即伤害与各原因相互之间具有连锁关系。海因里希的事故因果连锁理论促进了事故致因理论的发展,成为事故研究科学化的先导,具有重要的历史地位。

海因里希的事故因果连琐理论如图 15-3 所示。

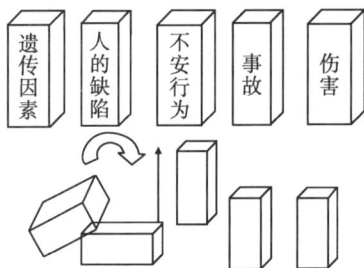

图 15-3 海因里希的事故因果连锁理论

该理论虽然强调人的不安全行为和物的不安全状态在事故原因中的重要作用,但仍将物的不安全状态产生的原因完全归因于人的缺陷,追究人的遗传因素和社会环境方面的问题,表现出了认识的局限性。

2. 博德的事故因果连锁理论和亚当斯的事故因果连锁理论

博德(Jr. Bird)在海因里希事故因果连锁理论的基础上,提出了反映现代安全管理理念的事故因果连锁理论。博德认为,尽管人的不安全行为和物的不安全状态是导致事故的重要原因,却不过是其背后原因的征兆,是一种表面现象。他认为事故的本质原因在于管理的缺陷。博德的事故因果连锁过程同样包括五个因素,但每个因素的含义与海因里希的都有所不同,包括:安全管理(本质原因)、个人原因及工作条件(基本原因)、人的不安全行为或物的不安全状态(直接原因)、事故、损失。

英国伦敦大学的约翰·亚当斯(John Adarns)教授通过研究,提出了一种与博德相似的事故因果连锁模型。在该理论中,事故和损失因素与博德理论相似。这里把人的不安全行为和物的不安全状态称作现场失误,其目的在于提醒人们注意不安全行为和不安全状态的性质。亚当斯连锁理论的核心在于对造成现场失误的管理原因进行了深入的研究。操作者的不安全行为及生产作业过程中的不安全状态等现场失误,是由于企业领导者和安全技术人员的管理失误造成的。安全管理人员在管理工作中的差错或疏忽,领导者的决策错误或没有作出决策,对企业的安全管理工作具有决定性的影响。管理失误又是由企业管理体系中存在的问题所引起的,这些问题包括:如何有组织地进行管理工作,确定怎样的管理目标,如何计划、如何实施等。管理体系反映了作为决策中心的领导者的信念、目标及规范,它决定各级管理人员安排工作的轻重缓急、工作基准及指导方针等重大问题。

　　3. 北川彻三的事故因果连锁理论

前面提及的几种事故因果连锁理论把考察的范围局限在企业内部,用以指导企业的事故预防工作。实际上工业伤害事故发生的原因是复杂多样的,一个国家或地区的政治、经济、文化、教育、科技水平等诸多社会因素,对企业内部伤害事故的发生和预防有着重要的影响。

日本人北川彻三正是基于这种考虑,在对海因里希的理论进行了一定的修正的基础上,提出了另一种事故因果连锁理论,如表 15-1 所示。他认为事故的基本原因包括三方面原因:①学校教育原因。小学、中学、大学等教育机构的安全教育不充分。②社会原因。社会安全观念落后,安全法规或安全管理、安全监督机构不完备等。③历史原因。工业发展的一定历史阶段,经济快速发展是造成安全事故频发的诱因。

表 15-1　北川彻三事故因果连锁理论示意图

基本原因	间接原因	直接原因		
学校教育原因 社会原因 历史原因	技术原因 教育原因 身体原因 精神原因	不安全行为 不安全状态	事故	伤害

在北川彻三的因果连锁理论中,基本原因中的各个因素,已经超出了企业安全工作的范围。但是,充分认识这些基本原因因素,对综合利用可能的科学技术、管理手段来改善间接原因因素,达到预防伤害事故发生的目的,是十分重要的。

15.2.3　能量意外释放论

1961 年由吉布森(J. Gibson)提出,并在 1966 年由哈登(W. Hadden)引申的"能量意外释放"论(Energy transfer theory),是事故致因理论发展过程中的重要一步。该理论认为,事故是一种不正常的,或不希望的能量转移,各种形式的能量构成了伤害的直接原因。如果意外释放的能量转移到人体,并且其能量超过了人体的承受能力,则人体将受到伤害。吉布森和哈登从能量的观点出发,指出:人受伤害的原因只能是某种能量向人体的转移,而事故正是一种能量的异常或意外的释放。每一次能量改变都存在一个能量源、一个路径和一个接受者。因此,应该通过控制能量源或者切断能量转移的路径和载体或帮助能量接受者采取防范措施来预防伤害事故的发生。

能量意外释放理论与其他事故致因理论相比,具有两个主要特点:①把各种能量对人体的伤害归结为伤亡事故的直接原因,从而确立了以对能量源及能量传送途径加以控制作为防止或减少伤害发生的手段这一原则;②依照该理论建立的对伤亡事故的统计分类,是一种可以全面概括、阐明伤亡事故类型和性质的统计分类方法。

➤ 15.2.4 瑟利事故模型

1969 年瑟利(J. Surry)提出了一种事故模型,以人对信息的处理过程为基础,描述事故发生因果关系。这种理论认为,人在信息处理过程中出现失误从而导致人的行为失误,进而引发事故。这一模型称为瑟利事故模型(surry's accident model)。

与此类似的理论还有海尔模型(hate's model)、威格里沃思(Wigglesworth)的"人失误的一般模型"、劳伦斯(Lawrence)提出的"金矿山人失误模型",以及安德森(Anderson)等人对瑟利模型的修正,等等。

这些理论均从人的特性与机器性能和环境状态之间是否匹配和协调的观点出发,认为机械和环境的信息不断地通过人的感官反映到大脑,人若能正确地认识、理解、判断,作出正确决策和采取行动,就能化险为夷,避免事故和伤亡;反之,如果人未能察觉、认识所面临的危险,或判断不准确而未采取正确的行动,就会发生事故和伤亡。由于这些理论把人、机、环境作为一个整体(系统)看待,研究人、机、环境之间的相互作用、反馈及调整,从中发现事故的致因,揭示出预防发生的途径,所以,也有人将它们统称为系统理论(system theory)。瑟利事故模型的原理如图 15-4 所示。

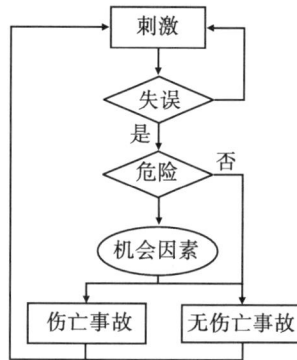

图 15-4 瑟利事故模型

➤ 15.2.5 轨迹交叉论

轨迹交叉论(orbit intersecting theory)的基本思想是:在事故发展进程中,人的因素的运动轨迹与物的因素的运动轨迹的交点,就是事故发生的时间和空间。即人的不安全行为与物的不安全状态发生于同一时间、同一空间,或者说是人的不安全行为与物的不安全状态相遇,则将在此时间和空间发生事故。轨迹交叉论的原理如图 15-5 所示。

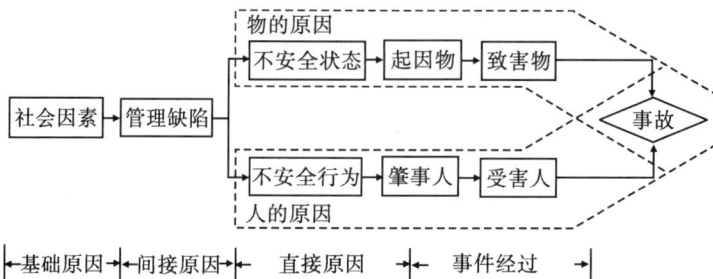

图 15-5 轨迹交叉论

　　轨迹交叉论作为一种事故致因理论,强调人的因素和物的因素在事故致因中占有同样重要的地位。按照该理论,可以通过避免人与物两种因素运动轨迹交叉,即避免人的不安全行为和物的不安全状态同时、同地出现,来预防事故的发生。因此,企业一方面要积极改进生产工艺,设置有效的安全防护装置,减少、控制生产过程中的不安全因素;另一方面要通过教育、培训和规章制度来规范人的行为,避免不安全行为的发生,从而减少和避免事故的发生。

15.3　工程安全分析方法

　　工程安全分析评价方法可分为定性分析和定量分析两种类型。定性分析能够找出系统的危险性,估计出危险的程度,主要有安全检查表法、专家评议法、预先危险分析法、故障假设分析法、危险与可操作性研究等方法;定量分析可以计算出事故发生概率和损失率,主要有事件树分析、事故树分析方法。下面将对事件树分析和事故树分析方法进行详细介绍。

➤ 15.3.1　事件树分析(ETA)

1. 事件树分析法概述

　　事件树分析(event tree analysis,ETA)的理论基础是决策论。它是一种从原因到结果的自上而下的分析方法。从一个初始事件开始,交替考虑成功与失败的两种可能性,然后再以这两种可能性作为新的初始事件,如此继续分析下去,直到找到最后的结果。因此,ETA是一种归纳逻辑树图,能够看到事故发生的动态发展过程,提供事故后果。

　　事故的发生是若干事件按时间顺序相继出现的结果,每一个初始事件都可能导致灾难性的后果,但不一定是必然的后果。事件向前发展的每一步都会受到安全防护措施、操作人员的工作方式、安全管理及其他条件的制约,因此每一阶段都有两种可能性结果,即达到既定目标的"成功"和达不到目标的"失败"。

　　ETA从事故的初始事件开始,途经原因事件到结果事件为止,每一事件都按成功和失败两种状态进行分析。成功或失败的分叉称为歧点,用树枝的上分支作为成功事件,下分支作为失败事件,按照事件发展顺序不断延续分析直至最后结果,最终形成一个在水平方向横向展开的树形图。

2. 事件树分析法的分析程序

　　(1)确定初始事件。确定和分析可能导致系统安全性后果的初因事件并进行分类,对那些可能导致相同事件的初因事件划分为一类。

　　初始事件:可能引发系统安全性后果的系统内部的故障或外部的事件,一般指系统故障、设备失效、工艺异常、人的失误等,它们都是由事先设想或估计的。确定初始事件一般依靠分析人员的经验和有关运行、故障、事故统计资料来确定;对于新开发系统或复杂系统,往往先应用其他分析、评价方法从分析的因素中选定,再用事件树分析方法作进一步的重点分析。

　　(2)建造事件树。确定和分析初始事件发生后,可能相继发生的后续事件,并进一步确定这些事件发生的先后顺序,按后续事件发生或不发生(二态)分析各种可能的结果,找出后果事件。事件树的建造过程也是对系统的一个再认识过程。

①后续事件:在初因事件发生后,可能相继发生的其他事件,这些事件可能是系统功能设计中所决定的某些备用设施或安全保证设施的启用,也可能是系统外部正常或非正常事件的发生。后续事件一般是按一定顺序发生的。

②后果事件:由初因事件和后续事件的发生或不发生所构成的不同的结果。

(3)分析事件树。

①找出事故连锁和最小割集事件树每个分支代表初始事件一旦发生后其可能的发展途径,其中导致系统事故的途径即为事故连锁,一般导致系统事故的途径有很多,即有很多事故连锁。

②找出预防事故的途径事件树中最终达到安全的途径指导人们如何采取措施预防事故发生。在达到安全的途径中,安全功能发挥作用的事件构成事件树的最小径集。一般事件树中包含多个最小径集,即可以通过若干途径防止事故发生。由于事件树表现了事件间的时间顺序,所以应尽可能地从最先发挥作用的安全功能着手。

(4)事件树的定量分析。对所建完的事件树,收集、分析每个事件的发生概率及其相互间的依赖关系,定量计算各后果事件的发生概率,并进一步分析评估其风险。

(5)事件树分析法的优缺点。事件树分析法是一种图解形式,层次清楚。

该方法的优点是:概率可以按照路径为基础分到节点;整个结果的范围可以在整个树中得到改善;事件树从原因到结果,概念上比较容易明白;事件树是依赖于时间的;事件树在检查系统和人的响应造成潜在事故时是理想的。

该方法的缺点是:事件树成长非常快,为了保持合理的大小,往往使分析必须非常粗。

➢ 15.3.2 事故树分析(FTA)

1. 事故树分析法概述

事故树分析法(fault tree analysis,FTA),是安全系统工程的重要分析方法之一,它能对各种系统的危险性进行辨识和评价,不仅能分析出事故的直接原因,而且能深入揭示出事故的潜在原因。用它描述事故的因果关系直观、明了,思路清晰,逻辑性强,能对各种系统的危险性进行识别评价,既适用于定性分析,又能进行定量分析。

事故树分析首先由美国贝尔电话研究所于 1961 年为研究民兵式导弹发射控制系统时提出来,1974 年美国原子能委员会运用 FTA 对核电站事故进行了风险评价,发表了著名的《拉姆逊报告》。该报告对事故树分析作了大规模有效的应用。此后,该分析法在社会各界引起了极大的反响,受到了广泛的重视,从而迅速在许多国家和企业中应用和推广。中国开展事故树分析方法的研究是从 1978 年开始的。目前已有很多部门和企业正在进行普及和推广工作,并已取得一大批成果,促进了企业的安全生产。20 世纪 80 年代末,铁路运输系统开始把事故树分析方法应用到安全生产和劳动保护上来,也已取得了较好的效果。

事故树由各种符号和其连接的逻辑门组成。

(1)事件符号。事件符号主要有矩形符号、圆形符号、屋形符号、菱形符号,具体形状如图 15-6 所示:

矩形符号　　圆形符号　　屋形符号　　菱形符号　　双菱形符号

图 15-6　事件树基本符号图

①矩形符号,表示顶上事件或中间事件:将事件扼要记入矩形框内。必须注意,顶上事件一定要清楚明了,不要太笼统。例如"交通事故","爆炸着火事故",对此人们无法下手分析,而应当选择具体事故。如"机动车追尾"、"机动车与自行车相撞"、"建筑工人从脚手架上坠落死亡"、"道口火车与汽车相撞"等具体事故。

②圆形符号,表示基本(原因)事件:可以是人的差错,也可以是设备、机械故障、环境因素等。它表示最基本的事件,不能再继续往下分析了。例如,影响司机瞭望条件的"曲线地段"、"照明不好",司机本身问题影响行车安全的"酒后开车"、"疲劳驾驶"等原因,将事故原因扼要记入圆形符号内。

③屋形符号,表示正常事件:是系统在正常状态下发生的正常事件。如:"机车或车辆经过道岔"、"因走动取下安全带"等,将事件扼要记入屋形符号内。

④菱形符号,表示省略事件:即表示事前不能分析,或者没有再分析下去的必要的事件。例如,"司机间断瞭望"、"天气不好"、"臆测行车"、"操作不当"等,将事件扼要记入菱形符号内。

圆形、屋形、菱形及双菱形表示的事件均称为基本事件,或底事件。

(2)逻辑门符号。逻辑门符号起着事件之间逻辑连接的作用,基本的逻辑门符号如图 15-7 所示:

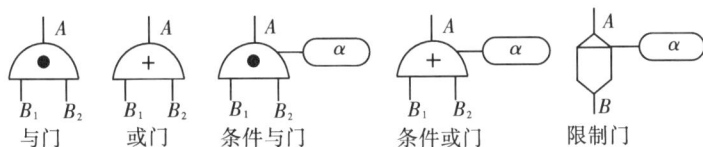

与门　　或门　　条件与门　　条件或门　　限制门

图 15-7　逻辑门符号

① 与门符号。与门连接表示输入事件 B_1、B_2 同时发生的情况下,输出事件 A 才会发生的连接关系。二者缺一不可,表现为逻辑积的关系,即 $A = B_1 \bigcap B_2$。在有若干输入事件时,也是如此。

② 或门符号。它表示输入事件 B_1 或 B_2 中,任何一个事件发生都可以使事件 A 发生,表现为逻辑和的关系即 $A = B_1 \bigcup B_2$。在有若干输入事件时,情况也是如此。

③ 条件与门符号。它表示只有当 B_1、B_2 同时发生,且满足条件 α 的情况下,A 才会发生,相当于二个输入事件的与门。即 $A = B_1 \bigcap B_2 \bigcap \alpha$,将条件 α 记入六边形内。

④条件或门符号。它表示 B_1 或 B_2 任何一个事件发生,且满足条件 α,输出事件 A 才会发生,将条件 α 记入六边形内。

⑤ 限制门符号。它是逻辑上的一种修正符号,即输入事件发生且满足条件 α 时,才产生输出事件。相反,如果不满足,则不发生输出事件,条件 α 写在椭圆形符号内。

(3)转移符号。当事故树规模很大时,需要将某些部分画在别的纸上,这就要用转出和转入符号(如图 15-8 所示),以标出向何处转出和从何处转入。

①转出符号。它表示向其他部分转出,△内记入向何处转出的标记。

②转入符号。它表示从其他部分转入,△内记入从何处转入的标记。

转出符号　　转入符号

图 15-8　转入、转出符号

2. 事故树分析法的分析程序

事故树分析虽然根据对象系统的性质、分析目的的不同,分析的程序也不同。但是,一般都有下面的十个基本程序(如图 15-9 所示)。有时,使用者还可根据实际需要和要求,来具体确定分析程序。

(1)熟悉系统。要求要确实了解系统情况,包括工作程序、各种重要参数、作业情况,围绕所分析的事件进行工艺、系统、相关数据等资料的收集。必要时画出工艺流程图和布置图。

(2)调查事故。要求在过去事故实例、有关事故统计基础上,尽量广泛地调查所能预想到的事故,即包括已发生的事故和可能发生的事故。

(3)确定顶上事件。所谓顶上事件,就是我们所要分析的对象事件。选择顶上事件,一定要在详细了解系统运行情况、有关事故的发生情况、事故的严重程度和事故的发生概率等资料的情况下进行,而且事先要仔细寻找造成事故的直接原因和间接原因。然后,根据事故的严重程度和发生概率确定要分析的顶上事件,将其扼要地填写在矩形框内。

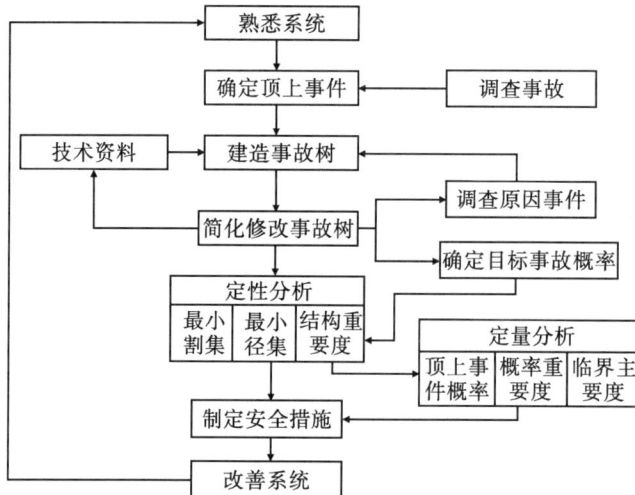

图 15-9　事故树分析的一般程序

(4)确定控制目标。根据以往的事故记录和同类系统的事故资料,进行统计分析,求出事故发生的概率(或频率),然后根据这一事故的严重程度,确定我们要控制的事故发生概率的目标值。

(5)调查或分析事件原因。顶上事件确定之后,为了编制好事故树,必须将造成顶上事件的所有直接原因事件找出来,尽可能不要漏掉。

(6)绘制事故树。这是 FTA 的核心部分。在找出造成顶上事件的各种原因之后,就可以从顶上事件起进行演绎分析,一级一级地找出所有直接原因事件,直到所要分析的深度,再用相应的事件符号和适当的逻辑门把它们从上到下分层连接起来,层层向下,直到最基本的原因事件,这样就构成一个事故树。

画成的事故树图是逻辑模型事件的表达。既然是逻辑模型,那么各个事件之间的逻辑关系就应该相当严密、合理,否则在计算过程中将会出现许多意想不到的问题。因此,对事故树的绘制要十分慎重。在制作过程中,一般要进行反复推敲、修改,除局部更改外,有的甚至要推倒重来,有时还要反复进行多次,直到符合实际情况,比较严密为止。

在用逻辑门连接上下层之间的事件原因时,注意逻辑门的连接问题是非常重要的,不能含糊,它涉及各种事件之间的逻辑关系,直接影响着以后的定性分析和定量分析。例如:若下层事件必须全部同时发生,上层事件才会发生时,必须用"与门"连接。

(7)定性分析。根据事故树结构进行化简,求出事故树的最小割集(一般用 g 表示)和最小径集,确定各基本事件的结构重要度排序。当割集的数量太多,可以通过计算机程序进行概率截断或割集阶截断。

(8)计算顶上事件发生概率。首先根据所调查的情况和资料,确定所有原因事件的发生概率,并标在事故树上。根据这些基本数据,求出顶上事件(事故)发生概率。

(9)进行比较。要根据可维修系统和不可维修系统分别考虑。对可维修系统,把求出的概率与通过统计分析得出的概率进行比较,如果二者不符,则必须重新研究,看原因事件是否齐全,事故树逻辑关系是否清楚,基本原因事件的数值是否设定得过高或过低,等等。对不可维修系统,求出顶上事件发生概率即可。

(10)定量分析。定量分析包括下列三个方面的内容:①当事故发生概率超过预定的目标值时,要研究降低事故发生概率的所有可能途径,可从最小割集着手,从中选出最佳方案。②利用最小径集,找出根除事故的可能性,从中选出最佳方案。③求各基本原因事件的临界重要度系数,从而对需要治理的原因事件按临界重要度系数大小进行排队,或编出安全检查表,以求加强人为控制。这一阶段的任务是很多的,它包括计算顶上事件发生概率即系统的点无效度和区间无效度,此外还要进行重要度分析和灵敏度分析。

事故树分析方法原则上是这十个步骤。但在具体分析时,可以根据分析的目的、投入人力物力的多少、人的分析能力的高低以及对基础数据的掌握程度等,分别进行到不同步骤。如果事故树规模很大,也可以借助电子计算机进行分析。

3. 事故树定性分析

(1)相关概念。割集也叫做截集,是事故树中某些基本事件的集合,当这些基本事件都发生时,顶上事件必然发生。如果在某个割集中任意除去一个基本事件就不再是割集了,这样的割集就称为最小割集,也就是导致顶上事件发生的最低限度的基本事件组合。

径集也叫做通集或导通集,即事故树中某些基本事件的集合,当这些基本事件都不发生时,顶上事件必然不发生。如果在某个径集中任意除去一个基本事件就不再是径集了,这样的径集就称为最小径集,也就是不能导致顶上事件发生的最低限度的基本事件组合。

(2)最小割集求解方法。

①布尔代数化简法。任何一个事故树都可以用布尔函数来描述。化简布尔函数,其最简析取标准式中每个最小项所属变元构成的集合,便是最小割集。若最简析取标准式中含有 m 个最小项,则该事故树有 m 个最小割集。该方法适于手工求解事故树。

根据布尔代数的性质,可把任何布尔函数化为析取和合取两种标准形式。

析取标准形式为:

$$f = A_1 + A_2 + \cdots + A_m = \sum_{i=1}^{m} A_m \qquad (式 15 - 1)$$

合取标准形式为:

$$f = B_1 \cdot B_2 \cdots B_m = \prod_{i=1}^{m} B_m \qquad (式 15 - 2)$$

A_i 和 B_i 分别是事故树的割集和径集。如果定义析取标准式的布尔项之和 A_i 中各项之间不存在包含关系,即其中任意一项基本事件布尔积不被其他基本事件布尔积所包含,则该析取标准式为最简析取标准式,那么 A_i 为结构函数 f 的最小割集。同理,可以直接利用最简合取标准式求取事故树的最小径集。

② 行列法。行列法是 1972 年由富赛尔(Fussel)提出的,所以又称富塞尔法。

求解割集时,首先从顶上事件开始,按逻辑门顺序用下面的输入事件代替上面的输出事件,逐层代替,直到所有基本事件都代完为止。最后用逻辑法化简,则得最小割集。该方法适于计算机求解事故树。

(3)结构重要度分析。结构重要度分析一般可以采用两种方法,一种是精确求出结构重要度系数,一种是用最小割集或用最小径集近似计算结构重要度。

① 基本事件的相对重要度。若在事故树中有 n 个基本事件,每个基本事件有"0"及"1"两种状态,则可能出现 2 种状态组合,其中基本事件为"1"的状态组合仅为 2^{n-1} 种。

若令 $\sum \varphi(1_i, x)$ 表示基本事件 x_i 为"1"时,顶上事件为"1"的次数;$\sum \varphi(0_i, x)$ 表示基本事件 x_i 为"0"时,顶上事件为"1"的次数。则基本事件 x_i 的相对重要度为:

$$I_i = \left[\varphi(1_i, x) - \varphi(0_i, x) \right] / 2^{n-1} \qquad (式 15 - 3)$$

上述相对重要度也称为结构重要度系数。

采用公式可以精确计算各基本事件的结构重要度排序,但当事故树的结构复杂时,状态组合呈指数增长,采用上述方法显得非常繁琐,甚至不可能。

② 利用最小割集确定结构重要度。最小割集是事故等效树的最简构成部分,所以利用最小割集求解基本事件的结构重要度要方便得多。

由于基本事件的发生概率通常小于1,所以容量(基本事件数量)越小的最小割集概率越高,其中基本事件的重要度也越大。通常最小割集中基本事件的重要度遵循以下原则:

A. 当最小割集的容量相等时,在各最小割集中重复出现次数越多的基本事件,其结构重要度也越大。

B. 当各最小割集的容量不相等时,最小割集的容量越小,其中基本事件的重要度越大。

C. 在各小容量最小割集中出现次数少的基本事件,与在各大容量最小割集中出现次数多的基本事件相比较,一般前者的结构重要度大于后者。

若给各个最小割集中的基本事件都赋予 1，依据上述原则则可制定结构重要度的近似判定式：

$$I_{\varphi(i)} = \sum_{x_i \in K_j} \frac{1}{2^{n_i-1}} \qquad \text{(式 15 - 4)}$$

式中：$I_{\varphi(i)}$ 表示基本事件 x_i 的结构重要度；

　　　n_i 表示基本事件 x_i 所在最小割集包含的基本事件数。

（4）事故树定量分析。事故树定量分析的目的是：在给定基本事件发生概率的情况下，求出顶上事件发生的概率，这样就可以根据所得结果和预定的目标值进行比较。如果计算值超出了目标值，就应采取必要的系统改进措施，使其降至目标值以下；计算每个基本事件对顶上事件发生概率的影响程度，以更切合实际地确定各基本事件对预防事故发生的重要性，使人们更清楚认识改进系统应重点从何处着手。

① 顶上事件发生概率计算。

A. 基本计算方法。如果事故树中不含有重复的或相同的基本事件，各基本事件又都是相互独立的，顶上事件发生概率可根据事故树的结构，用下列公式求得。

逻辑乘（与门连接的事件）的概率计算公式：

$$P(T) = g(x_1 \cdot x_2 \cdot, \cdots, \cdot x_n) = \prod_{i=1}^{n} q_i \qquad \text{(式 15 - 5)}$$

逻辑加（或门连接的事件）的概率计算公式：

$$P(T) = g(x_1 + x_2 +, \cdots, + x_n) = 1 - \prod_{i=1}^{n}(1 - q_i) \qquad \text{(式 15 - 6)}$$

式中：x_i 表示基本事件；

　　　q_i 表示基本事件发生的概率。

B. 最小割集法。事故树可以用其最小割集的等效树来表示。这时，最小隔集与基本事件是用与门连接，顶上事件与最小割集是或门连接。设某事故树有 k 个最小割集：E_1、E_2、…… 、E_k，则有：

$$P(T) = P\left\{\bigcup_{r=1}^{k} E_r\right\} = P\left\{\bigcup_{r=1}^{k} \prod_{x_i \in E_r} x_i\right\} \qquad \text{(式 15 - 7)}$$

若在各最小隔集中没有重复的基本事件，而且各基本事件相互独立时，顶上事件的发生概率可表示为：

$$P(T) = \prod_{r=1}^{k} \prod_{x_i \in E_r} q_i \qquad \text{(式 15 - 8)}$$

若事故树的各最小隔集中有重复事件，需将上式展开，按布尔代数中等幂律消去每个概率因子中的重复因子。此种情况下的顶上事件的发生概率可表示为：

$$P(T) = \sum_{r=1}^{k} \prod_{x_i \in E_r} q_i - \sum_{1 \leqslant r < s \leqslant k} \prod_{x_i \in E_r \cup E_s} q_i + \cdots + (-1)^{k-1} \prod_{\substack{r=1 \\ x_i \in E_r}}^{k} q_i \qquad \text{(式 15 - 9)}$$

C. 最小径集法。

根据最小径集与最小割集的对偶性，利用最小径集同样可求出顶上事件的发生概率。

最小径集与基本事件是用或门连接，顶上事件与最小径集是或门连接。设某事故树有 k

个最小径集：D_1、D_2、……、D_k。

若在各最小径集中没有重复的基本事件，而且各基本事件相互独立时，顶上事件的发生概率可表示为：

$$P(T) = \prod_{r=1}^{k} \coprod_{x_i \in D_r} q_i = \prod_{r=1}^{k} \left[1 - \coprod_{x_i \in E_r} (1 - q_i) \right] \qquad (式 15 - 10)$$

若事故树的各最小径集中有重复事件，需将上式展开，按布尔代数中等幂律消去每个概率因子中的重复因子。此种情况下的顶上事件的发生概率可表示为：

$$P(T) = 1 - \sum_{r=1}^{k} \prod_{x_i \in D_r} (1 - q_i) + \sum_{1 \leqslant r < s \leqslant k} \prod_{x_i \in D_r \cup D_s} (1 - q_i) + \cdots + (-1)^{k-1} \prod_{\substack{r=1 \\ x_i \in E_r}}^{k} (1 - q_i) \quad (式 15 - 11)$$

② 概率重要度。结构重要度分析是从事故树的结构上，分析各基本事件的重要程度。如果进一步考虑基本事件发生概率的变化会给顶上事件发生概率有多大影响，就要分析基本事件的概率重要度。基本事件的概率重要度是指顶上事件发生概率对基本事件发生概率的变化率，即：

$$I(i) = \frac{\partial P(T)}{\partial q_i} \qquad (式 15 - 12)$$

当利用上式求出各基本事件的概率重要度系数后，就可以了解：诸多基本事件，减少哪个基本事件的发生概率可以有效地降低顶上事件的发生概率。

③ 临界重要度分析。结构重要度是从事故树的结构上分析基本事件的重要性，并不能全面地说明各基本事件的危险重要程度。而概率重要度是反映基本事件发生概率的增减对顶上事件发生概率影响的敏感度。两者都不能从本质上反映各基本事件在事故树中的重要程度。临界重要度是从概率和结构的双重角度来衡量各基本事件重要性的一个评价标准，比概率重要度更合理更具有实际意义。临界重要度是基本事件发生概率的变化率与顶上事件发生概率的变化率的比，即：

$$I_c(i) = \frac{\Delta p(T)/p(T)}{\Delta q_i/q_i} \qquad (式 15 - 13)$$

通过偏导数的公式变换，上式可改写为：

$$I_c(i) = \lim_{\Delta q_i \to 0} \frac{\Delta p(T)/p(T)}{\Delta q_i/q_i}$$

$$= \frac{q_i}{p(T)} \cdot \lim_{\Delta q_i \to 0} \frac{\Delta p(T)}{\Delta q_i} \qquad (式 15 - 14)$$

$$= \frac{q_i}{p(T)} \cdot I_g(i)$$

(5)事故树分析的特点。我国在 1978 年由天津东方化工厂首先将该方法用于高氯酸生产过程中的危险性分析，对减少和预防事故的发生取得了明显的效果。之后又在化工、冶金、机械、航空等工业部门得到普遍的推广和应用。它具有以下几个特点：

①分析法是采用演绎的方法分析事故的因果关系，能详细找出每个系统各种固有的潜在危险因素，为安全设计、制定安全技术措施和安全管理要点提供了依据。

②能简洁形象地表示出事故和每个原因之间的因果关系及逻辑关系。

③在事故分析中,顶上事件可以是已发生的事故,也可以是预想的事故。通过分析找出原因,采取对策加以控制,从而起到预测、预防事故的作用。

④可以用于定性分析,求出危险因素对事故影响的大小;也可以用于定量分析,由各危险因素的概率计算出事故发生的概率,从数量上说明是否能满足预定目标值的要求,从而确定采取措施的重点和轻、重、缓、急顺序。

⑤可选择最感兴趣的事故作为顶上事件进行分析。

⑥分析人员必须非常熟悉对象系统,具有丰富的实践,能准确和熟悉地应用分析方法。往往出现不同分析人员编制的事故树和分析结果不同的现象。

⑦复杂系统的事故树往往很庞大,分析、计算的工作量大。

⑧进行定量分析时,必须知道事故树中各事件的故障数据;如果这些数据不准确,定量分析就不可能进行。

15.4 工程安全事故分类及处理

15.4.1 安全事故分类

1. 按事故的原因划分

《企业职工伤亡事故分类标准》(GB 6441—86)将安全事故可分为物体打击事故、车辆伤害事故、机械伤害事故、起重伤害事故、触电事故、火灾事故、灼烫事故、淹溺事故、高处坠落事故、坍塌事故、冒顶片帮事故、透水事故、放炮事故、火药爆炸事故、瓦斯爆炸事故、锅炉爆炸事故、容器爆炸事故、其他爆炸事故、中毒和窒息事故、其他伤害事故等 20 种。

其中对于建筑施工而言,按照安全事故发生的频率,主要为高处坠落事故、坍塌事故、物体打击事故、起重伤害事故、触电事故和机具伤害事故六类。以 2011 年数据为例,房屋市政工程生产安全事故按照类型划分,高处坠落事故 314 起,占总数的 53.31%;坍塌事故 86 起,占总数的 14.60%;物体打击事故 71 起,占总数的 12.05%;起重伤害事故 49 起,占总数的 8.32%;触电事故 30 起,占总数的 5.09%;机具伤害事故 20 起,占总数的 3.40%;车辆伤害、火灾和爆炸、中毒和窒息、淹溺等其他事故 19 起,占总数的 3.23%。2011 年安全事故类型如图 15-10 所示。

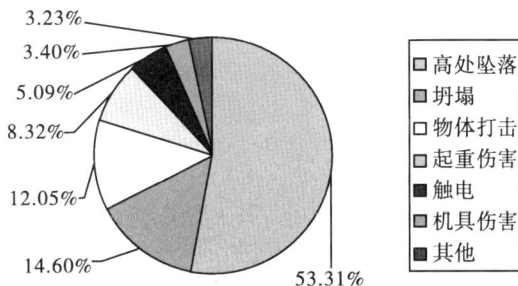

图 15-10 2011 年安全事故类型

2. 按安全事故造成的伤害程度划分

(1)根据《生产安全事故报告和调查处理条例》第三条,根据生产安全事故(以下简称事

故)造成的人员伤亡或者直接经济损失,事故一般分为以下等级:

①特别重大事故:造成 30 人以上死亡,或者 100 人以上重伤(包括急性工业中毒,下同),或者 1 亿元以上直接经济损失的事故。

②重大事故:造成 10 人以上 30 人以下死亡,或者 50 人以上 100 人以下重伤,或者 5000 万元以上 1 亿元以下直接经济损失的事故。

③较大事故:造成 3 人以上 10 人以下死亡,或者 10 人以上 50 人以下重伤,或者 1000 万元以上 5000 万元以下直接经济损失的事故。

④一般事故:造成 3 人以下死亡,或者 10 人以下重伤,或者 1000 万元以下直接经济损失的事故。

此外,国务院安全生产监督管理部门可以会同国务院有关部门,制定事故等级划分的补充性规定。

(2)建筑工程重大事故等级评定。建筑工程重大事故是指在工程建设过程中由于责任过失造成工程倒塌或报废、机械设备毁坏和安全设施失当造成人身伤亡或者重大经济损失的事故。

按照《工程建设重大事故报告和调查程序规定》(建设部令第 3 号),将建筑工程重大事故分为四个等级:

①一级重大事故:死亡 30 人以上,或直接经济损失 300 万元以上。

②二级重大事故:死亡 10 人以上,29 人以下,或直接经济损失 100 万元以下,不满 300 万元。

③三级重大事故:死亡 3 人以上,9 人以下,或重伤 20 人以上,或直接经济损失 30 万元以上,不满 100 万元。

④四级重大事故:死亡 2 人以下,或重伤 3 人以上,19 人以下,或直接经济损失 10 万元以上,不满 30 万元。

➢ 15.4.2　安全事故处理

根据《生产安全事故报告和调查处理条例》,事故划分为特别重大事故、重大事故、较大事故和一般事故四个等级。同时,条例对事故发生后的上报时限和具体内容要求进行了明确的规定。

条例规定,事故发生后,事故现场有关人员应当立即向本单位负责人报告,单位负责人接到报告后,应当于 1 小时内向事故发生地县级以上人民政府安全生产监督管理部门和负有安全生产监督管理职责的有关部门报告。情况紧急时,事故现场有关人员可以直接向事故发生地县级以上人民政府安全生产监督管理部门和负有安全生产监督管理职责的有关部门报告。

条例规定,安全生产监督管理部门和负有安全生产监督管理职责的有关部门接到事故报告后,应当依照下列规定上报事故情况,并通知公安机关、劳动保障行政部门、工会和人民检察院:

(1)特别重大事故、重大事故逐级上报至国务院安全生产监督管理部门和负有安全生产监督管理职责的有关部门;

（2）较大事故逐级上报至省、自治区、直辖市人民政府安全生产监督管理部门和负有安全生产监督管理职责的有关部门；

（3）一般事故上报至设区的市级人民政府安全生产监督管理部门和负有安全生产监督管理职责的有关部门。

另外，安全生产监督管理部门和负有安全生产监督管理职责的有关部门依照前款规定上报事故情况，应当同时报告本级人民政府。国务院安全生产监督管理部门和负有安全生产监督管理职责的有关部门以及省级人民政府接到发生特别重大事故、重大事故的报告后，应当立即报告国务院。必要时，安全生产监督管理部门和负有安全生产监督管理职责的有关部门可以越级上报事故情况。同时，安全生产监督管理部门和负有安全生产监督管理职责的有关部门逐级上报事故情况，每级上报的时间不得超过 2 小时。

条例中明确，报告事故应当包括以下内容：①事故发生单位概况；②事故发生的时间、地点以及事故现场情况；③事故的简要经过；④事故已经造成或者可能造成的伤亡人数（包括下落不明的人数）和初步估计的直接经济损失；⑤已经采取的措施；⑥其他应当报告的情况。

事故报告后出现新情况的，应当及时补报。自事故发生之日起 30 日内，事故造成的伤亡人数发生变化的，应当及时补报。道路交通事故、火灾事故自发生之日起 7 日内，事故造成伤亡人数发生变化的，应当及时补报。

条例还规定，事故发生后，有关单位和人员应当妥善保护事故现场以及相关证据，任何单位和个人不得破坏事故现场、毁灭相关证据。因抢救人员、防止事故扩大以及疏通交通等原因，需要移动事故现场物件的，应当做出标志，绘制现场简图并作出书面记录，妥善保存现场重要痕迹、物证。事故发生地公安机关根据事故的情况，对涉嫌犯罪的，应当依法立案侦查，采取强制措施和侦查措施。犯罪嫌疑人逃匿的，公安机关应当迅速追捕归案。

除此之外，安监总局审议通过并于 2010 年 10 月 1 日起施行的《安全生产行政处罚自由裁量适用规则（试行）》（以下简称《规则》）中规定，一年内同一种安全生产违法行为被处罚两次以上；对举报人、证人打击报复；发生生产安全事故后逃匿或瞒报谎报的，从 2010 年 10 月起都将被从重处罚，甚至可罚"最高值"。

《规则》列出了 12 条"从重处罚"的情形，包括：危及公共安全或其他生产经营单位安全，责令限期改正却逾期未改正；一年内因同一种安全生产违法行为受到两次以上行政处罚；拒不整改或整改不力，持续违法；隐匿、销毁违法行为证据；对举报人、证人打击报复；发生生产安全事故后逃匿或瞒报、谎报；拒绝、阻碍或以暴力威胁行政执法人员等。出现这 12 种情形中的一种，处罚标准就要选择法定处罚幅度内的"较高值"甚至最高幅度，但是不能高于处罚上限。相应地，《规则》也列出了从轻处罚的情形，包括：主动投案，如实交代违法行为；主动消除或减轻危害后果；配合安监执法机关查处安全生产违法行为，有立功表现等。其中"立功表现"指当事人揭发他人安全生产违法行为，或提供重要线索，查证属实；或协助司法机关抓捕其他违法犯罪嫌疑人等。

15.5　职业健康安全管理体系

工程安全管理的重点就是要运用现代管理和技术手段，对作业中出现的人的不安全行为和物的不安全状态加以控制,避免运行过程中的轨迹交叉引发事故,起到预防事故发生的可能性。职业安全健康管理体系(OSHMS)是企业全部管理体系的一个组成部分,包括为制定、实施、实现、评审和保持职业安全健康方针所需的组织机构、规划、活动、职责、制度、程序、过程和资源,提供了一个以 PDCA 循环为理念,以风险控制为主线,进行动态的管理,使比较零散的传统安全管理得以系统化、程序化,持续改进安全管理绩效的安全管理体系。职业健康安全管理体系与 ISO 9000(质量管理体系)和 ISO 14000(环境管理体系)等标准化管理体系一起被称为是后工业化时代的管理方法,构成了现代企业管理制度的核心内容之一。

➤ 15.5.1　职业安全健康管理体系的发展历史

20 世纪 90 年代中后期,国际标准化组织(ISO)一直在努力使职业安全健康标准化管理体系(occupational safety and health standard management system,OSHSMS) 发展成为与 ISO 9000 和 ISO 14000 类似的规模。1996 年 9 月 5 至 6 日,ISO 组织召开了职业安全健康管理体系(OSHMS)标准国际研讨会,来自 44 个国家及 IEC、ILO、WTO 等 6 个国际组织的共计 331 名代表参加了研讨会,会中讨论是否制定职业安全健康管理体系国际标准,结果未就此达成一致意见。1996 年,英国颁布了 BS 8800《职业安全健康管理体系指南》国家标准,美国工业卫生协会制定了关于《职业安全健康管理体系》指导性文件;1997 年,澳大利亚和新西兰提出了《职业安全健康管理体系原则、体系和支持技术通用指南》草案,日本工业安全卫生协会(JISHA)提出了《职业安全健康管理体系导则》,挪威船级社(DNV)制定了《职业安全健康管理体系认证标准》;1999 年,英国标准协会(BSI)、挪威船级社(DNV)等 13 个组织联合提出了职业安全健康评价系列(OHSAS)标准,即 OHSAS 18001《职业安全健康管理体系——规范》、OHSAS 18002《职业安全健康管理体系——OHSAS 18001 实施指南》;2000 年初,国际劳工组织(ILO)起草了 ILO-OSHMS 导则草案;2001 年 6 月,国际劳工标准理事会正式批准发布了《职业安全健康管理体系导则》(ILO-OSH 2001),使得职业安全健康管理体系的实施成为今后安全生产领域最主要的工作内容之一;2007 年,在英国出台新的 OHSAS 标准 BSOHSAS 18001:2007,该标准由包括英国、美国、日本、中国香港、韩国等国家地区 43 家机构修订,新的 OHSAS 18001:2007 标准与 ISO 9001:2000 和 ISO 14001:2004 具有更好的兼容性,更加强调"健康"的重要性,增加了"合规性评价"要求,对职业健康安全策划部分的控制措施层级提出了新要求,对术语和定义部分作了较大调整和变动,这将进一步推动组织对其管理体系进行整合,赢得更多关注。

1999 年,中国原国家经贸委颁布了《职业安全卫生管理体系试行标准》,2002 年 1 月 1 日开始执行《职业安全健康管理体系指导意见》和《职业安全健康管理体系审核规范》(国家经贸委公告 2001 年第 30 号),同年国家质量监督检验检疫总局发布国家推荐标准《职业安全健康管理体系》(CGB/T 28001—2001),与 OHSAS 18001 内容基本一致。2012 年 2 月 1 日起实施新的国家标准 GB/T 28001—2011《职业健康安全管理体系要求》,修订后的国家标准等同采用 OHSAS 1800:12007《职业健康安全管理体系要求》。

➤ 15.5.2　职业安全健康管理体系的内涵

职业安全健康管理体系是指为建立职业健康安全方针和目标以及实现这些目标所制定

的一系列相互联系或相互作用的要素。它是一套系统化、程序化和具有高度自我约束、自我完善的科学管理体系。其核心是要求企业建立现代化的管理模式,使包括安全生产管理在内的所有生产经营活动科学、规范和有效,建立健全安全生产的自我约束机制,不断改善安全生产管理状况,降低职业安全健康风险,从而预防事故发生和控制职业危害。

系统安全管理正是现代职业安全健康管理的显著特征,它要求企业应用系统安全工程和管理方法,辨识系统中的危险源,并采取有效控制措施使其危险性达到最小,从而把企业的安全风险损失降到最低限度。

职业安全健康管理体系是一种系统化管理模式,其基本思想是实现职业安全健康管理的持续改进,通过周而复始地进行"计划、实施、检测、改进"(戴明循环 PDCA)活动,使企业安全健康管理体系功能不断加强。其具体为:①计划:建立所需的目标和过程,以实现组织的职业健康安全方针所期望的结果。②实施:对过程予以实施。③检查:根据职业健康安全方针、目标、法规和其他要求,对过程进行监测和测量,并报告结果。④改进:采取措施以持续改进职业健康安全管理绩效。

组织在实施职业安全健康管理体系时,要始终保持持续改进意识,通过职业安全健康方针、策划、实施和运行、检查与纠正措施、管理评审五个要素的动态循环(如图 15 - 11 所示),对体系进行不断修正和完善,突出强调最高管理者的承诺和责任,坚持全员参与、全过程控制和持续改进的原则,最终实现预防和控制工伤事故、职业病和其他损失的目标。

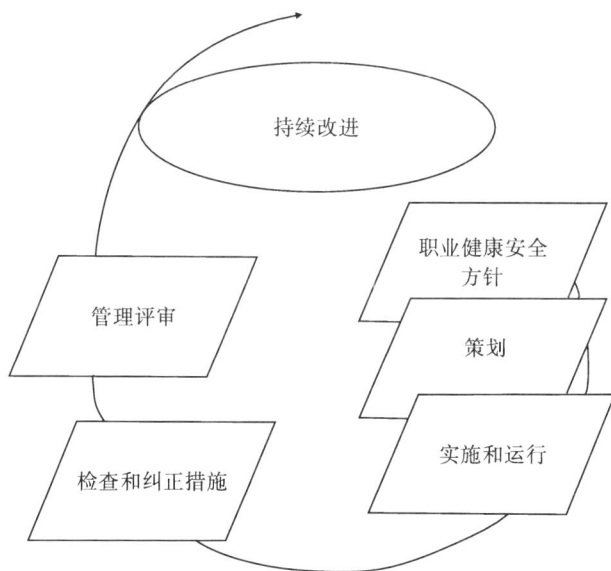

图 15 - 11　职业安全健康管理体系运行模式

▷ 15.5.3　职业安全健康管理体系的要素

职业安全健康管理体系 GB/T 28001—2011 由五大模块组成,其核心内容包含 17 个要素(除总要求),各要素间关系如图 15 - 12 所示:

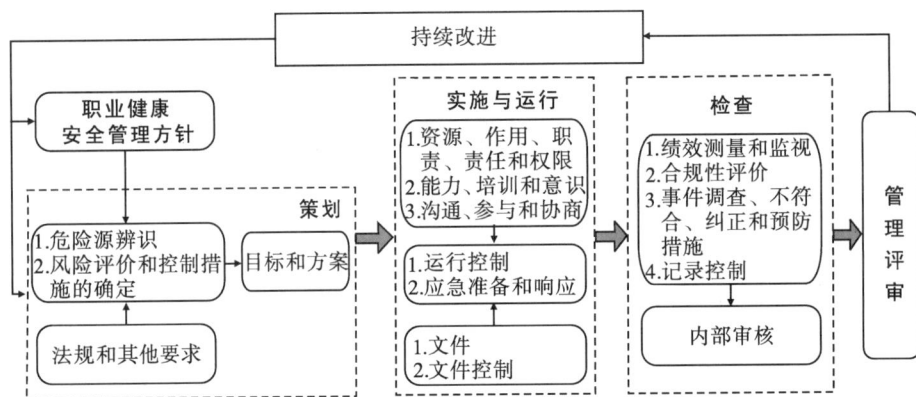

图 15-12　职业安全健康管理体系各要素间关系

1. OSHMS 方针

组织应有一个经最高管理者批准的职业健康安全方针,该方针应清楚阐明职业健康安全总目标和改进职业健康安全绩效的承诺。

2. 策划

策划包括危险源辨识、风险评价控制措施的确定;法律、法规和其他要求;目标和方案三个方面的内容。

(1)危险源辨识、风险评价和控制措施的确定:组织应建立、实施并保持程序,以持续进行危险源辨识、风险评价和必要控制措施的确定。

(2)法律、法规及其他要求:组织应建立并保持程序,以识别和获得适用法规和其他职业健康安全要求。组织应及时更新有关法规和其他要求的信息,并将这些信息传达给员工和其他相关方。

(3)目标和方案:组织应在其内部相关职能和层次实施并保持形成文件的职业健康安全目标。可行时,目标应可测量。

组织应建立、实施和保持实现其目标的方案。方案至少应包括:①为实现目标而对组织相关职能和层次的职责和权限的指定;②实现目标的方法和时间表。

3. 实施与运行

实施与运行包括资源、作用、职责、责任和权限;能力、培训和意识;沟通、参与和协商;文件;文件控制;运行控制;应急准备和响应等七个方面。

(1) 资源、作用、职责、责任和权限。最高管理者应对职业健康安全和职业健康安全管理体系承担最终责任。最高管理者应通过以下方式证实其承诺:①确保为建立、实施、保持和改进职业健康安全管理体系提供必要的资源。②明确作用、分配职责和责任、授予权力以提供有效的职业健康安全管理;作用、职责、责任和权限应形成文件和予以沟通。

组织应任命最高管理者中的成员,承担特定的职业健康安全职责,应明确界定如下作用和权限:①确保按本标准建立、实施和保持职业健康安全管理体系;②确保向最高管理者提交职业健康安全管理体系绩效报告,以供评审,并为改进职业健康安全管理体系提供依据。

最高管理者中的被任命者其身份应对所有在本组织控制下工作的人员公开。所有承担管理职责的人员,都应证实其对职业健康安全绩效持续改进的承诺。

组织应确保工作场所的人员在其能控制的领域承担职业健康安全方面的责任,包括遵守组织适用的职业健康安全要求。

(2)能力、培训和意识。组织应确保在其控制下完成对职业健康安全有影响的任务的任何人员都具有相应的能力,该能力基于适当的教育、培训或经历。组织应保存相关的记录。

组织应确定与职业健康安全风险及职业健康安全管理体系相关的培训需求。应提供培训或采取其他措施来满足这些需求,评价培训或采取措施的有效性,并保存相关记录。

组织应当建立、实施并保持程序,使在本组织控制下工作的人员意识到:①他们的工作活动和行为的实际或潜在的职业健康安全后果,以及改进个人表现的职业健康安全益处;②他们在实现符合职业健康安全方针、程序和职业健康安全管理体系要求,包括应急准备和响应要求方面的作用、职责和重要性;③偏离规定程序的潜在后果。

(3) 沟通、参与和协商。组织应建立、实施和保持程序,用于:①在组织内不同层次和职能进行内部沟通;②与进入工作场所的承包方和其他访问者进行沟通;③接收、记录和回应来自外部相关方的相关沟通。

组织应建立、实施并保持程序:①应告知工作人员关于他们的参与安排,包括谁是他们的职业健康安全事务代表;适当参与危险源辨识、风险评价和控制措施的确定;适当参与事件调查;参与职业健康安全方针和目标的制定和评审;对影响他们职业健康安全的任何变更进行协商;对职业健康安全事务发表意见。②与承包方就影响他们的职业健康安全的变更进行协商。

(4) 文件。职业健康安全管理体系文件应包括:①职业健康安全方针和目标;②对职业健康安全管理体系覆盖范围的描述;③对职业健康安全管理体系的主要要素及其相互作用的描述,以及相关文件的查询途径;④本标准所要求的文件,包括记录;⑤组织为确保对涉及其职业健康安全风险管理过程进行有效策划、运行和控制所需的文件,包括记录。

(5) 文件控制。组织应建立并保持程序,对本标准和职业健康安全管理体系所要求的文件进行控制。

(6)运行控制。组织应确定那些与已辨识的、需实施必要控制措施的危险源相关的运行和活动,以管理职业健康安全风险。

(7)应急准备和响应。组织应建立、实施并保持程序,以识别潜在的紧急情况,并对此紧急情况作出响应,以便防止和减少相关的职业健康安全不良后果。组织在策划应急响应时,应考虑相关方的需求,如应急服务机构、相邻组织或居民的需求。组织也应定期测试其响应紧急情况的程序,可行时,可让相关方适当参与其中。组织应定期评审其应急准备和响应程序,必要时对其进行修订,特别是在定期测试和紧急情况发生后。

4. 检查

检查包括绩效测量和监视;合规性评价;事件调查、不符合、纠正和预防措施;记录控制;内部审核等五个方面。

(1) 绩效测量和监视。组织应建立、实施并保持程序,对职业健康安全绩效进行例行监视和测量。

（2）合规性评价。组织应建立、实施并保持程序,以定期评价对适用法律法规的遵守情况;评价对应遵守的其他要求的遵守情况;组织应保存定期评价结果的记录。

（3）事件调查、不符合、纠正和预防措施。组织应建立、实施并保持程序,记录、调查和分析事件,以便:①确定内在的、可能导致或有助于事件发生的职业健康安全缺陷和其他因素;②识别对采取纠正措施的需求;③识别采取预防措施的可能性;④识别持续改进的可能性;⑤沟通调查结果。

组织应建立、实施并保持程序,以处理实际和潜在的不符合,并采取纠正措施和预防措施。

对于纠正措施或预防措施中识别出新的或变化的危险源,或者对新的或变化的控制措施的需求的情况,程序应要求对拟定的措施在实施之前须经过风险评价。

为消除实际和潜在不符合的原因而采取的任何纠正或预防措施,应与问题的严重性相适应,并与面临的职业健康安全风险相匹配。

对因纠正措施和预防措施而引起的任何必要变化,组织应确保其体现在职业健康安全管理体系文件中。

（4）记录控制。组织应建立并保持必要的记录,用于证实符合职业健康安全管理体系要求和本标准要求,以及所实现的结果。

组织应建立、实施并保持程序,用于记录的标识、贮存、保护、检索、保留和处置。记录应保持字迹清楚,标识明确,并可追溯。

（5）内部审核。组织应确保按照计划的时间间隔对职业健康安全管理体系进行内部审核。目的是:①确定职业健康安全管理体系是否符合组织对职业健康安全管理的策划安排,包括本标准的要求;得到了正确的实施和保持;有效满足组织的方针和目标。②向管理者报告审核结果的信息。

组织应基于组织活动的风险评价结果和以前的审核结果,策划、制定、实施和保持审核方案。组织应建立、实施和保持审核程序,以明确:①关于策划和实施审核、报告审核结果和保存相关记录的职责、能力和要求;②审核准则、范围、频次和方法的确定。

5. 管理评审

最高管理者应按计划的时间间隔,对组织的职业健康安全管理体系进行评审,以确保其持续适应性、充分性和有效性。评审应包括评价改进的可能性和对职业健康安全管理体系进行修改的需求,包括对职业健康安全方针和职业健康安全目标的修改需求。最后,应保存管理评审记录。

15.6　案例：基于事件树和事故树的事故分析

➤ 15.6.1　基于事件树(ETA)的天然气管道系统泄漏事故分析

由于天然气的易燃易爆性、管道系统的易损性和城市人口、财物的密集性，城市天然气管道系统的安全事故必然存在。为了分析预测天然气管道事故，估计事故的可能后果，从而寻找最经济的预防手段和方法，本文采用事件树(ETA)方法分析天然气管道的风险。

1. 天然气管道系统泄漏事件树

由于天然气泄漏是造成管道安全事故的根本原因，本文选择天然气泄漏作为事件树分析的初因事件，包括渗透泄漏、穿孔泄漏和开裂泄漏三种基本模式(各泄漏模式意义如表 15-2 所示)。立即点燃泛指天然气泄漏后且未大量积聚前被点燃的情况，即不会导致爆炸、闪火、火球情况的点燃，而并非仅指燃气一泄漏就马上被点燃。燃气发生立即点燃后，由于燃气被消耗掉，因而也不会再发生泄漏到密闭空间或燃气被引爆的情况。渗透泄漏由于泄漏流量小，压力降低到较低水平，立即点燃后一般发生普通的着火，而不会发生射流火灾。而穿孔泄漏和开裂泄漏后的立即点燃，则会产生喷射火，从而导致射流火灾。天然气泄漏到密闭空间时，若被引爆，则会发生密闭空间爆炸，若密闭空间里面有人，即使不被引爆，也有可能导致窒息。天然气管道开裂，且泄漏流量特别大时，即使泄漏在开敞空间，也有可能被引爆，从而发生开敞空间气云爆炸。

表 15-2　天然气管道系统泄漏模式

泄漏模式	意义
渗透泄漏	天然气从管道直接渗透到空气中以及管道穿孔、开裂并经过土壤渗透到空气中
穿孔泄漏	天然气由于管道穿孔直接泄漏到空气中
开裂泄漏	天然气由于开裂直接泄漏到空气中

选择天然气泄漏作为事件树分析的初因事件，构造天然气管道系统泄露的事件树如图 15-13 所示，其中初因事件用代码 $E_{0,1} \sim E_{0,3}$ 表示；由于该初因事件引起一系列的后续事件用代码 $E_1 \sim E_3$ 表示，其正上方的字母 Y 表示该事件发生，而 N 表示事件不发生；由于各后续事件是否发生而使得管道泄漏具有 13 种不同的后果用代码 $C_1 \sim C_{13}$ 表示，各后果事件代码的意义如表 15-3 所示。

表 15-3　天然气管道系统泄漏后果

代码	意义	代码	意义	代码	意义
C_1	着火	C_6	密闭爆炸	C_{11}	窒息
C_2	密闭爆炸	C_7	窒息	C_{12}	气云爆炸
C_3	窒息	C_8	无灾害	C_{13}	无灾害
C_4	无灾害	C_9	射流火灾		
C_5	射流火灾	C_{10}	密闭爆炸		

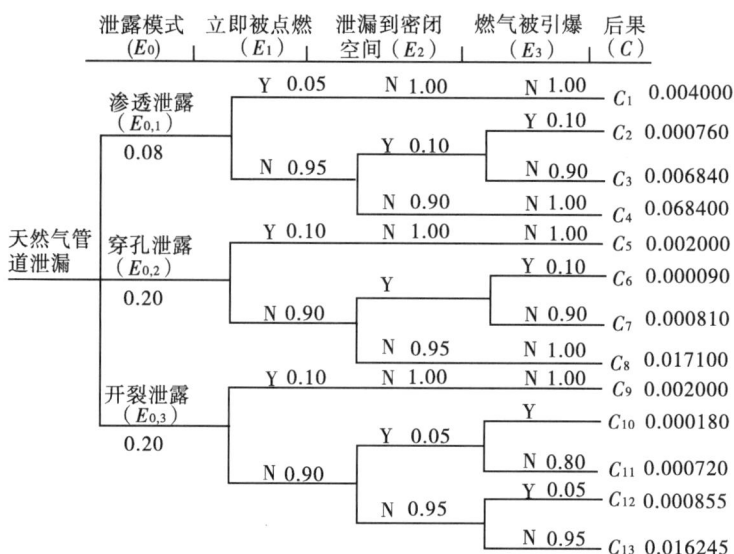

图 15-13　天然气管道系统泄漏事件树

2. 天然气管道系统泄漏事件树定量分析

根据故障树分析并结合以往的经验及专家估计,测算得到某工作压力为 0.4MPa 的 DN 200 毫米埋地管道的渗透泄漏、穿孔泄漏、开裂泄漏的频率(次·km^{-1}·a^{-1})以及各后续事件的概率如图 15-13 所示,经计算得到各后果事件的频率(次·km^{-1}·a^{-1})如图 15-13 所示。

(1)发生"着火"事故的频率。

$P\{着火\} = P(C_1) = 0.004000$ 次·km^{-1}·a^{-1}

(2)发生"密闭爆炸"事故的频率。

$P\{密闭爆炸\} = P(C_2) + P(C_6) + P(C_{10}) = 0.001030$ 次·km^{-1}·a^{-1}

(3)发生"窒息"事故的频率。

$P\{窒息\} = P(C_3) + P(C_7) + P(C_{11}) = 0.008370$ 次·km^{-1}·a^{-1}

(4)发生"射流火灾"事故的频率。

$P\{射流火灾\} = P(C_5) + P(C_9) = 0.004000$ 次·km^{-1}·a^{-1}

(5)发生"气云爆炸"事故的频率。

$P\{气云爆炸\} = P(C_{12}) = 0.000855$ 次·km^{-1}·a^{-1}

➤ 15.6.2　基于事故树(FTA)的建筑工程高处坠落事故分析

对于建筑施工而言,高处坠落、坍塌、物体打击、起重伤害、触电和机具伤害是建筑业的"六大伤害"事故。其中,高处坠落事故的发生率最高、危险性最大,据建设部公布的有关数据,2011 年房屋市政工程共发生安全事故 589 起,其中高处坠落事故发生 314 起,占总数的 53.31%,因此,深入研究建筑工程高处坠落事故的原因及各种原因发生的机理和频率,最大限度地减少和避免高处坠落事故的发生,是降低建筑业伤亡事故的关键。

《建筑施工高处作业安全技术规范》(JGJ 80—91)的规定,凡在坠落高度基准面 2 米以上(含 2 米)有可能坠落的高处进行的作业均称为高处作业。通过对北京、天津地区近几年来的高处坠落事故的调查分析,得出高处坠落事故的表现形式主要有脚手架工程、各类登高作业、

塔吊、外用电梯、井字架等垂直运输设备安拆、洞口、临边作业,其发生的频率如表15-4所示:

表 15-4 高处坠落事故的表现形式及发生的频率

表现形式	比例(%)	表现形式	比例(%)
脚手架工程	42	洞口、临边作业	15
各类登高作业	22	其他	3
塔吊、外用电梯、井字架等垂直运输设备安拆	18		

根据事故致因理论,通过对北京、天津地区近几年来的高处坠落事故的研究分析,总结各种影响因素(基本事件)及其发生的概率如表 15-5 所示。

表 15-5 高处坠落事故的原因及其发生的概率

符号	基本事件	发生概率	结构重要度	概率重要度	临界重要度
x_1	制度不健全、责任不分明	0.006	10	6.980E-06	0.108
x_2	安全技术措施不全面	0.006	10	6.980E-06	0.108
x_3	劳动组织不合理	0.006	10	6.980E-06	0.108
x_4	现场缺乏安全检查或安全 检查不全面、不彻底	0.006	10	6.980E-06	0.108
x_5	无安全操作规程或不健全	0.006	10	6.980E-06	0.108
x_6	挪用安全措施费用	0.006	10	6.980E-06	0.108
x_7	不认真实施事故防范措施、对安全隐患整改不力、教育培训不够	0.006	10	6.980E-06	0.108
x_8	人员选择和使用不当	0.006	10	6.980E-06	0.108
x_9	违章指挥	0.006	10	6.980E-06	0.108
x_{10}	不懂操作规程	0.003	9	1.270E-05	0.099
x_{11}	忘记带安全带	0.003	9	1.270E-05	0.099
x_{12}	因走动取下安全带	0.003	9	1.270E-05	0.099
x_{13}	未正确使用安全带	0.003	9	1.270E-05	0.099
x_{14}	攀坐不安全位置	0.003	9	1.270E-05	0.099
x_{15}	使用不合格设施	0.003	9	1.270E-05	0.099
x_{16}	经验不足(用力过猛脚下打滑等)	0.003	9	1.270E-05	0.099
x_{17}	缺乏安全知识	0.003	9	1.270E-05	0.099
x_{18}	思想不集中	0.003	9	1.270E-05	0.099
x_{19}	身体不适或突发疾病	0.003	9	1.270E-05	0.099
x_{20}	安全防护不到位(警示、警灯未设置,洞口、临边未防护)	0.006	11.25	9.031E-06	0.140
x_{21}	照明光线不良	0.006	11.25	9.031E-06	0.140
x_{22}	作业面光滑	0.006	11.25	9.031E-06	0.140
x_{23}	作业面狭小	0.006	11.25	9.031E-06	0.140
x_{24}	气候条件恶劣	0.006	11.25	9.031E-06	0.140
x_{25}	支撑设施(脚手架)搭设不合格	0.006	11.25	9.031E-06	0.140
x_{26}	支撑设施、设备本身存在的缺陷	0.003	11.25	9.004E-06	0.070
x_{27}	个人防护用品的缺陷	0.003	11.25	9.004E-06	0.070
x_{28}	高处作业地面未防护	0.006	90	6.436E-05	1.000

1. 建筑工程高处坠落事故事故树

根据轨迹交叉理论,结合表 15-5 中列出的影响事故发生的 28 项基本事件,构造如图 15-14 所示的高处坠落事故的事故树分析图。

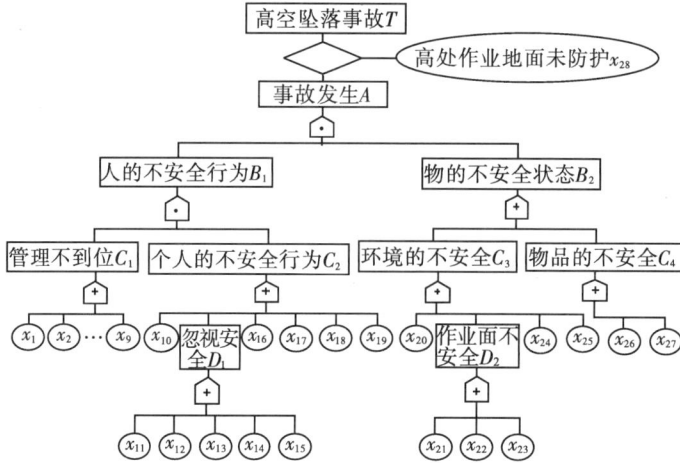

图 15-14　建筑工程高处坠落事故事故树图

2. 建筑工程高处坠落事故的定性分析

(1)求解事故树的最小割集。利用布尔代数化简法,由图 15-14 可得:

$$T = Ax_{28} = B_1B_2x_{28} = C_1C_2(C_3 + C_4)x_{28} = x_{28}\sum_{i=1}^{9}\sum_{j=10}^{19}\sum_{k=20}^{27}x_ix_jx_k \text{(式 15-15)}$$

该事故树的最小割集共有 $9 \times 10 \times 8 = 720$ 个,说明建筑工程高处坠落事故产生的潜在因素(或组合)共有 720 个,即:

$$K_1 = \{x_1, x_{10}, x_{20}, x_{28}\}, K_2 = \{x_1, x_{10}, x_{21}, x_{28}\}, \cdots, K_{720} = \{x_9, x_{19}, x_{27}, x_{28}\}$$

(2)求解基本事件的结构重要度。根据公式近似求得基本事件的结构重要度,结果如表 15-5 所示,结构重要度排序为:

$$I_{\varphi(28)} > I_{\varphi(20)} = I_{\varphi(21)} = \cdots = I_{\varphi(27)} > I_{\varphi(1)} = I_{\varphi(2)} =$$
$$\cdots = I_{\varphi(9)} > I_{\varphi(10)} = I_{\varphi(11)} = \cdots I_{\varphi(19)}$$

说明地面未防护和物的不安全因素(包括环境)对顶上事件发生的影响程度最大。所以,地面的防护是预防高空坠落事故最有效的措施,其次是环境和物品的安全管理工作。

3. 建筑工程高处坠落事故的定量分析

(1)计算顶上事件发生的概率。根据(式 15-5)计算顶上事件发生的概率。

$$P(T) = P(x_{28}\sum_{i=1}^{9}\sum_{j=10}^{19}\sum_{k=20}^{27}x_ix_jx_k)$$

$$= q_{28} \times \left[1 - \prod_{i=1}^{9}(1-q_i)\right] \times \left[1 - \prod_{j=10}^{19}(1-q_j)\right] \times \left[1 - \prod_{k=20}^{27}(1-q_k)\right]$$

$$= 3.862 \times 10^{-7}$$

（2）计算概率重要度。将基本事件的发生概率 q 带入公式进行计算,得出各基本事件的概率重要度,计算结果如表 15—5 所示。

（3）计算临界主要度。将基本事件的发生概率 q、计算出的顶上事件发生概率及概率重要度代入公式,得出各基本事件的临界重要度,计算结果如表 15-5 所示。

通过上面的计算结果表明,要想迅速有效地降低高处坠落事故的发生概率,必须首先降低地面未防护和人的不安全因素的发生概率。

思考题

1. 简述事故隐患、危险源与安全事故的关系。
2. 简述工程安全管理的内容及要遵循的原则。
3. 简述事故致因理论的概念及有代表性的理论。
4. 简述事件树分析法（ETA）的分析程序。
5. 简述事故树分析法（FTA）的分析程序。
6. 简述职业安全健康管理体系各要素之间的关系。

第16章
工程组织管理

16.1 工程组织管理概述

▶ 16.1.1 组织管理的含义

　　"组织"一词可作为名词来理解,也可作为动词来理解。组织作为名词理解时,是指组织机构这一实体,它来源于生物学中的概念,是指机体中构成器官的单位,是由许多形态和功能相同的细胞按一定的方式结合而成的。这一含义被引申到社会政治和经济等系统中,是指按照一定的目的、任务和形式编制起来的社会集团。我们日常工作中的组织正是这种意义上的组织,它是构成整个社会政治或经济系统的基本单位。组织作为动词来理解时,是指一种活动的过程,即安排分散的人或事物使之具有一定的系统性或整体性。在这一过程中,体现了人类对自然的改造。管理学认为,组织职能一方面是指为了实施计划而建立起来的一种结构,该种结构在很大程度上决定着计划能否得以实现;另一方面,是指为了实现计划目标所进行的组织过程。

　　组织作为一种机构形式,是为了使系统达到它的特定目标,使全体参加者经分工与协作以及设置不同层次的权力和责任制度而构成的一种人的组合。组织作为一种活动过程,是指为达到某一目标而协调人群活动的一切工作。作为一种活动的过程,组织的对象是组织内各种可调控的资源。组织活动就是为了实现组织的整体目标而有效配置各种资源的过程。在此概念的基础上组织理论的研究出现了两个相互联系的研究方向,即组织结构研究方向和组织行为研究方向。组织结构研究方向侧重于组织的静态研究,以建立精干、合理、高效的组织结构为目的;组织行为研究方向侧重于组织的动态研究,以建立良好人际关系保证组织的高效运行为目的。

　　组织的双重含义决定了其具有综合效应,这种综合效应是组织中的成员共同作用的结果。组织管理(organizational management)就是通过建立组织结构,规定职务或职位,明确责权关系,以使组织中的成员互相协作配合、共同劳动,从而有效实现组织目标的过程。组织管理是管理活动的一部分,也称组织职能,是通过组织结构设计与组织活动实施的有机结合而产生和起作用的。企业组织管理是对企业管理中建立健全管理机构,合理配备人员,制订各项规章制度等工作的总称。具体地说就是为了有效地配置企业内部的有限资源,为了实现一定的共同目标而按照一定的规则和程序构成的一种责权结构安排和人事安排,其目的在于确保以最高的效率,实现组织目标。组织管理的具体内容是设计、建立并保持一种组织结构,其包括三个方面:组织设计、组织运作、组织调整。

➤ 16.1.2　组织论和组织工具

组织论是一门非常重要的基础理论学科,是工程/项目管理的母学科,它主要研究系统的组织结构模式、组织分工和工作流程组织。其中组织结构模式分为职能组织结构、线性组织结构和矩阵组织结构;组织分工分为工作任务分工和管理职能分工;工作流程组织分为管理工作流程组织、信息处理工作流程组织和物质流程组织。组织论的基本内容如图 16 - 1 所示。

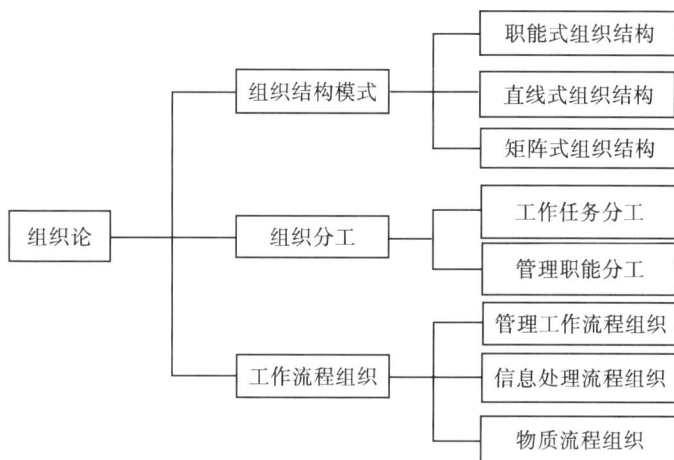

图 16 - 1　组织论的基本内容示意图

(1)组织结构模式反映一个组织系统中各子系统之间或各元素(各工作部门或各管理部门人员)之间的指令关系。指令关系指的是哪一个工作部门或哪一位管理人员可以对哪一个工作部门或哪一位管理人员下达工作指令。

(2)组织分工反映一个组织系统中各子系统或各元素的工作任务分工和管理职能分工。

(3)组织结构模式和组织分工都是一种相对静止的组织关系。工作流程组织则反映一个组织系统中各工作之间的逻辑关系,是一种动态关系。在一个建设工程项目实施过程中,其管理工作的流程、信息处理的流程,以及设计工作、物资采购和施工的物质流程组织都属于工作流程组织的范畴。对于一个建设工程而言,管理工作流程组织主要包括投资、进度控制、合同管理流程等;信息处理工作流程组织则是指对工程实施过程中相关信息与数据处理过程的组织与管理,如月度报告的数据处理;物质流程组织指的是项目实施任务的工作流程组织,如:设计流程组织可以是方案设计、初步设计、技术设计、施工图设计,也可以是方案设计、初步设计、施工图设计,此外,施工作业也有多个可能的工作流程。

组织工具是组织论的应用手段,用图或表等形式表示各种组织关系,它包括六种:项目结构图、组织结构图、工作任务分工表、管理职能分工表、工作流程图和合同结构图。项目结构图通过对一个项目的结构进行逐层分解,最终反映组成该项目的所有工作任务。组织结构图则反映了一个组织系统中各组成部门直接的组织关系。工作任务分工表则是通过表的方式反映工程主管以及各部门主管以及团队和员工的工作任务。管理职能分工表是指用表的形式反映工程经理、各部门和个工作岗位对各项工作任务的管理职能分工。工作流程图反映了一个组织系统同各项工作之间的逻辑关系。合同结构图反映了一个工程项目参与单位直接的合同关系。

16.1.3 工程组织的特点

与其他组织相比,工程项目具有许多不同的特点,这些特点会对工程组织的设计和运行产生很大的影响。

1. 工程组织的独特性

工程项目是一次性任务,为了完成项目目标而建立起来的工程组织也具有一次性的特点。工程结束或相应项目任务完成后,工程组织就解散或重新组成其他工程组织,这体现了其一次性的特征。某些大型工程项目更是具有独特性,由于投资规模巨大,项目的立项需要经过长期反复的论证。每个大型项目都具有不可重复的论证内容,几乎不存在重复建设的过程。与一般工程项目不同,大型项目只许成功,不许失败,而且对项目后期修改提出很高的要求。

2. 工程组织的复杂性

由于一项工程的参与者比较多,他们在其中的作用和地位不同,而且有着各自不同的经营目标,这些单位对工程进行管理、形成不同类型的工程管理。不同类型的工程管理,由于组织目标不同,他们的组织形式也不同,但是为了完成工程的共同目标,这些组织形式应该相互适应。

为了有效地实施工程系统,工程的组织系统应该和工程系统相一致,由于工程系统比较复杂,从而导致了工程组织结构的复杂性。在同一工程的管理中可能用不同的组织结构形式组成一个复杂的组织结构体系,例如,某个工程项目的监理组织,总体上采用直线制组织形式,而在部分子项目中采用职能式组织形式。工程组织还要和工程参与者的单位组织形式相互适应,这也会增加工程组织的复杂性。

3. 工程组织的不定性

工程在不同的实施阶段,其工作内容不一样,工程的参与者也不一样,同一参与者,在工程的不同阶段的任务也不一样。因此,工程的组织随着工程的不同实施阶段而变化。同样,一些大型工程受到投资、技术、环境等因素的约束,周期一般会很长,少则三至五年以上,多则十几年。因此,由于工期造成的不确定性给建设带来了巨大的挑战。

4. 工程组织与企业组织之间的关系复杂

在很多的情况下工程组织是企业组建的,它是企业组织的组成部分。企业组织对工程组织的影响很大,从企业的经营目标、企业文化到企业资源、利益的分配都影响到工程组织效率。从管理方面看,企业是工程组织的外部环境,工程管理人员来自企业,工程组织解体后,其人员返回企业。对于多企业合作进行的工程,虽然工程组织不是由一个企业组建,但是它依附于各相关企业,受到各相关企业的影响。

16.2 工程管理的组织结构设计

组织结构是指组织内部各构成部分和各部分间所确立的较为稳定的相互关系和联系方

式。工程管理的组织结构的设计是工程管理的重要内容，是工程管理取得成效的前提和保障。

16.2.1 组织结构的构成因素

组织结构由管理层次、管理跨度、管理部门和管理职责四个因素组成。这些因素相互联系、相互制约。在进行组织结构设计时，应考虑这些因素之间的平衡与衔接。

1. 管理层次

管理层次是指从组织的最高管理者到最基层的实际执行者之间的等级层次的数量。管理层次一般可以分为决策层、中间控制层（协调层和执行层）、操作层三个层次。各层次的职能和要求不同，职责和权限也不同，从上到下，人数逐层递增，权、责递减。

合理的层次结构是形成合理的权力结构及合理分工的基础。工程组织管理层次的设计和实施必须视工程项目的复杂性、参与人员数量以及可支配资源等情况而定。管理层次过少将会使工程组织运行陷入无序的状态，管理层次过多则会造成资源和人力的浪费，也会使信息传递慢、指令走样、协调困难。

2. 管理跨度

管理跨度也称管理幅度，是指上级管理者能够直接管理的下属人数。在组织中，某级管理人员的管理跨度大小取决于这一级管理人员所需要协调的工作量。管理跨度越大，领导者需要协调的工作量越大，管理的难度也越大。同时，管理跨度与管理层次相互联系、相互制约，二者成反比关系，即管理跨度越大，则管理层次越少；反之，管理跨度越小，则管理层次越多。合理地确定管理跨度，对正确设置组织等级层次结构具有重要的意义。确定管理跨度最基本的原则是最终使管理人员能有效地领导、协调其下属的活动。

确定管理跨度时应考虑管理者所处的层次、被管理者的素质、工作性质、管理者的意识和组织群体的凝聚力等因素的影响，进而确定适当的管理跨度，并在实践中进行必要的调整，使组织能够高效地运行。此外，确定管理跨度还应考虑空间因素、组织环境、管理现代化程度以及组织信息传递方式等因素的影响。

3. 管理部门

部门划分是将组织目标的总任务划分为许多具体的任务，然后把性质相似或者具有密切关系的具体工作合并归类，并建立起负责各类工作的相应管理部门，从而将一定的职责和权限赋予相应的单位或部门。部门可以根据职能来划分，可以根据产品类型来划分，可以根据地区来划分，可以根据顾客类型来划分，也可以根据市场渠道来划分。组织中各部门的合理划分对发挥组织效应是十分重要的。如果部门划分不合理，会造成控制与协调困难，也会造成人浮于事，浪费人力、物力、财力。管理部分的划分要根据组织目标与工作内容确定，形成既有相互分工又有相互配合的组织机构。

工程管理组织常用的是按职能划分和按产品划分两种。按职能划分就是按照为现实组织目标所需做的各项工作的性质和作用，把性质相同的或相似的具体工作归并为一个专门的单位负责，如建立计划、财务、技术、劳务机械设备、材料合同等部门。这种部门划分方式最能体现专业化分工原则，提高人力的利用效率，缺点是部门间协调能力较差，当组织环境变化时,应变能力较差。按产品划分就是以某种产品为中心,将为实现管理目标所需做的一切工作,按是否与该产品有关而进行分类,与同一产品或服务有关的工作都归为一个部门。在这些产品部门下还可以按职能进一步划分职能部门。这种部门划分方式有利于部门内部的协调,激发各个部门的主动性和创造力,缺点是由于机构重叠造成管理资源的浪费,由于部门独立性较强难以做到统一指挥。

4. 管理职责

组织确定各部门的职责,应使纵向的领导、检查、指挥灵活,达到指令传递快、信息反馈及时的目的;使横向各部门间相互联系、协调一致;使各部门有职有责、尽职尽责。同时,职责是责、权、利系统的核心。职责的确定应目标明确,有利于提高效率,而且应便于考核。为了达到这个目标,在明确职责时应坚持专业化的原则,这样有利于提高管理效率和质量。同时应授予与职责相应的权力和利益,以保证和激励部门完成其职责。

▷ 16.2.2　工程组织结构设计的原则

一个合理的工程管理组织机构应能够随着外部条件的变化而适时调整,这样才能使工程管理更加有效,更能实现管理目标。因此,组织结构的设置必须遵守一定的原则。

1. 目标性原则

组织的设立都有特定的目标,因目标而设事,因事而设岗、设机构、分层次,同时定人定责,因责而授权,这是组织结构设计应遵循的客观规律。而工程管理组织的核心目标就是在一定的约束条件下,最优化实现工程的目标。这里的约束条件主要是指一些资源和环境方面的约束,如:人力、物力、管理环境等。工程管理者围绕着目标,对目标进行剖析,确立人员、职位、部门等要素,初步建立组织机构。

2. 集权与分权统一的原则

集权是指权力集中在上级领导者的手中,而分权是指经过领导的授权,将部分权力分派给下级。在任何组织中,都不存在绝对的集权与分权。高度的集权会造成盲目和武断;过分的分权则会导致失控、不协调。所以,在组织结构设计中,在相应的管理层次如何采取集权或分权的形式,应根据实际情况来确定。为保证工程组织的集权与分权的统一,授权过程应包括确定预期的成果、委派任务、授予实现这些任务所需的职权,以及行使职责使下属实现这些任务。

3. 有效管理跨度原则

适当的管理跨度是建立高效率组织的基本条件。在建立工程组织时,每一级领导都要保持适当的管理跨度,以便集中精力在职责的范围内实施有效的领导。一个主管能够直接有效地指挥下属的人数是有限的,既不是越多越好,也不是越少越好。如何选择适宜的管理跨度,应根据工程的实际情况来确定。此外,领导者面对问题的复杂程度、才能高低以及授权程度等,也应是进行管理跨度选择是应考虑的重要因素。

4. 权责对等、才职相称原则

领导人率领隶属人员去完成某项工作,必须拥有包括指挥、命令在内的各种权力。责任是在接受职位后必须履行的义务。在任何工作中,权与责必须大致相当。变更权力时,必须同时变更与权力相应的责任,管理人员的才智、能力与担任的职务应相适应。在组织结构设计中,通过考察个人的学历与经历或其他途径,了解其知识、才能、气质、经验,进行比较,做到才职相称,人尽其才,用得其所。

5. 系统化管理原则

这是由于工程的系统性所决定的。工程是一个开放的系统,是由众多的子系统组成的有机整体,这就要求工程组织也必须是一个完整的组织结构系统,否则就会出现组织和工程系统之间的不匹配、不协调。工程组织要素之间要具有整体观念,明白自己的工作和其他要素的工作是紧密相关的,各人、各岗要相互协作;同时要做好分工协作,必须统一命令,建立严格的管理责任制,逐层责任制。

6. 专业分工与协作统一原则

分工就是为了提高工程管理的工作效率,把为实现工程目标所必须做的工作,按照专业化的要求分派给各个部门以及各个部门中的每个人,明确他们的目标、任务,该干什么和怎样干。分工要严密,每项工作都要有人负责,每个人负责他所熟悉的工作,这样才能提高效率。分工要求协作,组织中只有分工没有协作,组织就不能有效运行。为了实现分工协作的统一,组织中应明确部门间及部门内部的协作关系与配合方法,各种关系的协调应尽量规范化、程序化。

7. 弹性结构原则

现代组织理论特别强调组织结构应具有弹性,以适应环境的变化。所谓弹性结构,是指一个组织的部门结构、人员职责和工作职位都是可以变动的,保证组织结构能进行动态的调整,以适应组织内外部环境的变化。工程项目是一个开放的、复杂的、变化的系统,所以弹性结构原则在工程组织结构设计中的意义重大,工程组织结构应能根据组织内外部条件的变化、长远目标作出相应的调整和变化,以完善其自身的结构和功能,提高其活动的灵活性和适应能力。

➤ 16.2.3 工程组织结构设计的程序

前面已经说明了工程管理组织结构的构成因素与设计原则,接下来将重点阐述如何来进行一个工程组织结构的设计,即工程组织结构设计的程序。在设计组织结构时,可按图16-2所示的步骤进行。

1. 确定工程管理的目标

工程管理目标是工程组织设立的前提,明确组织目标是组织设计和组织运行的重要环节之一。工程管理目标取决于工程项目目标,主要是在工期、质量、成本三大目标上。这些目标应分阶段根据工程特点进行划分和分解。

2. 确定工程的工作内容

根据管理目标确定为实现目标所必须完成的工作,并对这些工作进行分类和组合。在进行分类和组合时,应以便于目标实现为目的,考虑项目的规模、性质、复杂程度以及组织人员的技术业务水平、组织管理水平等因素。

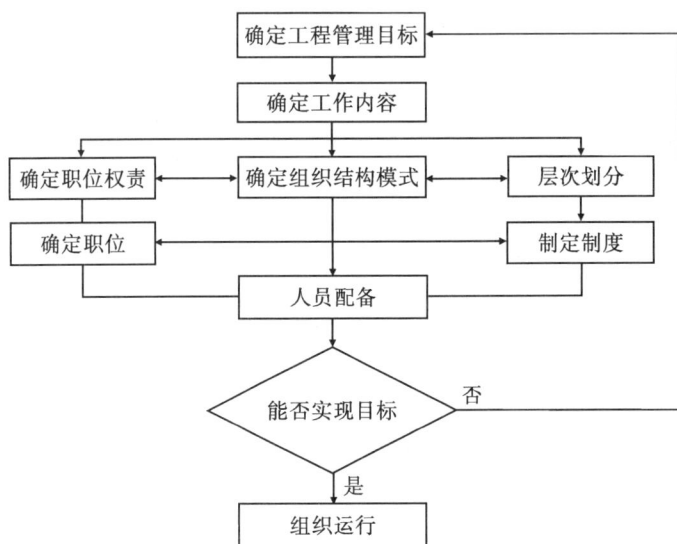

图 16 - 2　工程组织结构设置程序图

3. 选择组织结构模式,确定岗位权责

根据工程的性质规模、建设阶段的不同,可以选择不同的组织结构形式以适应工程管理的需要。组织结构形式的选择应考虑工程项目目标高效地实现、决策快速地执行和信息及时地沟通,然后根据组织结构形式和例行性工作确定部门和岗位以及它们相应的职责,并根据责、权、利一致的原则确定他们的权利。

4. 设计组织运行的工作程序和信息沟通的方式

以规范化、程序化的要求确定各部门的工作程序,规定它们之间的协作关系和信息沟通方式,制定一系列管理制度。

5. 人员配备

按岗位职责的要求和组织原则,选配合适的管理人员,关键是各级部门的主管人员。人员配备是否合理直接关系到组织能否有效运行、组织目标能否实现。根据授权原理将职权授予相应的人员,同时应根据工程实施的情境和阶段,掌握授权与集权的统一与平衡。

16.3　工程组织管理的组织结构形式

组织结构形式是组织的模式,是组织各要素相互联结的框架形式,反映了各要素间的指令关系。根据前述讨论的工程管理组织的特点和设计原则,工程管理中常见的组织结构模式包括直线式组织结构、职能式组织结构、项目式组织结构和矩阵式组织结构等。表 16 - 1对上述不同组织结构模式的特点、优劣点、适应对象等进行了简要归纳与比较。

表 16-1　工程管理中常见组织结构模式

	直线式	职能式	项目式	矩阵式
特点	权力系统自上而下形成直线控制,权责分明	按职能原则建立,也称部门控制式组织结构	独立于公司职能部门之外,由项目组织负责工程项目主要工作	职能原则和对象原则结合,是一种暂时的,半松散的组织形式
优势	1. 保证单头领导 2. 资源直接控制,向客户负责 3. 目标分解和责任落实较易	1. 具有较大人员使用的灵活性 2. 项目连续性较高 3. 利于同部门员工间的交流与知识共享	1. 项目经理对工程全权负责 2. 人员构成互补 3. 决策与组织响应速度快	1. 资源最大限度的共享与利用 2. 目标明确,有专人负责整个工程 3. 成员无后顾之忧
劣势	1. 对项目经理要求高 2. 单位之间合作困难 3. 组织层次增加	1. 跨部门合作困难 2. 项目整体利益与客户利益受到忽视 3. 员工积极性和认同感较低	1. 不同专业人员间沟通协作困难 2. 容易出现配置重复、资源浪费 3. 成员短期行为	1. 成员处于多头领导状态 2. 资源与权力平衡困难 3. 信息回路较复杂
适用对象	小型工程项目	产品单一,技术要求较低的小型工程项目	时间要求紧、涉及部门较多的大型工程	现代大型复杂工程

➤ 16.3.1　直线式组织结构

直线式组织结构来自于军事组织系统,在直线式组织结构中,每个部门只能对其直接的下属部门下达工作指令。每一个工作部门也只有一个直接的上级部门,其特点是权力系统自上而下形成直线控制,权责分明。

直线式组织结构模式是工程项目管理组织系统的一种常用模式,因为一个工程项目的参与单位很多,在工程实施过程中矛盾指令会给工程项目目标的实现造成很大影响,而直线式的组织结构模式可以确保工作指令的唯一性。但在一个较大的工程系统中,由于直线式组织结构模式的指令路径过长,有可能会造成组织系统在一定程度上运行的困难。所以,通常只有小型的工程项目采用直线式的组织结构模式,这与项目的结构分解图有较好的对应性。直线式组织结构如图 16-3 所示。

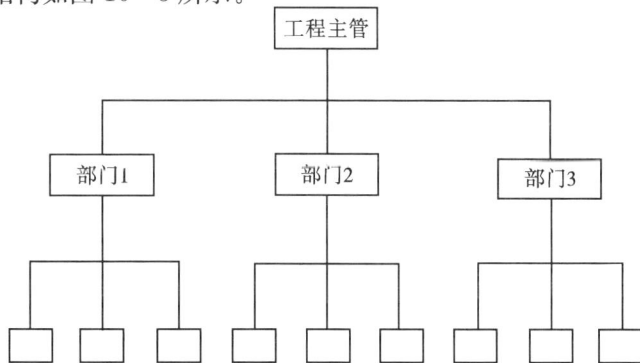

图 16-3　直线式组织结构示意图

这种结构的优点是:①保证了单头领导,工程参加者的工作任务、责任与权力明确,指令唯一,这样可以减少扯皮和纠纷,协调方便。②具有独立的项目组织的优点,特别是项目经理能直接控制资源,向客户负责。③组织结构形式与工程项目分解图式基本一致,这使得目标分解和责任落实比较容易,不会遗漏工作,组织障碍较小,协调费用低。

这种结构同时具有以下缺点:①工程项目经理的责任较大,一切决策信息都集中于经理处,这要求其能力很强、知识全面、经验丰富,否则决策较难、较慢,容易出错。②由于权力争执会使单位之间合作困难,不能保证工程参与单位之间信息流通的速度和质量。③在直线式组织结构中,如果专业化分工太细,会造成多级分包,进而造成组织层次的增加。

➤ 16.3.2 职能式组织结构

职能式组织结构也称部门控制式组织结构,是指按职能原则建立的工程项目组织。通常指以企业中现有的职能部门作为承担任务的主体组织完成工程项目。层次化的职能式组织结构是一个金字塔形的结构,高层管理者位于金字塔的顶部,中层和低层管理则沿着塔顶向下分布,如图16-4所示。一个工程可能是由某一个职能部门负责完成,也可能是由多个职能部门共同完成。各职能部门与项目相关的协调工作需在职能部门主管这一层次上进行。

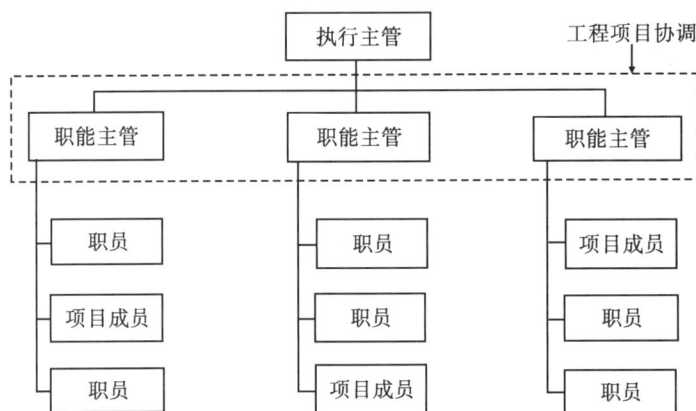

图 16-4 职能式组织结构示意图

这种结构的优点是:①在人员使用上具有较大的灵活性,只要选择了一个合适的职能部门作为项目的上级,该部门就能为项目提供它所需要的专业技术人员,而且技术专家可以同时被不同的项目所使用,并在工作完成后又可以回去做他原来的工作。②在人员离开项目组甚至离开公司时,职能部门可作为保持项目连续性的基础,人员风险较小。③有利于同一部门的专业人员一起交流知识经验,可使工程获得部门内所有知识和技术支持,对创造性地解决工程技术问题很有帮助。

这种结构的缺点:①技术复杂的工程通常需要多个部门的共同合作,但这种组织结构在跨部门之间的合作与交流方面存在一定困难。②这种组织结构使得客户得不到应有的关注,因为职能部门有自己的日常工作,使项目和客户的利益得不到优先考虑。③调配使项目人员的工作积极性往往不是很高,项目任务不会被视为是他们的主要工作,有的甚至将项目任务当成额外的负担。④在这种组织结构中,有时会出现没有一个人承担工程的全部责任,往往是职能部门经理只负责工程的一部分,另外一些人则负责工程的其他部分,最终导致协调困难的局面,这种困难局面会对客户要求的响应变得迟缓和艰难。⑤整个工程的目标往往与各职能部门自身的目标不完全一致,与职能部门利益直接有关的问题能得到很好的处理,而那些超出其利益范围的问题则容易被忽视。

➤ 16.3.3 项目式组织结构

项目式组织结构模式,其实质就是将"工程管理组织"独立于公司职能部门之外,由工程组织机构自己独立负责工程项目主要工作的一种组织管理模式。首先任命项目经理,由项目经理负责从企业内部招聘或抽调人员组成工程项目的组织。所有项目组织成员在工程建设期间,中断与原部门组织的领导和被领导的关系,原单位负责人只负责业务指导及考察,不得随意干预其工作或调回人员。工程结束后项目组织撤销,所有人员仍回到原部门和岗位。项目式组织结构如图 16-5 所示。

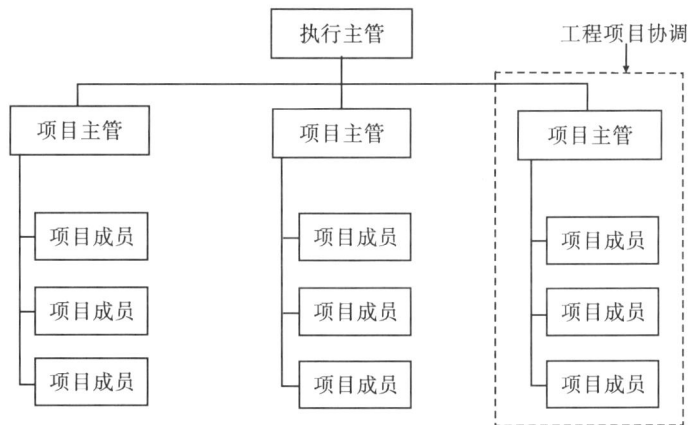

图 16-5 项目式组织结构示意图

项目式组织结构的优点:①项目经理对工程全权负责,因此他可以全身心地投入到工程中去,可以调用整个组织内部与外部的资源,同时,工程组织的所有成员直接对项目经理负责,每个成员只有一个上司,避免了多重领导、无所适从的局面。②项目经理人从各个部门抽调或招聘的是工程所需的各类专家,他们在工程管理中可以互相配合,相互学习。取长补短,有利于培养一专多能的人才并充分发挥其作用。③权力的集中加快了决策的速度,使整个项目组织能够对客户的需要和高层管理的意图做出更快的响应。④由于项目从职能部门中分离出来,使得沟通途径变得简洁,易于操作,在进度、成本和质量等方面的控制较为灵活。

项目式组织结构的缺点:①各类专业人员来自不同的部门,在工程特定时期,如受到时间、资源等因素的制约,而对各专业组的工作形成较大压力时,专业组就会由于过多地专注于自身工作目标的达成而对其他专业组的目标缺乏关注,从而造成专业组之间的沟通协作比较困难。②当同时在建项目较多时,由于每一个专业组或者部分专业组要同时参与多个项目的管理协调,这时就可能会受到专业组内可调配人力资源数量的制约,而造成工作中的顾此失彼。此时,就会在项目的组织管理、资源调配、运作协调中出现管理控制不到位、工作协调不及时、质量保证不力等现象,而给项目目标的实现带来不利影响。③采用项目式组织结构,由于工程参与者需要与原职能部门脱离关系,因此在工程运作过程中该类组织结构模式存在的其他弊端,如资源限制、团队成员的短期项目行为较多、技术专业人员水平不易提高等,也在实际运行中有所体现。

➤ 16.3.4 矩阵式组织结构

矩阵式组织是介于职能式与项目式组织结构之间的一种工程管理组织模式,是现代大型工程项目广泛应用的一种新型组织形式。它把职能原则和对象原则结合起来,既发挥了职能部门的纵向优势,又发挥项目组织的横向优势,形成了独特的组织形式。矩阵式工程组织结构中,参加工程的人员由各职能部门负责人安排,而这些人员的工作在工程项目工作期间,工作内容上服从工程团队的安排,人员不独立于职能部门之外,是一种暂时的、半松散的组织形式,团队成员之间的沟通不需通过其职能部门领导,项目经理往往直接向公司领导汇报工作。根据工程项目团队中的情况,矩阵式组织结构又可分成弱矩阵式结构、强矩阵式结构和平衡矩阵式结构三种形式。

1. 弱矩阵式组织结构

弱矩阵式组织结构一般是指在工程团队中没有一个明确的项目经理,只有一个协调员负责协调工作。团队各成员之间按照各自职能部门所对应的任务,相互协调进行工作。实际上在这种模式下,相当多的项目经理的职能由部门负责人分担。弱矩阵式组织结构如图16-6所示。

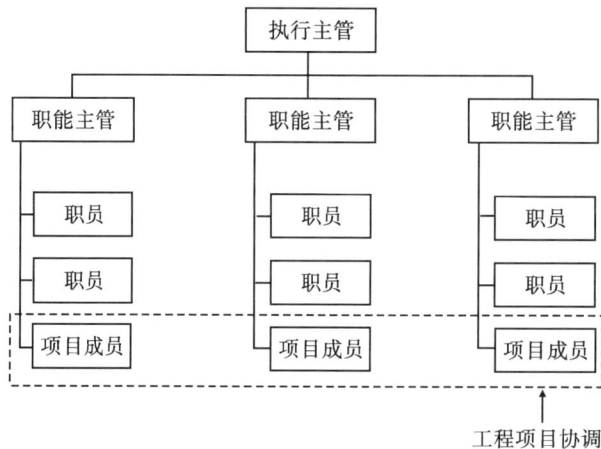

图 16-6 弱矩阵式组织结构示意图

2. 强矩阵式组织结构

这种模式下的主要特点是有一个专职的项目经理负责工程的管理与运行工作,项目经理来自于公司的专门项目管理部门。项目经理与上级沟通往往是通过其所在的项目管理部门负责人进行的。强矩阵式组织结构如图16-7所示。

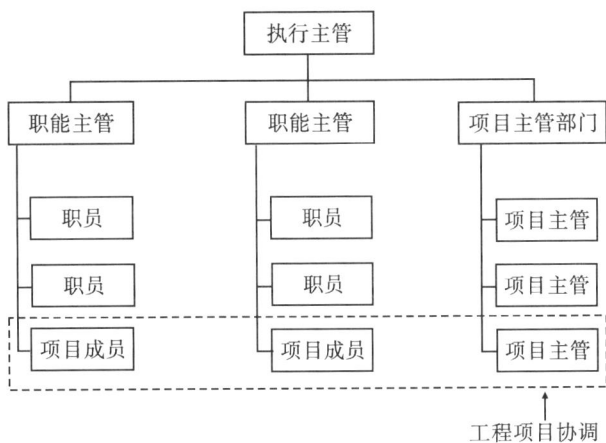

图 16-7 强矩阵式组织结构示意图

3. 平衡矩阵式组织结构

这种组织结构形式是介于强矩阵式项目管理组织结构与弱矩阵式项目管理组织结构二者之间的一种形式。其主要特点是项目经理是由一职能部门中的团队成员担任,其工作除工程的管理工作外,还可能负责本部门承担的相应的工程中的任务。此时的项目经理与上级沟通不得不在其职能部门的负责人与公司领导之间作出平衡与调整。平衡矩阵式组织结构如图 16-8 所示。

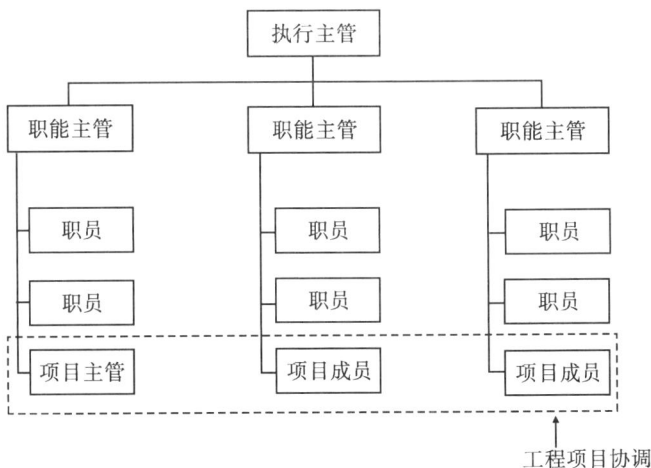

图 16-8 平衡矩阵式组织结构示意图

矩阵式组织结构的优点可以概括为:①由于工程组织是覆盖职能部门的,可以实现资源在多个工程中共享,由此较好地解决了项目式组织结构模式中人力资源随工程的进度及需要不同而出现的冗余或者短缺的问题。②工程团队的目标清晰,有专门的人即项目经理负责管理整个工程,会使他不得不对工程给予充分的关注,负责在规定的时间、费用、质量要求条件下完成工程,也保证他能够担负起协调和整合不同职能部门的工作。③当有多个项目同时进行时,公司可以根据各个项目的特点,平衡各个项目的资源配置,以保证每个项目都能完成其各自的进度、费用及质量目标。④由于工程项目团队成员并没有完全脱离原职能部门,因此不存在项目生命周期结束以后项目团队成员工作重新分配问题,其对项目结束后的忧虑感就会相应减少。

当然,矩阵式组织结构的缺点也是明显的,主要有:①矩阵式组织结构模式在强化项目经理职权的同时却违反了命令单一性的原则,会由于其分权效应以及对工程团队成员的交叉指挥等,可能会恶化其与职能经理之间的关系。②虽然该种组织结构模式可以支持多工程项目并行管理,但如果发生多项目共享资源且该资源并不充沛时,可能会因项目间对资源的竞争而产生项目经理之间的冲突。③在工程运作过程中,项目经理主管工程的行政事务,职能部门经理负责项目的技术与资源支持,但在工程执行过程中,项目经理必须就各种问题,如资源分配、技术支持等与部门经理进行协商和沟通,因此可能会降低决策效率。

16.4 工程的组织行为管理

亚当·斯密在《国富论》中首次提出了组织行为学的观点,即组织和社会都将从劳动分工中获得经济优势。在其后的管理实践研究中,泰勒的科学管理理论、法约尔的行政管理理论、韦伯的结构化理论等都对组织行为学理论进行了不断的补充,组织行为学的发展日渐成熟完善,并越来越受到企业界、社会组织的广泛重视。

组织行为学理论以劳动分工为基础,以提高组织绩效为目的,重点探讨个体、群体以及组织系统对组织内部行为的影响。一般而言,组织行为学研究分为三个层次,即个体、群体和组织系统。这三个层次依次递进,群体行为建立在个体行为的基础之上,而个体行为和群体行为又受组织系统的制约,个体行为、群体行为和组织系统相互作用,最终是为了提高组织的绩效。在现代工程项目管理中,管理者扮演的角色可以概括为人际组织角色、决策角色和信息传递角色。下面结合工程管理实践,在个体、群体和组织系统三个层次上对管理者所扮演的角色和所表现的行为进行分析。

➤ 16.4.1 工程管理的个体行为管理

个体行为主要包括个体劳动者的个性、能力、知觉、经历、价值观和劳动态度等内容。

1. 个性

个性是个体所有的反应方式和与他人交往方式的总和。在工程管理中,应尽量使每个人的个性与其工作要求相匹配,以形成较高的工作满意度和较低的人员流动性。工程管理中的有些工作(比如成本核算)相对适合于女性,而有些工作(如工程监理)又相对适合于男性,因此要区别对待。

2. 能力

能力反映个体在某一工作中完成各项任务的可能性。工程管理专业性较强,个体能力必须与其岗位职责要求相匹配。比如,市场调研和策划人员需要较强的市场敏感性与归纳推理能力;决策人员必须具有较强的信息综合判断分析能力和一定的演绎推理能力,以便在不同的方案中进行优选;规划设计人员要有较强的空间视觉能力;成本管理人员要有较强的成本核算专业知识;而市场营销人员最好具有较强的记忆力等。

3. 知觉

知觉是"个体为了对自己所处的环境赋予意义而解释感觉印象的过程"。个体的行为不是以现实本身为基础,而是以其对现实的知觉即看法为依据的。比如,给同一个工作岗位上的甲、乙两人各发同等数额的奖金,甲、乙两人对奖金的感知可能是不一样的,这跟他们的工作环境、以前的工资收入、他们自己认为的对工作的投入贡献度以及在组织中的地位等密切相关。所以,工程管理者必须了解项目成员对工作环境、绩效评估方法以及报酬支付公平程度的看法。

4. 价值观

价值观是一种内心尺度,它凌驾于整个人性之上,支配着人的行为、态度、观察、信念和理解等,支配着人认识世界、明白事物对自己的意义和自我了解、自我定向、自我设计等;也为人们自认为正当的行为提供充足的理由,它包括内容和强度两种属性,前者指哪些行为方式和生存状态是重要的,后者则确定其重要程度如何。在同一客观条件下,对于同一个事物,由于人们的价值观不同,就会产生不同的行为。在同一个单位中,有人注重工作成就,有人看重金钱报酬,也有人重视地位权力。同一个规章制度,如果两个人的价值观相反,那么就会采取完全相反的行为,将对组织目标的实现起着完全不同的作用。在大多数项目管理中,项目组成员来自不同的部门(组织),项目结束后又将各奔前程,所以,作为工程的管理者必须了解员工的价值观,尽量使个体的价值观与组织的价值观相一致。在安排人员及其任务时,不仅需要考虑个体的工作能力、经验和动机,也应兼顾其价值观。

5. 态度

积极的态度会产生积极的行为,会最大限度地发挥个体的能力,促使组织目标的实现。如何培育工程组织成员产生积极的态度,是管理者面临的一个重要课题。在进行工程管理时,首先,在认清个体差异的基础上,为成员确定明确的目标和岗位责权利制度;其次,允许成员参与决策,管理决策信息要通畅;再次,建立反馈机制,将成员的报酬与其绩效相联系,增加管理的透明度,并注意分配制度的公平性。

➤ 16.4.2 工程管理的群体行为管理

工程项目管理从本质上说,是在特定的资源、环境条件下,为了实现特定的目标,对由工程成员个体组成的工程成员群体的管理。因此,工程效果如何,取决于工程的群体行为。而群体行为主要由群体外部条件、群体特征、群体结构、群体任务和群体协同作用等因素决定,由群体绩效及群体成员满意度等指标来直接反映。

1. 外部条件

作用于群体的外部条件,包括组织战略目标、权力结构、组织规范、组织资源、绩效评估和奖酬体系以及物理工作环境等。

工程组织的战略目标一般由工程目标、工程计划及实施手段等构成,如有些工程项目的战略目标是扩大企业市场份额,有些项目的战略目标是降低企业运行成本,而有些项目的战略目标是研发新产品等。工程组织目标越清晰,群体及其个体成员的方向越一致,工作效率也越高。

不同的工程项目具有不同的组织结构,相似的工程项目也可以采取不同的组织结构。工程组织中各部门或团队有不同文化和规章制度,对其下属群体行为的影响也不同。一般来说,工程组织结构越便于群体内部的沟通,规章制度越健全,群体及其成员的行为越一致,管理效率也越高。

当然,对群体及其成员影响较大的另一个外部因素,是组织的绩效评估和奖酬体系。一般地,绩效目标越具体、越具有挑战性,并与奖酬紧密挂钩,则群体及其成员的工作效率就越高。此外,良好的物理工作环境和条件对群体及其员工的行为也有一定的影响。

2. 群体行为特征

群体行为的绩效水平,在很大程度上决定于个体行为的有效性。群体成员的资源主要包括能力和人格特点两个方面。个体能力对群体行为和绩效的影响是显而易见的,但在工程管理中也不能忽视组成群体的个体的人格特性。如果个体成员间相处包容性强、信息通畅、团结协作和鼓励个体创新,则个体行为的有效性会大大提高,就会极大地提高群体的凝聚力,提高群体的生产效率。

3. 群体结构

群体结构主要包括群体的人数规模和人员构成。完成工程建设某一方面工作的群体是有一定结构的。由于群体领导、成员角色以及群体的规模和构成不同,使不同群体的行为也产生差异。群体结构对群体的工作效率、工作成本有极大的影响。

群体领导对群体行为的绩效具有决定性的影响。根据特质理论,群体领导必须具备进取心、领导意愿、正直与诚实、自信、智慧以及与工作相关的知识等特质。同时,作为工程项目的群体领导,还必须具有正确处理与成员关系的能力以及对环境具有相当高的敏感性。

从群体人数规模看,一般小群体完成任务的效率高于大群体。因为个体都有一种“社会惰化”倾向,即个体在群体中工作不如单独工作时更努力。因此,在项目管理中,应尽可能缩小群体的规模。根据组织行为学的研究成果,5人或7人的群体规模较为合适。

从群体构成看,由不同个性、能力、性别和技能的个体构成的群体的工作效率比较高,而个体成员的知觉、价值观、态度越一致,则群体的工作效率越高。

4. 群体任务

群体任务可以分为简单任务和复杂任务两类。简单任务是指常规性的、标准化作业的任务,对这类任务群体成员不需要探讨工作方法,只需按照标准化的操作程序即可完成。复杂任务是指那些涉及的人事复杂、不确定性高、偶发事件多、非常规性的任务,这类任务需要群体间进行经常性的沟通交流、共同参与分析问题、解决问题,并要求降低冲突水平,个体成员之间的依赖性较强。工程管理工作属于“一次性”努力的工作,项目利益相关方复杂,不确定因素多,生产要素流动性大,不可逆转性强,这就需要加强工程组织内不同群体之间以及同一群体内部成员之间的信息沟通,也需要强有力的群体领导。

5. 群体协同作用

工程项目的建设过程,就是不同群体和所有个体相互协同、共同发挥作用的过程。在群体作用的发挥过程中,需要注意协同效应,这就是说群体成员共同作用的效果而不是所有个体单独发挥作用效果的总和。工程的建设是不同群体和所有个体共同发挥作用的过程,项目建设中的策划、规划、设计、施工和运营等工作不是单个个体所能完成的,而是项目组内的不同群体中的所有个体,既有劳动分工、又相互协作来共同完成的。一般来说,项目组织的计划越完善,岗位责任制越清晰,个体成员的知觉、价值观、态度越一致,则群体的协同作用越高。

6. 群体绩效及群体成员满意度

群体绩效是上述各方面综合作用的结果,是群体行为的直接表现。高的群体凝聚力,可以提高群体的工作效率,进而提高群体绩效。群体凝聚力是指从事工程项目建设的群体成员之间相互吸引、并愿意留在群体中的程度。

群体成员的满意度,既是群体外部条件、群体结构等共同作用的结果,又对群体绩效产生一定的影响。成员满意度越高,工作越积极,就越能降低“社会惰化”,从而提高群体绩效。为了提高员工满意度,工程的管理者需要建立合理的绩效评估和奖酬体系。同样,还要确定适当的群体规模,因为群体规模越大,成员越多,成员之间的冲突和纠纷也就越多,这势必影响到群体成员的满意度。

▷ 16.4.3 工程管理的组织系统管理

工程管理中的组织系统涉及组织结构、组织文化、人力资源政策以及工作设计与压力等方面。下面我们对组织结构、组织文化、人力资源政策以及工作设计和压力在工程管理中的应用进行介绍。

1. 工程管理组织结构

组织就是指两个或两个以上的个人,为了达到某些特定的目的,以一定的方式有意识地联系在一起,组成一个群体;该群体有一定的分工及不同层次的权利和责任制度,按一定规则从事各种经济和社会活动。在进行工程组织结构设计时,①应确定工程管理目标,工程管理目标是工程组织设立的前提,明确组织目标是组织设计和组织运行的重要环节之一。②确定工作内容,根据管理目标确定为实现目标所需完成的工作,并对这些工作进行分类和组合。③选择组织结构形式,确定岗位职责、职权,根据工程的性质、规模、建设阶段的不同,可以选择不同的组织结构形式以适应工程管理的需要,同时根据组织结构形式和例行性工作确定部门、岗位以及它们的职责,并根据责、权、利一致原则确定他们的职权。④设计组织运行的工作程序和信息沟通的方式,以规范化、程序化的要求确定各部门的工作程序。规定他们之间的协作关系和信息沟通方式,即制定一系列管理制度。⑤确定人员配备,按岗位职务的要求和组织原则,选配合适的管理人员,关键是各级部门的主管人员。

2. 工程管理组织文化

组织文化是组织全体成员共同接受的价值观念、行为准则、团队意识、思维方式、工作作风、心理预期和团队归属感等群体意识。工程管理活动中,良好的组织文化鼓励创新、鼓励竞争、鼓励开拓,要求小组与小组之间、员工与员工之间,创造一种合作、协调、沟通、互助的氛围,通过团队精神的开发和利用,充分发挥工程组织人、财、物的资源优势,达到“1+1>2”的目的;良好的工程组织文化还在企业文化中提倡一种严谨的工作作风。

3. 工程管理人力资源政策

工程管理中的人力资源管理的内容包括工程项目成员的招聘录用与培训、绩效评估、报酬体系、劳资关系的设计及项目完工人员安置等内容。为了提高项目成员的技术、人际关系和处理问题的能力,可采用脱产或在职方式对工程项目成员进行培训。特别是对工程管理人员和从事非常规性工作的项目成员来说,其工作的核心就是分析问题、解决问题,这就需要提高他们处理问题的能力。为了科学地制定人力资源政策,工程管理者需要对工程项目成员进行绩效评估。工程管理者需要注意的是,很多项目成员既要受项目组经理的领导,又可能同时受到母体组织的领导,在人力资源政策中项目成员薪酬、评价、晋升体系相当复杂。

4. 工程组织的工作设计及压力管理

按照组织行为学理论,工作方式、工作任务时效性、工作目标的挑战性、工作的灵活程度以及工作面临的压力等,都会对提高工程项目成员的工作绩效有很大的影响,这就需要项目管理者合理制订成员的工作计划,并给成员一定的工作压力。从工作压力看,工程管理的实效性很强,资源限制多,工程管理者不妨通过给每一个职位增加一定的压力,以提高员工的工作绩效,如鼓励个体参与决策、项目组内部互检工作、换岗位培训等都是一些有效的方法。当然,压力过高也会产生负面影响,如导致成员焦虑、情绪低落、工作满意度和工作效率降低,甚至产生缺勤和离职行为,这也是项目管理者在设计工作压力时需要加以注意的。

16.5 案例:某航空发动机研制工程的矩阵型组织设计

航空发动机研制工程是指航空发动机从预研、型号研制、生产试制、设计定型到生产定型的全过程。航空发动机研制工程需要经历以下主要阶段:型号论证阶段、方案论证阶段、工程研制与设计阶段、生产定型阶段。其中型号论证阶段、方案论证阶段基本以研究所为主,单独完成;工程研制与设计定型阶段是公司与研究院合作完成,是型号研制中经历时间最长、出现问题最多、决定型号成败的关键阶段,也是本案例提及的研制阶段。

▶ 16.5.1 航空发动机研制工程的特点

航空工业是高、精、尖技术密集,资金密集的大型产业。在航空发动机研制工程中需要采用大量的新材料、新工艺、新技术,并伴随着新材料的研发、新工艺、新技术、新设备的开发。因此,航空发动机研制工程,是技术新、风险高、周期长和投资巨大的工程项目,其具有以下主要特点:

(1)结构复杂,工作量大。以某型航空发动机型号研制工程为例,其工作分解结构如图16-9所示,该工作分解结构以工程研制阶段的合同为基础进行分解,它明确了工程研制阶段研制的主要工作。考虑到工作的复杂性,仅将工作分解到四级工作包,再由职能部门在职责范围内分解到更细的层级,它反映了工程的全部活动,据此进行工程计划的分解。

(2)研制周期长。从预研到型号立项,国外一般需要5~8年的时间,国内一般需要10年左右的时间。

(3)技术难度大。新型号研制为了获得优良的基础,保持技术上的领先优势,经常需要

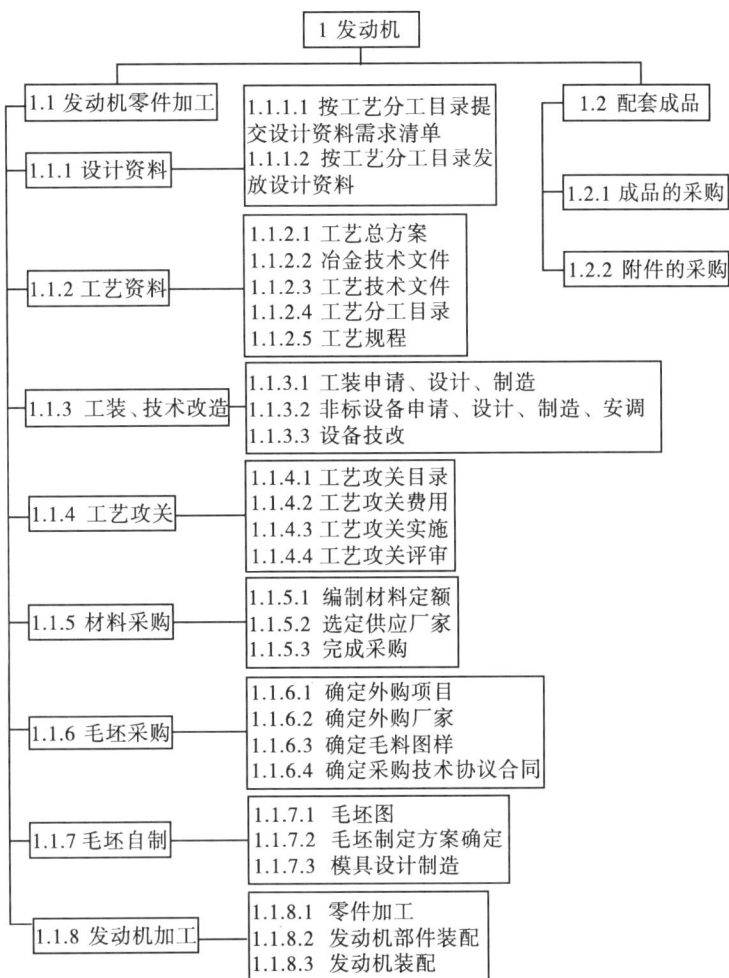

图16-9 某型航空发动机工程研制工程的工作分解结构

应用15%~20%的新材料、新工艺、新技术。

(4)涉及行业多。航空发动机研制是庞大、复杂的系统工程,因其产品结构的复杂性、选材的多样性,必须由多家单位共同合作完成,以某型发动机研制为例,外部参研单位多达数十家。

(5)资金投入大。新型号的首台研制除了正常的材料费、制造费用等直接费用外,还需要工装设计、制造费,非标设备、试验件加工等一次性投入费用,所以研制成本有时高达亿元,从首台研制到设计定型,一般需要20~50台整机,核算下来工程研制阶段资金投入就达几十亿元。

(6)工程风险高。研制周期长、资金投入大、技术难度大,跨行业与部门合作,导致组织过程不可控因素多,增大了航空发动机研制过程的风险系数。

➤ 16.5.2 航空发动机研制工程组织结构

航空发动机研制工程复杂,需要多个部门和厂商配合协调,针对这些特点构建了矩阵型组织结构,如图16-10所示,并组建专门的工程团队。工程团队由项目经理组建并在项目经理的领导下开展相关工作,在工程工作中对项目经理负责,各职能部门在工程管理中履行部门职能,按照各项目需求派人参加工程团队工作,工程团队成员分别按部门职责承担任务,代表部门在项目经理领导下参与工程管理和协调工作。工程团队一经确定,团队成员在工程实施过程中就必须听从项目经理的安排,认真履行团队职责,发挥部门职能作用,对在工程实施过程汇总形成的资料及时在团队内共享并归档。工程团队所属单位领导应为团队成员开展工作创造必要的条件,确保团队成员能充分调动本单位资源开展工程工作,工程团队成员及时向单位领导汇报项目工作,确保信息沟通顺畅,同时针对工程实施中遇到的难以解决的关键和重大问题,团队成员应及时向单位领导反映,多渠道寻求支持,争取以最快速度解决问题,当项目工作与所属单位工作发生冲突时,以项目工作为先。所以矩阵式组织结构的应用确保了工程运转高效的要求。

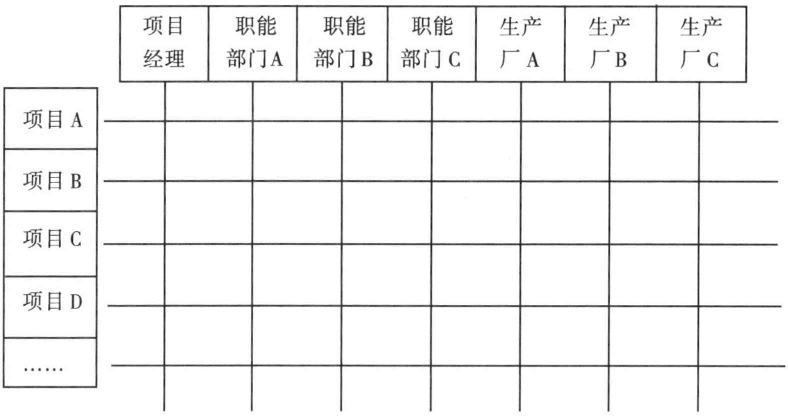

图 16-10　航空发动机研制工程矩阵型组织结构

16.5.3　矩阵型组织结构的应用效果分析

(1)针对每个型号设置负责型号研制的项目经理,并组建专门的工程团队,航空发动机项目研制工程团队成员结构如图16-11所示,团队成员来自相关职能部门及各生产厂,团队成员代表部门(厂)参加型号的研制工作。同时项目经理下设型号工艺师、冶金师、设计师、质量师、会计师、采购主管、工装主管,在所主管的业务领域起组织、管理、协调作用,各职能部门和生产单位按照业务主管的决定实施具体工作,团队定期组织召开工程项目周例会。出现较大问题或潜在问题时,召开问题解决会议,这是一种不定期的工程内部会议,及时解决工程项目中存在的问题,并找出问题原因和影响要素,提出可行性解决方案。

(2)航空发动机研制工程的信息沟通非常重要,工程项目的有关信息要及时、正确地提取、收集、传递、存储以及最终进行处理,以保证航空发动机研制工程团队内部的资源充沛。矩阵型组织结构作为航空发动机研制工程的组织框架,保证了稳定高效的信息交流,使信息及时、准确、完整地传达到组织结构的各个层级。因为航空发动机研制工程涉及的部门众多,所以构建了航空发动机研制工程信息平台,通过身份识别实现用户终端登录。工程项目相关信息由项目办公室组织整理并发布,通过共享的信息平台,转发给工程团队成员。由于

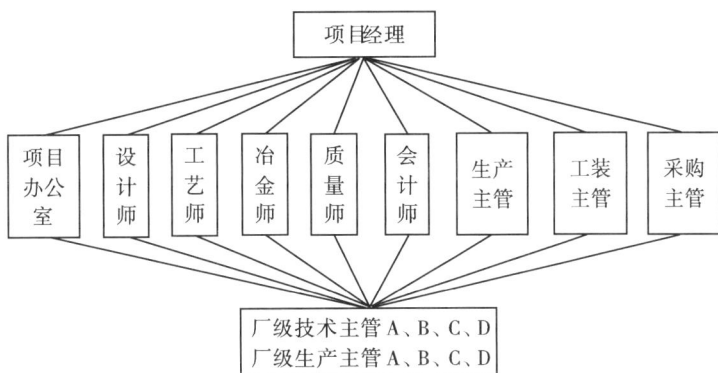

图 16-11 航空发动机研制项目团队成员结构

工程组成员来自各职能部门、生产厂等,在收到信息后可以立即将信息下达给所在部门人员,保证了研制过程包括材料采购、毛坯件生产、设计变更等工作能够在进度计划内完成,保证了航空发动机研制工程的效率。

(3)航空发动机研制工程的特殊性,造成团队成员对内、对外信息交流量的增加,可以理解为所有与该型号研制有关的内、外部人员,都是团队成员的客户,团队成员的所有工作也都是围绕着客户进行的,所以矩阵型组织结构在对客户的关注度方面明显优于其他组织结构。另外,航空发动机研制过程中团队面对的主要客户为发动机设计院,一方面为了满足发动机性能、提高发动机零组件的工艺性等方面要求,发动机设计单位经常发出技术决定单、设计更改单等设计文件,这些设计文件在一定程度上影响到公司发动机研制节点、成本;另一方面,新研制中经常出现锻件、铸件、工装及零件加工中的质量问题,这些问题需要设计院及时处理。由于矩阵式组织结构中有专门的团队成员进行厂、所之间交流,交流的方式、语言双方经过长时间的磨合已能够达成默契并相互理解,对出现的技术、质量问题能够及时、有效地处理,这在很大程度上促进了型号研制进程。

(4)在航空发动机研制过程中,各个团队逐渐形成了各具特色的团队文化。团队文化涉及型号管理过程中的制度和工作模式、沟通方式和方法、管理的风格、人员的思维习惯和思维模式等。团队文化是推进工程过程中逐渐形成和培养起来的一种隐性文化,良好的团队文化对型号研制具有不可估量的作用。

(5)矩阵式工程团队要求每个成员为实现一个共同目标而协同工作,团队工作就是团队成员的工作目标。将航空发动机研制工程团队所有成员的个人成功融入到集体成功之中,即"型号成功,我成才"。

➤ 16.5.4 小结与思考

矩阵组织结构中既有纵向管理部门,又有横向管理部门,纵横交叉,形成矩阵。矩阵中的纵横交叉点称为工作元素,其命令源可能有两个,即命令源不是唯一的。如果两个命令有矛盾怎么办? 所以在矩阵组织系统中应该明确以哪一方向为主,即发生矛盾时如何解决。

本案例阐述了矩阵组织结构在某型航空发动机型号研制工程中的应用。工程的组织结构是航空发动机型号研制工程管理的核心内容,合理的组织结构能够保证项目在满足时间、资源约束下有序运行直至完成预定目标。航空发动机型号研制工程大多采用并行模式,工程中多个作业活动并行,彼此之间又有内在的协调关系,许多作业活动还要共用某些资源,因此工程管理不仅要协调各作业活动间的内在关系,还要对所用资源进行平衡,管理难度非常大。从组织设计的角度来看,本案例还需要对组织关系进行进一步明确,包括工作任务分工、管理职能分工和信息传递关系等,以利于组织结构模式的实际应用。

案例来源:温亚力,李辰辉.矩阵型组织结构在航空发动机研制项目管理中的应用[J].项目管理技术,2011,9(7):88-91.

案例讨论

1. 为什么矩阵型组织结构较适应于航空发动机研制工程的建设与管理?

2. 案例中组织结构设计时,横向和纵向部门改进的思路是什么?这样改进的好处是什么?实际运行中会存在哪些问题?如何避免这些问题的发生?

思考题

1. 工程组织有何特点?请说明这些特点对工程组织设计有何影响?

2. 请谈谈工程组织的设计原则和设计流程。

3. 请说明组织结构形式有哪几种?并比较说明各自的优点和缺点?

4. 根据本章的知识点,请结合自己的工作实际来谈工程组织的系统管理应涉及哪些方面,并如何在其各方面体现出系统性特征。

第 17 章
工程人力资源管理

17.1 工程人力资源管理概述

工程项目所面临的竞争日趋激烈。各企业之间的竞争,归根结底是人才的竞争,人才成为企业赢得竞争优势和持续发展的关键因素,被经济学家称作"第一资源"。要想在激烈的竞争环境中立于不败之地,就必须充分地发挥人力资源的巨大作用。但相对于工程项目管理的技术因素,专家学者针对人在项目管理中作用的研究有所忽视。在工程项目中,人是最具灵活性和创造性的因素,要确保工程按时、按预算、高质量地完成工程目标,就需要充分调动工程中参与人员的工作积极性和能动性。因而,如何在工程管理中让参与者"人尽其才,才尽其用,才适其职"就是工程人力资源管理的重要任务之一。

17.1.1 工程人力资源管理的概念

人力资源管理,是指一定的管理主体运用科学方法,协调人与事的关系,处理人与人之间的矛盾,充分发挥人的潜能,使人尽其才,事得其人,人事相宜,以实现组织目标的过程。简而言之,是人力资源的获取、整合、激励及控制调整的过程。它包括人力资源的规划、人员招聘、绩效考核,员工培训、薪酬设计等。

工程人力资源管理(project human resource management)就是围绕工程项目涉及的人力资源所开展的人员战略规划、选聘和合理配置,并定期对工程参与人员的工作业绩进行评价和激励,以调动所有团队利益相关者的积极性,最终保证工程项目目标的顺利实现。

工程人力资源管理通过资源配置和团队激励两方面作用于工程项目管理。工程项目活动中最核心的因素便是"人",根据项目、岗位要求,设置相应技能的人员是项目成败的关键所在。合适的人员配置不仅能达到人尽其才的效果,更能带动其他资源的优化配置。另一方面工程人力资源管理通过对工程项目人员的培训、绩效考核、激励以及团队建设,对团队成员的心理和行为进行有效的管理,发挥其主观能动性,从而确保通过管理项目团队来实现项目目标。工程项目人力资源管理流程如图 17-1 所示。

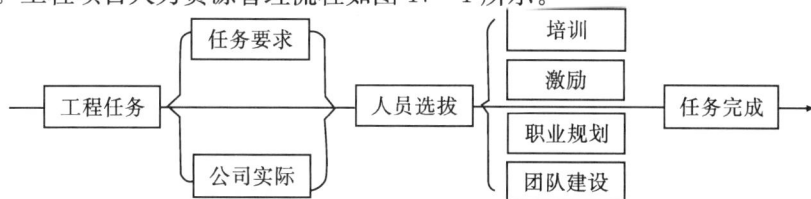

图 17-1 工程人力资源管理流程图

➢ 17.1.2 人力资源管理与工程人力资源管理

人力资源管理也可称为组织人力资源管理,是指为了实现战略目标,运用现代的系统科学,通过招聘、培训、绩效考核、薪酬激励、人事关系以及职业生涯规划等手段对符合组织发展需要的人力资源进行有效调控和配置,充分发挥人员潜能,配合物力、财力最大限度地满足组织发展需要的一种现代管理思想。为达到人尽其才,事得其人的理想状态,组织一般通过创建特殊的企业文化,对员工的思想、信念以及态度进行积极主动的引导和调控,以确保制度管理带来的风险。

工程人力资源管理是人力资源管理在项目中的具体应用,作为人力资源管理的特殊形态,工程人力资源管理首先必须满足人力资源管理相同特性的功能。但基于工程项目与组织的差异,两者之间功能又具备不同特征。组织具有长期性、稳定性和系统集合性,组织在战略目标的指引下,根据内外部环境的变化不断地作出调整,人力资源管理的六大模块也会随之产生变化。而工程在运作过程中,具有暂时性、独特性、专业性等特点,无论内外环境如何变化,工程人力资源管理的目标都是按时保质保量地完成任务。因而,根据工程项目的不同,其人力资源管理上也会呈现出不同的侧重点。人力资源管理与工程人力资源管理的差异性主要体现在以下几个方面:

1. 人力资源规划方面

组织在人力资源规划的过程中不仅要考虑到近期的需求,更应该根据组织的发展目标和战略进行人才的储备和培养,要针对组织的发展节奏进行人力资源不同层次的规划和调整,以适应组织的发展。工程中的人力资源规划更多地考虑工程项目本身目标完成所需技能的需求,其规划以近期人员需求为主。在工程立项初期人员已编制妥当,在没有人员特殊需求的情况下,不再会有人员的变动,相反会随着项目的节奏变化进行人员的剪裁。因此,组织人力资源规划因为未来发展情况的不确定性,在成本控制的最大限度内进行人才需求预测和储备难度更大一些。

2. 工程项目的人才选聘方面

组织人力资源人才招聘一般是以目前工作需要和需求预测为依据,进行程序化的人员招聘工作。而项目人才的获取更多的是依靠现有人员,根据项目岗位技能需要,在各职能部门间进行抽调培养,以组成临时的工程项目团队。

3. 岗位的设置方面

组织人力资源岗位设置主要依靠组织发展需要,而工程项目岗位设置主要依据完成项目所需技能进行设置。组织岗位设置一般是固定的,在横向和纵向上均有阶差和区别,而项目岗位设置除了项目经理及总监外,其他项目成员不管在组织中是什么级别,项目中一律为平级。

4. 人员培训方面

组织当中培训一般分为入职培训、岗位技能培训和管理培训,培训课程的设置主要依据岗位需求和组织发展目标。而工程项目中的培训一般只针对项目所需要的各种技能和规章进行培训。组织当中的培训兼顾长期和短期人员的职业规划,项目的培训一般只是为满足项目完成所做的准备。

5. 绩效考核方面

组织一般考核的是员工岗位匹配度和工作综合能力,考核形式一般分为长期、中期和短期考核。工程中考核的是项目完成状况,包括质量和进度的细分指标,考核形式一般视工程周期而定。

6. 激励方面

组织人力资源管理可采用多种激励手段,如加薪、培训、完善的组织职业发展体系、福利保险制度等,而工程人力资源管理,尤其是对特殊急需临时招聘来的人员,只能以物质激励为主。

7. 文化建设方面

组织主要是以企业文化建设为重,培养自己独特的企业文化,以引导员工更好地为组织的发展服务,同时能更好地留住人才。工程中的团队建设更多地侧重创造好的团队工作气氛,激发员工的主观能动性,高质量、高效率的完成项目任务。

➤ 17.1.3 工程人力资源管理的特点

现代工程项目正在朝着大型化、规模化、现代化的方向发展,工程的复杂程度较之以往呈指数级的倍增。因而,现代项目管理就要求其在不增加建设投资力度的情况下,要保证工程项目的质量、安全、进度目标的实现,就必须通过严格的监控和管理,才能使项目的效益最大化。工程项目管理的实施需要调动多种资源共同完成,其中最基本、最重要、最具有创造性的资源就是人力资源。如今人力资源已成为一个企业或者一个组织生存与发展的重要战略资源之一,而工程项目人力资源管理则成为工程项目管理成败的关键因素。

工程人力资源管理的对象包括项目团队的所有成员和项目团队本身,工程项目人力资源在遵循企业组织人力资源管理的原理的同时,还具有以下特点。

1. 整体性

工程项目多是以团队形式开展工作的,它不同于组织层面的人力资源管理,是属于群体层面,有明确的团队目标、结构和规则。每个成员在其中都扮演一定的角色,所有岗位的设置都是为保证最终高效、按时完成工作任务,每一个岗位的缺失都将导致整个工程项目完成时间的延期或者项目任务失败。另外项目团队成员作为团队的组成要素,都应具有高度的团队精神,只有大家在工作当中默契配合,团结一致,高度配合,才能减少不必要的内部摩擦,全身心地投入到工作当中,保证项目的顺利完成。

2. 时限性

每一个工程项目组的成立都是为了完成某项任务,该任务并非是无限期的,一般都是规定时间内完成任务目标,工程管理具有时限性。在工程项目开始之前,由工程项目合作双方根据项目的任务难度确定项目时间,工程项目一般分为短期项目(1 年以内)、中期项目(1~3 年)和长期项目(3 年以上)。工程人力资源管理作为项目管理的一部分,也需要考虑时间方面的约束特征,根据工程项目周期的长短和公司内部人力资源特征进行相对应的管控和调配。例如:工程项目运行过程当中,由于工程进展的需要,可能要求的人员会随项目进程而有大规模的变动,聘用和解雇的人员安排,都要在项目与项目之间进行人员调配。

3. 周期性

工程管理工作目标明确,同时大部分工程项目工作需要进入企业进行实际操作指导,客观上要求项目管理工作必须进行阶段性管理,明确每一周期项目工作的具体目标和要求。另外项目工作一般具有时间紧、任务重、范围广等特点,为便于过程管理和时间管理,只有进行任务的周期性安排,才能很好地把控项目进度和服务质量。进行周期安排的过程中,应将时间节点和任务节点有效地结合起来,根据项目的难度,合理地安排时间周期,严格执行阶段性工作安排。项目人力资源管理工作,应当根据项目的周期性及时进行人员的调配和安排,不同阶段采取不同的激励手段,刺激员工的工作积极性和主动性,以确保项目的稳步推进和顺利完成。

4. 一次性

无论工程项目时间的长短,它都具有时间概念上的一次性特征。一个工程项目周期结束之后,项目成员回到原本工作岗位,从事日常工作,直到下一个项目的启动,加入到新的工程项目组进行团队合作。虽然工程项目与项目之间一般具有一定的关联性,但一个工程项目完成,这个工程团队就需要解散。所以工程人力资源管理需要考虑工程人员在保证工程顺利完成的前提下,还要不断地提高其学习能力和资源整合能力以应对未来的挑战。

17.2 工程中人员招聘、选拔、培训

招聘和选拔是人力资源管理中比较基础性的活动,无论是新成立的项目还是已经处于运作阶段的工程,它都是关系工程顺利开展的一项重要工作。人力资源培训是促进人员能力水平与工作要求匹配的重要手段。

➢ 17.2.1 工程项目中的人员招聘

1. 招聘的含义

所谓人员招聘,是指通过各种方式,把具有一定技巧、能力和其他特性的申请人吸引到组织空缺岗位上的过程。人员招聘实际上是一种组织与应聘者个人之间双向选择和匹配的动态过程。在这一过程中,组织和应聘者都应扮演积极的角色,而不是组织主动、应聘者被动的不平等关系。

詹姆斯·斯通纳等认为,招聘就是以人力资源管理计划为依据,建立充足的备选人才库,以在需要时可以从中选拔合适的人才。可以这么认为,人员招聘就是组织有战略、有政策、有预测、有计划、有标准、有选择地面向组织内外以最低成本吸引、吸收适合需要的足量的合格人才和具备潜力的人才,安排到特定的工作岗位上任职,以及建立人才库来满足组织未来需要的活动过程。招聘的基本内容包括:招聘计划的制订和审批,招聘信息的发布,对应聘者进行筛选、测评,人员录用等。

招聘的最佳结果应该是"职得其才,才适其用",也就是能力和岗位匹配。常常判断招聘工作是否成功的标准有:上级人员对员工的满意程度;录用的员工对工作和企业的满意程

度;招聘后一定时期自愿离职人员的比例;招聘的成本与收益;员工岗位的工作完成情况;上下左右部门的协调程度;企业或部门工作效率的增长状况等。

2. 招聘的原则

一般而言,组织进行人员招聘应当遵循以下几个方面的原则:

(1)因事择人的原则。组织的人员招聘应根据人力资源规划和工作说明书进行。人力资源规划决定了未来一段时间内需要招聘的部门、职位、数量、时限、类型等。工作说明书为空缺职位提供了详细的人员录用资格标准,同时也为应聘者提供了该工作的详细信息,它们是人员招聘的主要依据。根据岗位工作规范形成岗位的工作要求,由此来澄清岗位用人的知识和能力、职责,再通过一定的科学方法来选拔合适的人。

(2)人事相宜的原则。在选出人员时,要做到人事相宜,必须根据组织的人力资源规划的用人需求及工作分析得出的任职资格要求,运用科学的招聘方法和程序开展员工招聘,并坚持人岗匹配,即个人能力与岗位的要求相容的原则。

(3)公开、公正、公平的原则。人员招聘首先必须公开,必须遵守国家有关方面的法令、法规和政策,公开招聘信息、招聘方法以及招聘流程。一方面将录用工作置于公开监督之下,以防止不正之风,杜绝任何以权谋私、假公济私和任人唯亲的现象;另一方面,可吸引大批应聘者。其次,在人员招聘过程中,要努力做到公正公平,以严格的标准、科学的方法,对候选人进行全面考核,公开考核结果,择优录取。

(4)效率优先的原则。不管组织采用何种方法招聘,都是要支付费用的,这就是雇佣成本。雇佣成本主要包括招聘广告的费用,对应聘者进行审查、评价和考核的费用等。由于现代人力资源管理技术的发展,招聘的技术性以及复杂性越来越大,一个好的招聘系统,表现在效益上就是用最少的雇佣成本招聘到适合职位的最佳人选的过程,符合效率优先原则。

(5)内部优先的原则。在工程项目组建过程中,对人员的选拔应当首先考虑提拔或调动原有的内部职工。如果从外部招聘员工担任现有工作,往往会引起很多不满情绪。优先从内部招聘员工,便于他们利用自己的经验迅速适应工作,开拓新局面,这种做法的好处在于既可以降低招聘成本,又调动了内部员工的积极性。同时当我们注意到外部招聘与内部招聘的缺点时,有时候又需要对一些部门做到内外兼顾。

3. 招聘渠道及其选择

工程项目招聘也是遵循人力资源管理常规的招聘渠道。这时既可以从组织内部挑选合适的员工来填补空缺,也可以从社会上招聘新员工。招聘一般分为内部招聘和外部招聘,它们各有其优缺点。

(1)内部招聘。内部招聘可以采用的主要方法有档案法、公告法、推荐法、返聘法。

①档案法。每个组织都应当建立详细的人力资源档案,记录每位员工的教育培训经历、专业技能、职业目标等各种信息。当组织内部出现岗位空缺时,人力资源管理部门可以调用组织中的历史档案信息,搜寻空缺职位的合适人选。

②公告法。通过组织内容沟通渠道,如网络等,在组织内部以公告的形式发布空缺岗位信息是最常用的内部招募方法。发布的信息应说明工作的性质、任职资格、主管的情况、工作时间和待遇标准等相关情况。这种做法给员工一个对自己的职业生涯开发更负责任的机会。许

多员工通过努力提高他们的工作技能和绩效来争取更多的晋升机会或调整工作发展方向。

③推荐法。在新组建一个工程项目或原有的项目中需要引入新的人员时,常用方法是组织内部的人推荐。这种做法增强了人事匹配的合理、主管或者上级主管推荐他们认为合适的人员,供决策部门考核。由于主管一般对他们推荐的候选人各方面情况较为了解,便于以后工作上的合作,所以这种方法成功的概率较大。但主管的推荐通常带有主观性,容易受偏见和歧视的影响,使一些合格的员工失去机会,导致内部不公平。

④返聘法。组织将解雇、提前退休、已退休或下岗待业的员工再召回组织来工作。这些人大多对组织工作十分熟悉,不需要组织进行过多的培训就可以直接上岗,且往往十分珍惜再次就业的机会。

(2)外部招聘。外部招聘的主要来源和方法有以下几种:

①报纸和杂志广告。作为一种传统的招聘方式,报纸和杂志广告目前仍然是组织发布招聘信息的首选。其特点是信息传播范围广、速度快、信息量大、层次丰富,组织的选择余地大,同时广泛的宣传效果,对注重树立形象、展示实力的组织而言具有较强的吸引力。广告中明确的招聘条件与简约的组织介绍会令求职者首先进行自我筛选,从而令招聘有效率。缺点是有时候会表现为低效,即信息没有传达到最适合的候选人处,且广告费用较高,应聘者多,简历初筛工作量大。

②网络招聘。随着互联网技术的迅速发展,互联网在人们日常生活中的地位越来越重要,网络招聘已经成为人力资源管理者改变工作方式、提高工作效率的一种具体方式。一般地,网络招聘的实现渠道包括以下三种:

A. 专业人才网:例如51job等,人们可以通过注册为专业人才网站的会员来在网上找合适的工作。

B. 用人单位主页:在组织自己的主页或专业人才网上发布招聘信息,并建立相应的链接。这种方式既达到了广告宣传的目的,又能使来访问的求职人员在了解组织实际状况后有针对性地选择应聘岗位。

C. 知名网站:在浏览量很大的网站发布招聘广告,如新浪网、搜狐网、网易等,除获取招聘信息外,对组织还可以产生一定的广告效应。

③猎头公司。随着市场经济的发展,在国内,猎头公司在招聘高级管理人才方面扮演着越来越重要的角色。对于一些高级管理岗位或重要的专业技术岗位来说,猎头公司无疑是首选的招聘渠道。猎头公司拥有专业的人才搜寻手段和渠道,建有优质高层人才库,不断更新的专业化管理为组织推荐各类高素质人才。其缺点是服务费昂贵,高级人才像"跳槽秀"一样地流动。

④校园招募。当组织在初级岗位上有空缺或拥有较为完善的内部培训计划时,从高校招聘应届毕业生是一个经常被采用的战略方法。最常用的招募方式是每年春、秋季的高校人才招聘会,供需双方直接见面,双向选择。同时,校园内部借助网络平台及时发布信息。也有许多组织根据空缺岗位需求和学校教育特色而有针对性地选择到几家学校召开招聘、宣讲会,张贴、发布招聘广告,在网上公布就业信息,以使招聘信息为更多的学生所了解,增强组织在这些学校的曝光率。

⑤职介机构。公共就业机构是指人才交流中心、职业介绍所、劳动力就业服务中心等。这些机构通过举办多场招聘洽谈会,成为组织选人和求职者择业的中间桥梁,并常年为组织提供服务。选用公共就业机构方法,应聘者较集中,招聘单位的选择余地大,但招聘高级人才较为困难。

(3)渠道选择。由于招聘的渠道众多,一般在工程人力资源管理中会考虑组织现实需要来进行相应的选择。组织在确定招聘来源时,常常考虑的因素如下:

①组织发展战略。组织处于高速发展期,在内部招聘不能满足对人才需要时,应采用外部招聘;处于维持或稳定期时,考虑到招聘成本,应多采用内部招聘。

②组织现有人力资源状况。根据空缺岗位的重要性并考虑到是否有合适的培训对象以及培养成本等问题来选择是在企业内部提拔或培训还是外部招聘。

③企业文化与领导偏好。企业文化以及领导的用人风格、领导对招聘渠道的偏好决定了企业招聘渠道的选择。

④招聘目的。当管理层是出于为组织增加新鲜血液,激发现有员工队伍活力,转变经营观念和工作方式的目的来实施招聘时,则多采用的是外部招聘。但若为了员工晋升或转岗的目的,管理层常选择内部招聘来实现员工激励。

⑤人工成本。通过猎头公司获取高级人才的成本较高,但从长远发展角度及人才对组织的贡献则选择外部招聘较好;对于不能支付短期高额人工成本的组织则只能选择内部培养与选拔的方式。

⑥组织所处的外部环境。当组织处于区域人才市场发达、政策与法规健全、有充足的人才供给、人才信用健全等良好的外部环境时,外部招聘可帮助组织方便快捷地获得理想人选。反之则采用内部选拔培养,避免招聘风险,招聘的员工稳妥。

鉴于内部招聘和外部招聘各有优缺点,在具体考虑选择时应注意到两者在一定程度上是互补的。内外部招聘优劣势比较如表 17 - 1 所示。

表 17 - 1　内外部招聘优劣势比较法

内部招聘	外部招聘
优点: 1. 组织对候选人的能力有清晰的认知 2. 候选人了解工作要求和组织 3. 奖励高绩效,有利于鼓舞员工士气 4. 组织仅仅需要在基本水平上雇佣 5. 更低的成本	优点: 1. 更大的候选人蓄水池 2. 会把新的技能和想法带入组织 3. 比培训内部员工成本低 4. 降低徇私的可能性 5. 激励老员工保持竞争力,发展技能
缺点: 1. 会导致"近亲繁殖"状态 2. 会导致为了提升的"政治性"行为 3. 需要有效的培训和评估系统 4. 可能会因操作不公或心理因素导致内部矛盾	缺点: 1. 增加与招募和甄选相关的难度和风险 2. 需要更长的培训和适应阶段 3. 内部的员工可能感到自己被忽视 4. 新的候选人可能并不适合企业文化 5. 增加搜寻成本等

(4)招聘的流程。

①传统的招聘流程。招聘流程是指从组织内出现空缺到候选人正式进入组织工作的整个过程。这是一个系统而连续的程序化操作过程,同时涉及人力资源部门及组织内部各个用人部门及相关环节。广义的人员招聘包括招聘准备(又可细分为人员需求分析和制订招聘计划)、招聘实施和招聘评估等三个阶段。狭义的人员招聘仅指招聘实施阶段,其中又包括招募、选择、录用三个步骤。招聘的一般流程如图 17-2 所示。

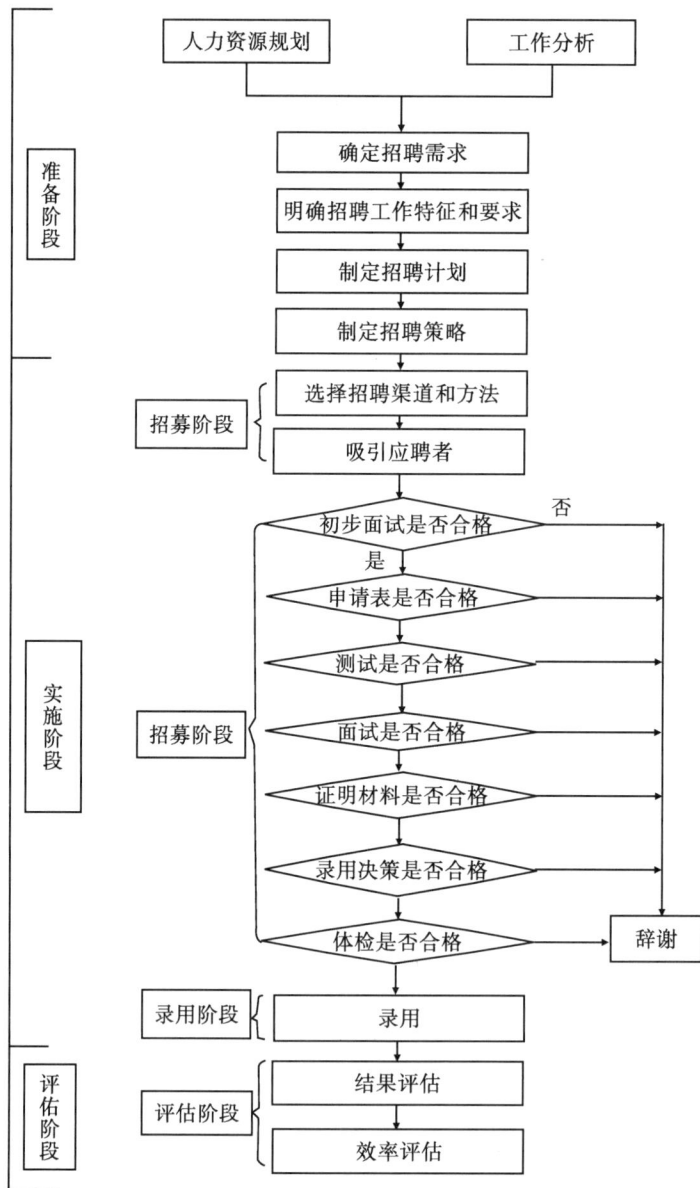

图 17-2　招聘的一般流程

工程人力资源招聘始于工作需要,首先,根据人力资源发展规划及目前工作发展需要,明确要招聘的岗位;其次,组建招聘工作小组来开展招聘工作,一般情况是由组织的人力资源部门和具体用人部门共同协作来根据招聘需要制订招聘计划和招聘策略;再次,确定一定的招聘渠道来发布招聘信息;最后,对招聘工作进行评估,这项评估主要涉及招聘成本和收益评估、招聘的时间评估、招聘的质量和数量评估等。

②基于员工胜任素质模型的招聘与甄选。

A. 胜任素质模型的基本内容。胜任素质(competency)又称能力素质,在组织管理中是指驱动员工做出卓越绩效的一系列综合素质,是员工通过不同方式表现出来的知识、技能或能力、职业素养、自我认知、特质等素质的集合。哈佛大学教授麦克里兰是将胜任素质应用于实践的第一人。20 世纪 50 年代初,麦克里兰应美国国务院邀请为之设计一种能够有效预测驻外服务信息官员能否做出优秀绩效的甄选方法。麦克里兰采用行为事件访谈法收集第一手材料,比较分析工作表现优秀和一般的驻外服务信息官员具体行为特征的各项差异,最终提炼出驻外服务信息官员胜任工作且能做出优秀绩效所应具备的能力素质。

胜任素质模型自其诞生之日起就被应用到人力资源管理的各个方面,实践证明,运用胜任素质模型可以提高企业的人力资源质量,提升组织竞争力,从而推进企业发展战略目标的实现。

B. 胜任素质模型的建立步骤。

第一步:明确企业发展战略目标。企业的发展战略目标是建立胜任素质模型总的指导方针,人力资源管理者应首先分析影响企业战略目标实现的关键因素,研究企业面临的竞争挑战,然后提炼出企业员工应具有的胜任素质,从而构建符合企业文化及环境的胜任素质模型。

第二步:确定目标岗位。企业战略规划的实施往往与组织中的关键岗位密切相关,因此在建立胜任素质模型时应首先选择那些对企业战略目标的实现起关键作用的核心岗位作为目标岗位,然后分析目标岗位要求员工所应具备的胜任力特征,从而构建符合岗位特征的胜任素质模型。

第三步:界定目标岗位绩优标准。企业完善的绩效考核体系是界定绩优标准的基础。通过对目标岗位的各项构成要素进行全面评估,区分员工在目标岗位绩效优秀、绩效一般和绩效较差的行为表现,从而界定绩优标准,再将界定好的绩优标准分解细化到各项具体任务中,从而识别任职者产生优秀绩效的行为特征。

第四步:选取样本组。根据目标岗位的胜任特征,在从事该岗位工作的员工中随机抽取绩效优秀员工(3~6 名)和绩效一般员工(2~4 名)作为样本组。

第五步:收集、整理数据信息。收集、整理数据信息是构建胜任素质模型的核心工作,一般通过行为事件访谈法、专家数据库、问卷调查法等方法来获取样本组有关胜任特征的数据资料,并将获得的信息与资料进行整理和归类。

第六步:定义岗位胜任素质。根据归纳整理的目标岗位数据资料,对实际工作中员工关键行为、特征、思想和感受有显著影响的行为过程或片断进行重点分析,发掘绩效优秀员工与绩效一般员工在处理类似事件时的反应及行为表现之间的差异,识别导致关键行为及其结果的具有显著区分性的能力素质,并对识别出的胜任素质作出规范定义。

第七步:划分胜任素质等级。定义了目标岗位胜任素质的所有项目后,应对各个素质项目进行等级划分,并对不同的素质等级作出行为描述,初步建立胜任素质模型。

第八步:构建胜任素质模型。结合企业发展战略、经营环境及目标岗位的实际情况,将初步建立的胜任素质模型与企业、岗位、员工三者进行匹配与平衡,构建并不断完善胜任素质模型。

构建胜任素质模型的流程如图17-3所示。

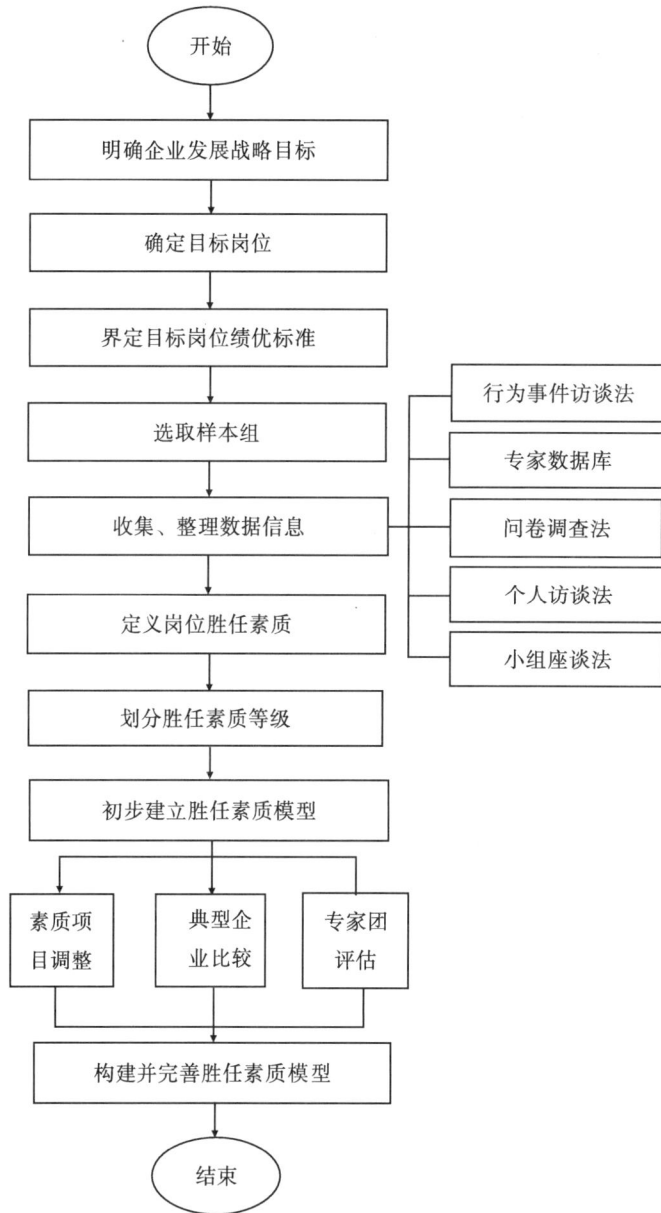

```
                    ┌─────────┐
                    │   开始   │
                    └─────────┘
                         │
          ┌──────────────────────────┐
          │    明确企业发展战略目标     │
          └──────────────────────────┘
                         │
          ┌──────────────────────────┐
          │        确定目标岗位        │
          └──────────────────────────┘
                         │
          ┌──────────────────────────┐
          │     界定目标岗位绩优标准    │
          └──────────────────────────┘
                         │
          ┌──────────────────────────┐        ┌──────────────┐
          │        选取样本组          │        │  行为事件访谈法 │
          └──────────────────────────┘        └──────────────┘
                         │                     ┌──────────────┐
          ┌──────────────────────────┐        │   专家数据库   │
          │     收集、整理数据信息      │        └──────────────┘
          └──────────────────────────┘        ┌──────────────┐
                         │                     │   问卷调查法   │
          ┌──────────────────────────┐        └──────────────┘
          │       定义岗位胜任素质       │        ┌──────────────┐
          └──────────────────────────┘        │   个人访谈法   │
                         │                     └──────────────┘
          ┌──────────────────────────┐        ┌──────────────┐
          │       划分胜任素质等级       │        │   小组座谈法   │
          └──────────────────────────┘        └──────────────┘
                         │
          ┌──────────────────────────┐
          │     初步建立胜任素质模型      │
          └──────────────────────────┘
            │          │          │
      ┌─────────┐ ┌─────────┐ ┌─────────┐
      │素质项目调整│ │典型企业比较│ │专家团评估 │
      └─────────┘ └─────────┘ └─────────┘
            │          │          │
          ┌──────────────────────────┐
          │    构建并完善胜任素质模型    │
          └──────────────────────────┘
                         │
                    ┌─────────┐
                    │   结束   │
                    └─────────┘
```

图17-3 构建胜任素质模型的流程图

C. 胜任素质模型在招聘与录用中的应用。企业招聘之难在于识别应聘人员的潜在素质,即如何根据应聘人员以往的工作表现预测其未来的工作绩效。以应聘人员的知识、技能及经验背景等外在特征为依据而作出的录用决策缺乏对应聘人员未来绩效的科学判断与预测,将会给企业带来很大风险。基于员工胜任素质模型的招聘与甄选,旨在从应聘人员过去经历中的行为表现发掘其潜在素质(能力素质是深层次特质,不易改变),分析其与应聘岗位胜任能力的契合度,并预测其未来工作绩效,从而作出录用决策。基于胜任素质模型对某岗位应聘人员进行招聘录用的流程如图 17 - 4 所示。

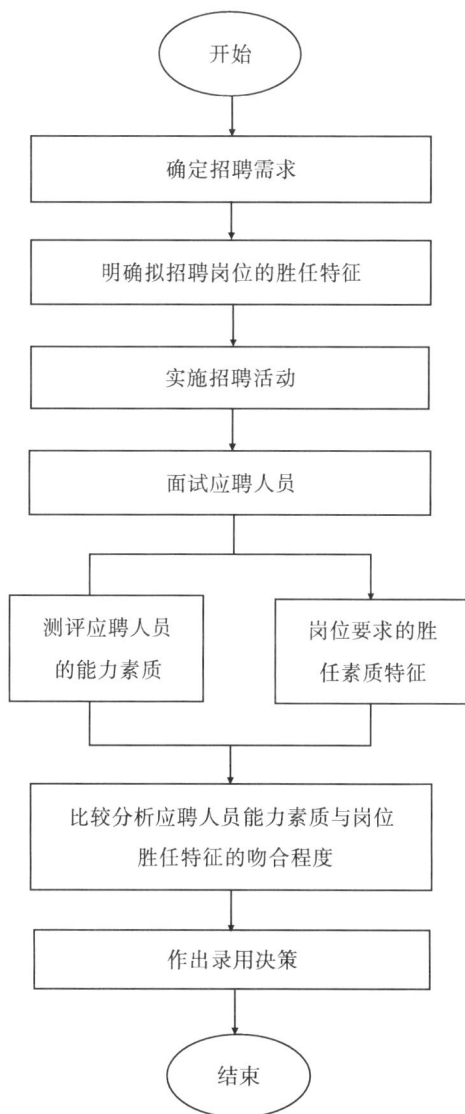

图 17 - 4 基于胜任力模型的招聘录用流程图

➢ 17.2.2 人员选拔

人员选拔是指由人力资源部门和用人部门共同综合利用心理学、管理学和人才学等学科的理论、方法和技术,对候选人的任职资格和对工作的胜任程度进行系统地、客观地测量、评价和判断,从而作出初步录用决策,这是招聘体系中技术性最强的工作。

1. 人员选拔的意义

人员选拔对于招聘工作而言具有极其重要的意义。人员选拔质量高有利于降低人员招聘的风险,有利于人员的安置和管理,同时也为员工今后的测试和发展奠定了基础。服务于组织战略的员工甄选过程明显不同于传统甄选过程的是,集中于对应聘者潜能的测验上,即关注与员工未来的工作表现相结合的可开发的才能测验,关注于应聘者是否具有岗位和组织发展所需要的能力,能否在组织实现长远的职业发展。如今人员选拔的重点已经逐渐从满足职位空缺的人员需求,转变为为实现组织战略目标而选拔与吸引能够帮助组织达成当期目标和长期战略意图的具有高素质的人,组织传统的"依据候选人的知识技能及经验背景"进行人员选拔的理念与方法已经不能满足组织获得持续竞争力。两种招聘甄选理念的比较如表17-2所示。

表 17-2　两种招聘甄选理念比较

招聘理念	特点
传统的招聘甄选	基于短期的职位需求开展招聘甄选工作,仅以工作分析与候选人"过去做什么"作为考察候选是否具备所需要的知识、经验与技能的基础,对候选人未来绩效的预测与判断
基于素质的招聘甄选	除了采用既定的工作标准与技能要求对候选人进行评价之外,还要依据候选人具备的素质对其未来绩效的指引作用来实施招聘甄选。这种基于素质的招聘甄选将组织的战略、经营目标、工作与个人联系起来,在遵循有效的招聘决策程序的同时,提高招聘质量。同时,整个招聘甄选以组织战略框架为基础,也使那些对组织持续成功最为重要的人员及其素质得到了重视与强化

2. 人员选拔的内容

一般说来,人员选拔主要考察应聘者关于以下方面的内容:

(1)知识。知识分为普通知识和专业知识。通常专业知识会占主要地位。应聘者所拥有的文凭和一些专业证书(如英语等级证书、计算机等级证书、法律执业资格证等)可以证明他所掌握的专业知识的广度和深度,知识重在应用,所以,单凭文凭为依据已经不能适应现代甄选人员的标准需要,还应通过笔试、面试等多种方式进行考察。

(2)能力。能力分为一般能力和特殊能力。一般能力如记忆、想象、观察、注意、思维能力等,是完成任何一种工作都不可缺少的能力。特殊能力可以理解为人们常说的专业技能,如管理者较强的人际能力、分析能力等。

(3)个性。个性表现为每个人独特的为人处世风格,是个人相对稳定的特征,这些特征决定着特定的个人在各种不同情况下的行为表现。根据个性特征安排其工作将极大地影响其工作绩效和工作积极性。

(4)动力因素。强烈的工作意愿与足够的工作动力来自于组织激励系统能否较好地满足不同个体员工的不同的需求结构。动力因素中,最重要的就是价值观。不同的价值观对不同的组织文化的相融程度不一,组织激励系统对他们的作用也不一样。在确定应聘者是否适合组织文化,则有必要对其价值观等动力因素进行测试,通常采用问卷测量法。

3. 人员选拔技术与方法

人员甄选方法众多,包括简历筛选、笔试、心理测试、实践操作测试、面试、评价中心法等。实践工作中,可以采用多种方法搭配使用。

(1)简历筛选。通过查看应聘者的求职申请表可以了解到以下信息:

①应聘者的态度。如填写不认真、不完整或字迹难以辨认的甚至是出现虚假信息的,可直接将其简历筛掉。

②关注与职业相关的问题。关注求职者过去的工作经历或教育背景与现在申请的工作是否相符。注意分析过去离职的原因、求职的动机。通常频繁离职的人员是不被许多组织看好的。

(2)笔试。笔试主要用于测量应聘者在基本知识、专业知识、管理知识、综合分析能力及文字表达能力等差异。笔试是使用频率较高的一种人才选拔方式。它的特点是省时、成本低、效率高、对应聘者知识、技术和能力的考查信度和效度较高。但缺点是不能考察到比较重要的工作态度、品德修养、口头表达能力、实际操作能力等。因此,实践中需要采用其他方法补充,笔试只是应聘者的初次竞争。

(3)测验。测验是指通过各种直接或间接的方法来预测和测量应聘者的工作绩效的方法。常用的测验有认知能力测验、运动和身体能力测验、个性和兴趣测验等,它们被用来间接预测应聘者未来的工作绩效。

能力测试是用于测定从事某项特殊工作所具备的某种潜在能力的一种心理测试,可有效测量人的某种潜能,对人员招聘与配置都具有重要意义。常见的有认知能力测验,它用于衡量求职者的推理能力、记忆力、口头表达能力和数字能力等,帮助判断求职者的知识面,衡量一个人学习和完成工作的能力或潜能,一般分为智力测验和特殊认知能力测验。

运动和身体能力测验测量的是一个人的力量、灵活性及协调性包括手指灵活度、手的灵活度、手腕的运动速度、手臂的运动速度。身体能力测验包括力量和耐力的测验。

个性和兴趣测验测量求职者的个性特点和倾向。个性测验工具大致可分为两类:一是自陈量表法(问卷调查法),二是投射法。目前这类测验的工具比较多,但个性测验的效度比较低,而且由于工具多而难以选择,测验结果需要主观判断和专业心理学人士的分析。兴趣测验把求职者的个人兴趣与那些在特定工作中取得成功的员工的兴趣进行比较,从中判断一个人最感兴趣并最可能从中得到满足的工作是什么,这种测验主要用于职业生涯规划,也用于人员选拔。

(4)实践操作测试。实践操作测试包括工作样本测试和可塑性测试。通过实际履行某一工作或工作的一部分,求职者更容易理解自己是否适合某一工作,且这种测试更为许多管理人员所接受,通过这种测试预测未来工作绩效的效度较高。

(5)面试。面试是通过主试与被试双方面对面地观察、交谈等双向沟通方式,了解应聘者的素质状况、能力特征及求职应聘动机的一种人员甄选技术。面试直观、深入、灵活,不仅可以评价出应试者的学识水平,还能评价出应试者的能力、才智及个性心理特征等。

根据提问种类的不同,面试可以分为以下几种:

①非结构化面试。在非结构化面试中,面试主考官的问题不确定,面试者会提出探索性、开放性的问题。这种面试是综合性的,面试者鼓励求职者多谈。非结构化面试中所用的题目是非标准化的,对应聘同一岗位的应聘者,不同的考官会提不同的问题。这是效果最差

的面试技术。

②结构化面试。结构化面试由一系列连续向申请某个职位的应聘者提出的与工作相关的问题构成,使用结构化面试减少了非结构化面试的主观性,从而提高了面试的可靠性和准确性。结构化面试一般可以包括四类问题,如:情景问题、工作知识问题、工作样本模拟问题和员工要求问题等。

③小组面试。小组面试是指由一群主考官对候选人进行面试。每位主考官从不同侧面提出问题,要求求职者回答。与系列面试的一对一的面试相比,小组面试能获得深入、更有意义的回答,但也会给求职者带来额外的压力。

④压力面试。压力面试是指主考官通过有意制造紧张气氛,考察应聘者对工作上承受的压力做何反应。通常主考官会针对某一事项提出一系列的问题,并从中寻找应聘者在回答问题时的破绽,一旦发现破绽就抓住不放,打破沙锅问到底,希望借此使应聘者失去镇定,以确定应聘者对压力的承受能力、在压力面前的应变能力和人际处理能力。

⑤评价中心。评价中心技术是目前管理中对于中高层管理人员开发出来的一种综合性人才测评技术。它是通过把应聘者置于相对隔离的一系列模拟工作情景中,以团队作业的方式,并采用多种测评技术和方法,观察和分析候选人在模拟的各种情景压力下的心理、行为表现以及工作绩效,以测评应聘者的管理技术、管理能力和潜能等素质的一个综合、全面的测评系统。它常用的情境演练工具包括公文筐测验、角色扮演、无领导小组讨论、小组问题解决、演讲辩论和案例分析等。

目前,基于胜任力模型构建评价中心作为一种全新的素质测评方法在实践中被广泛应用。这项系统而复杂的工程包括三部分:构建胜任力模型、设计测评方案和实施测评。从图17-5中可以清晰看出胜任力模型为评价中心测评方案每个环节的构建提供的各项支持。

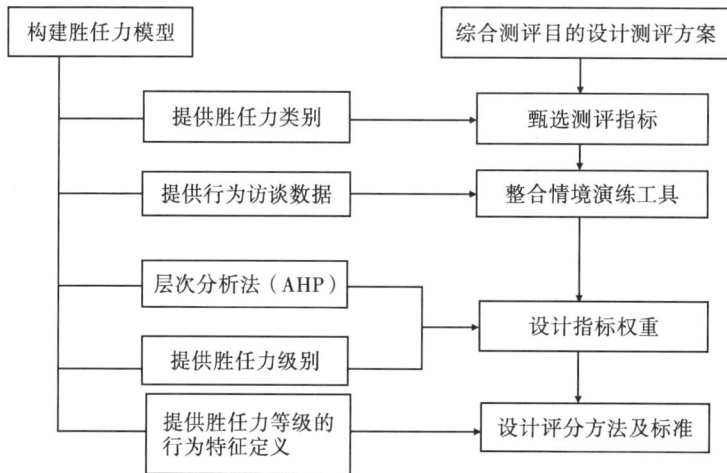

图 17-5 基于胜任力模型的评价中心的构建思路

> ## 17.2.3 人员培训

员工培训是开发人力资源和优化人力资源结构的主要内容,它对于提高人员素质,拥有高素质人力资源的重要手段。

1. 培训的概念

培训(training)就是通过一定的手段(如课堂讲授、案例研讨、角色扮演)使员工在知识、技能和态度方面得到改进并取得绩效提升的过程。

培训这一概念可以从广义和狭义两个层面来理解。广义的培训泛指增进人的知识技能,影响人的观念态度,增强人的身体素质的一切活动。这种活动可能是无组织的、零散的,也可能是有组织的、系统的,无论属于哪一种活动,都是培训,如父母教育子女、师傅带徒弟、教师教育学生、组织培训自己的员工以及个人通过各种各样的活动(如看电影、看电视、听广播、读书报、旅游、参观等)所受到的教育等,都属于广义的人员培训范畴。广义的培训,既包括对现实人力资源的培养与训练,也包括对潜在人力资源的培养与训练;既包括对人员知识技能的培训,也包括对其价值观及人格的培养、体能的训练。狭义的培训主要是对现实人力资源在知识、技能、态度、行为方式方面进行培养、训练、充实与提高的系列活动,其目的都是为了提高某项职业能力。

一个完整的培训应该包括四个步骤:首先是从培训需求分析做起,了解成员要提高哪些技能和素质;其次是根据需求设定培训目标,选择培训课程;再次是根据成员的特点,选定培训方式;最后是效果评估。

2. 培训需求分析

所谓培训需求分析,是指在规划与设计每一项培训活动之前,由培训部门、主管人员、工作人员等采用各种方法与技术,对工程项目成员的目标、知识、技能等方面进行系统的鉴别与分析,以确定是否需要培训以及培训的内容的一种活动或过程。

工程人员培训需求的产生,不仅仅来源于工程中各个层次员工的个人的需要,同时也来源于工程项目中各部门的需要。它既是确定培训目标、设计培训规划的前提,也是进行培训评估的基础,因而成为培训活动的首要环节。培训需求分析需要回答的几个主要问题:

培训的目的是什么?

培训的可行性如何?

通过培训要使哪些具体行为或表现得到改进?

投资回报率如何估算?

培训需求分析的常用方法有:一种是工作任务分析法,另一种是工作绩效分析法。工作任务分析用以确定从事项目工作的成员的培训需求。它旨在保证人员上岗前拥有必要的技能和知识,它将根据工作的主要任务、执行任务的难度、各项任务的完成标准、在什么条件下完成工作任务以及每项任务所必需的技能和知识等现状来确定培训的内容。工作绩效分析是指检验当前工作绩效与要求的工作绩效之间的差距,并确定是应当通过培训来纠正这种差距,还是应通过其他方式,如轮岗或激励措施来改进工作。它的核心是区分开不能做和不愿做的问题,找到希望工程项目成员达到的工作绩效标准是什么,再对其当前的绩效进行评估,最后找出存在的差距,确定培训内容。

3. 企业培训的形式

企业培训基本上都是以非脱产的形式进行,主要有几种方式,每种方式都有着各自的特点,不同的形式适用于不同的培训对象。企业培训的形式具体内容如表17-3所示。

表17-3 企业培训形式表

培训的形式	适用的问题	适用群体	优点	缺点	花费的成本
外聘讲师的公司内部培训	影响公司绩效的迫切技能性问题	群体(10人以上)	高强度训练、群体思维方法、实用技能传授、互动性强	难以辨别真假大师	全体10000～20000元/天
参加公司外部的企管公开课	战略性、理念性问题	个体	新思维、新方法	难以针对企业的实际问题,互动性弱,时间固定	每人800～4000元/天
公司内部讲师和内部培训	业务性问题	群体	对业务有专业理解、实用技能传授、互动性强	讲师思维局限性,授课技巧、内心动力,时间精力问题	直接成本很低
MBA、大学课程等	知识性、理论性问题	个体	系统的理论	讲师实战经验不足,互动性差,时间固定,时间长	成本较高
网上学习,多媒体课程	知识性,理论性问题	个体	随时学习	需要学员有自觉性,难以针对实际问题,互动性弱,现场感差,需要电脑网络	每个课程包500～2000元左右
阅读书籍	知识性、理论性问题	个体	随时随地学习	要求学员的自觉性,难以针对实际问题,没有互动	直接成本很低
工作中学习	各种技能性、知识性、态度性问题	个体	切身体会,深入骨髓	系列性差,可能无人监督,进步很慢,可能得出错误的经验	直接成本最低
内部"导师"辅导	各种技能性、知识性、态度性问题	个体	切身体会、学以致用、有人监督	系统性差,进步较慢	直接成本很低

4. 培训评估

培训的评估一方面是对学习效果的检验,另一方面是对培训工作的总结。

培训评估的方法分为过程评估和事后评估。过程评估重视培训活动的改善,从而达到提升实质培训成效的作用;后者则供人力资源部门的决策参与。

按照柯氏四级培训评估模型,培训效果的评估,主要包括以下四个方面:

(1)反应评估(reaction):评估被培训者的满意程度。反应评估是指受训人员对培训项目的印象如何,包括对讲师和培训科目、设施、方法、内容、自己收获的大小等方面的看法。这个层次的评估可以作为改进培训内容、培训方式、教学进度等方面的建议或综合评估的参考,但不能作为评估的结果。

(2)学习评估(learning):测定被培训者的学习获得程度。学习评估是目前最常见、也是最常用到的一种评价方式。它是测量受训人员对原理、技能、态度等培训内容的理解和掌握程度。培训组织者可以通过书面考试、操作测试等方法来了解受训人员在培训前后,知识以及技能的掌握方面有多大程度的提高。

（3）行为评估（behavior）：考察被培训者的知识运用程度。行为评估指在培训结束后的一段时间里，由受训人员的上级、同事、下属或者客户观察他们的行为在培训前后是否发生变化，是否在工作中运用了培训中学到的知识。这个层次的评估可以包括受训人员的主观感觉、下属和同事对其培训前后行为变化的对比，以及受训人员本人的自评。这通常需要借助于一系列的评估表来考察受训人员培训后在实际工作中行为的变化，以判断所学知识、技能对实际工作的影响。行为层是考查培训效果的最重要的指标。

（4）效果评估（result）：计算培训创出的经济效益。效果的评估即判断培训是否能给企业的经营成果带来具体而直接的贡献，这一层次的评估上升到了组织的高度。效果评估可以通过一系列指标来衡量，如事故率、生产率、员工离职率、次品率、员工士气以及客户满意度等。通过对这些指标的分析，管理层能够了解培训所带来的收益。

5. 培训迁移

人们一致认为，通过培训获得的新知识、技能、行为和态度如果没有或不能迁移到工作中或在一定时间内不能维持，那么培训的价值是很小的。为了寻求培训效果的最大化和可持续，企业开始关注培训迁移，使得培训迁移成为培训的新导向。培训迁移是指受训者把在培训中获得的知识、技能、行为、态度应用在实际工作中的程度。传统的培训强调的是培训者扎实的基础、良好的培训技巧、较强的接受能力和真正学会的受训内容。培训迁移则在原有的培训基础之上强调员工必须能够消化吸收在培训中学到的东西，将所学到的东西运用于实际工作中和在工作中运用所学的东西必须能够保持一定的时间。Holton 认为，迁移动机、迁移设计、迁移气氛是影响培训迁移的三种主要变量。迁移动机、迁移设计、迁移气氛实际上涉及三个方面：在参加了培训项目后，人们为什么想改变行为；通过什么培训设计使得人们能够成功地迁移所培训的行为；当他们在工作中应用培训所学习到的知识、技能和态度时，需要什么样的组织环境。所以为了取得良好的培训迁移效果，组织应该从战略、核心能力导向、员工自身特点、培训项目设计、影响培训迁移的环境等方面进行改进与提高。培训迁移影响因素模型如图17-6所示。

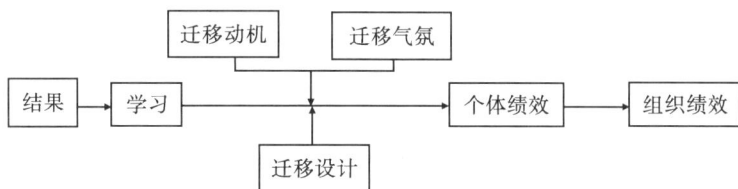

图 17-6 培训迁移影响因素模型

此外，近年来基于胜任力（competence）的培训设计已成为公司培训的热门话题，对胜任力的培训迁移设计是胜任力培训的关键，特别是胜任力中的内隐成分的迁移特征、陈述性知识和程序性知识的迁移差异比较等将是培训迁移应用中的关注点。

17.3 工程中员工激励和绩效管理

➤ 17.3.1 工程中的员工激励

1. 工程项目的组织特点对员工激励的影响

工程人力资源管理中的员工激励与日常不同的地方在于其工程自身的特点,如时限性、一次性、独特性等,鉴于工程的特定目标与生命周期性特点,工程管理中员工激励目的就是通过充分调动项目部全体成员的积极性和创造性,按时、保质、保量地完成项目目标。虽然工作都需要由人来完成,都受制于有限的资源,需要规划、监督和控制,但常规的员工激励是不断持续、重复进行的,而工程的项目制特点使常规方式没有作用,比如,由于工程的特点,就目前的技术发展状况,不可能给员工安排灵活的工作时间;一次性的特点使得工程组织很难建立起自己的组织文化等。工程项目管理员工激励中要解决的矛盾问题有以下几方面:

(1)工程项目中成员目标与组织目标(项目目标)之间的矛盾。项目都具有明确的目标,而每一个项目组织成员进入项目组织的目的都不一样,有的为了金钱,有的为了学习知识,有的为了与项目目标相联系的成就感。因此,工程管理人员应该通过一定的方法把个人目标与组织目标联系起来,这样才使每一个团队成员都朝着项目目标而努力,从而提高项目组织成员的积极性、创造性以及项目组织的凝聚力。

(2)工程项目组织分工与传统薪酬体系之间的矛盾。组织成员在组织中的地位是根据其在组织中所承担的任务来决定的,而不是根据其在企业中的行政级别以及所属关系来确定的。目前大部分工程项目中项目组织的薪酬标准还是根据传统的薪酬体系,这显然是不合理的。传统的薪酬体系是基于日常事务组织而设立的,其行政级别和所属关系本身就代表其在组织中所承担的责任,而工程项目组织中代表组织成员所承担的责任的是团队成员所在的岗位而不是行政级别和所属关系。为解决二者之间的矛盾,有必要建立基于工程项目的团队薪酬体系。

(3)工程项目组织的一次性与激励本身的矛盾。一次性的工程组织在完成一个大型项目之后就结束了它的历史使命,所有工程人员会回到原岗位等待新的任务,在一个工程部中管理人员几乎不可能通过岗位晋升以及职业生涯规划之类的长期激励手段来激励团队成员。工程项目管理的激励多采用以项目目标为导向的短期激励,而且物质激励多于精神激励。

2. 工程中的薪酬激励

(1)薪酬的概念。薪酬是企业为激发员工的工作动机,满足员工需求而支付给员工的各种形式的报酬。薪酬有广义薪酬和狭义薪酬之分。狭义的薪酬一般指基本工资、奖金、津贴、补贴、显性福利等报酬,即我们常说的工资。而从广义的角度看,薪酬还包括隐性的报酬,如休假、培训、保险、工作环境、职位晋升、自我发展、工作的参与决策、上司和同事的承认等等。全面薪酬图谱如图17-7所示。

(2)薪酬的构成和分类。广义的薪酬也称为全面薪酬,可以分为外在薪酬和内在薪酬两大类。按带给工作者的激励是因为工资、奖金、福利等外在的报酬的强化,还是因为工作本身带给工作者的内心的愉悦和满足,薪酬分为外在薪酬和内在薪酬。

全面薪酬

外在薪酬　　　　内在薪酬

货币薪酬　｜　非货币薪酬　｜　工作回报　｜　组织特征　｜　工作环境

货币薪酬	非货币薪酬	工作回报	组织特征	工作环境
岗位工资 技能工资 工龄工资 绩效工资 奖金 股权 红利 各种津贴	保险 补助 优惠 服务 培训 宿舍 工作餐 休息日 病事假 带薪休假	工作的乐趣 工作的挑战性 工作的责任 工作的成就 个人才能发挥 机会与舞台 得到的褒奖 个人成长与发 展机会 弹性工作制	组织在业界 的声望和品 牌 组织在业界 的领先地位 组织成长带 来的机会与 前景 组织管理水 平、文化氛围	有好的同事 关系 领导品质与 风格 舒适的工作 条件 趁手的工作 工具 知识与信息 的共享

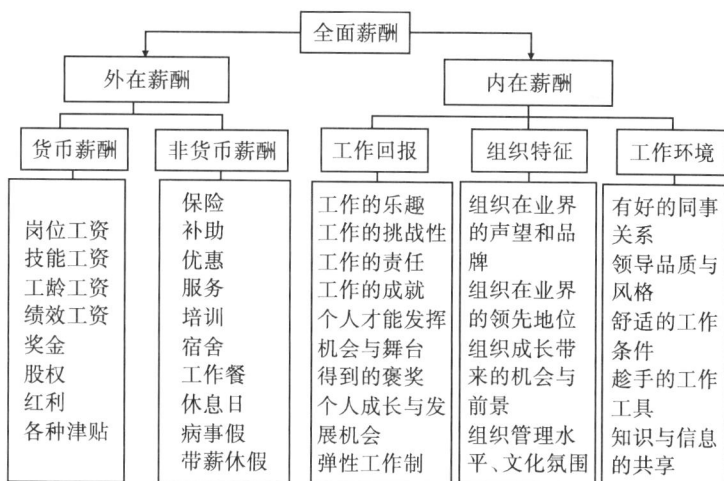

图 17 - 7　全面薪酬体系

（3）薪酬的功能。薪酬的功能主要体现在对员工的作用和对企业的作用两个方面。

薪酬于员工的功能：对于绝大多数员工来说，经济性的薪酬是基本的生活来源，是满足其生理需要和发展需要的经济基础，并决定着其生存状态；非经济性的薪酬满足员工的成就感、自我价值实现等心理需要。

薪酬于企业的功能：薪酬是激励员工的最重要的手段，通过外在薪酬的外部强化和内在薪酬的内在鼓舞，能够有效地激发员工的工作动机，引导员工的行为朝着企业希望的方向发展，从而在员工实现个人目标的同时改善企业的经营业绩；薪酬反映了企业的付酬理念和价值观，员工通过薪酬体系，能够了解到企业注重员工哪些方面的能力，提倡和反对的是哪些行为，要求的是什么样的绩效结果，并且朝着企业要求的方向努力。从这个意义上来说，薪酬起到了塑造和强化企业文化的作用。

（4）薪酬确定的影响因素。薪酬确定受多方面因素的综合影响，这些因素可以分为三大类：企业外部因素、企业内部因素和员工个人因素。具体来说，主要有以下几个方面（如图17－8所示）：

①国家政策和法律法规，如我国关于《劳动法》及相关法规对工资方面的规定，以及最低工资标准规定，都会对企业的薪酬制度和水平产生约束和影响。

②市场的薪酬水平，也是企业在薪酬体系建设中必须考虑的问题。如果企业的薪酬水平明显低于市场的薪酬水平，将不利于企业吸引和保留优秀的人才；如果企业薪酬水平明显高于市场的薪酬水平，又会增加企业人工成本压力。而市场薪酬水平是在劳动力市场供求关系、社会劳动生产率和物价水平等因素的共同作用下形成的。

③劳动力市场的供求状况。薪酬是劳动力付出的补偿，它的高低取决于劳动力供给与需求的对比关系。当劳动力供给小于需求时，企业的薪酬水平就将上涨；反之，当劳动力供给大于需求时，企业的薪酬水平将维持不变或根据情况下调。

④企业的战略目标、企业文化、所处发展阶段对企业的薪酬制度和薪酬水平也有重要的影响。目标和文化不同，企业所处的发展阶段不同，企业的薪酬理念就会有区别。

⑤企业的经济效益好坏、支付能力强弱，是决定企业薪酬水平高低的现实因素。

⑥员工的知识、能力、技术、经验以及所在岗位在企业中的相对价值,是决定其薪酬水平的直接因素。员工的知识、能力、技术、经验,一方面影响员工的任职资格,决定员工的岗位价值,另一方面影响员工的业绩,从而影响员工的薪酬水平。

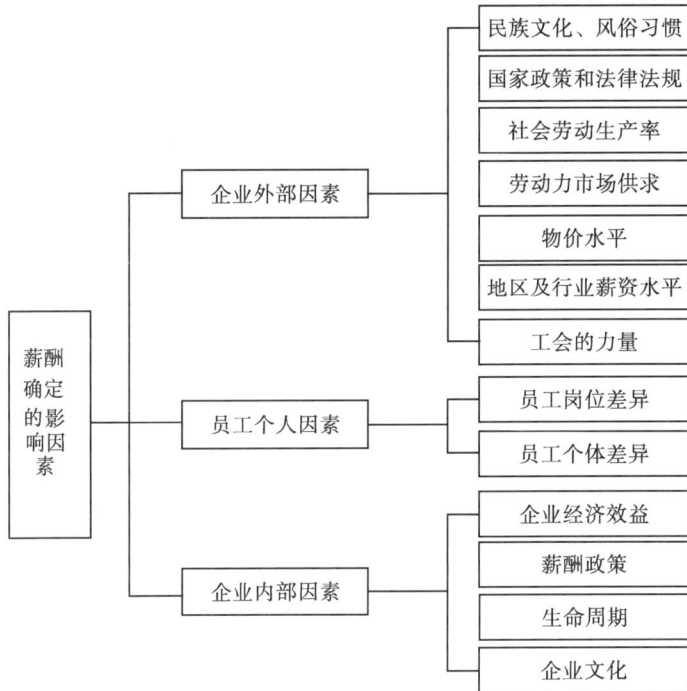

图 17-8　薪酬确定的影响因素

3. 薪酬管理的基本模式

薪酬管理的基本模式分为岗位技能薪酬模式、宽带型薪酬模式、以绩效为基础的薪酬模式和团队薪酬模式等。

(1)岗位技能薪酬模式。岗位技能薪酬制是以岗位在企业中的相对价值以及岗位任职者实际的技能为依据确定基本薪酬水平。岗位工资建立在岗位分析和岗位评价的基础上。岗位分析和评价是指通过对组织各项工作的重要程度、职责大小、岗位技能高低、工作强度,以及所需知识、技术、能力进行分析和比较,找出相似和差异之处,并以此评价排列各岗位对组织的相对价值。而技能工资是根据岗位任职者的实际技能的不同,在岗位工资相同的基础上体现技能工资的差别,但是技能工资所占比重很小。

与传统的以行政级别、身份、资历为依据的薪酬制度相比,岗位技能工资制是一种进步,实现了同样的岗位及技能情况下的同酬,增强了薪酬的内部公平性。工资随岗位等级和个人技能的提升而上涨,调动了员工努力工作提高技能,争取升职的积极性。然而,这种制度有其不足之处,当员工长期在同一岗位上得不到晋升时,即使其技能非常高,工作非常出色,其工资也只会在一个水平保持不变,这必然会影响员工的工作积极性。

(2)宽带型薪酬模式。宽带型薪酬模式是一种新型的薪酬管理模式,它在组织内用少数跨度较大的薪酬范围来替代原有数量较多的薪酬级别的跨度范围,将企业原来的十几甚至二三十个薪酬等级压缩成几个级别,同时,将每一个薪酬级别所对应的薪酬浮动范围拉大,从而形成一种新的薪酬管理系统及操作流程。

宽带型薪酬模式与传统的岗位技能工资制相比,具有相当大的优势。由于薪酬等级更少,同一薪酬级别内薪酬晋升的空间相当大。员工只需干好本职工作,就可以在岗位不晋升的情况下实现工资水平的提高。

(3)以绩效为基础的薪酬模式。以绩效为基础的薪酬模式是指以组织、团队以及个人的业绩为依据确定薪酬水平的薪酬模式。以绩效为基础的薪酬模式可以分为多种形式,包括以节约成本为基础的团队奖励计划,利润分享计划,计件工资制,佣金制等等。

(4)团队薪酬。与传统薪酬相比,团队薪酬理论主要涉及在团队环境下重新审视团队整体和团队各个成员的薪酬设计、应用以及其有效性研究。正如经典的企业薪酬管理学所提出的四种战略性薪酬政策:内部一致性、外部竞争力、员工贡献和薪酬体系管理,基于团队层面的薪酬体系也具备这四种战略特征,所不同的是在目前的企业管理实践阶段,大部分的团队并不能取代企业本身,因此团队层面的薪酬设计需要同时考虑团队与团队之间、团队内部个人与个人之间的策略。企业的团队建设是团队薪酬得以应用的基础,缺乏规范的团队氛围的企业是无法实施基于团队的薪酬体系的。两者的部分比较如表 17 - 4 所示:

表 17 - 4　团队薪酬与传统薪酬体系比较

薪酬体系	传统的薪酬体系	基于团队的薪酬体系
薪酬基础和增长	强调基于工作岗位或者业绩的薪酬为主,已基本工作增长为主	强调基于技能或胜任力的薪酬,以团队激励计划为主
工作评估和报酬结构	传统登记制度的工作评估和报酬结构,工作评估系统强调工作的深度和广度等级因素,报酬结构强调晋级和多而窄的工资带	工作评估的因素相互独立,包括工作绩效、领导、沟通和团队整体的进步,报酬结构强调团队整体奖励和个体更宽的工资带

(5)团队薪酬要素。团队薪酬与以往的一揽子报酬体系一样,是一个由各种薪酬要素复合的系统。就目前薪酬领域所应用的实践来看,一般构成团队薪酬的主要要素包括基本工资和基本工资增长、个体认可奖励和团队可变薪酬以及福利等四个部分。

①团队薪酬中的基本工资。对于工程团队而言,团队成员之间的基本工资通常有些差距,从而反映出他们不同的技能、能力和对团队的贡献。

②加薪和个体认可奖励。工程团队成员的加薪主要根据成员在工程项目中的绩效,而且加薪的幅度也应根据绩效进行调整。而个体认可奖励是针对团队中的成员个人的优秀业绩进行认可的奖励,包括非现金形式和即期的现金形式。

非现金的认可奖励用于工作超过目标业绩的雇员的奖励,而现金形式更多地用于完成计划目标的雇员进行奖励。

③团队可变薪酬。作为狭义的和早期的团队薪酬定义,团队可变薪酬一直受到薪酬研究者的重视。在系统化的团队薪酬观下,更倾向于将团队可变薪酬看做是团队薪酬的一种逻辑延伸。分配可变薪酬在团队薪酬的设计中,是一个极易引起争论的问题。只有当团队可变薪酬所奖励的团队绩效能够为团队成员所接受时,这种激励才会奏效,而且可变薪酬的金额必须足够的大。

④福利。与基本薪酬和可变薪酬不同的是,福利通常与员工的工作情况无关。福利包括法定福利和自主福利。我国目前企业法定福利主要涉及五种强制性的社会保险,即养老

保险、工伤保险、医疗保险、失业保险和企业员工生育保险。其他自主福利可分为全员福利和特种福利,全员福利是人人均可享受的利益,例如免费午餐、图书馆、交通补贴等。特种福利是对有特殊贡献的员工的回报,例如高档轿车服务、高级住宅津贴等。

但是,不同员工会有不同的需求和爱好,传统的福利形式已不能满足人们个性化的需要,如何实现福利的效用最大化,更好地发挥薪酬管理的支持和激励功能,已经成为人力资源经理人的一个重要课题。为最大限度地满足不同职工的差异性福利需求,体现人性化管理的指导思想,公司可以借鉴西方企业的做法,在总体分配框架内,推行有弹性的职工自助福利计划。

弹性福利是指员工可以从组织所提供的一份列有各种福利项目的"菜单"中,在一定的金额限制内自由选择其所需要的福利。它强调给员工提供多种福利项目,让员工在规定的福利总额范围内依照自己的需求来选择一种福利"套餐",其基本思想是让员工对自己的福利组合进行决策和选择,"个性化"和"可选性"是其重要特点。弹性福利是一种以人性化为标志,以人为中心的全新管理模式。

弹性福利计划的规划和实施步骤如下:

第一步:充分理解企业战略,设计出适合本企业需要的恰当的福利制度。

第二步:了解国家相关法规。弹性福利制度中包含了作为必选项的法定福利项目,法律强制实施的福利项目是必须提供的。

第三步:了解企业的经营和财务状况。企业财务状况是设计福利制度的重要前提之一。

第四步:盘点公司现有的福利项目并进行财务分析,精确地测算出现有的福利成本。

第五步:调查员工对福利项目的需求。年老的、年轻的,已婚的、未婚的,男性、女性,身体健康的、体弱多病的,家境好的、差的,上班路途远的、近的,不同的员工会对企业的福利项目有不同的需求,要设计出能够尽可能满足各类员工需求的福利项目,需要对员工的需求有充分的了解。

第六步:确定每位员工的福利限额。通常用点数来标志这一限额。它可以通过资历、绩效、工资、家庭情况等一系列因素综合地进行评定。在确定了每位员工的福利点数之后,需要进一步确定这些点数的现金价值,即福利点的单价,它等于企业福利计划成本总额与全体员工获得的总福利点数之比。这样能够保证弹性福利支出的总额与预算基本一致。

第七步:确定企业提供给员工的所有福利项目的清单,并根据这些福利项目的市场定价和福利点的单价折算成相应的福利点数作为福利项目的点数价格。

第八步:员工选择福利项目。在每位员工都有了各自的福利点数,同时福利项目又都一一按点数定价后,员工就可以开始选择自己需要的福利项目了。这一过程中将不可避免地出现员工购买力不足和"储蓄"的情况。这需要预先根据企业情况设定规则进行管理。

第九步:协调、管理和沟通。企业需要针对交易中的纠纷以及员工的意见反馈采取处理措施,并根据情况的不断变化合理调整和不断优化其福利制度。

4. 心理账户与薪酬激励效应

薪酬管理的核心目标之一就是提高员工薪酬满意度,即员工对获得企业的经济性报酬和非经济性报酬与他们的期望值相比较后形成的心理状态。很多传统观点认为给员工发的钱越多,员工薪酬满意度就越高,但在实际中,人们往往会在内心中对不同来源金钱、不同项目金钱、不同存储方式金钱给予不同的估价,目前,研究者在薪酬管理研究中常用心理账户理论来诠释这种现象,并进一步找出提高员工薪酬满意度的途径,对员工进行有效激励。

心理账户(mental accounting)是由芝加哥大学著名心理学家里查德·塞勒(Richard Thalar)于 1985 年正式提出的。该理论认为,无论是个体、家庭还是集团、公司,都存在着一个或多个明确或者潜在的账户体系,这些账户体系往往会遵循一些有悖于经济学运算规律的潜在心理运算规则,这些规则无论是在记账方式上还是在行为决策上都与理性的经济学和数学运算方式存在着显著差异,从而在个体的经济决策中往往以非预期的形式影响着个体,使个体的决策违背最简单的经济法则。从心理账户的基本特征看:首先,心理账户具有非替代性,即个体在进行决策时,会有意识或无意识地把支出和收入款项划分到不同的心理账户中,从而使每个心理账户中的款项都具有不同的功能和用途,彼此之间不能替代和转换。其次,心理账户具有不同于经济学的运算法则,学者们将其总结为"值函数",主要包括三个特征,一是值函数是对于人们产生决策行为时的参照点的详尽说明;二是"得与失"都表现出敏感性递减的规律;三是损失规避,即同等数量的损失比获益对人的影响更大。

(1)薪酬激励的参照点效应。参照点效应指个人心理账户的计量依据并非根据财富的绝对价值,而是依照选取的参照点进行相对获得或损失的编辑。在参照点效应下,同样的薪酬结果,处在不同的预期薪酬参照点下,员工的心理感受是有显著差异的,从而产生不同的激励效果。

李爱梅(2009 年)设计的薪酬激励的预期参照点效应的实验:情景 3"假如你是某公司的一名员工,目前正值中秋前夕,尽管佳节临近,你却高兴不起来,因为最近一周,公司的同事都在传播一条令人沮丧的坏消息,说公司今年效益不佳,领导决定今年中秋不发福利,而且这条坏消息也得到部门领导的进一步证实。按照惯例,中秋节每年会发 3000 元,这可不是个小数目,你和同事也一直在期盼这笔钱早日发放,但如今你们都感到非常沮丧。正当你无望地准备下班回家过中秋时,部门领导把你叫进办公室,给了一个装有 1000 元的红包,说是公司今年的中秋福利,这时你的心情如何?"情景 4"假如你是某公司的一名员工,目前正值中秋前夕,你和同事显得有些兴奋,因为要发中秋福利了。按照惯例,中秋节每年会发 3000 元,这可不是个小数目,你和同事也一直在期盼这笔钱早日发放,而且相信这笔钱只会多不会少。正在这时,部门领导把你叫进他的办公室,给了一个装有 1000 元的红包,说是公司今年的中秋福利,你的心情如何?"

经过统计检验,发现两种情境下心情指数差异非常显著,同样是少了 2000 元的中秋福利,在情景 3 中,由于管理者改变了员工的心理预期值,其参照点由原来的 3000 元变为 0,当发放 1000 元中秋福利时,尽管仍然比往年少,但这时的 1000 元不是"损失"而是"获得",因此员工有积极的情绪体验。在情景 4 中,由于管理者没有采取相应措施,员工的参照点为 3000 元,当到手的福利只有 1000 元时,显然感觉失去了许多,表现出不满甚至愤怒。薪酬的预期参照点效应给管理者的启示是改变员工心理的预期参照点,会改变人们对同一结果的认知评价,从而引起不同的情绪体验,达到不同的激励效果。

(2)薪酬激励的敏感性递减效应。敏感性递减是指员工对收益和损失的主观感受都具有敏感性递减的规律。比如人们感觉 20 到 30 的差额比 1000 到 1010 的差额要更大,就是敏感性递减效应的表现。根据敏感性递减效应,在员工直接货币性薪酬很高的情况下,企业再增加货币性薪酬,不会给员工带来与之对应的收益感,员工会对增加的货币薪酬产生心理计量折扣,所以对于这样的员工,企业可以采用间接货币性薪酬的支付方式,提高激励的效果,比如提供自主福利,或引入弹性福利计划。

(3)薪酬激励的损失规避效应。卡尼曼教授认为:同等数量的损失比获益对人的影响更大,因此在决策的时候人们尽量回避损失。例如损失 1000 元钱所带来的痛苦比获得 1000 元奖金而带来的愉悦更强烈。该效应给管理者的启示可以归纳为:薪酬管理过程中要适度强调负向奖励的激励效果。由于人们在避免惩罚时更容易激发较高强度的努力,所以,如果能够较为科学地运用相应的惩罚措施,则可以更好地让员工体验损失与挫折的心理感受,员工为了消除这种心理感受,会调整状态,激发潜能,获取更大的成功。

根据以上心理账户与薪酬激励效应的关系描述,企业在薪酬管理实践中,要切实了解员工薪酬的心理账户状态,从而提高薪酬激励的效果,防止发生薪酬激励效果的打折现象(即员工心理账户对收入的感知价值小于企业客观支付的经济价值)。

➤ 17.3.2　工程绩效管理

1. 工程绩效与工程绩效管理

(1)工程绩效的界定及其特征。工程绩效是工程项目团队成员在实现团队目标和组织目标的过程中,对于团队和组织的贡献程度在团队运作过程中表现的行为和结果。工程绩效是组织绩效的重要组成部分,具有如下特征:

①客观性。工程管理的目的是让所有的利益相关方满意,而每一个利益相关方看待工程绩效问题的角度各有不同,导致其对工程绩效的评价标准也不同,所以对工程绩效的评价就不能停留在对最终结果的考察上。工程绩效的客观性要求利益相关方基于原始数据和客观事实评价绩效,而不是基于经过他人解释或筛选过的信息作为评价的依据。

②全过程性。工程项目是一个动态的过程,对工程的绩效评价时点延伸覆盖了工程从始至终的完整生命周期,实践中要对工程的全过程进行定期、不定期的跟踪评价监督,尤其是加强决策阶段与建设过程中的事前、事中评价以及事后的总结提高,并根据结果实时反馈和及时调整,从而使不同阶段的工程评价信息衔接成相互支撑和验证的整体,以保证评价结论的科学性和权威性。

③非完全人为性。工程绩效是所有利益相关方、工程运作工具和流程及环境等因素和谐互动的结果。影响工程绩效的主要因素包括 5M1E,即人的因素、材料设备因素、机具因素、技术因素、资金因素和环境因素等六个方面,其中最主要是人的因素与环境的因素。作为工程团队领导要积极争取为团队成员创造良好的客观环境,最大限度地采取激励措施,发挥团队成员的主动性与创造性。

(2)工程绩效管理。工程绩效管理是指企业在工程项目建设过程中,运用绩效管理的有关理论和方法,采用特定的指标体系,对照确定的评价标准,按照一定的程序,通过定量定性对比分析等,对工程一定期间内的过程和结果,作出客观、公正和准确的综合评价,并用评价结果来判断工程项目的管理情况和赢利情况,并以此确认各团队的工作成果,改进团队的工作方式,以提高个人工作效率和团队业绩,促进企业更好发展。

①工程绩效管理的内容。工程团队的有效运行离不开一个良好的绩效管理体系。工程

绩效管理是一个完整的工作系统,其内容包括工程项目绩效计划、绩效实施、绩效考核、绩效面谈与反馈、绩效改进与导入。该绩效管理循环始于绩效计划,历经绩效实施、绩效考核、绩效面谈反馈,终于绩效改进和导入,而绩效改进与导入又成为下一个循环的始点。因而,绩效管理呈螺旋上升的发展趋势,称为项目绩效管理体系螺旋模型(如图 17-9 所示)。

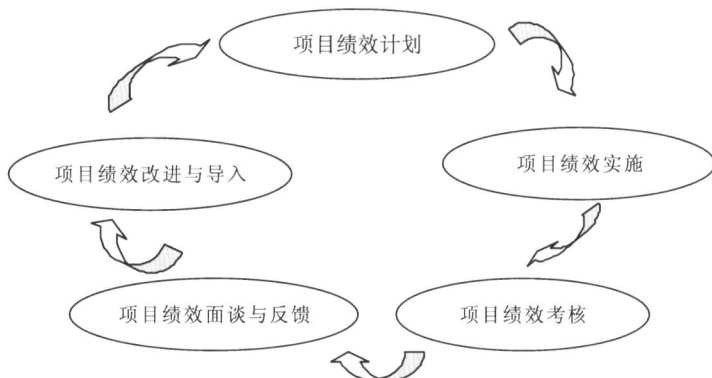

图 17-9　项目绩效管理体系螺旋模型平面图

②工程绩效管理的流程。

A. 制订工程绩效计划。工程绩效计划是由企业管理者、项目经理和员工等多方沟通后共同制订的。通常被评估者和评估者双方对员工应该实现的工作绩效和目标进行沟通,并将沟通的结果落实为订立正式书面协议即绩效计划和评估表,它是双方在明晰责、权、利的基础上签订的一个内部协议。

B. 工程绩效实施和管理。在绩效计划实施的过程中,管理人员要重点做好以下工作:利用正式的及非正式的渠道与员工持续沟通;辅导与咨询;收集绩效信息,即对员工的绩效表现做一些观察与记录,收集必要信息,为绩效考核提供客观的事实依据,为绩效改善提供具体事例。

C. 工程绩效考核。工程绩效考核就是指在考核周期结束时,选择相应的考核主体和考核方法,依据预先制定的绩效计划,对被考核者完成绩效目标的情况做出考核。绩效考核要做好以下工作:将个体考核与团队考核相结合;明确工程绩效考核的依据;确定绩效考核的维度和权重;确定绩效考核的时间跨度;确定绩效考核方法;建立绩效考核指标体系。

D. 工程绩效面谈与反馈。这个阶段要对绩效考核结果进行信息反馈。工程项目主管要通过绩效反馈面谈,使员工了解上级对自己的期望,认识自己的绩效状况、不足之处和有待改进的方面;同时员工也可以提出自己在完成绩效目标中遇到的困难,请求上级的支持和指导。绩效反馈有助于主管了解员工的业绩和要求,有的放矢地进行激励和指导;有助于员工了解自身的优劣势,从而更好地发挥自身潜能,促进个人绩效发展。

E. 绩效改进和导入。工程绩效改进和导入是工程绩效管理的一个重要环节。现代的绩效管理是以员工能力的不断提高为目的的,并且根据绩效考核的结果分析来为员工量身定制适合其职业生涯发展规划、培训、职务调整、岗位变更、薪酬和奖励分配等。

2. **工程绩效管理的方法**

工作业绩评价的方法有很多种,它们都适合于在工程绩效管理中选择运用。这里主要介绍平衡计分卡(BSC)、360度反馈评价、关键绩效指标法(KPI)和目标管理法(MBO)。

(1)平衡计分卡(BSC)。1992年哈佛大学教授罗伯特□卡普兰(Robert Kaplan)和诺朗顿研究院的执行长大卫□诺顿(David Norton)提出平衡计分卡的评价方法。这是一种综合性的绩效考核系统,它既包括财务指标又包括非财务指标。平衡计分卡方法主要从四个方面评价企业的业绩:财务维度,用来反映企业组织如何满足股东的需要,即实现股东价值最大化,典型的指标包括净资产收益率、现金流量、盈利能力和利润预测的可靠性等;企业内部业务方面,用来反映企业组织是否较好地完成了其核心工作,具体的指标包括产品制造周期、单位成本、收益率、生产能力利用率等;顾客导向指标,用来反映企业组织是否满足客户的需要,代表性的指标包括客户满意程度、市场占有率、产品交送货率等;学习、创新与成长维度,用来反映企业改进与创新的能力,具体指标包括员工满意程度、员工流动性、员工培训次数、员工建议数量等。BSC能够把组织远景和战略转化为有形的目标和衡量指标,关键是促进企业协调发展,达到财务和非财务指标的平衡,企业内外群体的平衡,长期目标和短期目标的平衡,过程和结果的平衡。BSC的主要缺点是在学习、创新和成长方面,业绩指标体系常常前后矛盾,缺乏明确的分界线,有时候绩效提高了,财务指标却没有好转。

(2)360度反馈评价。360度反馈评价是指帮助一个团队的成员从与自己发生工作关系的所有主体那里获得关于本人绩效信息的反馈过程。这些信息来源主要包括:上级监督者、下属、平级的同事、本人的反馈及企业外部客户甚至是供应商的评价。该方法可以从多角度评价同一个团队和员工,但是难以摆脱主观印象的影响,有时会造成员工间人际关系紧张。

(3)关键绩效指标法(KPI)。关键绩效指标是用于考核和管理被考核者绩效的可量化的或可行为化的标准化体系。团队成员的工作业绩评价中使用KPI的核心是:设定与团队流程相关的标准值,定出一系列的对团队工作有提示、警告和监控作用的标准衡量指标,然后把实际运作过程中产生的相关指标实际值与预先设定的标准值进行比较和评估,如差别大,则分析其原因,找出解决的方法和途径,从而再对团队的流程作相应的调整和优化,已使未来的实际绩效指标值可以达到令决策者满意的程度。

(4)目标管理法(MBO)。工程团队的目的和任务都必须转化为工程团队的目标,而工程团队的目标只有通过分解变成每个更小单位的目标之后才能够实现。在该理论的指导下,工程团队应特别重视利用员工对团队的贡献,倡导员工参与式管理,在目标体系制定、目标达成过程中都要加入员工参与的因素,通过充分沟通,推动工程团队管理水平的提升。

(5)绩效管理方法的综合模型。国内企业应用的一些绩效管理方法大都源于外国学者的研究成果,在中国的具体国情下使用尚存在一些不适应的情况,所以目前国内学者很重视对绩效管理方法的整合与创新研究。从绩效管理方法的研究对象来看,绩效管理方法都不外乎是将"人"或"事"作为管理的对象或重点。比如360度绩效管理方法是以"人"为主,而目标管理则是以"事"为主。与此同时,目标管理注重对结果的衡量,而关键绩效指标法则更注重对过程的管理。完善的绩效管理体系必须兼顾"人"与"事",兼顾"过程"与"结果",据此,管理者在实践中可以根据组织需要创新性地整合不同的绩效管理方法,构建绩效管理综合模型,从而提高绩效管理的效果。

17.4　工程心理学与工程行为学的应用

　　大型的工程项目离不开人的参与，人不同于机器，人是有思想、有情感的高等动物，参与工程的人会因为其心理状态的差异，而表现出不同的工作行为，进而在工作中产生不同的工作绩效。因而，工程人力资源管理一定要遵循反映人的心理和行为规律的工程心理学的特定规律来组织工程项目的运营活动。专门针对工程中微观个体层面心理和行为规律展开研究的学科叫做工程心理学。

　　具体来看，工程心理学是为了解决高性能技术设备的使用和人的有限操作能力之间的矛盾而发展起来的科学。它主要以实验心理学和人体科学、行为科学的原理和方法，研究技术设计同人的生理、心理和行为特点的匹配关系。它是为了使工程技术设计能与使用者的身心行为特点相适应，使人能够高效、安全、健康和舒适地工作与生活。工程心理学的研究对象是人—机—环境之间的关系。研究人—机—环境的目的是为了使人们在工程技术和工作的设计中能够使三者得到合理的配合，使人机系统能够取得最好的效益。工程心理学研究领域包括信号检测、现实与虚拟环境的交互、记忆和训练、行动的选择、手工控制、注意、时间分配和工作负荷、应急和人为差错等。

　　围绕人机系统效能与效率的发挥，工程心理学关注的核心问题可以分为以下四类：

　　(1)人体生理心理特点和人的工作能力限度相适应的问题。在人机系统中，人机关系主要表现为两个方面：一是人机功能分配，二是人机特性匹配。工程心理学侧重于从工程设计的角度对身心因素进行研究。

　　(2)人机过程和人机界面设计要求的相关问题。人机信息交换的效率，在很大程度上取决于显示器与控制器同人的感觉器官和运动器官的匹配程度。工程心理学为各类显示装置与控制装置的设计提供心理学的原则和人机匹配的参数。

　　(3)工作空间设计要求的相关问题。在人机系统中，工作空间的大小、显示器与控制器的位置、工作台的高低、座位的尺寸、机具和加工件的排列、工作间的距离等，都会对操作人员的工作效率与系统的安全产生影响。

　　(4)人的绩效和工作负荷的计算建模研究。通过计算机等技术和数学模型对人的各种活动进行模拟和预测，将是未来工程心理学发展的重要方向。其中，揭示人在操作过程中的心理特点与心理机制是回答以上问题的关键。而人的操作信息加工机制、认知操作与工作绩效的关系、心理负荷与意识的监测以及心理规律在人机交互设计中的应用是近年来的主要研究方向。

　　工程心理学研究发现的工程中人的心理及行为的基本规律，可以运用在工程人力资源选拔、培训、员工激励、工作环境和工作条件设计等。例如，工程心理学的注意理论可应用到三个更广泛的、与人的生产活动有关领域系统和任务设计、操作者的培训和人员的选拔。特别是在操作者选择意义方面，可预测操作候选人员的注意或时间分配能力，预测完成多任务的绩效，评价心理工作负荷。

　　近期中国"神九"宇航员们试飞成功，就展示出工程心理学注意理论的贡献，面对密布的指示器、仪表，他们能成功地利用多种信息资源，注意和时间分配选择，作出一系列反应选择,并操纵或同时完成多重任务,无疑是极其成功的典型事例。

再例如,工程心理学家在研究三种注意,即"选择性注意"、"集中性注意"和"分散性注意"的同时,还会兼顾注意分配和时间分配的四种机制(四种机制具体是指资源需求、资源的分配和转移、分配效率的结构性因素、混淆和相似性),这些无疑都为提升培训效能提供了指导,使准劳动者或受训者适应智能化生产的需要,自觉地运用"注意策略",一方面能避免生产事故,另一方面又能提高工作效率和保证质量。

另外还可以看到,现今发达国家和地区的员工培训,在培养智能型劳动者的知觉能力方面,提出人的信息加工模型,帮助人们克服"知觉限制",指导人们了解、习得注意分配策略和掌握与运用资源策略。总而言之,工程心理学的理论和实践依据,帮助人们在思考如何提升培训效能的历程中,提供了新的思路和视角。

17.5 案例:人性化环境设计的典范——在Google,工作就是生活

一位刚加入Google的新员工,由于尚未租到房子,就在公司生活了一个月。他觉得生活远比自己租房子要爽得多。一日三餐自然不用愁,到处都是可以睡觉的舒服的沙发,洗澡可以在十分高级的洗手间完成,锻炼身体可以去折腾游泳机和跑步机,偶尔还可以在钢琴室里活动活动手腕,比在自己家里还悠哉。

100英尺(1英尺=0.3048米)之内必有食物!这是Google内部一条规矩。一位工程师觉得并没有做到这一点,就量了一下他与最近的食物之间的距离,果真发现超过了100英尺,距离是120英尺。于是他幽默地要求后勤部门改进自己的服务,对方的回答十分经典:你的头顶就是餐厅,距离你绝对没有超过100英尺。

此外,Google还将员工20%的工作时间规定为员工自由支配时间,此举是为了鼓励员工开发新产品,以减少公司对互联网搜索广告业务的过度依赖。

因此,员工在Google的办公室生活一个月不是没有可能。除此之外,Google的员工上下班不用打卡,可以带宠物进办公室,玩游戏、聊天、看网络视频等,诸如此类,在别的公司必须在老板或主管不在的情况下偷偷摸摸进行的不务正业之举,在Google都可以明目张胆地进行,根本不用担心被人发现而遭受批评。

Google的舒适生活
墙上的作品均为员工绘制

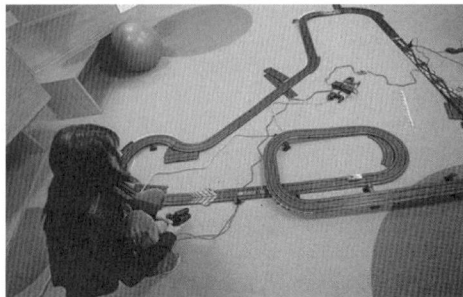

公司内部员工子女托管中心
当然各类电玩具必不可少

休息室里各种各样的休闲器械

员工可到公司赞助的按摩休息
室按摩,消除疲劳

在 Google,员工不必时刻西装革履。每个人都可以选择在适合自己的"时区"内工作,你可以凌晨 5 点就开始忙碌,下午休息,也可以整晚工作,白天休息,以完全可以自由支配的弹性工作制,体现企业对员工工作操守的充分信任。

Google 在鼓励员工尽量保留个性作风之外,保证互不干扰也是公司的一项优良传统。而需要相互交流的时候,大家会把五颜六色的懒人椅滚到一起,聚首讨论;或者钻进白色的"帐篷"召开小型会议。一个人想清静时,也可以坐到大块积木围起来的小区域里尽情思考。困了累了,可以到沙发上找个最舒适的姿势酣睡。

Google 的整个办公室,采用了不同的色调搭配,明亮鲜活。这些都让人感到轻松自在。每个办公室都有员工自己命的名字,极富个人色彩。每名新到 Google 的员工,都将得到 100 美元,用于装饰办公室,员工们可以在自己的办公室的辖区内"恣意妄为"。

在 Google,工作就是生活,与其说它是一个公司,不如说它是一个享受休闲生活的绝妙去处。因为,即便是你花钱去休闲场所享受自由时光,你也不会一次性享受到 Google 那样完善的配套设施和服务。

当一个人主动去做某件事情的时候,它就不再是一件工作,而是一种乐趣。乐趣能最大限度地激发潜能,往往能取得事半功倍的效果,更容易创造奇迹。将工作在无形之中转变成乐趣,这是 Google 的过人之处,似乎也是 Google 的一个善意的"阴谋"。

传统的企业文化要求员工中规中矩,设定诸多条条框框让员工去被动遵守和接受,IT 企业却在激烈的市场竞争中创造个性产品的同时,也在无形中开辟出一套充满个人色彩,却不失团队精神的全新的公司文化和管理模式,彻底颠覆了传统的死板的企业文化。

正是那种使命感和自愿性,激发着 IT 企业员工的工作激情和创造智慧,在为企业创造不菲业绩的同时,也在驱动着 IT 科技的不断更新换代,也为新时期企业的人性化环境设计和管理经营提供了新的思路。

案例讨论

1. Google 公司的工作场所设计有何特点? 这些特点对员工工作会产生什么影响?

2. 请结合工程心理学的理论,谈谈本案例对于改善自己的工作有何启示?

思考题

1. 工程人力资源管理与一般的人力资源管理有何区别与联系?

2. 工程人力资源招聘的特点、难点及应对方式?

3. 结合某一特定的工程项目,谈一谈如何对自己项目组成员实施激励?

4. 基于全面薪酬理论,讨论一个自己所在项目组的薪酬改进措施?

5. 请在现实中找寻一个项目工程实例,并分析针对具有一定周期性的项目如何对项目组成员进行绩效考核?

第 18 章

工程财务管理

在工程建设全过程中,包括建设项目的资金筹集、原材料的供应、工程建造、工程结算和销售的实现等环节,形成了物质运动过程,伴随着这种运动,物质也从一种形态转化为另一种形态。由于财产物质的货币表现是资金,因此,工程建设过程又表现为资金的运动过程。工程财务管理主要就是对工程项目过程中的资金管理,其对象是工程项目过程中的资金流转,以及由此形成的财务关系。

从这个意义上来说,工程财务管理涵盖工程建设资金运动的全部财务管理,包括资金预算,融资,资产管理,成本和费用管理以及这些过程中的风险控制。随着社会的发展、经济与科技的不断进步,对于工程建设来说,其整体的获利与资金、财务管理等都相当的重要。同时,财务管理也是能够辅助工程建设获得利润最大化的有效管理手段之一,甚至是推动整个工程行业的发展、扩展、深化,全面提升工程行业的整体获利能力与竞争力的必要途径。

18.1 工程项目的资金预算和融资

18.1.1 工程项目资金预算

1. 工程项目资金预算简述

资金预算,或称资产负债预算,是对企业的资产、负债、所有者权益及其相互关系进行预算的过程。企业的资产负债表、利润表等均为资金预算的依据。工程项目资金预算,普遍意义是施工前概预算或工程预算,首要依存的是工程技术,且主要服务于招投标及合同管理,而不是将预算视为企业财务行为,使之服务于管理项目,最终提高工程项目的效益。

2. 资金预算编制方法

按照不同的标准分类,资金预算的编制方法可以分为不同类型,这里主要介绍固定预算与弹性预算,增量预算与零基预算,定期预算与滚动预算。

(1)固定预算与弹性预算。编制预算的方法按其业务量基础的数量特征不同,可分为固定预算方法和弹性预算方法两大类。

固定预算,义称静态预算法,是指在编制预算时,只根据预算期内正常的、可实现的某一固定业务量(如生产量、销售量)水平作为唯一基础来编制预算的一种方法。固定预算法存在过于机械呆板和可比性差的缺点。

弹性预算,又称变动预算,是在固定预算模式的基础上发展起来的一种预算模式。它是根据计划或预算可预见的多种不同的业务量水平,分别计算其相应的预算额,以反映在不同业务量水平下所发生的费用和收入水平的财务预算编制模式。弹性预算有两方面的特性:

弹性预算仅以某个"相关范围"为编制基础,而不是以某个单一业务水准为基础;弹性预算的性质是"动态"的。弹性预算的编制可适应任何业务要求,甚至在期间结束后也可使用。也就是说,企业可根据该期间所达到的业务要求编制弹性预算,以确定在该业务要求下,"应有"的成本是多少。弹性预算的编制采用弹性预算方法,编制财务预算有效地弥补了固定预算方法的不足。

固定预算与弹性预算的主要区别总结如表 18-1 所示:

表 18-1 固定预算与弹性预算区别表

类别	固定预算	弹性预算
优缺点	对于机械呆板,可比性差	与固定预算方法比,弹性预算方法具有预算范围宽、可比性强的优点
适用范围	适用于业务量水平较为稳定的企业和非营利的事业单位编制预算时采用	主要用于弹性成本费用预算、弹性利润预算

(2)增量预算与零基预算。编制预算的方法按其出发点的特征不同,可分为增量预算方法和零基预算方法两大类。

增量预算又称调整预算方法,是指以基期成本费用水平为基础,结合预算期业务量水平及有关影响成本因素的未来变动情况,通过调整有关原有费用项目而编制预算的一种方法。增量预算方法的假设前提有:现有的业务活动是企业必需的;原有的各项开支都是合理的;增加费用预算是值得的。增量预算方法的缺点是:受原有费用项目限制,可能导致保护落后;滋长预算中的"平均主义"和"简单化"等。

零基预算是指在编制成本费用预算时,不考虑以往会计期间所发生的费用项目或费用数额,而是将所有的预算支出均以零为出发点,一切从实际需要与可能出发,逐项审议预算期内各项费用的内容及开支标准是否合理,在综合平衡的基础上编制费用预算的一种方法。零基预算的编制程序是:动员与讨论;划分不可避免项目和可避免项目;划分不可延缓项目和可延缓项目。零基预算的优点是:不受已有费用项目和开支水平的限制,能够调动各方面降低费用的积极性,有助于企业的发展。其缺点是:工作量大,重点不突出,编制时间较长。此法特别适用于产出较难辨认的服务性部门费用预算的编制。

增量预算与零基预算的主要区别总结如表 18-2 所示:

表 18-2 增量预算与零基预算区别表

类别	增量预算	零基预算
优缺点	优点: 1. 预算编制的工作量较小 2. 系统相对容易操作和便于理解 3. 容易实现协调预算 缺点: 1. 受原有费用项目限制,可能导致保护落后 2. 滋长预算中的"平均主义"和"简单化" 3. 不利于企业未来发展	优点: 1. 不受现有费用开支水平限制 2. 能够调动各方面降低费用的积极性,有助于企业的发展 缺点: 工作量大,编制时间较长

类别	增量预算	零基预算
假设前提	1. 现有的业务活动是企业必需的 2. 原有的各项开支都是合理的 3. 增加费用预算是值得的	无

（3）定期预算与滚动预算。按其预算期的时间特征不同进行分类，可分为定期预算和滚动预算。

定期预算，是指在编制预算时以不变的会计期间（如日历年度、季度、月份）作为预算期的一种预算编制的方法。优点是能够使预算期间与会计年度相配合，便于考核和评价预算的执行结果；缺点是不利于前后各个期间的预算衔接，不能适应连续不断的业务活动过程的预算管理。

滚动预算，又称连续预算或永续预算，是在上期预算完成情况基础上，调整和编制下期预算，并将预算期间逐期连续向前滚动推移，使预算期间保持一定的时期跨度。滚动预算按滚动的时间单位不同可分为逐月滚动、逐季滚动、逐年滚动和混合滚动。优点是能够保持预算的连续性，有利于考虑未来业务活动，结合企业近期目标和长远目标；使预算随时间的推进不断加以调整和修订，能使预算与实际情况更相适应，有利于充分发挥预算的指导和控制作用。适用于连续性强的业务或项目的预算安排，譬如基本建设工程项目和大型工程项目及其设备采购安装项目。

定期预算与滚动预算的主要区别总结如表18－3所示：

表18－3 定期预算与滚动预算区别表

类别	定期预算	滚动预算
优缺点	优点： 能够使预算期间与会计年度相配合，便于考核和评价预算的执行结果 缺点： 滞后性、盲目性和间断性	优点： 具有透明度高、及时性强、连续性好，以及完整性和稳定性突出等优点 缺点： 工作量大

3. 资金使用计划的编制

资金使用计划的编制与控制在整个工程造价管理中处于重要而独特的地位，它对工程造价有着重要影响。通过编制资金使用计划，合理确定工程造价施工阶段目标值，使工程造价的控制有所依据，并为资金的筹集与协调打下基础。通过资金使用计划的科学编制，可以对未来工程项目的资金使用和进度控制有所预测，消除不必要的资金浪费和进度失控，也能够避免在今后工程项目中由于缺乏依据而进行轻率判断所造成的损失，减少盲目性，增加自觉性，使现有资金充分地发挥作用。通过资金使用计划的严格执行，可以有效地控制工程造价上升，最大限度地节约投资，提高投资效益。对脱离实际的工程造价目标值和资金使用计划，应在科学评估的前提下，允许修订和修改，使工程造价更加趋于合理水平，从而保障建设单位和承包商各自的合法利益。

资金使用计划的编制方法，主要有以下几种：按不同子项目编制资金使用计划和按时间进度编制资金使用计划。

(1)按不同子项目编制资金使用计划。按不同子项目划分资金的使用,进而做到合理分配,必须对工程项目利用工作分解结构(work breakdown structure,WBS)进行合理划分,划分的粗细程度根据实际需要而定。在实际工作中,总投资目标按项目分解只能分到单项工程或单位工程。某工程项目结构分解如图 18-1 所示。

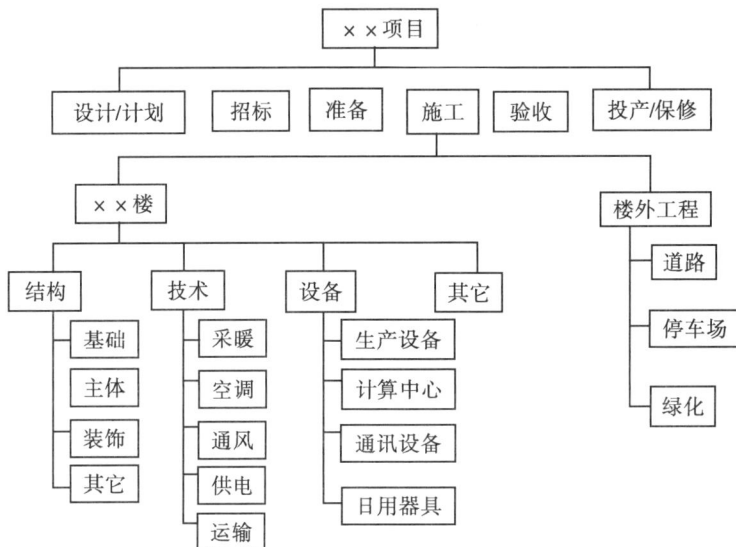

图 18-1　某工程项目结构分解图

(2)按时间进度编制资金使用计划。按时间进度编制的资金使用计划,通常可利用项目进度网络图进一步扩充后得到。利用网络图控制投资,即要求在拟定工程项目的执行计划时,一方面确定完成某项施工活动所需的时间,另一方面也要确定完成这一工作的合适支出预算。按时间进度编制资金使用计划有横道图形式和时标网络图形式。资金使用计划也可以采用 S 型曲线与香蕉图的形式,其对应数据的产生依据是施工计划网络图中时间参数(工序最早开工时间,工序最早完工时间,工序最迟开工时间,工序最迟完工时间,关键工序,关键路线,计划总工期)的计算结果与对应阶段资金使用要求。利用确定的网络计划便可计算各项活动的最早及最迟开工时间,获得项目进度计划的甘特图。在甘特图的基础上便可编制按时间进度划分的投资支出预算,进而绘制时间—投资累计曲线(S 形图线)。

➤ 18.1.2　工程项目融资

1. 工程项目融资概述

工程项目融资,是指项目公司从自身经营现状及资金运用情况出发,根据公司未来经营战略及发展需要,经科学的预测和决策,通过一定渠道,采用一定的方式,向公司的投资者及债权人筹集资金,组织资金的供应,保证正常经营的需要。工程项目的融资方式,按是否有金融中介机构参与,可分为直接融资方式和间接融资方式。按所筹集资金的特点分类,可分为权益性资本融资和负债性资本融资。此外,资产证券化(asset-backed securitization,ABS)、建设经营转让(build-operate-transfer,BOT)等项目融资方式也经常被工程项目使用。

2. 工程项目权益性资本融资

权益融资方式,是指投资者获取可供长期使用或永久使用的资金而采取的一种融资方式。其所筹集的资金称为权益资金,投资主体拥有资金的所有权。具体方式包括股票市场发行股票,国家财政拨款,企业留存利润,国内外投资者投资等。其特点是无偿还期限、财务风险小、成本高。本章主要介绍股票融资。

(1)股票的含义。股票是一种有价证券,是股份有限公司签发的证明股东所持股份的凭证。

(2)股票的种类。根据股东权利内容的不同,股票可以分为普通股和优先股。普通股是公司股票的一种基本形式,也是公司发行量最大、最为重要的股票。其基本特征是平等地给予股东多项权利,即收益分配请求权、经营参与权、剩余资产分配权、增发股票的优先购买权。优先股因其股息率事先确定,类似于债券,而另一方面又代表对公司的所有权,所以与普通股性质相近。在法律地位上,优先股的索偿权先于普通股,后于债权人,是介于普通股和债券之间的折中性证券。优先股较普通股的优先权主要体现在两方面:首先,领取股息优先;其次,分配剩余资产优先。但其也有不利之处,主要表现在:首先,股息率事先确定,当公司经营状况良好,利润丰厚时,优先股的股息不会因此而提高,普通股获利却可增加;其次,优先股股东一般对公司的经营决策没有表决权,即不能参与公司的经营管理。

根据股票是否记载股东姓名,可以分为记名股票和无记名股票。公司向发起人、法人发行的股票,应当为记名股票。

根据是否有票面价值,可以分为有面值股票和无面值股票。根据股票的上市地点和所面对的投资者不同,我国上市公司的股票可分为 A 股、B 股、H 股和 S 股。

(3)发行股票的特点。发行股票的特点包括支付股利灵活;不用偿还股本;融资风险小;更容易吸收资金;融资成本高;容易分散控制权等。

(4)股票发行的条件。发行人必须是股份有限公司。股份有限公司是指全部资本分为等额股份,股东以其所持股份为限对公司承担责任,公司以其全部资产对公司的债务承担责任的法人。其最低注册资本额为 500 万元。股票发行通常有两种情况:一是股份有限公司在设立过程中为筹集资本而发行股票;二是股份有限公司在成立后为增加注册资本而发行新股。

(5)股票的发行方式。按照不同的标准分类,股票的发行方式可以分为直接发行和间接发行、公开发行和非公开发行。

直接发行是指股份公司自己承担股票发行的一切事务和发行风险,直接向投资者推销出售股票的方式,其只适用于有既定发行对象或发行风险小、手续简单的股票。间接发行是指发行者委托证券发行机构出售股票的方式,它有三种方法:代销,余额包销,全额包销。

公开发行又称公募,是指发行人事先不确定特定的发行对象,而是向社会广大投资者公开地发售股票的发行方式。在公开发行的情况下,所有合法的社会投资者都可以参加认购。非公开发行又称私募或内部发行,是指发行人只对少数特定的投资人发行股票的发行方式。

3. 工程项目负债性资本融资

负债融资方式,是指投资者通过信用方式取得资金,并按规定的利率支付报酬的一种融资方式。其所筹集的资金称为债务资金,投资主体拥有资金的使用权。它主要包括贷款、债券、融资租赁等方式。

（1）贷款。贷款是负债性资本融资的重要方式之一。

按贷款期限划分,分为短期贷款和中长期贷款,短期贷款（1 年以内,含 1 年）期限短、风险小、利率低;中长期贷款（1 年以上）期限长、风险大、流动性差、利率高。贷款期限是从贷款合同签订生效日起,到最后一笔贷款本金或利息支付日止的时间间隔。

按贷款有无担保品划分,分为信用贷款和担保贷款。信用贷款是企业根据自身的信誉而无需提供担保品或法人担保从银行取得的贷款。担保贷款即抵押贷款,质押贷款,保证贷款（一般责任保证贷款和连带责任保证贷款）,质押贷款和抵押贷款是以借款人或第三人的特定财产作为还款保障,如果借款人不能按期归还贷款本息,银行有权处分担保品,并优先受偿。

质押与抵押的主要区别在于抵押品不需要从抵押人向抵押权人转移,而质押物由质权人即债权人保管。所以抵押品一般是机器设备、车辆船舶、房地产等固定资产或不动产;而质押品分为是动产和权利,如票据、债券、存款单、提单、股票、商标专用权、专利权特许权应收账款等。质押分为动产质押和权利质押。

保证贷款是以第三方承诺在借款人不履行还款义务或不能偿还贷款时,由其按约定承担一般保证责任或连带责任为前提而发放的贷款。一般保证,是指当事人在保证合同中约定,债务人不能履行债务时,由保证人承担保证责任。连带责任保证,是指当事人在保证合同中约定,保证人与债务人对债务承担连带责任。

（2）债券。债券是指政府、金融机构、公司企业等单位约定在一定期限还本付息的有价证券,其是一种债权凭证。

债券包括以下基本要素:债券面值、债券期限、债券利率、债券发行价格。债券面值即票面上载明的面值币种和票面金额;债券期限是指从债券发行日起到偿清本息为止的时间;债券利率是债券的年利息与债券面值的比率,也称为票面利率;债券发行价格是指债券发行时的价格。债券的发行价格有三种情况:一是平价发行,即以票面金额的价格发行债券;二是折价发行,即以低于票面金额的价格发行债券;三是溢价发行,即以高于票面金额的价格发行债券。

债券的特点包括:时间上的有期限性;收益的相对固定性;较强的流动性;较高的安全性;享有获取债券利息、到期收回本金、转让债券的权益。

债券按照不同方式分类,可以分为不同的种类。按照发行主体的不同可分为政府债券、公司债券、金融债券。按债券是否可转换为其他金融工具可分为可转换债券和不可转换债券。按支付利息的方式不同,可分为分期支付利息债券和一次性支付利息债券。其包括贴现债券（无息债券或零息债券）和到期一次性支付利息债券。按有无担保进行分类,可分为信用债券和担保债券。按照偿还期限的不同进行分类,可分为短期债券,中期债券和长期债券。按照发行地域的不同,可划分为国内债券和国际债券,国际债券又可以分为外国债券和欧洲债券。国际债券是一国政府、金融机构、工商企业或国家组织为筹措和融通资金,在国外金融市场上发行的,以外国货币为面值的债券。外国债券是指借款人在其本国以外的某一个国家发行的、以发行地所在国的货币为面值的债券。欧洲债券是借款人在债券票面货币发行国以外的国家发行的债券。欧洲债券的发行人、发行地以及面值货币分别属于三个不同的国家。

债券的发行方式按照发行对象是否确定分为私募发行和公募发行;根据是否有中介机构参与分为直接发行和间接发行。其中间接发行又可分为代销、余额包销和全额包销三种方式。

债券发行时,相关信用评级机构会对发行债券公司的信用进行评级。证券评级机构在债券评级过程中主要根据三个因素:债券发行人的偿债能力,预期盈利、负债比例、能否按期还本付息;债券发行人的资信状况,金融市场上的信誉、历史偿债情况、历史是否如期偿还债务;投资者承担的风险水平,破产可能性的大小、破产后债权人所能受到的保护程度、破产后债权人所能得到的投资补偿程度。

(3)融资租赁。项目融资租赁是指承租人以项目自身的财产和效益为保证,与出租人签订项目融资租赁合同,出租人对承租人项目以外的财产和收益无追索权,租金的收取也只能以项目的现金流量和效益来确定。出卖人(租赁物品生产商)通过自己控股的租赁公司采取这种方式推销产品,扩大市场份额。通讯设备、大型医疗设备、运输设备甚至高速公路经营权都可以采用这种方法。其他还包括返还式租赁,又称售后租回融资租赁;融资转租赁,又称转融资租赁等。

融资租赁的特征一般归纳为五个方面。租赁物由承租人决定,出租人出资购买并租赁给承租人使用,并且在租赁期间内只能租给一个企业使用;承租人负责检查验收制造商所提供的租赁物,对该租赁物的质量与技术条件出租人不向承租人作出担保;出租人保留租赁物的所有权,承租人在租赁期间支付租金而享有使用权,并负责租赁期间租赁物的管理、维修和保养;租赁合同一经签订,在租赁期间任何一方均无权单方面撤销合同。只有租赁物毁坏或被证明为已丧失使用价值的情况下方能中止执行合同,无故毁约则要支付相当重的罚金;租期结束后,承租人一般对租赁物有留购和退租两种选择,若要留购,购买价格可由租赁双方协商确定。

4.BOT 与 ABS 融资

(1)BOT 融资。BOT 是英文 build-operate-transfer 的缩写,即建设—经营—转让方式,是政府将一个基础设施项目的特许权授予承包商(一般为国际财团)。承包商在特许期内负责项目设计、融资、建设和营运,并回收成本、偿还债务、赚取利润,特许期结束后将项目所有权移交政府。实质上,BOT 融资方式是政府与承包商合作经营工程项目的一种特殊运作模式。我国运用 BOT 方式吸引外资进行基础设施建设起步于 1884 年,早期的 BOT 项目都是地方政府批准的。从国家角度来看,我国政府直到 1895 年才开始组织 BOT 方式的试点工作,除广西来宾电厂外,湖南长沙电厂项目和成都水厂项目又被我国陆续批准为 BOT 试点项目。

从理论上讲,凡一个国家或地区的基础设施领域内能通过收费获得收入的设施或服务项目都是 BOT 方式的适用对象。但就我国特殊的经济及法律环境的要求而言,不是所有基础设施项目都可以采用 BOT 方式,其适用范围是有限的。BOT 方式是非政府资本介入基础设施领域,其实质是 BOT 项目的特许期内的民营化。因此,对于某些关系国计民生的重要部门,虽然它有稳定的预期现金流入,也是不宜采用 BOT 方式的。

马来西亚南北高速公路项目的融资案例:马来西亚南北高速公路项目全长912公里,最初是由马来西亚政府所属的公路管理局负责建设,但是在公路建成400公里之后,由于财政方面的困难,政府无法将项目继续建设下去,采取其他融资方式完成项目成为唯一可取的途径。在众多方案中,马来西亚政府选择了BOT融资模式。1887年初开始,经过为期两年的项目建设、经营、融资安排的谈判,马来西亚政府与当地的马来西亚联合工程公司签署了一项有关建设经营南北高速公路的特许权合约。马来西亚联合公路公司为此成立了一家项目子公司——南北高速公路项目有限公司。以政府的特许权合约为核心组织起来项目的BOT融资结构。

该项目的BOT融资结构由三个部分组成:政府的特许权合约、项目的投资者和经营者、项目的国际贷款银团。马来西亚政府是南北高速公路项目的真正发起人和特许权合约结束后的拥有者。政府通过提供一项为期30年的南北高速公路建设经营特许权合约,不仅使得该项目由于财政困难未能动工的512公里得以按照原定计划建设并投入使用,而且通过项目的建设和运营带动周边经济的发展。项目的投资者和经营者是BOT模式的主体,在这个案例中,是马来西亚联合工程公司所拥有的马来西亚南北高速公路项目公司。在这个总造价为57亿马来西亚元(21亿美元)的项目中,南北高速公路项目公司作为经营者和投资者除股本资金投入之外,还需要负责项目建设的组织,与贷款银行谈判安排项目融资,并在30年的时间内经营和管理这条高速公路。马来西亚联合工程公司作为工程的总承包商,负责组织安排由40多家工程公司组成的工程承包集团,在为期七年的时间内完成512公里高速公路的建设。英国投资银行——摩根格兰福(Morgan Grenfell)——作为项目的融资顾问,为项目组织了为期15年总金额为25.35亿马来西亚元(9.21亿美元)的有限追索项目贷款,占项目总建设费用的44.5%,其中16亿马来西亚元(5.81亿美元)来自马来西亚的银行和其他马来西亚国内金融机构,是当时马来西亚国内银行提供的最大的一笔项目融资贷款,9.35亿马来西亚元(3.4亿美元)来自由十几家外国银行组成的国际银团。对于BOT融资模式,这个金额同样也是一个很大的数目。项目贷款是有限追索的,贷款银团被要求承担项目的完工风险和市场风险。然而,由于实际上政府特许权合约中所提供的项目最低收入担保,项目的市场风险相对减轻了,并在某种意义上转化成为一种政治风险,因而贷款银团所承担的主要商业风险为项目的完工风险。项目的延期将在很大程度上影响到项目的收益。但是,与其他项目融资的完工风险不同,公路项目可以分段建设,分段投入使用,从而相对减少了完工风险对整个项目的影响。项目建设所需要的其他资金将由项目投资者在7年的建设期内以股本资金的形式投入。

采用BOT模式为马来西亚政府和项目投资者以及经营者均带来了很大的利益。但BOT融资也存在一些缺点。采用BOT方式,基础设施项目在特许权规定的期限内将全权交由项目公司去建设和经营,减弱了政府对项目的影响力和控制力。BOT方式组织结构没有一个相互协调的机制。由于各参与方都会以各自的利益为重,以实现自身利益最大化为目标,这使得他们之间的利益冲突不可避免。

成功的BOT项目融资方案的结果是一个多赢的局面。从案例可知项目的发起人、项目的直接投资者和经营者还有项目的贷款银行,都通过项目的建设和运营获得了可观的收益,这也正是一个融资模式能够得以实施的最根本的动力。BOT项目融资方案成功实施的两个关键点：一个是特许经营权合约，一个是项目所在国的投资环境。特许经营权合约不仅是项目建设和运营者进行投资核算的基础，而且也是其获得投资回报的保证。而项目所在国的投资环境则对项目的完工风险有很大的影响。

（2）ABS 融资。资产抵押债券（asset-backed securities，ABS）是以资产（通常是房地产）的组合作为抵押担保而发行的债券，是以特定"资产池（asset pool）"所产生的可预期的稳定现金流为支撑，在资本市场上发行的债券工具。ABS 运作的独到之处就在于，通过信用增级计划，使得没有获得信用等级或信用等级较低的机构，照样可以进入高档投资级证券市场，通过资产的证券化来募集资金。

在运用 ABS 方式时，不必担心项目是关系国计民生的重要项目而被外商所控制。凡有可预见的稳定的未来现金收入的基础设施资产，经过一定的结构重组都可以证券化。比如，不宜采用 BOT 方式的重要的铁路干线，大规模的电厂等重大的基础设施项目，都可以考虑采用。ABS 方式的适用范围要比 BOT 方式广泛。

18.2　工程营运资本和工程资产管理

工程营运资本管理对于工程的盈利能力及生存能力有重要影响，加强工程营运资本管理是施工企业提高盈利能力，获得生存能力的必要措施。

18.2.1　工程营运资本管理

1. 营运资本概述

（1）营运资本的概念。工程营运资本又称工程营运资金，是指工程项目中的流动资产减去流动负债后的余额。它是工程项目进行生产经营活动的基础，是工程投入日常经营活动的资本。营运资本作为流动资产的有机组成部分，是工程项目短期偿债能力的重要标志。一般来说，工程项目拥有的营运资金越多，短期偿债能力越强，风险越小，收益率越低；反之，营运资金越少，短期偿债能力越弱，风险越大，收益率越高。

（2）营运资本的特征。一般来说，营运资本具有周转期短、形态波动频繁、变现能力强和来源多而灵活的特点。工程占用在营运资本上的资金，一般来说，周转速度较快，其周转期较短，通常是在一年或一个营业周期内收回。营运资本的实物形态除了按货币资本、储备资本、生产资本、成品资本、结算资本之间顺序转化外，其占用的数量也会随着企业内外部经营条件的变化而变化。营运资本中的大部分资产具有较强的变现能力，在企业出现紧急状况时，容易变现获得现金。营运资本的来源渠道多，其筹集形式也多，期限的选择较为灵活。

（3）营运资本管理的必要性。工程营运资本是工程项目运作和发展的基础。营运资本周转是工程项目资本周转的依托，只有营运资本能够正常周转，工程项目的其他各个环节才能运转起来，进而通过产生收益来补偿工程项目中的各种耗费，并赚取一定的利润来继续发展。一般来说，营运资本在工程项目的资本总额中所占比重较高。如果营运资本管路不善，会导致工程项目资本周转不灵，严重影响工程经营。同时，加快营运资本周转也是提高工程资本利用效益的关键步骤。

2. 现金管理

（1）现金管理的动机。这里的现金是指广义现金，是指在工程项目中停留在货币形态的资产，包括库存现金、银行存款和其他货币资金。现金管理主要有三个动机：支付性动机，预防性动机和投机性动机。支付性动机是指持有现金以便满足企业日常生产经营活动支付现金的需要。企业的现金收入和现金支出一般不可能同时等额发生,所以企业必须维持适当的现金余额,以满足日常开支的需要。预防性动机是指企业保持一定的现金余额以应付意外的现金需求。预防性动机所需的现金持有量主要取决于企业临时举债的能力,承担风险的程度和现金预算的可靠性。投机性动机是指企业将置存的现金用于不寻常的购买机会。例如在物资供应市场上利用投机买卖来获取收益,或者在证券市场上进行投机交易。

(2)最佳现金持有量的确定。企业现金管理的一个重要内容是确定最优的现金持有量。估算现金持有量的方法众多,使用最广泛的有以下三种:

①成本分析模式。成本分析模式是通过分析持有现金的成本,寻找持有成本最低的现金持有量。企业持有的现金要承担机会成本、管理成本和短缺成本。机会成本也称持有成本,是指企业因将资金持有从而放弃的将其投资于其他方面获得的收益。管理成本是指企业因持有现金而发生的管理费用,如管理人员的工资、福利费和安全措施费用等。短缺成本是指企业因缺乏必要的现金,不能应付业务开支所需,而蒙受的损失或付出的代价。短缺成本与现金持有量成反比关系。

以上三项成本之和最小的现金持有量,就是最佳现金持有量。现将现金成本与现金持有量之间的关系表示图18-2所示。机会成本与现金持有量成正比例关系,短缺成本与现金持有量成反比例关系,管理成本是固定成本。三项成本之和的总成本是一条向下凹的抛物线,抛物线的最低点即为持有现金成本最小的点。与此点对应的现金持有量即为最佳现金持有量。

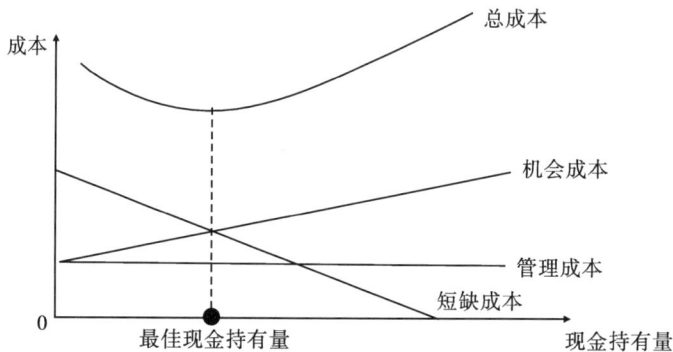

图18-2　最佳现金持有量的成本分析模式

②存货模式。存货模型又称鲍曼模型,是美国经济学家鲍曼最先提出的。他借用存货管理的经济批量模型来确定最佳现金持有量。在存货模型中,假设现金收入是每隔一段时间发生的,而现金支出则是在一段时间内均匀发生的。同时该模型还假设现金收入是通过销售有价证券的方式获得的。因此,企业在一段时间内的现金持有状况如图18-3所示:

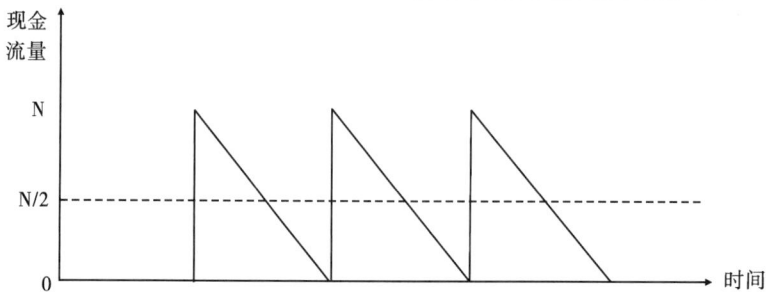

图18-3　一段时间内的现金持有状况

　　根据上述假设,企业原有 N 元现金,在一段时间内用完之后通过出售有价债券的方式获得 N 元现金;当这笔现金在一段时间内又用完之后,再出售有价证券获得 N 元现金,如此不断重复。N/2 表示在各时期内的现金平均持有量。在这一过程中,就存在着两种成本。一种是现金的机会成本,在这里指的是有价证券的利息率,它与现金余额成正比例变化;另一种是现金的转换成本,即现金与有价证券进行转换的固定成本,假定这种成本只与交易次数有关,与持有现金的金额无关。当企业现金不足,将有价证券变现时,现金的机会成本上升;当企业减少现金存量,用现金购买有价证券时,现金的转换成本又上升。存货模型就是参考存货经济批量模型,找出使以上两种成本之和最小的最佳现金持有量。总成本、机会成本和转换成本的关系用公式可表示为:

$$Tc = \frac{N}{2}i + \frac{T}{N}b \qquad\qquad (式 18-1)$$

　　式中:Tc——总成本;N——现金持有量;T——定时间内的现金需求总额;i——现金的机会成本(有价证券利息率);b——现金的转换成本。

　　对此公式求导,求出的最小值即为最佳现金持有量:

$$N = \sqrt{\frac{2Tb}{i}} \qquad\qquad (式 18-2)$$

年总成本、机会成本和转换成本的关系用图形表示如图 18-4 所示:

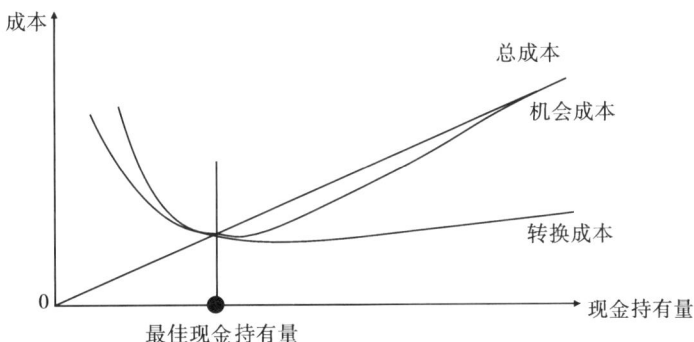

图 18-4　最佳现金持有量的存货模式

　　③随机模式。随机模式是指在现金需求量难以预知的情况下,运用概率论和数理统计方法确定最佳现金持有量的方法。当企业的现金需求量呈现不规则波动时,企业可以根据历史经验和现实需要,测算现金持有量的控制范围,确定现金持有量的上限和下限。当现金持有量达到上限时,将现金转换为有价证券;当现金持有量降至下限时,将有价证券转换为现金;当现金持有量在上限与下限之间时,则不必进行现金与有价证券的转换。其控制方式如图 18-5 所示:

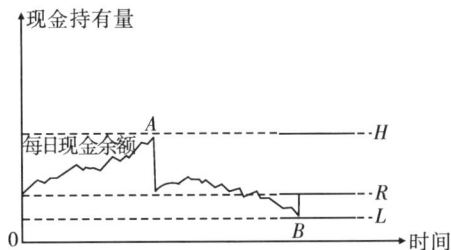

图 18-5　最佳现金持有量的随机模式

图 18-5 中，H 为现金持有量上限，L 为现金持有量下限，R 为最佳现金持有量，又称最优现金返回线。从图中可以看到，企业的现金存量表现为现金每日余额，它是随机波动的，当它到达 A 点时，即现金控制的上限，企业应当用现金购买有价证券，使现金回落到现金返回线的水平；当现金存量接近 B 点时，即达到了现金控制的下限，企业应当转让有价证券，使现金升至返回线水。以上关系中，企业根据历史经验确定了 H 和 L，可以估算出 R：

$$R = \sqrt[3]{\frac{3b\delta^2}{4i}} + L \qquad\qquad (式 18-3)$$

$$H = 3r - 2L \qquad\qquad (式 18-4)$$

式中：i—— 现金的机会成本（有价证券利息率）；b—— 现金的转换成本；δ——预期每日现金余额变化的标准差（可根据历史资料测算）。

（3）现金的日常管理。

①做好库存现金的日常管理。企业应遵守规定的库存现金使用范围、遵守库存现金限额、实行内部牵制制度和库存现金的盘点、复核制度。

②做好银行结算工作。企业须做好银行结算工作，保证资金结算及时、账目核对清楚、加快账款回收，提高资金利用效率。

③做好银行存款的管理。企业应做好银行存款的管理，既保证企业生产经营的需要，又防止资金积压过多造成资金闲置。

3. 应收账款管理

（1）应收账款管理概述。应收账款是指企业因对外销售货物、供应劳务及其他原因，应向购货单位或接受劳务的单位及其他单位收取的款项，一般包括应收账款、应收票据和其他应收款。企业可以通过信用政策和日常管理来调节应收账款。

持有应收账款，企业要承担相应的机会成本、管理成本和坏账成本。机会成本是指企业如将应收账款占用的资金用于其他投资项目所能获得的收益，如投资于有价证券便会有利息、股利等收入。这种因应收账款占用而放弃的利息、股利等收入，就是应收账款的机会成本。管理成本是指企业对应收账款进行管理而耗费的开支，包括对客户的资信调查费用、应收账款账簿记录费用、收账费用以及其他费用。坏账损失是指应收账款因故不能收回给企业带来的损失。一般情况下，坏账成本与应收账款数额呈正比，即应收账款越多，坏账成本越多。

（2）信用政策的确定。信用政策又称为应收账款管理政策，是指企业对应收账款投资进行规划和控制而确立的原则和规范。包括以下三项内容：

①信用标准。信用标准是指企业同意向客户提供商业信用而提出的最低条件。通常以预期的坏账损失率作为判断标准。

②信用条件。信用条件是指企业要求客户偿还延期付款、赊销款项的条件。一般包括信用期限、折扣期限和现金折扣率等方面。其基本表现形式如"2%/15，n/30"，含义是如果客户在 15 天内偿还货款可以享受 2% 的现金折扣；超过 15 天付款，则不能享受现金折扣；客户最长还款时间为 30 天。其中，30 天是信用期限，15 天是折扣期限，2% 是现金折扣率。

【例 18-1】某施工企业有两种信用政策可供选用：甲方案，信用政策为"n/60"，预计销售收入为 5000 万元，货款将于第 60 天收到，其信用成本是 140 万元；乙方案，信用政策为"2/10，1/20，n/90"，预计销售收入为 5400 万元，将有 30% 的货款于第 10 天收到，20% 的货款于第 20 天收到,其余 50％的货款于第 90 天收到(前两部分货款不会产生坏账,后一部分货款的坏账损失率为该部分货款的 4％),收账费用为 50 万元。该企业的资金成本率为 8％,变动成本率为 60％。问:该企业应采取何种信用政策?

解:先计算乙方案的信用成本

应收账款平均收账天数＝10×30％＋20×20％＋90×50％＝52(天)

应收账款平均余额＝5400×(52/360)＝780(万元)

维持应收账款所需资金＝780×60％＝468(万元)

应收账款的机会成本＝468×8％＝37.44(万元)

坏账成本＝5400×50％×4％＝108(万元)

采用乙方案的信用成本＝37.44＋108＋50＝185.44(万元)

此外,甲方案的现金折扣＝0

乙方案的现金折扣＝5400×30％×2％＋5400×20％×1％＝43.2(万元)

则甲、乙两方案扣除信用成本前收益之差＝5000×(1－60％)－[5400×(1－60％)－43.2]＝－116.8(万元)

甲、乙两方案扣除信用成本后收益之差＝－116.8－(140－185.44)＝－61.36(万元)

所以,乙方案扣除信用成本后收益大于甲方案,乙方案为佳。

③收款政策。收账政策是指当客户违反信用条件、拖欠账款时企业采取的收账政策。企业要通过一定的收账费用加大收账的力度,同时也可以采取灵活的收账方式。企业需要根据调整前与调整后收账总成本的比较来确定收账政策。

(3)应收账款的日常管理。科学有序的应收账款日常管理是企业控制应收账款成本的必要手段,通常有如下三个方面:

①客户的信用调查。对客户的信用进行评价是应收账款日常管理的重要内容。客户信息调查的方式有直接调查和间接调查两种。直接调查是指调查人员直接与被调查单位接触,通过面谈、询问、观看、记录等方式获取信用资料的方式。间接调查是指以被调查单位及其他单位的有关原始记录和资料为基础,通过加工整理获得被调查单位信用资料的方式。这些原始资料来源有:客户的财务报告、信用评估机构对客户信用的评定等级、银行信用部门拥有的客户信用资料、其他部门或机构拥有的客户信用资料,等等。

②客户的信用评估。搜集了客户的信用资料后,应根据这些资料对客户的信用状况进行评估。评估方法常见的有信用评分法,它是指企业先对客户的一系列财务比率和信用情况指标进行评分,然后进行加权平均,得出客户的综合信用得分,从而对客户的信用进行评估。其基本公式为:

$$Y = a_1 X_1 + a_2 X_2 + \cdots a_n X_n = \sum_{i=1}^{n} a_i X_i \qquad (式 18-5)$$

式中:Y——某企业的信用评分;a_i——第 i 项财务比率和信用情况指标的权数;X_i——第 i 项财务比率和信用情况的信用得分。

③应收账款的催收。催收应收账款是一项系统性的工作,首先,要确定合理的收账程序,如信函通知、电话催收、派员面谈和法律行动。其次,要确定合理的收账方法。在确定收账方法时,应明确客户拖欠还款的真实原因,分清是无力偿还还是故意拖欠,根据不同原因

订立不同的收账方法。同时,还要定期进行应收账款账龄分析。应收账款账龄分析也称应收账款账龄结构分析,是指企业在某一时点,将应收账款按照合同签订的日期和信用期限进行归类,并算出各账龄的应收账款余额占应收账款总额的比重。通过应收账款账龄分析,企业对不同的应收账款应设置相应的收账程序和收账方法。

4. 存货管理

(1)存货管理概述。存货是指企业在日常活动中持有以备出售的产成品或商品,处在生产过程中的在产品,在生产过程或提供劳务过程中耗用的材料和物料等。它包括库存材料、在途材料、周转材料、低值易耗品、委托加工物资、在建施工产品、施工产品等。存货管理一方面能满足生产、销售的正常需要。企业储备适当的存货,可以防止停工待料,停业待货等事故的出现。储备适量的库存商品,能及时地供应市场,保证客户的正常及临时需要,不至于丧失销售良机。另一方面,存货管理是降低进货成本的重要途径。保持一定量的存货可以减少多次进货产生的进货费用,进货费用包括因采购而发生的差旅费、运杂费、办公费以及入库前的整理挑选费等,同时批量的采购也可享受销售企业价格方面的优惠。

存货管理主要是对持有存货的取得成本、存储成本和缺货成本管理。取得成本是指取得存货时发生的成本,包括存货的购置成本和进货费用。存货的购置成本是存货本身的价值,进货费用是采购过程中发生的差旅费、办公费等费用。存储成本是指储存存货时发生的成本,可以划分为固定性和变动性两类,主要包括存货资金机会成本、仓储费用、保险费、存货破损和变质损失等。缺货成本是指应存货短缺而给企业带来的损失,包括材料供应中断造成的停工损失、产成品库存缺货造成的拖欠发货损失和丧失销售机会的损失。

(2)存货持有量的控制方法。

①经济订货批量法。经济订货批量就是指存货的进货费用和变动性存储成本之和最低的进货数量。在此方法中,不考虑存货的购置成本、固定性存储成本和缺货成本。经济订货批量的计算公式如下:

$$TC = (A/Q) \cdot B + (Q/2) \cdot C \qquad \text{(式 18-6)}$$

式中:TC——存货管理总成本;A——一定时期内需要的存货总量;B——平均每次进货费用;C——单位存货的存储成本;Q——经济进货批量。

对上述公式进行求导,得出经济进货批量:

$$Q = \sqrt{\frac{2AB}{C}} \qquad \text{(式 18-7)}$$

存货管理的总成本、进货费用和变动性存储成本的关系图如图18-6所示:

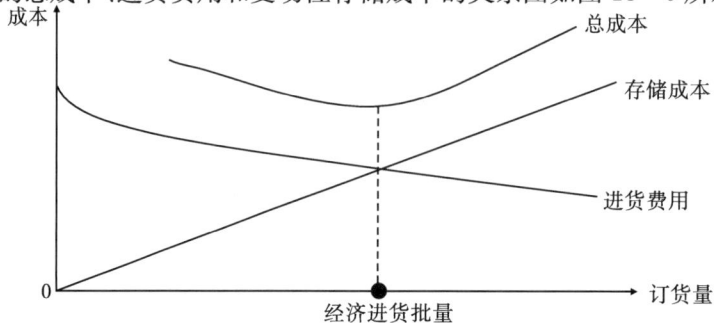

图18-6 存货的经济批量模型

【例18-2**】**某施工企业预计在 2012 年需要 A 类材料总量为 5000 千克,单位进价为 20元。若该材料平均每次的进货费用为 150 元,单位存货年存储成本为 6 元,则计算:①该材料的经济进货批量;②最低存货管理相关总成本。

解:① $Q = \sqrt{2 \times 5000 \times 150/6} = 500$(千克)

② $Q = \sqrt{2 \times 5000 \times 150 \times 6} = 3000$(元)

②订货点的确定。企业为了保证生产和销售的需要,需要在存货还没有用完之前就提前订货。企业需要订购下批存货时,本批存货的最小储备量就是订货点。订货点的计算公式如下所示:

$$S = \frac{1}{2}(mr - nt) \qquad \text{(式 18-8)}$$

$$R = nt + s = nt + \frac{1}{2}(mr - nt) = \frac{1}{2}(mr + nt) \qquad \text{(式 18-9)}$$

式中:S——保险储备量;R——经济进货批量;m——预计每天的最大耗用量;n——平均每天的正常耗用量;r——预计最长提前时间;t——提前时间,指从发出订单到货物到达验收完毕所需的时间。

③ABC 分类法。ABC 分类法是指将企业的存货按照其金额、品种数量划分为 A、B、C三个等级加以管理的科学存货控制方法。其中 A 类存货品种数量少,但单位价值高,针对这类存货应重点加以管理和控制;C 类存货品种数量多,但单位价值低,针对这类存货进行一般管理就行;B 类存货品种数量和单位价值都在 A 和 C 类之间,针对这种存货应进行次重点的管理。ABC 分类下各存货的分布状态如图 18-7 所示:

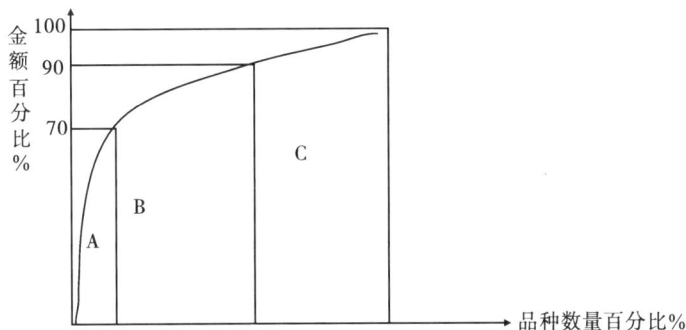

图 18-7 存货 ABC 分类法

企业除了营运资本以外,还有一部分的非流动资产,包括固定资产、无形资产和其他资产。这些资产在企业全部资产中占有相当比重。企业为了保证生产经营的顺利进行,必须要有 定数量的劳动资料,它是企业生产经营的重要物质条件。管理好这部分资产,对于资产增值,扩大资本积累具有重要的意义。

➤ 18.2.2 工程资产管理

1. 固定资产管理概述

固定资产是指为生产商品、提供劳务、出租或经营管理而持有的且使用寿命超过一个会

计年度的有形资产,包括房屋及建筑物、机器设备、运输设备、工具器具等。固定资产不同于营运资本,它具备如下特点:

(1)回收期较长,固定资产由于在投入使用后能在多个生产周期内发挥作用,所以其投资回收是分次逐渐完成的,回收期较长。因此企业在投资固定资产时,需综合考虑固定资产回收期长短、占用资金量多少等问题。

(2)变现能力差,固定资产投资具有不可逆性,较流动资产而言,流动性差,变现能力也较差。因此企业在投资固定资产时需谨慎,一旦固定资产闲置,其盘活相对困难,会给企业整体资金运营增加难度。

(3)投资风险大。由于固定资产存在回收期长、变现能力差等特点,投资固定资产的风险较大。因此需要企业在投资固定资产时综合考虑,对各种投资方案的经济效益进行预测。

(4)资金占用量相对稳定。固定资产投资一般是一次性投资逐渐收回,固定资产需求量相对稳定,其对资金的占用量也相对稳定。

(5)实物形态和价值形态可以分离。固定资产的价值是通过固定资产耗损分次转移和补偿的,其具有投资一次性和回收分次性的特点。同时固定资产的价值补偿和实物更新在时间上也是分离的。因此企业必须对固定资产正确计提折旧,合理确定固定资产的补偿数额。

管理固定资产,首先应该合理预测固定资产的需要量。由于固定资产具有回收期长、占用资金量相对较大等特点,企业应根据生产经营的需要,科学合理地计算固定资产的需要量,以尽可能少的固定资产来满足生产经营的需要。接下来,企业应科学分析固定资产投资方案。企业投资固定资产的决策一旦失误,固定资产使用时间长,投资数额大的特征就会使得企业产生巨大的损失,并有可能造成经营上的困难。因此企业须认真研究固定资产投资项目,在各种投资方案中,选择投资少、效益高、回收期短的最佳方案。在确定固定资产投资方案的基础上,企业需要正确确定固定资产的价值并正确计提固定资产折旧。固定资产的计量属性主要包括历史成本、重置成本、可变现净值、现值、公允价值等。目前对于固定资产的计价,一般采用历史成本。固定资产在使用过程中价值产生的耗损,是通过计提折旧的方式来加以补偿的。因此正确合理地计提固定资产折旧,才能使固定资产的耗损得以补偿,保证固定资产再生产的顺利进行。

对于固定资产的管理,还有重要的一点就是要完好保全固定资产,并努力提高固定资产的利用效率。固定资产是企业的重要资源,保证固定资产的完整无缺是固定资产管理的基本要求。因此需要制定固定资产目录,建立固定资产登记账、卡,并定期对固定资产进行清查盘点。企业通过有效的固定资产管理工作,可以节省固定资产投资费用,最大限度发挥固定资产的效能,为企业创造更多的利益。

2. 固定资产的需要量

固定资产需要量的查定是企业对固定资产进行预测的内容之一。固定资产预测是指企业根据已有的信息和相关资料,采用科学的方法,对其在未来时期内的固定资产需要量和固定资产投资所作出的合乎规律的测算分析工作。正确预测固定资产的需要量,可以对固定资产的不足进行及时补充,同时也可以对多余的固定资产进行处理,是加强固定资产管理的重要环节。

常用的固定资产需要量的查定方法有以下三种：

(1)实物量计算法。实物量计算法是指企业在查定现有固定资产实物量的基础上，按照预测期产品的生产数量来确定固定资产需要量的方法。生产设备是企业进行生产经营的主要物质技术基础，是决定企业生产的主要因素，应作为预测固定资产需求量的重点，通常按其实物量逐项确定。其具体公式如下：

$$某项生产设备需要量 = \frac{预测期生产任务}{单台设备的生产能力}$$

运用实物量计算法进行测定相对比较准确，但需要占用大量信息资料，数据获取过程比较复杂。

(2)台时数计算法。台时数计算法是指企业按照预测期产品的产量，每件产品所需设备的加工时间定额，以及考虑定额改进系数来确定固定资产需要量的方法。其具体公式如下：

$$某项生产设备需要量 = \frac{预测期生产任务需用生产设备总台时}{单台设备预测期总台时}$$

$$预测期生产任务需用生产设备总台时 = 预计产量 \times 单位产品定额台时 \times 定额改进系数$$

在上述公式中，预计产量是指预计期的总产量；单位产品定额台时是指现行定额；定额改进系数是指估计新定额台时对现行定额的影响。

【例 18-3】某公司预计 2012 年全年生产 A 产品 10000 件，B 产品 20000 件。A 产品每件定额为 50 台时，定额改进系数为 95%；B 产品每件定额为 30 台时，定额改进系数为 90%。某项生产设备全年工作日为 250 天，每天三班，每班开工 8 小时，则求该项生产设备的需用量。

解：该项生产设备的需用量 $= \dfrac{10000 \times 5 \times 95\% + 20000 \times 30 \times 90\%}{250 \times 3 \times 8} = 169.17（台）$

(3)产值资金率法。产值资金率法是指企业以某一正常生产年度按不变价格计算的产值固定资产率来综合测算固定资产需要量的方法。这一方法一般适用于生产条件、生产任务变化较大的企业，以及生产设备以外的固定资产需要量的预测。具体公式如下：

$$固定资产需要量 = 计划年度总产值 \times 正常年度产值固定资产率$$
$$\times (1 - 计划年度固定资产利用率提高百分比)$$

$$正常年度产值固定资产率 = \frac{正常年度固定资产平均总值}{正常年度实际总产值} \times 100\%$$

该种方法预测固定资产需要量时计算简便，容易掌握，但是预算结果较为粗略，且有时误差较大。

【例 18-4】某公司正常年度产值固定资产率为 25%，计划年度工业总产值为 80000000 元，要求提高固定资产利用率 5%，则计算计划年度的固定资金需要量。

解：计划年度的固定资金需要量 $= 80000000 \times 25\% \times (1 - 5\%) = 18000000（元）$

3. 固定资产折旧的计算

(1)固定资产折旧的概念。固定资产折旧是指固定资产在使用过程中逐渐耗损而转移到费用中去的那部分价值。固定资产耗损分为有形耗损和无形耗损两种。有形耗损是指物质耗损，包括使用耗损和自然耗损。使用耗损是指由于使用而发生的机械磨损、腐蚀等固定资产的物质损耗；自然耗损是指由于风吹日晒等自然因素造成的固定资产生锈、腐蚀、风化等物质损耗。无形损耗，又称精神损耗，是指固定资产由于新科技或劳动生产率的提高而产生的贬值或价值损失。

企业在计算固定资产的折旧额时，应充分考虑其产生的有形耗损和无形耗损，使固定资产折旧额与其耗损额相一致。

（2）固定资产折旧的计提范围。固定资产折旧，应从固定资产投入使用月份的次月开始，按月计提。停止使用的固定资产，从停用月份的次月开始停止计提。计提的折旧应根据用途分别计入相关资产的成本或当期费用。

企业需要计提折旧的固定资产包括：房屋及建筑物、在用的机器设备、季节性停用以修理停用的设备、融资租入和以经营租赁方式租出的固定资产等。企业不需要计提折旧的固定资产包括：已提足折旧但仍继续使用的固定资产、提前报废的固定资产、按规定单独估价作为固定资产入账的土地、以经营租赁方式租入的固定资产和已全额计提固定资产减值准备的固定资产。

（3）固定资产的折旧方法。固定资产的折旧方法一般包括平均年限法、工作量法、双倍余额递减法和年数总和法。根据规定，固定资产折旧方法一经选定，不得随意进行调整。现将各种方法介绍如下：

①平均年限法。平均年限法也称直线法，是指将固定资产的折旧均摊到各期的方法。在这种方法下，固定资产每期的摊销额是固定的。其具体公式如下：

$$固定资产年折旧额 = \frac{固定资产原值 - 预计残值}{固定资产预计使用年限}$$

或

$$固定资产年折旧率 = \frac{1 - 固定资产预计残值率}{固定资产使用年限} \times 100\%$$

$$固定资产年折旧额 = 固定资产原值 \times 年折旧率$$

【例 18 - 5】某施工企业某项固定资产的原值是 500000，预计使用年限是 10 年，预计净残值率是 5%，求该固定资产的年折旧额。

解：固定资产的年折旧额 = (500000 - 500000 × 5%)/10 = 47500(元)

②工作量法。工作量法也称作业量法，是根据实际工作量计提折旧的一种方法。这种方法考虑了固定资产的使用强度。其具体公式如下：

$$单位工作量折旧额 = \frac{固定资产原值 \times (1 - 残值率)}{预计总工作量}$$

【例 18 - 6】某企业的一台机器的原价是 300000 元，预计该机器能运转 100000 个小时，其报废时的残值率是 3%。本月该机器满负荷运转，共运转了 720 个小时，计算本月该机器的折旧额。

解：该机器本月的折旧额 = (300000 - 300000 × 3%)/100000 × 720 = 2095.2(元)

③加速折旧法。也称快速折旧法或递减折旧法，是指在固定资产使用早期多提折旧，后期少提折旧的方法。常见的加速折旧法包括双倍余额递减法和年数总和法。

双倍余额递减法是指在不考虑固定资产残值的情况下，根据每期期初固定资产账面余额和双倍直线法折旧率来计算固定资产折旧。其具体公式如下：

$$月折旧率＝\frac{2}{预计折旧年限}×\frac{1}{12}×100\%$$

$$月折旧额＝固定资产账面净值×月折旧率$$

【例18-7】某施工单位有一台机器,原值为40000元,预计残值为1000元,规定的折旧年限为5年,求按照双倍余额递减法计算的年折旧额。

解:年折旧率＝2/5＝40%

第一年的折旧额＝40000×40%＝16000(元)

第二年的折旧额＝(40000－16000)×40%＝9600(元)

第三年的折旧额＝(40000－16000－9600)×40%＝5760(元)

第四年、第五年的折旧额＝(40000－16000－9600－5760－1000)/2＝3820(元)

年数总和法是将固定资产的原值减去净值后的净额乘以一个逐年递减的分数来计算每年的折旧额。其具体公式如下:

$$年折旧率＝\frac{预计使用年限－已使用年限}{预计使用年限×(预计使用年限＋1)÷2}×100\%$$

$$年折旧额＝(固定资产原值－预计净残值)×年折旧率$$

【例18-8】题目条件如【例18-7】,先求用年数总和法计算的各年折旧额。

解:

第一年的折旧率＝5/(5＋4＋3＋2＋1)＝5/15

第二年的折旧率＝4/(5＋4＋3＋2＋1)＝4/15

第三年的折旧率＝3/(5＋4＋3＋2＋1)＝3/15

第四年的折旧率＝2/(5＋4＋3＋2＋1)＝2/15

第五年的折旧率＝1/(5＋4＋3＋2＋1)＝1/15

第一年的折旧额＝(40000－1000)×(5/15)＝13000(元)

第二年的折旧额＝(40000－1000)×(4/15)＝10400(元)

第三年的折旧额＝(40000－1000)×(3/15)＝7800(元)

第四年的折旧额＝(40000－1000)×(2/15)＝5200(元)

第五年的折旧额＝(40000－1000)×(1/15)＝2600(元)

4. 固定资产日常管理

固定资产如前所述是企业的重要资产,因此企业应做好固定资产的日常管理工作。具体地,首先,企业应实行固定资产的归口分级管理。固定资产的归口分级管理是指将固定资产按照不同的类别交由相应的职能部门负责管理,并须按照固定资产的使用地点,由各级使用单位负责具体管理,并进一步落实到部门和个人。通过归口分级管理,固定资产的管理就落实到具体的部门和个人,使得管理责任明晰,管理有效性增强。其次,企业应做好固定资产的核算记录工作。固定资产的核算记录包括固定资产目录,固定资产的总账和明细账等。固定资产作为企业的重要财产,必须建立档案,健全收发保管记录。

在以上步骤的基础上,企业接下来应做好固定资产清查盘点工作。为了保证固定资产的完整性,必须定期对固定资产进行清查盘点,而且每年至少要有一次全面的盘查清点。最后,企业应对固定资产的使用效果进行分析考核。为了达到企业资产保值增值的效果,对固定资产使用效果进行分析考核可以进一步发挥固定资产的生产潜力,提高企业的经济效益。

5. 无形资产和其他资产管理

(1)无形资产管理。

①无形资产的概念及特点。无形资产是指不具有实物形态,但能长期使用并创造价值的非货币性长期资产。按照经济内容划分,企业的无形资产分为商誉、专利权、非专利技术、著作权、商标权、租赁权和土地使用权等。

无形资产的特点有:一是没有实物形态。无形资产不具有物质实体,是隐形存在的资产。不具有实物形态是无形资产区别于其他资产的显著标志。二是为企业提供的未来经济效益的大小有很大的不确定性。无形资产的经济价值在很大程度上受企业外部因素的影响,其预期的盈利能力不能准确确定。有些无形资产需要在特定的情况下才能发生作用,有些无形资产的收益期不确定,所以无形资产为企业带来经济效益的时间和数量都具有很大的不确定性。

②无形资产的计价。无形资产由于其没有实物形态,故其价值的确定有一定的难度。无形资产主要的计价方法现有以下两种:一是实际成本法。它是指以取得某项无形资产的实际发生成本作为计价的标准。这是无形资产价值确定的最主要的方法。一般而言,自行开发并且已发申请取得的无形资产,按照开发过程中实际发生的费用计价;购入的无形资产按照实际支付的价款计价;投资者作为资本金或合作条件投入的无形资产,按照评估确认或者合同、协议约定的金额加以确定。二是现值法。它是指以无形资产在试用期内可获得的预期收益,或以企业支付该项无形资产使用费的总额的现值作为计价的标准。

③无形资产的摊销。无形资产在其使用期限内,其价值也会逐渐转移到受益期内的管理费用中去,并以本期的收入予以补偿,这就是无形资产的摊销。在无形资产的摊销中,应考虑摊销期限和摊销方法两个因素。

第一,摊销期限。无形资产的摊销期限就是无形资产的使用年限。确定的原则如下:法律或合同分别规定了无形资产的有效期限的,按照两者中期限较短的原则确定摊销期限;法律中没有规定,但合同中规定了的,按照合同规定确定摊销期限;法律和合同都未规定的,摊销期限不应低于 10 年。

第二,摊销方法。无形资产摊销一般采用直线法,即根据无形资产原值和规定的摊销期限平均计算各期的摊销额,且不考虑残值因素。这种方法简便易掌握,能均衡企业各期的费用。具体计算公式如下:

$$无形资产年摊销额 = \frac{无形资产原始价值}{摊销年限}$$

④无形资产的减值。如果无形资产的账面价值超过了其可收回的金额,无形资产就发生了减值。无形资产的可回收金额有两种计算方式:一是无形资产的销售净额,即无形资产的销售价格减去因出售无形资产所发生的相关费用后的余额;二是预计现金流值,即预计从无形资产的持续使用和使用年限结束时的处置中产生的预计未来现金流量现值,取两者中金额较大的一方。在无形资产发生减值时,企业就应该及时计提无形资产减值准备。计提的减值准备应计入当期的"营业外支出"中。如果无形资产价值获得恢复,则可进行无形资产减值准备的转回,转回的金额不得超过已计提的减值准备的账面余额。

⑤无形资产的日常管理。无形资产能为企业带来巨大的超额利润,因此企业应该加强对无形资产的日常管理。企业在无形资产的日常管理当中,应正确评估无形资产的价值,合理摊销已使用的无形资产,同时也应发掘无形资产的效能,为企业经济利益作出贡献。

(2)其他资产管理。其他资产包括长期待摊费用及除流动资产和非流动资产以外的部分资产。

长期待摊费用是指不能全部计入当年损益、应当在以后年度内分期摊销的各项费用。它包括固定资产大修理支出、租入固定资产的改良支出等。对长期待摊费用的管理,企业应该明确摊销期限、制定长期待摊费用计划,合理进行摊销。

对于其他部分资产,企业应该根据具体情况对资产进行合理管理,做好相关资产的记录,提高资产的利用效率,增加企业的经济效益。

18.3　工程成本管理和费用控制

➢ 18.3.1　工程成本管理和费用控制概述

1. 成本管理和费用控制的意义

成本管理和费用控制是一项系统工程,贯穿于企业尤其是生产建设单位的整个生产经营过程,是衡量企业生产耗费和供给的尺度,同时也是决定产品或者劳务价格的基础;成本管理和费用控制能够体现企业管理的综合水平,是提高企业竞争力、应变能力和开拓能力的关键。加强工程成本管理和费用控制是降低成本、减少费用、提高企业整体经济效益的基本途径,是企业经营、财务管理的重要手段。企业要想在新时期市场经济体制下的竞争环境中立于不败之地,实现近期求生存、长期谋发展的目标,就必须不断提高成本管理和费用控制的能力。

2. 工程成本管理和费用控制的内容

工程成本即企业用于施工和管理的在一定会计期间内可以对象化的一切费用的总和,工程费用是指企业用于施工和管理的无法对象化不计入工程成本的支出,一般指企业工程施工过程中发生的期间费用。工程成本和费用综合反映工程中的劳动消耗和物资消耗状况,属于检查施工企业经营管理成果的综合性指标。

工程成本一般由直接人工费、直接材料费、机械设备使用费和其他一些直接费用组成。具体包含的内容有:直接人工费指列入预算定额中从事工程施工人员的工资、奖金、工资附加费以及工资性质的津贴、劳动保护费等。直接材料费指列入预算定额中构成工程实体的原材料、构配件和半成品、辅助材料以及周转材料的摊销及租赁费用。机械设备使用费指列入预算定额内容,在施工过程中使用自有施工机械所发生的机械使用费和租用外单位施工机械的租赁费及安装、拆卸及进出场费。工程费用是指直接从事施工的单位为组织管理施工过程所发生的各项费用化支出。其中施工单位管理人中的工资、奖金、津贴、职工福利费、行政管理费、固定资产折旧及修理费、物资消耗、低值易耗品摊销、管理用的水电费、办公费、差旅费、检验费、工程保修费、劳动保护费及其他费用等应计入工程施工单位当期的管理费用;因工程施工而发生的不能资本化的借款费用或短期经营租赁设备的租金等应计入工程施工单位当期的财务费用;其他一些与工程施工相关的销售活动发生的费用应计入当期的销售费用。

工程成本管理和费用控制是工程施工企业项目管理系统中的一个子系统,这一系统的具体工作内容包括:成本费用的预测、决策、计划、控制、核算、分析和考核等,如图18-8所示。项目经理部在项目施工过程中,对所发生的各种成本费用信息,通过有组织、有系统地进行预测、计划、控制、核算和分析等一系列工作,促使工程项目系统内各种要素,按照一定的目标运行,使施工项目的实际成本费用支出能够在预定的计划成本费用支出范围之内,具体包括以下内容:

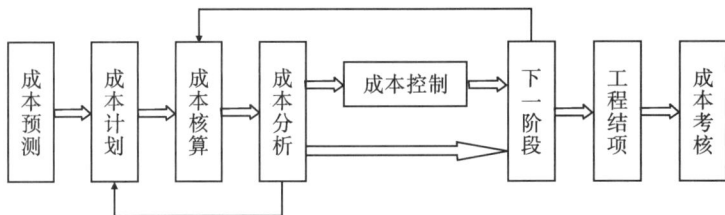

图18-8　成本费用管理流程图

(1)工程项目成本预测。项目成本预测是通过成本信息和项目的具体情况,并运用一定的专门方法,对未来的成本水平及其可能发展趋势做出科学的估计,其实质就是工程项目在施工以前对成本进行核算。通过成本预测,可以使项目经理部在满足业主和企业要求的前提下,选择成本低、效益好的最佳成本方案,并能够在工程项目成本形成过程中,针对薄弱环节,加强成本控制,克服盲目性,提高预见性。因此,工程项目成本预测是工程项目成本决策与计划的依据。

(2)工程项目成本计划。工程项目成本计划是项目经理部对工程项目成本进行计划管理的工具。它是以货币形式编制工程项目在计划期内的生产费用、成本水平、成本降低率以及为降低成本所采取的主要措施和规划的书面方案,它是建立工程成本管理责任制、开展成本控制和核算的基础。一般来讲,一个工程项目成本计划应该包括从开工到竣工所必需的施工成本,它是该工程项目降低成本的指导文件,是设立目标成本的依据。可以说,成本计划是目标成本的一种形式。

(3)工程项目成本控制。工程项目成本控制指项目在施工过程中,对影响工程项目成本的各种因素加强管理,并采取各种有效措施,将施工中实际发生的各种消耗和支出严格控制在成本计划范围内,随时揭示并及时反馈,严格审查各项费用是否符合标准,计算实际成本和计划成本之间的差异并进行分析,消除施工中的损失浪费现象,发现和总结先进经验。通过成本控制,使之最终实现甚至超过预期的成本目标。工程项目成本控制应贯穿在施工项目从招投标阶段开始直至项目竣工验收的全过程,它是企业全面成本管理的重要环节。因此,必须明确各级管理组织和各级人员的责任和权限,这是成本控制的基础之一,必须给以足够的重视。

(4)工程项目成本核算。工程项目成本核算是指工程项目施工过程中所发生的各种费用和形成工程项目成本的核算。它包括两个基本环节:一是按照规定的成本开支范围对工程施工费用进行归集,计算出工程项目施工费用的实际发生额;二是根据成本核算对象,采取适当的方法,计算出该工程项目的总成本和单位成本。工程项目成本核算所提供的各种成本信息,是成本预测、成本计划、成本控制、成本分析和考核等各个环节的依据。因此,加强工程项目成本核算工作,对降低工程项目成本、提高企业的经济效益有积极的作用。

(5)工程项目成本分析。工程项目成本分析是在成本形成过程中,对工程项目成本进行的对比评价和剖析总结工作,它贯穿于工程成本管理的全过程,也就是说工程项目成本分析主要利用工程项目的成本核算资料(成本信息),与目标成本(计划成本)、预算成本以及类似的工程项目的实际成本等进行比较,了解成本的变动情况,同时也要分析主要技术经济指标对成本的影响,系统地研究成本变动的因素,检查成本计划的合理性,并通过成本分析,深入揭示成本变动的规律,寻找降低工程项目成本的途径,以有效地进行成本控制,减少施工中的浪费,促使企业和项目经理部遵守成本开支范围和财务纪律,更好地调动广大职工的积极性,加强工程项目的全员成本管理。

(6)工程项目成本考核。所谓成本考核,就是工程项目完成后,对工程项目成本形成中的各责任者,按工程项目成本责任制的有关规定,将成本的实际指标与计划、定额、预算进行对比和考核,评定工程项目成本计划的完成情况和各责任者的业绩,并以此给以相应的奖励和处罚。通过成本考核,做到有奖有罚,赏罚分明,才能有效地调动企业的每一个职工在各自的施工岗位上努力完成目标成本的积极性,为降低工程项目成本和增加企业的积累,作出自己的贡献。

工程成本管理系统中每一个环节都是相互联系和相互作用的。成本预测是成本决策的前提,成本计划是成本决策所确定目标的具体化。成本控制是则是对成本计划的实施进行监督,保证决策的成本目标实现,而成本核算又是成本计划是否实现的最后检验,它所提供的成本信息又对下一个工程项目成本预测和决策提供基础资料。成本考核是实现成本目标责任制的保证和实现决策的目标的重要手段。

3. 工程成本管理和费用控制的原则

工程项目成本管理和费用控制的原则是企业成本费用管理的基础和核心。在对项目施工过程进行成本管理和费用控制时,必须遵循以下的基本原则:

(1)项目成本最低化原则。施工项目成本控制的目的需要通过成本管理的各种手段降低施工成本,达到可能实现最低目标成本的要求。目标值的确定是成本核算体系中非常重要的环节,但在实行成本最低化原则时应注意降低成本的可能性和合理的成本最低化,决不能片面追求低成本从而降低施工现场的设施和工程质量标准。

(2)项目全面成本费用控制原则。全面成本管理和费用控制是全企业、全员和全过程的管理。亦称"三全管理","三全"齐备,才能使施工项目成本和费用自始至终置于有效的控制之下。

(3)项目动态控制原则。施工项目是一次性的。成本费用控制应强调项目的中间控制,在动工中落实,施工准备阶段是构想和预计,而竣工阶段则已基本定局。

目标管理的内容应包括:目标的设定和分解;目标的责任到位和执行;检查目标的执行结果;评价目标和修正目标。以此形成目标管理的计划、实施、检查、处理循环。

(4)责、权、利相结合的原则。项目工程成本目标明确,奖惩分配明确,使降低成本与职工切身利益直接挂钩,可以极大地调动职工的积极性,增强降低成本的意识,使成本控制人人从自我做起,从而达到提高企业经济效益的目标。

▷ 18.3.2　工程项目成本管理和费用控制的方法

1. 成本估计的方法

成本估计又称成本预测,是指通过取得的历史数字资料,采用经验总结、统计分析及数学模型的方法对未来工程施工的成本进行判断和推测。通过项目施工成本预测,可以为建筑施工企业经营决策提供依据和作为项目管理部进行成本分析的依据。它是实行施工项目科学管理的一项重要工具,越来越被人们所重视,并日益发挥其作用。

(1)定性的预测方法。定性预测是根据已掌握的信息资料和直观材料,依靠具有丰富经验和分析能力的内行和专家,运用主观经验,对施工项目的材料消耗、市场行情及成本等,做出性质上和程度上的推断和估计,然后把各方面时意见进行综合,作为预测成本变化的主要依据。具体包括如下的方法:

①专家会议法。专家会议法又称为集合意见法,是将有关人员集中起来,针对预测的对象,交换意见预测工程成本。参加会议的人员,一般选择具有丰富经验,对经营和管理熟悉,并有一定专长的各方面专家。这个方法可以避免依靠个人的经验进行预测而产生的片面性。例如,对材料价格市场行情预测时,可邀请材料设备采购人员、计划人员、经营人员等;对工料消耗分析时,可邀请技术人员、施工管理人员、材料管理人员、劳资人员等;估计工程成本时,可邀请预算人员、经营人员、施工管理人员等。使用该方法,预测值会经常出现较大的差异,在这种情况下,一般可采用预测值的平均值或加权平均值作为预测结果。

②专家调查法。专家调查法,又称德尔菲法,这是根据有专业知识的人的直接经验,采用系统的程序,互不见面和反复进行的方式,对某一未来问题进行判断的一种方法。首先草拟调查提纲,提供背景资料,轮番征询不同专家的预测意见,最后再汇总调查结果。对于调查结果,要整理出书面意见和报表。这种方法,具有匿名性,费用不高,节省时间。采用德尔菲法要比一个专家的判断预测或一组专家开会讨论得出的预测方案准确一些,一般用于较长期的预测。

(2)定量的预测方法。

①简单移动平均法。简单移动平均法,又叫一次移动平均法,是在算术平均数的基础上,通过逐项分段移动,求得下一期的预测值。

【例 18-9】2000—2009 年某企业某一特定种类的工程项目成本总额分别为 1.2、1.8、1.4、1.6、1.5、1.2、1.7、1.3、1.5、1.3 亿元,假设各年的数据具有一定的参考价值,且工程成本项目的内容近年来没有发生重大的变化,则我们可以 2000—2009 年十年间工程成本的平均数1.45亿元作为 2010 年工程成本的估计数,同理在生产经营环境没有发生重大变化的情况下我们可以使用 2001—2010 年工程成本的数据预测 2012 年的成本为 1.475 亿元。

②加权移动平均法。加权移动平均法就是在计算移动平均数时,并不同等对待各时间序列的数据,而是给近期的数据以较大的比重,使其对移动平均数有较大的影响,从而使预测值更接近于实际。

【例 18-10】接【例 18-9】,我们假设最近三年的工程成本具有较大的权重,对预测下期成本具有重大的影响,是以往年份权数的两倍,则 2010 年的工程成本为(1.2+1.8+1.4+

1.6+1.5+1.2+1.7+1.3×2+1.5×2+1.3×2)/(7+3×2)=1.338 亿元。

③平滑指数法。平滑指数法与加权移动平均法的原理差不多,只是给每一期数据均附有不同的权数,且权数成指数变化并且总和为 1,这里不再详细介绍。

④回归分析法。前面的预测方法仅限于一个变量,或一种经济现象,而我们所遇到的实际问题,则往往涉及几个变量或几种经济现象,并且要探索它们之间的相互关系。例如成本与价格及劳动生产率等都存在着数量上的一定相互关系。对客观存在的现象之间相互依存关系进行分析研究,测定两个或两个以上变量之间的关系,寻求其发展变化的规律性,从而进行推算和预测,称为回归分析。在进行回归分析时,不论变量的个数多少,必须选择其中的一个变量为因变量,而把其他变量作为自变量,然后根据已知的历史统计数据资料,研究测定因变量和自变量之间的关系。

回归分析是为了测定客观现象的因变量与自变量之间的一般关系所使用的一种数学方法。它根据现象之间相关关系的形式,拟合一定的直线或曲线,用这条直线或曲线代表现象间的一般数量变化关系。这条直线或曲线在数学上称为回归直线或曲线,表现这条直线或曲线的数学公式称为回归方程。利用回归分析法进行预测,称之为回归预测。

【例 18-11】已知某工程成本预期工程量满足线性函数的关系 $y=a+bx$,由 2000—2004 年的历史数据我们可以得到企业从事的类似工程项目近五年来计算的工程量分别为 100、110、105、120、115(这里只介绍方法,数据及单位均不作要求),而每年的工程成本为 1000、1200、1100、1150、1050,我们可以将工程量看作自变量,工程成本看作因变量。通过计算两者之间的函数关系,带入计算得出 2005 年的工程量估计 2005 年工程项目的成本。

2. 工程项目的成本分析

工程项目成本分析是在成本形成过程中利用工程项目的成本核算资料(成本信息),与目标成本(计划成本)、预算成本以及类似的工程项目的实际成本等进行比较,了解成本的变动情况,同时也要分析主要技术经济指标对成本的影响,系统地研究成本变动的因素,检查成本计划的合理性,并通过成本分析,深入揭示成本变动的规律,寻找降低工程项目成本的途径,以有效地进行成本控制,减少施工中的浪费,促使企业和项目经理部遵守成本开支范围和财务纪律,更好地调动广大职工的积极性,加强工程项目的全员成本管理。

工程成本分析的主要内容包括:工程成本计划完成情况的分析、各成本因素变动对成本影响的分析、材料和人工费用的单位成本分析等。方法主要有:对比分析法、相关分析法、因素分析法等。

(1)对比分析法。对比分析法是根据实际成本指标与不同时期、不同类型的成本指标或估计成本指标进行对比,来揭示差异并分析差异产生原因的一种方法。在对比分析中,可采取实际指标与计划指标对比,本期实际与上期(或上年同期,历史最好水平)实际指标对比,本期实际指标与国内外同类型企业的先进指标对比等形式。通过对比分析,可一般性地了解企业成本的升降情况及其发展趋势,查明原因,找出差距,提出进一步改进的措施。在采用对比分析时,应注意本期实际指标与对比指标的可比性,以使比较的结果更能说明问题,揭示的差异才能符合实际。若不可比,则可能使分析的结果不准确,甚至可能得出与实际情况完全不同的结论。在采用对比分析法时,可采取绝对数对比,增减差额对比或相对数对比等多种形式。比较分析法按比较内容分为:比较会计要素的总量、比较结构百分比、比较财务比率。

【例18-12】以下为某企业对某一工程项目利用对比分析法,对比各具体成本项目的计划(估计)成本与实际发生成本的差异,并对造成差异的原因进行分析的简单示例,如表18-3所示:

表18-3 对比分析法案例

序号	费用名称	计划金额	实际发生额	节约(超支)额
1	人工费	337500.00	300012.00	37488.00
2	材料费	490708.00	450030.00	40678.00
3	其中:主材料	400065.00	400032.00	33.00
4	辅材料	90643.00	49998.00	40645.00
5	机械费	11000.00	8000.00	3000.00
6	管理费	30201.00	20040.00	10161.00
7	合计	869409.00	778082.00	91327.00

对计划成本与实际成本差异的分析如下:

人工费用由于有长期固定合作的队伍,按工程量分类以固定总价包在包工头,比原预算金额节约37488元。材料费因角钢、轻钢龙骨、油漆等部分主要材料价格由于市场价格普遍下架而节约成本33元,辅材及零星材料由于施工队伍经验比较丰富,边角料利用充分,较计划有所节约40678元。机械费主要为机具折旧费及油刷等装修耗材的费用,较计划有所节约3000元。由于对生产部门管理结构的调整以及主要工程设备计提折旧的方式发生改变,使管理费用降低了10161元。综上所述,各项成本费用比计划节约91327元。

(2)因素分析法。因素分析法是将某一综合性指标分解为各个相互关联的因素,通过测定这些因素对综合性指标差异额的影响程度的一种分析方法。在工程成本分析中采用因素分析法,就是将构成成本的各种因素进行分解,测定各个因素变动对成本计划完成情况的影响程度,并据此对工程项目成本计划执行情况进行评价,并提出进一步的改进措施。

采用因素分析法的程序如下:

①将要分析的某项经济指标分解为若干个因素的乘积。在分解时应注意经济指标的组成因素应能够反映形成该项指标差异的内在构成原因,否则,计算的结果就不准确。如材料费用指标可分解为某种工件的工程项目耗用量,单位材料消耗量与材料单价的乘积。

②计算经济指标的实际数与基期数(如计划数,上期数等),从而形成了两个指标体系。这两个指标的差额,即实际指标减基期指标的差额,就是所要分析的对象。各因素变动对所要分析的经济指标完成情况影响合计数,应与该分析对象相等。

③确定各因素的替代顺序。在确定经济指标因素的组成时,其先后顺序就是分析时的替代顺序。在确定替代顺序时,应从各个因素相互依存的关系出发,使分析的结果有助于分清经济责任。替代的顺序一般是先替代数量指标,后替代质量指标;先替代实物量指标,后替代货币量指标;先替代主要指标,后替代次要指标。

④计算替代指标。其方法是以基期数为基础,用实际指标体系中的各个因素,逐步顺序地替换。每次用实际数替换基数指标中的一个因素,就可以计算出一个指标。每次替换后,实际数保留下来,有几个因素就替换几次,就可以得出几个指标。在替换时要注意替换顺序,应采取连环的方式,不能间断,否则,计算出来的各因素的影响程度之和,就不能与经济指标实际数与基期数的差异额(即分析对象)相等。

⑤计算各因素变动对经济指标的影响程度。其方法是将每次替代所得到的结果与这一因素替代前的结果进行比较,其差额就是这一因素变动对经济指标的影响程度。

⑥将各因素变动对经济指标影响程度的数额相加,应与该项经济指标实际数与基期数的差额(即分析对象)相等。

上述因素分析法的计算过程可用以下公式表示:

设某项经济指标 N 是由 A、B、C 三个因素组成的。在分析时,若是用实际指标与计划指标进行对比,则计划指标与实际指标的计算公式如下:

计划指标: $N_0 = A_0 \times B_0 \times C_0$

实际指标: $N_1 = A_1 \times B_1 \times C_1$

分析对象为 $N_1 - N_0$ 的差额。

采用因素分析法测定各因素变动对指标 N 的影响程度时,各项计划指标,实际指标及替代指标的计算公式如下:

计划指标: $N_0 = A_0 \times B_0 \times C_0$　　　　　　　　　　　　　　　　　(1)

第一次替代: $N_2 = A_1 \times B_0 \times C_0$　　　　　　　　　　　　　　　　(2)

第二次替代: $N_3 = A_1 \times B_1 \times C_0$　　　　　　　　　　　　　　　　(3)

实际指标: $N_1 = A_1 \times B_1 \times C_1$　　　　　　　　　　　　　　　　　(4)

各因素变动对指标 N 的影响数额按下式计算:

由于 A 因素变动的影响 $=(2)-(1)=N_2-N_0$

由于 B 因素变动的影响 $=(3)-(2)=N_3-N_2$

由于 C 因素变动的影响 $=(4)-(3)=N_1-N_3$

将上述三个项目相加,即为各因素变动对指标 N 的影响程度,它与分析对象应相等。

根据因素分析法的替代原则,材料费用三个因素的替代顺序为产量、单耗、单价。各因素变动对甲产品材料费用实际比计划降低 8000 的测定结果如下:

计划材料费用 $= 250 \times 48 \times 9 = 108000$(元)

第一次替代 $= 200 \times 48 \times 9 = 86400$(元)

第二次替代 $= 200 \times 50 \times 9 = 90000$(元)

实际材料费用 $= 200 \times 50 \times 10 = 100000$(元)

各因素变动对材料费用降低 8000 元的影响程度如下:

由于产量变动对材料费用的影响 $=(2)-(1)=86400-108000=-21600$(元)

由于材料单耗变动对材料费的影响 $=(3)-(2)=90000-86400=3600$(元)

由于材料单价变动对材料费用的影响 $=(4)-(3)=100000-90000=10000$(元)

三个因素变动对材料费用的影响程度 $=-21600+3600+10000=-8000$(元)

上述分析计算时,还可以采用另外一种简化的形式,即差额计算法。差额计算法是利用各个因素的实际数与基期数的差额,直接计算各个因素变动对经济指标的影响程度。以上述经济指标 N 为例,采用差额计算法时的计算公式如下:

由于 A 因素变动对指标的影响 $=(A_1-A_0) \times B_0 \times C_0$

由于 B 因素变动对指标的影响 $=A_1 \times (B_1-B_0) \times C_0$

由于 C 因素变动对指标的影响 $=A_1 \times B_1 \times (C_1-C_0)$

【例 18-13】材料费用的分析资料为基础,采用差额计算法的结果如下:

由于产量增加对材料费用的影响＝(200－250)×48×9＝－21600(元)

由于材料单耗变动对材料费用的影响＝200×(50－48)×9＝3600(元)

由于材料单价变动对材料费用的影响＝200×50×(10－9)＝10000(元)

各因素变动对材料费用的影响＝－21600＋3600＋10000＝－8000(元)

(3)相关分析法。相关分析法是指在分析某个指标时,将与该指标相关但又不同的指标加以对比,分析其相互关系的一种方法。工程项目的经济指标之间存在着相互联系的依存关系,在这些指标体系中,一个指标发生了变化,受其影响的相关指标也会发生变化。如将工程项目利润指标与工程项目成本相比较,计算出成本利润率指标,可以分析工程项目成本收益水平的高低。

全面有效的工程成本管理必须建立在周密详尽的成本分析上。按照不同成本费用对象分类,成本分析大致可分为以下七种:

①综合分析:即工程成本分析,将总的工程实际成本同预算成本、目标成本进行对照检查,计算出绝对数、相对数,以反映工程的实际成本降低率和目标成本降低额完成率。

②项目分析:即按施工成本费用构成项目进行分析比较,反映各成本项目降低情况,分析积极、消极因素,促进消极向积极转化。

③人工费分析:将项目中的人工费的实际成本同预算成本相比较,再参照劳资部门的有关劳动工资方面的统计资料,找出人工费超支因素及其原由。

④材料费分析:材料费分析常用的方法在经济活动分析上称为连锁替代法,在统计学原理上叫因素分析法。材料分析应有对材料定额变动的分析,废旧材料利用的情况分析,施工工艺的变动对材料费的影响的分析等等。

⑤机械使用费分析:首先将施工机械使用费的预算数与实际数相对照,求出差额绝对数字,然后进行价格、数量分析,找出施工企业自有及租赁机械使用上的节约或浪费。

⑥其他直接费分析:其他直接费在施工预算中是按直接费计取一定的费率获得的相对额和有按定额项目直接列入的绝对额两部分组成,将此两部分分别进行预算与实际费用对照分析。平时建立详细台账,年终将各自分析资料汇总分析。

⑦间接费分析:类似于直接费在年终汇总分析或在单位工程结束时进行总结分析。但它可控性大,可编制可控计划,与实际相比较,从差额中总结间接费控制中的经验及问题。对于各种类型的期间费用,我们应该对其进行有效的归集,与往年同类项目的数额进行对比和列报。其中施工单位管理中的工资、奖金、津贴、职工福利费、行政管理费、固定资产折旧及修理费、物资消耗、低值易耗品摊销、管理用的水电费、办公费、差旅费、检验费、工程保修费、劳动保护费及其他费用等应计入工程施工单位当期的管理费用;因工程施工而发生的不能资本化的借款费用或短期经营租赁设备的租金等应计入工程施工单位当期的财务费用;其他一些与工程施工相关的销售活动发生的费用应计入当期的销售费用。

18.4 工程财务风险管理

18.4.1 工程财务风险概述

1. 工程财务风险的定义和特性

风险本身可能是破坏性的,也可能是机会,但对于工程项目来说,风险因素的影响往往是灾难性的。由于人们对外部政治、市场等环境变化的预测能力的局限性及环境的可变性与项目本身的复杂性,出现项目实际结果与预期目标有偏差,这里就称为项目风险。偏差可能表现在项目的投资收益与预期结果的差异。工程的财务管理,具有如下特点:

(1)管理资金数额巨大,工程建设项目的大规模投资,导致工程建设单位财务管理的资金数额远大于一般企业。

(2)管理内容复杂,因为工程建设涉及多学科的复杂技术,工程建设中需要的设备、材料种类繁多,型号庞杂,财务人员必须对主要材料设备的型号功能有一定的了解,才能准确做好会计核算和资产管理工作。

(3)工程成本控制难度大,由于工程建设要经过立项、设计、施工、验收等多个环节,且每个环节又涉及多方面的内容,每个环节、每个方面都和工程成本息息相关,使工程成本控制难度增大。

(4)财务风险意识淡薄,由于工程施工单位人员混杂,各部门人员素质参差不齐,导致管理起来比较困难,而且许多工程施工单位人员仅仅具有安全风险意识,对所谓财务风险缺乏了解和关注。

根据工程财务管理的特点,我们可以总结出工程财务风险的概念。工程财务风险,是指工程项目建设中,由于管理不到位,造成的工程成本失控、工程资金损失、相关财务信息失真造成工程项目达不到预期目标或者影响工程项目目标实现等的风险。

2. 工程财务风险的种类及来源

一个工程项目的建设过程中处处都可能发生工程财务风险,但是根据风险控制的收益和成本的权衡,不可能也没有必要对工程项目中的任一细小的风险都予以关注,我们要做的是找出那些关键的重要的工程财务风险予以控制。

一般来说,工程项目建设大致分成以下三个阶段:投标阶段、合同签订阶段、项目施工阶段和竣工决算阶段。下面我们就分别介绍这四个工程建设环节中可能存在的重大工程财务风险的种类及来源。

(1)工程招投标阶段的风险。工程的招投标阶段存在的风险主要包括:招投标人串通招标、投标人资质不符合工程建设的要求以及各投标单位之间恶意竞争以压低报价的情况;上述一系列的情况导致的后果往往是工程质量难以达到规定的标准。由此带来的工程财务风险主要有:

①由于投标单位不具有相关的建设资质,工程项目往往存在未批先建的风险。

②恶意竞争导致的被蓄意压低的报价致使建设单位的利润空间缩小,为了获利,建设单位往往会偷工减料,导致工程质量下降,或者采用变更施工合同的方法,这直接导致工期被延误。

（2）合同签订阶段的风险。建设单位在合同签订阶段应该认真阅读合同中的各项条款，以明确自身权利和应尽的义务，同时预防工程建设过程中可能出现的权益纠纷。一般来说，建设工程施工合同、各类分包合同中会明确列明工程的质量、进度、资金和安全等方面的要求，工程合同是具有法律效力的文件。因此，工程合同签订阶段是极为重要的一个阶段，但一些建设单位急于承揽项目，未认真阅读合同或者明知合同中存在的一些不平等条款，仍然草率地签订合同，这往往会带来一系列的工程财务风险；如：在签订工程施工合同时，许多业主利用施工企业急于揽到工程任务的迫切心理，往往附加某些不平等条款，增加合同付款的条件限制，施工企业往往由于工程款支付不及时或不到位需垫付大量资金，增加了资金成本。有的工程项目由于条件苛刻，出现项目承接到手就意味着要发生亏损，甚至陷入合同陷阱，直接增大了财务风险系数。一些建设单位利用优势地位，以种种借口要求中标单位垫付工程款或收取履约保证金，没有明确工程款的支付时间及发生建设单位违约时承担的责任（没有明确规定支付的违约金、赔偿金的数额等）。在合同的签订过程中，如果对合同的付款条款、违约责任关注不够，往往带来较大的合同风险，例如：在采购合同中，一般约定需支付预付款，但如果在合同条款中不约定支付预付款的同时由销售方提供预付款的保函，则有可能出现支付预付款后，销售方人去楼空的情况，给施工企业带来较大损失。

（3）项目施工阶段的风险。项目施工阶段主要涉及工程监理、工程物资采购、施工及施工组织、资金管理和工程价款结算等工作。由于此阶段持续周期长，因此该过程中常伴随着多种工程财务风险，主要有以下方面：

①由于施工之前未作合理的施工设计以及施工前期准备而导致工程施工偏离预算，为盲目赶超工程进度而牺牲工程质量，而且忽视了工程费用的控制目标而带来的工程质量低劣和工程费用超标等问题，这常常导致施工工期和工程费用无限制地增加。

②工程单位内部控制不当带来的风险主要表现为内部控制本身不规范或者内部控制执行流于形式，所导致的财务风险是工程造价风险。内部控制不当是从多个方面影响工程造价的：首先，工程施工前未编制完善的项目预算，未将工程费用的控制分配至每一工程要素会导致工程费用控制不严，不能完全按照预算执行；其次，材料成本是工程项目中成本比重最大的一部分，工程物资采购过程控制不力，可能产生的后果有材料和设备质次价高，不符合设计标准和合同要求等问题，这也会影响工程质量和工程进度，最终带来的后果必然是工程费用的超标，如企业对工程材料的价格走势预测错误，倘若工程材料受市场价格变动而大幅度上升，企业可能会面临资金调配不足的风险，这可能会使企业不得不重新拟定材料采购计划甚至重新设计工程施工方案；再次，对工程建设过程中工程机械的使用缺乏严格的授权审批程序，可能会导致设备风险，工程设备的随意使用致使设备使用被延误，导致工期拉长，最终会使工程费用超支。

③施工过程未严格按照工程施工流程和标准进行，施工不当可能会产生各种各样的工程事故，如建设过程发现过程质量不符合要求而进行的返工，这对一个长周期的工程项目来说无疑是重大损失，又如施工过程中由于安全措施不到位而引发的工程事故，不仅会给企业带来赔偿损失，而且也会使企业的名誉受损。

（4）竣工验收阶段的风险。工程验收竣工决算是工程项目由建设阶段转入生产和使用阶段的标志，也是对项目建设是否符合设计要求和工程质量的最终把关。该阶段的顺利实

施,对于促进项目及时投产、发挥效益,总结经验具有重要作用,而该阶段也常常面临着巨大的风险。主要表现在以下几方面:

①施工后期阶段,招标方资金往往不足,加大了工程施工企业及时收回工程结算尾款的难度,增加施工企业的资金负担,也延长了工程保修时间,增加工程费用,从而增加工程成本,财务风险随之而来;

②施工企业普遍存在人员短缺的现象,一个项目完工后,工程技术、经营、财务等人员马上会调离到新的项目中去,竣工结算无暇顾及,如果工作交接不到位,会造成签证丢失,影响工程的最终结算,造成效益流失;

③项目完工后,由于竣工验收手续、竣工决算不能及时完成,项目资金也不能及时收回,增加了企业资金负担,加大了工程项目财务风险;

④工程项目完工后,由于业主和设计的原因致使有的单项工程的变更不能及时批复,造成项目工程结算严重滞后,有的项目投产 3 年了竣工结算尚未完成,严重影响项目的资金回收。

▶ 18.4.2 工程财务风险管理方法

通过上面章节的分析我们可知,工程项目建设的各个阶段都或多或少地存在各种工程财务风险,这些风险的存在对工程单位的经济利益和权益会造成威胁,导致工程单位的盈利能力下滑,严重的可能导致工程单位亏损,甚至整个企业遭到破产等毁灭性打击。因此,工程单位需要在企业自身内部建立相应的防范措施以应对各种潜在的工程财务风险,即需要对工程财务风险进行有效的管理。

财政部于 2006 年 12 月 4 日颁发的《企业财务通则》规定,企业应当建立财务风险管理制度和财务危机预警机制,以有效控制和防范财务风险。财务风险管理制度包括财务风险管理的组织系统、信息系统、预警系统和监控系统,以达到规避风险、预防风险、分散风险和转移风险的目的,如图 18-9 所示。工程建设公司应当通过建立适当的财务风险管理制度,识别与评估不同财务活动面临的财务风险,对可能发生的财务风险采取适当的风险管理策略,既要掌握财务风险发生的可能性,又要控制财务风险发生后的影响,保证企业集团健康发展。

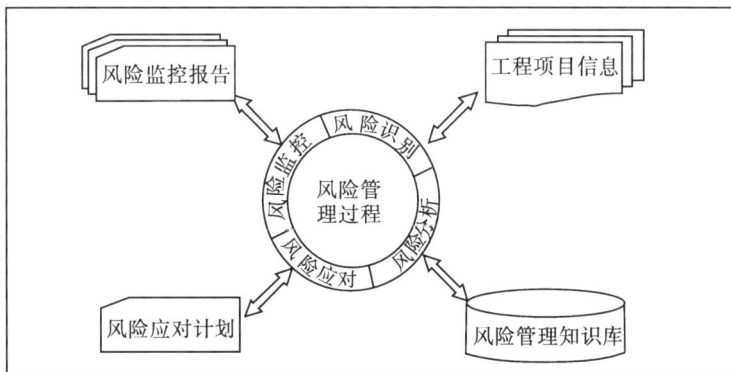

图 18-9 项目财务风险管理过程

结合上述提到的关于工程建设各个阶段可能存在的工程财务风险,我们对工程项目建设中财务风险的管理进行阐述。工程建设企业在工程项目的各个阶段可以采用的工程财务风险管理办法主要包括:

1. 工程项目建设的前期财务风险管理

在工程项目建设的前期阶段,工程企业应该制定合理的投资决策,对对外投资风险进行把控。具体来说是指:

(1)企业对于正在招标的工程项目要量力而为,不能仅仅为了揽工程而随意竞标,在竞标之前应借助有关专家对工程项目的评估结果来确定正在招标的项目是否适合本企业的标的,以防止财务风险。投资风险控制的关键是要加强投资决策的事前控制,实行集体决策、民主决策和科学决策,追求收益性、风险性和稳健性的最佳组合。对外投资过程中要坚持职权分离原则,做到项目可行性研究分析人员与评估人员的分离,投资计划编制人员与审批人员的分离,决策人员与执行人员分离。对外投资行为发生后,要做好投资效果的跟踪和监测,及时掌握被投资单位或项目的经营情况和财务状况,定期进行投资质量分析,一旦发现异常情况,及时采取应对措施,规避或减少投资失败风险。

(2)工程项目建设前期进行财务风险控制的另一重要举措是做好工程概预算工作,即加强概预算的审核工作,主要是成立工程概预算审核中心,配备专业的建设工程概预算审核人员,并加强对他们的培训,组织概预算审核人员学习预算定额方面的规定,增加他们的专业知识,提高业务水平。

2. 项目建设阶段财务风险管理

在项目施工建设阶段,工程单位主要面临的财务风险管理工作是加强合同的风险管理以及加强工程施工成本的控制。合同风险管理方面,应该注意:

(1)使用建设工程施工合同示范文本,注意合同内容是否完整,特别是对于工程质量、工期进度方面以及违约责任方面的规定。

(2)实行合同会签制度,签订合同前,应将草拟的合同文本交付工程、计划、财务、法律等部门审核会签,形成书面的合同会签单,会签人应在合同会签单上书写自己对于专业范围内的条款审核意见,全部审核通过后再正式签订合同。这样不仅能有利于通过部门之间的相互监督达到防范风险的目的,还能为以后一旦发生合同风险而明确相关责任。建筑工程合同具有法律效力,规定了合同双方的权责,也是工程项目风险管理的主要依据。项目管理者必须树立强烈的财务风险意识,签合同前,搜集有关项目的信息,全面了解项目可能存在的风险等,不能为急于承揽工程而草草地签订协议;签合同时,仔细审查每一个合同条款,尽量保证没有严重有失公平的款项,保证己方利益,这样可以防止一些企业采用合同中的"文字游戏"而侵害己方权益;签合同后,认真履行合同,根据工程建设的标准和规范按时完成工程项目并及时收回款项。

(3)工程施工成本控制方面,主要应关注:①责任目标落实到个人,树立全员成本意识。要求企业的每一位员工都要参与预算目标的制定,增加员工的责任感,实行目标成本管理制度,明确奖罚依据,并严格执行,促进职工主动为控制工程成本作贡献。②科学、合理制订施工设计方案。一个好的开始决定了以后的方向,中标后企业的施工要根据现场的施工条件、中标价格和技术等设计一个经济合理的方案,以后的施工严格按照组织方案进行,以谋求低成本高质量的完成任务。③加强施工过程管理。④有效应对工程变更及结算工作。项目实施中由于一些突发因素会发生变更设计的情况,这时要及时办理现场签证,合理核算收入;及时办理工程验收、决算与工程款的回收。加强工程施工成本的控制还应做到,对资金使用有统一的管理思路,统筹资金预算。年初项目根据施工生产需要,统一编制资金预算计划,指导和调节日常的资金管理工作。在资金预算编制的过程中,要坚持全局性、系统性的原则和项目管理与项目预算结合的原则,编制的预算既能保证项目管理层正常经营的开支,又能满足现场施工生产的需要。

3. 工程竣工验收阶段的财务风险管理

工程竣工验收阶段,企业对工程财务风险的管理措施主要是:加强竣工审计验收控制,具体来说是:财务部门在工程建设项目完工后,应当依据工程项目合同及工程管理部门签字认可的设计、施工、监理工作等完工资料,以及工程财务账面结算情况等,及时办理工程项目的财务决算,编制财务竣工决算报告,以确保财务竣工决算报告编制依据充分,及时规范,降低由于财务决算滞后或质量不高所造成的财务风险。在集团建立全方位、全过程、全员额的监督机制,强化事前、事中、事后监督;要把监事会监督、纪委监督、业务部门监督与群众监督结合起来,日常监督与定期检查结合起来,一般监督与重点监督结合起来,形成环环相扣、权力制衡、上下互动的监督机制。同时还要严格兑现奖惩,奖励的力度越大,就越能激发广大职工的积极性,惩处的力度越大,检查监督就越有威慑力和权威性。

18.5　案例:工程财务风险管理中的成功与失败项目分析

▷ 18.5.1　我国某公司实施伊朗大坝项目的成功案例

我国某公司在承包伊朗某大坝项目时,风险管理比较到位,成功地完成了项目并取得了较好的经济和社会效益。下面对该项目从几个主要方面进行简单分析:

(1)合同管理:该公司深知合同的签订、管理的重要性,专门成立了合同管理部,负责合同的签订和管理。在合同签订前,该公司认真研究并吃透了合同,针对原合同中的不合理条款据理力争,获得了有利的修改。在履行合同过程中,则坚决按照合同办事,因此,项目进行的非常顺利,这也为后来的成功索赔提供了条件。

(2)融资方案:为了避免利率波动带来的风险,该公司委托国内的专业银行作保值处理,避免由于利率波动带来风险。因为是出口信贷工程承包项目,该公司要求业主出资部分和还款均以美元支付,这既为我国创造了外汇收入,又有效地避免了汇率风险。

(3)工程保险:在工程实施过程中,对一些不可预见的风险,该公司通过在保险公司投保工程一切险,有效避免了工程实施过程中的不可预见风险,并且在投标报价中考虑了合同额的 6% 作为不可预见费。

(4)进度管理:在项目实施的过程中,影响工程进度的主要是人、财、物三方面因素。对于物的管理,首先是选择最合理的配置,从而提高设备的效率;其次是对设备采用强制性的保养、维修,从而使得整个项目的设备完好率超过了 90%,保证了工程进度。由于项目承包单位是成建制的单位,不存在内耗,因此对于人的管理难度相对小;同时项目部建立了完善的管理制度,对员工特别是当地员工都进行了严格的培训,这也大大保证了工程的进度。

(5)设备投入:项目部为了保证项目的进度,向项目投入了近两亿元人民币的各类大型施工机械设备,其中包括挖掘机 14 台、推土机 12 台、45 吨自卸汽车 35 台、25 吨自卸汽车10 台、装卸机 7 台、钻机 5 台和振动碾 6 台等。现场进驻各类技术干部、工长和熟练工人约200 人,雇佣伊朗当地劳务 550 人。

(6)成本管理:对于成本管理,项目部也是牢牢抓住人、财、物这三个方面。在人的管理方面,中方牢牢控制施工主线和关键项目,充分利用当地资源和施工力量,尽量减少中国人员。通过与当地分包商合作,减少中方投入约 1200～1500 万美元。在资金管理方面,项目部每天清算一次收入支出,以便对成本以及现金流进行有效掌控。在物的管理方面,如前所述,选择最合理的设备配置,加强有效保养、维修和培训,提高设备的利用效率,从而降低了设备成本。项目部还特别重视物流工作,并聘用专门的物流人员,做到设备材料一到港就可以得到清关,并能很快应用在工程中,从而降低了设备材料仓储费用。

(7)质量管理:该项目合同采用 FIDIC 的 EPC 范本合同,项目的质量管理和控制主要依照该合同,并严格按照合同框架下的施工程序操作和施工。项目部从一开始就建立了完整的质量管理体制,将施工质量与效益直接挂钩,奖罚分明,有效地保证了施工质量。

(8)HSE 管理:安全和文明施工代表着中国公司的形象,因此该项目部格外重视,并自始至终加强安全教育,定期清理施工现场。同时为了保证中方人员的安全,项目部还为中方人员购买了人身保险。

(9)沟通管理:为了加强对项目的统一领导和监管,协调好合作单位之间的利益关系,该公司成立了项目领导小组,由总公司、海外部、分包商和设计单位的领导组成,这也大大增强了该公司内部的沟通与交流。而对于当地雇员,则是先对其进行培训,使其能很快融入到项目中,同时也尊重对方,尊重对方的风俗习惯,以促进中伊双方人员之间的和谐。

(10)人员管理:项目上,中方人员主要为中、高层管理人员,以及各作业队主要工长和特殊技工。项目经理部实行聘任制,按项目的施工需要随进随出,实行动态管理。进入项目的国内人员必须经项目主要领导签字认可,实行一人多岗,一专多能,充分发挥每一个人的潜力,实行低基本工资加效益工资的分配制度。项目上,机械设备操作手、电工、焊工、修理工、杂工等普通工种则在当地聘用,由当地代理提供劳务,或项目部直接聘用管理。项目经理部对旗下的四个生产单位即施工队实行目标考核、独立核算,各队分配和各队产值、安全、质量、进度和效益挂钩,奖勤罚懒,拉开差距,鼓励职工多劳多得,总部及后勤人员的效益工资和工作目标及各队的完成情况挂钩。

(11)分包商管理:该项目由该公司下属全资公司某工程局为主进行施工,该工程局从投标阶段开始,即随同并配合总公司的编标,考察现场,参与同业主的合同谈判和施工控制网布置,编制详细的施工组织设计等工作,对于项目了解比较深入。该工程局从事国际工程承包业务的技术和管理实力比较雄厚,完全有能力并认真、负责地完成了受委托的主体工程施工任务。同时该公司还从系统内抽调土石坝施工方面具有丰富经验的专家现场督导,并从总部派出从事海外工程多年的人员负责项目的商务工作。其合作设计院是国家甲级勘测设计研究单位,具有很强的设计技术能力和丰富的设计经验。分包商也是通过该项目领导小组进行协调管理。

➤ 18.5.2　我国某工程联合体承建非洲某公路项目的失败案例

1. 项目背景

2001 年 4 月,我国某工程联合体(央企+省公司)承建了非洲某公路项目。项目业主是该非洲国政府工程和能源部,出资方为非洲开发银行和该国政府,项目监理是英国某监理公司。在项目实施的四年多时间里,中方尽管投入了大量的人力、物力,但合同于 2005 年 7 月到期后,实物工程量只完成了 35%。2005 年 8 月,项目业主和监理工程师不顾中方的反对,单方面启动了延期罚款,金额每天高达 5000 美元。后业主方又以中方不能提供所要求的 1145 万美元履约保函的名义,致函终止了与中方公司的合同。

2. 项目失败的原因分析

近年来,我国工程承包企业陆续实行走出去面向国际化的战略,这的确是很好的,一般来讲,与国内同类工程相比,国际工程确实蕴藏着更大的商机和盈利空间。但是,我们的工程企业需要谨记一点,国际环境不比国内,或许在国内许多企业会做得风生水起,但是一旦面对更加复杂多变的国际舞台,国内的一些工程企业会因为风险评估和风险管理工作不足而造成工程承包项目的失败。因此,在承包国际工程项目之前,需要进行深入的调研和考察。

具体到该案例上来,经过当事人分析原因发现,本工程项目严重的工期拖延正是由于在风险评估方面的严重失误造成的。

(1)政治因素方面。据事后了解到,该国政府规定任何取土采沙场和采石场的使用都必须事先进行相关环保评估并最终获得批准方可使用,而政府的效率很低;就这一点来看,中方人员需要做的前期准备工作主要包括:考虑项目所在地土地的所有权问题,如果土地全部为私有,土地征用程序及纠纷问题将会带来极大的风险;调查当地民间组织活动情况,考查地主对待土地租用的态度,避免地主阻工等情况可能给工程带来的损失;还有一点需要注意的就是需要了解当地环保部门对工程施工项目的态度,避免出现上述因环保文件批复延迟而造成的不必要的滞工。

(2)经济因素方面。因为该项目的招标方为非洲某国政府,所以在该工程项目的前期评估环节应该通过该国最近几个年度的经济指标数据等因素来对其日后经济运行情况作深入预测,以明确其是否会存在项目资金周转困难的情况。

(3)技术因素方面。各国对工程施工的技术标准的要求可能不一,在施工之前需要对技术标准等问题预先了解,而且施工项目当地环境变化是否会对工程施工人员和设备造成影响的情况也需要深入分析,如非洲一些国家昼夜温差以及风沙问题是否会造成设备的加速老化等等。

(4)组织管理方面。因为该项目是在国外,这势必需要时常和当地人进行交流,工程施工组内是否配有高水平的随同翻译人员,施工人员对当地人的习俗了解多少,这样的小问题可能也会对工程进度产生深远影响。

对于纷繁复杂而又蕴含巨大商机的工程项目而言,科学的风险评估是工程顺利进行的有效保障。尤其是国际工程项目,它蕴涵的不确定性因素更多,如果疏于对风险的评估,便很可能招致工程最终的失败,像上述工程一样付出惨痛的代价。因此,面对全球经济一体化的浪潮,我们既要抓住机遇,努力与世界接轨,又要在提高自身的工程风险评估水平和技术管理水平上下工夫,从而真正提高我国工程建设的国际竞争力。

案例讨论

通过对比上述两个成功与失败案例,总结防范及应对工程财务风险的具体措施。

思考题

1. 简述工程财务管理的内容?
2. 企业在工程项目中应当正确处理哪些财务关系?
3. 为什么企业将价值最大化作为工程项目管理的最终目的?
4. 时间价值与投资项目的机会成本有何关系?
5. 考虑工程项目的投资风险价值,如何对多个项目方案进行选择?

第19章

工程管理的信息化

19.1 工程管理的信息化概述

信息技术在工程管理中的应用正在从分散的独立系统向集成的互联网甚至物联网系统发展。信息网络作为信息交流和管理不可缺少的工具,在工程管理中起着越来越重要的作用。例如,工程设计软件、招标报价软件、进度计划管理软件、合同管理软件、材料管理软件等与工程管理的每一步都息息相关。工程管理的信息化对于工程管理的规划、设计、施工与运营管理等各环节都有着深刻的影响。

信息作为当今世界至关重要的商品,它的流动深刻地影响着社会的每一个方面。从小型公司到大型企业,从地方政府到国家政府,从幼儿教育到高等教育机构,信息将各种各样的实体有机地联系在一起。信息的使用并不局限于某个区域,对信息的需求也不局限于特定行业。信息的作用对于计算机软硬件制造商、金融机构、保险公司、汽车制造商、能源产业以及建筑工程企业等生产或服务部门来说一样重要。然而简单地利用信息是不够的,一个组织成功运营的关键是对信息进行针对性处理、实现它的有效利用。因此,利用工程技术对信息进行科学处理,则会使工作效率大大提升,运营管理愈加顺畅。本章内容将详细探讨工程管理的多元信息化的内涵和外延,信息化产生的问题,工程管理信息系统的安全管理,以及信息化的评价目标体系等。为了结合工程实践,本章还运用典型的工程管理信息化模型和案例,对信息化的实施进行了探讨。

➤ 19.1.1 工程信息系统的发展

弗雷德里克·温斯洛·泰勒(Frederick Winslow Taylor,1856—1915)被尊称为"科学管理之父",他的"科学管理"思想催生了"流水线"这种生产方式,加快了人类工业化的进程。当代工业工程一直关注于新型技术手段的开发,然而一直以来,都没有后续的概念或工具可以媲美泰勒的机械化视野。20世纪90年代以后,出现了"信息技术"和"业务流程再造"这两种新兴工具,它们革命性地转变了组织构建的思路和方法。信息技术包括计算机、软件应用和电子信息;业务流程再造则是指对于组织之内和组织之间的工作流程和过程的分析和设计。在实践中,只有将信息技术和业务流程再造结合应用才有可能建立一个新型工业工程,改变不同专业领域的业务方式,并满足业务需求。

信息技术在工程中经常用作分析和建模工具,往往应用在生产环境中。信息技术的用途包括制造过程建模,生产调度和控制,材料管理信息系统和物流管理系统等。信息技术也非常广泛地运用于非生产性环境中,例如办公和服务领域。信息技术在业务流程再造中具有不可替代的重要作用。在实践中,信息技术和业务流程再造有一个递归的关系,并且互为关键。关于信息技术的思考,应该是它如何更新或改造整体业务流程,而不是仅限于某个业务功能或组织实体。

➤ 19.1.2 管理信息系统的发展

1939 年,约翰·阿塔纳索夫和他的助手克利福德贝里,建造了第一台电子数字处理机。这台阿塔纳索夫－贝里计算机(ABC)为电子数字计算机的开发提供了基础。由此开始,计算机都采用二进制的方式来处理信息和进行数学计算。第一个大型计算机的发明也标志着"计算机科学"作为研究电脑使用和数据处理的科学领域正式成为一个独立的学科。

1944 年,ENIAC 计算机的面世标志着数字处理机发展的一个飞跃。ENIAC 计算机是所有现代计算机的原型。ENIAC 包括 30 个独立的单位,重量超过 30 吨,消耗电力 200 千瓦。ENIAC 还用于处理弹道领域的科学数据,并在原子弹的研发中起到了重要作用。20 世纪 50 年代后期,计算机逐渐应用在教育、商业和日常生活等领域。根据业务应用程序的概念,IBM 创造了 8 位打卡系统。打孔卡在商业方面的应用被称为"信息科学的应用"。

1952 年,IBM 创建的打卡系统改变了政府、企业和教育机构处理数据的方式。使用打孔卡可以让电脑主机从打孔卡读取数据。使用大型机的程序员通过在打孔卡上打孔的方式将数据输入读卡器,以此来更新数据库。这种数据库可以是商业用途、科学应用程序或任何应用程序的数据库。在这个发展阶段,研究工程和商业应用的计算机学者们面临着很多困难,因为他们很多人都没有工程或商业背景。计算机程序员写程序时往往没有任何工程计算或商业业务的概念。因此,工程师或商界人士将他们需要用计算机完成的任务写下来,然后交给程序员。在 20 世纪 50 年代末和 60 年代,计算机开始融入社会的其他领域。计算机广泛地应用在会计、商业零售、交通和媒体服务等方面。但是程序员和其他专业人士之间,关于如何应用计算机发展业务或运营管理的理解上仍然有分歧。

自 1970 年开始,各种计算机应用程序大量的出现,但是计算机程序员和其他专业人士之间的沟通仍然存在问题,而这种问题必须得到解决。商界人士希望程序员们找到企业问题的最终解决方案;另一方面,程序员却很难给他们解释在技术上什么是可行的,而什么又是不可行的。为了解决这种矛盾,一个新的学科应运而生,使得信息技术、业务实践和计算机编程结合起来。这个新学科被称为管理信息系统(MIS),其目的是培养一批兼具专业知识和编程技术的新型人才,以弥合管理者和计算机程序员之间的沟通障碍和技术差距。从 1980 年到现在,信息领域的技术爆炸一直在持续。当今世界正转变为信息时代,个人计算机(PC)进入了工作场所和家庭,一体化的信息可以在随时随地提供给所有的人。广域网、互联网和分布式处理算法已经改变了人们获取信息的方式。信息系统的概念已经扩展到数据挖掘和数据提取,信息技术广泛应用于日常设备。表 19 - 1 总结了管理信息系统的发展历程。

表 19 - 1　管理信息系统的发展历史

年代	主要活动	所需技能
20 世纪50 年代	开始使用计算器	会计账簿的处理
20 世纪60 年代	开始使用计算机	会计报表、工资的处理
20 世纪70 年代	使用大型机；计算机集中处理数据；主要重点是现有流程的自动化	会使用 COBOL 编程；工资，库存，计费的处理
20 世纪80 年代	局域网开始出现；主要重点是现有流程的自动化	会使用 PC 进行文字处理和电子表格的计算；懂得基本的网络知识
20 世纪90 年代	广域网（WAN）成为企业标准；系统集成和数据集成成为热点	会使用网络支持，系统集成，数据库管理
2000 后	广域网络通过互联网扩大到全球的企业和业务合作伙伴；产生供应链和分销网；高级管理人员重视跨系统的数据共享。主要焦点是库存，制造，配送的速度和效率	网络支持，系统集成

19. 1. 3 工程管理的信息化进程

信息化就是使用先进的信息技术，实现对信息资源的开发和利用，以达到从工业社会向信息社会的转化。信息化是以网络技术、通信技术等高科技手段为依托，以信息资源的开发利用为核心，来调整企业内部的产业结构和管理模式。工程管理信息化就是指从工程项目的规划、设计、招标、概预算、计划、合同、进度一直到竣工结算，在工程运营的过程中充分利用现代信息技术和信息资源，逐步提高工程管理集约化的经营管理程度。

自 1976 年推出实体关系图（ER）后，在我国的工程管理领域，ER 图仍然是广泛地应用在教学和实践中。在 20 世纪 70 年代末，数据流图开始用于结构分析和设计。但关系模型仍然占数据库模型的主导地位。统一建模语言（UML）开始于 1993 年，现在也得到了广泛的应用。目前工程行业内大多公司和机构使用了计算机，但计算机往往是应用于报表和文字处理等工作，或者仅仅用来处理单项业务以及使用单机版的软件工具。因此，信息"孤岛"还广泛存在，网络技术和云计算还远远没有发挥出优势。现有的管理方法的优化并不能依靠信息化手段的简单堆积。根据调查，计算机技术除了在财务管理、工程概预算和项目管理等几项单一的应用外，我国目前尚没有形成集成化的管理与应用。工程建设行业在不断完善管理体系和调整工作流程的过程中，对工程管理信息化的需求已经越来越迫切。例如，政府的监督、生产过程的监控、企业单位的管理等都需要及时准确的一手信息。工程管理需要能够在一个集成化的系统中获得大量的业务信息，如工程资产信息、设备材料信息、合作信息等。工程管理也需要与相关业务单位进行在线合作、业务交流、数据传输等。工程管理信息化的必要转变就是要以业务数据为中心，全面提升企业的综合管理水平，实现管理创新，提高运作效率。

近年来，在不少工程企业中，已经成功建立了信息网络，并将信息网络作为信息交流和管理不可或缺的工具。有的企业开发了企业管理信息系统，在计算机系统平台上处理企业的各项工作。更多的企业在工作中使用了各类专业软件,例如专业设计软件(computer aided design,CAD)、招标报价软件、进度计划管理软件(Primavera P6)、合同管理软件、材料管理软件等。总体看来,工程管理的信息化进程已经取得了一定的进展,但信息"孤岛"问题仍然没有得到根本解决。

19.2 工程管理的信息化构建

➤ 19.2.1 建设目标的确立

工程管理信息化的应用必然对现有的企业组织结构、管理方式、生产格局和收入分配产生重大影响,这种巨大的震动使得工程管理的信息化建设任重而道远。要进行工程管理信息化建设,首先应该确立建设目标。而信息化的目标应该和工程管理的目标协调一致。工程管理的成功在很大程度上取决于公司高级管理人员的战略眼光。

对于工程管理信息系统而言,同时优化工程建设所有的目标几乎是不可能的。工程管理者们所受到的最大压力是如何优化成本从而产生有形的好处。然而,他们却往往不能深刻理解这种多目标优化的结果和进程,并因此造成了组织结构松散以及缺乏激励因素等不利的局面。

泰勒的科学管理理论是针对工作场所合理化和工作效率提高而进行的研究。在当时,泰勒面对的主要是一个稳定的运营环境。而今天的企业没有这种稳定。越来越多的公司发现,工程管理需要更加灵活的、面向团队的、以协调沟通为基础的工作能力。也就是说,特定的个人或业务的性能最大化并不重要,企业必须实现整个组织内的业务活动的性能最大化。同时,人们应该注意到组织内的各种业务活动是相互依存的。因此,工程管理信息化的建设目标在于协调整个公司的业务流程。这种协调需要使用信息技术。这些信息技术包括计算机设备的普及应用;企业内部网和外部网的建立以及与互联网的连接;计算机辅助设计系统的应用;自动化产品制造系统的应用;生产流通等业务管理信息系统的应用;企业综合管理信息系统的应用;企业内外信息资源的有效利用等。信息技术也有助于减少企业运营的协调成本。

在国外的一些大型工程企业中,工程管理信息化已经广泛地应用于工程管理的各个阶段,包括成本控制、进度控制、合同管理、文档管理和监理控制等方面。配合以上五个维度的各个方面,信息技术的设计应用会直接影响到工程管理目标的实现。回顾国内工程建设行业的发展,分析当前现状,不难看出,我国工程信息化建设进程较为缓慢,还存在着各种制约条件和问题。对照以上所述的建设目标,工程管理信息化的推进要克服的障碍包括:管理流程的规范;人员素质的提高;管理模式的创新等。从应用出发,信息化建设的最终目的不是追求高技术,而是追求高效率、高质量和高效益。

➤ 19.2.2 工程管理信息化的开发流程与管理

开发新的工程管理信息系统时,首先需要组建一个项目团队。通常情况下,项目团队由项目经理,系统分析员,程序员等组成。为了计划和控制信息系统的开发,人们采用了系统

开发生命周期(systems development life cycle,SDLC)理论来规划系统的开发过程。如图
19‐1 所示,系统开发生命周期的过程可以分成计划、分析、设计、实施、测试评价、和维护等
六个阶段。这六个阶段周而复始,形成了系统开发的生命周期。系统开发生命周期描述了
一系列的开发活动。其中每个阶段使用前一个阶段的结果。使用系统开发生命周期的目的
是为了开发出高品质的系统,以满足或超越顾客的期望;同时能够做到在规定的时间和成本
预算内完成信息系统建设,在当前的信息技术基础设施的条件下高效地工作,以及在低廉的
维护成本基础上完成系统任务。由于信息系统的复杂性和多样性,人们建立了不同的系统
开发模型和方法,如"瀑布式开发","螺旋式开发","敏捷软件开发","快速原型式开发","增
量式开发"和"同步与稳定方法"等。其中最古老的是瀑布式开发或瀑布模型:每个开发阶段
的输出成为下一个阶段的输入。在本文随后的章节中,会对不同的系统开发模型和方法进
行论述。

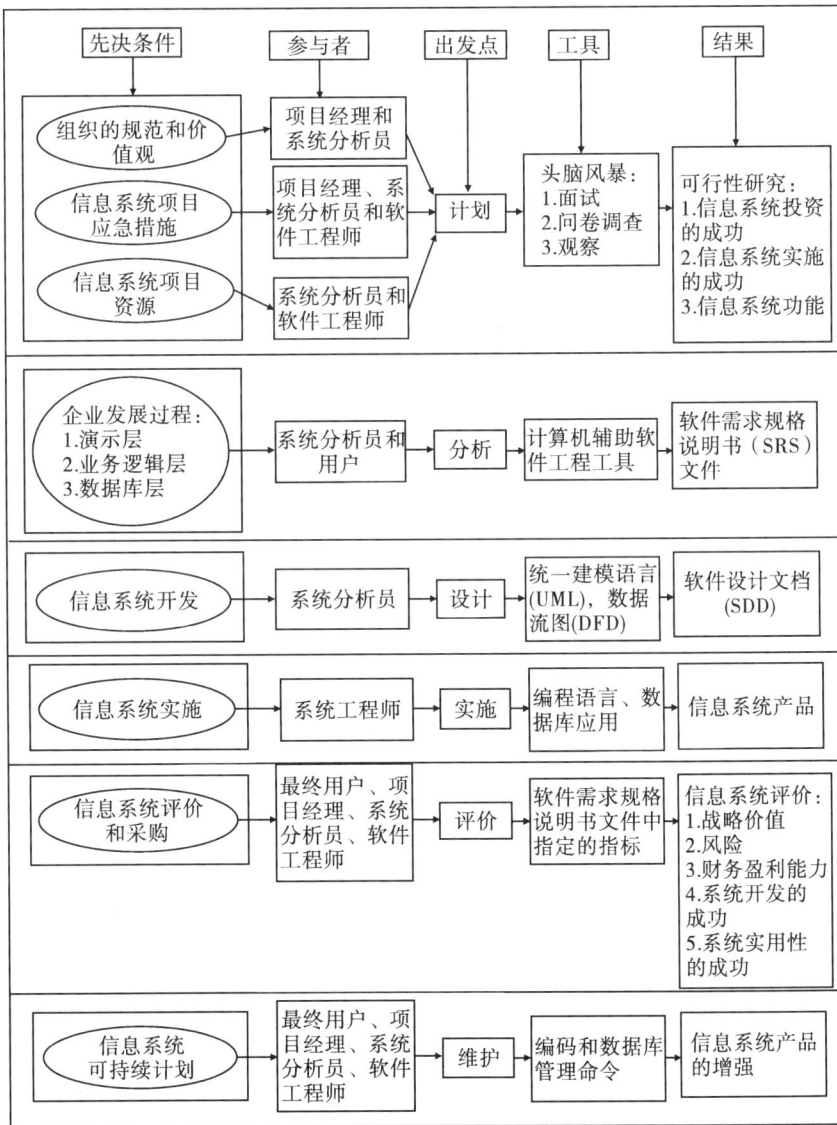

图 19‐1　工程管理信息化的开发流程图

➢ 19.2.3　工程管理信息化的功能设计模块

工程管理信息系统的主要功能是对工程相关信息进行采集、整理、存储、管理、备份、检索、查询和传输；在查询时要能够向用户提供有用的信息。工程管理信息系统具有不同的功能模块。在信息系统设计初始，首先要进行用户需求分析，而系统设计的目标正是为了满足用户需求。

传统的系统设计采用关系模型（ER）的方法。关系模型（ER）可以有很多拓展，例如概念设计模型就是关系模型的一个分支。概念设计模型的架构通常以图表的形式来表达。它作为一种沟通工具，促进了开发者和用户之间的相互理解。一旦用户批准了概念设计，概念设计模型就转换为特定的数据库架构。这种架构可以用来开发数据模型和数据库。这种模型转换可以自动完成。如图 19-2 所示，关系模型主要使用图解符号来表达实体和它们之间的关系。

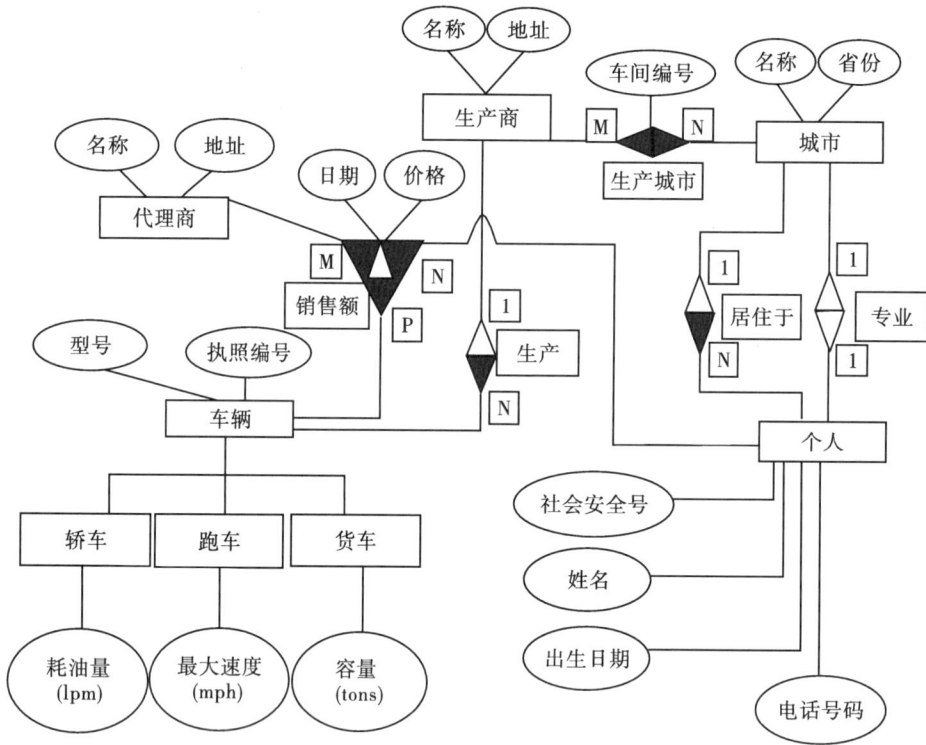

图 19-2　关系模型在工程管理中的例子

近年来，面向对象（object oriented，OO）的方法在系统设计中得到了广泛的应用。面向对象编程的优点是它支持软件的重复使用，并且加强了信息的安全性。但是，面向对象编程方法在系统分析和数据建模等软件开发的早期阶段，并不具有明显的优势。由于面向对象的建模方法仍在发展中，因此人们对它还没有一个标准定义。面向对象的架构（如图 19-3 所示）可以显示所有对象的详情。在信息系统的设计中，使用关系模型时，首先应该找出哪些数据模型更准确、更规范地描述了生产过程；随后应该研究比较不同的数据查询语言和模型，以确保所选择的查询语言具有更大的查询精度和速度。然而，使用面向对象的方法进行系统设计时,应该首先研究用户的需求,从而确定对象的特征,建立系统的逻辑结构。并以此为基础,建立系统的数据模型,将数据存储到对象数据库中。通过建立系统组件和分布式模型,使用面向对象的方法也可以建立网络数据库。

无论是采用哪种方法进行工程管理信息化的功能模块的设计,首先都要进行可行性分析。可行性分析是建立工程管理信息系统的前提。在可行性分析的过程中,要充分考虑系统建立的必要性、工期、成本和实现方式等。可行性分析可以分四个阶段进行。

(1)确定系统建设潜在的可选实施方案。在实施系统时,可能会有多种选择,比如:采用已有的系统或不做任何改变、使用多种技术实现新系统、购买一种类似的系统或者将开发工作外包等。确定潜在方案时,重要一点的是确定几个可行的实施方案,以便进行评估和比较,从而最终选择出最佳的实施方案。

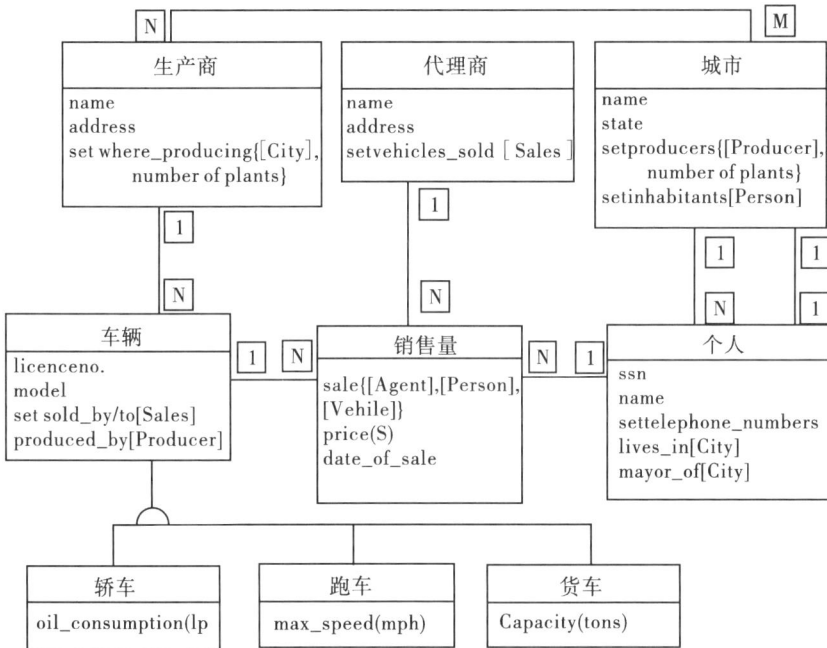

图 19-3 面向对象的架构在工程管理中的例子

(2)评估经济、技术、和运行的可行性。在评估一项方案的经济可行性时,要回答的基本问题是收回成本的周期。通过进行成本/收益分析,将全部实际成本与全部实际财务收益相比较,根据方案对净现金流量(即收益超过成本的总金额)的贡献来评价各个方案。在评估技术可行性时,必须调研该项目要使用的各项技术。同时要注意,每项技术在行销演示中都能完美地完成工作,而一旦将它购买回来,却往往会出现各种各样的问题。为了进行合理的评估,人们可以使用微型项目,例如概念验证(proof-of-concept)原型来检验这些技术是否能协同工作。在对运行可行性进行评估时,要注意新建系统与已有系统的衔接,以及在系统投入生产运行后的维护和技术支持等问题。

(3)选择一项可选方案。一旦完成经济、技术和运行可行性的评估,就可以筛选出一个最佳的实施方案。有时,在排除任何在经济上、技术上或者运行上不可行的方案之后,可能没有剩下任何可选方案。这意味着必须从头再来,鉴定出更多的可选方案。如果最后剩下多个可选方案,那么选择最佳实施方案的决策权就可以留给上级主管部门。

(4)确定潜在的风险。项目论证工作包括定义潜在的风险,特别是那些与项目的技术和运行可行性相关的潜在风险。在系统可行性分析报告中,应该将它们列入风险评估文档,以便在系统实施过程中能够妥善处理它们。

可行性分析完成之后,工程管理信息系统的最佳实施方案就确定下来了。随后要进行的工作是功能模型的细化。功能模型的细化是根据用户的需求对系统功能进行反复完善和专业化的过程。在这个过程中,系统开发团队会对系统结构进行逐步求精,包括规划、设计、和确立系统的对象、模块、组件、数据模型、存储结构和开发环境等。功能模型的细化主要分为实现阶段、测试阶段和部署交付阶段这三个阶段。实现阶段的工作主要是对源代码的编写和完善。测试阶段主要是校验系统是否满足了用户的全部需求和期望。部署交付阶段主要用来达成系统的最终实现,同时还包含了撰写系统使用说明和系统培训等工作。

成本控制、进度控制、质量控制、生活品质提高、安全生产和减少环境影响作为工程管理的重要目标,大多可以通过专用的软件来完成。例如,成本控制可以使用会计账簿管理软件或仓储管理软件;进度控制可以使用 Microsoft Project 或 Primavera P6 等;质量控制可以采用加权平均值计算法确定各个分部工程和单位工程的评分值;生活品质提升类的软件通常应用于人力资源部门和后勤部门;对于安全生产和控制环境影响方面,也有专门的设计监控软件。这些软件的单项应用功能都很强,但它们缺乏集成化和网络化的功能。随着计算机新技术的不断功能,必须构造企业的综合信息平台,才能建立信息化管理模式。

工程管理信息系统的实质是寻求一个综合解决方案,采用计算机软硬件技术、网络技术、通讯技术和数据库技术,以各类工程业务数据为中心,完成业务信息的筛选、甄别、归纳等自动处理,协助工程管理者和业务人员作出科学、准确的判断和决策。根据工程管理的不同层次(战略规划、管理控制和操作处理),系统使用者对于工程管理信息系统也有不同的功能和服务的需求。操作层工程管理的主要系统模块包括:生产过程处理模块、数据收集整理模块、报表生成模块和信息查询模块;管理层的主要系统模块包括:统计汇总各种管理信息,沟通交流,以及控制管理措施和制定流程;决策层的主要系统模块包括:了解所需综合信息,利用数学模型和方法进行分析、模拟和预测,以及计算机辅助判断和决策(例如决策支持系统)。在工程管理中有效地使用信息技术,可以消除信息"孤岛"现象,实现协同工作,达到过程控制、动态管理、信息共享和有效传递的目的,实现实时管理,并且为管理者的决策提供支持。

➢ 19.2.4 工程管理的信息模型

信息模型的研究在过去的 30 年中不断发展。软件开发方法也不断变化,从 20 世纪 60 年代末的一些非正式方法,到 20 世纪 90 年代后的面向对象的方法,信息模型的发展一直在改变着人们的思维惯性。面向对象的软件开发方法已经出现了 20 多年,这种方法本身具有一定的复杂性。例如,面向对象的系统模型很可能有错误的细节;或者由于系统开发人员自身的局限性,所使用的开发方法可能有太多的主观假设或者太偏激;还有可能在使用面向对象的方法时,人们认为是系统对象的重点的某些功能却不是解决问题的关键。所有这些都进一步加重了模型开发计划的混乱局面。因此,在开发工程管理的信息系统的过程中,需要首先确定系统的开发方法。随后按照开发方法的步骤，逐步完成功能模型的细化。在下面的内容中，我们首先介绍一些系统开发方法的基本定义和它们的历史，主要包括面向对象的软件开发方法，发展综合（重量级 third-generation/heavy-weight）的方法，和灵敏的（轻量级 light-weight）方法。随后，我们将会重点讨论几种信息模型的开发模式。

19.2.4.1　基本定义

工程管理信息模型的开发方法是用来指导软件系统的开发实践过程，它是对开发过程的战略描述，其具体目标是为发展软件密集型的框架系统提供必要的手段。模型开发方法主要由两个部件组成：①建模标准：它提供了开发系统所需的建模语言（语法和语义）。②建模过程：指导开发的活动顺序；指导个人和团队的开发任务并使之成为一个整体；提供监督和测量系统开发的准则等。建模过程是一个决策过程，在这个过程中，人们决定系统开发活动的内容、顺序和方式。建模过程是动态的，是方法论的行为组成部分。

19.2.4.2　面向对象方法的发展简史

多年来，软件开发方法已经由 20 世纪 60 年代的一些非正式的方法演变成 20 世纪 90 年代后的面向对象的方法（OOSDM）。在面向对象的方法中，对象是人们要进行研究的任何事物。从最简单的数字到复杂的石油企业等均可用对象来表示。对象不仅能表示具体的事物，还能表示抽象的规则、计划或事件。对象具有状态，状态可以用数据值来描述。对象还有操作，用于改变它的状态。对象及其操作就是对象的行为。对象实现了数据和操作的结合，使数据和操作封装于对象的统一体中。对象本身具有唯一性、抽象性、通讯性、分类性、继承性、多态性和封装性。每个对象都有自身唯一的标识，通过这种标识，可找到相应的对象。抽象就是忽略一个对象中与当前目标无关的那些方面，以便更充分地注意与当前目标有关的方面。对象的通讯是指对象可以发送和接收消息（包含零个或多个字节的、复杂的数据结构，或代码段）给其他对象。分类性是指将具有一致的数据结构（属性）和行为（操作）的对象抽象成类。继承性是子类对象自动共享父类对象的数据结构和方法的机制，这是类之间的一种关系。继承性是面向对象程序设计语言不同于其他语言的最重要的特点，是其他语言所没有的。在软件开发中，类的继承性使得面像对象的方法所建立的软件具有开放性和可扩充性。实践证明，面向对象的开发方法是信息组织与分类的行之有效的方法。类的继承性简化了对象和对象类的创建工作量，增加了程序代码的可重复利用性。采用继承性，可以规范类的等级结构。多态性是指相同的操作、函数或过程可作用于多种类型的对象上，并获得不同的结果。多态性允许每个对象以适合自身的方式去响应同一指令，并增强了软件的灵活性和重用性。封装性是指把过程和数据包装起来，对数据的访问只能通过预先定义的界面。这样以来，每个对象都是完全自治和预先封装的其他对象。

面向对象的软件开发方法是专门针对观察对象、系统建模和实施而使用的专门的建模语言、活动和解决问题时需要的技术。自 20 世纪 80 年代以来，系统仿真中出现了新的系统开发概念，操作系统、数据抽象和人工智能等得到了广泛应用。面向对象的系统开发方法通过面向对象编程语言的使用得到了广泛的流行。按照出现的顺序，最早使用的建模方法是混合方法，随后是综合方法。自 1995 年之后，出现了敏捷方法和过程模式。下面按照这个顺序对这几类方法进行介绍。

最早出现的面向对象的软件开发方法是混合方法:一部分是结构式开发理念,另一部分是面向对象设计思想。在系统分析阶段通常使用结构分析(structure-analysis/SA)技术,主要应用生产数据流图,实体关系图(entity-relationship)和状态转换图等。到了系统设计阶段,主要任务是将分析结果映射到一个面向对象的软件蓝图上。因此这些模型设计方法被称为转换式方法。在 1986 年出现了第一个纯粹的面向对象的方法,这一方法受结构方法和面向数据方法的影响。第一代面向对象的模型开发方法的时间跨度是从 1986 年到 1992 年之间。第二代面向对象的方法是从第一代演变而来,它出现于 1992 年和 1996 年之间。这一期间也称为"方法的战争"。各种方法理论为了争取在软件开发行业的份额而展开了激烈的竞争。由于可选的方法相当庞杂,因此如何正确有效地选择开发方法成为当时人们努力研究的问题。人们试图将这些繁杂的方法整合统一以方便筛选和决策。其中的第一个成果是在 1997 年,对象管理集团(OMG)采用了统一建模语言(UML)为标准的面向对象的建模语言。而统一建模语言的开发和尝试标志着第二代方法的结束。第一代和第二代的方法首创了面向对象的分析思想,并为其进一步演变提供了基础。这些方法虽然不成熟,但它们促进了软件工程领域的快速增长。当时所使用的许多概念、建模公约和技术在今天仍然被广泛应用。

综合方法的出现是为了对第一代和第二代的多种开创性方法进行整合。人们以软件开发过程为中心对各种方法进行集成,这一系统开发理念被称为综合方法。综合方法的应用十分广泛,但难以管理。这些不便最终导致了敏捷方法的出现。虽然综合方法是笨拙和复杂的,但它们提供了很多过程组件、模式、管理和计量的考量手段。此外,综合方法在无缝开发、复杂性管理和建模方法等方面提供了有用的意见和建议。

敏捷方法最早出现在 1995 年。敏捷方法可以用来提高软件开发的灵活性和生产力。它们也被称为轻量级的开发方法。敏捷方法有许多共同点,贝克总结了一套敏捷原则。这些原则包括:①系统模型设计的最高原则是通过尽早的、持续的交付有价值的软件,以满足顾客需求。②欢迎任何需求变化,甚至在开发后期也可以。敏捷流程可以灵敏地适应客户的需求变化,这是一种竞争优势。③经常交付可用的软件,交付频率可以是几个星期或几个月,越短越好。④业务人员和开发人员必须每天在整个项目上共同努力。⑤以人为本,创建激励机制。给员工良好的工作环境、支持他们的需要,并且信任他们能够完成这项工作。⑥传达信息最有效的方法是开发团队成员之间面对面的交谈。⑦衡量进度的首要标准是开发出多少可用的软件。⑧敏捷过程促进了可持续发展。赞助商、开发商和用户能够无限期地保持恒定的开发步伐。⑨敏捷方法促使人们持续关注卓越的技术,良好的设计会增强敏捷能力。⑩在敏捷方法中,简单化是必要的,否则无法实现工作量最大化。⑪敏捷方法强调发挥人们的主观能动性。最好的设计团队是从自我组队开始的。⑫团队定期反思如何才能使团队工作更有成效,然后相应地调整其行为。尽管许多人声称敏捷方法是不以过程为中心的,但是敏捷方法通常包含某种迭代增量过程。有时这种迭代增量过程是相当复杂的。迭代增量过程是指利用计算机运算速度快、适合做重复性操作的特点,让计算机对一组指令(或一定步骤)进行重复执行。在每次执行这组指令(或这些步骤)时,都从变量的原值推出它的一个新值。这个新值会在下一次执行的时候,替换掉变量的原值,从而又产生一个新的结果。这种替换往复的过程就叫做迭代增量过程。

过程模式是运用抽象的流程组件,通过组合适当的模式实例,来完成建模的工作。过程元模型是对整个过程进行抽象概括的结果。通过建立这些元模型的实体可以完成建模工作。过程模式和过程元模型有很大的共同之处。使用过程元模型的建模思路往往能够实现在宏观上把握整个建模过程。

19.2.4.3 动态系统开发方法(DSDM)

动态系统开发方法(DSDM)是敏捷方法的一种。该方法是 1995 年首次由一家英国财团引入的。这家财团由 16 家英国公司起步,目前拥有超过 1000 名成员,其中包括电子行业巨头,如 IBM、微软、西门子等。随着人们对于建模标准的普遍接受和对于快速应用开发(RAD)方法的需求的不断增长,动态开发方法得到了越来越多的应用。在开发时,动态开发方法根据迭代增量的开发理念,运用不断进化的系统框架作为开发的原型。动态开发所使用的原则在敏捷开发中也得到广泛的应用。由动态开发提出的框架现在被认为是快速应用开发方法的标准。动态开发过程包括以下几个阶段:

(1)项目前期:在项目前期,工作重点是为启动项目提供必要的资源,并且为未来制订计划,包括可行性研究报告的计划。

(2)项目执行:项目执行阶段主要包括五个步骤:可行性研究,业务研究,功能模型迭代,设计的迭代,以及系统实现。可行性研究和业务研究按顺序启动,其余三个周期交替进行(如图 19-4 所示)。可行性研究阶段类似于经典的可行性分析,重点分析动态开发适宜的项目,以及后续计划的纲要。业务研究主要研究业务领域,初步分析如何执行系统。业务研究的重点是识别系统的相关进程和业务领域的信息实体;定义该系统的高层次的需求并且区分优先级;开发系统结构;制订发展计划。在随后的开发周期中,功能模型、设计和系统实现三个步骤反复迭代和递增。功能模型迭代的重点是根据功能的优先级选择设计要求,并通过原型对选定的要求执行详细的分析和建模。设计迭代的重点是不断地增加原型系统,最终演变成可以交付的系统。系统实现的重点是将系统应用到操作环境,并审查和验证。

(3)项目完成:项目完成阶段的工作重点是系统维护。

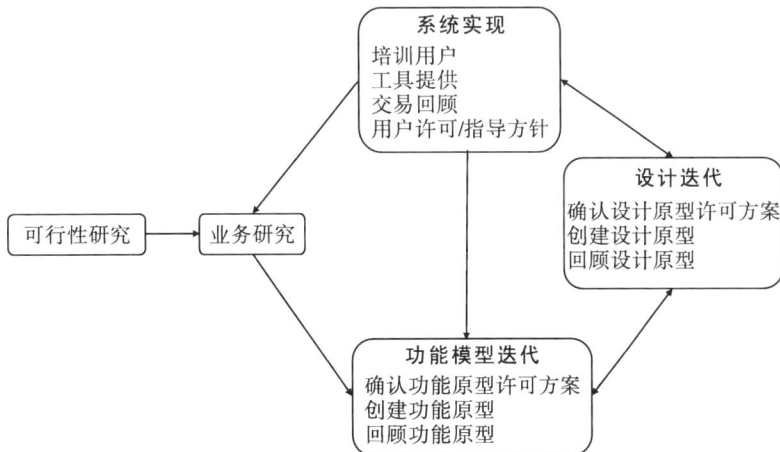

图 19-4 动态系统开发过程在项目执行阶段的五个主要步骤的框架

动态开发并不强调特定的顺序来执行整个迭代过程。但是,它要按顺序完成项目前期、项目执行和项目完成这三个阶段。这三个阶段形成一个外部的交织周期(因此被命名为"开发周期")。每个周期的迭代次数或迭代方式,是完全由项目的开发团队来决定的。此外,在开发周期中可以引进多个开发子团队并行工作,使各个子团队的工作相重叠。动态开发的这些特征使得开发人员能够量身定制每个系统的开发过程,使之更加适应工程项目。因此,动态开发是一个可配置的过程框架。在定制过程框架时,开发团队要制定严格的时间表来约束发展计划。在动态开发的开发过程中,要严格设置时间和资源的使用,唯一的可变参数是该项目的功能要求。

使用动态开发方法时,需要设置时间限制,特别是整个系统的开发完成日期。这样有助于确定完成整体项目所需的时间框架。每个时间框架都有一个固定的结束日期和优先集的要求。结束日期是固定的,如果时间不允许,低优先级的要求是可以向后延迟。同其他的敏捷开发方法一样,动态开发方法也有一定的原则。其中最重要的原则包括:用户应当积极参与系统开发,系统应该频繁交付,开发团队全权负责,系统修改要具有可逆性,并且在项目开发的所有阶段都要进行测试。

在可行性研究阶段,通常需要在2～6个星期内执行以下任务:①获得有关系统的宏观知识,例如项目的性质、范围、风险和约束。②检查当前项目是否符合动态开发的适用标准(称为适用性过滤器)。适用性过滤器定义了动态开发适用特点的清单,例如:待开发的系统应该有互动的功能,互动式的用户界面可以使原型有效地转化;待开发的系统应该有一个明确的用户组;系统不应在计算方面太复杂;系统要求应该简单明确并区分轻重缓急;约束系统开发的关键性问题应该已经解决;大型系统应该分块完成;出资者/高级管理者应该理解和接受动态开发实践的原则。③进行可行性分析时,要特别注意技术、调度和管理的可行性。④编制预算和项目整体计划纲要。

在业务研究阶段需要进行广泛的业务学习,通常是开发商和用户通过一系列的研讨会来讨论待开发的任务。这些任务包括:①确定业务流程、信息实体以及用户的类型。用户类型列表将有助于甄别用户代表,并使其参与以后的任务。②在宏观上定义和区分功能性和非功能性需求的优先级。系统需求的优先次序分为以下几类:必备(项目的成败关键);应该(重要要求,但对于项目的成功不是至关重要);可以(从系统的功能来说,如果去除此项要求对于项目没有严重影响);不必(不是当前项目的系统功能的一部分)。项目必须保证"必备"需求的实施,并应努力完成"应该"需求,在时间和资源允许的情况下实施"可以"需求。③开发定义系统架构,突出解决方案的架构,并确定系统的开发和运行平台。④为开发原型制订计划。在迭代过程中,该计划用于概述开发活动发展阶段的顺序。

在功能模型迭代阶段,由业务研究阶段的宏观概述出发,通过使用原型的进化,详细分析系统的各项指标、定义和过程。下面是功能模型迭代阶段的任务:①进行风险分析,以评估在系统发展过程中的风险。基于对原型的反馈和经验,在迭代过程中风险分析将得到进一步细化。最终,开发团队将完成风险分析报告。②根据系统发展的风险,对于系统设计要求进行选取。高风险系统设计要求具有较高的优先级。系统原型的开发是迭代进行的,目的是能够让用户代表来测试有关功能,从而根据他们的反馈来完善系统需求。测试过程中应当严格执行系统原型的功能,并详细记录测试结果。这个阶段的原型是最终系统的萌芽,而且它的功能要求也会成为主系统的功能模型的一部分。③完善系统的非功能性需求。④必要时,使用静态模型进行结构分析。

在设计迭代阶段之前,系统原型的功能已经完成,并已经完全通过测试。系统原型是从功能模型而来,它的目的是为了定义需求、细化功能模型和建模,因此还远远谈不上系统的部署实施。系统原型并没有充分解决非功能性需求和如何实施系统的具体问题。在设计阶段,系统原型得到反复细化,并逐渐演变成软件子系统,随后它加入到系统的运行环境中去成为增量。这样的原型被称为设计原型,是最终产品的可执行蓝图。每次设计迭代中执行的活动是类似于传统的系统生命周期的活动。每次设计迭代都会连续地使用各种案例来测试系统并得到相关的结果。每一个结果都详细记录在案。中间原型的测试也记录在案,作为设计文档使用。

执行阶段也被称为部署或过渡阶段。在这一阶段,信息系统在用户环境中得到使用和集成。执行阶段包括以下任务:①培训用户和技术人员,并准备用户手册。②将系统增量引入运行环境。这涉及系统的集成和转换,以及随后的重构和测试等活动。③根据用户反馈,全面验证并审评系统。系统验证的结果将计入审查文件中。根据审查的结果,应当采取补救措施。审查可能有四种结果:①所有计划得以实施,用户需求得到满足。在这种情况下,可以宣布项目完成。②在开发过程中,因为时间限制,待开发的一个主要功能区被放弃了,但应该完成这一功能区。在这种情况下必须返回业务研究阶段,重新开发这一功能区。③在开发过程中,因为时间限制一些功能被放弃了。在这种情况下,必须返回模型的迭代阶段来恢复这些功能。④因为时间限制,非功能性的要求被忽略了。在这种情况下需要返回到设计迭代阶段来完成这一要求。

➤ 19. 2. 4. 4　快速产品开发(scrum)

在 1986 年,人们用"scrum"来命名一种新的快速灵活的产品开发过程。这种快速产品开发过程也是敏捷方法的一种开发模式。该名称出自英式橄榄球比赛,用以强调团队合作的重要性。它被称为全面的软件开发方法。快速产品开发过程分为赛前、赛中和赛后三个阶段。图 19-5 清晰地显示了这一开发过程:

1. 赛前

赛前阶段的工作主要由规划和框架设计两项内容构成。

(1)规划:在规划时,首先要列出各项事务的系统优先级(称为待办事务列表),并分析项目所包含风险。随后估计实施项目所需的资源。在项目所需的资源准备充分之后,确定项目的整体进度。在规划时,系统用户应当充分参与"待办事务列表"的最初版本,从而确定用户需求。随着项目进展,"待办事务列表"也在不断更新,更新包括系统要求的完善和开发过程中的错误改正。"待办事务列表"始终是开发工作的基础,具有相当重要的意义。它一般是由产品的最终所有者负责管理和控制的。每个团队(称为 Scrum 团队)通常由 5~10 个具有不同专长的成员组成。团队成员集体决定任务的分配、团队的管理和控制等问题。快速产品开发团队的领导负责消除障碍并促进团队的进步。团队领导是执法官,其责任在于确保团队按照计划行事,时刻朝向行动的最终目标,并且持有一致的价值观和行为准则。

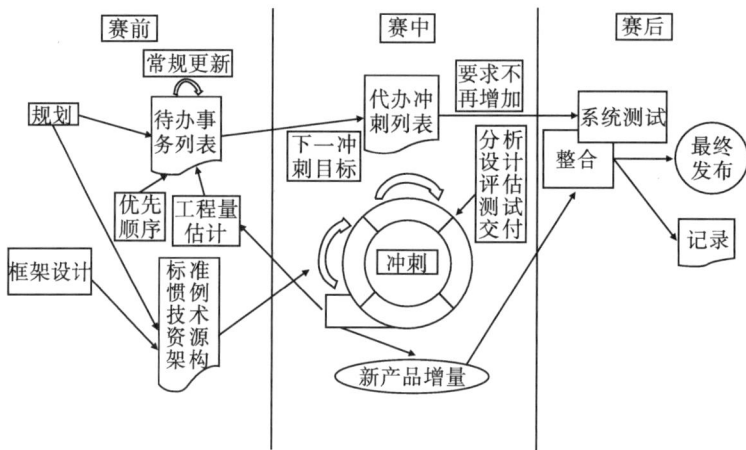

图 19-5　快速产品开发过程示意图

（2）框架设计：确定总体框架设计的目的是方便在后续工作中实施系统要求。框架设计通常包括下列活动：首先是问题域分析。根据"待办事务列表"，建立反映系统背景和要求的问题域模型。随后是系统架构的定义。系统架构可以支持问题域模型所代表的系统背景和要求。接下来要更新"待办事务列表"。在设计总体框架时，要及时修改或添加新的待办事务。

2．赛中（开发阶段）

这个阶段是快速产品开发过程的主要引擎。这个阶段的主要任务侧重于系统的迭代和增加，开发人员通过迭代分析可以设计和实施系统。其中的一个主要工作就是开发生产系统的可执行文件。该阶段具体包括下列活动：

（1）快速开发计划。参与计划制定会议的成员包括项目开发团队、用户、管理层、产品所有者和 Scrum 团队领导等。会议的议题是定义快速开发目标，也就是"待办事务列表"的内容。在定义快速开发目标时，应该特别注意优先顺序。随后开发团队便依照这些目标，确定快速开发列表。快速开发列表应当准确而详尽，以便为执行人员提供鲜明的导向，同时还应具有可拓展性，以便后续的改进与完善。列表中的项目会被分配到开发团队，为下一步的发展作准备。

（2）快速开发活动。根据开发目标，开发团队分析，设计并实现在列表中设定的要求，其时限一般为 30 天。为了有效地管理和控制快速开发活动，开发期间应每天举行 15 分钟的 Scrum 会议。团队成员首先讨论自从上次会议以来，大家所取得的成绩，随后制定从现在开始到下次会议期间他们的计划，以及当前遇到的阻碍。会议的目的是为了保持并跟踪团队的进度，并解决影响团队进度的问题。管理层和 Scrum 团队的领导也会出席这些会议，并帮助团队成员克服问题。

（3）快速开发评估。每个快速开发活动结束后，将会举行评估会议，会议目的是为了评估在本阶段取得的成果。在对成果进行全面评估时，开发团队应当对照目标，更新相应的"待办事务列表"。这些更新包括：标记出已经完成的事务，添加待修复的错误，确定待实施的提高措施，针对未能完全满足的用户要求对系统作出适当的修改等。更新"待办事务列表"时，应该充分考虑新的要求用户或系统变化。评估会议的另一个目的是讨论和解决阻碍开发团队进度的问题。

3. 赛后

赛后阶段侧重于对系统开发的成果进行集成,并在用户环境中推广系统。在这个阶段执行的活动包括:系统整合;系统测试;用户文档的编写;培训和营销材料的准备;系统用户和运营商的培训;系统转换和包装;以及验收测试。

➤ 19.2.4.5　极限编程(extreme programming,XP)

极限编程(XP)是由贝克在 1996 年推出的。XP 的问世引发了敏捷软件开发。XP 的生命周期分为六个阶段,分别是探索阶段、规划阶段、迭代阶段、生产运行、维护阶段和终止阶段。下面分别介绍这六个阶段:

(1)探索阶段:探索阶段侧重于制订系统要求的初步列表,列表涵盖了系统发展的高层次要求。它是系统整体原型的初步设计。

在这一阶段,首先要组织开发团队。开发团队包括组长、程序员、业务代表(或客户代表)、分析师、测试人员和资源管理员。其中业务代表应该积极参与项目活动并提供信息和反馈,分析师则要帮助团队明确系统开发的要求。

团队形成后,下一步工作是发展一套初步的用户案例。用户案例是从顾客的角度出发,来定义系统的功能。用户案例由顾客自己来编写,主要是对系统功能模块的短暂描述(约三句话左右)。用户案例不需要太详尽,只要足以让团队估计系统的开发和实施的时间即可。因此用户案例只能提供一些高层次的系统要求。但它却是系统规划的主要驱动力。开发团队需要不断地更新处理、修改和补充用户案例。在用户案例完成以后,开发团队需要建立一个系统原型来探索潜在的系统架构。系统原型可以用来帮助开发团队定义系统的架构。系统原型通常是一个很简单的说明,从高层面解读系统是如何工作的。它通常采用全体队员容易理解的比喻的描述形式。虽然这是一个非正式的表达方式,但它可以帮助开发团队理解整体的系统架构,而且系统原型也不会对随后的系统开发设置太多的限制。

(2)规划阶段(也称为发布计划阶段):规划阶段着重于评估系统开发所需的时间,确定开发步骤及优先顺序,以及设置时间表。在估计系统开发所需时间时,开发团队从用户案例出发,为每一个用户案例评估开发时间。如果用户案例需要 3 周以上的时间来开发的话,就将它细分成更小的用户案例;如果所需时间小于 1 周,就将几个小的用户案例合并。

使用系统原型可以帮助开发团队更加准确地估计开发时间,还可以帮助开发商降低进度风险,改善进度控制。在确定开发步骤及优先顺序时,让顾客根据他们的商业价值来区分用户案例的优先级。在策划第一个系统版本时,团队会首先实施最小的,最有价值的用户案例,并确定它们的发行日期。每一次迭代的时间一般在 1~3 周左右。迭代时间一旦确定,所有的迭代时间将是相同的。

(3)迭代阶段:迭代时间通常介于 1 至 3 周的时间。这个阶段的迭代开发是极限编程的核心过程。其结果可能创造新的用户案例,也可能会改变现有的用户案例。在每次迭代中执行下列活动:

①迭代规划。在每次迭代的开始,需要举行一次规划会议。在规划会议的初期,开发团队要选择待开发的用户案例,并且对以前验收测试失败的系统模块予以纠正。根据这次会

议制定的计划,开发团队邀请客户从客户自身的商业价值出发,选择下一步迭代要开发的用户案例。需要特别注意的是,在系统开发的速度方面,开发团队可以从以往的项目中汲取经验,从而确保在极限编程迭代结束时,选定的作业可以按时完成。团队的开发包括选定用户案例,细化编程任务和系统调试等工作。计划制订好之后,团队开始分配编程任务。为了更好地分配任务和估计任务时间,程序员对于需要完成的任务签署保证书,并对每个任务完成所需要的时间进行恰当估计,目的是确保任务如期完成。任务完成时间一般是 1 至 3 天。

②迭代发展。每次迭代开发活动本身就是一个每天循环反复的过程。在开发过程中,每日例会是一个不可或缺的部分。每天早上举行例会可以使团队在短时间内沟通问题并找到解决方案,并帮助团队在开发系统时保持正常的发展轨道。团队在开发系统时,采用代码集体所有权的方式来管理和协调各个程序员之间的分析、设计、编码、测试和集成等活动。代码集体所有权是指所有的代码放在一个共享代码库,任何开发人员都可以改变自己或他人的代码,还可以添加新的系统功能,修正错误,或重新构建系统框架。应用程序的开发是由测试驱动的,也就是说开发人员所创建的程序必须进行单元代码测试。每当添加或更改代码库中的代码时都要进行测试。在极限编程中,代码的内容是频繁更新并持续集成的;如果开发人员想要整合一套代码进入信息库,该代码必须通过整套测试。这样就可以保障在修改信息库时不会产生无法预测的恶性后果。

(4)生产运行:生产运行阶段的工作重点是对系统的第一个版本进行核查和验证,随后投放到用户的生产环境中运行。系统交付前的测试可以确保系统得到用户的认可,并且为系统的下一步部署实施作好准备。这里使用的测试是回归测试。通过对于主要发展周期的循环检验可以发现并解决系统存在的缺陷。系统部署到生产环境的过程涉及整合、转换、调整、培训和文档记录等典型的部署工作。

(5)维护阶段:维护阶段的工作侧重于在系统运行的基础上实施剩余的要求(包括系统维护需求)。与许多其他的方法不同,进入极限编程的维护阶段,并不意味着该项目结束了。事实上,系统维护是系统演化的过程,是项目正常运行时的开发状态。这一阶段的活动包括规划、迭代和生产运行。维护阶段的系统演化仍然依赖于发展用户案例和创建系统原型。但是与以前各个阶段的重要区别是,在维护阶段产生的系统代码早已集成到了已运行的系统中。另外,在以前各个阶段来不及实施的剩余的用户案例,在维护阶段会陆续实施到系统中,从而使得系统逐渐演变成一个完整的体系。在维护阶段的迭代和增量也是由用户案例来表示,并通过相同的迭代开发过程实施。维护阶段一直持续到没有更多的用户案例可以添加为止;或者系统本身不再需要演化时,维护阶段也就停止了。

(6)终止阶段:终止阶段的重点是如何关闭系统开发这一项目,并进行后续报告的审查和存档等工作。当系统无法再进化时,它的生命周期就终止了。在这最后阶段的极限过程中执行的主要活动包括申报关闭项目和项目结束报告的审查。结束报告的审查需要准备一个简短文件(一般不超过 10 页),并且提供简要的系统说明,以及总结吸取项目开发过程中的经验教训。

第(2)、第(3)和第(4)阶段的活动构成了极限编程的引擎,每次运行这些阶段活动都会产生一个新的系统版本。在极限编程过程中,系统的首次发布意味着生成和部署系统的最初版本,然后通过运行和维护阶段的迭代工作,逐步发展、完善和补充系统的内容。

➤ 19. 2. 4. 6　过程模式

过程模式是通过运用模式和实例相结合的方式,在进程和过程中运用抽象组件进行系统开发的方法。过程模式在很大程度上是基于行之有效的经验而来的。"过程模式"一词是1994 年由 Coplien 首次提出的。这种系统模型开发方法适用于小型的、细粒度的、技术要求较高的系统。运用过程模式的主要目的是能够更好地组织并行使管理职能。过程模式的缺点是无法构成一个全面的、连贯的软件开发过程。过程模式包括四个串行状态,其中每个状态都有很多阶段,每个阶段又包括有多项任务。图 19 - 6 列出了运用过程模式的系统开发过程。

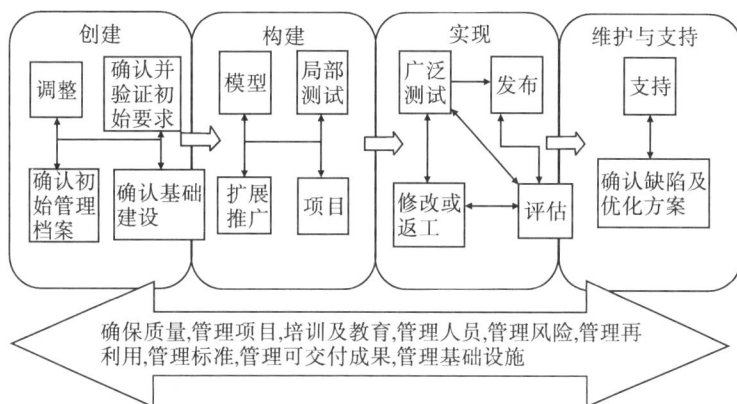

图 19 - 6　过程模式的系统开发过程

➤ 19. 2. 5　工程管理信息系统的安全和数据库质量控制

事实证明信息化是优化资源配置、提高工程项目投资效益、减少失误和浪费、提高管理水平、实现可持续发展的必然选择。每一个组织履行其使命的能力高低是取决于其资产的利用是否有意义和富有成效。而信息技术和业务流程的管理已成为一些私营部门最看重的资产。这种资产同时也是最脆弱的。另一方面,网络经济重新定义了市场的结构和运作方式,组织的业务范围,知识和创造力的来源,业务流程,以及稀缺资源的内容。这种改变进一步提高了信息技术和业务流程管理的重要性。可共享的信息资产变得越来越有价值。但是与此同时,这些信息资产也变得更加脆弱,很容易受到攻击或遭到毁坏。尤其严重的是,信息资产所受的威胁不受时间和空间的限制。

电子信息是企业新的资产类型。电子信息可以实现数据交换,网络共享,网络基础设施共有等功能。它能够节约大量成本。然而,电子信息这种无形资产的完整性、可用性和价值创造能力经常受到威胁。如何应对这些威胁取决于许多因素,包括提供给决策者信息的数量和质量,例如信息威胁、漏洞、潜在的损失和似然性,系统的模块化、相互依存和集成,以及决策的责任和决策者的风险承受能力。

除了这些威胁之外,信息资产的增长还面临着一些新的管理问题,需要在政策、技术和组织结构方面进行调整。保护信息资产会需要一定的成本支出,这里的成本支出包括探测可能的威胁和防止违规行为等。这些成本的大小取决于资产受到威胁的程度和威胁的影响深度。

保护信息资产是非常必要的,但它也造成了资源使用的机会成本。例如,在实施方面,人们可以安装许多工具和程序等来保护信息资产。但是这些工具和程序会造成系统对于正常生产信息的吞吐量的减少,从而造成系统访问量降低,透明度减少,并增大了系统的复杂性。另外资源利用的灵活性也会因此而降低。

相对于信息资产的威胁而言,解决威胁的方案常常是短期的。垃圾邮件和间谍软件是威胁企业信息资产的两种方式。对企业来说,数量日益增长的垃圾邮件已经成为威胁其信息安全的一项重要因素,而垃圾邮件的形式也随着黑客和既得利益者技术水平的不断上升而呈现多元化的趋势。如果用户点击了垃圾邮件中的链接,就会进入一个被感染的恶意网站,从而下载恶意代码到使用的计算机中。由于企业信息相对于个人信息来说涉及更多数据保密和商业利益的得失,因而垃圾邮件对于企业的危害也就更大。间谍软件的危害性、复杂性正在不断提高。企业每天都面临着泄露重要数据的危险。许许多多的企业都没有对员工进行适当的培训,或采取保护措施。屏幕捕捉、击键记录、行为分析、常见词语识别是间谍软件用来收集用户资料的技术。在工程管理的信息安全方面,任务还很艰巨。

对于信息保障和安全方面面临的问题,许多知识渊博的安全专家认为,企业组织应该充分理解企业信息资产受到威胁的严重性,从而能够全面地保护企业资源。在工程管理的信息保障和安全方面应当做到以下几点:

(1)强化工程管理人员的信息安全意识和对信息威胁的防范意识。提高信息安全意识是做好信息化工作的保证。对于信息安全意识淡薄的人员,要加大宣传、教育和培训力度,深化其对工程信息安全的重要性及其作用的认识。

(2)在管理过程中,使用信息系统存储工程文档,运用信息技术进行质量控制、进度控制和投资控制,积极推动信息安全,充分重视信息安全的重要性。

(3)加强信息安全技术的应用研究,特别是关键技术的研究。只有在关键技术的研究上取得突破,才能真正实现信息安全化。

(4)在信息安全方面的投资力度应当合理。基础设施的投资主要取决于单位的盈利情况,在成本核算时,应考虑信息安全基础设施的费用。

(5)培养跨专业信息技术人才。通过现场培训、网上培训、知识普及等方式,增加信息安全方面的教育,加快人才建设。

在过去的几年中,数据质量越来越受到关注。从管理角度来说,不正确的或互相矛盾的数据可能会导致错误的结论或误导投资。例如,政府需要分析人口普查数据来决定哪些地区需要进一步的政府投资或者增加基础设施和服务。在这种情况下,政府决策所采用的数据就需要非常可靠,以免作出错误的财政决策。在商业竞争中,不正确的数据造成的损失可能是非常巨大的。例如,许多公司使用客户信息库记录数据,如联系人信息、地址和喜好等。如果同一个联系人有不同的地址,该公司将负担重发邮件的成本,甚至遭受失去客户的后果。

高品质的数据需要通过一套质量标准的检验,其中包括:数据精度、一体性、完整性、有效性、一致性、均匀性和密度等。为了得到高品质的数据,就需要对数据库进行数据清理。在数据清理的过程中,检测和纠正(或删除)数据库中损坏或不准确的记录。将标识不完整、不正确、不准确、不相关的数据进行更换、修改或删除。对一个数据库进行数据清理后,它的数据集与其他类似系统中的数据集将是一致的。数据清洗和数据验证不同。如果一个记录在通过数据验证时被否定了,那就意味着系统会拒绝录入该数据。而数据清洗是针对系统中已有的数据进行的。图 19 - 7 显示了数据清洗的过程。

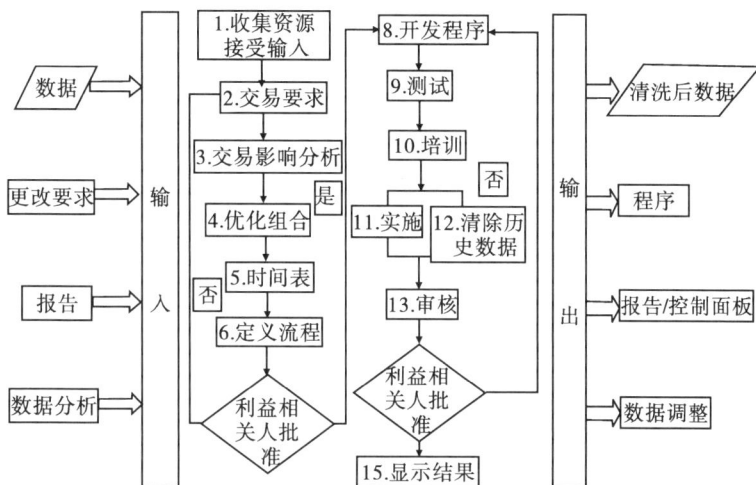

图 19 - 7　数据清洗的过程

数据清洗时检测到的不一致或错误,最初可能是由用户的输入错误造成的,或者是由于传输或存储过程中的数据损坏,或由于不同部门数据定义的不同。因此数据清洗的主要工作包括:①资料分析。提高企业数据质量的第一步是要充分完全地了解数据,确保数据符合公司标准和行业标准。在数据分析时,使用预定义的测试和业务规则可以确保数据质量适合在某个特定企业的适用标准。②标准化。确定问题领域之后,就可以解决这些问题了,例如清理客户名称和地址,利用外部参考数据纠正偏差,分析数据格式,验证和标准化等。③数据匹配。数据匹配的解决方案有时过于复杂。通过复杂的匹配算法可以找到数据的重复和近重复。④数据监测。数据质量的门户网站可以提供基于 Web 的数据质量的监测和报告,这些监测和报告可以根据用户的要求进行定制。数据监测可以帮助企业组织保证重要数据的质量达标,从而保证重要的业务流程所使用的数据是高质量的。通过定期审查相应的数据指标,并跟踪它们的发展趋势,企业组织就能够使用高品质的数据进行数据分析,并准确预测将来企业的发展方向。

对于企业系统而言,数据是完成业务的关键之一。系统之间需要稳定的连接,并且要有可扩展性的数据访问。云计算(cloud computing)可以帮助企业完成这些需求。图 19 - 8 显示了数据质量对于工程管理的重要性。工程管理信息系统的发展趋势可以用大数据和云计算来代表。云是网络的一种比喻说法。云计算是基于互联网的软件服务使用和交付模式,是通过互联网来提供动态、易扩展、虚拟化的资源。狭义云计算指 IT 基础设施的交付和使用模式,指通过网络获得所需资源。广义云计算指服务的交付和使用模式,指通过网络获得所需服务。随着云时代的来临,大数据(big data)也吸引了越来越多的关注。大数据通常用来形容一个公司创造的大量非结构化和半结构化数据,这些数据在下载到关系型数据库用于分析时会花费过多时间和金钱。大数据分析通常和云计算联系在一起,因为实时的大型数据集分析需要向数十、数百或甚至数千的电脑分配工作。因此,从各种各样类型的数据中,快速获得有价值信息的能力,就是大数据技术。物联网、云计算、移动互联网、车联网、手机、平板电脑、PC 以及遍布地球各个角落的各种各样的传感器,无一不是数据来源或者承载的方式。

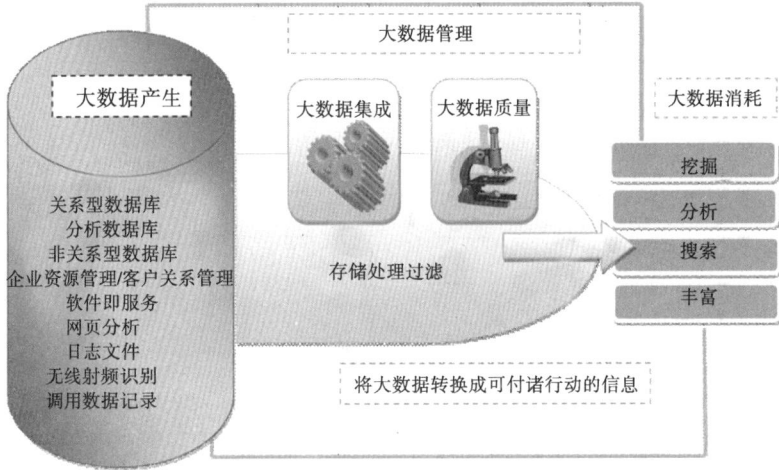

图 19-8　数据质量对于工程管理的重要性

19.3　典型的工程管理信息化模型

▷ 19.3.1　智能交通的体系模型

智能交通系统(ITS)运用先进的应用程序,提供不同的交通工具和交通管理,使用户能够更好地了解交通系统,更安全、更协调、更"聪明"地使用交通网络。2010 年 7 月 7 日,根据欧盟 2010/40/EU 文件,智能交通系统的定义是:在道路交通领域应用信息和通信技术,实现交通管理和移动性管理,包括基础设施、车辆和用户的管理,以及与其他交通工具的接口的管理。

智能交通系统应用的技术各不相同,包括:①基本管理的信息技术,例如汽车导航系统,交通信号控制系统,集装箱管理系统,可变信息标志;②监控技术的应用,例如安全闭路电视系统,自动车牌识别或高速摄像机;③与其他技术的整合,例如停车引导系统,可以实现实时数据传输和反馈的监控系统等;④气象信息;⑤桥梁除冰系统等先进的技术应用。

此外,预测技术也正在开发中,它可以实现用先进的建模技术与历史基线数据作比较。这些方法都需要部署实施广泛的和非常昂贵的基础设施。当前而言,人们在采用何种商业模式来支持这些基础设施方面缺乏共识。

在智能交通系统中,汽车电子系统是不可缺少的一部分。目前汽车电子系统的趋势是朝着更少的,更昂贵的硬件内存管理和实现实时操作系统的微处理器模块方向发展。新的嵌入式系统平台能够实施更复杂的应用软件,包括基于模型的过程控制,人工智能,以及普适计算。其中,人工智能是智能交通系统中最重要的一部分。

数据的收集能够帮助智能交通系统分析交通状况并作出决策。收集数据意味着针对沿着街道、公路、高速公路,以及其他交通路线行驶的车辆,获取它们的行车时间和速度数据。从广义上讲,可以用三种方法来获得原始数据:

(1)三角测量法。在发达国家中,很多车上都有一个或多个手机。手机定期向手机网络发送它们的存在信息,这种情况下不需要建立语音连接。2000 年开始,人们尝试了使用手机作为匿名的交通探头的方法。随着汽车的移动,车内的手机以不记名方式向智能交通系统发送信号。智能交通系统使用三角测量法和模式匹配等方法,测量和分析网络数据,并将这些数据转换成交通流量信息。例如,如果交通有拥塞现象,就会有很多汽车集中在同一个区域,同时手机信号也会很集中。智能交通系统就会作出判断。在大都市地区,接受天线之间的距离短,在理论上,系统计算的准确性会加强。这种方法的优点是,不需要建设基础设施;只需要移动电话网络。但在实践中,三角测量法可能会变得很复杂。自 2010 年初,三角测量法逐渐淡出人们的视野。

(2)射频识别技术(RFID)。这种方法需要沿路安装探测器。每一个车辆都有一个独特设备序列号。通过探测器可以检测到该车辆在某一时点的位置。当车辆行走至其他位置,探测器将再次检测。这样可以计算并比较旅行时间和速度。

(3)基于 GPS 的方法。越来越多的车辆都配备了车载 GPS(卫星导航)系统,可以和数据提供商双向通信。智能交通系统可以通过这些车辆的位置读数来计算车速。

除了数据收集之外,在智能交通系统中,车辆流量测量和自动事件检测也是必不可少的。摄像机是视频检测系统的一部分,主要用于自动号牌识别。这种类型的系统不用直接安装任何部件到路面或路基。摄像机的视频被送入处理器,通过视频图像的特征来分析检测通行的车辆。摄像机通常安装在巷道的上方或相邻的两个建筑物之间。大多数视频检测系统都需要一些初始配置,来告诉处理器如何判断背景图像。一个视频检测处理器可以同时检测八个摄像头所记录的流量。视频检测系统的典型输出是车辆速度、数量和车道占用数。有些系统还提供额外的信息,包括车辆之间的间距,前进中或停止车辆的数量,车辆报警等。智能交通系统还可以用于处理汽车紧急呼叫、紧急调用、或交通事故等情况。通过车辆传感器激活后,汽车紧急呼叫设备将承载语音和数据的信号直接送到最近的急诊点,建立紧急呼叫。紧急呼叫的数据包含有关事件的信息,包括时间、精确定位、车辆行驶方向、车辆识别等。

➢ 19.3.2　工业产业链的多项目合作体系模型

产业链是产业经济学中的一个概念,它是指各个产业部门之间按照一定的技术经济关联,依据特定的逻辑关系和时空布局关系,客观形成的链条式关系形态。产业链主要是基于各个地区客观存在的区域差异,着眼发挥区域比较优势,借助区域市场协调地区间专业化分工和多维性需求的矛盾,以产业合作作为实现形式和内容的区域合作载体。工业产业链就是工业流程中形成的一系列产业的集合。比如从钢铁产业到模具铸造,零件生产,组装成形,以及运输等。之后产品进入销售市场,进行仓储,物流分销,经销零售等,这些形成商业产业链。

产业链包含价值链、企业链、供需链和空间链四个维度的概念。这四个维度在相互对接的均衡过程中形成了产业链这种"对接机制"。产业链中大量存在着上下游关系和相互价值的交换,上游环节向下游环节输送产品或服务,下游环节向上游环节反馈信息。因此,工业产业链中,多个不同的项目进行产业合作。在合作的过程中,信息系统起到了关键的协调分配功能。图 19 - 9 显示了工业产业链的概念和主要结构。

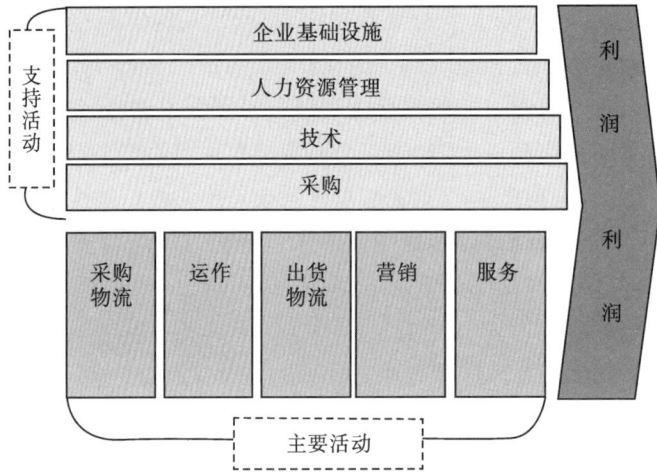

图 19 - 9　工业产业链的主要结构

数据是供应链成员之间实现沟通的信息载体。供应链成员可以按功能分为七类:总部、供应商、制造工厂、分销商、仓库、运输管理和零售商。制造工厂生产使用的原料是供应商所提供的。分销商库存并且向零售商提供产品。零售商面向客户。仓库的功能主要是满足需求的不确定性。在任何时间,供应链成员之间能够共享信息。信息共享的基础是共同的数据库系统。通过使用总部的信息可以评估供应链上每一个成员的效率和效益。有时,可以用这些数据形成一个虚拟的组织,为供应链成员之间提供用于谈判的工具。

创新是工业产业链的原始推动力,它能够维持工业的竞争力。工业产业链的创新灵感往往是由下游行业产品开发而驱动的。例如,欧洲化学工业的生产商,依据下游的价值链的合作伙伴的需求,调整其化工产品适应最终的消费项目。价值链的合作伙伴(包括上游和下游)需要参与到化学工业的创新发展中,以确保企业的成功和提高企业的竞争力。依照价值链的构成,进行创新合作的重要性被欧盟确定为提高化学工业的竞争力的一个关键因素。企业间必须分享知识,并确保合作交流,以开发解决方案,加强与合作伙伴和消费者之间的信任。欧盟各国正在寻求建立更紧密合作关系的技术平台。先进的局部网络是这个技术平台上不可缺少的一部分。

➤ 19.3.3　工业物流网络的信息化

物流信息化是指物流企业运用信息技术对物流过程中产生的信息进行采集、分类、传递、汇总、识别、跟踪、存储、清洗、查询等一系列处理,通过实现对货物流动过程的控制,达到降低成本、提高效益的目标的管理活动。物流管理的网络化和信息化是现代物流的核心,是物流发展的必然趋势。随着网络、数据库以及其他信息技术的发展,物流行业从传统的材料运输发展为利用信息技术为消费者提供低耗高效的服务。

物流信息化的定义是：利用信息技术整合企业内部的业务流程，使企业向着规模经营、网络化运作的方向发展。物流信息化是物流企业相互融合的重要手段。工业物流网络正以信息技术为手段，向着物流的社会化、专业化、规模化方向发展。因此，建设现代化全程电子物流网络，成为当今物流行业信息化的首要任务。

对于工业物流网络信息系统，有以下几点要求：①构建高速、安全、可靠、易于管理的网络平台，从而统一承载和传输物流数据。②提供高速度的网络服务器系统，让客户享有高速的查询浏览速度。③建设高性能的数据服务器以存储大量的客户信息和沟通资料。与此同时，用户也需要能够进行 INTERNET 查询、检索相关信息等。图 19-10 显示了一个简化的工业物流网络的信息流程。

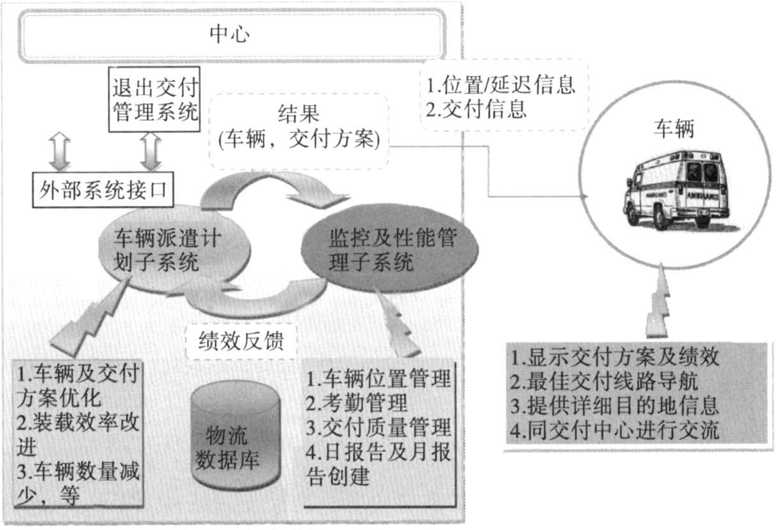

图 19-10　简化的工业物流网络的信息流程

工业物流网络的日常工作涉及大量的数据业务的处理。数据业务主要包括对所服务的广大用户进行数据采集、数字化加工、和海量存储。其中涉及文字、图表、静态图像等的传输和交换。并且对包括本地、异地的数据库通过网络进行高速信息查询。在货物运输时，实现实时全程跟踪。因此，工业物流网络在网络运行的稳定性和信息的安全性方面要求也很高。所有的网络互联设备及网络服务器的运行状态都由中央网络服务器进行监控和管理。先进而实用的网络安全体系会确保信息在传输、利用和管理过程中的安全。

19.4　工程管理信息化建设的评价

工程管理信息系统在今天的企业组织的管理中正起着越来越大的作用。在信息系统的设计与实施完成之后，绩效测量对于信息化建设也很重要。通过绩效测量，系统设计人员可以找到系统设计或建设中的不足，也可以总结经验、促进提高下一次的系统建设。通用的绩效测量方法主要包括识别和标注用户对于信息系统的要求，从而评估和提高用户的整体满意度。评价一个工程信息管理系统是否完美地满足了用户需求,首先应该建立评价的目标体系。在目标体系完成后,评价人员可以使用这一体系对系统进行评估和完善,修复系统缺陷,提高信息化的质量。

▶ 19.4.1 评价目标体系的建立

评价目标体系的建立是为了新的信息系统的评价方法和评估报告寻求一个统一的标准。评估的重要作用不仅在于对系统开发的最终结果进行评估,同时也能为发展的过程寻求方向。在过去,为了提高效率,在开发管理信息系统时,人们往往单独评价特定用户的任务细节。从这个意义上说,评价目标的相关性和复杂性就相对减少了。毫无疑问,新的评价方法具有更强的适用性,为信息系统的增长作出了重大贡献。

与此同时,人们也一直在努力扩展这个基本的评估体系。随着工程管理信息系统的逐步复杂化,系统评估的任务也变得更加复杂。从真正的用户那里得来的真实的判断,是系统评估的基础。然而当用户使用某个系统完成相关业务时,如何区分用户和系统? 理论上讲,答案是明确的:在评估的实验设计中,用户是变量,系统是交叉使用的。也就是说,必须有多个用户使用多个系统,才能评估系统的优劣。但是,因为系统是安装在不同的机构中的,所以由同一批用户使用多个系统往往受客观条件的限制。随着网络系统的增长,这个问题变得容易解决了。因此涉及多个用户和多个系统的系统评估的实验设计和分析可以帮助人们更好地评估系统。

在交叉评价中,系统用户自己发现问题并找到解决方案。因此在使用系统一段时间后,用户都能够熟练操作系统,他们也将对系统问题有深入的理解。在一定程度上,他们通过自己的工作,已经获得了有关某个特定系统的一些知识。对于系统存在的问题,比起那些与日常工程管理无关的测试员,他们能够提供更全面、更有效的评价,以及关于系统的整体产品质量的评估。这种方法的局限性在于,个体用户可能会倾向于认为他自己发现的问题比别人发现的问题要更紧急或更重要。因此,对于交叉评价的结果要进行细致精确的统计分析。

信息系统的评价可以分三个层次进行。第一个层次是检索资料的评价;第二个层次是完成任务或单笔业务的评价;第三个层次是整体评价。在系统评估时,具体工作可以分为以下几个阶段:

第一阶段:信息的收集。在第一阶段中,所有的参与者都使用同一个系统,收集有关某个特定主题的信息。此阶段一般持续 10～19 天,在此期间,每人每天工作约 10 小时。延长的时间是为了允许该系统积累数据。

第二阶段:报告编制工作。在第二阶段,用户根据在第一阶段收集的信息,编写报告。要求每个小组选择一个责任主编,主要负责将收集的数据和报告组织成一个连贯的描述。在提交报告的最后版本之前,小组其他成员可以评阅并提出建议。

第三阶段:计分。该阶段的工作开始于评审小组的所有成员都发表意见之后。工作内容是将所有的意见和建议都合并成一个白皮书,并让每个小组成员单独的参与评估。评估是以随机顺序进行的,目的是为了控制个人喜好对于团队的影响。

第四阶段:对报告进行评价。在第四个也是最后一个阶段中,所有参与者都要对报告草案的整体性进行判断。以五分制作为判断的基础,得分的范围从 0 分(代表无用的系统功能)到 5 分(代表优越的系统功能)。

▶ 19.4.2 信息化质量控制的标准

如果没有质量控制,生产过程中的次品率、返工率、报废率或退货率都将大大增加。质量控制对于信息系统同样重要。对于工程管理人员来说,使用信息系统进行质量监控,可以确保企业的声誉,保证客户满意度,并提高客户的回头率。然而,许多组织在运营中,数据质量的重要性却经常被人们所轻视。往往在问题出现之后,人们才意识到,这个问题本来是可以通过控制数据质量加以避免的。不可否认的现实是,几乎所有组织的运营和业务流程分析都要依赖于坚实的、高品质的数据基础。

19.5 案例:美国石油企业的工程管理

在石油工业的历史上,BP 石油泄漏是世界上最大的海上溢油事故。这次石油泄漏发生在 2010 年 4 月 20 日美国中部时间 22:00 左右,地点在美国新奥尔良东南 130 英里处的墨西哥湾。2011 年 9 月,美国政府公布了最终调查报告。该报告指出,从本质上讲,事故的主要原因是水泥施工有缺陷,由 BP 公司承担漏油事件的主要责任,深水地平线的运营商越洋钻探公司(Transocean)和施工方哈利伯顿公司也负担一定责任。但是,BP 公司安装在深水地平线石油钻井平台上的监测信息系统过于依赖工程师们对于复杂数据的长时间的分析,而未能提供自动报警系统,这也是造成事故的原因。在爆炸发生前,钻井平台上的监控系统已经提供了必要的安全数据,包括油井的压力。然而,整个系统过多依赖于工程师的人工观测的数据流。工程师的任务就是在工作日内长时间地执行多项同步功能,他们需要更多的系统支持,特别是信息系统或自动化系统支持。由于 BP 采用了最简单的行业标准,未能为数据提供更为智能的信息支持和分析手段,从而延误了对危机反应和处理的时间。

委员会的调查报告还指出石油行业长期进行高度复杂的钻探,以满足全球对石油的需求,但是它们的 IT 系统根本就没有适应深水钻井的复杂性和风险。这一缺陷必须加以改进,特别是用于井间监测的仪器、仪表和显示等。自动报警和更加完善的算法完全可以置入显示系统中,当异常情况出现时,即时提醒钻探、记录人员。如果钻井公司仅仅依靠工程师来发现微小的数据变化,极有可能会导致严重的后果。BP 使用了哈里伯顿的斯佩里太阳系统和 HiTec 系统进行监测。这些系统当时提供了正确的数据,证明一个"踢"或正在发生的压力上升的危险。但是,"需要合适的人在正确的时间,来寻找正确的数据,然后才能理解某个现象的意义,与此同时,还要执行其他的活动和监控的责任",这已经完全跟不上当前的钻井需要。例如,在这起灾难发生之前,因为工程师工作时间长,并且连续处理复杂的数据和技术,他们已经非常疲劳。钻井平台上的一个重要工程师在证词中说,在事故当天,他离开了安全监控室作短暂的休息,而就在这一刻,他错过了在屏幕上的复杂的警示标志。

除此之外,调查报告也批评了 BP 公司忽略水泥模型试验,以及其他管理策略的疏忽。负责水下水泥工作的哈里伯顿公司使用了 OptiCem 水泥建模软件,但他们忽略了计算结果。为了节省时间,水泥承包商哈里伯顿未能与 BP 的水泥浆混合测试进行数据共享。早期测试的结果显示,施工时所使用的水泥可能并不稳定,但它们依然延续了水泥工作。

　　我国在深海技术方面投入不足,核心技术和关键设备大都来自于发达国家,如深海大型物探、钻井、测井、铺管、水下生产等设备大多需要从国外进口。我国虽然号称"制造大国",但深水关键领域的设备国产化还远未实现。例如,海底遥感遥控、全面系统地防喷、防泄漏、防污染等一系列安全环保的环节等。2010年7月6日,我国大连新港中石油储备库输油管道发生爆炸起火事故,这次事故再次向我们发出了警示,海洋开发事关生态、经济、国防等各个方面,需要我们高度重视。

▰ 案例讨论

　　1. BP公司漏油事件的主要原因有几点?

　　2. 我们如何在工程管理信息化方向进行弥补以防止类似事件的发生?

▰ 思考题

　　1. 根据你所关注的工程特征,从工程管理信息化的意义分析入手,对信息技术在该工程管理领域的应用进行整理、总结和比较。并分析目前该工程领域管理信息化建设中存在的问题。针对这些问题,请提出意见和建议。

　　2. 工程管理信息化将形成一个基于互联网的集成协同环境。在重大工程的全生命周期中,工程管理信息系统包含CAD、PDM、ERP、MES等,并且需要运用计划管理、范围管理、时间管理等一系列管理的手段。工程管理信息化要适应和改造工程管理的模式,并要紧密结合业务流程。请根据你所从事的工程管理工作,提出需要解决的问题,解决方案和系统设计方案。

参考文献

[1]殷瑞钰,汪应洛,李伯聪. 工程哲学[M]. 北京：高等教育出版社,2007.

[2]任宏,陈圆. 工程管理概论[M]. 北京：中国建筑工业出版社,2007.

[3]成虎. 工程管理概论[M]. 2版,北京：中国建筑工业出版社,2011.

[4]汪应洛. 系统工程[M]. 4版. 北京：机械工业出版社,2008.

[5]王茜,程书萍. 大型工程的系统复杂性研究[J]. 科学决策,2009(1)：11-17.

[6]刘洪波,丰景春. 工程哲学研究发展现状、问题与前景[J]. 学术论坛,2007(06)：24-27.

[7]黄正荣. 工程哲学的研究对象、内容及其学科意义[J]. 重庆理工大学学报(社会科学版),(4).

[8]何继善,王孟钧. 工程与工程管理的哲学思考[J]. 中国工程科学,2008,10(3)：9-12,16.

[9]程光旭,刘飞清. 现代工程与工程伦理观[J]. 西安交通大学学报(社会科学版),2004,24(3)：26-30.

[10]余谋昌. 关于工程伦理的几个问题[J]. 武汉科技大学学报(社会科学版),2002,4(1)：1-3,7.

[11]晏永刚,任宏,范刚. 大型工程项目系统复杂性分析与复杂性管理[J]. 科技管理研究,2009(6)：303-305.

[12]钱学森,许国志,王寿云. 组织管理技术——系统工程[N]. 文汇报,1978-09-27.

[13]钱学森. 关于思维科学[M]. 上海：上海人民出版社,1986.

[14]钱学森. 创建系统学(新世纪版)[M]. 上海：上海交通大学出版社,2007.

[15]任宏. 工程管理概论[M]. 北京：中国建筑工业出版社,2007.

[16]刘伟勋,姜雷,康怡. 王芳中国铁建麦加项目巨亏内因：不讲条件不讲价钱[R]. 经济观察报,2010-10-30.

[17]Henry Mintzberg. Strategy Safary. The Free Press,1998.

[18]沈珠江. 论工程在人类发展中的作用[J]. 中国工程管理,2007(1).

[19]刘常宝. 企业战略管理[M]. 北京：科学出版社,2010.

[20]肖海林. 企业战略管理：理论、要径和工具[M]. 北京：中国人民大学出版社,2008.

[21]黄丹,余颖. 战略管理：研究注记和案例[M]. 2版. 北京：清华大学出版社,2011.

[22]王智宁,吴应宇. 论企业核心能力的概念、框架、构建与提升[OL]. 中国科技论文在线,2006.

[23]艾光鲜. 论工程项目价值链管理[J]. 辽宁经济管理,2006(08).

[24]闫建华. 基于价值链理论的出版社竞争力分析[J]. 出版发行研究,2008(07).

[25]周小谦. 我国"西电东送'的发展历史、规划和实施[J]. 电网技术,2003(5).

[26]吕伟业,孙寿广,吕健. 北通道"西电东送"规划研究概况[J]. 电力建设,2002(11).

[27]吕伟业,吴云,曾德文. 中通道"西电东送"规划研究概论[J]. 电力建设,2002(11).

[28]吕伟业,刘开俊,邵岚. 南通道"西电东送"规划研究概论[J]. 电力建设,2002(11).

[29]李广诚,王思敬.工程地质决策概论[M].北京:科学出版社,2006.

[30]武博.现代管理学教程[M].北京:清华大学出版社,北京交通大学出版社,2010.

[31]彭荣,陈晓燕.管理学[M].北京:经济管理出版社,2010.

[32]Michael Hitt,等.管理学[M].贾良定,范秀云,编译.北京:高等教育出版社,2009.

[33]斯蒂芬·P·罗宾斯,大卫·A·德森佐.管理学原理[M].毛蕴诗,主译.大连:东北财经大学出版社,2005.

[34]郭立夫,李北伟.决策理论与方法[M].北京:高等教育出版社,2006.

[35]宋锦州.决策管理:概念、模式与实例[M].上海:东华大学出版社,2007.

[36]赵新泉,彭勇行.管理决策分析[M].2版.北京:科学出版社,2008.

[37]刘宁.工程目标决策研究[M].北京:中国水利水电出版社,2006.

[38]李怀祖.决策理论导引[M].北京:机械工业出版社,1993.

[39]程书萍,盛昭瀚,王茜.大型复杂工程的决策审计研究[J].运筹与管理,2009,18(1):1-6.

[40]李文英.层次分析法(AHP法)在工程项目风险管理中的应用[J].北京化工大学学报(社会科学版),2009(1).

[41]王雪荣,盛昭瀚,俞春生.苏通大桥工程招标决策创新实践[J].中国管理科学,2007,15(z1):60-65.

[42]胡萍.系统工程方法论在重大工程项目决策机制中的应用[J].水利经济,2010,28(5):57-60.

[43]于景元,周晓纪.从定性到定量综合集成方法的实现和应用[J].系统工程理论与实践,2002(10):26-32.

[44]万威武,刘新梅,孙卫.可行性研究与项目评价[M].西安:西安交通大学出版社,2007.

[45]姜早龙,邓铁军.工程经济学[M].长沙:中南大学出版社,2005.

[46]武献华,宋维佳,屈哲.工程经济学[M].大连:东北财经大学出版社,2002.

[47]国家发展和改革委员会.建设项目经济评价方法与参数[M].北京:中国计划出版社,2006.

[48]绍颖红,黄渝祥.工程经济学概论[M].北京:电子工业出版社,2003.

[49]赵国杰.工程经济学[M].天津:天津大学出版社,2003.

[50]吴添祖,冯勤,欧阳仲健.技术经济学[M].北京:清华大学出版社,2004.

[51]张道宏,吴艳霞.技术经济学[M].西安:西安交通大学出版社,2000.

[52]刘新梅.工程经济学[M].北京:北京大学出版社,2009.

[53]刘新梅.工程经济分析[M].西安:西安交通大学出版社,2002.

[54]李伯聪.关于工程和工程创新的几个理论问题[J].北方论丛,2008(2):103-108.

[55]李伯聪,工程创新:创新空间中的选择与建构[J].工程研究——跨科学视野中的工程,2009(1):51-57.

[56]殷瑞钰.关于工程与工程创新的认识[J].岩土工程界,2006(8):21-24.

[57]王大洲.试论工程创新的一般性质[J].工程研究——跨学科视野中的工程,2005(2):73-80.

[58]李伯聪.工程创新是创新的主战场[J].中国科技论坛,2006(2):33-37.

[59]侯先荣,彭新育.创新管理探骊[M].广州:华南理工大学出版社,2007.

[60]何传启,张凤.知识创新:竞争新焦点[M].北京:经济管理出版社,2001.

[61]王丹,路燕利.创新人假设及其对管理的启示[J].内蒙古科技与经济,2008(3):34-35.

[62]许庆瑞,郑刚,陈劲.全面创新管理:创新管理新范式初探——理论溯源与框架[J].管理学报,2006(2):135-142.

[63]白俊红.创新管理概念、框架及若干问题研究[D].济南:山东科技大学,2007.

[64]陈杰.工程创新初探[D].杭州:浙江工商大学,2010.

[65]张扬.工程中的技术集成研究[D].长沙:湖南大学,2007.

[66]孙宏.炼油乙烯工程 IGCC 技术集成实践[J].炼油技术与工程,2011(3):1-5.

[67]戴汝为.基于综合集成法的工程创新[J].工程研究——跨科学视野中的工程,2009(1):46-50.

[68]戴颖.茅以升工程创新思想研究[D].杭州:浙江工商大学,2011.

[69]傅振邦,王绪波.三峡工程制度创新[J].中国三峡建设,2008(7):23-29.

[70]顾礼宋.试论工程技术创新的概念[J].东南大学学报,2006(12):53-55.

[71]刘国新,闫俊周.国外主要技术创新方法述评[J].科学管理研究,2009(4):30-34.

[72]王孟钧,张镇森.重大建设工程技术创新网络形成机理与运行机制分析[J].中国工程科学,2011(8):62-66.

[73]许为民,楼巍,张炯.杭州湾跨海大桥:大型工程集成创新的一个案例分析[J].自然辩证法研究,2012(6):50-55.

[74]解读杭州湾跨海大桥的三大创新成果.腾讯网:2008-5-1 http://news.qq.com/a/20080501/001350.htm.

[75]李亚彪,方益波.杭州湾跨海大桥的三大创新成果[J].今日浙江,2008(9):14-15.

[76]胡维宏.杭州湾跨海大桥工程的创新实践[J].浙江经济,2008(8):44-45.

[77]浙江:杭州湾跨海大桥获奖抗腐蚀 100 年.管养网综合整理.2012-02-17,http://www.rbtmm.com/Html/News/2012/0217/2012021703000027985_4.html.

[78]张涑贤,苏秦.建筑企业管理[M].西安:西安交通大学出版社,2011.

[79]白秀国.建筑施工企业工程项目标准化管理浅析[J].科学之友,2009,(12)35.

[80]工程建设标准化[EB/OL] http://wenku.baidu.com/view/cbade2f6ba0d4a7302763a46.html.

[81]鲍雷鸣.建设项目管理标准化研究及应用[D].北京:北京交通大学,2011.

[82]四川省宜宾质量技术监督局网.标准化是怎样产生和发展的?[EB/OL]http://www.ybzj.gov.cn/smfw/zjcs/250117.html.

[83]杨瑾峰.工程建设标准化管理和体系[J].工程标准建设,2007(4).

[84]高杰,刘丙辰.浅析工程项目管理标准[J].项目管理技术,2010,08(10).

[85]工程标准的制定与修订[EB/OL]http://wenku.baidu.com/view/067e95dd5022aaea998f0fd5.html.

[86]邱菀华,等.项目管理学:工程管理理论、方法与实践[M].北京:科学出版社,2001.

［87］于秀开. 规划设计案例分析——辽宁地质工程职业学院新校区工程［J］. 科协论坛（下半月），2012（10）：104－105.

［88］杜丽莎，孟祥庄. 哈尔滨劳动公园规划设计案例分析［J］. 现代农业科技，2011（07）：244－246.

［89］建设工程勘察设计管理条例［M］. 北京：中国计划出版社，2001.

［90］郜凤涛，等. 建设工程勘察设计管理条例释义［M］. 北京：中国计划出版社，2001.

［91］手册编委会. 建设工程勘察设计管理条例实施手册［M］. 北京：万方数据电子出版社，2000.

［92］丁士昭. 建设工程项目管理［M］. 北京：中国建筑工业出版社，2004.

［93］Rory Burke. Project Management：Planning and Control Techniques［M］. John Wiley & Sons Inc. ，2006.

［94］乌云娜. 项目采购与合同管理［M］. 2 版. 北京：电子工业出版社，2010.

［95］赖一飞，张清，余群舟. 项目采购与合同管理［M］. 北京：机械工业出版社，2008.

［96］李建平. 现代项目进度管理［M］. 北京：机械工业出版社，2008.

［97］刘伊生. 工程项目进度计划与控制［M］. 北京：中国建筑工业出版社，2008.

［98］孙军. 项目计划与控制［M］. 北京：电子工业出版社，2008. HaroldKerzner. Project Management：A System Approach to Planning，Scheduling，and Controlling［M］. John Wiley & Sons Inc. 2009.

［99］建设工程法规及相关知识/全国二级建造师执业资格考试用书.［M］. 3 版. 北京：中国建筑工业出版社，2010.

［100］建设工程项目管理/全国一级建造师执业资格考试用书［M］. 3 版. 北京：中国建筑工业出版社，2011.

［101］建设工程项目质量控制/全国监理工程师培训考试教材［M］. 北京：中国建筑工业出版社，2003.

［102］张涑贤，乔宏，项目质量管理［M］. 北京：化学工业出版社，2009.

［103］吴贤国. 工程项目监理［M］. 北京：机械工业出版社，2007.

［104］工程质量的监督［EB/OL］http://wenku. baidu. com/view/1624544fe45c3b3567ec8b54. html.

［105］工程质量事故处理［EB/OL］http://wenku. baidu. com/view/261ede2f7375a417866f8f2e. html.

［106］环境保护部环境工程评估中心. 建设项目环境影响评价［M］. 北京：中国环境科学出版社，2012.

［107］张亚奎. 建设工程项目职业健康安全与环境管理［M］. 北京：中国计划出版社，2007.

［108］邓全伦. 怒江水电开发拖延十年终重启，温家宝曾批示应慎重［R］. 时代周报. 2013－01－31.

［109］黄祖庆，汤易兵，等. 现代物流管理［M］. 2 版. 北京：科学出版社，2011.

［110］姚玲珍，等. 工程项目管理学［M］. 上海：上海财经大学出版社，2003.

［111］梁基照，等. 工程管理学［M］. 北京：国防工业出版社，2007.

[112]齐二石,霍艳芳,刘亮,等.物流工程与管理概论[M].北京:清华大学出版社,2009.

[113]尤建新,朱岩梅,张艳霞,等.物流系统规划与设计[M].北京:清华大学出版社,2009.

[114]彭云飞,邓勤,等.现代物流管理[M].北京:机械工业出版社,2009.

[115]刘荔娟等.现代项目管理[M].2版.上海:上海财经大学出版社,2007.

[116]齐宝库等.工程项目管理[M].3版.大连:大连理工大学出版社,2009.

[117]李明安,邓铁军,杨卫东,等.工程项目管理理论与实务[M].长沙:湖南大学出版社,2012.

[118]蒋伟芬.浅谈我国建筑业的物流管理[J].中国商界,2009(5):203.

[119]王宝龙.浅谈建筑工程物资设备的采购和管理[J].经营管理者,2012(1):214.

[120]刘玉明,王耀球.大型工程建设项目的供应物流模式选择研究[J].物流技术,2007,26(2):76-79.

[121]杨道军.论对援外工程项目国际物流管理环节的控制[J].经营与管理,2011,18(7):398-399.

[122]汪传雷,等.物流案例教程[M].合肥:安徽大学出版社,2009.

[123]徐志胜,姜学鹏.安全系统工程[M].北京:机械工业出版社,2012.

[124]谢振华.安全系统工程[M].北京:冶金工业出版社,2010.

[125]陈全,陈新杰,陈波.职业健康安全管理体系要求:企业实施指南GB/T 28001—2011[M].北京:中国石化出版社,2012.

[126]黄小美,李百战,彭世尼,杨茂华.基于事件树的天然气管道风险定量分析[J].煤气与热力,2009(4):42-46.

[127]张明轩,朱月娇,翟玉杰,朱晓云.高全臣建筑工程高处坠落事故的故障树分析方法研究[J].煤炭工程,2008(2):112-114.

[128]韩磊.EPCM模式下工程安全管理工作研究[D].郑州:郑州大学,2011.

[129]汪志华.基于PDCA理论的安全管理及其在界阜蚌改建工程项目中的应用研究[D].合肥:合肥工业大学,2010.

[130]贾俊妮.建筑工程安全管理及事故预测分析研究[D].合肥:合肥工业大学,2007.

[131]许程洁.基于事故理论的建筑施工项目安全管理研究[D].哈尔滨:哈尔滨工业大学,2008.

[132]李万帮,肖东生.事故致因理论述评[J].南华大学学报(社会科学版),2007(1):57-61.

[133]陆惠明,苏振民,王延树.工程项目管理[M].南京:东南大学出版社,2010.

[134]何清华.项目管理案例[M].北京:中国建筑工业出版社,2008.

[135]邱菀华,等.项目管理学——工程管理理论、方法与实践[M].北京:科学出版社,2001.

[136]吴贤国,等.工程项目管理[M].武汉:武汉大学出版社,2009.

[137]郭铜修.基于系统观的工程项目管理组织架构模型探究[J].航空科学技术,2006(1):11-14.

[138]于双燕.强矩阵组织模式在工程管理中的应用——以E公司工程管理模式为例[J].中国人力资源开发,2011(02):26-30.

[139]赵敏,王成科.从组织行为学视角看项目管理中的人力资源管理[J].项目管理技术,2008,6(6):65-68.

[140]蒋卫平,李永奎,何清华.大型复杂工程项目组织管理研究综述[J].项目管理技术,2009,7(12):20-24.

[141]陈卫民.工程管理组织结构模式的选择[J].财经科学,1999,03:102-104.

[142]刘乐辉,郭慧,李斌.工程项目管理的组织设置原则[J].黄河水利职业技术学院学报,2005,16(3):34-36.

[143]杨艳芳.工程项目管理组织结构的基本形式概述[J].山西建筑,2004,30(13):132-133.

[144]陈昀.浅论"项目—矩阵"复合式项目管理组织结构模式[J].项目管理技术,2011,9(4):31-37.

[145]羌维立,卢超,赵普镒.项目管理组织结构的类型及比较[J].航天工业管理,2003(04):13-15.

[146]姚玲珍,钟君君.组织行为学在房地产开发项目管理中的应用[J].建筑施工,2006,28(3):220-222.

[147]徐国栋.项目人力资源管理职能领域比较研究[J].人力资源管理,2010:11.

[148]冀海英.项目人力资源管理在PXDL公司的应用研究[J].人力资源管理,2011:6.

[149]马新建,等.人力资源管理与开发[M].北京:石油工业出版社,2003.

[150]彭剑峰.人力资源管理概论[M].上海:复旦大学出版社,2005.

[151]卿涛,罗键.人力资源管理概论[M].北京:清华大学出版社,北京交通大学出版社,2006.

[152]马欣川.人才测评——基于胜任力的探索[M].北京:北京邮电大学出版社,2008.

[153]冯明.陶祁.培训迁移的有关理论和研究[J].南开管理评论,2002(3):24-32.

[154]谢佳,史烽.培训迁移及其应用策略[J].大众科技,2010(2):168-169.

[155]Holton E F, The flawed four-level evaluation mode. Human Resource Development Quarterly,1996,7(1):5-25.

[156]许学宽.建筑工程项目管理人员激励研究[D].重庆:重庆大学.2007.

[157]张小萍.E公司工程项目经理部薪酬激励体系再设计[D].成都:西南财经大学.2011.

[158]全国经济专业技术资格考试用书编写委员会.人力资源管理.[M].北京:中国人事出版社.2008.

[159]杨剑,白云.激励导向的薪酬设计[M].北京:中国纺织出版社,2002.

[160]舒晓兵,方五一.薪酬管理理论的演进及最新发展[J].武汉:湖北经济学院学报(人文社会科学版).2005,2(3):14.

[161]刘毅.工程施工项目管理团队薪酬激励体系研究[D].长沙:湖南师范大学.2008.

[162]陈清泰.吴敬琏,等.可变薪酬体系原理与应用[M].北京:中国财政经济出版社,2001.

[163]胡阳,夏彩云.弹性福利——当代企业员工福利的创新[J].改革与战略,2011(6):160-162.

[164]曹志文,牛晓叶.基于员工心理账户的企业薪酬激励效果探讨[J].管理论坛,

2012：49-51.

[165]李爱梅,凌文辁. 心理账户与薪酬激励效应的实验研究[J]. 暨南学报(哲学社会科学版),2009(1).

[166]李爱梅,凌文辁. 心理账户：理论与应用启示[J]. 心理科学进展,2007,15(5)：727-734.

[167]丁荣贵、孙涛. 项目组织与人力资源管理[M]. 北京：电子工业出版社,2009.

[168]杨彬. 高新技术项目人力资源管理研究[D]. 济南：山东科技大学,2005.

[169]孙华英. 海洋工程项目绩效管理研究——BN 油气田工程项目为例[D]. 青岛：中国海洋大学,2006.

[170]赵玉田,杨梨. 基于 BSC、EVA、KPI 理论的企业绩效评价体系的构建[J]. 经营与管理,2007(3).

[171]林筠. 绩效管理[M]. 西安：西安交通大学出版社,2006.

[172]丁荣贵、孙涛. 项目组织与人力资源管理[M]. 北京：电子工业出版社,2009.

[173]张静. 企业绩效管理综合模型及应用研究[D]. 天津：河北工业大学,2004.

[174]马庆发. 工程心理学：提升职业培训效能的钥匙[J]. 职教通讯,2004,11.

[175]黄长鑫. 从某国际工程浅析工程中的风险评估[J]. 价值工程,2011,05(28)：73-74.

[176]Mcnurlin, B., Sprague, R. H. J. & Bui, T. (2008). Information Systems Management in Practice, 8th edition. Prentice Hall.

[177]程飞. 应用生态工程原理解决水利工程施工中的环境问题[J]. 水利学报,2002,(3)：55.

[178]MONARCHI, D. E. AND PUHR, G. I. 1992. A research typology for object-oriented analysis and design. Commun. ACM 35,9 (September),35-47.

[179]HIGHSMITH, J. 2000. Retiring lifecycle dinosaurs. Software Test. Qual. Eng. 2,4 (July/August),22-28.

[180]HIGHSMITH, J. 2002. Agile Software Development Ecosystems. Addison-Wesley, Reading, MA.

[181]ABRAHAMSSON, P., SALO, O., RONKAINEN, J., ANDWARSTA, J. 2002. Agile Software Development Methods：Review and Analysis. VTT Publications, Oulu, Finland.

[182]SCHUH, P. 2005. Integrating Agile Development in the Real World. Charles River Media,Hingham, MA.

[183]AMBLER, S. W. 1998a. Process Patterns：Building Large-Scale Systems Using Object Technology. Cambridge University Press, New York, NY.

[184]DSDM CONSORTIUM. 2003. DSDM：Business Focused Development, 2nd ed. J. Stapleton, Ed. Addison-Wesley, Reading, MA.

[185]SCHWABER, K. AND BEEDLE, M. 2001. Agile Software Development with Scrum. Prentice-Hall, Englewood Cliffs, NJ.

[186]SCHWABER, K. 2004. Agile Project Management with Scrum. Microsoft Press,

Redmond, WA.

[187]SCHWABER, K. 2007. Enterprise Scrum. Microsoft Press, Redmond, WA.

[188] BECK, K. 1999. Extreme Programming Explained: Embrace Change. Addison-Wesley, Reading, MA.

[189] BECK, K. ANDANDRES, C. 2004. Extreme Programming Explained: Embrace Change, 2nd ed. Addison-Wesley, Reading, MA.

[190]COPLIEN, J. O. 1994. A development process generative pattern language. In Proceedings of the First Annual Conference on Pattern Languages of Programming (PLoP).

[191]COPLIEN, J. O. AND HARRISON, N. B. 2005. Organizational Patterns of Agile Software Development. Prentice Hall, Englewood Cliffs, NJ.